Friebel/Rick/Schoor/Siegle

Fallsammlung Einkommensteuer

NWB Steuerfachkurs · Trainingsprogramm

Fallsammlung Einkommensteuer

Von
Melita Friebel, Diplom-Finanzwirtin (FH)
Professor Eberhard Rick
Hans Walter Schoor, Diplom-Finanzwirt (FH), Steuerberater
Werner Siegle, Steuerberater

11., überarbeitete Auflage

Verlag Neue Wirtschafts-Briefe
Herne/Berlin

Bearbeitervermerk
Friebel: 70–79, 118–136, 189–193, 204–214, 245–255, 266–273
Rick: 256–265
Schoor: 1–32, 80–117, 137–188, 194–203, 215–244
Siegle: 33–69

ISBN 3-482-**54431**-X – 11., überarbeitete Auflage 2005

© Verlag Neue Wirtschafts-Briefe GmbH & Co. KG, Herne/Berlin 1977
http://www.nwb.de

Alle Rechte vorbehalten.

Dieses Buch und alle in ihm enthaltenen Beiträge und Abbildungen sind urheberrechtlich geschützt. Mit Ausnahme der gesetzlich zugelassenen Fälle ist eine Verwertung ohne Einwilligung des Verlages unzulässig.

Druck: Griebsch & Rochol Druck GmbH & Co. KG, Hamm.

Vorwort zur 11. Auflage

In diesem Übungsbuch wird die Anwendung des Einkommensteuerrechts anhand von 273 praxisnahen Fällen dargestellt und erläutert. Das Bilanzsteuerrecht ist zwar ein wichtiger Bestandteil des EStG, ihm ist jedoch aufgrund seines großen Umfangs eine eigene Fallsammlung gewidmet.

Seit zehn Vorauflagen in der gehobenen steuerlichen Ausbildung erprobt, haben die Fälle zur Einkommensteuer große Zustimmung gefunden. Dennoch sind Autoren und Verlag stets um Verbesserung bemüht. Eine Angleichung der Gliederung und Verweise auf Fundstellen im *Lehrbuch Einkommensteuer* erleichtern es dem Leser sich rasch zurechtzufinden, wenn es gilt, theoretisches Wissen in praktische Anwendung umzusetzen und umgekehrt.

Der angehende Steuerberater oder Steuerinspektor/Diplom-Finanzwirt findet alle wichtigen Fragen behandelt und praxisnah aufbereitet und erfährt dadurch eine optimale Unterstützung beim Vertiefen und Üben des prüfungsrelevanten Stoffes.

Die 11. Auflage wurde gründlich überarbeitet und um aktuelle Fälle erweitert. Die neueste Rechtsprechung sowie alle relevanten Änderungsgesetze (u. a. das Alterseinkünftegesetz vom 5. 7. 2004 und das Richtlinien-Umsetzungsgesetz vom 9. 12. 2004) wurden eingearbeitet. Rechtsstand ist Februar 2005. Gleichwohl wurde, wo es Autoren und Verlag opportun erschien, in vereinzelten Fällen auch die frühere Rechtslage zugrunde gelegt.

Hinweis: Mitunter wurde auf konkrete Jahresangaben verzichtet. „01", „02" usw. bezeichnen in diesen Fällen fiktive Jahre. Hier ist, sofern in der Fragestellung nichts anderes gefordert wird, der aktuelle Rechtsstand anzuwenden.

Wir wünschen allen Benutzern gute Lernerfolge.

Neustadt/Weinstraße, Heilbronn,   *Melita Friebel, Eberhard Rick,*
Kemmenau, Schorndorf,   *Hans Walter Schoor, Werner Siegle*
im Mai 2005

Kein Produkt ist so gut, dass es nicht noch verbessert werden könnte. Daher sind uns Ihre Kritik und Anregungen wichtig!
Schreiben Sie uns oder verwenden Sie für Ihr Feedback unser Online-Formular auf www.nwb.de/go/steuerliche_ausbildung.

Inhaltsverzeichnis

Vorwort zur 11. Auflage 5
Literaturhinweise 19
Abkürzungsverzeichnis 21

Abschnitt 1: Einleitung

Abschnitt 2: Steuerpflicht

Vorbemerkungen 25
Fall 1: Beibehaltung des Hauptwohnsitzes im Ausland 26
Fall 2: Wohnsitz eines Kindes während des Auslandsstudiums 27
Fall 3: Gewöhnlicher Aufenthalt im Inland 28
Fall 4: Ende der persönlichen Steuerpflicht im Todesfall 29

Abschnitt 3: Einkommensteuerliche Grundbegriffe

Fall 5: Einkünfte und Gesamtbetrag der Einkünfte 31
Fall 6: Verlustausgleich bei Ermittlung des Gesamtbetrags der Einkünfte 33
Fall 7: Ermittlung des zu versteuernden Einkommens 33
Vereinnahmung und Verausgabung (§ 11 EStG) 36
Fall 8: Zufluss- und Abflusszeitpunkt 36
Fall 9: Zufluss bei Annahme eines Wechsels 37
Fall 10: Zufluss von Forderungen eines beherrschenden Gesellschafters einer GmbH 38
Fall 11: Zufluss bei Abtretung von Forderungen 39
Fall 12: Zufluss bei Erlass einer Schuld 40
Fall 13: Zufluss bei Novation 41
Fall 14: Zufluss von Arbeitslohn 42
Fall 15: Abfluss und Zufluss bei Zahlung durch Banküberweisung 43
Fall 16: Zahlung durch Scheckhingabe 44
Fall 17: Vorauszahlung von Sonderausgaben und Werbungskosten 45
Fall 18: Zahlung von Beiträgen zur Instandhaltungsrücklage 46
Fall 19: Abflusszeitpunkt von kreditfinanzierten außergewöhnlichen Belastungen 47
Fall 20: Regelmäßig wiederkehrende Einnahmen 47
Fall 21: Regelmäßig wiederkehrende Ausgaben 48
Fall 22: Abzug von Vorauszahlungen bei langfristiger Nutzungsüberlassung ... 49

Inhaltsverzeichnis

Abschnitt 4: Allgemeine Fragen der Veranlagung

Fall 23:	Form und Inhalt der Einkommensteuererklärung	52
Fall 24:	Unwirksame Wahl der getrennten Veranlagung	53

Abschnitt 5: Nicht abzugsfähige Ausgaben (§ 12 EStG)

Fall 25:	Kosten der Lebensführung	55
Fall 26:	Studienreise ins Ausland	57
Fall 27:	Ermittlung des Kfz-Privatnutzungsanteils bei Führung eines Fahrtenbuches	58
Fall 28:	Ermittlung des Kfz-Privatnutzungsanteils nach der 1 %-Regelung	59
Fall 29:	Freiwillige Zuwendungen – Zuwendungen aufgrund einer freiwillig begründeten Rechtspflicht – Zuwendungen an unterhaltsberechtigte Personen	59
Fall 30:	Abzug von Steuern und Nebenleistungen	61
Fall 31:	Abzug von Geldstrafen, Geldbußen, Anwalts- und Gerichtskosten	64
Fall 32:	Erstattung von Strafprozesskosten an einen Arbeitnehmer	65

Abschnitt 6: Sonderausgaben

Fall 33:	Unterhaltsleistungen an den geschiedenen Ehegatten	67
Fall 34:	Zeitliche Bindung an die Zustimmung	69
Fall 35:	Unterhaltsleistungen bei beschränkter Steuerpflicht	69
Fall 36:	Erfüllung von Unterhaltsverpflichtungen durch Überlassung einer Wohnung	70
Fall 37:	Unterhaltsleistungen an den geschiedenen Ehegatten des Erblassers ...	71
Fall 38:	Vermögensübertragung unter Vorbehaltsnießbrauch gegen dauernde Last	72
Fall 39:	Übertragung eines Mietwohngrundstücks im Wege der vorweggenommenen Erbfolge	72
Fall 40:	Übertragung eines Mietwohngrundstücks im Wege der vorweggenommenen Erbfolge gegen Unterhaltsrente	74
Fall 41:	Erwerb eines selbstgenutzten Einfamilienhauses gegen Leibrente	74
Fall 42:	Ermittlung der Erträge bei teilentgeltlichem Erwerb	75
Fall 43:	Vermögensübertragung unter Fremden	76
Fall 44:	Umschichtung von ertraglosem Vermögen	77
Fall 45:	Nachträgliche Umschichtung des übertragenen Vermögens	78
Fall 46:	Grundsätze des Sonderausgabenabzugs	79
Fall 47:	Sonderausgabenabzug für Vorsorgeaufwendungen	83
Fall 48:	Günstigerprüfung bei den Vorsorgeaufwendungen	85

Fall 49:	Besonderheiten beim Vorwegabzug	86
Fall 50:	Erstattung von Kirchensteuer in einem späteren Veranlagungsjahr	88
Fall 51:	Lebensversicherungsbeiträge im Zusammenhang mit Finanzierungen	89
Fall 52:	Steuerberatungskosten	91
Fall 53:	Behandlung der Sonderausgaben bei getrennter Veranlagung	92
Fall 54:	Steuerliche Förderung der zusätzlichen Altersvorsorge	93
Fall 55:	Spenden	94
Fall 56:	Spendenabzug für Zuwendungen an Stiftungen	96
Fall 57:	Buchwertprivileg beim Spendenabzug	98
Fall 58:	Spendenrücktrag, Spendenvortrag	98
Fall 59:	Berechnung der Vorsorgepauschale	99
Vorbemerkungen		99
Fall 60:	Feststellung des Verlustvortrages	103
Fall 61:	Wirkung des Verzichts auf den Verlustrücktrag	103
Fall 62:	Wirkungsweise des Verlustvortrags	104
Fall 63:	Verlustvortrag bei getrennter Veranlagung	105
Fall 64:	Zusammentreffen von Verlustrücktrag und Verlustvortrag	105
Fall 65:	Verluste im Erbfall	106

Abschnitt 7: Familienleistungsausgleich, Entlastungsbetrag für Alleinerziehende (§§ 24b, 31, 32, 62–78 EStG)

Vorbemerkungen		108
Fall 66:	Die Freistellung des Existenzminimums	108
Fall 67:	Anrechnung eigener Einkünfte und Bezüge des Kindes	110
Fall 68:	Übertragung von Freibeträgen des § 32 Abs. 6 EStG	112
Vorbemerkungen zum Entlastungsbetrag für Alleinerziehende nach § 24b EStG		113
Fall 69:	Zweifelsfragen zum Entlastungsbetrag für Alleinerziehende	113

Abschnitt 8: Außergewöhnliche Belastungen

Vorbemerkungen		115
Fall 70:	Außergewöhnliche Belastungen gem. § 33 EStG	116
Fall 71:	Außergewöhnliche Belastungen gem. § 33a EStG	117
Fall 72:	Außergewöhnliche Belastung/Einfamilienhaus	118
Fall 73:	Unterhaltsleistungen	119
Fall 74:	Außergewöhnliche Belastung/Unterstützung	120
Fall 75:	Ausbildungsfreibetrag gem. § 33a Abs. 2 EStG	121
Fall 76:	§ 33a und § 33b EStG	123

Fall 77:	Außergewöhnliche Belastungen (1)	124
Fall 78:	Kinderbetreuungskosten	127
Fall 79:	Außergewöhnliche Belastungen (2)	128

Abschnitt 9: Gewinnermittlung

Vorbemerkungen		130
Fall 80:	Totalschaden eines privaten Kfz bei einer betrieblich veranlassten Fahrt	132
Fall 81:	Überführung eines Wirtschaftsgutes aus dem gewerblichen in das landwirtschaftliche Betriebsvermögen	133
Fall 82:	Einlagefähigkeit von Nutzungen	133
Fall 83:	Bauten auf einem Ehegattengrundstück	135
Fall 84:	Erwerb einer freiberuflichen Praxis auf Rentenbasis	137
Fall 85:	Besteuerung des laufenden Gewinns einer Erbengemeinschaft	141
Fall 86:	Besonderheiten bei der Gewinnermittlung durch Einnahmen-Überschussrechnung nach § 4 Abs. 3 EStG	141
Fall 87:	Schätzung bei Gewinnermittlung nach § 4 Abs. 3 EStG	147
Fall 88:	Betriebsausgabenabzug von Aufwendungen für Geschenke	149
Fall 89:	Betriebsausgabenabzug von Bewirtungskosten	150
Fall 90:	Nicht zeitnahe Verbuchung von Bewirtungskosten	151
Fall 91:	Abzug von Bewirtungskosten in Bagatellfällen	152
Fall 92:	Korrektur von Fehlbuchungen auf dem Bewirtungskostenkonto	153
Fall 93:	Betriebsausgabenabzug für ein häusliches Arbeitszimmer	154
Fall 94:	Anschaffungskosten bei einem Anschaffungsgeschäft in Fremdwährung	155
Fall 95:	Unentgeltlicher Erwerb eines Wirtschaftsgutes aus betrieblichen Gründen	156
Fall 96:	Ausweis von Pensionsrückstellungen in der Steuerbilanz	157
Fall 97:	Pensionszusagen an Gesellschafter-Geschäftsführer von Personengesellschaften	159
Fall 98:	Pensionszusage an Arbeitnehmer-Ehegatten	160
Fall 99:	Ausscheiden eines Wirtschaftsgutes aus dem Betriebsvermögen infolge höherer Gewalt bei Gewinnermittlung nach § 4 Abs. 3 EStG	162
Fall 100:	Gewinnabzug nach § 6b EStG von den Anschaffungskosten eines Gästehauses	163
Fall 101:	Übertragung einer Rücklage nach § 6b EStG auf ein in das Betriebsvermögen eingelegtes Wirtschaftsgut	164

Fall 102: Übertragung eines Veräußerungsgewinns auf ein im Vorjahr angeschafftes bzw. hergestelltes Wirtschaftsgut nach § 6b EStG 165

Fall 103: Betriebserwerb gegen Leibrente mit Wertsicherungsklausel 167

Fall 104: Betriebserwerb gegen Kaufpreisraten mit Wertsicherungsklausel 169

Fall 105: Übergang von der Einnahmen-Überschussrechnung zum Betriebsvermögensvergleich 171

Fall 106: Übergang vom Betriebsvermögensvergleich zur Einnahmen-Überschussrechnung 179

Abschnitt 10: Absetzung für Abnutzung

Fall 107: Abschreibungsbeginn 182

Fall 108: AfA-Fähigkeit von Kunstgegenständen und antiken Möbeln 182

Fall 109: Abschreibung kurzlebiger Wirtschaftsgüter 184

Fall 110: Willkürlich unterlassene AfA 185

Fall 111: Versehentlich unterlassene AfA 186

Fall 112: AfA bei unterlassener Bilanzierung eines Wirtschaftsgutes 187

Fall 113: Ermittlung der AfA-Bemessungsgrundlage und der linearen Gebäude-AfA bei Erwerb eines Wohngebäudes 189

Fall 114: Degressive Gebäude-AfA bei Anschaffung eines Gebäudes im Jahr der Fertigstellung 191

Fall 115: Gebäude-AfA bei nachträglichen Herstellungskosten 194

Fall 116: Hinreichende Konkretisierung bei Vornahme einer Ansparabschreibung 195

Fall 117: AfA bei Erwerb eines Wohnhauses unter Rückbehalt eines Wohnrechts durch den Übergeber 196

Abschnitt 11: Die Einkunftsarten

I. Einkünfte aus Land- und Forstwirtschaft (§§ 13 ff. EStG) 198

Vorbemerkungen 198

Fall 118: Abgrenzung zum Gewerbebetrieb 200

Fall 119: Einkünfte aus Weinbaubetrieb 201

Fall 120: Gewinnermittlung gem. § 13a EStG/Abgrenzung zum Gewerbebetrieb . 202

Fall 121: Gewinnermittlung nach § 4 Abs. 3 EStG/Abgrenzung 205

Fall 122: Gewinnermittlung nach Durchschnittssätzen 207

Vorbemerkungen 207

II. Einkünfte aus Gewerbebetrieb (§§ 15, 15a EStG) 209

Vorbemerkungen 209

Fall 123: Abgrenzung und Gewinnermittlung 210

Fall 124: Gewinnermittlung gem. § 4 Abs. 3 EStG 212
Fall 125: Mitunternehmerschaft 216
Fall 126: Unterbeteiligung 217
Fall 127: Tätigkeitsvergütungen 218
Fall 128: Mitunternehmerschaft/Sondervergütung 220
Fall 129: Familienpersonengesellschaft 222
Fall 130: GmbH & Co. KG 225
Fall 131: GmbH & Co. KG/Sonderbetriebsvermögen 226
Fall 132: Gewinnermittlung GmbH & Co. KG 227
Fall 133: Betriebsaufspaltung 229
Fall 134: Verluste bei beschränkter Haftung (§ 15a EStG) 232
Fall 135: Einlageminderung 235
Fall 136: Haftungsminderung 236
Fall 137: Gewerblicher Grundstückshandel oder private Vermögensverwaltung .. 238
Fall 138: An- und Verkauf von nur zwei Grundstücken 239

III. Einkünfte aus selbständiger Arbeit (§ 18 EStG) 239

Fall 139: Zusammenschluss von Freiberuflern mit berufsfremden Personen 239
Fall 140: Einkünfte einer Freiberufler-GmbH & Co. KG 240
Fall 141: Fortführung einer Arztpraxis durch die Erben mit Hilfe eines
         Arztvertreters 241
Fall 142: Abschreibung des Praxiswerts bei Aufnahme eines Sozius 241
Fall 143: Abschreibung des Praxiswerts bei Gründung einer Freiberufler-GmbH . 243
Fall 144: Vergütungen einer Personengesellschaft an einen an ihr beteiligten
         Freiberufler 244
Fall 145: Gründung einer Freiberuflersozietät durch Einbringung einer
         Einzelpraxis 245

IV. Besteuerung der Veräußerungsgewinne i. S. der §§ 16 und 18 Abs. 3 EStG ... 246

Vorbemerkungen 246
Fall 146: Betriebsveräußerung gegen Leibrente mit Wertsicherungsklausel 250
Fall 147: Betriebsveräußerung gegen Einmalbetrag und Leibrente 253
Fall 148: Ablösung einer betrieblichen Veräußerungsrente durch eine
         Einmalzahlung 254
Fall 149: Betriebsveräußerung gegen Zeitrente 255
Fall 150: Veräußerung einer zum Betriebsvermögen gehörenden 100%igen
         Beteiligung an einer Kapitalgesellschaft 257

Inhaltsverzeichnis

Fall 151: Aufgabe einer zum Betriebsvermögen gehörenden 100%igen Beteiligung an einer Kapitalgesellschaft 258

Fall 152: Realteilung einer OHG 260

Fall 153: Realteilung einer KG unter Anwendung der Kapitalkontenanpassungsmethode 261

Fall 154: Realteilung einer OHG unter Zuteilung von in das Privatvermögen überführten Einzelwirtschaftsgütern 262

Fall 155: Realteilung mit Spitzenausgleich 263

Fall 156: Betriebsübertragung im Wege der vorweggenommenen Erbfolge bei negativem Kapitalkonto 265

Fall 157: Veräußerung eines Erbteils an einer gewerblich tätigen Personengesellschaft 267

Fall 158: Abfindung eines weichenden Miterben mit einem zum geerbten Betrieb gehörenden Wirtschaftsgut (Sachwertabfindung) 268

Fall 159: Vererbung eines Mitunternehmeranteils bei einfacher Nachfolgeklausel 269

Fall 160: Vererbung eines Mitunternehmeranteils bei qualifizierter Nachfolgeklausel 270

Fall 161: Veräußerung einer freiberuflichen Praxis 272

Fall 162: Aufgabe einer freiberuflichen Praxis 273

Fall 163: Teilentgeltliche Betriebsveräußerung 274

Fall 164: Entgeltliche Veräußerung eines Mitunternehmeranteils 275

Fall 165: Gesellschafterwechsel bei einer Personengesellschaft: Kaufpreis unter Buchwert 276

Fall 166: Veräußerung eines Teils eines Mitunternehmeranteils 277

Fall 167: Ausscheiden eines lästigen Gesellschafters aus einer Personengesellschaft 278

Fall 168: Behandlung von Sonderbetriebsvermögen anlässlich der Veräußerung eines Mitunternehmeranteils 279

Fall 169: Unentgeltliche Übertragung eines Mitunternehmeranteils unter Zurückbehaltung von Sonderbetriebsvermögen 280

Fall 170: Unentgeltliche Übertragung eines Teils eines Mitunternehmeranteils unter Zurückbehaltung von Sonderbetriebsvermögen 282

Fall 171: Ermittlung des begünstigten Gewinns bei Einbringung eines Einzelunternehmens in eine Personengesellschaft zum Teilwert 283

Fall 172: Auflösung von steuerfreien Rücklagen anlässlich einer Betriebsveräußerung 284

Fall 173: Bildung einer Rücklage nach § 6b EStG anlässlich einer Betriebsveräußerung 285

13

Fall 174: Verkauf eines Einzelunternehmens an eine GmbH 285
Fall 175: Behandlung des Firmenwerts bei Aufgabe eines verpachteten Betriebs . 286
Fall 176: Umgestaltung der Betriebsräume bei Betriebsverpachtung 287
Fall 177: Freibetrag bei einer sich über zwei Veranlagungszeiträume erstreckenden Betriebsaufgabe 289
Fall 178: Einmalige Gewährung des Freibetrags 290
Fall 179: Freibetrag bei Veräußerung des ganzen Gewerbebetriebs einer Personengesellschaft 291
Fall 180: Freibetrag wegen dauernder Berufsunfähigkeit 292
Fall 181: Ausfall der aufgrund einer Betriebsveräußerung entstandenen Kaufpreisforderung 292

V. Veräußerung von Anteilen an Kapitalgesellschaften (§ 17 EStG) 293

Fall 182: Veräußerung einer GmbH-Beteiligung nach unentgeltlichem Erwerb .. 293
Fall 183: Relevante Beteiligung bei eigenen Anteilen der Kapitalgesellschaft ... 295
Fall 184: Zeitpunkt der Entstehung eines Veräußerungsgewinns nach § 17 EStG . 296
Fall 185: Veräußerung einer GmbH-Beteiligung teils innerhalb, teils außerhalb der Spekulationsfrist 297
Fall 186: Höhe des Freibetrags bei Gewinnen aus der Veräußerung von Anteilen an Kapitalgesellschaften 298
Fall 187: Verdeckte Einlage einer GmbH-Beteiligung in eine Kapitalgesellschaft . 300
Fall 188: Unmittelbare und mittelbare Beteiligung an einer Kapitalgesellschaft .. 301

VI. Einkünfte aus nichtselbständiger Arbeit (§ 19 EStG) 302

Vorbemerkungen 302
Fall 189: Leistungen des Arbeitgebers 303
Fall 190: Werbungskosten/Einkunftsermittlung 304
Fall 191: Einkünfte/Werbungskosten (insbesondere Reisekosten) 305
Fall 192: Einkünfte/Sachbezug/Arbeitszimmer 307
Fall 193: Doppelte Haushaltsführung 310

VII. Einkünfte aus Kapitalvermögen (§ 20 EStG) 311

Fall 194: Besteuerung von Dividenden 311
Fall 195: Gewinn- und Verlustbeteiligung eines stillen Gesellschafters 312
Fall 196: Negatives Einlagekonto eines stillen Gesellschafters 313
Fall 197: Veräußerung einer typisch stillen Beteiligung an einen Dritten 314
Fall 198: Aufgabe einer stillen Beteiligung gegen Abfindung durch den Geschäftsinhaber 315
Fall 199: Verlust der Einlage eines stillen Gesellschafters 316

Fall 200: Verdeckte Gewinnausschüttung wegen Vorteilsgewährung an nahe stehende Person 317

Fall 201: Gewährung eines zinslosen Darlehens durch eine GmbH als verdeckte Gewinnausschüttung 318

Fall 202: Werbungskostenabzug von Schuldzinsen bei kreditfinanziertem Aktienkauf 319

Fall 203: Werbungskostenabzug von Schuldzinsen bei kreditfinanziertem Erwerb einer GmbH-Beteiligung 320

VIII. Einkünfte aus Vermietung und Verpachtung (§ 21 EStG) 321

Vorbemerkungen 321

Fall 204: Veräußerung von Miet- und Pachtzinsforderungen 322

Fall 205: Herstellungskosten 322

Fall 206: Einkunftsermittlung 324

Fall 207: Einkunftsermittlung/Unentgeltlicher Erwerb/Werbungskosten 326

Fall 208: Einkunftsermittlung/Werbungskosten 328

Fall 209: Zuwendungsnießbrauch/Werbungskosten 331

Fall 210: Entgeltlicher Erwerb/Vorbehaltswohnrecht 335

Fall 211: Nießbrauch 337

Fall 212: Vorbehaltsnießbrauch 339

Fall 213: Obligatorische Nutzungsrechte 341

Fall 214: Erbauseinandersetzung 344

IX. Sonstige Einkünfte (§ 22 EStG) 346

Fall 215: Veräußerung eines Wohnhauses gegen Leibrente 346

Fall 216: Veräußerung eines Mietwohngrundstücks gegen Leibrente mit Wertsicherungsklausel 347

Fall 217: Veräußerung eines Mietwohngrundstücks gegen dauernde Last 349

Fall 218: Betriebsübertragung gegen private Versorgungsleibrente 351

Fall 219: Kauf eines teils selbst genutzten und teils zum Vermieten bestimmten Hauses auf Rentenbasis 352

Fall 220: Veräußerungsleibrente bei mehreren Rentenberechtigten 355

Fall 221: Herabsetzung einer gemeinsamen Rente nach dem Tod eines Berechtigten 356

Fall 222: Ertragsanteil einer Ehegatten nacheinander zustehenden Rente 357

Fall 223: Ertragsanteil einer abgekürzten Leibrente 357

Fall 224: Ertragsanteil einer verlängerten Leibrente 358

Fall 225: Besteuerung einer Mehrbedarfsrente 359

Fall 226: Besteuerung einer Altersrente aus der gesetzlichen Rentenversicherung mit Rentenbeginn vor 2005 361

Fall 227: Besteuerung einer Altersrente aus der gesetzlichen Rentenversicherung mit Rentenbeginn ab 2005 362

Fall 228: Besteuerung einer Witwenrente aus der gesetzlichen Rentenversicherung mit Rentenbeginn ab 2005 363

Fall 229: Besteuerung einer Witwenrente nach vorhergehender Versichertenrente 364

Fall 230: Veräußerung eines geschenkten Grundstücks innerhalb von 10 Jahren seit Anschaffung 366

Fall 231: Einkünfte aus privaten Veräußerungsgeschäften bei Herstellung eines Gebäudes 366

Fall 232: Einkünfte aus privaten Veräußerungsgeschäften beim Kauf und Verkauf von Aktien bis 2004 367

Fall 233: Einkünfte aus privaten Veräußerungsgeschäften beim Verkauf von Aktien aus einem Sammeldepot ab 2005 369

Fall 234: Ermittlung und Besteuerungszeitpunkt eines Gewinns aus privaten Veräußerungsgeschäften 371

Fall 235: Freigrenze bei Gewinnen aus privaten Veräußerungsgeschäften 372

Fall 236: Ausgleich von Verlusten aus privaten Veräußerungsgeschäften 373

Fall 237: Entnahme eines Grundstücks als Anschaffungsgeschäft i. S. von § 23 EStG 374

X. Entschädigungen, nachträgliche Einkünfte, Nutzungsvergütungen (§ 24 EStG) 375

Fall 238: Entschädigung für vorzeitige Auflösung eines Mietverhältnisses 375

Fall 239: Entschädigung für die Aufgabe einer Tätigkeit 377

Fall 240: Ausgleichszahlung an einen Versicherungsvertreter nach § 89b HGB .. 377

Fall 241: Nachträgliche Einkünfte als Rechtsnachfolger 378

XI. Altersentlastungsbetrag (§ 24a EStG) 379

Fall 242: Altersentlastungsbetrag für den VZ 2004 im Fall der Zusammenveranlagung von Ehegatten 379

Fall 243: Altersentlastungsbetrag ab VZ 2005 im Fall der Zusammenveranlagung von Ehegatten 381

Fall 244: Altersentlastungsbetrag bei Einzelveranlagung 383

Abschnitt 12: Veranlagung von Ehegatten

Vorbemerkungen 384

Fall 245: Voraussetzungen der Ehegattenveranlagung 384

Fall 246: Veranlagungsarten bei Ehegatten 385

Fall 247: Zusammenveranlagung 386

Fall 248: Besondere Veranlagung (1) 388
Fall 249: Besondere Veranlagung (2) 389
Fall 250: Getrennte Veranlagung 390
Fall 251: Zurechnung der Einkünfte von Ehegatten 394
Fall 252: Zurechnung der Einkünfte aus Land- und Forstwirtschaft bei Ehegatten 396
Fall 253: Zurechnung der Einkünfte aus Gewerbebetrieb 397
Fall 254: Zurechnung bei Baubetrieb 397
Fall 255: Zurechnung der Einkünfte von Eltern und Kindern 398

Abschnitt 13: Steuertarif
Außerordentliche Einkünfte (§ 34 EStG) 400
Vorbemerkungen 400
Fall 256: Veräußerungsgewinn 400
Fall 257: Versteuerung einer Abfindung 402
Steuerermäßigung bei ausländischen Einkünften 403
Vorbemerkungen 403
Fall 258: Beschränkte Anrechenbarkeit ausländischer Steuern 403
Fall 259: Anrechenbarkeit bei ausländischen Einkünften aus mehreren Staaten .. 405
Fall 260: Auslandstätigkeitserlass 406
Steuerermäßigung bei Einkünften aus Gewerbebetrieb 406
Vorbemerkungen 406
Fall 261: Ermäßigung bei einem Einzelunternehmen 407
Fall 262: Ermäßigung bei negativen gewerblichen Einkünften 408
Fall 263: Ermäßigung bei Personengesellschaften 409

Abschnitt 14: Entrichtung der Einkommensteuer

Abschnitt 15: Besteuerung beschränkt Steuerpflichtiger
Vorbemerkungen 411
Fall 264: Einkünfte aus inländischem Gewerbebetrieb und aus Vermietung und Verpachtung 411
Fall 265: Erweiterte beschränkte Steuerpflicht (§§ 2, 6 AStG) 412

Abschnitt 16: Förderung des selbstgenutzten Wohneigentums
Vorbemerkungen 415
Fall 266: Objektbeschränkung und Eigenheimzulage 416
Fall 267: Eigenheimzulage mit Zusatzförderung 417
Fall 268: Fördergrundbetrag bei Tod/Scheidung eines Ehegatten 419

Inhaltsverzeichnis

Fall 269: Eigenheimzulage 420
Fall 270: Eigenheimzulage bei Folgeobjekt 422
Fall 271: Erbauseinandersetzung und Eigenheimzulage 423
Fall 272: Vorweggenommene Erbfolge und Eigenheimzulage 424
Fall 273: Eigenheimzulage 2003/2004 426
Stichwortverzeichnis 429

Literaturhinweise

Amtliche Steuerrichtlinien, NWB-Karteiwerke, Loseblattwerk, Herne/Berlin

Blödtner/Bilke/Heining, Lehrbuch Buchführung und Bilanzsteuerrecht, 6. Auflage, Herne/Berlin 2005

Blümich/Falk, Einkommensteuergesetz, Loseblatt, München

Frotscher, Kommentar zum Einkommensteuergesetz, Loseblatt, Freiburg i. Br.

Herrmann/Heuer/Raupach, Einkommensteuergesetz und Körperschaftsteuergesetz mit Nebengesetzen, Loseblatt, Köln

Hoffmann, Einführung in die Körperschaftsteuer, 2. Auflage, Herne/Berlin 2003

Kirchhof/Söhn, Einkommensteuergesetz, Loseblatt, Köln

Koltermann, Fallsammlung Bilanzsteuerrecht, 12. Auflage, Herne/Berlin 2005

Lademann/Söffing/Brockhoff, Kommentar zum Einkommensteuergesetz, Loseblatt, Stuttgart/München/Hannover

Lammsfuß/Mielke, Fallsammlung Internationales Steuerrecht, 6. Auflage, Herne/Berlin 2002

Rick/Gierschmann/Gunsenheimer/Martin/Schneider, Lehrbuch der Einkommensteuer, 13. Auflage, Herne/Berlin 2005

Schmidt, Einkommensteuergesetz, 24. Auflage, München 2005

Wilke, Lehrbuch des internationalen Steuerrechts, 7. Auflage, Herne/Berlin 2002

Abkürzungsverzeichnis

a. A.	anderer Ansicht
a. a. O.	am angegebenen Ort
a. o.	außerordentlich(er)
Abs.	Absatz
Abschn.	Abschnitt
a. E.	am Ende
a. F.	alte(r) Fassung
AfA	Absetzungen für Abnutzung
AfS	Absetzungen für Substanzverringerung
AG	Aktiengesellschaft
a. g. B.	außergewöhnliche Belastungen
AIG	Auslandsinvestitionsgesetz
AK	Anschaffungskosten
AktG	Aktiengesetz
AN	Arbeitnehmer
AO	Abgabenordnung
Art.	Artikel
AStG	Außensteuergesetz
BA	Betriebsausgabe
BewG	Bewertungsgesetz
Bf	Buchführung
BFH	Bundesfinanzhof
BFH/NV	Sammlung amtlich nicht veröffentlichter Entscheidungen des BFH
BGB	Bürgerliches Gesetzbuch
BGBl	Bundesgesetzblatt
BGH	Bundesgerichtshof
BiRiLiG	Bilanzrichtlinien-Gesetz
BKGG	Bundeskindergeldgesetz
BMF	Bundesminister(ium) der Finanzen
BMG	Bemessungsgrundlage
BStBl	Bundessteuerblatt
Buchst.	Buchstabe
BV	Betriebsvermögensvergleich
BVerfG	Bundesverfassungsgericht
BW	Buchwert
bzgl.	bezüglich
DBA	Doppelbesteuerungsabkommen
dgl.	dergleichen
d. h.	das heißt
EFG	Entscheidungen der Finanzgerichte (Zeitschrift)
EFH	Einfamilienhaus
EigZulG	Eigenheimzulagengesetz
einschl.	einschließlich
ESt	Einkommensteuer
EStDV	Einkommensteuer-Durchführungsverordnung
EStG	Einkommensteuergesetz
EStH	Einkommensteuer-Hinweise
EStR	Einkommensteuer-Richtlinien
EW	Einheitswert
f., ff.	folgend(e), fortfolgende

Abkürzungsverzeichnis

FA	Finanzamt
FG	Finanzgericht
FinVerw	Finanzverwaltung
FR	Finanzrundschau (Zeitschrift)
GdE	Gesamtbetrag der Einkünfte
gem.	gemäß
GG	Grundgesetz
ggf.	gegebenenfalls
GmbH	Gesellschaft mit beschränkter Haftung
grds.	grundsätzlich
GrS	Großer Senat
H	Hinweis
HB	Handelsbilanz
HBeglG	Haushaltsbegleitgesetz
HFR	Höchstrichterliche Finanzrechtsprechung (Zeitschrift)
HGB	Handelsgesetzbuch
HK	Herstellungskosten
i. d. F.	in der Fassung
i. d. R.	in der Regel
i. S.	im Sinne
i. V. m.	in Verbindung mit
KapESt	Kapitalertragsteuer
KapGes	Kapitalgesellschaft
Kfz	Kraftfahrzeug
KG	Kommanditgesellschaft
KiSt	Kirchensteuer
Kj.	Kalenderjahr
KSt	Körperschaftsteuer
KStDV	Körperschaftsteuer-Durchführungsverordnung
KStG	Körperschaftsteuergesetz
LSt	Lohnsteuer
LStDV	Lohnsteuer-Durchführungsverordnung
LStH	Lohnsteuer-Hinweise
LStR	Lohnsteuer-Richtlinien
LuF	Land- und Forstwirtschaft
Mio.	Million
mtl.	monatlich
MU	Mitunternehmer
NBE	Nießbraucherlass
ND	Nutzungsdauer
Nr.	Nummer
n. v.	nicht veröffentlicht
NWB	Neue Wirtschafts-Briefe (Zeitschrift)
OFD	Oberfinanzdirektion
p. a.	per annum (jährlich)
PB	Pauschbetrag
PersGes	Personengesellschaft
p. r. t.	pro rata temporis (zeitanteilig)
R	Richtlinie (Zitierweise der EStR ab 1993)

Rdn.	Randnummer
rkr.	rechtskräftig
S.	Seite
SA	Sonderausgaben
SBV	Sonderbetriebsvermögen
sog.	so genannte(r)
SolZG	Solidaritätszuschlaggesetz
StÄndG	Steueränderungsgesetz
StB	Steuerbilanz
StEK	Steuererlasse in Karteiform (Zeitschrift)
StEntlG	Steuerentlastungsgesetz
SteuerStud	Steuer und Studium (Zeitschrift)
StMBG	Missbrauchsbekämpfungs- und Steuerbereinigungsgesetz
Stpfl.	Steuerpflichtige(r)
StPO	Strafprozessordnung
StSenkG	Steuersenkungsgesetz
TW	Teilwert
Tz.	Textziffer
u. E.	unseres Erachtens
UmwStG	Umwandlungssteuergesetz
u. U.	unter Umständen
vGA	verdeckte Gewinnausschüttung
vgl.	vergleiche
v. H.	vom Hundert
VO	Verordnung
VuV	Vermietung und Verpachtung
VZ	Veranlagungszeitraum
WG	Wirtschaftsgut bzw. -güter
Wj.	Wirtschaftsjahr
WK	Werbungskosten
z. B.	zum Beispiel
zzgl.	zuzüglich
zzt.	zurzeit

Abschnitt 1: Einleitung

(Einstweilen unbesetzt)

Abschnitt 2: Steuerpflicht

Vorbemerkungen

Das EStG unterscheidet zwischen persönlicher und sachlicher Steuerpflicht. Die persönliche Steuerpflicht betrifft die Frage, welcher Personenkreis unter das EStG fällt, also der deutschen Einkommensbesteuerung unterliegt. Die sachliche Steuerpflicht betrifft die Frage, ob ein Tatbestand verwirklicht ist, der eine Einkommensteuerschuld entstehen lässt.

Der persönlichen Steuerpflicht unterliegen nur natürliche Personen, unabhängig von Staatsangehörigkeit, Alter und ähnlichen Merkmalen. Dabei wird zwischen der unbeschränkten und der beschränkten Einkommensteuerpflicht unterschieden.

Die unbeschränkte Einkommensteuerpflicht (§ 1 Abs. 1 EStG) setzt einen Wohnsitz i. S. von § 8 AO oder einen gewöhnlichen Aufenthalt i. S. von § 9 AO im Inland voraus. Sie erstreckt sich im Prinzip auf sämtliche Einkünfte i. S. des § 2 Abs. 1 EStG, die im Inland und Ausland erzielt werden (sog. Welteinkommen), soweit nicht für bestimmte Einkünfte abweichende Regelungen bestehen, z. B. in Doppelbesteuerungsabkommen.

Die unbeschränkte Steuerpflicht erfährt durch § 1 Abs. 2 EStG eine personelle Erweiterung. Danach erstreckt sich die unbeschränkte Einkommensteuerpflicht unter bestimmten Voraussetzungen auch auf deutsche Staatsangehörige, die zwar keinen Wohnsitz oder gewöhnlichen Aufenthalt im Inland haben, die jedoch zu einer inländischen juristischen Person des öffentlichen Rechts in einem Dienstverhältnis stehen und dafür Arbeitslohn aus einer inländischen öffentlichen Kasse beziehen, z. B. deutsche Diplomaten im Ausland (BFH I R 38/91, BStBl 1992 II 548).

Beschränkt steuerpflichtig sind – vorbehaltlich des § 1 Abs. 2 und 3 und des § 1a EStG – natürliche Personen, die im Inland weder einen Wohnsitz noch ihren gewöhnlichen Aufenthalt haben (§ 1 Abs. 4 EStG). Voraussetzung ist, dass die natürliche Person inländische Einkünfte i. S. des § 49 EStG hat und das Besteuerungsrecht für diese Einkünfte der Bundesrepublik zusteht (BFH I R 219/82, BStBl 1990 II 701). Die beschränkte Steuerpflicht erstreckt sich nur auf inländische Einkünfte i. S. des § 49 EStG. Beschränkt Steuerpflichtige, also Personen, die keinen Wohnsitz oder gewöhnlichen Aufenthalt im Inland haben, aber inländische Einkünfte i. S. des § 49 EStG beziehen, können allerdings unter den Voraussetzungen des § 1 Abs. 3 EStG die Behandlung als unbeschränkt Steuerpflichtige beantragen.

Die beschränkte Steuerpflicht erfährt durch § 2 Abs. 1 Satz 1 AStG eine sachliche Erweiterung. Danach unterliegt eine natürliche Person, die unbeschränkt einkommensteuerpflichtig war und in ein Niedrigsteuerland – eine „Steueroase" – verzogen ist, unter bestimmten Voraussetzungen der sog. erweiterten beschränkten Steuerpflicht.

Fall 1
Beibehaltung des Hauptwohnsitzes im Ausland

Sachverhalt: A ist in Aachen als selbständiger Zahnarzt tätig. Er bewohnt dort in gehobener Wohnlage ein ihm gehörendes Einfamilienhaus. Anlässlich eines Urlaubs lernt er die in den Niederlanden wohnende und dort ebenfalls eine Zahnarztpraxis betreibende B kennen. A und B beschließen zu heiraten. Die Heirat findet am 1. 9. 01 in Aachen statt. Ab diesem Zeitpunkt wohnen die Eheleute zusammen in dem A gehörenden Einfamilienhaus. B behält ihren Hauptwohnsitz in den Niederlanden zunächst bei. In der Wohnung in Aachen hält sie sich regelmäßig an den Wochenenden, zuweilen auch während der Woche auf.

Frage: Ab welchem Zeitpunkt ist B unbeschränkt einkommensteuerpflichtig?

Literaturhinweis: *Lehrbuch Einkommensteuer*, Rdn. 20 ff., 28

➔ Lösung

Natürliche Personen sind unbeschränkt einkommensteuerpflichtig, wenn sie im Inland ihren Wohnsitz oder gewöhnlichen Aufenthalt haben (§ 1 Abs. 1 EStG). Was „Wohnsitz" i. S. dieser Regelung ist, bestimmt sich nach § 8 AO (BFH I R 100/99, BFH/NV 2001 S. 1402, und I R 15/01, BFH/NV 2002 S. 1411). Hiernach hat jemand einen Wohnsitz dort, wo er eine Wohnung unter Umständen innehat, die darauf schließen lassen, dass er die Wohnung beibehalten und benutzen wird (§ 8 AO). Neben dem Innehaben einer Wohnung, also der Möglichkeit, über sie tatsächlich verfügen zu können, ist also zusätzlich erforderlich, dass sie dadurch als Bleibe dient, dass sie ständig oder doch mit einer gewissen Regelmäßigkeit und Gewohnheit genutzt wird (BFH VI R 89/00, BFH/NV 2001 S. 1018).

Ehegatten, die nicht dauernd getrennt leben, können verschiedene Wohnungen und damit verschiedene Wohnsitze haben. Die Eheschließung allein führt also nicht ohne weiteres dazu, dass die Wohnung des einen Ehegatten auch dem anderen Ehegatten als Wohnung zuzurechnen ist. Im vorliegenden Fall haben A und B jedoch eine gemeinsame Familienwohnung begründet; diese befindet sich in Aachen. B hat somit ab 1. 9. 01 „eine" Wohnung im Inland inne. Dem Wortlaut des § 1 EStG ist nicht zu entnehmen, dass nur derjenige Wohnsitz zur unbeschränkten Steuerpflicht führt, der zugleich der Mittelpunkt der Lebensinteressen der Person darstellt. Im Gegenteil geht die Vorschrift, indem sie ohne weitere Unterscheidung nur das Vorliegen „eines" Wohnsitzes verlangt, erkennbar von der Gleichwertigkeit aller Wohnsitze einer bestimmten Person aus. Insbesondere enthält sie keinen Anknüpfungspunkt für eine Differenzierung zwischen „Hauptwohnsitz" und „Nebenwohnsitz". Dasselbe gilt im Hinblick auf § 8 AO. Vor diesem Hintergrund verbietet sich die Annahme, dass nur ein – in welcher Weise auch immer – „qualifizierter" Wohnsitz zur unbeschränkten Einkommensteuerpflicht führt. In welchem zeitlichen Umfang B die Wohnung in Aachen im Jahr 01 genutzt hat, ist unerheblich. Durch die Rechtsprechung ist geklärt, dass auch unregelmäßige Aufenthalte in einer Wohnung zur Aufrechterhaltung des dortigen Wohnsitzes führen können (BFH I B 83/98, BFH/NV 2000 S. 673).

B ist daher ab 1. 9. 01 unbeschränkt einkommensteuerpflichtig. Dass sie ihre bisherige Wohnung in den Niederlanden beibehält, ist für diese Beurteilung ohne Bedeutung. Ein inländischer Wohnsitz führt auch dann zur unbeschränkten Einkommensteuerpflicht, wenn der Mittelpunkt der Lebensinteressen sich im Ausland befindet. § 1 EStG setzt für die unbeschränkte Steuerpflicht das Bestehen „eines" Wohnsitzes im Inland voraus. Hieraus folgt, dass es ausreicht, wenn eine natürliche Person mehrere Wohnsitze hat und sich nur ein einziger von ihnen im Inland befindet (BFH v. 24. 1. 2001 I R 100/99, BFH/NV 2001 S. 1402).

Fall 2
Wohnsitz eines Kindes während des Auslandsstudiums

Sachverhalt: Die Eheleute A betreiben in München eine ärztliche Gemeinschaftspraxis. Ihr lediger (volljähriger) Sohn B ist am Wohnsitz seiner Eltern – in München – polizeilich gemeldet, wo ihm im Haus der Eltern ein Zimmer zur Verfügung steht. B studiert an der Universität Innsbruck in Österreich Medizin. Dort bewohnt er ein möbliertes Zimmer. B hat die Universitätsstadt als Zweitwohnsitz gemeldet. Die Wochenenden verbringt er – soweit möglich – ebenso wie die Semesterferien in München, im Jahr ca. fünf Monate. Die Studienkosten bestreitet B zum einen aus regelmäßigen monatlichen Barzuwendungen seiner Eltern, zum anderen aus Einnahmen aus Aushilfstätigkeiten, die er in den Semesterferien im Inland ausübt.

Frage: Ist B unbeschränkt einkommensteuerpflichtig?

Literaturhinweis: *Lehrbuch Einkommensteuer*, Rdn. 38 ff.

➤ Lösung

Begibt sich ein Kind zum Zwecke des Studiums für mehrere Jahre ins Ausland, behält es seinen Wohnsitz in der Wohnung der Eltern im Inland nur dann bei, wenn es diese Wohnung zum zwischenzeitlichen Wohnen in ausbildungsfreien Zeiten nutzt (BFH VI R 165/99, BStBl 2001 II, 279; VI R 107/99, BStBl 2001 II 294, und VIII B 132/04, BFH/NV 2004, 1639). Für die Frage, ob das Kind seinen Wohnsitz im Inland beibehalten hat, kommt es maßgeblich auf die Dauer des Auslandsaufenthalts sowie bei lang andauernden Auslandsaufenthalten darauf an, für welche Zeiträume sich die Kinder jeweils im Jahr im Inland aufhalten. Auch bei lang andauernden Auslandsaufenthalten kann ein Inlandsaufenthalt weiter bestehen, wenn sich das Kind – wie vorliegend B – ca. fünf Monate bei den Eltern im Inland aufhält (BFH VI R 165/99, BStBl 2001 II, 279; VI R 107/99, BStBl 2001 II 294). B ist danach unbeschränkt einkommensteuerpflichtig. Anzumerken ist, dass für den Wohnsitz des Kindes im Inland z. B. die Eltern, wenn sie für das Kind Kindergeld oder den Kinderfreibetrag erhalten wollen, die Feststellungslast tragen (vgl. die Urteilsanmerkung von *Pust*, HFR 2001 S. 464).

Fall 3
Gewöhnlicher Aufenthalt im Inland

Sachverhalt: Anlässlich eines Besuchs einer in Freiburg wohnenden Freundin hat die Französin Nicole Roussel (R) den Bankkaufmann Anton Aumann (A) kennen gelernt. Nach mehreren gegenseitigen Besuchen beschließen R und A zu heiraten. Die Heirat findet am 12. 10. 01 in Freiburg statt.

Bis Anfang Oktober 01 hat R in Paris gewohnt und dort als Sekretärin gearbeitet. Seit dem 5. 10. 01 befindet sie sich in Deutschland. Nach ihrer Hochzeit arbeitet sie als Schreibkraft im elterlichen Betrieb ihrer Freundin, bei der sie auch übernachtet, weil die Wohnung ihres Ehemannes bzw. ihrer Schwiegereltern wegen der geringen Größe die Unterbringung einer weiteren Person nicht zulässt.

A und R beginnen noch im Oktober 01 mit dem Bau eines Einfamilienhauses, das Anfang April 02 fertig gestellt wird. Die Eheleute ziehen am 10. 4. 02 in ihr neues Haus ein und begründen dort eine gemeinsame Familienwohnung. R überrascht ihren Ehemann beim Einzug mit einem Perserteppich, den sie von ihren Eltern geschenkt erhielt, als sie diese zu Weihnachten besucht hat, und zwar in der Zeit vom 20. bis 30. 12. 01.

Frage: Ist R im Veranlagungszeitraum 01 unbeschränkt einkommensteuerpflichtig?

Literaturhinweis: *Lehrbuch Einkommensteuer*, Rdn. 31 ff.

➔ Lösung

R unterliegt vom 1. 1. bis 4. 10. 01 nicht der deutschen Einkommensbesteuerung. Sie hat während dieser Zeit weder ihren Wohnsitz oder gewöhnlichen Aufenthalt im Inland noch bezieht sie inländische Einkünfte i. S. des § 49 EStG.

Ab dem 5. 10. 01 ist sie unbeschränkt einkommensteuerpflichtig, so dass sie für das Jahr 01 mit ihrem Ehemann zusammenveranlagt werden kann (§ 26 Abs. 1 EStG). R begründet im Jahr 01 im Inland zwar keinen Wohnsitz; denn die Übernachtungsmöglichkeit bei ihrer Freundin stellt keine Wohnung i. S. des § 8 AO dar. Es liegt jedoch ein die unbeschränkte Steuerpflicht begründender gewöhnlicher Aufenthalt i. S. des § 9 AO vor. Den gewöhnlichen Aufenthalt hat jemand dort, wo er sich unter Umständen aufhält, die erkennen lassen, dass er an diesem Ort bzw. in diesem Gebiet nicht nur vorübergehend verweilt (§ 9 Satz 1 AO). Ein zeitlich zusammenhängender Aufenthalt im Inland von mehr als sechs Monaten ist unwiderlegbar als gewöhnlicher Aufenthalt anzusehen (§ 9 Satz 2 AO).

Die Frist ist unabhängig vom Veranlagungszeitraum zu berechnen; es ist also nicht Voraussetzung, dass sie in einem Veranlagungszeitraum vorgelegen hat (BFH I R 51/78, BStBl 1982 II, 452). Entscheidend ist der zusammenhängende Zeitraum von mehr als sechs Monaten. Die Sechsmonatsfrist beginnt nach dem Tag der Einreise in das Inland, hier also am 6. 10. 01 (§ 187 Abs. 1 BGB i. V. m. § 108 AO). Kurzfristige Unterbrechungen bleiben unberücksichtigt (§ 9 Satz 2 2. Halbsatz AO). Durch den vorübergehenden Auslandsaufenthalt der R zu Weihnachten 01 wird also die Sechsmonatsfrist nicht gehemmt. Die Frist endet mit dem Ablauf des Tages des sechsten Monats, der durch seine Zahl dem Tag der Aufenthaltsbegründung entspricht (§ 188 Abs. 2 BGB).

Beträgt der gewöhnliche Aufenthalt – wie hier – mehr als sechs Monate, erstreckt sich die Steuerpflicht auch auf die ersten sechs Monate. R ist daher bereits seit Begründung des gewöhnlichen Aufenthalts im Jahr 01 unbeschränkt einkommensteuerpflichtig.

Fall 4
Ende der persönlichen Steuerpflicht im Todesfall

Sachverhalt: S ist Alleinerbe seines am 30. 9. 02 verstorbenen Vaters V. Der Vater hat in Mainz ein Reisebüro betrieben, das S, der ebenfalls in Mainz wohnt, ab dem Todestag fortführt.

Der Gewinn wird nach einem abweichenden Wirtschaftsjahr ermittelt, das jeweils vom 1. 3. bis 28. bzw. 29. 2. des folgenden Jahres läuft. Der Gewinn
- für das Wirtschaftsjahr vom 1. 3. 01 bis 28. 2. 02 beläuft sich auf 90 000 € und
- der des Wirtschaftsjahres vom 1. 3. 02 bis 28. 2. 03 auf 120 000 €.

Eine Zwischenbilanz ist zum Todestag nicht erstellt worden. S hat im Jahr 02 keine (weiteren) Einkünfte bezogen.

Fragen:
1. Wann endet die persönliche Steuerpflicht des Erblassers V?
2. In welcher Höhe ist der Gewinn bei der Veranlagung 02 dem Erblasser V zuzurechnen?
3. Ist S im Veranlagungszeitraum 02 unbeschränkt steuerpflichtig?

Literaturhinweis: *Lehrbuch Einkommensteuer*, Rdn. 47 ff.

 Lösung

Zu 1.

Der unbeschränkten Einkommensteuerpflicht unterliegen natürliche Personen (§ 1 Abs. 1 EStG). Die Rechtsfähigkeit natürlicher Personen und damit deren persönliche Steuerpflicht beginnt mit Vollendung der Geburt und endet mit dem Tod. Erblasser V ist folglich bis zu seinem Todestag unbeschränkt einkommensteuerpflichtig, mit seinem Tode endet die persönliche Steuerpflicht (BFH I R 100/71, BStBl 1973 II, 544).

Zu 2.

Da die persönliche Steuerpflicht des V am 30. 9. 02 endet, muss er mit den bis zu diesem Zeitpunkt angefallenen Einkünften aus Gewerbebetrieb zur Einkommensteuer veranlagt werden (BFH I R 100/71, BStBl 1973 II, 544). Hat die Steuerpflicht nicht während des vollen Veranlagungszeitraums bestanden, wird nur das während der Steuerpflicht bezogene Einkommen zugrunde gelegt (abgekürzter Ermittlungszeitraum). Der Erblasser V hat

Abschnitt 2: Steuerpflicht

demnach im Veranlagungszeitraum 02 außer dem Gewinn des Wirtschaftsjahres 01/02 von 90 000 € auch den vom Beginn des Wirtschaftsjahres 02/03 (1. 3. 02) bis zum 30. 9. 02 angefallenen Gewinn zu versteuern. Da zum Todestag keine Zwischenbilanz aufgestellt worden ist, muss der Gewinn des Wirtschaftsjahres 02/03 im Schätzungswege auf V und S aufgeteilt werden. Eine zeitanteilige Aufteilung ist zulässig und in der Praxis üblich. Auf V entfällt danach ein Gewinn von ($^7/_{12}$ von 120 000 € =) 70 000 €. Bei der Einkommensteuerveranlagung des V für das Jahr 02 sind daher die Einkünfte aus Gewerbebetrieb mit (90 000 € + 70 000 € =) 160 000 € anzusetzen. Eine Umrechnung dieser während der persönlichen Steuerpflicht bezogenen Einkünfte auf einen Jahresbetrag findet nicht statt. S schuldet als Erbe die angefallene Einkommensteuer (§ 1967 BGB, § 45 AO).

Zu 3.

Da S seinen Wohnsitz in Mainz, also im Inland, hat, ist er im Veranlagungszeitraum 02 unbeschränkt einkommensteuerpflichtig (§ 1 Abs. 1 EStG). Er hat zwar im Veranlagungszeitraum 02 keine Einkünfte erzielt; denn der auf ihn entfallende Gewinn des Wirtschaftsjahres 02/03 von 5/12 von 120 000 € = 50 000 € (zeitanteiliger Gewinn vom 1. 10. 02 bis 28. 2. 03) gilt erst in dem Kalenderjahr als bezogen, in dem das Wirtschaftsjahr endet, also im Jahr 03 (§ 4a Abs. 2 Nr. 2 EStG). Dass S im Jahr 02 keine Einkünfte bezogen hat, spielt für die Frage, ob er unbeschränkt einkommensteuerpflichtig ist, keine Rolle. Denn die unbeschränkte Einkommensteuerpflicht setzt nicht das Vorliegen von Einkünften voraus. Dies ist bereits eine Frage der sachlichen Steuerpflicht.

Abschnitt 3: Einkommensteuerliche Grundbegriffe

Fall 5
Einkünfte und Gesamtbetrag der Einkünfte

Sachverhalt: Die Eheleute Max Moritz (MM) und Rita, geb. May, (RM) sind seit vielen Jahren verheiratet. Sie wohnen im eigenen Einfamilienhaus in Bremen. Beide sind nichtselbständig tätig: MM als städtischer Beamter, RM als Lehrerin. MM hat im Jahr 2005 einen Bruttoarbeitslohn von 35 000 €, RM von 30 000 € bezogen.

Aus den ihrem Steuerberater anlässlich der Erstellung der Einkommensteuererklärung 2005 gemachten Angaben ergibt sich das Folgende:

1. MM hat Anfang Januar 2005 von seiner Mutter ein Mietwohngrundstück geerbt, das einen Verkehrswert von 350 000 € hat. Die Mieteinnahmen belaufen sich auf 24 000 €; die mit dem Grundstück zusammenhängenden Kosten (einschl. AfA) betragen 14 000 €.
2. MM hat 2005 auf einer Privatfahrt mit seinem Pkw einen Unfall verursacht. Der Kraftwagen wurde total beschädigt. Die Vollkaskoversicherung hat eine Entschädigung von 30 000 € geleistet.
3. RM hat im Juni 2005 50 000 € im Lotto gewonnen. Von dem Gewinn hat sie einen Teilbetrag von 30 000 € auf ein Sparbuch eingezahlt. Die Bank hat ihr dafür am Jahresende 2004 Zinsen in Höhe von 300 € gutgeschrieben. Weitere Kapitalerträge sind den Eheleuten 2005 nicht zugeflossen.
4. Weitere 10 000 € ihres Lottogewinns hat RM in Aktien angelegt. Der Kurswert der im Juni erworbenen Aktien ist bis zum 31. 12. 2005 auf 12 000 € gestiegen.
5. Den Restbetrag ihres Lottogewinns von 10 000 € hat RM ihrem Bruder am 1. 7. 2005 als Darlehen gewährt. Im Hinblick auf das Verwandtschaftsverhältnis verzichtete RM auf Zinsen. Bei einer Bank hätte der Bruder 8 % Zinsen zahlen müssen.
6. MM hat im April 2005 einen vor elf Jahren für 40 000 € erworbenen Bauplatz für 60 000 € verkauft.
7. MM ist Briefmarkensammler. Im Jahr 2005 hat er Briefmarken für 800 € gekauft und für 300 € verkauft.

Frage: Wie hoch sind die Einkünfte und der Gesamtbetrag der Einkünfte für das Jahr 2005?

Literaturhinweis: *Lehrbuch Einkommensteuer*, Rdn. 66 ff.

▶ Lösung

Der Einkommensteuer unterliegen nur die in § 2 Abs. 1 EStG aufgeführten Einkünfte aus den sieben Einkunftsarten. Die Aufzählung des § 2 Abs. 1 EStG ist abschließend. Die Zuordnung von Einkünften zu einer der sieben Einkunftsarten begründet die Steuerbarkeit dieser Einkünfte. Einkünfte, die sich keiner der aufgezählten Einkunftsarten zuordnen lassen, sind nicht steuerbar.

Die Summe der Einkünfte i. S. des § 2 Abs. 3 EStG ist die Summe der steuerbaren Einkünfte des betreffenden Kalenderjahres. Der Gesamtbetrag der Einkünfte i. S. des § 2 Abs. 3 und 4 EStG ist die Summe der steuerbaren Einkünfte, vermindert um den Altersentlastungsbetrag und den Freibetrag für Land- und Forstwirte (§ 13 Abs. 3 EStG). Beide Tatbestände, d. h. die Summe der Einkünfte und der Gesamtbetrag der Einkünfte, sind Entstehungselemente des zu versteuernden Einkommens.

Prüfung der Steuerbarkeit

1. Die Vermögensmehrung von 350 000 € infolge des Erbfalls stellt keine Einnahme aus einer der sieben Einkunftsarten dar.

   Die Einkünfte aus der Vermietung des Mietwohngrundstücks fallen unter die Einkunftsart „Vermietung und Verpachtung"; die Nutzung des eigenen Einfamilienhauses hingegen nicht.

2. Der Ersatz für den durch den Unfall eingetretenen Vermögensschaden steht in keinem Einkunftszusammenhang und unterliegt daher nicht der Einkommensteuer.

3. Der Lottogewinn fällt unter keine Einkunftsart.

   Die gutgeschriebenen Zinsen gehören hingegen zu den Einnahmen aus Kapitalvermögen.

4. Der nicht realisierte Kursgewinn ist nicht steuerbar.

5. Der Zinsverzicht kann nicht als fiktive Einnahme besteuert werden.

6. Die Veräußerung des zum Privatvermögen gehörenden Grundstücks unterliegt nicht der Einkommensteuer. Es liegt kein privates Veräußerungsgeschäft i. S. des § 22 Nr. 2 i. V. m. § 23 Abs. 1 Nr. 1 EStG vor, da der Zeitraum zwischen Anschaffung und Veräußerung mehr als zehn Jahre beträgt.

7. Die Tätigkeit als Briefmarkensammler ist als sog. Liebhabereitätigkeit anzusehen, d. h. sie ist steuerlich ohne Bedeutung.

Ermittlung der Summe und des Gesamtbetrags der Einkünfte

	MM	RM	
• Einkünfte aus nichtselbständiger Arbeit			
Bruttoarbeitslohn	35 000 €	30 000 €	
./. Arbeitnehmer-Pauschbetrag			
(§ 9a Nr. 1 EStG)	920 €	920 €	
	34 080 €	29 080 €	63 160 €
• Einkünfte aus Kapitalvermögen			
Einnahmen		300 €	
./. Werbungskosten-Pauschbetrag			
(§ 9a Nr. 2 EStG)		102 €	
./. Sparer-Freibetrag (§ 20 Abs. 4 EStG),			
maximal		198 €	0 €

- Einkünfte aus Vermietung und Verpachtung
  Einnahmen 24 000 €
  ./. Werbungskosten 14 000 € 10 000 €
  Summe der Einkünfte = Gesamtbetrag der Einkünfte 73 160 €

Fall 6
Verlustausgleich bei Ermittlung des Gesamtbetrags der Einkünfte

Sachverhalt: Der ledige Steuerpflichtige A erzielte in 2004 folgende Einkünfte:
- Einkünfte aus Gewerbebetrieb ./. 150 000 €
- Einkünfte aus selbständiger Arbeit 200 000 €
- Einkünfte aus Vermietung und Verpachtung ./. 20 000 €

Frage: Wie hoch ist der Gesamtbetrag der Einkünfte für 2004?
Literaturhinweis: *Lehrbuch Einkommensteuer*, Rdn. 66 ff.

 Lösung

Gesamtbetrag der Einkünfte ist die Summe der Einkünfte, vermindert um den Altersentlastungsbetrag, den Entlastungsbetrag für Alleinerziehende und den Abzug nach § 13 Abs. 3 EStG (§ 2 Abs. 3 Satz 1 EStG). Verluste sind ab VZ 2004 wieder uneingeschränkt nach § 2 Abs. 3 EStG ausgleichsfähig; die in § 2 Abs. 3 Satz 2 bis 8 EStG a. F. enthaltenen Verlustausgleichsbeschränkungen wurden aufgehoben. Die Unterscheidung zwischen horizontalem und vertikalem Verlustabzug bzw. Verlustausgleich innerhalb und außerhalb einer Einkunftsart hat keine Bedeutung mehr. Der Gesamtbetrag der Einkünfte des A für 2004 beträgt somit (./. 150 000 € + 200 000 € ./. 20 000 € =) 30 000 €.

Fall 7
Ermittlung des zu versteuernden Einkommens

Sachverhalt: Der freiberuflich tätige Rechtsanwalt Dr. Heinz Recht (HR), geb. am 25. 4. 1950, und seine Ehefrau Lisa Recht (LR), geb. am 20. 9. 1950, wohnen seit Jahren in Koblenz. Sie wählen für das Jahr 2004 die Zusammenveranlagung.
Die Eheleute haben dem Finanzamt im Rahmen ihrer Einkommensteuererklärung 2004 folgende Angaben gemacht:
- Anlage GSE: Einkünfte aus Gewerbebetrieb
  – Gewinnanteil LR an der X-OHG 105 000 €
    anteiliger Gewerbesteuer-Messbetrag 1 000 €
  – Verlustanteil LR an der Y-KG ./. 20 000 €

Abschnitt 3: Einkommensteuerliche Grundbegriffe

- Anlage GSE: Einkünfte aus selbständiger Arbeit
  Gewinn HR aus freiberuflicher Tätigkeit   120 000 €
- Anlage KAP: Einnahmen aus Kapitalvermögen
  Zinseinnahmen HR   13 202 €
  – Zinsabschlagsteuer   3 000 €
  – Solidaritätszuschlag   165 €
  Dividenden HR – Halbeinkünfteverfahren –   5 000 €
  – Kapitalertragsteuer   1 000 €
  – Solidaritätszuschlag   55 €
- Anlage V: Einkünfte aus Vermietung und Verpachtung
  – Überschuss aus der Vermietung einer
    Eigentumswohnung LR   7 000 €
  – Verlust aus der Vermietung einer
    Eigentumswohnung LR   ./. 6 000 €
- Anlage SO: Einkünfte aus privaten Veräußerungsgeschäften
  – Gewinn aufgrund des Ankaufs (15. 1. 2004) und
    Verkaufs (23. 12. 2004) von Aktien –
    Halbeinkünfteverfahren   4 000 €
  – Verlust aufgrund des Ankaufs (15. 1. 2004) und
    Verkaufs (23. 12. 2004) von Aktien –
    Halbeinkünfteverfahren   ./. 10 000 €
- Mantelbogen (Seite 3):
  – Vorsorgeaufwendungen:
    Krankenversicherungsbeiträge   5 000 €
    Lebensversicherungsbeiträge   6 818 €
    Haftpflichtversicherungsbeiträge   500 €
  – Sonderausgaben, die nicht
    Vorsorgeaufwendungen sind:
    Kirchensteuer   2 000 €
    Steuerberatungskosten   1 000 €

Frage: Wie hoch ist das zu versteuernde Einkommen der Eheleute HR und LR für 2004?
Literaturhinweis: *Lehrbuch Einkommensteuer*, Rdn. 180 ff.

➔ Lösung

Gesamtbetrag der Einkünfte ist die Summe der Einkünfte, vermindert um den Altersentlastungsbetrag, den Entlastungsbetrag für Alleinerziehende und den Abzug nach § 13 Abs. 3 EStG (§ 2 Abs. 3 Satz 1 EStG). Bei Ehegatten, die nach §§ 26 und 26b EStG zusammen veranlagt werden, werden die Einkünfte der einzelnen Einkunftsarten jeweils getrennt ermittelt und dann zusammengerechnet.

Fall 7: Ermittlung des zu versteuernden Einkommens

Es ist wie folgt zu rechnen:
- Einkünfte aus Gewerbebetrieb LR:
  Gewinnanteil X-OHG 105 000 €
  Verlustanteil Y-KG ./. 20 000 € 85 000 €
- Einkünfte aus selbständiger Arbeit HR 120 000 €
- Einkünfte aus Kapitalvermögen HR:
  Zinseinnahmen 13 202 €
  Dividenden: $^1/_2$ von 5 000 € 2 500 €
  15 702 €
  ./. Werbungskosten-Pauschbetrag
  (§ 9a Nr. 2 EStG) ./. 102 €
  ./. Sparer-Freibetrag (§ 20 Abs. 4 EStG) ./. 2 740 € 12 860 €
- Einkünfte aus Vermietung und Verpachtung LR:
  7 000 € ./. 6 000 € = 1 000 €
- Sonstige Einkünfte aus dem Verkauf von Aktien: Gewinne oder Verluste aus der Veräußerung von zum Privatvermögen gehörenden Aktien unterliegen als sonstige Einkünfte der Einkommensbesteuerung, wenn der Zeitraum zwischen Anschaffung und Veräußerung nicht mehr als ein Jahr beträgt (§ 22 Nr. 2, § 23 Abs. 1 Nr. 2 EStG). Verluste aus privaten Veräußerungsgeschäften dürfen jedoch nur bis zur Höhe des Gewinns, den der Stpfl. im gleichen Kalenderjahr aus privaten Veräußerungsgeschäften erzielt hat, ausgeglichen werden. Sie dürfen nicht nach § 10d EStG abgezogen werden (§ 23 Abs. 3 Satz 8 EStG). Verluste mindern jedoch nach Maßgabe des § 10d EStG die Einkünfte, die der Stpfl. in dem unmittelbar vorangegangenen Veranlagungszeitraum oder in den folgenden Veranlagungszeiträumen aus privaten Veräußerungsgeschäften erzielt hat (§ 23 Abs. 3 Satz 9 EStG).

Gewinn: $^1/_2$ von 4 000 € = 2 000 €
Verlust: $^1/_2$ von 10 000 € = 5 000 €,
maximal 2 000 € 0 €
Summe der Einkünfte = Gesamtbetrag der Einkünfte 218 860 €

./. Vorsorgeaufwendungen (die Lebensversicherungsbeiträge von 6 818 € sind nach § 10 Abs. 1 Nr. 2 EStG nur in Höhe von 88 % = rd. 6 000 € zu berücksichtigen) ./. 11 500 €
./. Vorwegabzug (§ 10 Abs. 3 Nr. 2 EStG) ./. 6 136 € 6 136 €
5 364 €
./. Höchstbetrag
(§ 10 Abs. 3 Nr. 1 EStG) 2 668 € 2 668 €
hiervon 50 %, max. hälftiger Höchstbetrag (§ 10 Abs. 3 Nr. 4 EStG), höchstens 2 696 € 1 334 € ./. 10 138 €
./. Kirchensteuer ./. 2 000 €
./. Steuerberatungskosten ./. 1 000 €

Einkommen = zu versteuerndes Einkommen (§ 2 Abs. 4 und 5 EStG) **205 722 €**

Auf die tarifliche Einkommensteuer ist nach § 35 EStG das 1,8fache des anteiligen Gewerbesteuer-Messbetrags anzurechnen (1,8 × 1 000 € = 1 800 €). Die Differenz ergibt die festzusetzende Einkommensteuer. Auf die festgesetzte Einkommensteuer ist die einbehaltene Zinsabschlag- und Kapitalertragsteuer von insgesamt 4 000 € anzurechnen. Der einbehaltene Solidaritätszuschlag von 220 € ist auf den festgesetzten Solidaritätszuschlag anzurechnen.

Vereinnahmung und Verausgabung (§ 11 EStG)

Fall 8
Zufluss- und Abflusszeitpunkt

Sachverhalt: Dr. Wächter (W) ist als Facharzt für Allgemeinmedizin in Wiesbaden selbständig tätig. Er ermittelt seinen Gewinn durch Einnahmen-Überschussrechnung (§ 4 Abs. 3 EStG).

1. W ist einer privatärztlichen Verrechnungsstelle angeschlossen, die die Privatliquidation für ihn vornimmt. Mitte Januar 02 erhält W von der privatärztlichen Verrechnungsstelle einen Kontoauszug, aus dem sein Guthaben zum 31. 12. 01, d. h. die bis zu diesem Zeitpunkt bei der Verrechnungsstelle eingegangenen, aber noch nicht an ihn überwiesenen Honorare ersichtlich sind. Die privatärztliche Verrechnungsstelle zahlt das Guthaben von 5 000 € Ende Januar 02 an W aus.
2. W hat im Jahr 01 ein Ultraschallgerät für 20 000 € angeschafft, das er mit einem Kredit seiner Hausbank finanziert hat. Die für das Jahr 01 angefallenen Zinsen von 1 200 € sind laut Kontoauszug vom 2. 2. 02 dem laufenden Konto des W (mit Wertstellung zum 30. 12. 01) belastet worden. Vor dieser Belastung wies das laufende Konto des W ein Guthaben von 500 € auf, die Bank hat W auf dem Kontokorrentkonto einen Kreditrahmen von 40 000 € eingeräumt.

Fragen:
1. Welchem Jahr sind die Zahlungen der privatärztlichen Verrechnungsstelle zuzurechnen?
2. Welchem Jahr ist die Zinszahlung von 1 200 € zuzuordnen?

Literaturhinweis: *Lehrbuch Einkommensteuer*, Rdn. 199 ff., 208 ff.

➔ Lösung

Die Einkommensteuer ist eine Jahressteuer. Ihre Bemessungsgrundlagen müssen für diesen Zeitraum ermittelt und gegenüber anderen Jahren abgegrenzt werden. Das EStG enthält daher Regelungen über die zeitliche Zuordnung der Besteuerungsgrundlagen. § 11 EStG, der unter der Überschrift „Vereinnahmung und Verausgabung" steht, sieht vor, dass sich die zeitliche Zuordnung der Besteuerungsgrundlagen nach dem tatsächlichen Zufluss oder Abfluss richtet. Die Vorschrift gilt in erster Linie

- für die Gewinneinkünfte nach § 2 Abs. 2 Nr. 1 EStG, wenn der Gewinn durch Einnahmen-Überschussrechnung ermittelt wird,
- für die Überschusseinkünfte nach § 2 Abs. 2 Nr. 2 EStG,
- für die Sonderausgaben nach §§ 10 und 10b EStG und
- für die außergewöhnlichen Belastungen.

Zu 1.:
Privatärztliche Verrechnungsstellen werden als Einziehungsbevollmächtigte der Ärzte tätig. Sie nehmen die Honorarzahlungen der Privatpatienten im Auftrag der Ärzte in Empfang. Werden von einem Dritten als Bevollmächtigten des Stpfl. Zahlungen entgegengenommen, tritt damit grds. ein Zufluss beim Vollmachtgeber ein (BFH VIII R 15/83, BStBl 1986 II, 342 f.). W muss daher das Guthaben von 5 000 €, das ihm Ende Januar 02 von der privatärztlichen Verrechnungsstelle überwiesen worden ist, bereits im Jahr 01 als Betriebseinnahme erfassen.

Zu 2.:
Der Begriff der Leistung in § 11 Abs. 2 EStG korrespondiert mit dem des Zufließens in § 11 Abs. 1 EStG. Entscheidend dafür, in welchem Veranlagungszeitraum Ausgaben abzusetzen sind, ist demnach der Verlust der wirtschaftlichen Verfügungsmacht über ein Wirtschaftsgut. Im Zusammenhang mit Überweisungen vom laufenden Konto des Stpfl. wird die Leistung spätestens mit der Lastschrift erbracht. Weist das Konto die nötige Deckung auf, genügt sogar die Erteilung des Überweisungsauftrags. Als Deckung gilt nicht nur ein ausreichendes Guthaben, sondern auch ein entsprechender Kreditrahmen. Ein am 30. 12. 01 von der Bank dem Konto des Stpfl. belasteter, wirtschaftlich zum Jahr 01 gehörender Zinsbetrag für ein Darlehen ist im Jahr 01 gezahlt (BFH IV R 47/95, BStBl 1997 II 509). W kann daher die Zinsen von 1 200 € im Jahr 01 als Betriebsausgaben absetzen.

Fall 9
Zufluss bei Annahme eines Wechsels

Sachverhalt: Architekt A ermittelt seinen Gewinn durch Einnahmen-Überschussrechnung (§ 4 Abs. 3 EStG). Zu seinem Betriebsvermögen gehört ein voll abgeschriebener Pkw VW Golf. A verkauft den Kraftwagen im November 01 an B. Als Kaufpreis wird ein Betrag von 10 000 € vereinbart. B stellt über diesen Betrag einen Wechsel aus, der im Februar 02 fällig wird. A übergibt den Wechsel im November 01 seiner Bank zur Diskontierung. B löst den Wechsel bei Fälligkeit ein.
Frage: Wann muss A den Verkaufserlös von 10 000 € als Betriebseinnahmen erfassen?
Literaturhinweis: *Lehrbuch Einkommensteuer*, Rdn. 208, 217

Abschnitt 3: Einkommensteuerliche Grundbegriffe

➔ Lösung

Wird ein Wechsel zahlungshalber – was die Regel ist – hingegeben und angenommen, so ist die Wechselsumme dem Empfänger zugeflossen, wenn er den Wechsel selbst am Fälligkeitstag vorlegt und die Zahlung erhält oder wenn er sich den Betrag durch Diskontierung des Wechsels beschafft (BFH I R 166/69, BStBl 1971 II 624; XI R 81/90 BStBl 1994 II 338).

Der von A angenommene Wechsel ist zwar erst im Jahr 02 fällig. Die Fälligkeit des Wechsels ist aber unbeachtlich, wenn dieser diskontiert wird. Denn im Falle der Wechseldiskontierung führt die Zahlung der diskontierenden Bank zu einem Zufluss der Leistung aus dem Grundgeschäft. A muss daher den Verkaufserlös von 10 000 € bereits im Jahr 01 als Betriebseinnahme erfassen.

Fall 10
Zufluss von Forderungen eines beherrschenden Gesellschafters einer GmbH

Sachverhalt: Klaus Kiefer (K) ist Alleingesellschafter der X-GmbH, die in Karlsruhe ein zahntechnisches Labor betreibt. K hat der X-GmbH ein Darlehen von 100 000 € gewährt, das nach dem zugrunde liegenden Darlehensvertrag mit 6 % jährlich zu verzinsen ist. Die X-GmbH schreibt die am 31. 12. 01 fälligen Darlehenszinsen für das Jahr 01 in Höhe von 6 000 € am Fälligkeitstag dem Verrechnungskonto des K gut (Buchungssatz: Schuldzinsen an Verrechnungskonto K 6 000 €). Die Auszahlung der Zinsen erfolgt im Februar 02.

Frage: Wann sind die Zinsen K zugeflossen?

Literaturhinweis: *Lehrbuch Einkommensteuer*, Rdn. 208

➔ Lösung

Nach § 11 Abs. 1 Satz 1 EStG gelten Einnahmen als zugeflossen, wenn der Empfänger über die ihm zustehenden Beträge wirtschaftlich verfügen kann. Zufluss liegt demnach z. B. vor, wenn der Auszahlungsbetrag auf einem Bankkonto des Stpfl. gutgeschrieben wird. Auch in der Gutschrift durch den Zahlungsschuldner kann im Einzelfall ein Zufluss gesehen werden. Ob die Schuld fällig ist, spielt für die Frage des Zuflusses im Allgemeinen keine Rolle. Dennoch ist die Fälligkeit der Schuld als Beweisanzeichen für den Übergang der wirtschaftlichen Verfügungsmacht von Bedeutung. Dem beherrschenden Gesellschafter oder Alleingesellschafter einer Kapitalgesellschaft fließen Beträge, die ihm die Gesellschaft schuldet, i. d. R. bereits im Zeitpunkt der Fälligkeit zu (BFH VIII R 221/80, BStBl 1984 II 480). Denn beherrschende Gesellschafter oder Alleingesellschafter haben es in der Hand, sich die Beträge von der Gesellschaft auszahlen oder in deren Betrieb stehen zu lassen.

K ist Alleingesellschafter der X-GmbH. Wendet man die vorstehenden Grundsätze hier an, ist davon auszugehen, dass die Zinsen von 6 000 € dem K mit der Gutschrift, d. h. am 31. 12. 01, zugeflossen sind.

Fall 11
Zufluss bei Abtretung von Forderungen

Sachverhalt: Darlehensgeber A hat
1. gegen Darlehensnehmer B eine private Zinsforderung in Höhe von 2 000 €, die am 1. 12. 01 fällig ist. Da sich B vorübergehend in einer angespannten finanziellen Lage befindet, tritt er zahlungshalber seine Forderung an X in Höhe von 2 000 € an A ab. Die Forderung des B gegenüber X ist erst am 1. 2. 02 fällig; der Betrag von 2 000 € wird am 4. 2. 02 dem Konto des A gutgeschrieben;
2. gegen Darlehensnehmer C eine private Zinsforderung in Höhe von 3 000 €, die am 1. 12. 01 fällig ist. Da C zahlungsunfähig ist, tritt er seine Forderung in Höhe von 3 000 €, die er gegenüber Y hat, an A ab, und zwar an Zahlungs statt. Die Forderung des C an Y wird erst am 1. 2. 02 fällig; der Betrag von 3 000 € geht am 4. 2. 02 auf dem Konto des A ein.

Frage: Wann sind die Darlehenszinsen von 2 000 € bzw. 3 000 € dem A zugeflossen?
Literaturhinweis: *Lehrbuch Einkommensteuer*, Rdn. 210

➔ Lösung

Bei der Abtretung von Forderungen ist zu unterscheiden zwischen der Leistung erfüllungshalber und an Erfüllungs statt.

Zu 1.:
In der Regel werden Forderungen – wie hier – nicht an Zahlungs statt, sondern nur zahlungshalber abgetreten. Dann empfängt der Abtretungsempfänger Zahlungen, die ihm aufgrund der abgetretenen Forderung zufließen, für Rechnung des Abtretenden. Ein Zufluss i. S. des § 11 Abs. 1 EStG liegt beim Abtretungsempfänger nicht bereits im Zeitpunkt der Forderungsabtretung vor, sondern erst dann, wenn die Einnahme aus der neuen Forderung tatsächlich bei ihm eingeht (BFH IV R 97/78, BStBl 1981 II, 305 f.). Da hier die Abtretung zahlungshalber erfolgt und das Geld dem A erst am 4. 2. 02 zugeflossen ist, ist dieser Zeitpunkt auch steuerrechtlich maßgebend. A muss daher die Darlehenszinsen von 2 000 € erst im Jahr 02 bei seinen Einnahmen aus Kapitalvermögen erfassen.

Zu 2.:
Bei der Abtretung einer Forderung an Zahlungs statt übernimmt der Abtretungsempfänger das Gläubigerrisiko und gibt seine Ansprüche gegen den Abtretenden auf. Eine derartige Abtretung kommt daher nur ausnahmsweise in Betracht, z. B. wenn der Schuldner – wie hier – zahlungsunfähig ist. Bei der Abtretung der Forderung schuldet C die 3 000 €

dem A nicht mehr; er hat die Schuld durch Hingabe seiner Forderung an Y getilgt. Damit ist das Geld dem A bereits zu diesem Zeitpunkt (1. 12. 01) zugeflossen (BFH VI 137/65, BStBl 1966 III, 394). A hat die 3 000 € bereits im Jahr 01 bei seinen Einnahmen aus Kapitalvermögen zu erfassen.

Fall 12
Zufluss bei Erlass einer Schuld

Sachverhalt: Steuerberater A, der seinen Gewinn durch Einnahmen-Überschussrechnung (§ 4 Abs. 3 EStG) ermittelt, hat

1. dem langjährigen Mieter einer ihm gehörenden Eigentumswohnung die Miete für den Monat Dezember 01 von 800 € erlassen. In einem Schreiben an den Mieter begründet A seinen Mietverzicht damit, dass der Mieter seit 10 Jahren die Wohnung bewohne und es während dieser langen Zeit keinen Anlass zu Beanstandungen gegeben habe;
2. seiner Schwester und deren Ehemann für die Erstellung der Einkommensteuererklärung 01 am 15. 5. 02 nach der Steuerberatergebührenverordnung 696 € einschließlich 96 € Umsatzsteuer berechnet. Der Schwager des A wird im Juni 02 überraschend arbeitslos. A verzichtet daraufhin im Hinblick auf die familiären Beziehungen auf die Geltendmachung seines Honoraranspruchs;
3. einer angestellten Mitarbeiterin am 30. 7. 01 einen gebrauchten – voll abgeschriebenen – PC für 348 € einschließlich 48 € Umsatzsteuer verkauft. Um die Angestellte an seinen Betrieb zu binden, verzichtet A nachträglich auf die Geltendmachung der Kaufpreisforderung.

Frage: Stellt der Verzicht auf die Geltendmachung der Forderungen einen Zuflusstatbestand dar?

Literaturhinweis: *Lehrbuch Einkommensteuer*, Rdn. 1158

 Lösung

Zu 1.:

Verzichtet ein Gläubiger auf die Geltendmachung einer Forderung, die mit dem Tatbestand der Einkünfteerzielung zusammenhängt, dann stellt der Verzicht keinen Einnahmetatbestand dar; denn niemand ist verpflichtet, seine Einnahmemöglichkeiten voll auszuschöpfen. Der freiwillige Verzicht des A auf die Mietforderung führt daher nicht zu einem Zufluss, so dass A die Miete für den Monat Dezember von 800 € nicht zu versteuern braucht.

Zu 2.:

Hier gilt etwas anderes, A erlässt aus privaten Gründen die Honorarforderung von 696 €. Erlässt ein Stpfl., der seinen Gewinn nach § 4 Abs. 3 EStG ermittelt, einem Schuldner aus privaten Gründen eine Honorarforderung, sind dem Stpfl. zwar keine Betriebseinnahmen zugeflossen. Gleichwohl ist der Gewinn des Stpfl. um den Wert der aus privaten Gründen erlassenen Honorarforderung zu erhöhen, weil der Vorgang als Entnahme der Forderung anzusehen ist und bei der Gewinnermittlung durch Einnahmen-Überschussrechnung Entnahmen – jedenfalls soweit diese nicht in Geld bestehen – hinzuzurechnen sind (BFH IV R 180/71, BStBl 1975 II 526 und IV R 57/99 BStBl 2001 II 546). Die mit der erlassenen Forderung zusammenhängende Umsatzsteuer in Höhe von 96 € ist im Zeitpunkt ihrer Bezahlung als Betriebsausgabe abzugsfähig. Im Ergebnis erhöht sich also der Gewinn des A um 600 €.

Zu 3.

A verzichtet aus betrieblichen Gründen auf die Geltendmachung seiner Kaufpreisforderung. Bei einem Erlass aus betrieblichen Gründen sind dem Stpfl. ebenso wie bei einem Erlass aus privaten Gründen keine Betriebseinnahmen zugeflossen. Eine Gewinnerhöhung kommt bei einem Erlass aus betrieblichen Gründen allerdings nicht in Betracht. Da A die angefallene Umsatzsteuer von (16 % von 300 € =) 48 € im Zeitpunkt ihrer Bezahlung als Betriebsausgaben abziehen kann, ergibt sich eine Gewinnminderung von 48 €. Auf der Seite der Arbeitnehmerin stellt der Erlass der gegen sie gerichteten Kaufpreisforderung einen Zuflusstatbestand dar. Denn in dem Verzicht des A auf die Geltendmachung der Geldforderung aus dem Kaufvertrag liegt ein geldwerter Vorteil, der der Lohnbesteuerung unterliegt (BFH VI R 173/80, BStBl 1985 II 437). Die Angestellte des A muss den erlassenen Betrag in Höhe von 348 € daher als Arbeitslohn versteuern, und zwar in dem Zeitpunkt, in dem A die Forderung erlassen hat.

Fall 13
Zufluss bei Novation

Sachverhalt: A ist am Stammkapital der X-GmbH in Höhe von 60 000 € zu einem Drittel beteiligt. Sein Stimmrecht entspricht seiner Kapitalbeteiligung. A hat der X-GmbH Anfang 01 ein zu seinem Privatvermögen gehörendes Darlehen in Höhe von 100 000 € gewährt, das mit 6 % jährlich verzinst wird.

A erklärt sich gegenüber der X-GmbH bereit, dieser den geschuldeten und am 31. 12. 01 fälligen Zinsbetrag in Höhe von 6 000 € als verzinsliches Darlehen zur Verfügung zu stellen. Die GmbH schreibt daher die Zinsen von 6 000 € dem Darlehen von 100 000 € zu, so dass das Darlehen am Bilanzstichtag 31. 12. 01 einen Betrag in Höhe von 106 000 € ausweist.

Die Schuldumwandlung erfolgt im Interesse des A, weil dieser eine Anlage im Betrieb sucht, um mehr Einfluss auf das Unternehmen zu gewinnen. Aufgrund ihrer guten wirtschaftlichen Verhältnisse wäre die GmbH ohne weiteres in der Lage gewesen, die Zinsen am Fälligkeitstag auszuzahlen.

Frage: Sind die Zinsen in Höhe von 6 000 € dem A im Jahr 01 zugeflossen?

→ Lösung

Die dem Darlehen zugeschriebenen Zinsen sind dem A im Jahr 01 zugeflossen. Sie wurden ihm zwar nicht ausgezahlt. Ein Zufluss ist aber bei den Überschusseinkünften i. S. des § 2 Abs. 2 Nr. 2 EStG gegeben, wenn der Stpfl. in der Weise über eine Forderung auf eine Leistung verfügt, dass sie erlischt und eine andere Forderung an ihre Stelle tritt (Schuldumwandlung = Novation), sofern die Novation in seinem Interesse und nicht dem des Schuldners vereinbart wird (BFH VIII R 211/82, BFH/NV 1988 S. 224, und v. 30. 10. 2001 VIII R 15/01, BStBl 2002 II, 138). In dieser Schuldumwandlung kann eine Verfügung des Gläubigers liegen, die einkommensteuerlich so zu werten ist, als ob der Schuldner die Altschuld durch tatsächliche Zahlung beglichen hätte (= Zufluss beim Gläubiger) und der Gläubiger den vereinnahmten Betrag infolge des neu geschaffenen Verpflichtungsgrundes dem Schuldner sofort wieder zur Verfügung gestellt hätte (Wiederabfluss des Geldbetrags beim Gläubiger). Der beschriebene lange Leistungsweg wird durch die Novationsvereinbarung lediglich verkürzt, indem auf den überflüssigen Umweg der Aus- und Rückzahlung des Geldbetrags verzichtet wird.

Im vorliegenden Fall erfolgt die Zuschreibung und Wiederanlage der Zinsen ausschließlich im Interesse des A. Anhaltspunkte dafür, dass A das Geld im Interesse der GmbH stehen ließ, etwa, weil diese nicht in der Lage gewesen wäre, es ihm auszuzahlen, liegen nicht vor. Liegt die Novation im alleinigen oder überwiegenden Interesse des Gläubigers, indiziert dies dessen Verfügungsmacht über den Gegenstand der Altforderung (BFH VIII R 57/95, BStBl 1997 II 755 und VIII R 15/01, BStBl 2002 II 138, 141). Bei der Verfügung des A über die Zinsforderung handelt es sich um einen der Zahlung vergleichbaren Vorgang; sie muss daher als Zufluss gewertet werden. A muss die Zinsen in Höhe von 6 000 € noch im Jahr 01 bei seinen Einnahmen aus Kapitalvermögen erfassen.

Fall 14
Zufluss von Arbeitslohn

Sachverhalt: A ist Minderheitsgesellschafter und zugleich Geschäftsführer der X-GmbH, die ein Straßenbauunternehmen betreibt. Nach dem Arbeitsvertrag hat A Anspruch auf monatliche Gehaltszahlung. Der Arbeitslohn für den Monat Dezember 01 in Höhe von 6 000 € wird aufgrund einer Erkrankung des Lohnbuchhalters erst am 7. 1. 02 von der GmbH auf das Bankkonto des A überwiesen; dort geht er am 12. 1. 02 ein.

Über sein monatliches Bruttogehalt hinaus steht A eine gewinnabhängige Tantieme zu. Die Tantieme für das Jahr 01 in Höhe von 20 000 € wird A im März 02 ausgezahlt.

Frage: Wann sind das Gehalt für den Monat Dezember 01 und die Tantieme für das Jahr 01 A steuerlich zugeflossen?

Literaturhinweis: *Lehrbuch Einkommensteuer*, Rdn. 200

➔ Lösung

Für Zwecke des Lohnsteuerabzugs vom Arbeitslohn bestimmt § 38a Abs. 1 Satz 2 EStG, dass laufender Arbeitslohn in dem Kalenderjahr als bezogen gilt, in dem der Lohnzahlungszeitraum endet. Laufender Arbeitslohn ist der Arbeitslohn, der dem Arbeitnehmer regelmäßig zufließt, wie z. B. Monatsgehalt, Wochen- oder Tagelohn (R 115 Abs. 1 LStR 2005).

Um ein Auseinanderfallen der Zuflussbesteuerung aus der Sicht des Arbeitgebers für Zwecke des Lohnsteuerabzugs und beim Arbeitnehmer für Zwecke der Einkommensbesteuerung zu verhindern, nimmt § 11 Abs. 1 Satz 4 EStG auf diese Regelung Bezug, d. h. die Zuflussfiktion des § 38a Abs. 1 Satz 2 EStG gilt auch für den Zufluss beim Arbeitnehmer. Das bedeutet, dass der Arbeitslohn für den Monat Dezember 01, der am 12. 1. 02 auf dem Bankkonto des A eingegangen ist, noch im Jahr 01 als bezogen gilt und demgemäß in diesem Jahr zu versteuern ist. Eine andere Beurteilung ergibt sich für sonstige Bezüge (= Arbeitslohn, der nicht als laufender Arbeitslohn gezahlt wird). Sonstige Bezüge – dazu rechnen auch Tantiemen, die nicht fortlaufend gezahlt werden (R 115 Abs. 2 LStR 2005) – werden in dem Kalenderjahr bezogen, in dem sie dem Arbeitnehmer zufließen (§§ 38a Abs. 1 Satz 3, 11 Abs. 1 Satz 4 EStG). Die Tantieme in Höhe von 20 000 € ist von A daher erst im Jahr 02 zu versteuern.

Fall 15
Abfluss und Zufluss bei Zahlung durch Banküberweisung

Sachverhalt: Am 30. 12. 01 – kurz vor Schalterschluss – geht bei der Deutschen Bank AG auf dem banküblichen Formular der Auftrag des A vom selben Tag ein, 5 000 € an den Handwerksmeister B zu überweisen, der am vermieteten Wohnhaus des A eine Reparatur durchgeführt hat. Als Zahlungsweg wurde das Konto des Handwerksmeisters bei der Dresdner Bank AG angegeben. Die Reparaturrechnung datiert vom 15. 12. 01.

Die Deutsche Bank AG hat A ein Kreditlimit in Höhe von 15 000 € eingeräumt. A hat sein Konto am 30. 12. 01 mit 8 000 € überzogen. Laut Kontoauszug der Bank vom 3. 1. 02 wurde das Konto des A am 2. 1. 02 mit den 5 000 € belastet.

Frage: Wann ist der Rechnungsbetrag bei A abgeflossen und bei B zugeflossen?

➔ Lösung

Eine Ausgabe, die mittels Überweisungsauftrages von einem Bankkonto geleistet wird, ist bei dem Kontoinhaber in dem Zeitpunkt abgeflossen, in dem der Überweisungsauftrag der Bank zugegangen ist und der Stpfl. im Übrigen alles in seiner Macht Stehende getan hat, um eine unverzügliche Ausführung zu gewährleisten. Hierzu gehört insbesondere, dass der Stpfl. im Zeitpunkt der Erteilung des Überweisungsauftrages für eine genügende Deckung auf seinem Girokonto gesorgt hat (BFH IX R 51/80, BStBl 1986 II, 453, IV R 47/95, BStBl 1989 II, 702, und IX R 163/83, BStBl 1997 II 509). Dabei kann die Deckung darin bestehen, dass der Kontoinhaber bei der Überweisungsbank ein Guthaben unterhält oder dass ihm ein entsprechender Kreditrahmen zur Verfügung steht.

Da der Überweisungsauftrag des A noch im Jahr 01 bei der Bank eingegangen ist und A im Zeitpunkt der Erteilung des Überweisungsauftrages für eine genügende Deckung auf seinem Girokonto gesorgt hat, ist die Reparaturrechnung bereits im Jahr 01 und nicht erst im Zeitpunkt der Belastungsbuchung durch die Bank am 2. 1. 02 i. S. des § 11 Abs. 2 Satz 1 EStG geleistet worden. A kann den bezahlten Betrag im Jahr 01 als Werbungskosten bei seinen Einkünften aus Vermietung und Verpachtung abziehen. Zugeflossen ist der Betrag bei B allerdings erst im Jahr 02 mit Gutschrift auf seinem Konto.

Fall 16
Zahlung durch Scheckhingabe

Sachverhalt: A ist Journalist. Am 1. 10. 01 heiratet er die zwei Jahre jüngere B. Einen Monat später schließt er bei der X-Lebensversicherungs-AG eine Lebensversicherung für die Dauer von 12 Jahren gegen jährliche Beitragsleistung von 6 000 € ab. Mitte Dezember 01 übersendet die Lebensversicherungsgesellschaft dem A die Versicherungspolice und fordert ihn zur Zahlung des ersten Beitrags auf. A stellt einen Verrechnungsscheck über 6 000 € aus und gibt diesen am 31. 12. 01 per Einschreiben zur Post. Der Scheck geht am 2. 1. 02 bei der Versicherungsgesellschaft ein, die ihn am selben Tag ihrer Bank zur Gutschrift vorlegt. Das Konto des A wird am 5. 1. 02 mit den 6 000 € belastet.

Frage: In welchem Jahr kann A die Vorsorgeaufwendungen in Höhe von 88 % von 6 000 € = 5 280 € als Sonderausgaben abziehen?

Literaturhinweis: *Lehrbuch Einkommensteuer*, Rdn. 217

➜ Lösung

Für den Zeitpunkt der Leistung bei Zahlung mittels eines Schecks kommt es in Übereinstimmung mit den zum bürgerlichen Recht entwickelten Grundsätzen zur Frage der Rechtzeitigkeit der Leistung auf die Leistungshandlung an. Dementsprechend ist mit der Hingabe eines Schecks die Leistung erbracht, vorausgesetzt, der Scheck wird später eingelöst und nicht mangels ausreichender Deckung von der Bank zurückgewiesen (BFH I R 38/93, BStBl 1981 II, 305, und VI R 185/81, BFH/NV 1987 S. 162).

Wird der Scheck – wie hier – übermittelt, so ist die Leistungshandlung dann bewirkt, wenn sich der Übermittelnde seiner uneingeschränkten Verfügungsgewalt über die Scheckurkunde begeben hat. Das ist im vorliegenden Fall durch die Übergabe der Urkunde an die Postanstalt zur Übermittlung an den Gläubiger geschehen (BFH IX R 2/80, BStBl 1986 II, 284 f.). A kann daher die Vorsorgeaufwendungen in Höhe von 6 000 € zu 88 % = 5 280 € bereits im Jahr 01 als Sonderausgaben im Rahmen der Höchstbeträge des § 10 Abs. 3 EStG abziehen (§ 10 Abs. 1 Nr. 2 i. V. m. Abs. 3 EStG n. F.).

Fall 17
Vorauszahlung von Sonderausgaben und Werbungskosten

Sachverhalt: A ist als Rechtsanwalt tätig. Neben seinen Einkünften aus selbständiger Arbeit bezieht er aufgrund der Vermietung von mehreren Mietwohngrundstücken Einkünfte aus Vermietung und Verpachtung.

A leistet am 18. 12. 01 folgende Zahlungen:

1. Kirchensteuervorauszahlungen für das Jahr 02 in Höhe von 5 000 €, obwohl das Finanzamt keine Vorauszahlungen festgesetzt hat. Die für das Jahr 02 zu entrichtende Kirchensteuer beläuft sich bei vernünftiger Schätzung auf 2 000 €. Im Rahmen der Veranlagung für das Jahr 02 wird die Kirchensteuer auf 1 800 € festgesetzt.
2. Damnum in Höhe von 4 000 € (4 % des Darlehensbetrages in Höhe von 100 000 €) an seine Bank. Das Damnum hängt mit einem Darlehen zusammen, das A zum Neubau eines Mietwohngrundstücks im Jahr 02 verwendet. Die Bank zahlt das Darlehen im September 02 aus. Das Darlehen hat eine Laufzeit von fünf Jahren.

Frage: Kann A die beiden Zahlungen im Jahr 01 als Sonderausgaben bzw. Werbungskosten abziehen?

➤ Lösung

Durch die Zuordnung von Ausgaben zum Kalenderjahr der Leistung in § 11 Abs. 2 Satz 1 EStG sind Ausgaben grds. im Zeitpunkt des Abflusses als Sonderausgaben bzw. Werbungskosten abziehbar, auch wenn sie wirtschaftlich ein anderes Kalenderjahr betreffen (BFH IX R 2/80, BStBl 1986 II, 284 f., und VI R 108/85, BFH/NV 1988 S. 499 f.). Durch diese Regelung hat der Stpfl. es oftmals in der Hand, Sonderausgaben oder Werbungskosten je nach dem Zeitpunkt, in dem er sie leistet, in das Jahr zu verlagern, das für ihn steuerlich günstiger ist. Die Gestaltungsfreiheit des Stpfl. bei der Wahl der Verausgabung findet aber ihre Grenze in § 42 AO. Danach kann das Steuergesetz nicht durch Missbrauch von Gestaltungsmöglichkeiten umgangen werden.

Zu 1.:

Grundsätzlich ist für den Sonderausgabenabzug von Kirchensteuerzahlungen gem. § 11 Abs. 2 Satz 1 EStG nur die Tatsache der Zahlung im Veranlagungszeitraum maßgebend. Etwas anderes soll jedoch für den Fall gelten, dass es sich um willkürliche, die voraussichtliche Steuerschuld weit übersteigende Zahlungen handelt. Derartige, ohne rechtliche Verpflichtung und ohne vernünftigen Grund geleistete Zahlungen sind vom Sonderausgabenabzug ausgeschlossen (BFH VI 69/61 U, BStBl 1963 III, 141, und VIII R 37/79, BFHE 140 S. 63, sowie XI R 24/01 in BStBl 2002 II, 351). Soweit die Kirchensteuervorauszahlung des A das voraussichtliche Kirchensteuersoll 02 übersteigt, kommt daher ein Sonderausgabenabzug nicht in Betracht. A kann im Jahr 01 von der Kirchensteuervorauszahlung in Höhe von 5 000 € nur 2 000 € als Sonderausgaben abziehen.

Zu 2.:
Bei der Zahlung eines Damnums vor der Auszahlung des Darlehenskapitals liegt nach Auffassung der Finanzverwaltung eine rechtsmissbräuchliche Gestaltung i. S. des § 42 AO bereits dann vor, wenn die Auszahlung des Darlehens später als drei Monate nach Zahlung (= Belastung auf dem Konto des Stpfl.) des Damnums erfolgt und für die Bezahlung des Damnums lange vor der Darlehensauszahlung oder einer ins Gewicht fallenden Teilauszahlung des Darlehens (mindestens 30 % der Darlehensvaluta einschließlich Damnum) keine wirtschaftlich vernünftigen Gründe vorliegen (BMF, BStBl 2003 I, 546, 548 unter Hinweis auf BFH IX R 85/85, BStBl 1987 II, 492). Diese Beurteilung hat hier zur Folge, dass es hinsichtlich des im Jahr 01 ohne wirtschaftlich vernünftigen Grund vorausgezahlten Damnums im Zahlungszeitpunkt steuerrechtlich an einem Abfluss des Betrages i. S. des § 11 Abs. 2 Satz 1 EStG fehlt. A kann daher die 4 000 € im Jahr 01 nicht als Werbungskosten abziehen.

Das bedeutet aber nicht, dass die Zahlung steuerlich unberücksichtigt bleibt. Sie ist vielmehr im Jahr 02, d. h. im Jahre der Darlehensauszahlung, abzugsfähig. Denn der Gestaltungsmissbrauch nimmt den Aufwendungen nicht den Werbungskostencharakter (vgl. *Drenseck*, FR 1987 S. 119). § 11 Abs. 2 Satz 3 EStG findet keine Anwendung, da die Laufzeit des Darlehens fünf Jahre nicht übersteigt.

Fall 18
Zahlung von Beiträgen zur Instandhaltungsrücklage

Sachverhalt: A ist Eigentümer einer von ihm vermieteten Eigentumswohnung. Er entrichtet im Jahr 01 im Rahmen seiner Wohngeldzahlung an den Verwalter des gemeinschaftlichen Eigentums einen nach seinem Anteil bemessenen Betrag in Höhe von 2 000 € für die Ansammlung einer angemessenen Instandhaltungsrücklage. Der Verwalter verausgabt die Zahlung des A sowie der übrigen der Wohnungseigentümergemeinschaft angehörenden Personen im Jahr 02 für eine Dachreparatur.

Frage: Führt die Zahlung an den Verwalter im Jahr 01 zu einer Ausgabe i. S. des § 11 Abs. 2 EStG mit der Folge, dass bereits im Jahr 01 ein Werbungskostenabzug in Betracht kommt?

➔ Lösung

Die Zahlung an den Verwalter bewirkt lediglich, dass das Alleineigentum des A an dem überwiesenen Geldbetrag sich in einen Miteigentumsanteil an dem durch die Überweisung entstandenen Verwaltungsvermögen umwandelt. Dieser Anteil ist ein Wirtschaftsgut, das A genauso zugerechnet werden muss wie zuvor das Bargeld. Im Jahr 01 fehlt es daher an einer Ausgabe i. S. des § 11 Abs. 2 EStG. Der Abfluss tritt erst im Jahr 02 ein, in dem der Verwalter das Verwaltungsvermögen für die Dachreparatur verwendet. A kann die Zahlung der 2 000 € daher erst im Jahr 02 als Werbungskosten bei seinen Einkünften aus Vermietung und Verpachtung abziehen (BFH IX R 119/83, BStBl 1988 II, 577).

Fall 19
Abflusszeitpunkt von kreditfinanzierten außergewöhnlichen Belastungen

Sachverhalt: A und seine Ehefrau B sind in der gesetzlichen Krankenversicherung versichert. Anlässlich eines längeren Krankenhausaufenthalts ist B in einem Einbettzimmer untergebracht. Der Zuschlag für das Einbettzimmer beträgt 6 000 €. A nimmt zur Bezahlung des Zuschlags bei seiner Bank im Oktober 01 ein Darlehen in Höhe von 6 000 € auf, das er ab Januar 02 in 12 monatlichen Raten zu je 500 € zurückzahlt.

Frage: Kann A die Aufwendungen in Höhe von 6 000 € im Jahr 01 oder im Jahr 02 als außergewöhnliche Belastung abziehen?

 Lösung

Die Vorschrift des § 11 Abs. 2 EStG gilt auch für die Bestimmung des Abflusszeitpunkts von außergewöhnlichen Belastungen, und zwar unabhängig davon, ob sie aus eigenen oder fremden Mitteln geleistet worden sind. Das bedeutet, dass für die steuerliche Berücksichtigung von kreditfinanzierten Aufwendungen auf den Zeitpunkt abzustellen ist, in dem die Aufwendungen tatsächlich geleistet worden sind (BFH III R 248/83, BStBl 1988 II, 814, unter Änderung der Rechtsprechung, und III B 155/96, BFH/NV 1998 S. 850). A kann daher die Krankenhauskosten bereits im Jahr ihrer Verausgabung (d. h. im Jahr 01) und nicht erst im Zeitpunkt der Schuldentilgung im Jahr 02 als außergewöhnliche Belastung abziehen.

Fall 20
Regelmäßig wiederkehrende Einnahmen

Sachverhalt: Dr. Klaus Meier (M) betreibt in Düsseldorf als Chirurg eine eigene Praxis. Er ermittelt seinen Gewinn durch Einnahmen-Überschussrechnung (§ 4 Abs. 3 EStG). Auf seinem Bankkonto gehen folgende Zahlungen ein:

1. Am 8. 1. 02 die Abschlagszahlung der Kassenärztlichen Vereinigung für den Monat Dezember 01 in Höhe von 15 000 €. Die monatlichen Abschlagszahlungen der Kassenärztlichen Vereinigung sind nach dem Honorarverteilungsmaßstab in den ersten zehn Tagen nach Ablauf des jeweiligen Monats zahlbar.
2. Am 15. 1. 02 das Honorar in Höhe von 500 € für den Dezember-Beitrag in einer ärztlichen Fachzeitschrift. M erhält für seine regelmäßig wiederkehrenden Beiträge in der Monatszeitschrift sein Honorar regelmäßig am 15. des darauf folgenden Monats.
3. Am 28. 12. 01 ein Honorarvorschuss in Höhe von 3 000 € für einen Vortrag, den M am 10. 1. 02 anlässlich eines Ärztekongresses hält.

Frage: Welchem Jahr sind die Einnahmen zuzurechnen?
Literaturhinweis: *Lehrbuch Einkommensteuer*, Rdn. 218

→ **Lösung**

Für regelmäßig wiederkehrende Einnahmen enthält § 11 Abs. 1 Satz 2 EStG eine Spezialvorschrift für eine periodengerechte Berücksichtigung. Danach gelten regelmäßig wiederkehrende Einnahmen, die dem Stpfl. kurze Zeit vor oder kurze Zeit nach Beendigung des Kalenderjahres zugeflossen sind, als in dem Kalenderjahr bezogen, zu dem sie wirtschaftlich gehören. Als „kurze Zeit" i. S. des § 11 Abs. 1 Satz 2 EStG ist nach ständiger Rechtsprechung ein Zeitraum von bis zu zehn Tagen anzusehen (BFH VIII R 15/83, BStBl 1986 II, 342). Der Zeitpunkt der Fälligkeit spielt keine Rolle (BFH IV R 1/99, BStBl 2000 II, 121). Der in § 11 Abs. 1 Satz 2 EStG verwendete Begriff „kurze Zeit" ist in der Variante „vor Beginn des Kalenderjahres" ebenso auszulegen wie in der Variante „nach Beendigung des Kalenderjahres" (BFH X B 30/02, BFH/NV 2003 S. 169).

1. Die monatlichen Abschlagszahlungen der Kassenärztlichen Vereinigung sind – ebenso wie die vierteljährlichen Quartalsabschlusszahlungen – regelmäßig wiederkehrende Betriebseinnahmen, weil es sich um in bestimmten Zeitabständen zahlbare Leistungen handelt. Da die Zahlung für den Monat Dezember 01 innerhalb kurzer Zeit nach dem Jahreswechsel fällig und zugeflossen ist, muss sie gem. § 11 Abs. 1 Satz 2 EStG als Betriebseinnahme des Jahres 01 behandelt werden (BFH IV R 309/84, BStBl 1987 II, 16; IV R 63/94, BFH/NV 1996 S. 209, und IV R 72/94, BStBl 1996 II, 266).

2. Die monatlichen Honorarzahlungen sind zwar ebenfalls regelmäßig wiederkehrende Einnahmen. Das Honorar für den Dezember-Beitrag fällt jedoch nicht unter die Regelung des § 11 Abs. 1 Satz 2 EStG, da es nicht innerhalb kurzer Zeit nach dem Jahreswechsel zugeflossen ist. Die Zahlung ist daher im Jahr des tatsächlichen Zuflusses, also im Jahr 02, zu berücksichtigen.

3. Regelmäßig wiederkehrende Einnahmen sind nur solche Zahlungen, die aufgrund des ihnen zugrunde liegenden Rechtsverhältnisses wiederkehren, d. h. nach bestimmten Zeitabschnitten und in bestimmten Zeitabständen zu zahlen sind. Bei dem Honorarvorschuss handelt es sich um eine einmalige Zahlung und damit um keine regelmäßig wiederkehrende Einnahme. Der Betrag in Höhe von 3 000 € ist im Jahr 01 zu erfassen.

Fall 21
Regelmäßig wiederkehrende Ausgaben

Sachverhalt: A betreibt als selbständiger Versicherungsmittler eine Versicherungsagentur. Seinen Gewinn ermittelt er nach § 4 Abs. 3 EStG. A zahlt

1. seine Büromiete für den Monat Dezember 01, die am 1. 12. 01 fällig ist,
    a) am 5. 1. 02,
    b) am 15. 1. 02;
2. die am 10. 1. 02 fällige Kfz-Versicherung für das Jahr 02 am 22. 12. 01;

3. seinen am 1. 1. 02 fälligen Lebensversicherungsbeitrag für das Jahr 02
   a) am 28. 12. 01,
   b) am 20. 12. 01.

Frage: Welchem Jahr sind die Ausgaben zuzuordnen?

Literaturhinweis: *Lehrbuch Einkommensteuer,* Rdn. 218 f.

▶ Lösung

Für regelmäßig wiederkehrende Ausgaben gilt § 11 Abs. 1 Satz 2 EStG entsprechend (§ 11 Abs. 2 Satz 2 EStG). Das bedeutet, dass regelmäßig wiederkehrende Ausgaben, die dem Stpfl. kurze Zeit (10 Tage) vor Beginn oder kurze Zeit (10 Tage) nach Beendigung des Kalenderjahres, zu dem sie wirtschaftlich gehören, abgeflossen sind, diesem Kalenderjahr zugerechnet werden müssen.

Zu 1.:

Im Fall a) ist die Miete nicht dem tatsächlichen Zahlungsjahr, sondern dem Kalenderjahr der wirtschaftlichen Zugehörigkeit, also dem Jahr 01, zuzurechnen.

Im Fall b) ist die Zahlung nicht kurze Zeit (10 Tage) nach Ende des Kalenderjahres 01 erfolgt. Die Ausnahmeregelung des § 11 Abs. 2 Satz 2 EStG ist daher nicht anwendbar. Die Mietzahlung ist eine Betriebsausgabe des Jahres 02.

Zu 2.:

Hier liegt eine Ausgabe des Jahres 02 vor, da die Ausgabe wirtschaftlich zum Jahr 02 gehört und die Zahlung weniger als 10 Tage vor Beendigung des Jahres 01 erfolgte.

Zu 3.:

Im Fall a) ist die Zahlung dem Jahr ihrer wirtschaftlichen Zugehörigkeit, also dem Jahr 02, zuzuordnen.

Im Fall b) ist die Zahlung außerhalb des 10-Tage-Zeitraums erfolgt, so dass sie im Jahr der tatsächlichen Zahlung, also im Jahr 01, berücksichtigt werden muss.

Fall 22
Abzug von Vorauszahlungen bei langfristiger Nutzungsüberlassung

Sachverhalt: Rechtsanwalt R ermittelt seinen Gewinn durch eine Einnahmen-Überschussrechnung (§ 4 Abs. 3 EStG). Er hat seine Praxisräume ab 1. 1. 2005 für die Dauer von 10 Jahren von V gemietet, der aus der Vermietung des Grundstücks Einkünfte aus Vermietung und Verpachtung erzielt. Der Mietzins beträgt monatlich 750 €, der Mietzins für die gesamte Mietdauer also 120 x 750 € = 90 000 €. Der Mietzins entspricht der ortsüblichen Miete für vergleichbare Räume. R und V vereinbaren, dass R die Miete für den gesamten Zeitraum von 90 000 € im Voraus entrichtet. Er erhält dafür einen Mietnachlass von 20 %. R hat Anfang 2005 an V einen Betrag von 72 000 € überwiesen.

Abschnitt 3: Einkommensteuerliche Grundbegriffe

Fragen

1. Kann R die Miete von 72 000 € im Jahr 2005 in voller Höhe als Betriebsausgaben abziehen?
2. Muss V die Miete von 72 000 € im Jahr 2005 als Einnahmen bei seinen Einkünften aus Vermietung und Verpachtung versteuern?

Literaturhinweis: *Lehrbuch Einkommensteuer*, Rdn. 199 ff.

 Lösung

Zu 1.:

Der Gesetzgeber hat in § 11 EStG für Einnahmen-Überschussrechner prinzipiell das Zu- und Abflussprinzip normiert. Durch die Zuordnung von Ausgaben zum Kalenderjahr der Leistung in § 11 Abs. 2 Satz 1 EStG sind Ausgaben grundsätzlich im Zeitpunkt des Abflusses als Betriebsausgaben abziehbar, auch wenn sie wirtschaftlich ein anderes Kalenderjahr betreffen (BFH IX R 2/80, BStBl 1986 II 284). Diese Abweichung gegenüber der Behandlung von Betriebsausgaben bei bilanzierenden Gewerbetreibenden ist durch die Systematik des EStG begründet. Dementsprechend hat der BFH – entgegen der Verwaltungsauffassung – entschieden, dass Erbbauzinsen auch dann als Werbungskosten bei den Einkünften aus Vermietung und Verpachtung im Kalenderjahr ihrer Leistung sofort abziehbar sind, wenn sie in einem Einmalbetrag vorausgezahlt werden (BFH IX R 65/02, BFH/NV 2004, 126). Das zuletzt genannte Urteil hat der Gesetzgeber zum Anlass genommen, § 11 EStG zu ändern. Durch das Richtlinien-Umsetzungsgesetz (Gesetz zur Umsetzung von EU-Richtlinien in nationales Steuerrecht und zur Änderung weiterer Vorschriften v. 9. 12. 2004, BGBl 2004 I 3310, berichtigt am 27. 12. 2004, BGBl 2004 I 3843) ist nach § 11 Abs. 2 Satz 2 EStG folgender Satz eingefügt worden: „Werden Ausgaben für eine Nutzungsüberlassung von mehr als fünf Jahren im Voraus geleistet, sind sie insgesamt auf den Zeitraum gleichmäßig zu verteilen, für den die Vorauszahlung geleistet wird; § 42 der Abgabenordnung bleibt unberührt."

Die neue Vorschrift bedeutet für den vorliegenden Fall, dass R seine Mietvorauszahlung für 10 Jahre von 72 000 € nicht im Jahr 2005 in voller Höhe als Betriebsausgaben abziehen kann, sondern nur i. H. v. $^1/_{12}$ = 6 000 €. Ebenso kann er in den Jahren 2006 bis einschließlich 2014 je 6 000 € als Betriebsausgaben abziehen. R wird also hinsichtlich seiner Mietvorauszahlung steuerlich behandelt wie ein Bilanzierender, der dafür einen aktiven Rechnungsabgrenzungsposten bilden müsste.

Nach der Gesetzesbegründung sind von der Neuregelung aus Vereinfachungsgründen Nutzungsüberlassungen bis zu fünf Jahren nicht betroffen, wenn wirtschaftlich vernünftige Gründe für eine Vorausleistung/Einmalzahlung sprechen (§ 42 AO). Ein Mietnachlass von 20 % ist ein wirtschaftlich vernünftiger Grund.

Zu 2.:

Vorauszahlungen sind prinzipiell in voller Höhe im Jahr des Zuflusses zu versteuern (§ 11 Abs. 1 Satz 1 EStG; BFH III R 30/85, III R 31/85, BStBl 1990 II 287 und FG München in EFG 1992, 344). Durch das Richtlinien-Umsetzungsgesetz (a. a. O.) ist jedoch nach Absatz 1 Satz 2 folgender neuer Satz 3 in das EStG eingefügt worden: „Der Steuerpflichtige kann Einnahmen, die auf einer Nutzungsüberlassung im Sinne des Absatzes 2 Satz 3 beruhen, insgesamt auf den Zeitraum gleichmäßig verteilen, für den die Vorauszahlung geleistet wird." V wird mit dieser Vorschrift ein Wahlrecht eingeräumt, die entsprechenden Einnahmen von 72 000 € sofort bei Zufluss oder gleichmäßig verteilt auf den Zeitraum, für den die Vorauszahlung vereinbart ist, zu versteuern. V muss also die vereinnahmte Miete von 72 000 € im Jahr 2005 nicht in voller Höhe als Einnahmen aus Vermietung und Verpachtung versteuern, sondern nur i. H. v. 6 000 €.

Abschnitt 4: Allgemeine Fragen der Veranlagung

Fall 23
Form und Inhalt der Einkommensteuererklärung

Sachverhalt: Zahnarzt A hat einen achtjährigen Sohn, der von seinem am 20. 1. 01 verstorbenen Großvater ein Sparguthaben von 250 000 € geerbt hat. Das für die Einkommensbesteuerung des Kindes zuständige Wohnsitzfinanzamt hat aufgrund einer Kontrollmitteilung der Erbschaftsteuerstelle von der Erbschaft erfahren und im Jahr 02 durch Übersendung eines Erklärungsvordrucks zur Abgabe einer Einkommensteuererklärung für das Jahr 01 aufgefordert.

A teilt dem zuständigen Sachbearbeiter des Finanzamts zunächst fernmündlich, anschließend in einem Schreiben mit, sein Sohn habe im Jahr 01 Kapitalerträge in Höhe von 15 000 € erzielt.

Frage: Stellt die fernmündliche Mitteilung eine Erfüllung der Steuererklärungspflicht dar?

Literaturhinweis: *Lehrbuch Einkommensteuer*, Rdn. 237

➡ Lösung

Die Steuererklärung ist eine formalisierte, innerhalb einer bestimmten Frist abzugebende Auskunft des Stpfl. oder seines Vertreters, die dem Finanzamt die Festsetzung der Steuer oder die Feststellung von Besteuerungsgrundlagen ermöglichen soll und i. d. R. zum Erlass eines Steuerbescheides führt (BFH I R 70/83, BFH/NV 1987, 704). Welche Anforderungen an Form und Inhalt einer Einkommensteuererklärung zu stellen sind, ist gesetzlich geregelt. Die Einkommensteuererklärung muss zum einen nach amtlich vorgeschriebenem Vordruck, also schriftlich, abgegeben werden (§ 150 Abs. 1 Satz 1 AO). Darüber hinaus muss die Steuererklärung vom Stpfl. unterschrieben werden (§ 25 Abs. 3 Satz 4 EStG). Für minderjährige Kinder und andere nichtgeschäftsfähige Personen handeln bei Abgabe der Erklärung ihre gesetzlichen Vertreter, d. h. der oder die gesetzlichen Vertreter haben die Steuererklärung eigenhändig zu unterschreiben (§ 25 Abs. 3 Satz 4 EStG).

Telefonische Angaben sind keine „Steuererklärung" i. S. der §§ 149 bis 152 AO, obwohl sie im Übrigen durchaus rechtliche Bedeutung haben können (so *Schick*, StuW 1988, 301, 317). Die fernmündliche Mitteilung seitens des A stellt also – mangels Einhaltung der gesetzlich vorgeschriebenen Form – keine Erfüllung der Steuererklärungspflicht dar (BFH V B 64/94, BFH/NV 1995, 651). Ebenso wenig kann das beim Finanzamt eingegangene Schreiben des A als wirksame Einkommensteuererklärung angesehen werden; nicht amtliche Schriftstücke werden nämlich – auch wenn sie alle für die Besteuerung erforderlichen Angaben enthalten – nur als Steuererklärung anerkannt, wenn sie dem amtlichen Muster in allen Einzelheiten entsprechen, was hier aber nicht der Fall ist (FG Nürnberg, EFG 1990, 339, und BFH IV R 18/98, BStBl 1999 II 286).

Fall 24
Unwirksame Wahl der getrennten Veranlagung

Sachverhalt: Die in Frankfurt wohnenden Eheleute A und B haben bis einschließlich April 2004 zusammengelebt. Im Mai 2004 ist B aus der gemeinsamen Wohnung ausgezogen, die Eheleute leben seitdem dauernd getrennt, die Ehe wird im September 2005 geschieden. Für das Jahr 2004 geben sowohl A als auch B eine Einkommensteuererklärung ab. A beantragt die Zusammenveranlagung, B die getrennte Veranlagung. A hat im Kalenderjahr 2004 als selbständiger Arzt einen Gewinn aus freiberuflicher Tätigkeit in Höhe von 220 000 € erzielt, B dagegen erzielte keine steuerbaren Einkünfte.

Frage: Nach welcher Veranlagungsform werden die Ehegatten für 2004 zur Einkommensteuer veranlagt?

Literaturhinweis: *Lehrbuch Einkommensteuer*, Rdn. 234, s. auch Rdn. 2282 ff.

 Lösung

Im Gegensatz zu Alleinstehenden, für die immer nur die Einzelveranlagung in Betracht kommt, können sich Ehegatten zwischen verschiedenen Formen der Einkommensteuerveranlagung entscheiden. Dieses Wahlrecht haben Ehegatten aber nur dann, wenn sie in dem betreffenden Veranlagungszeitraum gleichzeitig folgende Voraussetzungen erfüllen (§ 26 Abs. 1 EStG):

- beide Ehegatten müssen unbeschränkt einkommensteuerpflichtig sein,
- sie müssen verheiratet sein und
- sie dürfen nicht das ganze Jahr getrennt gelebt haben.

Sind diese persönlichen Voraussetzungen erfüllt, stehen prinzipiell drei völlig verschiedene Veranlagungsformen mit ganz unterschiedlichen steuerlichen Folgen zur Auswahl: die Zusammenveranlagung (§ 26b EStG), die getrennte Veranlagung (§ 26a EStG) und die besondere Veranlagung (§ 26c EStG), die allerdings nur im Jahr der Eheschließung möglich ist. Bei der getrennten Veranlagung (§ 26a EStG) wird im Prinzip jeder Ehegatte für sich besteuert. Beide geben getrennte Steuererklärungen ab und erhalten auch getrennte Steuerbescheide. In diesem Fall gibt es nicht den Splittingtarif, sondern den Grundtarif.

Ehegatten werden getrennt veranlagt, wenn einer der Ehegatten die getrennte Veranlagung wählt (§ 26 Abs. 2 Satz 1 EStG). Die Wahl der Veranlagungsart kann bis zur Bestandskraft des Steuerbescheids ausgeübt werden (BFH IV R 139/78, BStBl 1982 II 156, und XI R 31/96, BFH/NV 1999, 1333).

In vielen Fällen wird bei dauernd getrennt lebenden oder geschiedenen Ehegatten um die Art der Veranlagung gestritten, wenn die Einkommensteuererklärung für das betreffende Jahr abzugeben ist. Häufig wird dann die Unterschrift unter die gemeinsame Erklärung verweigert. Für den Ehegatten, der an der Zusammenveranlagung interessiert ist (das ist regelmäßig der allein oder besser verdienende Ehegatte), stellt sich dann die Frage, ob er die Zusammenveranlagung erzwingen kann. Der wichtigste Vorteil der Zusammenveranlagung ist die Anwendung des Splittingtarifs, der i. d. R. zu einer geringeren Steuerbelastung führt. Am günstigsten ist die Anwendung der Splittingtabelle, wenn ein Ehegatte sehr hohe Einkünfte hat und der andere gar keine. Vom Splittingeffekt profitieren also vor allem Alleinverdiener oder Ehen, in denen ein Ehegatte nur sehr wenig verdient.

Ehegatten, die – zu einem beliebigen Zeitpunkt des Veranlagungszeitraums – unbeschränkt einkommensteuerpflichtig sind und nicht dauernd getrennt leben, können – wie dargelegt – zwischen getrennter Veranlagung (§ 26a EStG) und Zusammenveranlagung (§ 26b EStG) wählen. Jeder Ehegatte kann also frei wählen, ob er mit der Zusammenveranlagung einverstanden ist oder einseitig die getrennte Veranlagung wählt. Dieses Wahlrecht hat der BFH in den Fällen abgelehnt, in denen die Wahl der getrennten Veranlagung „willkürlich" erscheint (BFH IV R 61/79, BStBl 1977 II, 870; III R 103/87, BStBl 1992 II 297, und III R 32/91, BStBl 1993 II 824). Ein steuerlich und wirtschaftlich sinnloser Antrag liegt u. a. vor, wenn der die Zusammenveranlagung verweigernde Ehegatte überhaupt keine eigenen Einkünfte hat. Der Antrag auf getrennte Veranlagung gilt dann als wirkungslos; die Zusammenveranlagung kann gegen den Willen des anderen Ehegatten erfolgen. A bekommt also für 2004 seine Zusammenveranlagung – trotz fehlender Zustimmung der Ehefrau.

Abschnitt 5: Nicht abzugsfähige Ausgaben (§ 12 EStG)

Fall 25
Kosten der Lebensführung

Sachverhalt: Bei der Außenprüfung des Rechtsanwalts und Fachanwalts für Steuerrecht A stellt der Außenprüfer fest, dass folgende Aufwendungen als Betriebsausgaben abgesetzt worden sind:
1. Anschaffungskosten für das Konversationslexikon „Der Große Brockhaus". A begründet den Abzug damit, das Lexikon brauche er insbesondere zur Überprüfung medizinischer Gutachten für seine Vertretungen vor den Sozialgerichten;
2. Bezugskosten für die „Frankfurter Allgemeine Zeitung" (FAZ). A erklärt hierzu, diese überregionale Zeitung verbleibe in den Praxisräumen, sie werde auch vom Personal und gelegentlich von Mandanten gelesen; zu Hause halte er sich eine regionale Tageszeitung;
3. Bezugskosten der Wirtschaftszeitung „Handelsblatt". A gibt hierzu an, seine Tätigkeit umfasse auch die steuerliche und wirtschaftliche Beratung von Mandanten;
4. Kosten für die Bewirtung von Anwaltskollegen und deren Ehefrauen in seinem Hause anlässlich seines Geburtstages. A macht hierzu geltend, die Bewirtung sei ausschließlich durch betriebliche Gründe veranlasst; ein privater Anlass, die Berufskollegen zu bewirten, habe nicht bestanden;
5. Kosten für die Anschaffung von drei dunklen Anzügen. A behauptet, er trage die Anzüge ausschließlich bei beruflichen Anlässen; im Übrigen unterliege seine Kleidung – bedingt durch die Art der Tätigkeit – einer erhöhten Abnutzung;
6. Mitgliedsbeiträge für den Tennisclub. A weist dem Betriebsprüfer nach, dass durch die Mitgliedschaft im Tennisclub seine beruflichen Interessen gefördert werden.

Frage: Sind die genannten Aufwendungen als Betriebsausgaben abzugsfähig?
Literaturhinweis: *Lehrbuch Einkommensteuer*, Rdn. 249 ff.

▶ Lösung

§ 12 Nr. 1 Satz 2 EStG enthält ein Abzugsverbot. Danach dürfen Aufwendungen für die Lebensführung, die die wirtschaftliche oder gesellschaftliche Stellung des Stpfl. mit sich bringt, auch dann nicht abgezogen werden, wenn sie zur Förderung des Berufs oder der Tätigkeit des Stpfl. erfolgen.

Dieses Verbot des Abzugs gemischter Aufwendungen ist durch die Rechtsprechung für zwei Fälle eingeschränkt worden (vgl. BFH IV R 205/85, BStBl 1988 II 771). Gemischte Aufwendungen sind zum einen dann in vollem Umfang als Betriebsausgaben abziehbar, wenn der private Anlass unbedeutend ist und nicht ins Gewicht fällt. Zum anderen soll eine Aufteilung der gemischten Aufwendungen möglich sein, wenn zwar der private Anlass nicht unbedeutend ist, die Aufteilung sich aber leicht und einwandfrei nach einem objektiv nachprüfbaren Maßstab durchführen lässt.

Wendet man diese Auslegungsgrundsätze hier an, so ergibt sich Folgendes:

Zu 1.:

Bei dem Lexikon handelt es sich um einen Gegenstand, der nicht bloß der beruflichen, sondern auch der privaten Sphäre dienen kann. Eine – auch nur schätzungsweise – Aufteilung zwischen beruflicher und privater Sphäre ist aber nicht möglich. Die Anschaffungskosten für das Lexikon gehören somit in voller Höhe zu den Kosten der Lebenshaltung, die nach § 12 Nr. 1 Satz 2 EStG nicht abzugsfähig sind (BFH IV R 127/60, BStBl 1962 III 368, und IV R 70/91, BStBl 1992 II 1015).

Zu 2.:

Die Haltung einer großen Tageszeitung wie der FAZ, die einen politischen, wirtschaftlichen und kulturellen Teil enthält, gehört schon wegen ihres gemischten Inhalts nach § 12 Nr. 1 Satz 2 EStG zur Lebenshaltung; ihre Kosten können daher keine Betriebsausgaben sein (BFH IV R 2/81, BStBl 1983 II 715, und VI R 193/86, BFH/NV 1990, 701).

Zu 3.:

Das „Handelsblatt" soll nach der Rechtsprechung inhaltlich mit einer typischen Tageszeitung nicht vergleichbar sein, weil es sich ganz überwiegend mit Wirtschaftsfragen befasst. Der BFH hat diese Zeitung grds. eher wie eine Fachzeitschrift beurteilt und die Bezugskosten zum Betriebsausgabenabzug zugelassen (BFH VI R 193/79, DB 1983, 372), was nicht zweifelsfrei erscheint (vgl. auch FG Baden-Württemberg, EFG 1997, 467, wonach Aufwendungen für das „Handelsblatt" weder bei den Einkünften aus Kapitalvermögen noch bei den Einkünften aus nichtselbständiger Arbeit berücksichtigungsfähig sind sowie Hessisches FG, EFG 2002 S. 1289, wonach für einen Regionaldirektor einer Sparkasse die Aufwendungen für den Bezug des „Handelsblatt" als Kosten der allgemeinen Lebensführung vom Werbungskostenabzug ausgeschlossen sind; gegen das zuletzt genannte Urteil ist Revision beim BFH eingelegt worden – Az. des BFH: VI R 65/02).

Zu 4.:

Die Aufwendungen für die Bewirtung der Berufskollegen anlässlich des Geburtstages sind keine Betriebsausgaben, unabhängig davon, ob der unmittelbare Anlass für die Aufwendungen in der beruflichen oder der privaten Sphäre liegt (BFH IV R 58/98, BStBl 1992 II 524; IV R 60/96, BFH/NV 1994 S. 616; IV R 38/91, BFH/NV 1997, 560, und V B 25/98, BFH/NV 1999, 1254).

Zu 5.:

Aufwendungen für Bekleidung sind i. d. R. typische unter § 12 Nr. 1 EStG zu subsumierende Lebensführungskosten. Das gilt auch dann, wenn die Kleidung nahezu ausschließlich im Beruf getragen wird. Eine Ausnahme gilt lediglich für die sog. Berufskleidung. Da es sich bei den Anzügen um keine ihrer Beschaffenheit nach objektiv nahezu ausschließlich für die berufliche Verwendung bestimmte Berufskleidung, sondern um sog. bürgerliche Kleidung handelt, ist ein Betriebsausgabenabzug ausgeschlossen (BFH V R 13/90, BStBl 1991 II 751, und I B 5/94, BFH/NV 195, 207).

Zu 6.:
Beiträge an Sportvereine unterliegen regelmäßig dem Aufteilungs- und Abzugsverbot des § 12 Nr. 1 Satz 2 EStG. Die Vermutung der privaten Mitveranlassung kann auch nicht durch den Nachweis widerlegt werden, dass die Mitgliedschaft die beruflichen Interessen fördert. A kann daher den Mitgliedsbeitrag an den Tennisclub nicht als Betriebsausgaben abziehen (FG München, EFG 1997, 1105).

Fall 26
Studienreise ins Ausland

Sachverhalt: Gesellschafter der X-OHG, die einen Großhandel mit Tabakwaren betreibt, sind die Eheleute A. Im Jahr 01 nahmen die Gesellschafter an einer Reise nach Brasilien teil. Die Reiseteilnehmer waren ausschließlich Tabakwarenhändler. Organisiert wurde die Reise von einer Zigarrenfabrik. Die X-OHG ist deren Kundin.

Das Reiseprogramm sah Fachbesichtigungen (Fabrikation, Tabakplantagen usw.) und Diskussionen mit brasilianischen Tabakhändlern vor. Die Reise war jedoch in weitem Umfang durch Stadtrundfahrten, Ausflüge, Flussschifffahrten, Strandbesuche, Folkloreveranstaltungen und andere touristische Attraktionen geprägt.

Die Reisekosten für die Teilnahme der beiden Gesellschafter betrugen insgesamt 4 000 € und wurden von der X-OHG als Betriebsausgaben geltend gemacht.

Im Zusammenhang mit der Reise hat die Zigarrenfabrik der X-OHG einen Naturalrabatt im Teilwert in Höhe von 2 500 € gewährt. Die Teilnahme an der Reise war Voraussetzung für die Gewährung des Naturalrabatts. Die aufgrund des Naturalrabatts bezogene Ware ist von der OHG veräußert, der Erlös hieraus ist als Betriebseinnahme erfasst worden.

Frage: Sind die Reisekosten der Gesellschafter – ggf. in welcher Höhe – als Betriebsausgaben abzugsfähig?

Literaturhinweis: *Lehrbuch Einkommensteuer*, Rdn. 251 ff.

➔ Lösung

Bei der Brasilienreise der Eheleute A handelt es sich um eine sog. Studienreise. Die Frage der betrieblichen Veranlassung von Studienreisen muss nach objektiven Kriterien, also nach Zweck und Gestaltung der Reise geprüft werden. Studienreisen, mit denen, wie im vorliegenden Fall, auch ein allgemeintouristisches Interesse befriedigt wird, sind nach ständiger Rechtsprechung nicht als betrieblich veranlasst anzusehen (BFH, GrS 8/77, BStBl 1979 II 213, und BFH III R 175/85, BStBl 1988 II 995, sowie IV R 106/87, BStBl 1989 II 641). Die Reisekosten in Höhe von 4 000 € sind daher keine Betriebsausgaben, sondern nicht abziehbare Kosten der Lebenshaltung (§ 12 Nr. 1 EStG). Der Zuschuss des Geschäftsfreunds, d. h. der Zigarrenfabrik, ändert an dieser Beurteilung nichts. Insbesondere kann der Zuschuss nicht dazu führen, die Reisekosten als in Höhe des Zuschusses betrieblich veranlasst anzusehen. Der Naturalrabatt muss vielmehr – da er durch die betrieblichen Beziehungen veranlasst ist – als Betriebseinnahme erfasst werden (Buchungssatz: Wareneinkauf an a. o. Ertrag 2 500 €). Im Ergebnis hat sich der Naturalrabatt in Höhe seines Verkaufserlöses gewinnerhöhend ausgewirkt.

Fall 27
Ermittlung des Kfz-Privatnutzungsanteils bei Führung eines Fahrtenbuches

Sachverhalt: A bezieht als Handelsvertreter gewerbliche Einkünfte. Zu seinem Betriebsvermögen gehört ein Pkw Daimler-Benz, der im Januar 2004 angeschafft worden ist. Die Anschaffungskosten des Pkw betragen 36 000 €. A führt ein ordnungsgemäßes Fahrtenbuch: Danach benutzt er den Pkw zu 90 % für betriebliche und zu 10 % für private Zwecke. Die Kfz-Kosten des Wirtschaftsjahres 2004 betragen:

- laufende Kfz-Kosten   5 800 €
- Kfz-Steuer   250 €
- Kfz-Versicherung   750 €
- lineare AfA nach § 7 Abs. 1 EStG: 36 000 € : 6 =   6 000 €
- Sonderabschreibung nach § 7g Abs. 1 EStG:
  20 % von 36 000 € =   7 200 €
                                                                   20 000 €

Frage: In welcher Höhe ist der Kfz-Privatnutzungsanteil für das Jahr 2004 anzusetzen?

Literaturhinweis: *Lehrbuch Einkommensteuer*, Rdn. 254

➔ Lösung

Eine Ausnahme vom Aufteilungsverbot gemischter Aufwendungen gilt für Kfz-Kosten. Diese können im Verhältnis der betrieblichen zur privaten Nutzung aufgeteilt werden, wenn der Stpfl. die für das Kraftfahrzeug insgesamt entstehenden Aufwendungen durch Belege und das Verhältnis der privaten zu den übrigen Fahrten durch ein ordnungsgemäßes Fahrtenbuch nachweist (§ 6 Abs. 1 Nr. 4 Satz 3 EStG). In die Aufteilung sind sowohl die laufenden Kosten (Benzin, Öl, Reparaturen) als auch die sog. festen Kosten (Steuer, Versicherung, AfA) mit einzubeziehen. Sonderabschreibungen bleiben jedoch für die Ermittlung des Privatanteils außer Betracht (BFH IV R 19/55 U, BStBl 1955 III 205, und III R 96/85, BStBl 1988 II 655; BMF, BStBl 2002 I 148, Rdn. 27). Der Privatanteil ist also nur auf der Grundlage der Normalabschreibung nach § 7 EStG zu ermitteln, d. h. der privatanteilige AfA-Betrag ist so zu berechnen, als ob die Sonderabschreibung nicht vorgenommen worden wäre.

Die privatanteiligen Kfz-Kosten des Wirtschaftsjahres 2004 errechnen sich demnach wie folgt:

Kfz-Kosten insgesamt	20 000 €
./. Sonderabschreibung nach § 7g Abs. 1 EStG	./. 7 200 €
maßgebliche Kfz-Kosten	12 800 €
hiervon 10 % =	1 280 €

Fall 28
Ermittlung des Kfz-Privatnutzungsanteils nach der 1 %-Regelung

Sachverhalt: Zum notwendigen Betriebsvermögen des vorsteuerabzugsberechtigten Handwerksmeisters A gehört ein im Januar 2004 angeschaffter Pkw mit Anschaffungskosten in Höhe von 48 000 €. Der Listenpreis des Pkw betrug im Zeitpunkt der Erstzulassung (Januar 2004) 50 050 €. A sind im Jahr 2004 folgende Kfz-Kosten entstanden:

• laufende Kfz-Kosten	4 800 €
• Kfz-Steuer	250 €
• Kfz-Versicherung	550 €
• lineare AfA nach § 7 Abs. 1 EStG: 48 000 € : 6 =	8 000 €
	13 600 €

A hat für das Jahr 2004 kein Fahrtenbuch geführt.

Frage: Wie hoch ist der für das Jahr 2004 anzusetzende Kfz-Privatnutzungsanteil?

Literaturhinweis: *Lehrbuch Einkommensteuer*, Rdn. 254

➜ Lösung

Da A kein Fahrtenbuch geführt hat, muss der Kfz-Privatnutzungsanteil nach der sog. 1 %-Regelung ermittelt werden (§ 6 Abs. 1 Nr. 4 Satz 2 EStG). Danach ist der Kfz-Privatnutzungsanteil für jeden Kalendermonat mit 1 % des inländischen Listenpreises im Zeitpunkt der Erstzulassung zuzüglich der Kosten für Sonderausstattungen einschließlich der Umsatzsteuer anzusetzen (§ 6 Abs. 1 Nr. 4 Satz 2 EStG). Der Listenpreis ist ab 1. 1. 2002 auf volle 100 € abzurunden (BMF, BStBl 2002 I 148, Rdn. 7). Es ist wie folgt zu rechnen:

Kfz-Privatnutzungsanteil 2004: 1 % von 50 000 € = 500 € × 12 = 6 000 €

Fall 29
Freiwillige Zuwendungen – Zuwendungen aufgrund einer freiwillig begründeten Rechtspflicht – Zuwendungen an unterhaltsberechtigte Personen

Sachverhalt: B ist die Tochter des verstorbenen Fabrikanten A. Sie bezieht als testamentarische Alleinerbin des A aus der Weiterführung des Fabrikationsbetriebs und aus Unternehmensbeteiligungen gewerbliche Einkünfte.

Abschnitt 5: Nicht abzugsfähige Ausgaben (§ 12 EStG)

Im Rahmen der Erstellung ihrer Einkommensteuererklärung stellt der Steuerberater fest, dass B im Jahr 01 folgende Zahlungen geleistet hat:

1. Freiwillige Zahlung an ihren Neffen in Höhe von monatlich 500 €. B hat sich entschlossen, ihn bis zum Abschluss seines Studiums mit monatlich 500 € zu unterstützen. Der Neffe hat im Jahr 01 während der Semesterferien einen Bruttoarbeitslohn in Höhe von 7 000 € und darüber hinaus Vermietungseinkünfte in Höhe von 8 000 € erzielt.
2. Zahlungen an ihre Nichte in Höhe von monatlich 500 €. Den Zahlungen liegt ein notarieller Vertrag zugrunde, in dem sich B verpflichtet hat, die Zahlungen für die Dauer des Studiums der Nichte, längstens aber für die Dauer von 10 Jahren zu erbringen. Die Nichte bezieht aus der Vermietung eines Mietwohngrundstücks Einkünfte aus Vermietung und Verpachtung in Höhe von jährlich rund 25 000 €.
3. Zahlungen an ihre Schwiegertochter in Höhe von monatlich 2 000 €. Die monatlichen Zahlungen werden aufgrund eines notariellen Vertrages für die Dauer von 10 Jahren erbracht. Die Schwiegertochter hat hierfür keine Gegenleistung zu erbringen. Ihr Ehemann – der Sohn der B – bezieht als Geschäftsführer Einkünfte aus nichtselbständiger Arbeit in Höhe von 100 000 € jährlich.
4. In seinem Testament hat A u. a. angeordnet, dass B aus dem Jahresgewinn einer zum Nachlass gehörenden Unternehmensbeteiligung Vermächtnisse erfüllen soll. B zahlt in Erfüllung dieser Vermächtnisse jeweils 5 % des Jahresgewinns, insgesamt 30 000 €, an ihre beiden Stiefgeschwister.

Frage: Wie sind die vorstehenden Zahlungen steuerlich zu behandeln?
Literaturhinweis: *Lehrbuch Einkommensteuer*, Rdn. 259 ff.

Lösung

Zu 1.:

Die Zahlungen von B an ihren Neffen erfolgen freiwillig, weil sie ohne einen rechtlich wirksamen Grund geleistet werden. Freiwillige Zuwendungen sind vom Abzug ausgeschlossen, es sei denn, dass sie den Tatbestand des § 10 Abs. 1 Nr. 1, 2, 4, 6 bis 9, § 10b oder der §§ 33 bis 33b EStG erfüllen (§ 12 Nr. 2 EStG). Da diese Voraussetzungen hier aber nicht vorliegen, bleiben die Zahlungen von B steuerlich unberücksichtigt.

Zu 2.:

Bei den Zahlungen an die Nichte handelt es sich um Zuwendungen, die auf einer freiwillig eingegangenen Verpflichtung beruhen. Derartige – auf einer freiwillig begründeten Rechtspflicht beruhende – Zuwendungen fallen ebenfalls unter das Abzugsverbot des § 12 Nr. 2 EStG.

Zu 3.:

§ 12 Nr. 2 EStG schließt einen Abzug von Zuwendungen auch dann aus, wenn diese an gesetzlich unterhaltsberechtigte Personen oder deren Ehegatten geleistet werden, selbst dann, wenn sie auf einer besonderen Vereinbarung (z. B. einem notariellen Vertrag) beruhen. Ein Abzug der an die Schwiegertochter geleisteten Zahlungen kommt daher nicht in Betracht.

Zu 4.:

Als Sonderausgaben abziehbar sind die auf besonderen Verpflichtungsgründen beruhenden Renten und dauernden Lasten, die nicht mit Einkünften in Zusammenhang stehen, die bei der Veranlagung außer Betracht bleiben (§ 10 Abs. 1 Nr. 1a EStG). Dauernde Lasten sind in vollem Umfang abziehbar, Leibrenten hingegen nur mit dem Ertragsanteil, der sich aus der Tabelle des § 22 Nr. 1 Satz 3 Buchst. a EStG a. F. (bis VZ 2004) bzw. § 22 Nr. 1 Satz 3 Buchst. a Doppelbuchst. bb EStG n. F. (ab VZ 2005) ergibt. Demgegenüber dürfen die in § 12 EStG genannten Ausgaben weder bei den einzelnen Einkunftsarten noch vom Gesamtbetrag der Einkünfte abgezogen werden, „soweit in § 10 Abs. 1 Nr. 1, 2, 4, 6 bis 9, § 10b oder §§ 33 bis 33b nichts anderes bestimmt ist". Vom Abzugsverbot erfasst sind u. a. freiwillige Zuwendungen und Zuwendungen aufgrund einer freiwillig begründeten Rechtspflicht (§ 12 Nr. 2 EStG). Dies gilt auch für die im Einleitungssatz des § 12 EStG nicht erwähnten Renten und dauernden Lasten (§ 10 Abs. 1 Nr. 1a EStG), soweit diese – außerhalb der für die Vermögensübergabe gegen Versorgungsleistungen geltenden Sonderregelung – Unterhaltsleistungen oder Leistungen aufgrund freiwillig begründeter Rechtspflicht sind.

Hiernach kommt bei einem dem Erben auferlegten Vermächtnis ein Abzug als Sonderausgaben nach § 10 Abs. 1 Nr. 1a EStG prinzipiell nicht in Betracht, da im Hinblick auf den erhaltenen Vermögenswert wirtschaftlich keine als Sonderausgabe abziehbare „Last" vorliegt (BFH X R 106/98, BFH/NV 2001, 1242). Es liegen keine als Sonderausgaben anzuerkennenden Versorgungsleistungen vor. Die Vermächtnisnehmer waren als Stiefkinder des Erblassers nicht erbberechtigt. Sie stehen damit außerhalb des sog. Generationennachfolge-Verbundes. Erhalten solche Personen wiederkehrende Leistungen, sind diese nicht als dauernde Last abziehbar. B kann ihre Leistungen nicht als dauernde Last abziehen (BFH X R 139/88, BStBl 1992 II 612, und X R 106/98, BFH/NV 2001, 1242).

Wiederkehrende Leistungen (Renten und dauernde Lasten), die der Erbe aufgrund eines Vermächtnisses an einen Dritten zahlen muss, sind nur dann – unter weiteren Voraussetzungen – als Sonderausgaben i. S. von § 10 Abs. 1 Nr. 1a EStG abziehbar, wenn der Empfänger der Bezüge zum sog. Generationennachfolge-Verbund gehört. Zum Generationennachfolge-Verbund zählen nur Personen, denen Pflichtteilsansprüche oder ähnliche Ansprüche (Zugewinnausgleich) gegen den Erben bzw. den sonstigen letztwillig bedachten Vermögensübernehmer zustehen (BFH X R 31/00, BFH/NV 2004, 1083, und X R 2/01, BFH/NV 2004, 1086).

Fall 30
Abzug von Steuern und Nebenleistungen

Sachverhalt: Freiberufler A, der seinen Gewinn durch Einnahmen-Überschussrechnung ermittelt, erbringt im Jahr 2005 folgende Steuerzahlungen und Nebenleistungen:

Abschnitt 5: Nicht abzugsfähige Ausgaben (§ 12 EStG)

1. Einkommensteuernachforderung 2003 und Einkommensteuervorauszahlungen 2005 von insgesamt 100 000 €.
2. Schenkungsteuer in Höhe von 2 000 €.
3. Hundesteuer in Höhe von 100 € für den Hund seiner Tochter.
4. Kirchensteuernachforderung 2003 und Kirchensteuervorauszahlungen 2005 von insgesamt 5 000 €.
5. Grundsteuer in Höhe von
   - 400 € für das eigengenutzte Einfamilienhaus,
   - 800 € für ein fremdvermietetes Zweifamilienhaus.
6. Umsatzsteuer 2005 in Höhe von 15 000 €.
7. Kfz-Steuer in Höhe von 300 € für den zum Betriebsvermögen gehörenden Kraftwagen, der lt. Fahrtenbuch zu 70 % für betriebliche und zu 30 % für private Zwecke benutzt wird.
8. Säumniszuschläge (§ 240 AO) in Höhe von 200 € wegen verspäteter Zahlung von Einkommensteuer;

   Verspätungszuschlag (§ 152 AO) in Höhe von 300 € wegen verspäteter Abgabe der Einkommensteuererklärung 2001;

   Zwangsgeld (§ 329 AO) in Höhe von 50 € wegen Nichtabgabe der Einkommensteuererklärung 2002.
9. Stundungszinsen (§ 234 AO) in Höhe von 350 € im Zusammenhang mit der Stundung der Einkommensteuer 2002.
10. Aussetzungszinsen (§ 237 AO) in Höhe von 60 € im Zusammenhang mit einem Rechtsbehelf wegen der Erhebung von Schenkungsteuer.
11. Hinterziehungszinsen (§ 235 AO) im Zusammenhang mit der Hinterziehung von Einkommen- und Umsatzsteuer 2000.
12. Zinsen in Höhe von 1 500 € für die Aufnahme eines Kredits zur Bezahlung der Einkommensteuernachforderung 2003.

Frage: Wie sind die von A erbrachten Steuerzahlungen und Nebenleistungen einkommensteuerrechtlich zu behandeln?

Literaturhinweis: *Lehrbuch Einkommensteuer*, Rdn. 268 ff.

 Lösung

Zu 1.:

Die Einkommensteuer ist als Personensteuer nicht abzugsfähig (§ 12 Nr. 3 EStG).

Zu 2.:

Die Schenkungsteuer ist eine sonstige Personensteuer i. S. des § 12 Nr. 3 EStG und daher nicht abzugsfähig (BFH, BFH/NV 2001 S. 439).

Zu 3.:

Die Hundesteuer ist eine sog. örtliche Aufwandsteuer i. S. des Art. 105 Abs. 2a GG, weil das Halten eines Hundes über die Befriedigung des allgemeinen Lebensbedarfs hinausgeht und einen – wenn auch unter Umständen nicht sehr erheblichen – zusätzlichen Vermögensaufwand erfordert; Aufwandsteuern beziehen sich nicht notwendigerweise auf „Luxusgegenstände" (BVerwG, ZKF 1998, 179). Die Hundesteuer zählt als Steuer des persönlichen Aufwands zu den sonstigen Personensteuern; ein Abzug kommt daher nach § 12 Nr. 3 EStG nicht in Betracht. In seltenen Ausnahmefällen kann etwas anderes gelten, z. B. wenn ein Jagdhund bei einem Revierförster zu den Arbeitsmitteln zu rechnen ist – in diesem Fall kann ein Werbungskostenabzug in Betracht kommen (BFH VI R 9/59 U, BStBl 1960 III 163, und VI R 101/86, BFH/NV 1991, 234).

Zu 4.:

Obgleich die Kirchensteuer eine Personensteuer ist, hat sie der Gesetzgeber in vollem Umfang zum Abzug als Sonderausgaben zugelassen (§ 10 Abs. 1 Nr. 4 EStG). Abzugsfähig in 2005 sind 5 000 €.

Zu 5.:

Die Grundsteuer für das eigen genutzte Einfamilienhaus bleibt steuerlich unberücksichtigt, da sie mit einem privaten, steuerlich nicht relevanten Wirtschaftsgut, nämlich der eigenen Wohnung, zusammenhängt.

Die Grundsteuer für das Zweifamilienhaus ist als Werbungskosten bei den Einkünften aus Vermietung und Verpachtung abzugsfähig.

Zu 6.:

Die Umsatzsteuer ist bei der Einnahmen-Überschussrechnung prinzipiell als Betriebsausgabe abzugsfähig.

Zu 7.:

Die Kfz-Steuer ist in Höhe von (70 % von 300 € =) 210 € als Betriebsausgabe abzugsfähig; im Übrigen ist ein Abzug nicht möglich.

Zu 8.:

Säumniszuschläge, Verspätungszuschläge und Zwangsgelder teilen das rechtliche Schicksal der Steuer, zu der sie gehören (H 121 „Nebenleistungen" EStH 2004). Da sie im vorliegenden Fall auf eine Personensteuer entfallen, sind sie ebenso wenig abziehbar wie die genannte Steuer selbst (§ 12 Nr. 3 2. Halbsatz EStG).

Zu 9.:

Stundungszinsen auf Personensteuern dürfen ab Veranlagungszeitraum 1999 nicht mehr als Sonderausgaben abgezogen werden. Die Vorschrift des § 10 Abs. 1 Nr. 5 EStG ist im Rahmen des Steuerentlastungsgesetzes 1999/2000/2002 gestrichen worden.

Abschnitt 5: Nicht abzugsfähige Ausgaben (§ 12 EStG)

Zu 10.:

Die für Stundungszinsen getroffene Regelung gilt auch für Aussetzungszinsen, d. h. Aussetzungszinsen auf Personensteuern sind ab dem Veranlagungszeitraum 1999 nicht mehr als Sonderausgaben abzugsfähig.

Zu 11.:

Hinterziehungszinsen i. S. von § 235 AO auf Betriebs- und Personensteuern dürfen nicht abgezogen werden (§§ 4 Abs. 5 Nr. 8a, 12 Nr. 3 EStG).

Zu 12.:

Das Abzugsverbot des § 12 Nr. 3 EStG gilt auch für Aufwendungen, die mit den in dieser Vorschrift für nicht abzugsfähig erklärten Steuern in Zusammenhang stehen. Die Zinsen, die für die Aufnahme des Kredits zum Zwecke der Bezahlung der Einkommensteuer 2003 angefallen sind, sind daher nicht abzugsfähig (Hess. FG, EFG 1981, 624).

Fall 31
Abzug von Geldstrafen, Geldbußen, Anwalts- und Gerichtskosten

Sachverhalt: A ist Gewerbetreibender.

1. Im Jahr 01 wird er wegen Vorenthaltung von für die AOK bestimmten Sozialversicherungsbeiträgen in einem Strafverfahren zu einer Geldstrafe in Höhe von 5 000 € verurteilt. Die Aufwendungen für den Strafverteidiger belaufen sich auf 1 500 €, die Gerichtskosten des Strafverfahrens auf 1 000 €.
2. Ebenfalls im Jahr 01 wird A auf einer Fahrt von seiner Wohnung zu seinem Büro in einen Verkehrsunfall verwickelt. Da A den Unfall verschuldet hat, wird gegen ihn eine Geldbuße in Höhe von 1 000 € festgesetzt. Die Rechtsanwaltskosten und die Kosten des Verfahrens betragen 400 €.

Frage: Wie sind die vorgenannten Aufwendungen einkommensteuerrechtlich zu behandeln?

Literaturhinweis: *Lehrbuch Einkommensteuer*, Rdn. 271 ff.

Lösung

Zu 1.:

Nach § 12 Nr. 4 EStG dürfen in einem Strafverfahren festgesetzte Geldstrafen weder bei den einzelnen Einkunftsarten noch vom Gesamtbetrag der Einkünfte abgezogen werden. A kann daher die Geldstrafe in Höhe von 5 000 € nicht abziehen.

Die Kosten des Strafverfahrens, d. h. die Anwalts- und Gerichtskosten, sind in das Abzugsverbot des § 12 Nr. 4 EStG nicht einbezogen worden. Aufwendungen für die Strafverteidigung und Kosten des Strafverfahrens sind als Betriebsausgaben abzugsfähig, wenn die dem Strafverfahren zugrunde liegende Tat – wie hier – in Ausübung der betrieblichen Tätigkeit begangen worden ist (BFH VIII R 93/85, BStBl 1986 II 845, und VIII B 265/03, BFH/NV 2004, 1639; H 120 „Kosten des Strafverfahrens/der Strafverteidigung" EStH 2004). A kann daher die Aufwendungen für den Strafverteidiger und die Gerichtskosten von insgesamt 2 500 € als Betriebsausgaben abziehen.

Zu 2.:

Die Geldbuße ist zwar betrieblich veranlasst, weil der Unfall auf einer betrieblichen Fahrt geschah. Ein Abzug kommt jedoch nicht in Betracht, weil das Abzugsverbot des § 4 Abs. 5 Nr. 8 EStG eingreift. Danach sind betrieblich veranlasste Geldbußen nicht abzugsfähig.

Die Anwalts- und Verfahrenskosten fallen aber nicht unter das Abzugsverbot. Diese sind – wie im Fall eines betrieblich veranlassten Strafverfahrens – als Betriebsausgaben abzugsfähig (BFH VI R 31/78, BStBl 1982 II, 467; H 24 „Verfahrenskosten" EStH 2004).

Fall 32
Erstattung von Strafprozesskosten an einen Arbeitnehmer

Sachverhalt: A betreibt ein Hoch- und Tiefbauunternehmen. Seine Arbeitnehmer befördert er mit eigenen Kraftwagen zu den jeweiligen Baustellen. Auf einer solchen Fahrt verschuldete der den Kraftwagen führende Arbeitnehmer B einen Verkehrsunfall, bei dem ein Radfahrer verletzt wurde. Gegen B wurde ein Strafverfahren eingeleitet. A ersetzte dem B die gegen diesen festgesetzte Geldstrafe in Höhe von 2 000 € sowie die Kosten des Strafverfahrens (Anwalts- und Gerichtskosten) in Höhe von 1 000 €.

Fragen:
1. Ist A berechtigt, die Strafprozesskosten in Höhe von insgesamt 3 000 € als Betriebsausgaben abzuziehen?
2. Sind die Strafprozesskosten bei B steuerlich berücksichtigungsfähig?

Literaturhinweis: *Lehrbuch Einkommensteuer*, Rdn. 257

 Lösung

Zu 1.:

Für die Abzugsfähigkeit der Kosten eines Strafprozesses, die ein Unternehmer seinem Arbeitnehmer erstattet, gelten andere Grundsätze als für den Abzug von Strafprozesskosten, die bei dem Unternehmer selbst als Angeklagten anfallen. Die vom Arbeitgeber dem Arbeitnehmer erstatteten Strafprozesskosten sind grds. steuerpflichtiger Arbeitslohn des Arbeitnehmers, weil sie durch das Arbeitsverhältnis veranlasst sind. Die Behandlung als Arbeitslohn beim Arbeitnehmer führt zwangsläufig zur Abzugsfähigkeit beim Arbeitgeber als Betriebsausgabe (BFH IV 199/62, HFR 1965 S. 161). A ist daher berechtigt, die seinem Arbeitnehmer B erstatteten Strafprozesskosten in Höhe von 3 000 € als Betriebsausgaben abzusetzen.

Abschnitt 5: Nicht abzugsfähige Ausgaben (§ 12 EStG)

Zu 2.:

Bei B gehören die erstatteten Beträge zum Arbeitslohn. Er kann zwar die Anwalts- und Gerichtskosten, aber nicht die Geldstrafe als Werbungskosten bei seinen Einkünften aus nichtselbständiger Arbeit abziehen; der Abzug der Geldstrafe ist durch § 12 Nr. 4 EStG ausgeschlossen.

Kein Arbeitslohn liegt nach einer neuen Entscheidung des BFH vor, wenn der Arbeitgeber (Paketzustelldienst) aus ganz überwiegend eigenbetrieblichem Interesse die Zahlung von Verwarnungsgeldern übernimmt, die gegen die bei ihm angestellten Fahrer wegen Verletzung des Halteverbots verhängt worden sind (BFH VI R 29/00, BFH/NV 2005, 596).

Abschnitt 6: Sonderausgaben

Unbeschränkt abzugsfähige SA	Beschränkt abzugsfähige SA	
	Vorsorgeaufwendungen	Sonstige beschränkt abzugsfähige SA
1. Renten und dauernde Lasten (§ 10 Abs. 1 Nr. 1a EStG)	Versicherungsbeiträge (§ 10 Abs. 1 Nr. 2 und 3 EStG)	1. Unterhaltsleistungen im Rahmen des Realsplitting (§ 10 Abs. 1 Nr. 1 EStG)
2. Gezahlte Kirchensteuer (§ 10 Abs. 1 Nr. 4 EStG)		2. Aufwendungen für die eigene Berufsausbildung (§ 10 Abs. 1 Nr. 7 EStG)
3. Steuerberatungskosten (§ 10 Abs. 1 Nr. 6 EStG)		3. Schulgeld für Privatschulen (§ 10 Abs. 1 Nr. 9 EStG)
		4. Altersvorsorgeleistungen (§ 10a EStG)
		5. Spenden (§ 10b EStG)

Daneben gibt es noch Sonderfälle („unechte" Sonderausgaben), wie den Verlustabzug nach § 10d EStG sowie die im Zusammenhang mit der Förderung des selbstgenutzten Wohneigentums stehenden Vorschriften.

Fall 33
Unterhaltsleistungen an den geschiedenen Ehegatten

Sachverhalt: A ist schon seit Jahren von seiner Ehefrau B geschieden; beide sind unbeschränkt einkommensteuerpflichtig. A hat sich im Jahr 03 verpflichtet,

a) 9 600 € Unterhalt jährlich zu zahlen,

b) 18 000 € Unterhalt jährlich zu zahlen.

B hat in beiden Fällen ihre Zustimmung zum Sonderausgabenabzug beim Geber erteilt.

c) Wie a), B beschränkt ihre Zustimmung im Einvernehmen mit A jedoch auf einen Betrag von 7 200 €.

d) Wie a), B gibt ihre Zustimmung nicht. Der Bruttoarbeitslohn von B beträgt 4 000 €.

e) Wie a), B hat ihre Zustimmung im Jahr 01 gegeben.

Frage: Wie sind die gezahlten Unterhaltsleistungen jeweils zu behandeln?

Literaturhinweis: *Lehrbuch Einkommensteuer*, Rdn. 297 ff.

➔ Lösung

Zu a):

Der Sonderausgabenabzug beim Leistenden hängt zwingend von der Zustimmung des Empfängers ab.

A kann gem. § 10 Abs. 1 Nr. 1 EStG auf Antrag die gezahlten 9 600 € Unterhaltsleistungen als Sonderausgaben geltend machen. B hat Einkünfte nach § 22 Nr. 1a EStG in Höhe von 9 498 € zu versteuern.

Nach dem BFH-Urteil vom 12. 7. 1989 (BStBl 1989 II 957) kann der Antrag selbst nach Bestandskraft beider Steuerfestsetzungen noch gestellt werden. Der Einkommensteuerbescheid ist dann nach § 175 Abs. 1 Satz 1 Nr. 2 AO zu ändern.

Zu b):

A kann einen Betrag in Höhe von 13 805 € geltend machen. B hat auch nur in dieser Höhe (abzüglich 102 € Werbungskosten) Einkünfte gem. § 22 Nr. 1a EStG zu versteuern. Der über den Betrag in Höhe von 13 805 € hinausgehende Betrag von 4 195 € kann nicht als außergewöhnliche Belastung abgezogen werden (BFH, BStBl 2001 II 338).

Zu c):

Der Antrag nach § 10 Abs. 1 Nr. 1 EStG kann gem. R 86b Abs. 1 EStR 2003 auf einen Teilbetrag beschränkt werden. Zu beachten ist aber, dass der Unterhaltsempfänger mit der Unterschrift der Anlage U dem Sonderausgabenabzug dem Grunde nach zustimmt. Die Zustimmung bezieht sich **nicht auf die Höhe der Unterhaltsleistungen.** Der Unterhaltsempfänger muss sich also z. B. bei späteren Erhöhungen im Klaren sein, dass er seine Zustimmung bis zum Höchstbetrag von 13 805 € erteilt und nicht auf den vom Unterhaltsverpflichteten für das aktuelle Veranlagungsjahr geleisteten Betrag beschränkt. Die betragsmäßige Einschränkung des Realsplitting ist mit der Anlage U nicht möglich und sollte daher mit besonderem, schriftlichem Antrag erfolgen.

A kann also 7 200 € als Sonderausgaben abziehen. B hat wegen des Korrespondenzprinzips auch nur diesen Betrag zu versteuern.

Zu d):

Da die Zustimmungserklärung von B nicht vorliegt, können die Unterhaltszahlungen nicht als Sonderausgaben berücksichtigt werden. Eine Steuerermäßigung kann nur nach § 33a Abs. 1 EStG erreicht werden. Der abziehbare Betrag wird wie folgt ermittelt:

Höchstbetrag		7 680 €
eigene Einkünfte (4 000 € ./. 920 €)	3 080 €	
./. unschädlicher Betrag	./. 624 €	
= schädliche Einkünfte	2 456 €	2 456 €
		5 224 €

Die geleisteten Aufwendungen in Höhe von 9 600 € sind daher mit max. 5 224 € abziehbar. Allerdings ist der Empfänger zivilrechtlich verpflichtet (§ 242 BGB), die Zustimmung zu erteilen, sofern er keinen finanziellen Nachteil hat. Der leistende Ehegatte ist daher u. U. darauf angewiesen, die Zustimmung auf zivilprozessualem Wege einzuklagen.

Zu e):

Die Zustimmung des Empfängers bindet grundsätzlich auf Dauer. Sie kann jedoch **vor Beginn des Kalenderjahres**, für das sie erstmals nicht gelten soll, gegenüber dem Finanzamt widerrufen werden. A kann also die im Jahr 03 geleisteten Unterhaltsleistungen in Höhe von 9 600 € gem. § 10 Abs. 1 Nr. 1 EStG abziehen. B hat Einkünfte mit 9 498 € zu versteuern.

Fall 34
Zeitliche Bindung an die Zustimmung

Sachverhalt: Der Steuerpflichtige A reicht im Mai 03 seine Einkommensteuererklärung für 01 ein mit der im April 03 erstmals erteilten Zustimmung des Unterhaltsempfängers.

Frage: Für welchen VZ kann die Zustimmung frühestens widerrufen werden?

Literaturhinweis: *Lehrbuch Einkommensteuer*, Rdn. 301 ff.

Lösung

Die Bindungswirkung tritt ein mit Eingang der Zustimmungserklärung beim Finanzamt. Die Zustimmung gilt für die VZ 01, 02 und 03. Der Unterhaltsempfänger ist an seine Zustimmung insoweit gebunden, weil ein Widerruf für die VZ 02 und 03 nicht möglich ist. Er kann gem. § 10 Abs. 1 Nr. 1 Satz 4 EStG die Zustimmung erst mit Wirkung für den VZ 04 widerrufen.

Fall 35
Unterhaltsleistungen bei beschränkter Steuerpflicht

Sachverhalt:

a) Rechtsanwalt A zahlt seiner geschiedenen Ehefrau B monatlich 500 € Unterhalt. Am 30. 6. wandert A in die Schweiz aus. Er hat anschließend keine inländischen Einkünfte mehr. Die Ehefrau hat dem Sonderausgabenabzug zugestimmt.

b) Wie a), aber nicht A, sondern B wandert am 31. 3. in die Schweiz aus.

c) Wie b), aber B wandert nach Wien aus.

Frage: Wie sind die geleisteten Unterhaltszahlungen bei A steuerlich zu behandeln?

Literaturhinweis: *Lehrbuch Einkommensteuer*, Rdn. 300, 2690

Abschnitt 6: Sonderausgaben

→ **Lösung**

Zu a):

A kann nur die während seiner unbeschränkten Steuerpflicht geleisteten 3 000 € als Sonderausgaben gem. § 10 Abs. 1 Nr. 1 EStG geltend machen. Die nach dem Eintritt der beschränkten Steuerpflicht erbrachten Leistungen werden weder als Sonderausgaben noch als außergewöhnliche Belastung berücksichtigt (§ 50 Abs. 1 Satz 4 EStG). Bei B sind die Unterhaltszahlungen ab 1. 7. nicht steuerbar (BFH vom 31. 3. 2004 X R 18/03, BStBl 2004 II 1047).

Zu b):

Die Unterhaltsleistungen sind grundsätzlich nur während des Bestehens der unbeschränkten Steuerpflicht der Ehefrau als Sonderausgaben abzugsfähig. Durch BMF-Schreiben vom 5. 11. 1998 (BStBl 1998 I, 1392) ist jedoch bezüglich der Schweiz geregelt, dass dieselben steuerlichen Abzüge zu gewähren sind, die der Leistende erhielte, wenn der Empfänger in Deutschland ansässig wäre. Unter der Voraussetzung, dass B mit den Zahlungen in der Schweiz der Besteuerung unterliegt und dies durch eine Bescheinigung der kantonalen Steuerbehörde nachweist, kann A den Betrag von 6 000 € abziehen. Nach H 86b „Nicht unbeschränkt einkommensteuerpflichtiger Empfänger" EStH 2004 kann ein Abzug von Unterhaltsleistungen an einen nicht unbeschränkt steuerpflichtigen Empfänger auch bei Vorliegen der Voraussetzungen des § 1a Abs. 1 Nr. 1 EStG oder aufgrund eines DBA in Betracht kommen (z. B. DBA mit Dänemark, Kanada und den USA).

Zu c):

Nach § 1a Abs. 1 Nr. 1 EStG ist der Sonderausgabenabzug gegeben, wenn der Empfänger seinen Wohnsitz in einem EU-/EWR-Mitgliedstaat hat und die Besteuerung der Leistungen beim Empfänger durch eine Bescheinigung der zuständigen ausländischen Behörde nachgewiesen wird. Da das österreichische Einkommensteuerrecht die Besteuerung von Unterhaltszahlungen jedoch nicht vorsieht, scheidet der Sonderausgabenabzug ab 1. 4. aus. Mit Beschluss vom 22. 7. 2003 (XI R 5/02, BStBl 2003 II, 851) hat der BFH dem EuGH die Frage vorgelegt, ob diese Regelung mit EG-Recht vereinbar ist.

A kann also 1 500 € als Sonderausgaben abziehen.

Fall 36
Erfüllung von Unterhaltsverpflichtungen durch Überlassung einer Wohnung

Sachverhalt: Der geschiedene, unterhaltsverpflichtete Ehemann A erfüllt seine Unterhaltspflicht, indem er das in seinem Alleineigentum stehende Einfamilienhaus der Ehefrau zur Nutzung überlässt. Der Nutzungswert beträgt 500 € monatlich. Außerdem verpflichtet sich A, die Energiekosten mit jährlich 4 000 € sowie weitere verbrauchsunabhängige Kosten (Schuldzinsen, Reparaturen) in Höhe von 2 000 € allein zu tragen.

Fall 37: Unterhaltsleistungen an den geschiedenen Ehegatten des Erblassers

Frage: Wie wirkt sich dieser Sachverhalt steuerlich bei A aus?
Literaturhinweis: *Lehrbuch Einkommensteuer*, Rdn. 299

➡ Lösung

Unterhaltsleistungen an den geschiedenen oder dauernd getrennt lebenden Ehegatten können auch in der Überlassung einer Wohnung bestehen. Würde A eine angemietete Wohnung überlassen, für die er die Miete weiterhin bezahlt, so wären die Mietaufwendungen als Unterhaltsleistungen abziehbar. Bei der eigenen Wohnungsüberlassung hat der BFH mit Urteil vom 12. 4. 2000 (XI R 127/96, BStBl 2002 II, 130) – entgegen früherer Verwaltungsauffassung – entschieden, dass neben dem Mietwert auch die vom Geber aufgrund der Unterhaltsvereinbarung getragenen verbrauchsunabhängigen Kosten zu berücksichtigen sind.

A kann damit einen Betrag von 12 000 € als Sonderausgaben geltend machen.

Als Alternative zur unentgeltlichen Überlassung könnte auch eine Vermietung erfolgen. Die Verrechnung der Miete mit dem geschuldeten Barunterhalt stellt keinen Missbrauch von Gestaltungsmöglichkeiten dar (BFH IX R 13/92, BStBl 1996 II, 214).

Fall 37
Unterhaltsleistungen an den geschiedenen Ehegatten des Erblassers

Sachverhalt: A ist die Alleinerbin ihres im Jahre 01 verstorbenen Ehemannes B. Dessen Verpflichtung zur Unterhaltszahlung von monatlich 1 000 € an seine frühere Ehefrau C war nach dem Tod auf A übergegangen. A macht mit Zustimmung von C den im Jahr 02 geleisteten Betrag in Höhe von 12 000 € gem. § 10 Abs. 1 Nr. 1 EStG als Sonderausgabe geltend.

Frage: Kann der Sonderausgabenabzug anerkannt werden?
Literaturhinweis: *Lehrbuch Einkommensteuer*, Rdn. 298

➡ Lösung

Mit Urteil vom 12. 11. 1997 (X R 83/94, BStBl 1998 II, 148) hat der BFH entschieden, dass die zivilrechtlich übergegangene Unterhaltsverpflichtung keine Auswirkung auf das Einkommensteuerrecht hat. Da der Sonderausgabenabzug des § 10 Abs. 1 Nr. 1 EStG personenbezogen ist, kommt ein Abzug beim Erben nicht in Betracht. Da der Erbe die Unterhaltsleistungen nicht abziehen kann, sind die Unterhaltszahlungen bei Ehefrau C keine steuerbaren Einnahmen.

Fall 38
Vermögensübertragung unter Vorbehaltsnießbrauch gegen dauernde Last

Sachverhalt: Tochter A erhält von ihrer Mutter eine an Dritte vermietete Eigentumswohnung unter Vorbehalt des lebenslänglichen Nießbrauchs übertragen. Da die Mutter keine ausreichende Altersversorgung hat, verpflichtet sich A im Übergabevertrag, monatlich 600 € zu bezahlen. Die Zahlungsverpflichtung soll nach § 323 ZPO abänderbar sein. Der Wert der Eigentumswohnung beträgt 300 000 €, der Barwert der Rente 103 000 €.

Frage: Sind die monatlichen Zahlungen als Sonderausgaben gem. § 10 Abs. 1 Nr. 1a EStG abziehbar?

Literaturhinweis: *Lehrbuch Einkommensteuer*, Rdn. 311 ff.

➡ Lösung

Die Abziehbarkeit der dauernden Last setzt voraus, dass der Übernehmer des Vermögens Erträge erwirtschaftet und an den Übergeber weiterleitet. Hier ist eine Erzielung von Erträgen durch den Vermögensübernehmer von vornherein unmöglich, weil sich der Übergeber den gesamten Ertrag des Vermögens vorbehalten hat und ihm ohnehin die Einkünfte aus der Nutzung dieses Vermögens zugerechnet werden. Die wiederkehrenden Zahlungen des Übernehmers lassen sich deshalb nicht als vorbehaltene Vermögenserträge, sondern nur als Unterhaltsleistungen qualifizieren. Die monatlichen Zahlungen sind somit nicht als Sonderausgaben abzugsfähig (BMF, BStBl 2004 I, 922, Tz. 12).

Fall 39
Übertragung eines Mietwohngrundstücks im Wege der vorweggenommenen Erbfolge

Sachverhalt:

a) A überträgt am 1. 7. 01 im Wege der vorweggenommenen Erbfolge sein lastenfreies Mietwohngrundstück auf seinen Sohn B. Der gemeine Wert des Grundstücks würde in diesem Zeitpunkt 250 000 € betragen (jährlicher Ertrag 24 000 €). In dem Übergabevertrag wurde der Sohn verpflichtet, vom 1. 7. 01 an monatlich im Voraus auf Lebenszeit des A eine Rente in Höhe von 1 000 € zu zahlen. A hat am 1. 5. 01 das 65. Lebensjahr vollendet und bezieht nur eine geringe Altersrente. Der Kapitalwert der Leibrente beträgt rund 108 000 €. § 323 ZPO ist in dem Vertrag nicht erwähnt.

b) Wie a), aber in den Übergabevertrag wird ausdrücklich aufgenommen, dass die monatliche Rente in Höhe von 1 000 € nicht nach den wirtschaftlichen Verhältnissen der Beteiligten abgeändert werden kann.

c) Wie a), jedoch beträgt die monatlich zu zahlende Rente 2 500 €.

Frage: Wie sind die von B gezahlten Beträge steuerlich zu behandeln? Welche Abschreibungsmöglichkeit hat B?

Literaturhinweis: *Lehrbuch Einkommensteuer*, Rdn. 312 ff.

Lösung

Zu a):

Es handelt sich um eine existenzsichernde und ausreichend ertragbringende Wirtschaftseinheit. Die Versorgungsleistungen sind in vollem Umfang als Sonderausgaben abziehbare dauernde Lasten (BMF, BStBl 2004 I, 922, Tz. 47). Eine Bezugnahme auf § 323 ZPO ist nicht erforderlich. B kann also die im Jahr 01 gezahlten 6 000 € als Sonderausgaben abziehen.

Zu b):

Sofern die Abänderbarkeit ausdrücklich ausgeschlossen wird, handelt es sich um eine nur mit dem Ertragsanteil steuerpflichtige und als Sonderausgabe abziehbare Leibrente (BMF, BStBl 2004 I, 922, Tz. 48). B kann daher im Jahr 01 lediglich 18 % von 6 000 € = 1 080 € als Sonderausgabe abziehen. Korrespondierend dazu hat A die Rente gem. § 22 Nr. 1 EStG zu versteuern.

Da jeweils eine unentgeltliche Übertragung vorliegt, hat B die Steuerwerte und die AfA-Methode des Vaters fortzuführen (§ 11d EStDV).

Zu c):

Eine Vermögensübergabe gegen Versorgungsleistungen ist nunmehr nur noch gegeben, wenn eine existenzsichernde und ertragbringende Wirtschaftseinheit übertragen wird, deren Erträge ausreichen, um die wiederkehrenden Leistungen zu erbringen (BMF, BStBl 2004 I, 922, Tz. 7). Damit hat die Finanzverwaltung den bisherigen Vertragstypus 2 aufgegeben.

Falls die laufenden Nettoerträge des übergebenen Vermögens die vereinbarten wiederkehrenden Leistungen nicht abdecken, gelten die Grundsätze über die einkommensteuerrechtliche Behandlung wiederkehrender Leistungen im Austausch mit einer Gegenleistung.

Die Anschaffungskosten sind wie folgt zu ermitteln:

Jahreswert 30 000 € x Vervielfältiger 9,019 270 570 €

Anschaffungskosten liegen in Höhe des angemessenen Kaufpreises mit 250 000 € vor, die übersteigenden 20 570 € sind als Zuwendung i. S. des § 12 Nr. 2 EStG zu behandeln.

Die von B zu erbringende Rentenverpflichtung ist lediglich in Höhe von 92,4 % angemessen. B kann im Jahr 01 den Zinsanteil der Veräußerungsleibrente als Werbungskosten bei Vermietung und Verpachtung ansetzen:

Ertragsanteil 18 % x angemessene Rente (92,4 % von 15 000 €) = 2 495 €

Die Bemessungsgrundlage für die steuerliche Abschreibung beträgt 250 000 €.

Anmerkung: Falls die Vermögensübergabe vor dem 1. 11. 2004 stattgefunden hatte, kann die bisherige Behandlung dauerhaft weitergeführt werden, sofern dies vom Übergeber und vom Übernehmer übereinstimmend erklärt wird.

Fall 40
Übertragung eines Mietwohngrundstücks im Wege der vorweggenommenen Erbfolge gegen Unterhaltsrente

Sachverhalt: A überträgt mit Wirkung vom 1. 7. 01 im Wege der vorweggenommenen Erbfolge ein Mietwohngrundstück auf seinen Sohn B. Der gemeine Wert beträgt in diesem Zeitpunkt 100 000 €, die monatlichen Mieteinnahmen 1 000 €. In dem Übergabevertrag wird eine monatliche Versorgungsleibrente in Höhe von 2 100 € mit jederzeitiger Abänderungsmöglichkeit und Wertsicherungsklausel vereinbart. Der Kapitalwert der Leibrentenverpflichtung soll in diesem Zeitpunkt 227 000 € betragen. A hat am 1. 5. 01 das 65. Lebensjahr vollendet.
Frage: B möchte wissen, ob und ggf. in welcher Höhe er die Beträge nach § 10 Abs. 1 Nr. 1a EStG berücksichtigen kann.
Literaturhinweis: *Lehrbuch Einkommensteuer,* Rdn. 315 ff.

 Lösung

Sofern der Barwert der wiederkehrenden Leistungen mehr als doppelt so hoch wie der Wert des übertragenen Vermögens ist, liegt nach Auffassung der Finanzverwaltung insgesamt eine Zuwendung i. S. des § 12 Nr. 2 EStG vor (BMF, BStBl 2004 I, 922, Tz. 50).
Die steuerliche Berücksichtigung der Zahlungen ist unter den weiteren Voraussetzungen allenfalls nach § 33a Abs. 1 EStG möglich.

Fall 41
Erwerb eines selbstgenutzten Einfamilienhauses gegen Leibrente

Sachverhalt: A hat am 1. 2. 01 ein Einfamilienhaus von seinem Vater B erworben (Verkehrswert 205 000 €), das er von diesem Zeitpunkt an selbst bewohnt. Als Gegenleistung für die Übertragung des Hauses hat A bis zum Lebensende des B eine nach kaufmännischen Gesichtspunkten ermittelte monatliche Zahlung von 1 700 € zu erbringen (Kapitalwert 202 000 €). Der Veräußerer B ist 62 Jahre alt.
Abwandlung: A zahlt eine nicht nach kaufmännischen Gesichtspunkten ermittelte, sondern ausschließlich an den Bedürfnissen des B orientierte lebenslängliche Rente in Höhe von 500 €, wobei die Abänderbarkeit nach § 323 ZPO ausdrücklich vereinbart wird. A hatte das Einfamilienhaus bereits bisher bewohnt und an B eine monatliche Miete in Höhe von 1 200 € bezahlt.
Frage: Wie können die Rentenzahlungen steuerlich berücksichtigt werden?
Literaturhinweis: *Lehrbuch Einkommensteuer,* Rdn. 321 ff.

→ Lösung

Da sich Leistung und Gegenleistung ausgewogen gegenüberstehen, liegt eine Veräußerungsrente vor. Nach ständiger Rechtsprechung des X. Senats des BFH sind die wiederkehrenden Leistungen bei entgeltlichen Geschäften in eine Vermögensumschichtung und einen Zinsanteil aufzuspalten. Dieser Rechtsauffassung hat sich die Finanzverwaltung angeschlossen (BMF, BStBl 2004 I, 922, Tz. 50). Der in den wiederkehrenden Leistungen enthaltene Zinsanteil ist bei einkunftsrelevanter Nutzung als Betriebsausgaben oder Werbungskosten abziehbar. Wird der erworbene Vermögensgegenstand vom Erwerber jedoch nicht zur Einkunftserzielung genutzt, entfällt wegen des Abzugsverbots für privat veranlasste Zinsen die einkommensmindernde Berücksichtigung des in den Leistungen enthaltenen Zinsanteils.

A hat Anschaffungskosten in Höhe des Kapitalwertes der Rente. B hat den Zinsanteil der Rentenzahlungen gem. § 22 Nr. 1 Satz 3 Buchst. a Doppelbuchst. bb EStG zu versteuern (21 % von 18 700 € = 3 927 €) Der X. Senat des BFH hält die Besteuerung mit dem vollen Nennwert – ohne Berücksichtigung eines Sparer-Freibetrages – für verfassungsrechtlich bedenklich und hat diese Frage dem BVerfG zur Entscheidung vorgelegt (Az. 2 BvL 3/02).

Die Finanzverwaltung hat inzwischen die Rechtsprechung des Großen Senats übernommen, wonach auch die ersparte Nettomiete zu den Erträgen des übergebenen Vermögens gehört, wenn sie nicht niedriger als die zugesagten wiederkehrenden Leistungen ist (BMF, BStBl 2004 I, 922, Tz. 21).

Bei A kommt daher der Abzug als dauernde Last in Betracht.

Fall 42
Ermittlung der Erträge bei teilentgeltlichem Erwerb

Sachverhalt: Vater V überträgt im Jahr 03 sein vermietetes Mehrfamilienhaus mit einem Verkehrswert von 1 200 000 € im Wege der vorweggenommenen Erbfolge auf seine Tochter T. Das Grundstück ist noch mit einer Grundschuld in Höhe von 400 000 € belastet. Im Übergabevertrag verpflichtet sich T, an ihren Bruder ein Gleichstellungsgeld in Höhe von 200 000 € und an V wiederkehrende Leistungen in Höhe von jährlich 24 000 € zu zahlen. Aus der Vermietung werden jährliche Mieteinnahmen in Höhe von 60 000 € erzielt. Im Jahr 01 haben die Einkünfte aus Vermietung und Verpachtung 15 000 €, im Jahr 02 12 000 € betragen. Im Jahr 03 ergibt sich ein Verlust von ./. 10 000 €. In den Werbungskosten sind AfA von jährlich 12 000 € und Schuldzinsen von jährlich 30 000 € sowie im Jahr 03 größere Erhaltungsaufwendungen in Höhe von 25 000 € enthalten.

Frage: Sind die wiederkehrenden Leistungen als dauernde Last abzugsfähig?

Literaturhinweis: *Lehrbuch Einkommensteuer*, Rdn. 339 ff.

Abschnitt 6: Sonderausgaben

→ Lösung

Den auf der Grundlage der steuerlichen Einkünfte ermittelten Erträgen sind Absetzungen für Abnutzung sowie außerordentliche Aufwendungen, z. B. größere Erhaltungsaufwendungen, hinzuzurechnen. Aus Vereinfachungsgründen kann zur Ermittlung des durchschnittlichen Ertrags auf das Jahr der Vermögensübergabe und die beiden vorangegangenen Jahre zurückgegriffen werden (BMF, BStBl 2004 I, 922, Tz. 25). Bei einer teilentgeltlichen Übertragung ist zu prüfen, ob allein die Erträge, die auf den unentgeltlich erworbenen Teil entfallen, zur Erbringung der Versorgungsleistungen ausreichen. Im Fall der Übertragung von Privatvermögen bleiben auch Schuldzinsen außer Betracht, soweit sie zur Finanzierung von Anschaffungskosten dienen.

T hat Anschaffungskosten für das Mehrfamilienhaus von insgesamt 600 000 € (Gleichstellungsgeld 200 000 €, Verbindlichkeit 400 000 €). Damit erwirbt sie das Grundstück zur Hälfte entgeltlich und zur Hälfte unentgeltlich. Der jährliche Durchschnittsertrag errechnet sich wie folgt:

	01	02	03
Einkünfte	15 000 €	12 000 €	./. 10 000 €
+ AfA	12 000 €	12 000 €	12 000 €
+ Schuldzinsen	30 000 €	30 000 €	30 000 €
+ außerordentliche Aufwendungen			25 000 €
Ertrag	57 000 €	54 000 €	57 000 €

Der jährliche Durchschnittsertrag beläuft sich somit auf 56 000 €; hiervon entfallen auf den unentgeltlichen Teil des Grundstücks 28 000 €. Da die Erträge ausreichen, um die wiederkehrenden Leistungen an V zu erbringen, ist eine ausreichend ertragbringende Wirtschaftseinheit auf T übergegangen. T kann die jährlich zu erbringenden Leistungen in Höhe von 24 000 € als dauernde Last in voller Höhe bei den Sonderausgaben berücksichtigen.

Fall 43
Vermögensübertragung unter Fremden

Sachverhalt: Der 60 Jahre alte A überträgt mit Vertrag vom 2. 1. 01 ein Mehrfamilienhaus mit einem Verkehrswert von 400 000 € auf seine langjährige Haushaltshilfe Berta Fleißig. Der jährlich erzielbare Ertrag soll 20 000 € sein. Um seine Altersversorgung aufzubessern, wird im Übergabevertrag die Zahlung einer lebenslänglichen monatlichen Rente in Höhe von 1 000 € mit Wertsicherungsklausel vereinbart (Rentenbarwert ca. 125 000 €).

Frage: Kann Berta Fleißig die wiederkehrenden Leistungen als Sonderausgaben geltend machen?

Literaturhinweis: *Lehrbuch Einkommensteuer*, Rdn. 320

Fall 44: Umschichtung von ertraglosem Vermögen

➜ Lösung

Bei einer Vermögensübergabe unter Fremden besteht eine nur in Ausnahmefällen widerlegbare Vermutung, dass bei der Übertragung von Vermögen Leistung und Gegenleistung nach kaufmännischen Gesichtspunkten gegeneinander abgewogen sind. Der Vergleich von Leistung und Gegenleistung (Verkehrswert 400 000 €, Rentenbarwert 125 000 €) widerlegt die Entgeltlichkeit und ergibt, dass bei der Übertragung kaufmännische Gesichtspunkte keine Rolle gespielt haben. Da die Übernehmerin Berta Fleißig aufgrund ihrer Beziehung zum Übergeber ein persönliches Interesse an der lebenslangen angemessenen Versorgung des A hat, liegt eine Vermögensübertragung gegen Versorgungsleistungen vor (BFH IX R 11/94, BStBl 1998 II 718).

Berta Fleißig kann die wiederkehrenden Leistungen gem. § 10 Abs. 1 Nr. 1a EStG in Höhe von 12 000 € als Sonderausgaben geltend machen. A hat die wiederkehrenden Leistungen gem. § 22 Nr. 1 EStG zu versteuern.

Fall 44
Umschichtung von ertraglosem Vermögen

Sachverhalt:

a) V überträgt seinem Sohn S am 1. 7. 2005 im Rahmen der vorweggenommenen Erbfolge einen Bauplatz mit einem Verkehrswert von 300 000 €. S verpflichtet sich im Übergabevertrag, das Grundstück zu veräußern, dafür eine Eigentumswohnung zu erwerben und ab diesem Erwerb aus den Erträgen der Wohnung an V lebenslänglich wiederkehrende Leistungen in Höhe von monatlich 500 € zu erbringen. S kann das Grundstück bereits am 1. 9. 2005 veräußern. Am 1. 2. 2006 erwirbt er eine Eigentumswohnung, aus der er Erträge in Höhe von monatlich 900 € erzielt. Ab Februar 2006 zahlt S die wiederkehrenden Leistungen an V.

b) Wie a), allerdings hat sich S verpflichtet, die wiederkehrenden Leistungen bereits ab Juli 2005 zu erbringen.

c) Wie a), S gelang es jedoch erst am 1. 10. 2008, eine entsprechende Eigentumswohnung zu erwerben.

Frage: Welche steuerlichen Auswirkungen ergeben sich für S?

Literaturhinweis: *Lehrbuch Einkommensteuer,* Rdn. 327 f.

➜ Lösung

Zu a):
Anders als bisher kann auch bei der Übertragung von ertraglosem Vermögen eine Vermögensübergabe gegen Versorgungsleistungen vorliegen, wenn sich der Übernehmer im

Übergabevertrag verpflichtet, dieses in eine ihrer Art nach bestimmte ausreichend ertragbringende Vermögensanlage umzuschichten.

Da S die vertragliche Verpflichtung erfüllt hat, das ertraglose unbebaute Grundstück in eine ausreichend ertragbringende Wohnung umzuschichten, liegt eine begünstigte Vermögensübergabe vor.

Die wiederkehrenden Leistungen sind bei S von Beginn an in voller Höhe als Sonderausgaben abzugsfähig. V hat sie entsprechend als Einkünfte i. S. des § 22 Nr. 1 EStG zu versteuern.

Zu b):

Erst mit dem Erwerb der Eigentumswohnung im Februar 2006 liegt eine begünstigte Vermögensübergabe vor. Ab jetzt liegen als Sonderausgaben abziehbare Versorgungsleistungen vor.

Die in der Zeit von Juli 2005 bis Januar 2006 bezahlten wiederkehrenden Leistungen stellen nicht abziehbare Unterhaltsleistungen nach § 12 Nr. 2 EStG dar (BMF, BStBl 2004 I, 922, Tz. 13).

Zu c):

Sofern die Umschichtung in eine ausreichend ertragbringende Vermögensanlage nicht innerhalb von drei Jahren nach Abschluss des Übergabevertrages erfolgt, gelten ab dem Jahr der Vermögensübertragung die Grundsätze über die einkommensteuerliche Behandlung wiederkehrender Leistungen im Austausch mit einer Gegenleistung.

Fall 45
Nachträgliche Umschichtung des übertragenen Vermögens

Sachverhalt:

a) V überträgt am 1. 1. 2004 ein von ihm 1985 erworbenes Mietwohngrundstück (Verkehrswert 480 000 €) auf seine Tochter T gegen lebenslang zu erbringende wiederkehrende Leistungen in Höhe von monatlich 2 000 €. Die monatlichen Mieterträge des Grundstücks betragen 4 000 €. T veräußert das Mietwohngrundstück am 1. 7. 2008 für 600 000 € und verwendet den Veräußerungserlös zum Erwerb eines Vierfamilienhauses. Die monatlichen Erträge aus der Vermietung dieses Hauses belaufen sich auf 5 000 €. Der Kapitalwert der von T weiterhin zu erbringenden Leibrente beträgt noch 320 000 €.

b) Wie a), mit dem Unterschied, dass T statt eines Vierfamilienhauses einen ertraglosen Bauplatz erwirbt.

Frage: Welche Auswirkungen ergeben sich durch die Umschichtung des übertragenen Vermögens?

→ **Lösung**

Zu a):

Nach dem II. Rentenerlass des BMF (BStBl 2002 I 893) war die zunächst unentgeltliche Vermögensübergabe ab dem Zeitpunkt der Weiterveräußerung durch den Übernehmer als entgeltliches Geschäft zu behandeln. Bei T hätte damit in Höhe von zwei Dritteln ein entgeltlicher und in Höhe von einem Drittel ein unentgeltlicher Erwerb vorgelegen mit der Folge eines steuerpflichtigen Veräußerungsgeschäftes von 80 000 €.

Inzwischen erkennt die Finanzverwaltung die Übertragung auf einen Dritten an, wenn mit dem Erlös zeitnah eine existenzsichernde und ausreichend ertragbringende Wirtschaftseinheit erworben oder hergestellt wird (BMF, BStBl 2004 I, 922, Tz. 31). Offen bleibt dabei allerdings, was unter zeitnah zu verstehen ist. Ab dem Zeitpunkt der nachträglichen Umschichtung ist eine erneute Ertragsprognose durchzuführen.

Damit liegen bei T auch nach der Veräußerung des Mietwohngrundstücks als Sonderausgaben abzugsfähige Versorgungsleistungen vor. V muss die wiederkehrenden Leistungen weiterhin nach § 22 Nr. 1 EStG versteuern. Die Veräußerung des Mietwohngrundstücks durch T führt nicht zu einem privaten Veräußerungsgeschäft.

Zu b):

Durch die Übertragung des Mietwohngrundstücks auf einen Dritten endet der sachliche Zusammenhang der wiederkehrenden Leistungen mit der Vermögensübergabe. Klargestellt wird nunmehr, dass – anders als in der Vergangenheit – die zeitlich vorangehende unentgeltliche Vermögensübergabe nicht nachträglich zu einem entgeltlichen Rechtsgeschäft umgestaltet wird.

Ab der Umschichtung liegen bei T nicht abzugsfähige Unterhaltsleistungen im Sinne von § 12 Nr. 2 EStG vor. Bei V sind die wiederkehrenden Leistungen nicht mehr steuerbar.

Fall 46
Grundsätze des Sonderausgabenabzugs

Sachverhalt: Der am 2. 2. 1958 geborene, selbständige Schreinermeister A, verheiratet, zwei Kinder, beantragt in seiner Einkommensteuererklärung 2004 die Berücksichtigung der folgenden geleisteten Aufwendungen als Sonderausgaben:
1. Für die Kfz-Haftpflichtversicherung des dem Sohn gehörenden Pkw 400 €. Das Fahrzeug wird ausschließlich vom Sohn genutzt, der auch alle Unterhaltskosten bestreitet. Um einen Schadenfreiheitsrabatt auszunutzen, wurde es auf den Namen des Vaters versichert.
2. Beiträge für eine 1995 abgeschlossene Kapitallebensversicherung gegen laufende Beitragsleistung mit Sparanteil (Laufzeit 12 Jahre) bei der Allianz Lebensversicherungs-AG in Höhe von 6 000 €. Darüber hinaus zahlt A noch 2 000 € in eine fonds-

Abschnitt 6: Sonderausgaben

gebundene Lebensversicherung sowie 800 € in eine Rentenversicherung ein, bei der ein Kapitalwahlrecht ausgeschlossen ist.

3. Unfallversicherung bei der Schweizerischen Lebensversicherungs- und Rentenanstalt Zürich: 200 €.
4. Lebensversicherung (Kapitalversicherung mit Sparanteil) bei derselben Gesellschaft: monatlich 200 €. Die Versicherung wurde am 1. 1. 1994 abgeschlossen und wird mit dem Tode des A, spätestens jedoch am 1. 1. 2005, fällig.
5. Krankenversicherung monatlich 400 €.
6. Die Pflichtbeiträge für die Pflegeversicherung belaufen sich 2004 auf 480 €. Zusätzlich zahlt A noch in eine freiwillige Pflegeversicherung 600 € ein.
7. Haftpflichtversicherung:
   a) Privathaftpflicht   120 €
   b) Berufshaftpflicht   400 €
   c) Hundehaftpflicht   180 €
   d) Kfz-Haftpflicht für ein privates Kfz   350 €
   e) Vollkasko Kfz   500 €
8. Kirchensteuer:
   a) Vorauszahlung 2004   2 000 €
   b) Nachzahlung 2002   500 €
   c) Erstattung 2003   950 €
9. Ehefrau B übte bisher eine Teilzeitbeschäftigung als Krankenpflegerin aus. Sie nimmt 2004 ein berufsbegleitendes erstmaliges Hochschulstudium im Studiengang Sozialarbeit auf, wobei Aufwendungen in Höhe von 3 000 € entstanden sind.
10. Die 7-jährige Tochter besucht eine Freie Waldorfschule, wobei Kosten in Höhe von 5 000 € entstehen. Von dem insgesamt geleisteten Entgelt entfallen 3 000 € auf die Beherbergung, Betreuung und Verpflegung.

Frage: Wie hoch sind die abzugsfähigen Sonderausgaben?
Literaturhinweis: *Lehrbuch Einkommensteuer*, Rdn. 281 ff.

Lösung

A. Allgemeine Hinweise

Zu 1.:

Nach der Rechtsprechung des BFH (X R 28/86, BStBl 1989 II 862 und X R 80/91, BStBl 1995 II 637) kann ein Stpfl. Versicherungsbeiträge nur dann als Sonderausgaben abziehen, wenn er die Beiträge selbst schuldet und entrichtet. Unter Berücksichtigung dieser Rechtsprechung kommt man zu dem unbefriedigenden Ergebnis, dass die Versicherungsbeiträge weder vom Vater noch vom Sohn als Sonderausgaben abgezogen werden können.

Zu 2.:

Beiträge zu Rentenversicherungen mit Kapitalwahlrecht und Kapitalversicherungen sind nur noch in Höhe von 88 % als Sonderausgaben abzugsfähig. Beiträge in eine fondsgebundene Lebensversicherung sind vom Sonderausgabenabzug ausgeschlossen. Damit können (88 % von 6 000 € =) 5 280 € und 800 €, insgesamt also 6 080 €, berücksichtigt werden.

Zu 3.:

Gemäß § 10 Abs. 2 Nr. 2a EStG ist für den Sonderausgabenabzug Voraussetzung, dass die Beträge an Versicherungsunternehmen, die ihren Sitz oder ihre Geschäftsleitung in einem Mitgliedstaat der Europäischen Gemeinschaft haben und das Versicherungsgeschäft im Inland betreiben dürfen, und Versicherungsunternehmen, denen die Erlaubnis zum Geschäftsbetrieb im Inland erteilt ist, geleistet werden.

Da die Schweizerische Lebensversicherungs- und Rentenanstalt, Zürich, für den Versicherungszweig Unfall im Inland nicht zugelassen ist, kann der Beitrag mit 200 € nicht als Sonderausgabe anerkannt werden.

Zu 4.:

Nach der Anlage zu H 87a EStH 2004 ist der Versicherungsgesellschaft zwar die Erlaubnis zum Betrieb dieses Versicherungszweiges im Inland erteilt; da der Vertrag jedoch nur eine Laufzeit von 11 Jahren hat, ist die Mindestvertragsdauer nicht erfüllt.

Zu 5.:

Die Krankenversicherungsbeiträge mit 4 800 € können im Rahmen der Höchstbetragsberechnung angesetzt werden.

Zu 6.:

Pflichtbeiträge zu Pflegeversicherungen sind nach § 10 Abs. 1 Nr. 2a EStG a. F., Beiträge zu freiwilligen Pflegeversicherungen nach § 10 Abs. 1 Nr. 2c EStG a. F. abzugsfähig.

Zu 7.:

Die Beiträge zur Berufshaftpflichtversicherung sind Betriebsausgaben (§ 4 Abs. 4 EStG). Privat-, Kfz- und Tierhaftpflichtversicherungen können als Sonderausgaben anerkannt werden, nicht jedoch die Beiträge zu sog. Sachversicherungen (hier Kaskoversicherung). Daher sind 650 € zu berücksichtigen.

Zu 8.:

Als Sonderausgabe ist die im jeweiligen VZ gezahlte Kirchensteuer zu berücksichtigen. Es kommt dabei nicht darauf an, für welches Jahr die Kirchensteuer geleistet wird. Etwaige Erstattungen kürzen die Zahlungen. 2004 können 1 550 € anerkannt werden.

Zu 9.:

Nachdem diese Aufwendungen durch die Rechtsprechung des BFH als abziehbare Werbungskosten anerkannt wurden, werden ab 2004 Aufwendungen für die erstmalige Berufsausbildung und für ein – ggf. berufsbegleitendes – Erststudium in § 12 Nr. 5 EStG

Abschnitt 6: Sonderausgaben

den Kosten der privaten Lebensführung zugerechnet. Sie können gemäß § 10 Abs. 1 Nr. 7 EStG lediglich bis zu 4 000 € im Kalenderjahr als Sonderausgaben abgezogen werden.

Zu 10.:

Gemäß § 10 Abs. 1 Nr. 9 EStG sind 30 % des Entgelts für den Besuch einer Ersatzschule oder einer nach Landesrecht anerkannten allgemeinbildenden Ergänzungsschule als Sonderausgaben abzugsfähig. Nicht zu dem in Höhe von 30 % abzugsfähigen Entgelt gehört aber das Entgelt, das für die Beherbergung, Betreuung und Verpflegung zu entrichten ist. Anzusetzen sind somit 30 % von 2 000 € = 600 €.

B. Zusammenstellung mit Höchstbetragsberechnung

Sonderausgaben sind in unbeschränkt abzugsfähige und beschränkt abzugsfähige Sonderausgaben zu unterscheiden. Lediglich im Rahmen von Höchstbeträgen sind die Versicherungsbeiträge abziehbar.

Unbeschränkt abzugsfähig sind:

Kirchensteuer	1 550 €	
Berufsausbildungskosten	3 000 €	
Schulgeld	600 €	
	5 150 €	
Beschränkt abzugsfähig sind:		
Kapital- und Rentenversicherungen	6 080 €	
Krankenversicherung	4 800 €	
Pflegeversicherungen	1 080 €	
Haftpflichtversicherungen	650 €	
	12 610 €	
Höchstbetragsberechnung:		
freiwillige Pflegeversicherung	600 €	
./. zusätzlicher Höchstbetrag (§ 10 Abs. 3 Nr. 3 EStG a. F.)	184 €	./. 184 €
Verbleiben	416 €	
übrige Versicherungsbeiträge	12 010 €	
Summe	12 426 €	
./. Vorwegabzug (§ 10 Abs. 3 Nr. 2 EStG a. F.)	./. 6 136 €	6 136 €
Verbleiben	6 290 €	
./. Höchstbetrag (§ 10 Abs. 3 Nr. 1 EStG a. F.)	./. 2 668 €	2 668 €
Verbleiben	3 622 €	
./. hälftiger Höchstbetrag (§ 10 Abs. 3 Nr. 4 EStG a. F.)	./. 1 334 €	1 334 €
Abzugsfähig		10 322 €

Die insgesamt abzugsfähigen Sonderausgaben belaufen sich damit auf 15 472 €.

Fall 47
Sonderausgabenabzug für Vorsorgeaufwendungen

Sachverhalt:

a) Der ledige Arbeitnehmer A zahlt im Jahr 2005 folgende AN-Anteile zur Sozialversicherung ein:

Rentenversicherung	4 875 €
Krankenversicherung	3 500 €
Arbeitslosenversicherung	1 625 €

Der Arbeitgeber zahlt Beiträge in gleicher Höhe. Zusätzlich zahlt A noch Beiträge in eine 2003 abgeschlossene Kapitallebensversicherung mit 800 €, Beiträge in die Kfz-Haftpflichtversicherung mit 300 € sowie Unfallversicherungsbeiträge mit 250 €.

b) Der Arbeitslohn des alleinstehenden Beamten B beträgt im VZ 2005 40 000 €. Er leistet im Jahr 2005 folgende Versicherungsbeiträge:

Kapitallebensversicherung (Abschluss 2005)	1 000 €
Private Krankenversicherung	2 400 €

c) Wie b), zusätzlich zahlt B Beiträge in eine Leibrentenversicherung i. S. d. § 10 Abs. 1 Nr. 2b EStG in Höhe von 3 000 € ein.

d) M (Arbeitnehmer) und F (Selbständige) sind verheiratet. Die gesetzlichen Sozialversicherungsbeiträge für M (Arbeitnehmer- und Arbeitgeberbeitrag je 50 %) betragen:

Rentenversicherung	7 800 €
Krankenversicherung	5 600 €
Arbeitslosenversicherung	2 600 €

An weiteren Vorsorgeaufwendungen haben M und F im Jahr 2005 geleistet:

Beiträge an eine berufsständische Versorgungseinrichtung F	10 000 €
Eigenständige Erwerbsunfähigkeitsrente	2 400 €
Private Krankenversicherung F	3 000 €
Haftpflichtversicherung	300 €

Frage: Wie sind jeweils die abzugsfähigen Vorsorgeaufwendungen zu ermitteln? Die Günstigerprüfung nach § 10 Abs. 4a EStG soll dabei außer Betracht bleiben.

Literaturhinweis: *Lehrbuch Einkommensteuer*, Rdn. 367 f.

 Lösung

Zu a):

Gemäß § 10 Abs. 1 Nr. 2 EStG gehört ab 2005 auch der steuerfreie Arbeitgeberanteil zur gesetzlichen Rentenversicherung zu den Altersvorsorgeaufwendungen.

Abschnitt 6: Sonderausgaben

Altersvorsorgeaufwendungen:
Beiträge zur gesetzlichen Rentenversicherung	9 750 €	
Höchstbetrag	20 000 €	
60 % des geringeren Betrages		5 850 €
abzüglich steuerfreier AG-Anteil		4 875 €
		975 €

Sonstige Vorsorgeaufwendungen:
Beiträge zur Krankenversicherung	3 500 €	
Beiträge zur Arbeitslosenversicherung	1 625 €	
Kapitallebensversicherung (88 % von 800 €)	704 €	
Kfz-Haftpflichtversicherung	300 €	
Unfallversicherung	250 €	
Summe	6 379 €	
Davon sind abzugsfähig nach § 10 Abs. 4 EStG		1 500 €
Summe		2 475 €

Die insgesamt abzugsfähigen Vorsorgeaufwendungen betragen 2 475 €.

Zu b):

Da B keine Altersvorsorgeaufwendungen nach § 10 Abs. 1 Nr. 2 EStG geleistet hat, entfällt insoweit ein Abzug. Kapitallebensversicherungen, deren Laufzeit nach dem 1. 1. 2005 beginnen, unterliegen nicht mehr dem Sonderausgabenabzug.

Nach § 10 Abs. 1 Nr. 3 EStG sind begünstigt:
Private Krankenversicherung	2 400 €	
Davon sind abzugsfähig nach § 10 Abs. 4 EStG		1 500 €

Die abzugsfähigen Vorsorgeaufwendungen betragen 1 500 €.

Zu c):

Altersvorsorgeaufwendungen:
Leibrentenversicherung	3 000 €	
Höchstbetrag	20 000 €	
abzügl. fiktiver Gesamtbeitrag zur gesetzl. RV	7 800 €	
	12 200 €	
60 % des geringeren Betrages		1 800 €

Die insgesamt abzugsfähigen Vorsorgeaufwendungen betragen jetzt 3 300 €.

Zu d):

Altersvorsorgeaufwendungen:
Beiträge zur gesetzl. Rentenversicherung M	7 800 €	
Versorgungseinrichtung F	10 000 €	
	17 800 €	
Höchstbetrag	40 000 €	
60 % des geringeren Betrages		10 680 €
abzügl. steuerfreier AG-Anteil		3 900 €
		6 780 €

Sonstige Vorsorgeaufwendungen:
Beiträge zur Krankenversicherung	5 800 €
Beiträge zur Arbeitslosenversicherung	1 300 €
Erwerbsunfähigkeitsrente	2 400 €
Haftpflichtversicherung	300 €
	9 800 €
höchstens abziehbar bei M	1 500 €
höchstens abziehbar bei F	2 400 €
Summe	10 680 €

Bei den sonstigen Vorsorgeaufwendungen wird im Falle der Zusammenveranlagung gesondert geprüft, ob die Voraussetzungen für die Gewährung des erhöhten Abzugsbetrages gegeben sind. Bei Erwerbs- und Berufsunfähigkeitsversicherungen ist zu beachten, dass diese als Zusatzversicherungen zu Leibrentenversicherungen nach § 10 Abs. 1 Nr. 2b EStG privilegiert sind, während eigenständige Erwerbs- und Berufsunfähigkeitsversicherungen zu den sonstigen Vorsorgeaufwendungen gezählt werden.

Die abzugsfähigen Vorsorgeaufwendungen der Ehegatten M und F betragen 10 680 €.

Fall 48
Günstigerprüfung bei den Vorsorgeaufwendungen

Sachverhalt:
Der ledige Angestellte A mit einem Bruttoarbeitslohn von 20 000 € hat 2005 folgende Arbeitnehmeranteile zur Sozialversicherung geleistet:

Rentenversicherung	1 950 €
Krankenversicherung	1 400 €
Arbeitslosenversicherung	650 €

Frage: Wie hoch sind die abzugsfähigen Vorsorgeaufwendungen?
Literaturhinweis: *Lehrbuch Einkommensteuer*, Rdn. 367, 415 ff.

➔ Lösung

Insbesondere bei Arbeitnehmern mit kleinerem Einkommen (bei Alleinstehenden etwa 26 000 €, bei Verheirateten etwa 52 000 €) kann die Neuregelung zu Schlechterstellungen führen. Um dies zu vermeiden, wurde in § 10 Abs. 4a EStG für einen Übergangszeitraum bis 2019 eine Günstigerprüfung eingeführt. Dabei dürfen allerdings nur die Aufwendungen einbezogen werden, die nach neuem Recht den Vorsorgeaufwendungen zuzuordnen sind.

Ermittlung nach neuem Recht:
Altersvorsorgeaufwendungen
Beiträge zur gesetzlichen Rentenversicherung	3 900 €
Höchstbetrag	20 000 €

60 % des geringeren Beitrages		2 340 €
abzügl. steuerfreier AG-Anteil		1 950 €
		390 €
Sonstige Vorsorgeaufwendungen		
Krankenversicherung	2 800 €	
Arbeitslosenversicherung	1 300 €	
	4 100 €	
höchstens abziehbar		1 500 €
Summe		1 890 €
Ermittlung nach altem Recht:		
Versicherungsbeiträge	4 000 €	
Vorwegabzug	3 068 €	
Kürzung 16 % von 20 000 €	3 200 €	
verbleiben	0 €	0 €
		4 000 €
Grundhöchstbetrag	1 334 €	1 334 €
Restbetrag	2 666 €	
50 % des Restbetrages, maximal		667 €
		2 001 €

Die bei A zu berücksichtigenden Vorsorgeaufwendungen betragen damit 2 001 €.

Fall 49
Besonderheiten beim Vorwegabzug

Sachverhalt:

a) Auf der Lohnsteuerkarte des verheirateten sozialversicherungspflichtigen Arbeitnehmers C ist ein Bruttoarbeitslohn in Höhe von 45 000 € eingetragen. Seine Ehefrau D ist selbständige Rechtsanwältin.

b) E ist Alleingesellschafter und Geschäftsführer der X-GmbH. Sein Bruttogehalt beträgt 120 000 € jährlich. Die GmbH hat ihm eine Pensionszusage erteilt.

c) F, verheiratet, ist Gesellschafter-Geschäftsführer der Y-GmbH, an der er zu 60 % beteiligt ist. Sein Bruttogehalt beträgt 120 000 € jährlich. Eine Pensionszusage ist ihm nicht erteilt worden.

d) Wie c) mit dem Unterschied, dass F am 1. 12. eine Versorgungszusage von der GmbH eingeräumt worden ist.

e) G ist Alleingesellschafter und Geschäftsführer bei der Z-GmbH. Seine Tätigkeitsvergütung beträgt 100 000 €. Des Weiteren ist G als Arbeitnehmer bei der X-AG gegen einen Jahresarbeitslohn in Höhe von 12 000 € beschäftigt. Bei der X-AG ist G sozialversicherungspflichtig beschäftigt.

Frage: Wie errechnet sich jeweils die Kürzung des Vorwegabzugs?
Literaturhinweis: *Lehrbuch Einkommensteuer*, Rdn. 415 ff.

Fall 49: Besonderheiten beim Vorwegabzug

➔ Lösung

Der Vorwegabzug ist ab VZ 2005 weggefallen. Da gem. § 10 Abs. 4a EStG für die Jahre 2005 bis 2019 eine Günstigerprüfung vorzunehmen ist, spielt der Vorwegabzug auch zukünftig noch eine Rolle. Im Rahmen der Günstigerprüfung wird der Vorwegabzug ab 2011 abgeschmolzen.

Zu a):

Vorwegabzug	6 136 €
Kürzungsbetrag 16 % von 45 000 € =	./. 7 200 €
vorweg abzugsfähig	0 €

Bei Ehegatten ist die Kürzung bis zu 6 136 € vorzunehmen, auch wenn nur ein Ehegatte unter diesen Personenkreis fällt und bei ihm Kürzungsbeträge in dieser Höhe angefallen sind (BFH/NV 2001 S. 773). Gegen den Beschluss des BFH ist zwischenzeitlich Verfassungsbeschwerde eingelegt worden (2 BvR 587/01).

Zu b):

Nach früherer Verwaltungsauffassung war der Vorwegabzug hier zu kürzen. Mit Urteil vom 16. 10. 2002 (XI R 25/01 BStBl 2004 II 546) hat der BFH die Kürzung beim Alleingesellschafter jedoch nicht für zulässig erklärt. Inzwischen hat die Finanzverwaltung beschlossen, das Urteil in vergleichbaren Fällen anzuwenden (BMF, BStBl 2004 I, 582).

Zu c):

Vorwegabzug	6 136 €
Kürzungsbetrag	./. 0 €
vorweg abzugsfähig	6 136 €

Zu d):

Vorwegabzug	6 136 €
Kürzungsbetrag 16 % von 120 000 € =	./. 19 200 €
vorweg abzugsfähig	0 €

Für die Kürzung ist der volle Arbeitslohn anzusetzen. Der BFH hat diese Verwaltungsauffassung inzwischen bestätigt (XI R 75/00, BStBl 2003 II 288). Zur Frage, ob die Kürzung auf den Betrag von 3 068 € zu beschränken ist, liegt eine Verfassungsbeschwerde vor (2 BvR 587/01).

Zu e):

Da die X-AG steuerfreie Zukunftssicherungsleistungen nach § 3 Nr. 62 EStG leistet, ist der Vorwegabzug zu kürzen. Der BFH hat hierzu mit Urteil vom 26. 2. 2004 (XI R 54/03, BStBl 2004 II, 720) entschieden, dass in die Bemessungsgrundlage für die Kürzung nur die Einnahmen eingehen, in deren Zusammenhang der Arbeitgeber Zukunftssicherungsleistungen erbracht hat. Das Urteil wird von der Finanzverwaltung angewendet (BStBl 2004 I, 848); damit ist die Regelung in R 106 Satz 2 EStR 2003 nicht mehr anzuwenden.

Da die Kürzung lediglich 1 920 € beträgt, verbleibt noch ein Vorwegabzug mit 1 148 €.

Fall 50
Erstattung von Kirchensteuer in einem späteren Veranlagungsjahr

Sachverhalt:

a) Bei der Veranlagung 2004 der A beträgt die gezahlte Kirchensteuer 8 000 € und die im Jahr 2004 für das Jahr 2003 erstattete Kirchensteuer 10 000 €. Im Jahr 2003 wurden Kirchensteuervorauszahlungen in Höhe von 5 000 € gezahlt und 4 000 € für das Jahr 2002 erstattet.

b) Bei der Veranlagung 2004 des B beträgt die gezahlte Kirchensteuer insgesamt 13 190 € und die erstattete Kirchensteuer insgesamt 26 540 €. Es ergibt sich daher ein Erstattungsüberhang in Höhe von 13 350 €, der sich wie folgt zusammensetzt:

Gezahlte Kirchensteuer im Jahr 2004	13 190 €
Erstattung für 2003	
./. Vorauszahlung 2003	./. 3 490 €
Erstattung für 2001	
./. Nachzahlung im Jahr 2002 (für 2001)	./. 3 950 €
./. Vorauszahlung 2001	./. 19 100 €
Erstattungsüberhang	13 350 €

Frage: Wie wirken sich die Erstattungen jeweils aus?

Literaturhinweis: *Lehrbuch Einkommensteuer*, Rdn. 418 ff.

 Lösung

Zu a):

Nach Auffassung der Finanzverwaltung (BStBl 2002 I, 667) sind erstattete Sonderausgaben zunächst im Erstattungsjahr mit gleichartigen Sonderausgaben zu verrechnen. Bei einem verbleibenden Überhang ist der Sonderausgabenabzug des Jahres der Verausgabung insoweit um die nachträgliche Erstattung zu mindern; ein bereits bestandskräftiger Bescheid ist nach § 175 Abs. 1 Satz 1 Nr. 2 AO zu ändern.

Bei der Veranlagung 2004 ist die gezahlte Kirchensteuer mit 0 € anzusetzen. Der Erstattungsüberhang in Höhe von 2 000 € mindert danach die Kirchensteuerzahlung im Jahr 2003 ebenfalls auf 0 €. Der übersteigende Betrag von 1 000 € wirkt sich nicht aus.

Zu b):

Bei der Veranlagung 2004 ist die gezahlte Kirchensteuer mit 0 € anzusetzen. Der Sonderausgabenabzug in den Jahren 2003, 2002 und 2001 ist wegen der im Jahr 2004 erstatteten Kirchensteuer zu berichtigen. Der Erstattungsüberhang in Höhe von 13 350 € mindert die Kirchensteuerzahlungen des Jahres 2003 um 3 490 € und des Jahres 2002 um 3 950 €. Der verbleibende Überhang in Höhe von 5 910 € ist schließlich mit der im Jahr 2001 gezahlten Kirchensteuer zu verrechnen.

Fall 51: Lebensversicherungsbeiträge im Zusammenhang mit Finanzierungen

Übersicht

VZ	gezahlt	erstattet (bzw. zu verrechnen)	abzugsfähig
2004	13 190 €	26 540 €	0 €
2003	3 490 €	3 490 €	0 €
2002	3 950 €	3 950 €	0 €
2001	19 100 €	5 910 €	13 190 €

Inzwischen hat der BFH mit Urteil vom 7. 7. 2004 (XI R 10/04, BStBl 2004 II 1058) die Verwaltungsauffassung bestätigt und entschieden, dass die als Sonderausgaben berücksichtigte Kirchensteuer – ggf. nachträglich – zu kürzen ist, soweit sie in einem späteren Veranlagungszeitraum erstattet wird und im Jahr der Erstattung nicht mit gezahlter Kirchensteuer verrechnet werden kann. Der BFH betont hierzu ausdrücklich, dass die Vorschrift des § 11 EStG dem nicht entgegensteht.

Fall 51
Lebensversicherungsbeiträge im Zusammenhang mit Finanzierungen

Sachverhalt:

a) A errichtet ein eigengenutztes Einfamilienhaus. Die Herstellungskosten mit 300 000 € werden u. a. mit einem Darlehen über 250 000 € zuzüglich Disagio 25 000 €, zusammen also 275 000 €, finanziert. Der Finanzierung dient eine im Jahr 2004 abgeschlossene Lebensversicherung, deren Ansprüche A abtritt

   aa) in Höhe von 275 000 €,

   bb) in Höhe von 250 000 €.

b) Wie a) mit dem Unterschied, dass A als Lehrer ein Arbeitszimmer hat.

c) B ist Eigentümer eines Mietshauses in Hamburg. Er muss eine Großreparatur in Höhe von 30 000 € durchführen. Das dafür erforderliche Darlehen wird durch Abtretung einer bereits seit Jahren bestehenden Lebensversicherung besichert.

d) Unternehmer C finanziert am 10. 11. 01 einen größeren Posten Vorratsvermögen über seinen Betriebsmittelkredit. Als Sicherheit tritt er Ansprüche einer im Jahr 1990 abgeschlossenen Lebensversicherung ab. Nach Bezahlung durch seine Abnehmer kann er am 10. 1. 04 den Kredit zurückzahlen. Die Abtretung wird aufgehoben.

Frage: Ist in den einzelnen Fällen der Sonderausgabenabzug der Lebensversicherungsbeiträge möglich?

Literaturhinweis: *Lehrbuch Einkommensteuer*, Rdn. 399 ff.

Abschnitt 6: Sonderausgaben

→ Lösung

In § 10 Abs. 2 Satz 2 EStG a. F. sind Lebensversicherungen von der steuerlichen Förderung grundsätzlich ausgeschlossen worden, die der Tilgung oder Sicherung eines Kredits dienen, dessen Finanzierungskosten bei der Erzielung steuerpflichtiger Einkünfte abziehbar sind. Für Versicherungsbeiträge im Sinne des § 10 Abs. 1 Nr. 2 Buchstabe b Doppelbuchstabe bb bis dd in der am 31. Dezember 2004 geltenden Fassung, deren Laufzeit vor dem 1. Januar 2005 begonnen hat und bei denen mindestens ein Versicherungsbeitrag bis zum 31. Dezember 2004 entrichtet wurde, ist § 10 Abs. 2 Satz 2 in der am 31. Dezember 2004 geltenden Fassung weiter anzuwenden. Neuverträge dagegen können ohne jegliche Beschränkung zur Darlehenssicherung oder -tilgung herangezogen werden. Im Falle der Darlehenstilgung ist dabei zu beachten, dass die Steuerbelastung nach § 20 Abs. 1 Nr. 6 EStG nicht zur Tilgung zur Verfügung steht.

Zu a):

Die Vorschrift des § 10 Abs. 2 Satz 2 EStG a. F. findet keine Anwendung. Da das Abzugsverbot davon abhängig ist, dass die Finanzierungskosten zu den Betriebsausgaben oder Werbungskosten gehören, ist die Darlehensaufnahme für private Zwecke unbeachtlich. A kann die Lebensversicherungsbeiträge in beiden Fällen als Sonderausgaben abziehen; die Erträge aus der Lebensversicherung sind steuerfrei.

Zu b):

Die Finanzierungskosten gehören anteilig zu den Werbungskosten aus nichtselbständiger Arbeit.

aa) Obwohl der Finanzierungsaufwand unter den Herstellungskosten liegt, dient das Darlehen nicht ausschließlich zur Finanzierung von Herstellungskosten. Es handelt sich um eine steuerschädliche Abtretung mit der Folge, dass die Versicherungsprämien nicht abgezogen werden können. Gleichzeitig ist die Steuerfreiheit der Zinsen nach § 20 Abs. 1 Nr. 6 Satz 4 EStG a. F. zu versagen.

bb) Hier liegt gem. § 10 Abs. 2 Satz 2 Buchst. a EStG a. F. eine steuerunschädliche Abtretung vor. Die Beiträge können als Sonderausgabe berücksichtigt werden.

Zu c):

Da nicht Anschaffungs- oder Herstellungskosten, sondern Erhaltungsaufwendungen finanziert werden, ist diese Gestaltung steuerschädlich. Somit entfällt der Sonderausgabenabzug.

Zu d):

Werden Ansprüche aus Lebensversicherungen insgesamt nicht länger als drei Jahre **zur Sicherung betrieblich veranlasster Darlehen** eingesetzt, tritt die Steuerschädlichkeit nur für diejenigen Veranlagungszeiträume ein, in denen Ansprüche zur Sicherung von Darlehen gedient haben. Folglich ist für die Jahre 01 bis 04 der Sonderausgabenabzug ausgeschlossen. Ebenso sind die auf diese Jahre entfallenden Versicherungserträge nach § 20 Abs. 1 Nr. 6 Satz 4 EStG a. F. steuerpflichtig.

Fall 52
Steuerberatungskosten

Sachverhalt: Ein verheirateter Arbeitnehmer macht 2005 folgende Aufwendungen als Sonderausgaben geltend:

1. Gebühren für die von einem Steuerberater ausgearbeitete
   Einkommensteuererklärung 2004 in Höhe von — 300 €
2. Fahrtkosten zum Steuerberater — 30 €
3. Aufwendungen für die Zeitschrift Neue Wirtschafts-Briefe
   sowie für einen Lohnsteuerratgeber — 170 €
4. Gebühren eines Rechtsanwaltes für die Verteidigung
   in einem Steuerstrafverfahren — 1 000 €

   1 500 €

Frage: Welcher Betrag kann steuerlich berücksichtigt werden?
Literaturhinweis: *Lehrbuch Einkommensteuer*, Rdn. 420 ff.

➔ Lösung

Sonderausgaben sind gem. § 10 Abs. 1 Satz 1 EStG nur dann anzunehmen, wenn keine Betriebsausgaben oder Werbungskosten vorliegen. Betreffen die Steuerberatungskosten mehrere Bereiche, d. h. bei der Einkommensteuererklärung mehrere Einkunftsarten, dann sind sie grundsätzlich aufzuteilen.

Allerdings beinhaltet R 102 Satz 2 EStR 2003 eine Vereinfachungsregelung dergestalt, dass bei Jahresbeträgen bis zu 520 € dem Steuerpflichtigen freie Hand für die Aufteilung gelassen wird. Nach R 102 Satz 3 EStR 2003 ist bei zusammenveranlagten Ehegatten keine Verdoppelung des Betrages vorzunehmen.

Aufgrund der Rechtsprechung des BFH ergibt sich, dass der Begriff der Steuerberatungskosten weit auszulegen ist. Unstritig gehören die Gebühren für die Ausarbeitung der Einkommensteuererklärung zu den abzugsfähigen Sonderausgaben. Auch Fahrtkosten zum Steuerberater sind als Sonderausgaben abziehbar (BFH X R 35/86, BStBl 1989 II, 967). In diesem Urteil hat der BFH entschieden, dass selbst Unfallkosten eines Steuerpflichtigen, die durch die Fahrt zu seinem Steuerberater veranlasst wurden, Sonderausgaben sind, sofern sie nicht den Werbungskosten oder Betriebsausgaben zugeordnet werden müssen. Zu den nach § 10 Abs. 1 Nr. 6 EStG abzugsfähigen Steuerberatungskosten gehören ebenfalls die Aufwendungen für Steuerfachliteratur (BFH X R 6/85, BStBl 1989 II, 865).

In seinem Urteil vom 20. 9. 1989 (BFH X R 6/85, X R 43/86, BStBl 1990 II, 20) hat der BFH dagegen entschieden, dass Aufwendungen für die Verteidigung in einem Steuerstrafverfahren keine Steuerberatungskosten i. S. des § 10 Abs. 1 Nr. 6 EStG sind. Daher kann der Arbeitnehmer insgesamt 500 € als Steuerberatungskosten beim Finanzamt geltend machen.

Abschnitt 6: Sonderausgaben

Fall 53
Behandlung der Sonderausgaben bei getrennter Veranlagung

Sachverhalt: A ist Gewerbetreibender, seine Ehefrau B Arbeitnehmerin. Der Arbeitslohn der Ehefrau beträgt 25 000 €. An Sonderausgaben sind 2004 folgende Aufwendungen entstanden:

	A	B
Kirchensteuer	500 €	0 €
Versicherungsbeiträge insgesamt	4 500 €	3 000 €
Steuerberatungskosten	900 €	0 €

Die Ehegatten beantragen die getrennte Veranlagung.

Frage: Wie viel Sonderausgaben können bei A und bei B maximal berücksichtigt werden?

Literaturhinweis: *Lehrbuch Einkommensteuer*, Rdn. 2359

➡ Lösung

Sonderausgaben nach §§ 10 und 10b EStG werden bei dem Ehegatten berücksichtigt, der sie geleistet hat (R 174a Abs. 1 EStR 2003).

Sonderausgaben bei A

a) **beschränkt abzugsfähig**

Versicherungsbeiträge		4 500 €
Vorwegabzug	./. 3 068 €	3 068 €
	1 432 €	
Grundhöchstbetrag	./. 1 334 €	1 334 €
	98 €	
Zusatzhöchstbetrag 50 % von 98 €, höchstens von 1 334 €		49 €
		4 451 €

b) **unbeschränkt abzugsfähig**

Kirchensteuer	500 €
Steuerberatungskosten	900 €
Summe der abzugsfähigen Sonderausgaben	<u>5 851 €</u>

Sonderausgaben bei B

a) **beschränkt abzugsfähig**

Versicherungsbeiträge		3 000 €
Vorwegabzug	3 068 €	
./. 16 % von 25 000 € =	./. 4 000 €	
	./. 932 €	

Grundhöchstbetrag	./. 1 334 €	1 334 €
	1 666 €	
Zusatzhöchstbetrag 50 % von 1 666 €, höchstens von 1 334 €		667 €
		2 001 €

b) **unbeschränkt abzugsfähig**

Pauschbetrag nach § 10c Abs. 1 EStG	36 €
Summe der abzugsfähigen Sonderausgaben	2 037 €

Fall 54
Steuerliche Förderung der zusätzlichen Altersvorsorge

Sachverhalt:

a) Der ledige A gehört zum begünstigten Personenkreis des § 10a Abs. 1 EStG. Er hat im Jahr 2005 960 € auf einen Altersvorsorgevertrag eingezahlt. Sein Bruttogehalt 2004 belief sich auf 50 000 €.

b) Die ledige B gehört zum begünstigten Personenkreis des § 10a Abs. 1 EStG und hat zwei minderjährige Kinder. Sie hat im Jahr 2005 480 € auf einen Altersvorsorgevertrag eingezahlt. Ihr Bruttogehalt 2004 betrug 30 000 €.

Frage: Kann der Sonderausgabenabzug in Frage kommen, wenn aus Vereinfachungsgründen von einem Steuersatz von 30 % ausgegangen wird?

Literaturhinweis: *Lehrbuch Einkommensteuer*, Rdn. 466 ff.

▶ Lösung

Ein Sonderausgabenabzug für Altersvorsorgebeiträge wird nur gewährt, wenn dieser günstiger als die Zulage ist (§ 10a Abs. 2 EStG). Ist dagegen die Zulage höher als der sich durch den Sonderausgabenabzug ergebende Steuervorteil, verbleibt es bei der Zulage. Die Günstigerprüfung wird von Amts wegen vorgenommen.

Zu a):

Mindesteigenbeitrag (§ 86 Abs. 1 Satz 2 EStG)	
2 % von 50 000 €, maximal 1 050 €	1 000 €
./. Zulage	./. 76 €
verbleiben	924 €
Sockelbetrag (§ 86 Abs. 1 Satz 4 EStG)	60 €

A muss also mindestens 924 € einzahlen, um die volle Zulage von 76 € zu erhalten.

Für den Sonderausgabenabzug sind zu berücksichtigen:

Altersvorsorgebeiträge	960 €
Zulage	76 €

Abschnitt 6: Sonderausgaben

Summe	1 036 €
Steuerermäßigung hierauf	310 €
./. Zulage, die bei der Einkommensteuer-veranlagung hinzugerechnet wird	./. 76 €
zusätzlicher Steuervorteil durch den Sonderausgabenabzug	234 €

Die gesamte steuerliche Förderung beträgt damit (Zulage 76 € und Steuervorteil 234 €) 310 €.

Zu b):

Mindesteigenbeitrag	
2 % von 30 000 €, maximal 1 050 €	600 €
./. Zulage (76 € + 2 × 92 €)	./. 260 €
verbleiben	340 €
Sockelbetrag	60 €
Für den Sonderausgabenabzug sind zu berücksichtigen:	
Altersvorsorgebeiträge	480 €
Zulagen	260 €
Summe	740 €
Steuerermäßigung hierauf	222 €

Da der Anspruch auf die Zulage höher ist als der durch den Sonderausgabenabzug erzielte Steuervorteil, ist die steuerliche Förderung mit der Zulage in Höhe von 260 € abgegolten.

Fall 55
Spenden

Sachverhalt: Der selbständige Kaufmann A, verheiratet, beantragt, folgende Beträge als Spenden zu berücksichtigen:

1.	Mitgliedsbeitrag an den örtlichen Sportverein	50 €
	Spende an den Verein	1 500 €
2.	Mitgliedsbeitrag an das Deutsche Rote Kreuz	80 €
3.	Für seine Tätigkeit beim Tennisverein setzt A an. Eine besondere Regelung wurde nicht getroffen.	500 €
4.	Vom Gericht auferlegte Geldbuße, die an den Tierschutzverein zu zahlen ist	2 000 €
5.	Zuwendung an die Universität München für wissenschaftliche Zwecke	2 000 €
6.	Mitgliedsbeitrag an eine politische Partei	800 €
	Zuwendung an die Partei	6 000 €
7.	Schulgeld für die Beherbergung, Betreuung und Verpflegung an eine Freie Waldorfschule, die der Sohn besucht	3 600 €

Der Gesamtbetrag der Einkünfte beträgt 30 000 €, die Summe der Umsätze, Löhne und Gehälter 1,4 Mio. €.

Frage: Welcher Betrag kann bei A als Spendenabzug nach § 10b EStG berücksichtigt werden?

Literaturhinweis: *Lehrbuch Einkommensteuer,* Rdn. 487 ff.

 Lösung

A. Allgemeine Hinweise

Ab VZ 2000 können grundsätzlich alle nach § 10b EStG begünstigten Körperschaften, die die in der Anlage 1 zu § 48 Abs. 2 EStDV genannten besonders förderungswürdigen Zwecke fördern, selbst Zuwendungsbestätigungen ausstellen (Wegfall des sog. Durchlaufspendenverfahrens). Nicht nach § 10b EStG abziehbar sind Mitgliedsbeiträge an Körperschaften, die die in Abschn. B der Anlage 1 genannten Zwecke fördern.

Zu 1.:

Die Förderung des Sports ist in Abschnitt B der Anlage 1 aufgeführt. Hier sind nur Spenden, nicht aber Mitgliedsbeiträge begünstigt (§ 48 Abs. 4 EStDV).

Zu 2.:

Der Mitgliedsbeitrag ist als Spende zu berücksichtigen. Die Zwecke des Deutschen Roten Kreuzes sind in Abschn. A der Anlage 1 als besonders förderungswürdig anerkannt. Nach § 48 Abs. 4 Nr. 1 EStDV sind hier auch Mitgliedsbeiträge zu berücksichtigen.

Zu 3.:

Die Abzugsfähigkeit von Aufwandsspenden ist nur unter ganz bestimmten Voraussetzungen möglich (vgl. BMF-Schreiben v. 7. 6. 1999, BStBl 1999 I, 591). Die unentgeltliche Bereitstellung der Arbeitskraft ist keine Spende (BFH VI R 174/75, BStBl 1979 II, 297).

Zu 4.:

Spenden sind freiwillige Leistungen – keine Spenden sind daher die durch die Gerichte auferlegten Bußgelder (BFH X R 40/86, BStBl 1991 II, 234).

Zu 5.:

Die Zahlung an die Universität München ist eine Zuwendung, die zu wissenschaftlichen Zwecken an eine öffentliche Dienststelle i. S. des § 49 Nr. 1 EStDV entrichtet wird.

Zu 6.:

Spenden an politische Parteien können nur insoweit als Sonderausgaben abgezogen werden, als für sie nicht eine Steuerermäßigung nach § 34g EStG gewährt wird. Danach sind 1 650 € auf die tarifliche Einkommensteuer anzurechnen. Somit sind für die Ermäßigung nach § 34g EStG 3 300 € „verbraucht". Der Restbetrag (6 800 € ./. 3 300 €) in Höhe von 3 500 € ist nach § 10b Abs. 2 EStG bis maximal 3 300 € als Sonderausgaben abzugsfähig. Der verbleibende Betrag von 200 € wirkt sich steuerlich nicht aus.

Zu 7.:

Nach § 10 Abs. 1 Nr. 9 EStG ist das Schulgeld, soweit es nicht die Beherbergung, Betreuung und Verpflegung des Kindes betrifft, in Höhe von 30 % als Sonderausgabe abzugsfähig. Daneben kann ein Spendenabzug nach Maßgabe des § 10b EStG für **weitere freiwillige Leistungen** in Betracht kommen.

B. Höchstbetragsberechnung 1

Als Spenden sind zu berücksichtigen:
Sportverein	1 500 €
Mitgliedsbeitrag DRK	80 €
Universität München (wissenschaftliche Zwecke)	2 000 €
Politische Partei	3 300 €
	6 880 €

Tatsächlich abzugsfähig sind sie lediglich im Rahmen der Höchstbeträge:

Spenden für wissenschaftliche Zwecke in Höhe des Erhöhungsbetrages i. S. des § 10b Abs. 1 Satz 2 EStG
5 % von 30 000 € = ... 1 500 €

Es verbleiben noch 500 €, die mit den weiteren Spenden von 4 880 €, also 5 380 €, zu berücksichtigen sind.

Davon sind nach § 10b Abs. 2 EStG .... 3 300 €
in voller Höhe abzugsfähig, so dass noch 2 080 €
bis zur Höhe von 5 % von 30 000 € = ... 1 500 €
zum Ansatz kommen. .... 6 300 €

Höchstbetragsberechnung 2

Spenden insgesamt (ohne Zuwendung an die Partei)	3 580 €
2 ‰ von 1 400 000 € =	2 800 €

Die abzugsfähigen Spenden betragen insgesamt 6 300 €. Gemäß § 34g EStG sind auf die tarifliche Einkommensteuer 1 650 € anzurechnen.

Fall 56
Spendenabzug für Zuwendungen an Stiftungen

Sachverhalt:

a) Der Steuerpflichtige A (Gesamtbetrag der Einkünfte 100 000 €) hat im VZ 2004 folgende Zuwendungen getätigt: 3 000 € an einen Fußballverein, 6 000 € an einen Verein, der mildtätige Zwecke fördert, sowie 25 000 € an eine gemeinnützige Stiftung zur Förderung des Naturschutzes.

b) Der Steuerpflichtige B gründete 2003 die Stiftung X und leistete 307 000 € in das Vermögen der Stiftung. In 2005 gründet er die weitere Stiftung Y und zahlt 400 000 € in den Vermögensstock.

Fall 56: Spendenabzug für Zuwendungen an Stiftungen

Frage: Welcher Betrag kann jeweils maximal als Spende berücksichtigt werden?
Literaturhinweis: *Lehrbuch Einkommensteuer*, Rdn. 531 ff.

Lösung

Zu a):

Zuwendungen an Stiftungen des öffentlichen Rechts sowie an steuerbegünstigte Stiftungen des privaten Rechts sind nach § 10b Abs. 1 EStG über den bisherigen Spendenabzug hinaus bis zur Höhe von 20 450 € abziehbar.

1. Spende an die Stiftung 25 000 €
Abzugsbetrag nach § 10b Abs. 1 Satz 3 EStG ./. 20 450 € 20 450 €
Verbleiben 4 550 €

2. Spende für mildtätige Zwecke 6 000 €
erhöhter Abzugsbetrag nach § 10b Abs. 1 Satz 2 EStG
(5 % von 100 000 €) ./. 5 000 € 5 000 €
Verbleiben 1 000 €

3. Spende an die Stiftung (Restbetrag) 4 550 €
Spende für mildtätige Zwecke (Restbetrag) 1 000 €
Spende zur Förderung des Sports 3 000 €
8 550 €

Abzugsbetrag nach § 10b Abs. 1 Satz 1 EStG
(5 % von 100 000 €) 5 000 € 5 000 €
Sonderausgabenabzug 30 450 €

Von den Zuwendungen in Höhe von 34 000 € können 30 450 € als Sonderausgaben abgezogen werden.

Zu b):

Nach § 10b Abs. 1a EStG können Zuwendungen in den Vermögensstock einer neu gegründeten steuerbegünstigten Stiftung des öffentlichen oder privaten Rechts bis zur Höhe von 307 000 € als Spende abgezogen werden. Der Spendenabzug kann im Jahr der Zuwendung und den folgenden neun VZ geltend gemacht werden. Die Verteilung des Spendenabzugs erfolgt auf Antrag des Steuerpflichtigen.

Der Abzugszeitraum für die Zuwendung an die Stiftung X läuft von 2003 bis 2012. B kann den Abzugsbetrag von 307 000 € sofort im Jahr 2003 oder verteilt auf den Abzugszeitraum geltend machen.

Der Abzugszeitraum für die Zuwendung an die Stiftung Y umfasst den Zeitraum 2005 bis 2014. Das Abzugsvolumen beträgt höchstens 307 000 €. B kann also weitere 307 000 € im Jahr 2013 oder verteilt auf die Jahre 2013 und 2014 berücksichtigen, da erst ab 2013 ein neuer 10-jähriger Abzugszeitraum beginnt. Der Restbetrag der Zuwendung an die Stiftung Y in Höhe von 93 000 € ist im Jahr 2005 nach § 10b Abs. 1 Satz 3 EStG bis zum Höchstbetrag von 20 450 € abzugsfähig.

Fall 57
Buchwertprivileg beim Spendenabzug

Sachverhalt: Der Bauunternehmer A möchte der Kirche ein in seinem Betriebsvermögen befindliches Grundstück für kirchliche Zwecke spenden. Der Buchwert des Grundstücks beträgt 100 000 €, der Teilwert 250 000 €.

Abwandlung: Im Rahmen der Betriebsaufgabe schenkt A einen Pkw (Buchwert 3 000 €, Teilwert 12 000 €) dem ortsansässigen Sportverein.

Frage: Mit welchem Wert ist die Spende anzusetzen?

Literaturhinweis: *Lehrbuch Einkommensteuer*, Rdn. 516

Lösung

Wird ein Wirtschaftsgut unmittelbar nach seiner Entnahme einer nach § 5 Abs. 1 Nr. 9 KStG steuerbegünstigten Körperschaft oder einer juristischen Person des öffentlichen Rechts zur Verwendung für steuerbegünstigte Zwecke i. S. des § 10b Abs. 1 Satz 1 EStG unentgeltlich überlassen, so besteht gem. § 6 Abs. 1 Nr. 4 EStG ein Wahlrecht, die Entnahme statt mit dem Teilwert mit dem Buchwert anzusetzen. Dies gilt auch für Stiftungen.

Die Entnahme des Grundstücks **kann** zum Buchwert erfolgen, so dass keine Gewinnrealisierung eintritt. A erhält eine Spendenbescheinigung nur über 100 000 €.

Abwandlung: Nach R 139 Abs. 2 EStR 2003 gilt das Buchwertprivileg nicht nur für laufende Entnahmen, sondern auch im Fall der Betriebaufgabe. A kann das Fahrzeug zum Buchwert entnehmen.

Fall 58
Spendenrücktrag, Spendenvortrag

Sachverhalt: Der Handelsvertreter A hat in den Jahren 01 bis 04 jeweils einen Gesamtbetrag der Einkünfte in Höhe von 100 000 € erzielt. Seine Umsätze beliefen sich jeweils auf 500 000 €; an Löhnen und Gehältern sind jährlich 200 000 € angefallen. A macht im Jahr 03 für kulturelle Zwecke eine Einzelzuwendung in Höhe von 26 000 €. Seine übrigen Spenden für wissenschaftliche und kulturelle Zwecke betragen insgesamt 3 000 €. In den Jahren 01, 02 und 04 hatte A keine Spenden geleistet.

Abwandlung 1: Die Einzelzuwendung im Jahr 03 beträgt 24 000 €.

Abwandlung 2: Wegen umfangreicher Veräußerungen von landwirtschaftlichen Grundstücken beträgt der Gesamtbetrag der Einkünfte in 03 400 000 €. A macht für wissenschaftliche Zwecke eine Einzelzuwendung in Höhe von 35 000 € und für mildtätige und kulturelle Zwecke mehrere kleinere Spenden mit einem Gesamtbetrag in Höhe von 15 000 €.

Frage: Welche Spendenbeträge können in den einzelnen Jahren steuerlich berücksichtigt werden?

Literaturhinweis: *Lehrbuch Einkommensteuer*, Rdn. 487, 536 f.

Lösung

Das Gesetz lässt in § 10b Abs. 1 Satz 4 EStG eine Verteilung von Großspenden auf bis zu 7 Jahren zu. Der Spendenhöchstsatz für wissenschaftliche und kulturelle Zwecke beträgt nach § 10b Abs. 1 Satz 1 EStG 5 000 € bzw. nach § 10b Abs. 1 Satz 2 EStG 10 000 €. Der berücksichtigungsfähige Höchstsatz ist im Jahr 03 bis zur Höhe von 3 000 € durch die kleineren Zuwendungen ausgefüllt, so dass zusätzlich noch 7 000 € der Großspende abgezogen werden können.

Die verbleibenden 19 000 € sind auf das Jahr 02 zurückzutragen und können dort bis zum Höchstbetrag von 10 000 € berücksichtigt werden. Der restliche Betrag in Höhe von 9 000 € ist in 04 anzusetzen.

Abwandlung 1: Von der Großspende können im Jahr 03 7 000 € abgezogen werden. Der übersteigende Betrag in Höhe von 17 000 € kann sich steuerlich nicht auswirken. Ein Abzug im vorangegangenen und in folgenden Veranlagungszeiträumen ist ausgeschlossen, da eine Einzelzuwendung von mindestens 25 565 € vorausgesetzt wird.

Abwandlung 2: Der Spendenhöchstsatz in 03 beträgt jetzt 40 000 €. Der Höchstsatz wird zunächst mit 15 000 € durch die kleineren Zuwendungen ausgefüllt, so dass zusätzlich noch 25 000 € der Großspende abgezogen werden können. Der darüber hinausgehende Betrag in Höhe von 10 000 € wirkt sich nicht aus. Er kann weder im vorangegangenen noch in folgenden Veranlagungszeiträumen abgezogen werden, da die Großspende zwar die 25 565-€-Grenze, nicht aber den Spendenhöchstsatz nach § 10b Abs. 1 Satz 2 EStG in Höhe von 40 000 € überschreitet. Mit Urteil vom 4. 5. 2004 (XI R 34/03, BStBl 2004 II 736) hat der BFH entschieden, dass für den Rück- bzw. Vortrag einer Großspende beide in § 10b Abs. 1 Satz 1 EStG genannten Höchstsätze überschritten sein müssen.

Zu beachten ist, dass **auf Antrag** des Stpfl. auf den Rücktrag ganz oder teilweise verzichtet werden kann. Der am Schluss eines Veranlagungszeitraums verbleibende Spendenabzug ist gesondert festzustellen.

Fall 59
Berechnung der Vorsorgepauschale

Vorbemerkungen

Wie bisher wird die Vorsorgepauschale immer dann abgezogen, wenn der Steuerpflichtige Arbeitslohn bezogen hat und keine höheren Aufwendungen nachweist. Die Höhe der Vorsorgepauschale wird ab VZ 2005 neu gebildet und setzt sich zusammen aus:
– den jeweiligen Arbeitnehmer-Beiträgen zur gesetzlichen Rentenversicherung (§ 10c Abs. 2 Nr. 1 EStG). Im Rahmen der allgemeinen Übergangsregelung wird dieser Ar-

beitnehmeranteil im Jahr 2005 nur mit 20 % angesetzt. Dieser Vomhundertsatz erhöht sich in jedem folgenden Kalenderjahr um 4 %.

– den Arbeitnehmer-Anteilen an Kranken-, Pflege- und Arbeitslosenversicherung, die mit 11 % des Arbeitslohns pauschaliert und mit 1 500 € gedeckelt werden (§ 10c Abs. 2 Nr. 2 EStG). Diese Komponente wird bei allen Arbeitnehmern angesetzt.

Im Rahmen einer Günstigerprüfung werden nach § 10c Abs. 5 EStG in den Jahren 2005 bis 2019 die sich nach neuem Recht ergebenden Sonderausgabenabzugsbeträge für Vorsorgeaufwendungen mit den Werten verglichen, die sich nach altem Recht ergeben würden.

1. Unterfall: Vorsorgepauschale bei ledigen Arbeitnehmern

Sachverhalt: Der Arbeitslohn des allein stehenden sozialversicherungspflichtigen Arbeitnehmers A beträgt im VZ 2005 30 000 €.

Frage: In welcher Höhe kann eine Vorsorgepauschale gewährt werden?

Literaturhinweis: *Lehrbuch Einkommensteuer*, Rdn. 543 ff.

▶ Lösung

Arbeitslohn	30 000 €	
50 % des Beitrags in der gesetzl. Rentenversicherung		
9,75 % von 30 000 €	2 925 €	
davon 20 %		585 €
zzgl. 11 % des Arbeitslohns	3 300 €	
höchstens aber		1 500 €
Vorsorgepauschale		2 085 €

Günstigerprüfung:

Die Vorsorgepauschale nach altem Recht würde 2 001 € betragen.

Bei A kann damit eine Vorsorgepauschale in Höhe von 2 085 € berücksichtigt werden.

2. Unterfall: Vorsorgepauschale bei zusammenveranlagten Ehegatten

Sachverhalt: Die Ehegatten B und C, beide rentenversicherungspflichtig, haben im VZ 2005 folgende Arbeitslöhne bezogen:

- B 17 600 €, darin sind Versorgungsbezüge i. S. des § 19 Abs. 2 Nr. 2 EStG in Höhe von 5 000 € enthalten.
- C 15 000 €

Frage: Wie errechnet sich die Vorsorgepauschale?

Literaturhinweis: *Lehrbuch Einkommensteuer*, Rdn. 551 ff.

Fall 59: Berechnung der Vorsorgepauschale

➜ Lösung

Als Arbeitslohn ist bei B der um den Versorgungsfreibetrag verminderte Arbeitslohn anzusetzen. Nicht berücksichtigt wird hier der Zuschlag zum Versorgungsfreibetrag.

Bemessungsgrundlage:

bei B: Arbeitslohn	17 600 €	
./. Versorgungsfreibetrag	2 000 €	
verminderter Arbeitslohn		15 600 €
bei C:		15 000 €
gemeinsame Bemessungsgrundlage		30 600 €
50 % des Beitrags in der gesetzl. Rentenversicherung		
9,75 % von 30 600 €	2 984 €	
davon 20 %		597 €
zzgl. 11 % des Arbeitslohns	3 366 €	
höchstens aber		3 000 €
Vorsorgepauschale		3 597 €

Günstigerprüfung:

Die Vorsorgepauschale nach altem Recht hätte 5 014 € betragen. Damit ist dieser Betrag zu berücksichtigen.

3. Unterfall: Vorsorgepauschale bei Beamten

Sachverhalt:

a) Der Arbeitslohn des allein stehenden Beamten D beträgt im VZ 2005 40 000 €.

b) D ist verheiratet. Seine Ehefrau ist nicht berufstätig.

Frage: Wie errechnet sich die Vorsorgepauschale?

Literaturhinweis: *Lehrbuch Einkommensteuer*, Rdn. 544

➜ Lösung

Zu a):

Hier ist lediglich die Komponente nach § 10c Abs. 2 Nr. 2 EStG zu berücksichtigen.

11 % des Arbeitslohns	4 400 €
höchstens aber	1 500 €

Da die Vorsorgepauschale nach altem Recht lediglich 1 134 € beträgt, ist der Betrag von 1 500 € anzusetzen.

Zu b):

Im Falle der Zusammenveranlagung ist der Höchstbetrag von 1 500 € zu verdoppeln (§ 10c Abs. 4 Satz 1 EStG). Die Vorsorgepauschale beträgt also 3 000 €.

Abschnitt 6: Sonderausgaben

4. Unterfall: Besonderheiten bei Gesellschafter-Geschäftsführern

Sachverhalt: E, ledig, ist beherrschender Gesellschafter-Geschäftsführer der X-GmbH. Die GmbH schließt 2005 einen Direktversicherungsvertrag ab und zahlt den Betrag von 4 296 € ein.

Frage: Wie errechnet sich die Vorsorgepauschale?

Literaturhinweis: *Lehrbuch Einkommensteuer*, Rdn. 545 ff.

➔ Lösung

In § 10c Abs. 3 Nr. 2 EStG ist geregelt, dass auch dann nur die gekürzte Vorsorgepauschale gewährt wird, wenn für den Gesellschafter-Geschäftsführer nach § 3 Nr. 63 EStG steuerfreie Beträge des Arbeitgebers für die Altersabsicherung gezahlt werden. Nach bisherigem Recht führte dies noch nicht dazu, dass eine Zugehörigkeit zum Personenkreis des § 10c Abs. 3 Nr. 2 EStG begründet wurde.

Die Versorgungspauschale beträgt daher lediglich 1 500 €.

5. Unterfall: Mischfall

Sachverhalt: Die Ehegatten M und F sind beide Arbeitnehmer. M ist Beamter, F steht in einem sozialversicherungspflichtigen Beschäftigungsverhältnis. Im Jahr 2005 betragen die Arbeitslöhne jeweils 40 000 €.

Frage: Welche Vorsorgepauschale ist anzusetzen?

➔ Lösung

Die Berechnung der Vorsorgepauschale in sog. Mischfällen erfolgt nach § 10c Abs. 4 Satz 2 EStG in folgenden Rechenschritten:

Arbeitslohn F		40 000 €
50 % des Beitrags in der gesetzl. Rentenversicherung		
9,75 % von 40 000 €	3 900 €	
davon 20 %		780 €
zzgl. 11 % des Arbeitslohns		
von M und F	8 800 €	
höchstens aber		3 000 €
Vorsorgepauschale		3 780 €

Da die Vorsorgepauschale nach altem Recht 4 002 € beträgt, wird dieser Betrag berücksichtigt.

Vorbemerkungen zur Neugestaltung der Verlustverrechnung

Die kaum noch verständliche Verlustausgleichsbeschränkung wurde abgeschafft (§ 2 Abs. 3 Sätze 2 bis 8 EStG i. d. F. des StEntlG 1999/2000/2002 wurden aufgehoben). Damit wird der Verlustrücktrag wieder einkünfteübergreifend durchgeführt. Allerdings wurde der Verlustvortrag insoweit eingeschränkt, als künftig Verluste nur bis zur Höhe von 1 Mio. € (Ehegatten 2 Mio. €) unbeschränkt mit positiven Einkünften des Vortragsjahres verrechnet werden dürfen. Diesen Sockelbetrag übersteigende Verlustbeträge sind lediglich noch zu 60 % des verbleibenden Gesamtbetrags der Einkünfte des Vortragsjahres verrechenbar.

Fall 60
Feststellung des Verlustvortrages

Sachverhalt: Der ledige Steuerpflichtige A hat 2005 folgende Einkünfte:

Einkünfte aus Gewerbebetrieb	./. 25 000 €
Einkünfte aus nichtselbständiger Arbeit	40 000 €
Einkünfte aus Kapitalvermögen	10 000 €
Einkünfte aus Vermietung und Verpachtung	./. 1 000 000 €

Der Gesamtbetrag der Einkünfte belief sich im Vorjahr auf 800 000 €.

Frage: Wie ist der verbleibende Verlustvortrag unter Berücksichtigung eines Verlustrücktrags festzustellen?

Literaturhinweis: *Lehrbuch Einkommensteuer*, Rdn. 565

 Lösung

Nach § 10d Abs. 4 Satz 1 EStG ist der am Schluss eines Veranlagungszeitraums verbleibende Verlustvortrag gesondert festzustellen. Die getrennt nach Einkunftsarten durchzuführende Feststellung ist ab VZ 2004 weggefallen.

Der Gesamtbetrag der Einkünfte beläuft sich im Verlustentstehungsjahr auf ./. 975 000 €, wovon ein Teil bis zum Höchstbetrag von 511 500 € zurückgetragen werden kann. Damit ist zum 31. 12. 2005 ein Verlustvortrag in Höhe von 463 500 € festzustellen.

Fall 61
Wirkung des Verzichts auf den Verlustrücktrag

Sachverhalt: Bei der Veranlagung 01 des geschiedenen Steuerpflichtigen A haben sich folgende Zahlen ergeben:

Summe der Einkünfte	12 800 €
Entlastungsbetrag für Alleinerziehende	1 308 €
Sonderausgaben	4 000 €
zu versteuerndes Einkommen	7 492 €

Im Jahr 02 hat A eine negative Summe der Einkünfte von 30 000 €.
Frage: Welcher Antrag ist hier zu stellen?

Abschnitt 6: Sonderausgaben

Literaturhinweis: *Lehrbuch Einkommensteuer*, Rdn. 555 ff.

Lösung

Nach § 10d Abs. 1 Satz 1 EStG ist zunächst zwingend der Verlustrücktrag durchzuführen. Der Abzug vom Gesamtbetrag der Einkünfte hat vorrangig vor Sonderausgaben, außergewöhnlichen Belastungen und sonstigen Abzugsbeträgen zu erfolgen. Da nach § 2 Abs. 3 EStG zur Ermittlung des Gesamtbetrags der Einkünfte der Entlastungsbetrag für Alleinerziehende abzuziehen ist, müsste ein Betrag in Höhe von 11 492 € zurückgetragen werden; lediglich der Restbetrag in Höhe von 18 508 € würde für den Verlustvortrag zur Verfügung stehen. Da sich bei dem zu versteuernden Einkommen 01 aber ohnehin eine Steuerschuld von 0 € ergibt, sollte gem. § 10d Abs. 1 Sätze 4 und 5 EStG in voller Höhe auf den Verlustrücktrag verzichtet werden. Damit geht der Betrag in Höhe von 30 000 € in den Verlustvortrag ein.

Fall 62
Wirkungsweise des Verlustvortrags

Sachverhalt: Der ledige A hat im Jahr 2004 aus seinem neu gegründeten Gewerbebetrieb einen Verlust in Höhe von 4 Mio. € erzielt. Im Jahr 2005 hat er einen Gewinn von 2 Mio. € erwirtschaftet. Weitere Einkünfte liegen jeweils nicht vor. Die berücksichtigungsfähigen Sonderausgaben belaufen sich 2005 auf 8 000 €.

Frage: Wie ist der verbleibende Verlustvortrag zum 31. 12. 2005 festzustellen und welchen Betrag hat A 2005 zu versteuern?

Literaturhinweis: *Lehrbuch Einkommensteuer*, Rdn. 565

Lösung

Positive Einkünfte 2005	2 000 000 €
Sockelbetrag ausgleichsfähig	1 000 000 €
Verbleiben	1 000 000 €
Davon 60 % ausgleichsfähig	600 000 €
	400 000 €
Sonderausgaben	8 000 €
zu versteuerndes Einkommen	392 000 €

Der verbleibende Verlustvortrag beträgt 2 400 000 €. Das Beispiel zeigt, dass der Gesetzgeber nicht vollständig auf eine Mindestbesteuerung verzichtet hat. Allerdings erfasst diese jetzt nur noch die nach § 10d Abs. 2 EStG vortragsfähigen Verluste.

Fall 63
Verlustvortrag bei getrennter Veranlagung

Sachverhalt: M und F werden ab dem Verlustentstehungsjahr 02 getrennt veranlagt. Bei M ist ein Verlust in Höhe von 1 Mio. €, bei F ein Verlust in Höhe von 2 Mio. € entstanden. Beide Verluste werden zurückgetragen. Im Jahr 01 werden die Ehegatten zusammenveranlagt.
Frage: Welche vortragsfähigen Verluste ergeben sich bei M und bei F?
Literaturhinweis: *Lehrbuch Einkommensteuer*, Rdn. 566

  Lösung

Die Verluste können im Jahr 01 gem. § 10d Abs. 1 EStG bis zum Höchstbetrag von 1 023 000 € abgezogen werden. Damit verbleiben Verluste in Höhe von insgesamt 1 977 000 € für den Vortrag. Die nach Durchführung des Verlustrücktrags verbleibenden Verluste sind nach § 62 Abs. 2 Satz 2 EStDV auf die Ehegatten in dem Verhältnis aufzuteilen, in dem die Verluste der einzelnen Ehegatten im Verlustentstehungsjahr zueinander stehen. Auf M entfällt damit ein Betrag in Höhe von 659 000 €, auf F ein Betrag in Höhe von 1 318 000 €.

Fall 64
Zusammentreffen von Verlustrücktrag und Verlustvortrag

Sachverhalt: A, ledig, hat zum 31. 12. 2004 einen Verlustvortrag von 5 Mio. €. Sein Gesamtbetrag der Einkünfte im Jahr 2005 beträgt 2 Mio. €. Aus 2006 hat A einen Verlustrücktrag in Höhe von 400 000 €.
Frage: Wie ist der verbleibende Verlustvortrag zum 31. 12. 2005 festzustellen und welchen Betrag hat A zu versteuern?
Literaturhinweis: *Lehrbuch Einkommensteuer*, Rdn. 563 ff.

▶ Lösung

Das Gesetz enthält keine Regelung, wie eine Verlustverrechnung in den Jahren zu erfolgen hat, in denen ein Verlustrücktrag und ein Verlustvortrag zusammentreffen. Die Reihenfolge hat Bedeutung, da ein Verlustrücktrag bis zum Höchstbetrag in voller Höhe den Gesamtbetrag der Einkünfte mindert, wohingegen der Verlustvortrag nach Abzug des Sockelbetrags nur noch zu 60 % verrechnet wird.

Lösungsvorschlag 1 (Verlustrücktrag reduziert nicht die Bezugsgröße für den Verlustvortrag)

Gesamtbetrag der Einkünfte 2005	2 000 000 €
Sockelbetrag ausgleichsfähig	1 000 000 €
Verbleiben	1 000 000 €
davon 60 % ausgleichsfähig	600 000 €
Verbleiben	400 000 €
Verlustrücktrag	400 000 €
zu versteuerndes Einkommen	0 €

Der Verlustvortrag beträgt somit noch 3 400 000 €.

Lösungsvorschlag 2 (Verlustrücktrag reduziert die Bezugsgröße für den Verlustvortrag)

Gesamtbetrag der Einkünfte 2005	2 000 000 €
Verlustrücktrag	400 000 €
Verbleiben	1 600 000 €
Sockelbetrag ausgleichsfähig	1 000 000 €
Verbleiben	600 000 €
davon 60 % ausgleichsfähig	360 000 €
zu versteuerndes Einkommen	240 000 €

Der Verlustvortrag würde hier 3 640 000 € betragen. Nach überwiegender Auffassung spricht der Gesetzeswortlaut für die erste Alternative (z. B. Dötsch/Pung DB 2004 S. 151, Nolte NWB F. 3 S. 12907, Hallerbach in H/H/R, § 10d EStG Anm. J 03-9).

Fall 65
Verluste im Erbfall

Sachverhalt: Der im Jahr 2004 verstorbene Steuerpflichtige A hat 2004 Verluste aus Vermietung und Verpachtung in Höhe von 200 000 €. Der Gesamtbetrag der Einkünfte 2003 belief sich auf 50 000 €. Sohn B (Alleinerbe) hat 2004 positive Einkünfte aus Vermietung und Verpachtung in Höhe von 60 000 €. Der Gesamtbetrag der Einkünfte 2003 betrug bei B 25 000 €. B ist mit dem Verlust von A wirtschaftlich belastet.

Frage: Wie errechnet sich der verbleibende Verlustvortrag des B?

Literaturhinweis: *Lehrbuch Einkommensteuer*, Rdn. 569

➔ Lösung

Hat der Erblasser im Todesjahr einen Verlust erlitten, so ist dieser Verlust zunächst beim Erblasser auf das vorangegangene Jahr zurückzutragen. Sodann ist im Verlustentstehungsjahr ein Verlustausgleich beim Erben vorzunehmen. Ein dann noch nicht berücksichtigter Verlust ist beim Erben in das vorangegangene Jahr zurückzutragen. Ein Verlust geht jedoch nur vom Erblasser auf den Erben über, falls dieser mit dem Verlust wirtschaftlich belastet ist (BFH XI R 1/97, BStBl 1999 II 653).

Im Wege des Verlustrücktrags werden beim Erblasser im Jahr 2003 50 000 € abgezogen. Die beim Erben zu berücksichtigenden Verluste des Erblassers betragen demnach noch 150 000 €. Bei der Ermittlung des Einkommens 2004 bei B werden im Rahmen der Verlustverrechnung 60 000 € abgezogen. Im Wege des Verlustrücktrags (Wahlrecht) können dann im Jahr 2003 weitere 25 000 € berücksichtigt werden. Der noch verbleibende Verlustvortrag ab 2005 beträgt 65 000 €. Der XI. Senat des BFH wollte allerdings den Verlustabzug beim Erben nicht zulassen. Da der I. Senat mit Beschluss vom 22. 10. 2003 (BFH, BStBl 2004 II, 414) der Divergenzanfrage nicht zugestimmt hat, bleibt es dabei, dass der Erbe einen vom Erblasser nicht ausgenutzten Verlustabzug geltend machen kann. Mit Beschluss vom 28. 7. 2004 (XI R 54/99, BStBl 2005 II, 262) hat der XI. Senat des BFH nun aber die Frage dem Großen Senat vorgelegt, ob der Erbe einen vom Erblasser nicht ausgenutzten Verlust geltend machen kann (GrS 2/04).

Abschnitt 7: Familienleistungsausgleich, Entlastungsbetrag für Alleinerziehende (§§ 24b, 31, 32, 62–78 EStG)

Vorbemerkungen

Der mit Wirkung ab dem VZ 2000 eingeführte Betreuungsfreibetrag wurde ab 2002 um eine Erziehungs- und Ausbildungskomponente ergänzt und auf 2 160 € für ein Elternpaar erhöht. Der allgemeine Kinderfreibetrag beträgt 3 648 €. Das Kindergeld beläuft sich für das erste, zweite und dritte Kind auf jeweils 154 €, für jedes weitere Kind auf jeweils 179 € monatlich.

Die Prüfung, ob die Freistellung des Existenzminimums durch das Kindergeld oder des Abzugs der Freibeträge nach § 32 Abs. 6 EStG bewirkt wird, erfolgt von Amts wegen im Rahmen des Veranlagungsverfahrens.

Fall 66
Die Freistellung des Existenzminimums

Sachverhalt:

a) Die Steuererklärung 2004 der Eheleute A und B weist ein Einkommen von 60 000 € aus. A und B werden zusammen zur Einkommensteuer veranlagt und sind Eltern eines minderjährigen Kindes.

b) Wie a) mit dem Unterschied, dass das Einkommen 50 000 € beträgt.

c) Das Einkommen der Eheleute A und B beträgt 59 000 €. A und B werden zusammen zur Einkommensteuer veranlagt und sind Eltern eines 16-jährigen Sohnes und einer 12-jährigen Tochter.

Frage: Es ist zu prüfen, ob das Kindergeld oder die steuerliche Entlastung durch Freibeträge nach § 32 Abs. 6 EStG günstiger ist.

Literaturhinweis: *Lehrbuch Einkommensteuer*, Rdn. 771 ff.

➔ Lösung

Zu a):

Einkommen ohne Freibeträge	60 000 €	
Einkommensteuer hierauf		11 918 €
./. Kinderfreibetrag	./. 3 648 €	
./. Betreuungsfreibetrag	./. 2 160 €	
zu versteuerndes Einkommen unter Berücksichtigung der Freibeträge	54 192 €	
Einkommensteuer hierauf		10 032 €
Differenz		1 886 €

Das jährliche Kindergeld für ein Kind beträgt 1 848 €. Für A und B ergibt sich somit bei der Einkommensteuerveranlagung ein zusätzlicher Entlastungsbetrag von 38 €.

Zu b):

Einkommen ohne Freibeträge	50 000 €	
Einkommensteuer hierauf		8 728 €
./. Kinderfreibetrag	./. 3 648 €	
./. Betreuungsfreibetrag	./. 2 160 €	
zu versteuerndes Einkommen unter		
Berücksichtigung der Freibeträge	44 192 €	
Einkommensteuer hierauf		6 998 €
Differenz		1 730 €

Die steuerliche Freistellung des Existenzminimums wird in vollem Umfang durch das Kindergeld (1 848 €) erreicht. Die Freibeträge nach § 32 Abs. 6 EStG werden nicht gewährt.

Zu c):

Bei der von Amts wegen vorzunehmenden Vergleichsrechnung ist jedes Kind für sich zu betrachten, und zwar beginnend mit dem ältesten Kind.

Vergleichsrechnung für den Sohn:

Einkommen ohne Freibeträge	59 000 €	
Einkommensteuer hierauf		11 586 €
./. Kinderfreibetrag	./. 3 648 €	
./. Betreuungsfreibetrag	./. 2 160 €	
zu versteuerndes Einkommen unter		
Berücksichtigung der Freibeträge	53 192 €	
Einkommensteuer hierauf		9 716 €
Differenz		1 870 €

Für A und B ergibt sich bei der Einkommensteuerveranlagung ein zusätzlicher Entlastungsbetrag von 22 €.

Vergleichsrechnung für die Tochter:

Einkommen ohne Freibeträge	53 192 €	
Einkommensteuer hierauf		9 716 €
./. Kinderfreibetrag	./. 3 648 €	
./. Betreuungsfreibetrag	./. 2 160 €	
zu versteuerndes Einkommen unter		
Berücksichtigung der Freibeträge	47 384 €	
Einkommensteuer hierauf		7 938 €
Differenz		1 778 €

Die steuerliche Freistellung wird hier in vollem Umfang durch das Kindergeld erreicht. Für die Tochter werden keine Freibeträge abgezogen.

Abschnitt 7: Familienleistungsausgleich, Entlastungsbetrag für Alleinerziehende

Im Gegensatz zur bisherigen Regelung werden bei der Günstigerprüfung zwischen Kindergeld und Freibeträgen die nach § 10 a Abs. 1 EStG in Betracht kommenden Altersvorsorgebeiträge einschließlich der Zulagen nicht mehr abgezogen (§ 31 Satz 5 EStG a. F. wurde gestrichen).

Fall 67
Anrechnung eigener Einkünfte und Bezüge des Kindes

Sachverhalt:

a) Die 21-jährige Tochter T der Eheleute M und F beendete ihre Ausbildung am 15. 7. 2004. Sie wurde anschließend von ihrem Arbeitgeber als Angestellte übernommen. Ihre Ausbildungsvergütung betrug bis Juni monatlich 700 €. Ab August bezog sie ein Gehalt von 1 400 € monatlich. Im Juli erhielt T eine hälftige Ausbildungsvergütung sowie ein hälftiges Angestelltengehalt.

b) Wie a) mit dem Unterschied, dass T im Juni 2004 (Abwandlung: im August 2004) Urlaubsgeld in Höhe von 500 € und im Dezember Weihnachtsgeld in Höhe von 1 000 € erhielt.

c) Der Sohn S der Eheleute M und F vollendete im April 2004 sein 18. Lebensjahr. Bis zum 10. 12. 2004 befand er sich in Berufsausbildung. Ab 11. 12. 2004 wurde S als Angestellter übernommen. Die Ausbildungsvergütung betrug von Januar bis November monatlich 520 €, im Dezember hat S noch 200 € erhalten. Der Arbeitslohn ab 11. 12. 2004 belief sich auf 1 000 €.

d) Das 20-jährige Kind K der Eheleute M und F war im gesamten Jahr 2004 in Ausbildung. Der Bruttolohn 2004 hat 7 700 € betragen. Zusätzlich erzielte K Zinserträge aus festverzinslichen Wertpapieren in Höhe von 1 500 €.

Frage: Kann das Kind unter Berücksichtigung der eigenen Einkünfte und Bezüge jeweils noch berücksichtigt werden?

Literaturhinweis: *Lehrbuch Einkommensteuer*, Rdn. 741 ff.

➡ Lösung

Zu a):

Volljährige Kinder werden sowohl für das Kindergeld als auch für den allgemeinen Kinder- und Betreuungsfreibetrag nur berücksichtigt, wenn ihre Einkünfte und Bezüge den Betrag von 7 680 € pro Kalenderjahr nicht übersteigen. Für jeden Kalendermonat, in dem die Voraussetzungen des § 32 Abs. 4 Satz 1 Nr. 1 oder Nr. 2 EStG **an keinem Tag** vorliegen, ermäßigt sich der Betrag nach Satz 2 oder 3 um ein Zwölftel (Kürzungsmonate). Einkünfte und Bezüge, die auf diese Kalendermonate entfallen, bleiben außer Ansatz. Nach § 32 Abs. 4 Satz 6 EStG sind Einkünfte und Bezüge, die auf den Zeitraum vom 16. 7. 2004 bis 31. 7. 2004 entfallen, auszuscheiden.

Anzurechnende Einkünfte:

Gehalt Januar bis Juni 6 × 700 € =	4 200 €
Ausbildungsvergütung 1. 7. – 15. 7.	350 €
	4 550 €
anteiliger Werbungskosten-Pauschbetrag (195/360 von 920 €)	./. 499 €
Einkünfte	4 051 €

Der maßgebende Grenzbetrag beträgt ($^7/_{12}$ von 7 680 €) 4 480 €. Damit kann von Januar bis Juli noch Kindergeld bzw. der Kinder- und Betreuungsfreibetrag gewährt werden.

Zu b):

Sonderzuwendungen sind den Ausbildungsmonaten zuzuordnen, wenn sie in Monaten zufließen, in denen an allen Tagen die Voraussetzungen des § 32 Abs. 4 Satz 1 Nr. 1 oder Nr. 2 EStG vorliegen; fließen sie dagegen während der Kürzungsmonate zu, sind sie nicht einzubeziehen.

Das Urlaubsgeld ist danach in voller Höhe dem Ausbildungszeitraum zuzuordnen, während das Weihnachtsgeld in voller Höhe unberücksichtigt bleibt. Damit ergeben sich anrechenbare Einkünfte mit 4 551 €, so dass der Grenzbetrag überschritten wird.

Im Fall der Abwandlung bleibt auch das Urlaubsgeld unberücksichtigt, Ergebnis wie a).

Zu c):

Bis zur Vollendung des 18. Lebensjahres wird ein Kind unabhängig von seinen Einkünften und Bezügen berücksichtigt. Kürzungsmonate sind die Monate Januar bis April 2004, der Dezember ist kein Kürzungsmonat (vgl. Fall a).

Anzurechnende Einkünfte:

Ausbildungsvergütung Mai bis November 7 × 520 € =	3 640 €
Ausbildungsvergütung Dezember	200 €
	3 840 €
anteiliger Werbungskosten-Pauschbetrag (220/360 von 920 €)	./. 563 €
Einkünfte	3 277 €

Der maßgebende Grenzbetrag beträgt ($^8/_{12}$ von 7 680 €) 5 120 € und wird damit nicht überschritten. S kann somit im gesamten Jahr 2004 berücksichtigt werden.

Zu d):

Anzurechnende Einkünfte aus nichtselbständiger Tätigkeit:

Bruttolohn	7 700 €
Werbungskosten-Pauschbetrag	./. 920 €
Einkünfte	6 780 €

Anzurechnende Einkünfte aus Kapitalvermögen:

Zinsen	1 500 €
Werbungskosten-Pauschbetrag	./. 51 €
Sparer-Freibetrag	./. 1 370 €
Einkünfte	79 €

Nach § 32 Abs. 4 Satz 4 EStG gehört zu den Bezügen auch der Sparer-Freibetrag. Anzurechnende Bezüge:

Sparer-Freibetrag 1 370 €
Kostenpauschale ./. 180 €
Bezüge 1 190 €

Da die Einkünfte und Bezüge damit 8 049 € betragen und den Grenzbetrag von 7 680 € übersteigen, erhalten die Eltern für K weder Kindergeld noch den Abzug der Freibeträge nach § 32 Abs. 6 EStG.

Das BVerfG hat jedoch mit Urteil vom 11. 1. 2005 (2 BvR 167/02, DStR 2005, 911) entschieden, dass die Einbeziehung von Sozialversicherungsbeiträgen des Kindes in den Grenzbetrag des § 32 Abs. 4 Satz 2 EStG verfassungswidrig ist. Unter Berücksichtigung dieser Rechtsprechung sind die Voraussetzungen erfüllt.

Fall 68
Übertragung von Freibeträgen des § 32 Abs. 6 EStG

Sachverhalt:

a) V und M haben ein gemeinsames minderjähriges Kind K. Die Eltern leben seit Jahren in unterschiedlichen Wohnungen. K ist bei der Mutter M gemeldet, die auch das Kindergeld erhält. V kommt seiner Unterhaltspflicht nach.

b) Wie a) mit dem Unterschied, dass V seiner Unterhaltsverpflichtung nicht im Wesentlichen nachkommt.

c) Wie a) mit dem Unterschied, dass K jetzt volljährig ist.

Frage: Wem wird jeweils der Kinder- bzw. der Betreuungsfreibetrag zugeordnet?

Literaturhinweis: *Lehrbuch Einkommensteuer*, Rdn. 764 ff.

 Lösung

Zu a):

Beide Elternteile erfüllen ihre Unterhaltsverpflichtung. Damit liegen die Voraussetzungen für eine Übertragung des Kinderfreibetrages nicht vor. V und M erhalten jeweils einen halben Kinderfreibetrag. M kann jedoch auf ihren Antrag den dem V zustehenden Freibetrag für Betreuung, Erziehung und Ausbildung auf sich übertragen lassen. Dies gilt unabhängig von der Zustimmung des V.

Zu b):

Auf Antrag von M ist sowohl der allgemeine Kinderfreibetrag als auch der Betreuungsfreibetrag bei ihr zu berücksichtigen. M erhält dann beide Freibeträge in verdoppelter Höhe.

Zu c):

Die Übertragungsmöglichkeit hinsichtlich des Betreuungsfreibetrages beschränkt sich nach § 32 Abs. 6 Satz 6 EStG auf minderjährige Kinder, die nur bei einem Elternteil gemeldet sind. V und M erhalten also jeweils halbe Freibeträge.

Vorbemerkungen zum Entlastungsbetrag für Alleinerziehende nach § 24b EStG

Der bis einschließlich 2003 zu berücksichtigende Haushaltsfreibetrag in Höhe von 2 340 € ist ab dem Jahr 2004 weggefallen. Ab 2004 erhalten Alleinerziehende einen Entlastungsbetrag von 1 308 € jährlich, wenn

- der Steuerpflichtige alleinstehend ist und
- zu seinem Haushalt mindestens ein Kind gehört, für das ihm ein Freibetrag für Kinder (§ 32 Abs. 6 EStG) oder Kindergeld zusteht.

Fall 69
Zweifelsfragen zum Entlastungsbetrag für Alleinerziehende

Sachverhalt:

a) Die Steuerpflichtige A ist seit Mai 2004 verwitwet. Ihr 14-jähriger Sohn ist in ihrer Wohnung mit Hauptwohnsitz gemeldet. Eine Haushaltsgemeinschaft mit einer anderen Person besteht nicht.

b) Die berufstätige Mutter M lebt mit ihrem nichtehelichen Lebenspartner V, der in der gemeinsamen Wohnung mit Hauptwohnsitz gemeldet ist, zusammen. Zum Haushalt gehört auch deren minderjährige Tochter aus einer geschiedenen Ehe.

c) wie b), allerdings haben M und V getrennte Wohnungen. Die Tochter ist bei M mit Haupt- und bei V mit Nebenwohnsitz gemeldet. Das Kindergeld wird an M ausbezahlt.

d) Die Mutter M lebt als Alleinerziehende zusammen mit ihren zwei Kindern in einer Haushaltsgemeinschaft. Die 12-jährige Tochter geht noch zur Schule, während der 20-jährige Sohn nach Beendigung seiner Ausbildung zum 20. 7. 2005 eine Beschäftigung aufnimmt.

e) A lebt mit ihrer minderjährigen Tochter zusammen. Eine Haushaltsgemeinschaft mit einer weiteren Person besteht zunächst nicht. Am 20. 8. 2005 nimmt A einen neuen Lebenspartner in den gemeinsamen Haushalt auf, der dort mit Hauptwohnsitz gemeldet ist.

f) B lebt mit ihrem 20-jährigen Sohn C zusammen. Da sich C noch in Ausbildung befindet, bezieht B das ganze Jahr Kindergeld.

Frage: Sind die Voraussetzungen für die Gewährung des Entlastungsbetrages nach § 24b EStG erfüllt? In welcher Höhe kann er ggf. berücksichtigt werden?

Literaturhinweis: *Lehrbuch Einkommensteuer*, Rdn. 2263 ff.

Abschnitt 7: Familienleistungsausgleich, Entlastungsbetrag für Alleinerziehende

➔ Lösung

Zu a):

Durch das Gesetz zur Änderung der Abgabenordnung und weiterer Gesetze (BGBl 2004 I S. 1753) sind die Voraussetzungen des § 24b EStG geändert worden. Danach wird verwitweten Alleinerziehenden der Entlastungsbetrag für Alleinerziehende auch gewährt, obwohl sie im VZ des Todes und im folgenden VZ noch die Voraussetzungen für die Anwendung des Splittingverfahrens erfüllen. Unter den weiteren Voraussetzungen wird der Entlastungsbetrag zeitanteilig erstmals für den Monat des Todes des Ehegatten gewährt. Im Jahr 2005 kann daher der Betrag von 1 308 € von der Summe der Einkünfte abgezogen werden.

Zu b):

Der Entlastungsbetrag kann nicht gewährt werden, weil zur Haushaltsgemeinschaft der M auch deren Lebenspartner gehört und es sich deshalb bei M nicht um eine alleinstehende Person handelt (§ 24b Abs. 2 EStG).

Zu c):

Die noch im Haushaltsbegleitgesetz 2004 geforderte Meldung mit Hauptwohnsitz ist weggefallen. Ist ein Kind bei mehreren Steuerpflichtigen gemeldet, steht der Entlastungsbetrag nach § 24b Abs. 1 Satz 3 EStG demjenigen zu, der die Voraussetzungen auf Auszahlung des Kindergeldes erfüllt.

Damit kann bei M der Entlastungsbetrag mit 1 308 € berücksichtigt werden.

Zu d):

Im Gegensatz zum Haushaltsfreibetrag ermäßigt sich der Entlastungsbetrag für jeden vollen Kalendermonat, in dem die Voraussetzungen nicht vorliegen, um ein Zwölftel. Nach § 24b Abs. 2 EStG schadet es nicht, wenn zum gemeinschaftlichen Haushalt noch eine weitere Person gehört, sofern für diese ein Freibetrag nach § 32 Abs. 6 EStG oder Kindergeld gewährt wird. Da der Sohn auch nach Abschluss der Ausbildung zur Haushaltsgemeinschaft gehört, liegen ab 20. 7. 2005 die Voraussetzungen für die Berücksichtigung des Entlastungsbetrages nicht mehr vor. M erhält daher im Jahr 2005 eine steuerliche Entlastung lediglich in Höhe von 763 €.

Zu e):

Da A ab 20. 8. 2005 eine Haushaltsgemeinschaft mit einer weiteren Person begründet, hat sie ab September keinen Anspruch mehr auf den Entlastungsbetrag. Sie erhält für 2005 eine steuerliche Entlastung von 872 €.

Zu f):

Da die Beschränkung auf eine Haushaltsgemeinschaft mit mindestens einem minderjährigen Kind weggefallen ist, können den Entlastungsbetrag nunmehr auch allein stehende Steuerpflichtige erhalten, die nur mit einem volljährigen Kind zusammenleben, für das ihnen ein Freibetrag für Kinder oder Kindergeld zusteht. Bei B kann also der Entlastungsbetrag in Höhe von 1 308 € abgezogen werden.

Abschnitt 8: Außergewöhnliche Belastungen

Vorbemerkungen

Die Einkommensteuer berücksichtigt als Personensteuer die steuerliche Leistungsfähigkeit des Einzelnen. Um steuerliche Gleichmäßigkeit und soziale Gerechtigkeit zu erreichen, müssen Härten durch außergewöhnliche Umstände im Bereich der privaten Lebensführung ausgeglichen werden.

Bei der außergewöhnlichen Belastung handelt es sich regelmäßig um Aufwendungen der privaten Lebensführung gem. § 12 EStG. Sie werden ebenso wie die Sonderausgaben vom Gesamtbetrag der Einkünfte abgezogen.

Die außergewöhnlichen Belastungen lassen sich wie folgt aufgliedern:

§ 33 EStG

- Grundsätzliche Regelung der außergewöhnlichen Belastungen;
- keine abschließende Aufzählung von Einzelfällen;
- keine Begrenzung durch Höchstbeträge;
- Aufwendungen sind um Ersatzleistungen zu kürzen, auch wenn sie erst in einem späteren Jahr gezahlt werden;
- Kürzung um die zumutbare Eigenbelastung gem. § 33 Abs. 3 EStG.

§ 33a EStG

- Abschließende Regelung besonderer Fälle;
- Begrenzung durch Höchstbeträge;
- für die hier genannten Fälle ist kein § 33 EStG möglich;
- liegen die Voraussetzungen nicht während des ganzen Jahres vor, sind die Beträge zu zwölfteln (§ 33a Abs. 4 EStG);
- § 33a Abs. 1 EStG: Unterhalt und Berufsausbildung von Personen, für die der Steuerpflichtige keinen Kinderfreibetrag erhält:
  ab 2002 = 7 188 €
  2004 = 7 680 € (Änderung lt. HBeglG 2004 vom 29. 12. 2003);
- § 33a Abs. 2 EStG: Ausbildungsfreibetrag
  ab 2002 = 924 € nur für Kinder über 18 Jahre mit auswärtiger Unterbringung;
  Grenze der unschädlichen Einkünfte = 1 848 €;
- § 33a Abs. 3 EStG: Freibetrag für Haushaltshilfe ab 2002: 624 €, für Heimbewohner 624 € oder für hilflose Personen bis 924 €.

§ 33b EStG

- Pauschbetrag für Körperbehinderte;
- Wahlrecht, ob tatsächliche Aufwendungen nach § 33 EStG geltend gemacht werden oder die Pauschbeträge;
- Nachweis durch Bescheinigungen des Versorgungsamtes und dgl., aber nicht für Alterserscheinungen;

Abschnitt 8: Außergewöhnliche Belastungen

- Übertragung des Pauschbetrages von Kindern auf Eltern möglich (§ 33b Abs. 5 EStG);
- § 33b Abs. 4 EStG: Hinterbliebenen-Pauschbetrag 370 € bei Gewährung von Hinterbliebenenbezügen.

§ 33c EStG

- **Regelung seit VZ 2002:** Kinderbetreuungskosten erwerbstätiger, kranker, behinderter Steuerpflichtiger für Kinder unter 14 Jahre oder behinderte Kinder bis 27 Jahre;
- Höchstbeträge für die berücksichtigungsfähigen Aufwendungen je Kind 1 500 € bzw. 750 €;
- Beträge nur abzugsfähig, soweit sie 1 548 bzw. 774 € übersteigen;
- liegen die Voraussetzungen nicht während des ganzen Jahres vor, sind die Höchst- und Pauschbeträge zu zwölfteln (§ 33c Abs. 3 EStG).

Fall 70
Außergewöhnliche Belastungen gem. § 33 EStG

Sachverhalt: Der ledige Steuerpflichtige A mit einem Gesamtbetrag der Einkünfte von 40 000 € erwirbt in 01 einen Porsche für private Zwecke, AK = 45 000 € brutto. Auf einer Ausflugsfahrt im August verursacht er mit dem neuen Wagen einen Totalschaden. Der Schrottwert beträgt nur noch 5 000 €. Deshalb muss A sich einen neuen Pkw kaufen, AK = 20 000 €. Bei dem Unfall wurde A erheblich verletzt. Die dadurch entstandenen Krankheitskosten belaufen sich auf 15 000 €, von der Krankenkasse bekam er im Januar 02 5 000 € erstattet. Die Kosten finanzierte A mit einem Darlehen in Höhe von 30 000 €. Dafür zahlte er in 01 15 000 € an Tilgungsbeträgen und 1 300 € an Zinsen, 02 tilgte er den Restbetrag.

Frage: A möchte für 01 und 02 sämtliche Beträge als außergewöhnliche Belastung geltend machen. Nehmen Sie dazu Stellung (Rechtslage 2004).

Literaturhinweis: *Lehrbuch Einkommensteuer*, Rdn. 803 ff., 849 ff.

▶ Lösung

A kann lediglich außergewöhnliche Belastungen gem. § 33 EStG geltend machen. Die Anschaffungskosten für den Kauf des Porsche und den Kauf des neuen Pkw nach dem Unfall sind nicht abzugsfähig, da A hierdurch nicht belastet ist. A erhält für seine Aufwendungen einen Gegenwert. Bei dem Totalschaden des Porsche handelt es sich außerdem um einen Vermögensverlust. Derartige Vorgänge können nicht berücksichtigt werden, da sie das Einkommen nicht belasten (R 187 EStR, H 186 bis 189 „Vermögensebene" EStH).

Bei den Krankheitskosten handelt es sich allerdings um eine außergewöhnliche Belastung. Die Ersatzleistungen der Krankenversicherung sind dabei zu kürzen, da insoweit keine Belastung des Steuerpflichtigen gegeben ist. Dabei sind die 5 000 €, unabhängig vom Zeitpunkt der Zahlung durch die Krankenkasse, abzurechnen. Die Kosten in Höhe von 10 000 € sind im Zeitpunkt der Zahlung 01 zu berücksichtigen. Diese Kosten wurden aber mit Darlehensmitteln gezahlt.

Laut BFH-Urteil v. 10. 6. 1988 (III R 248/83, BStBl 1988 II, 814; H 186 „Darlehen" EStH) sind Aufwendungen des Steuerpflichtigen auch insoweit im VZ der Zahlung als außergewöhnliche Belastungen zu berücksichtigen, als die Aufwendungen aus einem Darlehen bestritten worden sind, das erst in späteren Jahren zu tilgen ist. In 01 sind demnach gem. § 33 EStG 10 000 € als außergewöhnliche Belastung zu berücksichtigen. Dazu gehören auch die Zinsen, da die Schuldaufnahme zwangsläufig erfolgte. Da das Darlehen aber nur zu $^1/_3$ auf die Krankheitskosten entfällt, sind die Zinsen auch nur insoweit abzugsfähig, $^1/_3$ von 1 300 € = 434 €.

Kosten insgesamt =	10 434 €
./. zumutbare Eigenbelastung (§ 33 Abs. 3 EStG)	
6 % von 40 000 € =	./. 2 400 €
Überbelastungsbetrag bzw.	
zu berücksichtigende außergew. Belastung =	8 034 €

Fall 71
Außergewöhnliche Belastungen gem. § 33a EStG

Sachverhalt: A zahlt seiner vermögenslosen Oma für 2004 3 000 € für deren Unterhalt. Die Oma hat folgende eigene Einkünfte und Bezüge:

Witwen-Pension insgesamt	3 000 €
Wohngeld	360 €
Rente seit dem 60. Lebensjahr aus der gesetzlichen Rentenversicherung	1 800 €
Zinsen Sparbuch	900 €

Frage: Wie hoch sind die abzugsfähigen Beträge für A im VZ 2004?

Literaturhinweis: *Lehrbuch Einkommensteuer*, Rdn. 875 ff., 890 ff.

▶ Lösung

Die Aufwendungen für den Unterhalt der Oma sind berücksichtigungsfähig, da gesetzliche Unterhaltspflicht (§ 1601 BGB) besteht.

Die typischen Unterhaltsaufwendungen sind gem. § 33a Abs. 1 EStG ab 2004 nur bis höchstens 7 680 € (2003: 7 188 €) abzugsfähig. Auf diesen Höchstbetrag sind die eigenen Einkünfte und Bezüge der unterstützten Person anzurechnen, soweit sie 624 € übersteigen.

Der Versorgungsfreibetrag gem. § 19 Abs. 2 EStG und der Sparer-Freibetrag gem. § 20 Abs. 4 EStG sind Bezüge (Regelung ab VZ 2002: Änderung des Begriffs gem. § 32 Abs. 4 Satz 4 EStG, Anwendung auch bei § 33a EStG, R 180e Abs. 2 EStR 2003; bis VZ 2001 keine Bezüge, BFH v. 26. 9. 2000 VI R 85/99, BStBl 2000 II 684).

Abschnitt 8: Außergewöhnliche Belastungen

Berechnung der Einkünfte und Bezüge:

	Einkünfte	Bezüge
§ 19 Abs. 1 Nr. 2 EStG, Versorgungsbezüge	3 000 €	
./. § 19 Abs. 2 EStG, Freibetrag 40 %	./. 1 200 €	seit 2002
(R 180e Abs. 2 Satz 1 EStR 2003)		./.1 200 €
für 2005: 40 % = 1 200 € max. 3 000 €		
+ Zuschlag 900 € =		
insgesamt 2 100 €		
Abschmelzung ab 2006		
./. § 9a Nr. 1 EStG, Arbeitnehmer-Pauschbetrag 2004	./. 920 €	
ab 2005: 102 €		
	880 €	
Wohngeld (§ 3 Nr. 58 EStG) steuerfrei		360 €
Rente (§ 22 Nr. 1 Satz 3 Buchstabe a) EStG) = 1 800 €	576 €	
davon Ertragsanteil 32 % in 2004		
bei Rentenbeginn bis 2005 wäre der steuerpflichtige Teil 50 %.		
Der Tilgungsanteil der Rente ist ein		1 224 €
Bezug (R 180e Abs. 2 Nr. 1 EStR 2003)		
./. § 9a Nr. 3 EStG, Pauschbetrag WK	./. 102 €	
	474 €	
Zinsen (§ 20 Abs. 1 Nr. 7 EStG)	900 €	
./. § 9a Nr. 2 EStG	./. 51 €	
./. § 20 Abs. 4 EStG		
max. Freibetrag (1 370 € seit 2004)	./. 849 €	seit 2002
		./. 849 €
Summe Bezüge		3 633 €
./. Unkosten-Pauschbetrag (R 180e Abs. 3 EStR 2003)		./. 180 €
Summe	1 354 €	3 453 €
Einkünfte und Bezüge	4 807 €	
./. unschädliche Einkünfte und Bezüge	./. 624 €	
schädlicher Betrag	4 183 €	
Höchstbetrag (§ 33a Abs. 1 Nr. 2 EStG) für 2004	7 680 €	
./. schädliche Einkünfte/Bezüge	./. 4 183 €	
verbleiben	3 497 €	
aber max. die tatsächlichen Aufwendungen von	3 000 €	

Fall 72
Außergewöhnliche Belastung/Einfamilienhaus

Sachverhalt: Wie vor, aber die Oma besitzt noch ein Einfamilienhaus, welches sie selbst bewohnt, Einheitswert = 25 564 € (umgerechnet, § 30 Satz 2 BewG).

Fall 73: Unterhaltsleistungen

Frage: Ermitteln Sie die Höhe der außergewöhnlichen Belastung 2004. Gehen Sie davon aus, dass Unterhaltszahlungen in Höhe von 3 000 € in der Zeit vom 1. 7. – 31. 12. 04 geleistet wurden.
Literaturhinweis: *Lehrbuch Einkommensteuer,* Rdn. 890 ff.

➡ Lösung

Die Oma hat nun eigenes Vermögen. Dieses Vermögen ist aber gem. R 190 Abs. 2 Nr. 2 EStR 2003 außer Betracht zu lassen (Regelung gilt weiterhin gem. BMF 20. 8. 2003, BStBl 2003 I, 411). Einkünfte aus dem Einfamilienhaus fallen ebenfalls nicht an, da keine Nutzungswertbesteuerung erfolgt.

Gemäß § 33a Abs. 4 EStG erfolgt nun eine anteilige Berechnung.

Einkünfte und Bezüge für 6 Monate: 4 183 € : 2 =		2 091 €
unschädlich		312 €
schädliche Einkünfte/Bezüge		1 779 €
Höchstbetrag für 2004 $^{6}/_{12}$ =	3 840 €	
./. Kürzungsbetrag	./. 1 779 €	
verbleiben	2 061 €	

Die Aufwendungen in Höhe von 3 000 € sind höher. Es sind deshalb max. **2 061 €** abzugsfähig.

Fall 73
Unterhaltsleistungen

Sachverhalt: Der Steuerpflichtige Albert unterstützt seinen Vater Otto und dessen Ehefrau Ottilie mit monatlich 300 €. Otto ist Rentner und erhält insgesamt 9 400 € Rente. Zum Unterhalt trug ebenfalls der Bruder von Albert mit monatlich 100 € bei.
Frage: Ermitteln Sie die Höhe der abzugsfähigen außergewöhnlichen Belastungen von Albert für 2004.
Literaturhinweis: *Lehrbuch Einkommensteuer,* Rdn. 892 ff., 908 ff.

➡ Lösung

Die Unterhaltszahlungen an Otto und Ottilie sind gem. § 33a Abs. 1 EStG zu berücksichtigen. Es handelt sich um Aufwendungen an gesetzlich unterhaltsberechtigte Personen. Da auch der Bruder regelmäßige Unterhaltszahlungen erbringt, ist § 33a Abs. 1 letzter Satz EStG zu beachten.

Freibetrag max. 2 × 7 680 € =		15 360 €
Aufwendungen mtl. 300 € × 12 =	3 600 €	

Einkünfte und Bezüge des Vaters:

Einnahmen (§ 22 Nr. 1 Satz 3 Buchst. a) EStG)		9 400 €

Der Ertragsanteil stellt Einkünfte, der Tilgungsanteil stellt Bezüge des Vaters dar. Eine Aufteilung ist deshalb nicht notwendig, es ist aber zu beachten, dass alle Pauschbeträge gewährt werden. Das gilt auch betr. der Änderungen durch das Alterseinkünftegesetz ab 2005.

./. § 9a Nr. 3 EStG		./. 102 €
./. Kosten-Pauschbetrag		
(R 180e Abs. 3 EStR 2003), da es sich beim Kapitalanteil der Rente um Bezüge handelt		./. 180 €
		9 118 €
unschädlich 2 × 624 €		1 248 €
schädliche Einkünfte und Bezüge = 7 870 €		./. 7 870 €
verbleibender Freibetrag		7 490 €
tatsächliche Gesamtzahlungen:		
von Albert	3 600 €	
	³/₄	
vom Bruder	1 200 €	
	¹/₄	
	4 800 €	

Albert erhält demnach max. ³/₄ von 7 490 € = 5 618 €, max. die tatsächlichen Aufwendungen von 3 600 €.

Abzugsfähig sind daher	= 3 600 €

Fall 74
Außergewöhnliche Belastung/Unterstützung

Sachverhalt: Die Eheleute Anton und Doris sind seit Jahren in Neustadt verheiratet. Sie haben keine Kinder. Doris unterstützt ihre Eltern Franz und Anne Mauser (beide über 70 Jahre alt). Doris ist deren einzige Tochter. Franz Mauser erhält seit seinem 50. Lebensjahr eine Kriegsbeschädigtenrente in Höhe von monatlich 450 €, Anne hat keine eigenen Einkünfte. Beide sind vermögenslos und deshalb auf die monatliche Unterstützung von 300 € angewiesen. In 2004 musste Doris zusätzlich 2 700 € an Operationskosten für ihre Mutter aufwenden, da ihre Eltern nicht ausreichend krankenversichert sind.

Frage: Wie hoch sind die abzugsfähigen außergewöhnlichen Belastungen 2004, wenn der Gesamtbetrag der Einkünfte der Eheleute Anton und Doris 45 000 € beträgt?

Literaturhinweis: *Lehrbuch Einkommensteuer*, Rdn. 891 ff., 906 f.

Fall 75: Ausbildungsfreibetrag gem. § 33a Abs. 2 EStG

➔ Lösung

Die Unterstützung der Eltern Mauser stellt für Doris eine außergewöhnliche Belastung nach § 33a Abs. 1 EStG dar, da gegenüber den Eltern eine gesetzliche Unterhaltsverpflichtung besteht. Außerdem haben die Eltern kein Vermögen, das sie zu ihrem Unterhalt einsetzen könnten.

Der Höchstbetrag beträgt je unterstützte Person nach § 33a Abs. 1 EStG 7 680 € × 2 = 15 360 € (ab 2004, für 2003 = 2 x 7 188 €).

Die eigenen Einkünfte sind aber, soweit sie die Grenze von 624 € übersteigen, auf diesen Höchstbetrag anzurechnen.

Berechnung:

Höchstbetrag 2004		15 360 €
Einnahmen Vater Franz		
450 € × 12 =	5 400 €	
Da die Rente steuerfrei nach § 3 Nr. 4 EStG ist, handelt es	./. 180 €	
sich um Bezüge		
./. Kosten-Pauschbetrag		
(R 180e Abs. 3 EStR 2003)	5 220 €	
unschädlicher Betrag		
2 × 624 € =	1 248 €	
schädlicher Betrag	3 972 €	./. 3 972 €
verbleibender Höchstbetrag		11 388 €
Die tatsächlichen Aufwendungen betragen		
aber nur 300 € × 12 = 3 600 € und sind		
damit in voller Höhe abzugsfähig.		3 600 €

Die Krankheitskosten sind nach § 33 EStG abzugsfähig. Die Aufwendungen sind zwangsläufig i. S. des § 33 Abs. 2 EStG. Die Eheleute sind belastet und können sich den Aufwendungen aus tatsächlichen Gründen nicht entziehen (H 190 „Abgrenzung" EStH).

Aufwendungen	2 700 €
./. zumutbare Eigenbelastung nach § 33 Abs. 3 EStG	
5 % von 45 000 € =	./. 2 250 €
abzugsfähiger Betrag	450 €

Fall 75
Ausbildungsfreibetrag gem. § 33a Abs. 2 EStG

Sachverhalt: Dem Steuerpflichtigen entstehen für sein Kind Aufwendungen zur Berufsausbildung. Das Kind ist Auszubildender und besucht das Abendgymnasium. Das Kind vollendet sein 18. Lebensjahr am 10. 5. 2004. Von Januar bis Oktober ist es auswärts untergebracht. Am 20. 11. 2004 endet die Berufsausbildung. Ab Dezember ist es als Angestellter beschäftigt.

Abschnitt 8: Außergewöhnliche Belastungen

Einkünfte und Bezüge:
Januar bis November monatlich 150 € Bruttolohn als Auszubildender, ab Dezember monatlich 1 000 € brutto als Angestellter, von Januar bis November Zuschüsse aus öffentlichen Mitteln als Ausbildungshilfe monatlich 30 €.
Frage: Wie hoch ist der Ausbildungsfreibetrag 2004?
Literaturhinweis: *Lehrbuch Einkommensteuer*, Rdn. 910 ff., 918 f.

➔ Lösung

Die Aufwendungen des Steuerpflichtigen für die Berufsausbildung seines Kindes werden durch Ausbildungsfreibeträge berücksichtigt. Hierbei handelt es sich um einen Freibetrag, für den die Höhe der Aufwendungen ohne Bedeutung ist.

§ 33a Abs. 2 EStG: (Januar bis April, § 33a Abs. 2 kein Freibetrag, da nicht volljährig)
Mai bis Oktober
ab VZ 2002, § 33a Abs. 2 i. V. m. Abs. 4 EStG: $^6/_{12}$ von 924 € =   462 €
Für November kein Freibetrag, da nicht auswärtig untergebracht
Summe   **462 €**

Eigene Einkünfte und Bezüge (§ 33a Abs. 4 Satz 2 EStG):
Anrechnung nur der Einkünfte und Bezüge, die während des Begünstigungszeitraumes angefallen sind.
Berechnung lt. H 190 EStH, H 192a „Allgemeines" EStH 2004.
Aufteilung lt. R 192a Abs. 2 Nr. 1 EStR 2003.

Einkünfte:

VZ 2004: 6 × 150 € =   900 €
./. § 9a Nr. 1 EStG
AN-Pauschbetrag $^6/_{12}$ von 920 € =   ./. 460 €
            440 €

unschädlich
$^6/_{12}$ von 1 848 € =   924 €
            0 €

§ 33a Abs. 2 Satz 2 EStG
Anrechnung der als Zuschuss gezahlten Ausbildungshilfen

30 € × 6 Monate =   180 €
R 180e Abs. 3 EStR 2003
Kosten-Pauschale   98 €
Aufteilung, siehe Beisp. B in H 192a „Allgemeines" EStH
$^6/_{11}$ von 180 €
anzurechnende Bezüge   82 €   ./. 82 €
Ausbildungsfreibetrag 2004   **380 €**

Hinweis: Nach § 24b EStG i. d. F. des HBeglG 2004 kann ein Entlastungsbetrag von 1 308 € anteilig für 4 Monate in Betracht kommen, wenn der Stpfl. allein stehend ist.

Fall 76
§ 33a und § 33b EStG

Sachverhalt: Der Steuerpflichtige A ist seit Jahren verwitwet. Er hat eine leibliche Tochter Lydia, geb. am 15. 4. 1978, die bereits einen Sohn, Egon, geb. am 10. 3. 1997, hat. Die Kosten des Unterhalts für o. g. Personen hat A allein zu tragen, sie betragen monatlich 300 €.

Lydia (L) ist ebenfalls verwitwet und hat ihre Berufsausbildung beendet. Vom 1. 4. 2003 – 30. 3. 2004 leistete sie ein freiwilliges soziales Jahr ab. Sie erhält in dieser Zeit einen als Arbeitslohn steuerpflichtigen Betrag in Höhe von 400 € monatlich. Ab April 2004 ist L nicht mehr erwerbstätig. Seit dem 1. 1. 2003 bezieht L Hinterbliebenenbezüge aus der gesetzlichen Unfallversicherung in Höhe von monatlich 325 € einschließlich Kinderzulage, da ihr Ehemann bei einem Berufsunfall ums Leben kam. Egon erhält eine Waisenrente in Höhe von monatlich 60 €, die an seine Mutter ausgezahlt wird. Lydia hat einen eigenen Hausstand.

Frage: Beurteilen Sie die steuerlichen Folgen für den VZ 2004.

Literaturhinweis: *Lehrbuch Einkommensteuer*, Rdn. 910 ff., 957 ff.

➔ Lösung

Lydia ist ein Kind i. S. des § 32 Abs. 1 Nr. 1 EStG und hat das 18., aber noch nicht das 27. Lebensjahr vollendet. Sie kann als Kind bis März 2004 gem. § 32 Abs. 4 Nr. 2d EStG berücksichtigt werden, da sie ein freiwilliges soziales Jahr ableistet.

Für L erhält A Kindergeld von Januar bis März 2004 in Höhe von 3 × 154 € mtl. gem. § 66 EStG (Erhöhung ab 2002). Gemäß § 32 Abs. 4 Satz 2 EStG sind aber die eigenen Einkünfte und Bezüge des Kindes zu berechnen.

Höchstgrenze 7 680 € ab 2004, davon $^3/_{12}$ = 1 920 €.

Einkünfte 400 € × 3 =	1 200 €
./. § 9a Nr. 2 EStG (ab 2004: 920 €)	./. 920 €
verbleiben	280 €

Berechnung lt. H 192a „Allgemeines" EStH. Die anteilige Höchstgrenze, $^3/_{12}$ von 1 848 € = 462 €, wird nicht überschritten.

Bei der Veranlagung von A können gem. §§ 31, 32 Abs. 6 Satz 1 und 3 Nr. 1 EStG ein Kinderfreibetrag in Höhe von 1 824 € x 2 = 3 648 davon 3/12 = 912 € und ein Betreuungsfreibetrag von 1 080 x 2 = 2 160 davon $^3/_{12}$ = 540 € vom Einkommen abgezogen werden (§ 31 EStG, Familienleistungsausgleich).

Egon kann bei A nicht berücksichtigt werden, da dieser zu A in keinem Kindschaftsverhältnis steht. Auch ein Pflegekindschaftsverhältnis kommt nicht in Betracht, da das natürliche Obhuts- und Pflegeverhältnis zu seiner leiblichen Mutter noch besteht (§ 32 Abs. 1 Nr. 2 EStG). Egon kann nur bei Lydia gem. § 32 Abs. 3 EStG berücksichtigt werden. Sie erhält für ihn Kindergeld. Kindergeld kommt für A ebenfalls nicht in Betracht, da Egon bei Lydia im eigenen Haushalt lebt (§ 63 Abs. 1 Nr. 3 EStG).

Unterhaltsleistungen nach § 33a EStG:

Für Lydia und Egon erwachsen A Unterhaltsaufwendungen, da es sich um gesetzlich unterhaltsberechtigte Personen handelt. Wegen der Betreuung von E kann bei Lydia der Einsatz der eigenen Arbeitskraft nicht verlangt werden (R 190 Abs. 2 EStR 2003).

Da aber jemand für L und E einen Kinderfreibetrag erhält, sind die Aufwendungen für den Unterhalt damit abgegolten und nicht mehr nach § 33a Abs. 1 EStG zu berücksichtigen.

Ausbildungsfreibetrag nach § 33a Abs. 2 EStG:

Da in 2004 keine Berufsausbildung mehr vorliegt, kommt der Ausbildungsfreibetrag nicht in Betracht.

Hinterbliebenen-Pauschbetrag nach § 33b EStG:

Lydia und Egon haben Anspruch auf den Hinterbliebenen-Pauschbetrag nach § 33b Abs. 4 EStG, da ihnen laufende Hinterbliebenenbezüge aus der gesetzlichen Unfallversicherung bewilligt wurden. Beide können den Pauschbetrag wegen fehlender bzw. zu geringer steuerpflichtiger Einkünfte nicht selbst in Anspruch nehmen. Nach § 33b Abs. 5 EStG kann der Pauschbetrag von Lydia auf A übertragen werden = 370 €. Der Pauschbetrag von Egon kann auf Lydia übertragen werden, da Egon bei seiner Mutter berücksichtigt wird. Eine Weiterübertragung auf A ist aber nicht möglich, weil der Großvater keinen Kinderfreibetrag erhält.

Fall 77
Außergewöhnliche Belastungen (1)

Sachverhalt: Anton, geb. am 15. 12. 1925, lebt seit Jahren mit seiner Freundin, der verwitweten Berta, geb. 10. 4. 1942, in eheähnlicher Gemeinschaft in Neustadt.

Infolge einer Kriegsverletzung ist A zu 70 % körperbehindert. In seinem Schwerbeschädigtenausweis ist das Merkzeichen „G" eingetragen. Er erhält seit 1954 nach dem Bundesversorgungsgesetz eine Kriegsversehrtenrente von monatlich 300 €.

Anton beschäftigt eine Haushaltshilfe für monatlich 150 €. Anton ist Gesellschafter und Geschäftsführer einer GmbH. Er hat einen Pkw, den er u. a. für Privatfahrten (3 000 km) benutzt.

Berta erhält lediglich Hinterbliebenenbezüge nach beamtenrechtlichen Vorschriften in Höhe von brutto 12 000 €.

Berta hat ein eheliches Kind, Dora, geb. am 18. 4. 1977, wohnhaft in Münster. Infolge Kinderlähmung ist Dora zu 30 % körperbehindert. Sie studierte bis August 2004 in Münster. Für ihren Lebensunterhalt überweist Berta ihr monatlich 200 €. Dora erhält bis August Waisengeld nach beamtenrechtlichen Vorschriften in Höhe von 275 € und als Ausbildungshilfe einen Zuschuss aus öffentlichen Mitteln in Höhe von monatlich 40 €. Ab

Fall 77: Außergewöhnliche Belastungen (1)

1. 9. 2004 ist sie arbeitslos und übernimmt Gelegenheitsarbeiten, für die sie im Dezember einmalig 1 000 € erhalten hat.

Gudrun, geb. am 1. 1. 1984, ist ein gemeinsames Kind von Anton und Berta. Sie besucht das Gymnasium in Neustadt und lebt im Haushalt ihrer Eltern. Wegen starker Beschwerden, verursacht durch eine Pollenallergie, war Gudrun während der Sommerferien zusammen mit ihren Eltern an der Nordseeküste. Der Amtsarzt hatte vor Antritt der Reise diese Klimakur für erforderlich gehalten. Die Kosten für Gudrun betrugen insgesamt 3 000 € und wurden von A getragen. Davon entfallen 2 000 € auf ärztliche Leistungen und ärztlich verordnete Anwendungen.

Frage: Ermitteln Sie die abzugsfähigen Beträge nach §§ 33 ff. EStG für den Veranlagungszeitraum 2004. Der Gesamtbetrag der Einkünfte von A beträgt 60 000 € und von B 8 780 €. Welche Änderungen sind ab 2005 zu beachten?

Literaturhinweis: *Lehrbuch Einkommensteuer*, Rdn. 729, 760 ff., 939 ff., 956 ff., 856

➤ Lösung

A und B sind einzeln zu veranlagen, da sie nicht die Voraussetzungen des § 26 Abs. 1 EStG erfüllen. Dora ist leibliches Kind und mit Berta im ersten Grad verwandt (§ 32 Abs. 1 Nr. 1 EStG). Sie wird bei B berücksichtigt nach § 32 Abs. 4 Nr. 2a EStG, da sie im VZ 2004, allerdings nur bis August, für einen Beruf ausgebildet wird. Zunächst erhält B Kindergeld bis August mtl. 154 €, bei der Veranlagung alternativ einen Kinderfreibetrag in Höhe von 8 × 304 € = 2 432 € und einen Betreuungsfreibetrag (ab 2002) in Höhe von 8 × 180 € = 1 440 € (§§ 32 Abs. 6 Satz 1, 31 EStG) gem. § 32 Abs. 6 Satz 3 Nr. 1 EStG, weil der andere Elternteil verstorben ist (§ 32 Abs. 6 Satz 3 Nr. 1 EStG).

Gudrun ist als leibliches Kind mit Anton und Berta im ersten Grad verwandt (§ 32 Abs. 1 Nr. 1 EStG) und nach § 32 Abs. 4 Nr. 2a EStG zu berücksichtigen.

Es ist Kindergeld in Höhe von mtl. 154 € gem. § 66 Abs. 1 EStG, alternativ Kinderfreibetrag in Höhe von jeweils 1 824 € und Betreuungsfreibetrag in Höhe von 1 080 € zu gewähren.

Anton und Berta erhalten nach § 32 Abs. 6 Satz 1 EStG jeder einen Kinderfreibetrag in Höhe von 1 824 € und 1 080 € (seit 2002). Der Berta zustehende Freibetrag kann nach § 32 Abs. 6 Satz 6 EStG auf Antrag auf Anton übertragen werden, wenn er seiner Unterhaltspflicht im Wesentlichen nachkommt.

Für die Kinder, für die der allein stehende Stpfl. einen Kinderfreibetrag bzw. Kindergeld erhält, ist § 24b EStG i. d. F. des HBeglG 2004 zu prüfen (der Haushaltsfreibetrag nach § 32 Abs. 7 ist ab 2004 weggefallen). Gemäß § 24b Abs. 2 Satz 3 EStG bilden A und B aber eine Haushaltsgemeinschaft und sind damit nicht allein stehend.

Außergewöhnliche Belastungen bei der Veranlagung von Berta:

Berta steht der Ausbildungsfreibetrag nach § 33a Abs. 2 EStG zu. Dora ist auswärtig untergebracht und hat das 18. Lebensjahr vollendet.

Höchstbetrag = 924 €, davon anteilig $^{8}/_{12}$ nach
§ 33a Abs. 4 EStG = 616 €

Abschnitt 8: Außergewöhnliche Belastungen

Eigene Einkünfte und Bezüge:
Versorgungsbezüge
(§ 19 Abs. 1 Nr. 2 EStG) 8 × 275 € =   2 200 €
./. Freibetrag nach § 19 Abs. 2 EStG 40 %
max. 3 072 €   ./. 880 € (Bezüge = 880 €)
./. Arbeitnehmer-Pauschbetrag   ./. 614 €
(Aufteilung gem. R 192a Abs. 2 Nr. 1 EStR $^8/_{12}$ von
920 €)
zeitanteilige Einkünfte   706 €

in 2005: Der bisherige Versorgungsfreibetrag wird abgeschmolzen bis 2040. 40 % von 2 200 = 880 max. 3 000 € zzgl.
Zuschlag zum Versorgungsfreibetrag 900 €, verbleiben 420 € abzgl. AN-PB § 9a Nr. 1 b) EStG n. F. 102 €, davon $^8/_{12}$ = 68 €
zeitanteilige Einkünfte für 2005 = 352 €.
+ Bezüge, ohne Aufteilung, da nur den Begünstigungszeitraum betreffend und ohne Unkosten-Pauschbetrag, da nur einmal zu gewähren (R 180e Abs. 3 EStR 2003) lt. günstigster Regelung
Bezüge ab 2005 = 880 + 900 € = 1 780 €   880 €
Summe   1 586 €
2005: 2 132 €
unschädliche Einkünfte
1 848 € × $^8/_{12}$ =   1 232 €
schädliche Einkünfte   354 €   ./. 354 €
2005: 900 €
damit ist der FB bereits 0 €.
Anrechnung der Ausbildungshilfe
(§ 33a Abs. 2 Satz 2 EStG) 8 × 40 € =   320 €
./. Unkosten-Pauschale   ./. 180 €
anzurechnende Beträge   140 €   ./. 140 €
verbleibender Ausbildungsfreibetrag   122 €

Der Körperbehinderten-Pauschbetrag nach § 33b Abs. 3 EStG von 30 % = 310 € für Dora kann nach § 33b Abs. 5 EStG auf Berta übertragen werden, da ihn Dora wegen der geringen eigenen Einkünfte nicht ausnutzen kann.

Das Gleiche gilt für den Hinterbliebenen-Pauschbetrag nach § 33b Abs. 4 EStG von 370 €. Dora bezieht Hinterbliebenenbezüge nach beamtenrechtlichen Vorschriften. Nach § 33b Abs. 5 EStG kann der Pauschbetrag auf Berta übertragen werden.

Außerdem steht Berta der Hinterbliebenen-Pauschbetrag selbst zu nach § 33b Abs. 4 EStG von 370 €.

Außergewöhnliche Belastungen bei der Veranlagung des Anton:

Die Kurkosten für Gudrun sind nach § 33 EStG zu berücksichtigen. Dabei können Kosten für eine Klimakur grds. nicht als außergewöhnliche Belastung geltend gemacht werden, wenn die Kur nach Art eines Familienurlaubs oder einer Ferienreise durchgeführt wird. Das gilt selbst dann, wenn der Amtsarzt dies befürwortet (H 186 bis 189 „Kur" EStH). Die Kosten für ärztliche Leistungen und Anwendungen sind jedoch berücksichtigungsfähig = 2 000 €.

Nach § 33 EStG sind auch die Pkw-Kosten für Privatfahrten zu berücksichtigen, da Anton zu 70 % körperbehindert und außerdem gehbehindert ist (Merkzeichen „G").
Nach H 186 bis 189 „Fahrtkosten Behinderter" EStH können als angemessener Aufwand
3 000 km × 0,30 € anerkannt werden = 900 €

Summe der außergewöhnlichen Belastungen nach § 33 EStG =	2 900 €
./. zumutbare Eigenbelastung (§ 33 Abs. 3 EStG)	
4 % von 60 000 € =	./. 2 400 €
verbleiben nach § 33 EStG	500 €

§ 33a Abs. 3 Nr. 2 EStG:
Anton hat das 60. Lebensjahr vollendet, außerdem ist er zu mindestens 50 % körperbehindert (H 192 „Schwere Behinderung" EStH 2004). Seine Zahlungen an die
Haushaltshilfe sind abzugsfähig bis   924 €
Anton erhält nach § 33b EStG einen Körperbehinderten-
Pauschbetrag für 70 % Erwerbsminderung   890 €

Fall 78
Kinderbetreuungskosten

Sachverhalt: Ein alleinstehender Erwerbstätiger hat ein Kind unter 14 Jahren, für das er Kinderbetreuungskosten aufwendet.

Frage: Wie hoch sind die Kinderbetreuungskosten nach § 33c EStG, wenn er

a) 3 600 €,

b) 2 000 € aufwendet?

Literaturhinweis: *Lehrbuch Einkommensteuer*, Rdn. 978 ff.

➡ Lösung

Zu a):

Kinderbetreuungskosten nach § 33c Abs. 1 EStG	3 600 €
./. zumutbarer eigener Anteil	./. 1 548 €
verbleiben	2 052 €
Höchstbetrag nach § 33c Abs. 2 EStG n. F.	1 500 €
abzugsfähig	1 500 €

Zu b):

Kinderbetreuungskosten	2 000 €
./. zumutbarer eigener Anteil	./. 1 548 €
übersteigender Betrag	452 €
Höchstbetrag gem. § 33c Abs. 2 EStG	1 500 €
abzugsfähige Kinderbetreuungskosten	452 €

Gemäß § 24b EStG n. F. ist ein Entlastungsbetrag für Alleinerziehende in Höhe von 1 308 € von der Summe der Einkünfte abzuziehen.

Fall 79
Außergewöhnliche Belastungen (2)

Sachverhalt: Xaver Lustig, geb. am 16. 8. 1948, ist seit Jahren mit Antonia, geb. am 21. 3. 1955, verheiratet. Zum Haushalt gehören der Sohn Florian, geb. am 6. 3. 1980, und die Tochter Thekla, geb. am 15. 12. 1989. Florian studiert an der Uni in Heidelberg. Er erhielt in 2004 für Aushilfstätigkeiten 2 200 € brutto, die pauschal gem. § 40a EStG versteuert wurden. Xaver ist als Architekt tätig, seine Ehefrau ist Hausfrau. Antonia war in der Zeit vom 10. 3. bis 20. 8. 2004 so krank, dass sie ihren Haushalt nicht führen konnte. Deshalb wurde für die Zeit vom 1. 3. bis 30. 9. 2004 eine Hausgehilfin angestellt. Sie erhielt in der Zeit insgesamt 2 400 €. Die Krankheitskosten von Antonia belaufen sich auf 12 100 € in 2004; von der Krankenkasse wurden 4 700 € erstattet.

Frage: Ermitteln Sie die Höhe der abzugsfähigen außergewöhnlichen Belastungen für den VZ 2004. Der Gesamtbetrag der Einkünfte beträgt 162 285 €.

Literaturhinweis: *Lehrbuch Einkommensteuer*, Rdn. 741 ff., 827 ff., 932, 973

➔ Lösung

Die Eheleute Xaver und Antonia sind gem. § 26b EStG zusammen zu veranlagen. Sie erhalten für Florian Kindergeld in Höhe von 12 × 154 € = 1 848 € bzw. einen Kinderfreibetrag in Höhe von 3 648 € und einen Betreuungsfreibetrag in Höhe von 2 160 € gem. § 32 Abs. 6 Satz 1 EStG, da er Kind i. S. des § 32 Abs. 1 Nr. 1 EStG und nach § 32 Abs. 4 Nr. 2a EStG zu berücksichtigen ist. Die eigenen Einkünfte liegen eindeutig unter 7 680 € (§ 32 Abs. 4 Satz 2 EStG, Änderung ab 2004 lt. HBeglG 2004). Thekla ist ebenfalls nach § 32 Abs. 1 Nr. 1 EStG leibliches Kind und gem. § 32 Abs. 3 EStG zu berücksichtigen. Für sie erhalten die Eheleute Kindergeld in Höhe von 12 × 154 € bzw. einen Kinder- und Betreuungsfreibetrag in Höhe von 3 648 € + 2 160 € alternativ gem. § 31 EStG.

Ausbildungsfreibetrag Florian:

Er beträgt nach § 33a Abs. 2 EStG 924 €.

Bei dem pauschal versteuerten Lohn handelt es sich um Bezüge (H 190 „Eigene Bezüge" EStH).

Höchstbetrag	924 €
Bezüge	2 200 €
./. Unkosten-Pauschale (R 180e Abs. 3 EStR 2003)	./. 180 €
	2 020 €
./. unschädlich	./. 1 848 €
schädliche Bezüge	172 €
Der Höchstbetrag von 924 € ist zu kürzen um	172 €
verbleiben	752 €

Hausgehilfin:

Abzugsfähig ist der Höchstbetrag nach § 33a Abs. 3 Nr. 1b EStG wegen Krankheit der Ehefrau vom 1. 3. bis 31. 8. 2004. Demnach sind die Aufwendungen nur für diese Zeit zu berechnen. Gesamt 2 400 € für die Zeit vom 1. 3. bis 30. 9., davon für die Zeit, in der die Voraussetzungen erfüllt sind ($^6/_7$), 2 058 €, max. für 6 Monate der anteilige Höchstbetrag (§ 33a Abs. 4 EStG), $^6/_{12}$ von 624 € = 312 €.

Kinderbetreuungskosten sind gem. § 33c Abs. 1 EStG nicht zu berücksichtigen, da beide Kinder über 14 Jahre alt sind.

Krankheitskosten:

Die Krankheitskosten für Antonia sind gem. § 33 EStG zu berücksichtigen. Maßgebend ist der Eigenanteil in Höhe von 7 400 € (12 100 € ./. 4 700 €). Dieser Betrag ist um die zumutbare Eigenbelastung zu kürzen, 4 % von 162 285 € (Gesamtbetrag der Einkünfte) = 6 491 €.

Damit verbleiben 7 400 € ./. 6 491 € =	909 €
Gesamte außergewöhnliche Belastungen	1 973 €

Abschnitt 9: Gewinnermittlung

Vorbemerkungen

Bei den Gewinneinkünften des § 2 Abs. 1 Nr. 1 bis 3 EStG gibt es grundsätzlich zwei Gewinnermittlungsarten:

- die Gewinnermittlung durch Betriebsvermögensvergleich (Bestandsvergleich) nach § 4 Abs. 1 bzw. § 5 EStG und
- die Gewinnermittlung durch Einnahmen-Überschussrechnung nach § 4 Abs. 3 EStG.

Darüber hinaus kennt das Gesetz die Gewinnermittlung nach Durchschnittssätzen gem. § 13a EStG, die ausschließlich von Land- und Forstwirten unter bestimmten Voraussetzungen in Anspruch genommen werden kann. Außerdem gibt es für deutsche Reeder eine weitere pauschalierte Form der Gewinnermittlung (§ 5a EStG).

1. Gewinnermittlung durch Betriebsvermögensvergleich

Die Gewinnermittlung durch Betriebsvermögensvergleich ist vorgesehen für buchführungspflichtige Land- und Forstwirte und Gewerbetreibende sowie für alle Bezieher von Gewinneinkünften, die freiwillig Bücher führen und regelmäßig Abschlüsse machen.

Gewinn ist hierbei der Unterschiedsbetrag zwischen dem Betriebsvermögen am Schluss des Wirtschaftsjahres und dem Betriebsvermögen am Schluss des vorangegangenen Wirtschaftsjahres, vermehrt um den Wert der Entnahmen und vermindert um den Wert der Einlagen (§ 4 Abs. 1 Satz 1 EStG). Das Endvermögen (Betriebsvermögen am Schluss des Wirtschaftsjahres) kann dadurch beeinflusst sein, dass der Stpfl. dem Betrieb Vermögen entzogen oder ihm solches Vermögen zugeführt hat. Da eine derartige Vermögensänderung nicht durch den Betrieb verursacht ist, muss sie durch Hinzurechnung einer Entnahme oder den Abzug einer Einlage ausgeglichen werden. Der durch Betriebsvermögensvergleich zu ermittelnde Gewinn lässt sich demnach aus folgender Formel herleiten:

Betriebsvermögen am Schluss des Wirtschaftsjahres
./. Betriebsvermögen am Schluss des vorangegangenen Wirtschaftsjahres
Betriebsvermögensmehrung bzw. -minderung
+ Entnahmen
./. Einlagen
= Gewinn bzw. Verlust

2. Gewinnermittlung durch Einnahmen-Überschussrechnung

Besteht keine Buchführungspflicht, kann der Gewinn durch Einnahmen-Überschussrechnung, d. h. durch Gegenüberstellung der Betriebseinnahmen und Betriebsausgaben ermittelt werden (§ 4 Abs. 3 EStG). Diese Gewinnermittlungsart kommt in Betracht

- vor allem für die (generell nicht buchführungspflichtigen) Selbständigen i. S. von § 18 EStG, wenn sie nicht freiwillig Bücher führen, sowie
- für Land- und Forstwirte und Gewerbetreibende, wenn sie nicht zur Buchführung verpflichtet sind und dies auch nicht freiwillig tun.

Die Einnahmen-Überschussrechnung nach § 4 Abs. 3 EStG ist im Grundsatz eine reine Geldrechnung, eine buchungstechnisch einfache Istrechnung nach dem Zu- und Abflussprinzip des § 11 EStG. Es sind jedoch viele Ausnahmen zu beachten. So können beispielsweise die Anschaffungs- oder Herstellungskosten für das abnutzbare Anlagevermögen nur im Wege der AfA abgesetzt werden (§ 4 Abs. 3 Satz 3 EStG). Die Anschaffungs- oder Herstellungskosten für nicht abnutzbare Wirtschaftsgüter des Anlagevermögens dürfen erst im Zeitpunkt der Veräußerung oder Entnahme als Betriebsausgaben berücksichtigt werden (§ 4 Abs. 3 Satz 4 EStG).

Der durch eine Einnahmen-Überschussrechnung zu ermittelnde Gewinn kann nach folgender Formel errechnet werden:

Betriebseinnahmen
./. Betriebsausgaben
= Gewinn bzw. Verlust

Der Begriff der Betriebseinnahmen ist gesetzlich nicht definiert. Die Rechtsprechung hat sich deshalb an die Begriffsbestimmung des § 8 Abs. 1 EStG angelehnt, der seinem Wortlaut nach lediglich für die Einkunftsarten des § 2 Abs. 1 Nr. 4 bis 7 EStG von Bedeutung ist; sie hat als Betriebseinnahmen alle Zugänge in Geld oder Geldeswert bezeichnet, die durch den Betrieb veranlasst sind (BFH X R 92/95, BFH/NV 1998 S. 1476). Diese Begriffsbestimmung ist auch im Rahmen der Gewinnermittlung durch Betriebsvermögensvergleich von Bedeutung (BFH I R 136/72, BStBl 1974 II 210). Unter Betriebsausgaben sind die Ausgaben zu verstehen, die durch den Betrieb veranlasst sind (§ 4 Abs. 4 EStG).

Die Gewinnermittlung nach § 4 Abs. 3 EStG soll im Ganzen und auf Dauer gesehen denselben Gesamtgewinn wie der Betriebsvermögensvergleich ergeben, d. h. der Totalgewinn (das ist der in der Zeit von Betriebseröffnung bis zur Betriebsveräußerung bzw. Betriebsaufgabe erzielte Gewinn) muss bei beiden Gewinnermittlungsarten übereinstimmen (BFH IV R 342/65, BStBl 1972 II 334).

Der Stpfl. kann von der Gewinnermittlung nach § 4 Abs. 3 EStG zur Gewinnermittlung durch Betriebsvermögensvergleich übergehen. Ein solcher Übergang erfordert bestimmte Gewinnkorrekturen (vgl. R 17 Abs. 1 EStR). Ein Übergang zur Gewinnermittlung durch Bestandsvergleich ist zwingend erforderlich bei einer Betriebsveräußerung oder Betriebsaufgabe (BFH IV B 69/90, BFH/NV 1992 S. 512; vgl. auch R 16 Abs. 7 EStR).

Für Wirtschaftsjahre, die nach dem 31. 12. 2004 beginnen, muss bei der Einnahmen-Überschussrechnung nach § 4 Abs. 3 EStG neben der Steuererklärung eine Gewinnermittlung nach amtlichem Vordruck beigefügt werden (§ 60 Abs. 4 EStDV i. V. m. § 84 Abs. 3c EStDV).Dieser Vordruck war ursprünglich bereits für den VZ 2003 vorgesehen, die Finanzministerkonferenz hat sich am 30. 09. 2004 jedoch darauf geeinigt, das Formular zu überarbeiten und erst für das Steuerjahr 2005 einzusetzen (vgl. SteuerStud Heft 11/2004 S. 579). Der Vordruck ist sehr umstritten, es wäre m. E. positiv, wenn der Gesetzgeber auf dieses „bürokratische Monster" (so der Präsident der Bundessteuerberaterkammer Dr. Heilgeist) gänzlich verzichten würde (vgl. KammerReport der BStBK, Beihefter zu DStR 45/2004).

Abschnitt 9: Gewinnermittlung

Fall 80
Totalschaden eines privaten Kfz bei einer betrieblich veranlassten Fahrt

Sachverhalt:

A ist als Zahnarzt selbständig tätig. Ende Juni 2004 erlitt er auf einer beruflich veranlassten Fahrt mit seinem „Zweitwagen" einen selbst verschuldeten Verkehrsunfall, der zur Totalbeschädigung des verwendeten Pkw führt. Der Wagen gehört zum Privatvermögen des A, wird jedoch auch gelegentlich für betriebliche Fahrten genutzt. A hat den Pkw Anfang Juli 1999 als fabrikneues Fahrzeug für 32 000 € angeschafft. Der Wiederbeschaffungswert des Fahrzeugs vor dem Unfall beträgt 14 000 €, der Schrottwert nach dem Unfall 500 €. Der Pkw weist eine Laufleistung zwischen 8 000 und 10 000 km im Jahr auf.

Frage: Kann A – ggf. in welchem Umfang – die durch die Totalbeschädigung des privaten Kfz eingetretene Vermögenseinbuße als Betriebsausgaben abziehen?

➔ Lösung

Wird ein im Privatvermögen gehaltenes Kfz eines selbständig Tätigen bei einer beruflich veranlassten Fahrt infolge eines Unfalls beschädigt und nicht repariert, so ist die Vermögenseinbuße im Wege der AfaA nach § 7 Abs. 1 Satz 7 EStG gewinnmindernd zu berücksichtigen. Die Höhe der AfaA richtet sich nach Ansicht des BFH nicht nach der Differenz der Zeitwerte vor und nach dem Unfall, sondern nach den Anschaffungskosten abzüglich der normalen AfA, die der Stpfl. hätte in Anspruch nehmen können, wenn er das Kfz im Betriebsvermögen gehalten hätte (BFH IV R 25/94, BStBl 1995 II 318). Andernfalls würden sich infolge des Unfalls Aufwendungen gewinnmindernd auswirken, die durch die vorangegangene private Nutzung veranlasst sind.

Zu beachten ist, dass der BFH zur Berechnung der normalen AfA als Nutzungsdauer bei einem Pkw mit einer Jahresfahrleistung von bis zu 15 000 km einen Zeitraum von acht Jahren zugrunde legt (BFH VI R 82/89, BStBl 1992 II 1000; VI R 12/92, BFH/NV 1993 S. 362, und VI B 111/01, BFH/NV 2002 S. 190). Dies bedeutet: Erst wenn der Unfallwagen bei einer solchen Jahresfahrleistung älter ist als acht Jahre, ist der Abzug einer AfaA nicht mehr möglich. Wendet man diese Rechtsgrundsätze hier an, so errechnet sich die als Betriebsausgabe abzuziehende AfaA wie folgt:

Anschaffungskosten Pkw	32 000 €
normale AfA bei einer Nutzungsdauer von acht Jahren:	
1999: $^1/_8$ von 32 000 € = 4 000 €	
1999: hiervon $^1/_2$ für die Monate Juli bis Dezember =	./. 2 000 €
2000 – 2003: 4 × ($^1/_8$ von 32 000 € =) 4 000 € =	./. 16 000 €
2004: $^1/_8$ von 32 000 € = 4 000 €	
hiervon $^1/_2$ für die Monate Januar bis Juni =	./. 2 000 €
fiktiver Restbuchwert =	12 000 €

Zeitwert (Schrotterlös) nach dem Unfall = ./. 500 €
AfaA = 11 500 €

Fall 81
Überführung eines Wirtschaftsgutes aus dem gewerblichen in das landwirtschaftliche Betriebsvermögen

Sachverhalt: A bezieht als Inhaber einer Gärtnerei gewerbliche Einkünfte, die durch Betriebsvermögensvergleich ermittelt werden. Zugleich ist A Inhaber eines buchführenden land- und forstwirtschaftlichen Betriebs.

Zum 30. 6. 01 überführt A eine Lagerhalle mit dem dazugehörenden Grund und Boden aus seinem gewerblichen Betriebsvermögen in das Betriebsvermögen seines landwirtschaftlichen Betriebs. Der Buchwert der Wirtschaftsgüter (Grund und Boden und Gebäude) beträgt im Zeitpunkt der Überführung in das Betriebsvermögen des land- und forstwirtschaftlichen Betriebs 40 000 €, ihr Teilwert 100 000 €. Die Bilanzierung beim landwirtschaftlichen Betrieb erfolgt zum Buchwert.

Frage: Bewirkt die Überführung der Wirtschaftsgüter aus dem gewerblichen in das landwirtschaftliche Betriebsvermögen eine Gewinnrealisierung?

➤ Lösung

Der Gesetzgeber hat in § 6 Abs. 5 Satz 1 EStG angeordnet, dass bei Überführung eines einzelnen Wirtschaftsgutes von einem Betriebsvermögen in ein anderes Betriebsvermögen desselben Stpfl. der Buchwert anzusetzen ist, es sei denn, die Besteuerung der stillen Reserven ist z. B. wegen der Überführung des Wirtschaftsgutes in eine ausländische Betriebsstätte nicht gesichert. Diese Voraussetzung (Sicherung der stillen Reserven) ist jedoch erfüllt, wenn ein Wirtschaftsgut aus einem gewerblichen in ein landwirtschaftliches Betriebsvermögen übertragen wird. Dass die stillen Reserven nicht mehr der Gewerbesteuer unterliegen, spielt für diese Betrachtung keine Rolle. Die Buchwertübertragung ist zulässig und zwingend, zu einer Gewinnrealisierung kommt es nicht.

Fall 82
Einlagefähigkeit von Nutzungen

Sachverhalt: A betreibt eine Steuerberaterpraxis. Er ermittelt seinen Gewinn durch Betriebsvermögensvergleich. Für das Jahr 01 beträgt der so ermittelte Gewinn 100 000 €.

Anlässlich einer Betriebsprüfung stellt der Betriebsprüfer folgende im Rahmen der Gewinnermittlung noch nicht berücksichtigte Geschäftsvorfälle fest:

1. Frau A hat ihrem Ehemann ein zinsloses Darlehen in Höhe von 100 000 € zur Finanzierung der Praxisausstattung gewährt. Bei einer Bank hätte A für das Darlehen im Jahr 01 (9 % von 100 000 € =) 9 000 € Zinsen zahlen müssen.

2. Außerdem hat Frau A ihrem Ehemann einen Pkw unentgeltlich zu betrieblichen Zwecken überlassen. A hätte bei einem Autovermieter für die Anmietung des Kraftwagens im Jahr 01 einen Betrag in Höhe von 2 500 € aufwenden müssen.
3. Darüber hinaus hat Frau A ihrem Ehemann zur betrieblichen Nutzung eine Garage zu einem Mietzins in Höhe von 300 € jährlich vermietet; der gezahlte Mietzins liegt 25 % unter der erzielbaren Miete.
4. A nutzt einen Raum seines Einfamilienhauses als Lagerraum zur Aufbewahrung von Akten. Die mit dem Raum zusammenhängenden Aufwendungen belaufen sich im Jahr 01 auf 1 000 €. Der Raum gehört wegen untergeordneter Bedeutung nicht zum Betriebsvermögen des A (§ 8 EStDV).

Frage: Wie wirken sich die vorstehenden Geschäftsvorfälle im Rahmen der Gewinnermittlung des A aus?

Literaturhinweis: *Lehrbuch Einkommensteuer*, Rdn. 1154

Lösung

Zu 1.:

Betriebsvermögensmehrungen, die nicht durch den Betrieb veranlasst sind, dürfen den steuerpflichtigen Gewinn nicht erhöhen; sie müssen deshalb als Einlage bei der Gewinnermittlung wieder abgezogen werden. Der Vorteil, den A aus der Nutzung des Geldes gezogen hat, stellt keine Einlage in diesem Sinne dar. Nach dem Beschluss des Großen Senats des BFH GrS 2/86 (BStBl 1988 II, 348) können grundsätzlich nur Wirtschaftsgüter, die in eine Bilanz aufgenommen werden können, Gegenstand einer Einlage sein. Nutzungsvorteile sind keine selbständigen Wirtschaftsgüter; sie dürfen daher bei der Gewinnermittlung nicht erfasst werden. Ein Abzug des Zinsvorteils (als Einlage) im Rahmen der Gewinnermittlung des A kommt daher nicht in Betracht.

Zu 2.:

Auch im Fall der unentgeltlichen Pkw-Überlassung kann A kein fiktives Entgelt als Einlage abziehen.

Zu 3.:

Dieselbe Beurteilung gilt für die teilweise entgeltlich überlassene Garage. Auch hier kommt es nicht zum Abzug einer Einlage in Höhe der ersparten Mietzinsen.

Zu 4.:

Nutzt ein Stpfl. eigene, nicht zum Betriebs-, sondern zum Privatvermögen gehörende Wirtschaftsgüter für betriebliche Zwecke, so mindern die mit der betrieblichen Nutzung zusammenhängenden Aufwendungen den Gewinn. Es handelt sich nämlich um Betriebsausgaben i. S. des § 4 Abs. 4 EStG. Die Abziehbarkeit dieser Aufwendungen ergibt sich also nicht erst aus der Einlageregelung des § 4 Abs. 1 EStG, sondern aus der Regelung über den Betriebsausgabenabzug in § 4 Abs. 4 EStG. A kann daher die anteiligen Kosten für den Raum in Höhe von 1 000 € als Betriebsausgaben abziehen (Buchungssatz: Aufwand an Einlagen 1 000 €).

Fall 83
Bauten auf einem Ehegattengrundstück

Sachverhalt: Der voll vorsteuerabzugsberechtigte A betreibt einen Möbeleinzelhandel. Seinen Gewinn ermittelt er aufgrund eines Jahresabschlusses. Er und seine Ehefrau haben Anfang 2002 je zur ideellen Hälfte – jeder mit eigenen Mitteln – ein unbebautes Grundstück für 50 000 € erworben. Auf diesem Grundstück errichtet A 2004 auf eigene Rechnung und Gefahr mit Einverständnis seiner Ehefrau für betriebliche Zwecke eine Lagerhalle für 100 000 € zuzüglich 16 % Umsatzsteuer, die Anfang 2005 fertig gestellt worden ist. Bauantrag und Baugenehmigung lauten auf A. Auch alle anderen Verträge einschließlich des zur Finanzierung erforderlichen Darlehensvertrags hat A abgeschlossen. Zwischen den Ehegatten besteht Einverständnis darüber, dass A das Gebäude unentgeltlich nutzen darf und in der Übernahme der Baukosten, soweit sie den Miteigentumsanteil der B betreffen, keine Schenkung des A an B zu sehen ist.

Fragen:
1. Wie sind die von A aufgewendeten Herstellungskosten für die Lagerhalle bei diesem bilanzsteuerrechtlich zu behandeln und wie hoch ist die als Betriebsausgabe abzugsfähige AfA?
2. Mit welchem Wert ist der Grund und Boden aktivierungspflichtig?
3. Welche Steuerfolgen ergeben sich, wenn die betriebliche Nutzung der Lagerhalle beendet wird, z. B. durch Betriebsaufgabe?

Lösung

Zu 1.:

Errichtet auf einem beiden Ehegatten – zu je ½ – gehörenden Grundstück der Unternehmer-Ehegatte ein Gebäude, das er für eigene betriebliche Zwecke nutzt, war die bilanzsteuerrechtliche Behandlung bisher umstritten. Es herrschte die Meinung, der auf fremdem Grundstück bauende Unternehmer-Ehegatte erwerbe insoweit nur ein Nutzungsrecht, das allerdings ertragsteuerrechtlich wie ein materielles Wirtschaftsgut behandelt wurde. Der VIII. Senat des BFH ist in einer neueren Grundsatzentscheidung unter Änderung der Rechtsprechung von dieser Beurteilung abgewichen (BFH VIII R 30/98, BStBl 2002 II 741; vgl. auch BFH X R 72/98, BStBl 2004 II, 403). Vorher war bereits der X. Senat des BFH in mehreren Urteilen für den Bereich der Wohneigentumsförderung der früheren Betrachtung nicht mehr gefolgt (BFH X R 23/99, BStBl 2002 II, 278; X R 23/99, BStBl 2002 II 281 und X R 39/97, BStBl 2002 II 284).

Die bilanztechnische Behandlung des Herstellungsaufwands, soweit er sich auf den im zivilrechtlichen Eigentum der Ehefrau stehenden Gebäudeteils bezieht, ist jetzt wohl geklärt. Nach neuerer Erkenntnis ist der Unternehmer-Ehegatte, der auf einem den Eheleuten zu je $^1\!/_2$ gehörenden Grundstück mit Einverständnis seiner Ehefrau auf eigene Rechnung und Gefahr ein Gebäude für betriebliche Zwecke errichtet, wirtschaftlicher Eigentümer des zivilrechtlich seiner Ehefrau gehörenden Gebäudeteils, wenn ihm gegen die Ehefrau ein Anspruch auf Entschädigung in Höhe des Wertes des Gebäudes bei Beendigung des Nutzungsverhältnisses zusteht. Auch wenn die Ehegatten keine ausdrückliche Vereinbarung über die Verpflichtung zum Wertausgleich getroffen haben, ist von wirtschaftlichem Eigentum auszugehen. Der Anspruch auf Entschädigung ergibt sich dann aus dem Gesetz (§§ 951, 812 BGB). Er ist also zu unterstellen, wenn er nicht ausdrücklich oder konkludent abbedungen wird. A hat daher die Herstellungskosten in voller Höhe zu bilanzieren; soweit sie auf den im zivilrechtlichen Eigentum der Ehefrau stehenden $^1\!/_2$-Gebäudeteil entfallen, als „Bauten auf fremdem Grund und Boden" (§ 5 Abs. 1 EStG i. V. m. §§ 240, 242 HGB). Soweit ein Entschädigungsanspruch in Höhe des Verkehrswertes des Gebäudes bzw. Gebäudeteils besteht, ist somit ein Wirtschaftsgut „Gebäude" zu aktivieren und nicht mehr – wie nach bisheriger Rechtsprechung – ein „wie ein materielles Wirtschaftsgut" zu behandelndes obligatorisches Nutzungsrecht (vgl. auch *Lohse/Madle*, DStR 2003 S. 661, 662).

Da es sich bei der Lagerhalle um ein Wirtschaftsgebäude handelt, mit dessen Herstellung nach dem 31. 12. 2000 begonnen worden ist, beträgt der AfA-Satz 3 % (§ 7 Abs. 4 Satz 1 Nr. 1, § 52 Abs. 21b EStG). A kann daher ab dem Jahr der Fertigstellung, d. h. ab 2005 eine AfA in Höhe von 3 % von 100 000 € = 3 000 € jährlich als Betriebsausgaben im Rahmen seiner Gewinnermittlungen abziehen.

Zu 2.:

Aus der Tatsache, dass A die Herstellungskosten der Lagerhalle zu 100 % zu bilanzieren hat, kann m. E. nicht hergeleitet werden, dass er auch den Grund und Boden zu 100 % zu aktivieren hat. Zweifelsfrei gehört der Grund und Boden, soweit er A gehört und von ihm betrieblich genutzt wird, also in Höhe von 50 %, zum notwendigen Betriebsvermögen. Insoweit ist er mit den anteiligen Anschaffungskosten von 50 % von 50 000 € = 25 000 € zu aktivieren (§ 6 Abs. 1 Nr. 5 EStG). Anders verhält es sich dagegen mit dem Grund und Boden, soweit er im Miteigentum der B steht. Insoweit handelt es sich um Privatvermögen der B, das in der Bilanz des A nicht ausgewiesen werden darf.

Zu 3.:

Bei Beendigung der betrieblichen Nutzung, z. B. durch Betriebsaufgabe, hat A als zivilrechtlicher bzw. wirtschaftlicher Eigentümer die in der Lagerhalle enthaltenen stillen Reserven zu versteuern. Soweit es um den im zivilrechtlichen Eigentum seiner Ehefrau stehenden Gebäudeteil geht, steht A bei Beendigung der Nutzung und Herausgabe des Grundstücks ein Ausgleichsanspruch gem. §§ 951, 812 BGB zu (BFH XI R 22/98, BFH/NV 1998, S. 1481, und X R 101/95, BStBl 1999 II 523). Das Wirtschaftsgut „Bauten auf fremdem Grund und Boden" ist dann auszubuchen und ein Entschädigungsanspruch i. H. des Restverkehrswertes gegenüber B einzubuchen (vgl. *Kanzler*, FR 2002 S. 1124). Verzichtet A auf den Entschädigungsanspruch, gilt dieser als entnommen, wobei die Entnahme mit dem Restverkehrswert des Gebäudes anzusetzen ist, so dass die

Differenz zwischen dem Entnahmewert und dem Buchwert des Wirtschaftsguts „Bauten auf fremdem Grund und Boden" als Gewinn realisiert wird (vgl. *Strahl*, FR 2003 S. 447, 449).

Fall 84
Erwerb einer freiberuflichen Praxis auf Rentenbasis

Sachverhalt: A ist Steuerberater. Am 1. 1. 01 erwirbt er die Praxis seines Berufskollegen B. Übertragen werden folgende Wirtschaftsgüter:

	Kaufpreis = Teilwert
Praxisausstattung	200 000 €
Praxiswert	200 000 €
	400 000 €

A verpflichtet sich zu folgender Gegenleistung: Zahlung einer monatlichen Rente in Höhe von 4 000 €, zahlbar auf die Lebenszeit des Veräußerers.

Die Rente ist gesichert durch Anknüpfung an den Lebenshaltungsindex. Der nach versicherungsmathematischen Grundsätzen ermittelte Rentenbarwert beträgt am

1. 1. 01	400 000 €
31. 12. 01	384 000 €
30. 6. 02	375 000 €

Die Rente erhöht sich aufgrund der Wertsicherungsklausel ab 1. 1. 02 auf monatlich 4 200 €. Der Erhöhungsbetrag der Rente hat am 1. 1. 02 einen Barwert in Höhe von 20 000 € und am 30. 6. 02 in Höhe von 19 600 €.

Der Veräußerer B stirbt am 30. 6. 02. Die Rente wurde letztmalig im Juni 02 bezahlt.

Fragen:

1. Wie sind die Rentenzahlungen von monatlich 4 000 € bei A steuerlich zu behandeln, wenn er seinen Gewinn
   a) durch Betriebsvermögensvergleich (§ 4 Abs. 1 EStG),
   b) durch Einnahmen-Überschussrechnung (§ 4 Abs. 3 EStG) ermittelt?

2. Welche Steuerfolgen ergeben sich für A infolge des Eintritts der Wertsicherungsklausel, wenn er seinen Gewinn
   a) durch Betriebsvermögensvergleich (§ 4 Abs. 1 EStG),
   b) durch Einnahmen-Überschussrechnung (§ 4 Abs. 3 EStG) ermittelt?

3. Welche Steuerfolgen hat der Wegfall der Rentenverpflichtung für A, wenn er seinen Gewinn
   a) durch Betriebsvermögensvergleich (§ 4 Abs. 1 EStG),
   b) durch Einnahmen-Überschussrechnung ermittelt?

Literaturhinweis: *Lehrbuch Einkommensteuer*, Rdn. 1163, 2113

Abschnitt 9: Gewinnermittlung

➜ Lösung

Zu 1. a):

Erwirbt ein Stpfl. – wie vorliegend A – eine freiberufliche Praxis gegen eine Veräußerungsleibrente, ist als Anschaffungskosten für die erworbenen Wirtschaftsgüter der Betrag anzusetzen, der dem kapitalisierten Barwert der Rente entspricht. Zugleich ist der Barwert der Rentenverpflichtung zu passivieren. Da sich die Verpflichtung in der Folgezeit durch die geringer werdende Laufzeit vermindert, ist ihr Barwert zu den einzelnen Bilanzstichtagen neu zu ermitteln und jeweils mit dem geänderten Wert als Schuldposten auszuweisen. Als Betriebsausgaben abziehbare Zinszahlungen liegen nur insoweit vor, als die jährlichen Rentenzahlungen die jährliche Barwertminderung übersteigen. Nur in dieser Höhe wird der Gewinn tatsächlich gemindert. Die in den monatlichen Rentenzahlungen des A in Höhe von 4 000 € enthaltenen Zinsanteile, die als Betriebsausgaben abzugsfähig sind, sind wie folgt zu ermitteln:

Ursprüngliche Rente

Rentenbarwert 1. 1. 01	400 000 €
Rentenbarwert 31. 12. 01	384 000 €
Differenz = Ertrag	16 000 €
Rentenzahlungen 01 = Aufwand: 12 × 4 000 € =	48 000 €
Zinsanteil 01	32 000 €
Rentenbarwert 31. 12. 01	384 000 €
Rentenbarwert 30. 6. 02	375 000 €
Differenz = Ertrag	9 000 €
Rentenzahlungen 02 = Aufwand: 6 × 4 000 € =	24 000 €
Zinsanteil 02	15 000 €

Zu 1. b):

Ein Stpfl., der seinen Gewinn durch Einnahmen-Überschussrechnung (§ 4 Abs. 3 EStG) ermittelt, muss seine Einnahmen und Ausgaben innerhalb desjenigen Kalenderjahres berücksichtigen, in dem sie ihm zu- bzw. abgeflossen sind (§ 11 EStG). Der Wert des Betriebsvermögens bleibt unberücksichtigt.

Allerdings bestimmt § 4 Abs. 3 Satz 3 EStG, dass die Vorschriften über die AfA zu befolgen sind. Daraus folgt, dass auch ein Stpfl. mit Gewinnermittlung nach § 4 Abs. 3 EStG, der – wie hier – abnutzbare Wirtschaftsgüter des Anlagevermögens erwirbt, im Jahr der Anschaffung die Anschaffungskosten mit dem versicherungsmathematischen Rentenbarwert aktivieren muss. Von den aktivierten Anschaffungskosten kann er dann AfA vornehmen. Um zu verhindern, dass der in den Rentenzahlungen enthaltene Kaufpreis, d. h. der Tilgungsanteil der Rente, zweifach steuermindernd berücksichtigt wird, darf der Stpfl. die Rentenzahlungen insoweit nicht als Betriebsausgaben absetzen. Vielmehr darf nur der in den Rentenzahlungen enthaltene Zinsanteil den Gewinn mindern.

Der Zinsanteil errechnet sich – wie bei einem bilanzierenden Stpfl. – aus der Differenz zwischen den jährlichen Rentenzahlungen und den jeweiligen Barwertminderungen.

Technisch geschieht das in der Weise, dass in einer Art „Schattenbilanz" zum Ende eines jeden Veranlagungszeitraums der jeweils neue Rentenbarwert ermittelt wird. Die durch das Älterwerden des Rentenberechtigten bedingten Minderungen des Rentenbarwertes werden als Betriebseinnahmen erfasst, die Rentenzahlungen selbst werden als Betriebsausgaben behandelt. Der Saldo beider Beträge entspricht dem Zinsanteil der Rente. Das bedeutet, dass A auch im Falle einer Einnahmen-Überschussrechnung folgende – in der ursprünglichen Rente enthaltene – Zinsanteile als Betriebsausgaben absetzen kann:

01: Zinsanteil ursprüngliche Rente = 32 000 €
02: Zinsanteil ursprüngliche Rente = 15 000 €

Aus Vereinfachungsgründen lässt die Finanzverwaltung (R 16 Abs. 4 Satz 4 EStR 2003) auch zu, dass die einzelnen mit der Anschaffung von abnutzbaren Anlagegütern zusammenhängenden Rentenzahlungen zunächst mit dem anteiligen (ursprünglichen) Rentenbarwert verrechnet, also erfolgsneutral behandelt und nach Erreichen dieses Barwertes in vollem Umfang als Betriebsausgaben abgesetzt werden (sog. buchhalterische Methode). Wenn A von dieser Möglichkeit Gebrauch macht, kann er in 01 und 02 keine Zinsanteile als Betriebsausgaben absetzen.

Zu 2. a):

Kommt es aufgrund einer Wertsicherungsklausel zu einer Erhöhung der Rentenzahlungen, so führt dies zu einer Erhöhung sowohl des Zinsanteils als auch des Stammrechtsanteils der Rente. Der Kapitalwert der Rente muss dann neu berechnet werden, wobei der Erhöhungsbetrag zweckmäßigerweise als selbständige Rente behandelt wird. Bei einem bilanzierenden Stpfl. hat die aus einer Wertsicherungsklausel resultierende Erhöhung der Rentenverpflichtung zur Folge, dass der Betrag, um den sich der Barwert der Rentenverpflichtung erhöht, im Jahr der Erhöhung gewinnmindernd passiviert wird (BFH VIII R 231/80, BStBl 1984 II 109, und X R 64/89, BStBl 1991 II 358). Der Kapitalwert des Erhöhungsbetrags am 1. 1. 02 in Höhe von 20 000 € wirkt sich demnach in 02 in vollem Umfang gewinnmindernd aus.

Mit dieser steuerlichen Behandlung wird dem Umstand Rechnung getragen, dass die Erhöhung der Rentenverpflichtung nicht zu einer Erhöhung der Anschaffungskosten und damit zu einer Erhöhung der AfA führt. Die in den erhöhten Rentenzahlungen enthaltenen Zinsanteile sind ebenfalls als Betriebsausgaben abzugsfähig. Sie errechnen sich aus der Differenz zwischen den jährlichen Barwertminderungen des Erhöhungsbetrages und dem jährlichen Erhöhungsbetrag.

Erhöhungsbetrag

Rentenbarwert 1. 1. 02	20 000 €
Rentenbarwert 30. 6. 02	19 600 €
Differenz = Ertrag	400 €
Rentenzahlungen 02 = Aufwand: 6 × 200 € =	1 200 €
Zinsanteil 02	800 €

Abschnitt 9: Gewinnermittlung

Zu 2. b):

Bei einem Stpfl. mit Einnahmen-Überschussrechnung sind Betriebsausgaben nach § 11 Abs. 2 EStG grds. im Jahr der Zahlung zu berücksichtigen, wohingegen Veränderungen des Betriebsvermögens außer Betracht bleiben. Demzufolge ist es nach der BFH-Rechtsprechung gerechtfertigt, den Fall der Erhöhung der Rentenverpflichtung infolge einer Wertsicherungsklausel hier anders zu behandeln als bei einem Stpfl., der seinen Gewinn durch Betriebsvermögensvergleich ermittelt (BFH IV R 48/90, BStBl 1991 II 796). Bei einem Stpfl. mit Einnahmen-Überschussrechnung soll danach eine gewinnmindernde Berücksichtigung des Stammrechtsanteils des Erhöhungsbetrags im Zeitpunkt des Eintritts der Wertsicherungsklausel unterbleiben: Die infolge der Wertsicherungsklausel erhöhten Rentenzahlungen sollen vielmehr im Zeitpunkt der Zahlung in voller Höhe abgesetzt werden. Diese Betrachtung hat zur Folge, dass A die erhöhten Rentenzahlungen in Höhe von $6 \times 200 \text{ €} = 1\,200 \text{ €}$ in 02 als Betriebsausgaben abziehen kann.

Zu 3. a):

Infolge des Todes des Rentenberechtigten B fällt die Rentenverpflichtung weg. Der Wegfall der Verpflichtung ist ein betrieblicher Vorgang. Die Auflösung des verbliebenen Passivpostens, d. h. des am 30. 6. 02 verbliebenen Rentenbarwertes, und zwar sowohl des Rentenbarwertes der ursprünglich vereinbarten Rente als auch des Rentenbarwertes des Erhöhungsbetrages, stellen für A einen Ertrag dar (BFH X R 64/89, BStBl 1991 II 358, und XI R 41/93, BStBl 1996 II 601). Der Gewinn des Jahres 02 ist demgemäß um folgenden Betrag zu erhöhen:

Rentenbarwert ursprüngliche Rente am 30. 6. 02	375 000 €
Rentenbarwert Erhöhungsbetrag am 30. 6. 02	+ 19 600 €
Mehrgewinn 02	394 600 €

Zu 3. b):

Der Wegfall einer betrieblichen Rentenverpflichtung durch Tod des Berechtigten ist auch bei Gewinnermittlung nach § 4 Abs. 3 EStG ein betrieblicher Vorgang und wirkt sich dementsprechend gewinnerhöhend aus. Daraus folgt, dass ein Stpfl. mit Einnahmen-Überschussrechnung – ebenso wie der mit Betriebsvermögensvergleich – in Höhe des aktuellen Rentenbarwertes, d. h. des im Todeszeitpunkt verbliebenen Rentenbarwertes, eine Betriebseinnahme ausweisen muss (BFH IV R 93/67, BStBl 1973 II 51). Allerdings ist bei Wegfall der Rentenverpflichtung lediglich der (verbliebene) Rentenbarwert als Betriebseinnahme zu erfassen, der sich auf der Grundlage der ursprünglichen Rente errechnet (BFH IV R 48/90, BStBl 1991 II 796). Dies beruht darauf, dass bei einem Stpfl. mit Einnahmen-Überschussrechnung im Falle des Wirksamwerdens einer Wertsicherungsklausel eine gewinnmindernde Berücksichtigung des Stammrechtsanteils der Rente zu unterbleiben hat. Der Wegfall der Rentenverpflichtung führt also zu einer Erhöhung des Gewinns des Jahres 02 nur in Höhe des Rentenbarwertes der ursprünglichen Rente am 30. 6. 02 in Höhe von 375 000 €.

Wenn A von der Möglichkeit Gebrauch gemacht hat, die (ursprünglichen) tatsächlichen Rentenzahlungen von monatlich 4 000 € zunächst gegen den Rentenbarwert in Höhe von 400 000 € zu verrechnen (R 16 Abs. 4 Satz 4 EStR 2003), ist der am 30. 6. 02 vorhandene

Rentenbarwert der ursprünglichen Rente, d. h. der noch nicht verrechnete Teil, gewinnerhöhend zu erfassen (R 16 Abs. 4 Satz 5 EStR 2003):

Rentenbarwert ursprüngliche Rente	400 000 €
Rentenzahlungen 01: 12 × 4 000 € =	./. 48 000 €
Rentenzahlungen 02: 6 × 4 000 € =	./. 24 000 €
Gewinnerhöhung wegen Wegfalls der Rentenverpflichtung	328 000 €

Fall 85
Besteuerung des laufenden Gewinns einer Erbengemeinschaft

Sachverhalt: Der Nachlass des am 30. 6. 01 verstorbenen V besteht aus einem gewerblichen Einzelunternehmen. Das Kapitalkonto des V beträgt 100 000 €. Erben des V sind seine Ehefrau A und seine Tochter B zu je $1/2$. Der ererbte Gewerbebetrieb wird von den Erben fortgeführt. Der Gewinn des Jahres 01 beläuft sich auf 140 000 €.

Frage: Führt der Übergang des Einzelunternehmens auf die Erbengemeinschaft zu einer Gewinnrealisierung und wem ist der Gewinn des Jahres 01 zuzurechnen?

Literaturhinweis: *Lehrbuch Einkommensteuer*, Rdn. 1748, 1752

 Lösung

Die ertragsteuerliche Behandlung des Erbfalls und der Erbauseinandersetzung hat durch den Beschluss des Großen Senats des BFH GrS 2/89 (BStBl 1990 II 837) schwerwiegende Änderungen erfahren. Nach dieser Rechtsprechung werden alle Miterben mit dem Erbfall automatisch Mitunternehmer – sog. „geborene" Mitunternehmer – eines erebten Gewerbebetriebs (§ 15 Abs. 1 Nr. 2 EStG). Der Übergang des Betriebs auf die Erbengemeinschaft ist weder eine Betriebsveräußerung (§ 16 Abs. 1 EStG) noch eine Betriebsaufgabe (§ 16 Abs. 3 EStG) durch den Erblasser. Die Erbengemeinschaft A/B muss daher die Buchwerte des Erblassers nach § 6 Abs. 3 EStG fortführen (Kapitalkonto A: 50 000 €, Kapitalkonto B: 50 000 €). V ist der bis zu seinem Todestag entstandene Gewinn zuzurechnen. Wird auf den Todestag keine Zwischenbilanz erstellt, kann dieser Gewinn zeitanteilig geschätzt werden: $6/12$ von 140 000 € = 70 000 € (BFH I R 100/71, BStBl 1973 II 544). Der restliche Gewinn in Höhe von 70 000 € ist je zur Hälfte der Ehefrau und der Tochter des V im Rahmen einer gesonderten und einheitlichen Gewinnfeststellung (§§ 179, 180 AO) zuzurechnen.

Fall 86
Besonderheiten bei der Gewinnermittlung durch Einnahmen-Überschussrechnung nach § 4 Abs. 3 EStG

Sachverhalt: Dr. Thomas Müller (M) betreibt als Zahnarzt eine freiberufliche Praxis. Er ermittelt seinen Gewinn durch Einnahmen-Überschussrechnung gem. § 4 Abs. 3 EStG.

Bei seiner nach § 164 Abs. 1 AO unter dem Vorbehalt der Nachprüfung ergangenen Einkommensteuerveranlagung für das Jahr 2004 ist der von ihm erklärte Gewinn in Höhe von 400 000 € zugrunde gelegt worden.

Bei einer Außenprüfung stellt der Prüfer Folgendes fest:

1. Aufgrund der gesunkenen Goldpreise hat M einen Betrag in Höhe von 5 000 € für Wertminderung seines auf Vorrat gehaltenen Zahngoldes als Betriebsausgabe abgesetzt.

2. M hat seine freiberufliche Tätigkeit bis zum 30. 6. 2004 in einer eigenen zum Betriebsvermögen gehörenden Eigentumswohnung ausgeübt. Die Eigentumswohnung (einschl. Grund und Boden) hatte zum 30. 6. 2004 einen Buchwert in Höhe von 200 000 € und einen Teilwert in Höhe von 250 000 €.

    Am 1. 7. 2004 hat M seine Praxis in einen Neubau verlegt. Die Eigentumswohnung hat er ab diesem Zeitpunkt an einen Rechtsanwalt vermietet; die Mieteinnahmen in Höhe von 6 000 € für die Zeit vom 1. 7. bis 31. 12. 2004 sind als Betriebseinnahmen erfasst worden.

3. Im Dezember 2004 hat M einen PC für 2 100 € angeschafft. Die Rechnung wurde am 20. 1. 2005 bezahlt. M hat für den PC im Jahr 2004 folgende lineare AfA gem. § 7 Abs. 1 EStG vorgenommen:

    $^1/_3$ von 2 100 € = 700 €

4. M hat seinen zum Betriebsvermögen gehörenden Pkw Daimler-Benz am 28. 12. 2004 für 15 000 € verkauft. Der Restbuchwert des Pkw betrug im Zeitpunkt der Veräußerung 5 000 €. Der Veräußerungserlös in Höhe von 15 000 € ging am 12. 1. 2005 bei M ein. M hat aus diesem Grund den Geschäftsvorfall im Rahmen der Gewinnermittlung 2004 unberücksichtigt gelassen.

5. Den Kaufpreis eines im November 2004 für 400 € angeschafften Diktiergeräts hat M im Januar 2005 bezahlt und im Zeitpunkt der Bezahlung als Betriebsausgaben abgesetzt.

6. M hat im Dezember 2004 einen Sessel für die Praxis bestellt und den Kaufpreis in Höhe von 350 € am 29. 12. 2004 vorausbezahlt. Der Sessel wurde am 3. 1. 2005 geliefert.

7. Im Zusammenhang mit der Praxisverlegung hat M einen vor Jahren für 20 000 € erworbenen Parkplatz für die Patienten am 1. 8. 2004 für 30 000 € verkauft. Der Vorgang wurde bei der Gewinnermittlung für das Jahr 2004 nicht berücksichtigt.

8. Am 20. 12. 2004 hat M von einer Zahnfabrik Materialien zur Herstellung von Zahnersatz für 25 000 € erworben. Der Kaufpreis wurde noch in 2004 bezahlt. Die Materialien sind am 31. 12. 2004 in vollem Umfang noch vorhanden. M hat die Zahlung von 25 000 € im Jahr 2004 als Betriebsausgaben abgesetzt.

9. Zu Weihnachten 2004 hat M seiner Tochter einen Pkw geschenkt, der bisher von einem bei M angestellten Zahnarzt benutzt wurde. Der zum Betriebsvermögen gehörende Pkw hatte zum Zeitpunkt der Schenkung einen Buchwert von 10 000 € und einen Teilwert von 12 000 €. Der Geschäftsvorfall wurde in der Gewinnermittlung 2004 nicht erfasst.

Fall 86: Besonderheiten bei der Gewinnermittlung nach § 4 Abs. 3 EStG

10. M hat das Wartezimmer im Januar 2004 mit einer vor vier Jahren angeschafften und bisher privat genutzten Sitzgarnitur ausgestattet, deren Teilwert 4 000 € beträgt. Die Restnutzungsdauer beläuft sich auf zwei Jahre. M hat den Wert der Sitzgarnitur in Höhe von 4 000 € im Jahr 2004 als Betriebsausgaben abgezogen.

11. Im April 01 hat M das Wartezimmer mit einer vor vier Jahren angeschafften und bisher privat genutzten Stereoanlage ausgestattet. Der Teilwert der Stereoanlage betrug 400 €. Der Geschäftsvorfall wurde im Rahmen der Einnahmen-Überschussrechnung 2004 nicht erfasst.

12. Im Zusammenhang mit dem Praxisneubau hat M am 1. 7. 2004 ein bisher zu seinem Privatvermögen gehörendes unbebautes Grundstück als Parkplatz für die Patienten herrichten lassen. Der Teilwert des vor 12 Jahren angeschafften Grundstücks betrug am 1. 7. 2004 20 000 €. Ende 02 hat M das Grundstück unentgeltlich auf seine Ehefrau übertragen. Der Teilwert betrug zum Zeitpunkt der Schenkung 22 000 €.

13. Bei einem Einbruch in die Praxisräume wurde das sich im Schreibtisch des M befindliche Geld in Höhe von 3 000 €, das aus einer Honorarzahlung eines Patienten stammte, gestohlen. M zeichnet seine Bareinnahmen und Barausgaben auf. Seine Kassenführung ist so ausgestattet wie bei einem Bilanzierenden mit ordnungsmäßiger Buchführung. Den Geldverlust in Höhe von 3 000 € hat M im Jahr 2004 als Betriebsausgabe abgesetzt.

14. M hat eine Zahnarzthelferin beauftragt, die Honorarzahlungen von Patienten in den Praxisräumen entgegenzunehmen. Die Helferin hat im Jahr 2004 einen Betrag in Höhe von 20 000 € bar vereinnahmt, hiervon aber 5 000 € für sich behalten. Die Unterschlagung ist im Jahr 2005 vom Steuerberater festgestellt worden. Daraufhin hat M gegenüber der Helferin einen Regressanspruch in Höhe von 5 000 € geltend gemacht. Die Angestellte hat M den entwendeten Betrag im Jahr 2005 ersetzt. Als Betriebseinnahmen des Jahres 2005 sind (20 000 € ./. 5 000 € =) 15 000 € berücksichtigt worden.

15. M lieferte das bei der Zahnbehandlung in Form von Brücken, Kronen und Zahnfüllungen angefallene Altgold, das ihm von seinen Patienten unentgeltlich überlassen wurde, an eine Scheideanstalt. Diese lieferte ihm dafür im Jahr 2004 Feingold in Form von Barren im Wert von 5 000 €.

Frage: Welche Gewinnkorrekturen ergeben sich aufgrund der Feststellungen des Betriebsprüfers?

Literaturhinweis: *Lehrbuch Einkommensteuer*, Rdn. 1131 ff.

Lösung

Zu 1.:
Eine Teilwertabschreibung ist nur möglich bei der Gewinnermittlung durch Betriebsvermögensvergleich. Bei der Gewinnermittlung nach § 4 Abs. 3 EStG bleibt der Wert des Betriebsvermögens unberücksichtigt, so dass auch die Bewertungsvorschriften des § 6 EStG nicht anwendbar sind (BFH IX R 126/92, BFH/NV 1995 S. 764). Die von M vor-

genommene Teilwertabschreibung ist daher unzulässig; der erklärte Gewinn ist um 5 000 € zu erhöhen.

Zu 2.:

Die beruflich genutzte Eigentumswohnung gehörte bis zum 30. 6. 2004 zum notwendigen Betriebsvermögen des M. Infolge der Nutzungsänderung hat die Eigentumswohnung die Eigenschaft als notwendiges Betriebsvermögen verloren. Auch bei der Gewinnermittlung nach § 4 Abs. 3 EStG gibt es nach neuer Rechtsprechung des BFH gewillkürtes Betriebsvermögen (BFH IV R 13/03, BStBl 2004 II 985). Ehemals notwendiges Betriebsvermögen, das infolge Nutzungsänderung seine Eigenschaft als notwendiges Betriebsvermögen verliert, darf bei der Gewinnermittlung nach § 4 Abs. 3 EStG weiterhin als gewillkürtes Betriebsvermögen behandelt werden (§ 4 Abs. 1 Satz 4 EStG). Es bestand also für M ein Wahlrecht, die Eigentumswohnung weiterhin als Betriebsvermögen zu behandeln oder zu entnehmen. Da M die Eigentumswohnung weiterhin als Betriebsvermögen behandelt hat, ist eine Gewinnkorrektur nicht erforderlich; die Mieteinnahmen sind zutreffend als Betriebseinnahmen erfasst worden.

Zu 3.:

Wirtschaftsgüter des Anlagevermögens werden bei der Gewinnermittlung durch Einnahmen-Überschussrechnung – mit Ausnahme von Teilwertabschreibungen – genauso behandelt wie bei der Gewinnermittlung durch Vermögensvergleich, da auch bei der Einnahmen-Überschussrechnung nach § 4 Abs. 3 Satz 3 EStG die Vorschriften über die AfA zu befolgen sind. Für den Beginn der AfA ist entscheidend, dass die Wirtschaftsgüter angeschafft oder hergestellt worden sind; es ist nicht erforderlich, dass die Bezahlung bereits erfolgt ist. M kann den PC daher bereits im Jahr 01 abschreiben; allerdings beträgt die AfA nur $1/12$ von ($1/3$ von 2 100 € =) 700 € = 58,33 € (§ 7 Abs. 1 Satz 4 EStG). Die Vereinfachungsregelung (R 44 Abs. 2 Satz 3 EStR 2003), wonach Unternehmer bislang für bewegliche Wirtschaftsgüter im Jahr der Anschaffung bzw. Herstellung die volle bzw. die halbe Jahres-Abschreibung als Betriebsausgabe ansetzen konnten, je nachdem, ob die Anschaffung im ersten oder zweiten Halbjahr des Wirtschaftsjahres erfolgte, ist auf Wirtschaftsgüter, die nach dem 31. 12. 2003 angeschafft oder hergestellt werden, nicht mehr anwendbar (§ 7 Abs. 1 Satz 4 und Abs. 2 Satz 3 EStG n. F.). Ab VZ 2004 muss monatsgenau abgeschrieben werden. Wird ein Wirtschaftsgut im Laufe eines Monats angeschafft, zählt dieser Monat für die zeitanteilige Abschreibung mit. Der erklärte Gewinn 2004 ist um die Differenz von 700 € ./. 58,33 € = 641,67 € zu erhöhen.

Zu 4.:

Scheidet ein Anlagegut aus dem Betriebsvermögen aus, ist der noch nicht abgesetzte Teil der Anschaffungskosten unter dem Gesichtspunkt einer Absetzung für außergewöhnliche wirtschaftliche Abnutzung i. S. des § 7 Abs. 1 letzter Satz EStG abzuziehen; der bei der Veräußerung des Anlageguts erzielte Erlös gehört zu den Betriebseinnahmen (BFH IV 335/58 U, BStBl 1961 III 499; IV R 181/66, BStBl 1972 II 271; IV R 1/92, BStBl 1994 II 353). Der Restbuchwert des verkauften Pkw von 5 000 € muss daher im Jahr 2004 als Betriebsausgabe behandelt werden. Der Verkaufserlös in Höhe von 15 000 € ist erst im

Jahr des Zuflusses des Veräußerungserlöses – also im Jahr 2005 – als Betriebseinnahme anzusetzen (BFH IV R 29/94, BStBl 1995 II 635).

Zu 5.:

Die Anschaffungskosten für geringwertige Wirtschaftsgüter des Anlagevermögens i. S. von § 6 Abs. 2 EStG können bei der Gewinnermittlung nach § 4 Abs. 3 EStG – ebenso wie bei der Gewinnermittlung durch Betriebsvermögensvergleich – im Jahr der Anschaffung in voller Höhe als Betriebsausgaben abgesetzt werden; auf den Zeitpunkt der Bezahlung kommt es nicht an. § 11 EStG ist gegenüber § 6 Abs. 2 EStG subsidiär. M kann daher die Anschaffungskosten für das Diktiergerät in Höhe von 400 € bereits im Jahr 2004 als Betriebsausgaben abziehen.

Zu 6.:

Anschaffungskosten für geringwertige Wirtschaftsgüter sind grundsätzlich im Jahr der Anschaffung als Betriebsausgaben abzugsfähig. Die Finanzverwaltung lässt jedoch aus Vereinfachungsgründen zu, dass Vorauszahlungen oder Anzahlungen auf geringwertige Wirtschaftsgüter bereits im Jahr der Zahlung als Betriebsausgaben abgesetzt werden (OFD Frankfurt, WPg 1980 S. 81). Die Vorauszahlung auf den Sessel in Höhe von 350 € kann daher bereits im Jahr 2004 als Betriebsausgaben abgezogen werden.

Zu 7.:

Die Anschaffungs- oder Herstellungskosten von nicht abnutzbaren Anlagegütern dürfen nicht im Zeitpunkt der Zahlung, sondern erst dann als Betriebsausgaben abgezogen werden, wenn die betreffenden Wirtschaftsgüter veräußert oder entnommen werden (§ 4 Abs. 3 Satz 4 EStG). Der Erlös aus dem Verkauf des Parkplatzes in Höhe von 30 000 € ist im Jahr 2004 als Betriebseinnahme anzusetzen; andererseits sind die Anschaffungskosten des Parkplatzes in Höhe von 20 000 € in 2004 als Betriebsausgaben abzuziehen. Der Gewinn 2004 ist daher um 10 000 € zu erhöhen.

Zu 8.:

Bei der Gewinnermittlung nach § 4 Abs. 3 EStG wirkt sich die Anschaffung von Umlaufvermögen in dem Zeitpunkt als Betriebsausgabe aus, in dem das erworbene Umlaufvermögen bezahlt wird. Da M die Anschaffungskosten der erworbenen Materialien in 2004 gewinnmindernd berücksichtigt hat, ist eine Gewinnkorrektur nicht erforderlich.

Zu 9.:

Die in § 4 Abs. 1 Sätze 2 und 3 EStG enthaltenen Bestimmungen über die Entnahmen und die Einlagen sind auch im Bereich der Überschussrechnung anzuwenden. Sie gelten bei der Überschussrechnung als reiner Geldrechnung jedoch nur für Sachentnahmen und Sacheinlagen. Barentnahmen und Bareinlagen dürfen nicht als Betriebseinnahmen und Betriebsausgaben berücksichtigt werden. Das bedeutet, dass der Restbuchwert des an die Tochter geschenkten Pkw von 10 000 € im Jahr 2004 als Betriebsausgabe behandelt werden muss; andererseits ist der Teilwert des Pkw von 12 000 € im Jahr 2004 als fiktive Betriebseinnahme zu behandeln, so dass sich eine Gewinnerhöhung von 2 000 € ergibt.

Zu 10.:

Da auch bei der Gewinnermittlung durch Überschussrechnung die Bestimmungen über die AfA zu beachten sind (§ 4 Abs. 3 Satz 3 EStG), kann der Einlagewert von 4 000 € nicht sofort als Betriebsausgabe abgesetzt werden. Er bildet vielmehr die Bemessungsgrundlage für die AfA nach § 7 EStG. Bei einer Restnutzungsdauer von zwei Jahren ergibt sich für die Jahre 2004 und 2005 eine abzugsfähige AfA von jeweils (4 000 € : 2 =) 2 000 €. Der erklärte Gewinn des Jahres 2004 ist daher um 2 000 € zu erhöhen.

Zu 11.:

Bei der Einlage von geringwertigen Wirtschaftsgütern aus dem Privatvermögen in das Betriebsvermögen kann die Bewertungsfreiheit im Wirtschaftsjahr der Einlage in Anspruch genommen werden (§ 6 Abs. 2 Satz 1 EStG). Der Teilwert der Stereoanlage von 400 € ist daher im Jahr 2004 als Betriebsausgabe abzugsfähig.

Zu 12.:

Aufgrund der betrieblichen Nutzung als Parkplatz wird das unbebaute Grundstück am 1. 7. 2004 notwendiges Betriebsvermögen. Einlagen von nicht abnutzbarem Anlagevermögen haben grundsätzlich mit dem Teilwert zu erfolgen (§ 6 Abs. 1 Nr. 5 EStG). Aufgrund der Vorschrift des § 4 Abs. 3 Satz 4 EStG ist der Teilwert des Grund und Bodens zum 1. 7. 2004 von 20 000 € hier erst im Zeitpunkt der Entnahme, d. h. im Jahr 2005, als Betriebsausgabe zu berücksichtigen. Infolge der Schenkung an die Ehefrau ist im Jahr 2005 zugleich eine fiktive Betriebseinnahme in Höhe von 22 000 € anzusetzen, so dass sich der Gewinn des Jahres 2005 um 2 000 € erhöht. Einer Gewinnkorrektur für das Jahr 2004 bedarf es nicht.

Zu 13.:

Geldverluste durch Diebstahl können bei Stpfl. mit Gewinnermittlung durch Einnahmen-Überschussrechnung nur dann als Betriebsausgaben abgesetzt werden, wenn die Zugehörigkeit des entwendeten Geldes zum Betriebsvermögen in eindeutiger Weise durch eine den Grundsätzen ordnungsmäßiger Buchführung entsprechenden Buchhaltung klargestellt ist (BFH IV R 69/69, BStBl 1973 II 480) oder wenn der betriebliche Zusammenhang anhand konkreter und objektiv greifbarer Anhaltspunkte festgestellt ist (BFH XI R 35/89, BStBl 1992 II 343). Da im vorliegenden Fall die Zugehörigkeit des Geldes zum Betriebsvermögen durch eine einwandfreie Kassenführung nachgewiesen ist, kann M den durch den Einbruchdiebstahl eingetretenen Geldverlust in Höhe von 3 000 € im Jahr 2004 als Betriebsausgaben absetzen.

Zu 14.:

Nehmen fremde Angestellte in den Geschäftsräumen auftragsgemäß im Namen des Stpfl. Gelder in Empfang und unterschlagen diese dann, kommt es nicht darauf an, ob die entwendeten Gelder zum Betriebsvermögen oder zum Privatvermögen gehört haben oder ob sie innerhalb einer geschlossenen Kassenführung erfasst wurden. Entscheidend ist, dass der Verlust des Geldes, das mit der Zahlung an die Angestellten als vereinnahmt anzusehen ist, durch den Betrieb veranlasst ist (BFH IV R 79/73, BStBl 1976 II 560). Das von der Helferin unterschlagene Honorar in Höhe von 5 000 € ist – als vom Zahnarzt vereinnahmt – im Jahr 2004 als Betriebseinnahme zu erfassen. Gleichzeitig ist der M durch die Unterschlagung entstandene Verlust in Höhe von 5 000 € im Jahr 2004 als Betriebsausgabe zu berücksichtigen. Eine Korrektur des erklärten Gewinns 2004 ist somit nicht erforderlich. Die Schadensersatzleistung der Helferin ist im Jahr 2005 als Betriebseinnahme zu erfassen.

Zu 15.:

Das von den Patienten überlassene Altgold ist für M ein zusätzliches Entgelt, also eine Betriebseinnahme. Dieses Entgelt in Form eines Sachwertes ist so zu behandeln, als ob zunächst Geld bezahlt und damit der Sachwert (d. h. das Altgold) als Umlaufvermögen angeschafft worden wäre. Die Fiktion der Anschaffung des Sachwertes zwingt zur Berücksichtigung einer Betriebsausgabe. Der Ansatz einer Betriebseinnahme und die gleichzeitige Berücksichtigung einer Betriebsausgabe in derselben Höhe kann unterbleiben, da das Betriebsergebnis dadurch nicht beeinflusst wird.

Die Lieferung der Goldabfälle im Tausch gegen Feingold führt jedoch wiederum zu einer Betriebseinnahme, da M dadurch ein geldwerter Vorteil entsteht. Da das Feingold nicht für betriebliche, sondern für private Zwecke erworben wurde, kann hierfür allerdings keine Betriebsausgabe abgesetzt werden. Der Gewinn des Jahres 2004 ist daher um den Wert des erhaltenen Feingoldes in Höhe von 5 000 € zu erhöhen (BFH IV R 115/84, BStBl 1986 II 607, und IV R 18/85, BFH/NV 1987 S. 760).

Fall 87
Schätzung bei Gewinnermittlung nach § 4 Abs. 3 EStG

Sachverhalt: A betreibt eine Gaststätte. Er ermittelt seinen Gewinn durch Einnahmen-Überschussrechnung nach § 4 Abs. 3 EStG. Der Gewinnermittlung für die Jahre 01 bis 03 liegen formell ordnungsmäßig aufgezeichnete Betriebseinnahmen und Betriebsausgaben zugrunde.

Im Juli 04 findet eine Außenprüfung statt. Die Außenprüferin führt eine Nachkalkulation durch und stellt folgende Umsatzdifferenzen fest:

01 = 12 000 € (Erhöhung gegenüber dem erklärten Umsatz = 6 %),
02 = 15 000 € (Erhöhung gegenüber dem erklärten Umsatz = 7 %),
03 = 2 000 € (Erhöhung gegenüber dem erklärten Umsatz = 1 %).

Nach einer eingehenden Erörterung mit der Außenprüferin erklärt sich A für die Jahre 01 und 02 mit einer Zuschätzung in Höhe von 12 000 € bzw. 15 000 € einverstanden. Für das Jahr 03 hält A eine Zuschätzung im Hinblick auf die geringfügige Abweichung nicht für zulässig. Im Übrigen beantragt er, die aufgrund der Außenprüfung nachzuzahlende Gewerbesteuer in dem jeweiligen Jahr des Prüfungszeitraums gewinnmindernd zu berücksichtigen.

Fragen:

1. Ist eine Schätzung für alle Jahre des Prüfungszeitraums gerechtfertigt?

Abschnitt 9: Gewinnermittlung

2. Sind die Gewerbesteuernachforderungen im jeweiligen Jahr des Prüfungszeitraums gewinnmindernd zu berücksichtigen?
Literaturhinweis: *Lehrbuch Einkommensteuer*, Rdn. 1170 ff.

➔ Lösung

Allgemeines: Die Schätzung ist nicht etwa eine eigene Gewinnermittlungsart. Sie hat vielmehr ihre Grundlage in § 162 AO, der für alle Steuern gilt. § 162 Abs. 2 Satz 2 AO sieht eine Gewinnschätzung in folgenden Fällen vor:

- Der Stpfl. kann Bücher oder Aufzeichnungen, die er nach den Steuergesetzen zu führen hat, nicht vorlegen.
- Die Buchführung oder Aufzeichnungen können nach § 158 AO der Besteuerung nicht zugrunde gelegt werden, weil Anlass besteht, an deren sachlicher Richtigkeit zu zweifeln.

Zu 1.:

Häufiger ist in der Praxis der zweite Fall, in dem – wie hier – aufgrund einer Verprobung das Ergebnis der Aufzeichnungen widerlegt wird. An die Stelle eines formell ordnungsmäßig ermittelten Gewinns kann ein geschätzter Gewinn aber nur dann treten, wenn die Schätzungsmethode hohen Anforderungen genügt, d. h. in sich schlüssig und beweiskräftig ist (BFH VIII R 195/82, BStBl 1986 II 226). Diesen Anforderungen genügen eine Nachkalkulation, eine Geldverkehrsrechnung oder eine Vermögenszuwachsrechnung.

Im vorliegenden Fall hat die Prüferin anhand von Kalkulationsgrundlagen nachvollzogen, welche Umsätze erzielt worden sind. Diese Nachkalkulation ermöglicht einen Rückschluss auf Rohgewinn und Gewinn. Da der erklärte Umsatz der Jahre 01 und 02 wesentlich vom kalkulierten Umsatz abweicht, ist die Annahme der Außenprüferin gerechtfertigt, dass die Umsatzdifferenzen nicht erklärte Betriebseinnahmen darstellen.

Für das Jahr 03 gilt diese Beurteilung aber nicht. Da für dieses Jahr die Abweichung vom erklärten Umsatz nur 1 % beträgt und sich demnach im Unschärfebereich einer Nachkalkulation hält, muss eine Schätzung unterbleiben. Nach der Rechtsprechung können Abweichungen bis zu 3 % geringfügig sein (BFH VIII R 38/83, BStBl 1983 II 618).

Zu 2.:

Da A seinen Gewinn nach § 4 Abs. 3 EStG ermittelt hat, ist der Gewinn in Anlehnung an § 4 Abs. 3 EStG zu schätzen, d. h. für eine gewinnmindernde Berücksichtigung der Gewerbesteuernachforderung für die Jahre 01 und 02 ist kein Raum (BFH VIII R 225/80, BStBl 1984 II 504). Die weitere Folge dieser Betrachtungsweise ist, dass für das erste Schätzungsjahr eine Gewinnkorrektur wegen Wechsels der Gewinnermittlungsart nicht in Betracht kommt. Aufgrund der Betriebsprüfung ergibt sich somit eine Gewinnerhöhung für das Jahr 01 in Höhe von 12 000 € (zzgl. Umsatzsteuer) und für das Jahr 02 in Höhe von 15 000 € (zzgl. Umsatzsteuer). Die nachzuzahlende Umsatzsteuer ist im Jahr ihrer Bezahlung als Betriebsausgabe abzugsfähig.

Fall 88
Betriebsausgabenabzug von Aufwendungen für Geschenke

Sachverhalt: Der bilanzierende Einzelkaufmann A lässt zu Weihnachten 01
- seinem Kunden A ein Sachgeschenk zukommen, das er im Dezember 01 für 100 € zzgl. 16 % (16 €) Vorsteuer angeschafft hat,
- seinem Kunden B ein Sachgeschenk zukommen, das er im November 01 für 10 € zzgl. 16 % (1,60 €) Vorsteuer angeschafft hat.

A hat die Anschaffungskosten der Geschenke einzeln und getrennt von den sonstigen Betriebsausgaben aufgezeichnet (§ 4 Abs. 7 EStG) und als Betriebsausgaben gebucht.

Fragen:
1. Kann A die Anschaffungskosten für die beiden Geschenke als Betriebsausgaben abziehen?
2. In welcher Höhe kann A die ihm beim Kauf der Geschenke in Rechnung gestellte Vorsteuer abziehen?

Literaturhinweis: *Lehrbuch Einkommensteuer*, Rdn. 1090 f.

Lösung

Zu 1.:

Aufwendungen für Geschenke an Personen, die nicht Arbeitnehmer des Stpfl. sind, dürfen den Gewinn nicht mindern. Dies gilt jedoch nicht, wenn die Anschaffungs- oder Herstellungskosten der dem Empfänger im Wirtschaftsjahr zugewendeten Gegenstände insgesamt 35 € (bis 2003: 40 €) nicht übersteigen (§ 4 Abs. 5 Satz 1 Nr. 1 EStG). Die Obergrenze von 35 € ist kein Freibetrag, sondern eine Freigrenze. Übersteigt die Summe der Geschenkaufwendungen je Empfänger den Betrag von 35 € im Wirtschaftsjahr, entfällt jeglicher Abzug. Ob die Freigrenze durch ein Geschenk oder mehrere Geschenke überschritten wird, ist ohne Belang. Da im Fall des Kunden A die Freigrenze von 35 € überschritten ist, können die Anschaffungskosten für das Geschenk in Höhe von 100 € nicht als Betriebsausgaben abgezogen werden. Es handelt sich um nichtabziehbare Betriebsausgaben, die außerhalb der Bilanz dem Gewinn wieder hinzuzurechnen sind.

Im Fall des Kunden B betragen die Geschenkaufwendungen 10 €, so dass die Freigrenze von 35 € nicht überschritten ist. Die Geschenkaufwendungen sind folglich als Betriebsausgaben abzugsfähig.

Zu 2.:

Im Fall des Kunden A ist die in Rechnung gestellte Vorsteuer nicht abzugsfähig, da die beim Erwerb eines Geschenks über 35 € (= Nettobetrag ohne Umsatzsteuer) i. S. des § 4 Abs. 5 Satz 1 Nr. 1 EStG anfallende Umsatzsteuer vom Vorsteuerabzug ausgeschlossen ist (§ 15 Abs. 1a Nr. 1 UStG). Die nichtabzugsfähige Vorsteuer von 16 € darf den Gewinn des A nicht mindern (§ 12 Nr. 3 EStG). Im Fall des Kunden B ist die Vorsteuer dagegen voll abzugsfähig. Gegen die Beschränkung des Vorsteuerabzugs werden jedoch europarechtliche Bedenken geltend gemacht.

Fall 89
Betriebsausgabenabzug von Bewirtungskosten

Sachverhalt: Dem vorsteuerabzugsberechtigten Kaufmann A, dessen Wirtschaftsjahr mit dem Kalenderjahr übereinstimmt, sind im Dezember 01 aus Anlass einer geschäftlich veranlassten Bewirtung in einer Gaststätte Aufwendungen in Höhe von 500 € zzgl. 16 % (80 €) Vorsteuer entstanden. An dem Bewirtungsvorgang haben neben A und einem seiner Arbeitnehmer 8 Geschäftsfreunde teilgenommen. Auf A sowie seinen an der Bewirtung teilnehmenden Arbeitnehmer entfallen anteilige Kosten in Höhe von jeweils 50 € zzgl. 16 % (8 €) Vorsteuer.

Die betriebliche Veranlassung ist durch schriftliche Angaben über Anlass und Teilnehmer der Bewirtung nachgewiesen. Die spezifizierte Gaststättenrechnung liegt vor. Die Aufwendungen für die Bewirtung sind einzeln und gesondert von den sonstigen Betriebsausgaben aufgezeichnet (§ 4 Abs. 7 EStG).

Fragen:

1. In welcher Höhe sind die Bewirtungskosten von 500 € als Betriebsausgaben abzugsfähig?
2. In welcher Höhe ist die in Rechnung gestellte Vorsteuer von 80 € abzugsfähig?

Literaturhinweis: *Lehrbuch Einkommensteuer*, Rdn. 1092 f.

Lösung

Zu 1.:

Der Abzug von geschäftlich veranlassten Aufwendungen für die Bewirtung von Geschäftsfreunden ist bei der steuerlichen Gewinnermittlung auf 70 % (bis 2003: 80 %) der angemessenen und nachgewiesenen Aufwendungen begrenzt (§ 4 Abs. 5 Satz 1 Nr. 2 EStG). Die prozentuale Abzugsbeschränkung gilt auch für solche Aufwendungen, die auf den Stpfl. sowie seine an einer solchen Bewirtung teilnehmenden Arbeitnehmer entfallen (R 21 Abs. 6 Satz 7 EStR 2004).

Wendet man diese Grundsätze hier an, sind 70 % der Bewirtungsaufwendungen in Höhe von 500 € = 350 € als Betriebsausgaben abzugsfähig. Der Restbetrag von 30 % von 500 € = 150 € ist dem Gewinn als nichtabziehbare Betriebsausgabe außerhalb der Bilanz hinzuzurechnen.

Zu 2.:
Der Vorsteuerabzug für Bewirtungskosten aus geschäftlichem Anlass ist zulässig, soweit die Bewirtungskosten ertragsteuerlich als Betriebsausgaben abzugsfähig sind. Das sind vorliegend 16 % von 350 € = 56 €. Die Vorsteuer von 16 % von 150 € = 24 €, die auf den nicht abzugsfähigen Teil (30 % von 500 € = 150 €) der Bewirtungskosten entfällt, ist vom Vorsteuerabzug ausgeschlossen (§ 15 Abs. 1a Nr. 1 UStG). Die umsatzsteuerlich nicht abzugsfähige Vorsteuer in Höhe von 24 € darf ebenfalls nicht als Betriebsausgaben abgezogen werden (§ 12 Nr. 3 EStG, R 21 Abs. 5 Satz 8 EStR 2004). Die Beschränkung des Vorsteuerabzugs verstößt nach Auffassung des BFH gegen Gemeinschaftsrecht (BFH V R 76/03, BFH/NV 2005, 817). A kann daher die Vorsteuer von 80 € voll bei seiner Umsatzsteuer abziehen.

Fall 90
Nicht zeitnahe Verbuchung von Bewirtungskosten

Sachverhalt: A ist selbständiger Handelsvertreter. Er ermittelt seinen Gewinn aus Gewerbebetrieb durch Bestandsvergleich (§ 5 EStG). Die bei Geschäftsreisen in der Zeit von April bis Dezember 01 angefallenen Bewirtungsrechnungen über 2 000 € zzgl. 16 % Vorsteuer (320 €) wurden im Laufe des Jahres zusammen mit anderen Reisekostenbelegen in einem Ordner gesammelt. Nach Ablauf des Jahres – im März 02 – zeichnet der Steuerberater des A die Bewirtungskosten einzeln und getrennt von den sonstigen Betriebsausgaben auf einem gesonderten Konto innerhalb der Buchführung auf. Er zieht 70 % der Bewirtungskosten (1 400 €) als Betriebsausgaben ab. Ebenso behandelt er 70 % der Vorsteuer von 320 € = 224 € bei der Umsatzsteuer als abzugsfähig.

Fragen:
1. Sind die geltend gemachten Bewirtungskosten in Höhe von 1 400 € als Betriebsausgaben abzugsfähig?
2. Ist die geltend gemachte Vorsteuer in Höhe von 224 € bei der Umsatzsteuer abzugsfähig?

 Lösung

Zu 1.:
Bewirtungskosten können nur dann gewinnmindernd berücksichtigt werden, wenn sie – bei Gewinnermittlung durch Bestandsvergleich – innerhalb der Buchführung einzeln und getrennt von den sonstigen Betriebsausgaben aufgezeichnet worden sind (§ 4 Abs. 7 EStG). Diese Buchung muss nach dem auch für Aufwendungen i. S. des § 4 Abs. 5 EStG geltenden § 146 Abs. 1 Satz 1 AO fortlaufend und damit zeitnah erfolgen. Eine Verbuchung, die erst nach Ablauf des Geschäftsjahres erfolgt, genügt diesen Anforderungen nicht (BFH III R 171/82, BStBl 1988 II 535; III R 20/85, BStBl 1988 II 613 und III R

96/85, BStBl 1988 II 655). Die Bewirtungskosten in Höhe von 1 400 € sind daher gem. § 4 Abs. 7 EStG nicht abziehbar und demgemäß dem Gewinn außerhalb der Bilanz hinzuzurechnen.

Zu 2.:

Vorsteuer, die auf Aufwendungen entfällt, für die das Abzugsverbot des § 4 Abs. 7 EStG gilt, ist bei der Umsatzsteuer nicht abzugsfähig (§ 15 Abs. 1a Nr. 1 UStG). Da die als Betriebsausgaben geltend gemachten Bewirtungskosten in Höhe von 70 % von 2 000 € = 1 400 € ertragsteuerrechtlich nicht abzugsfähig sind, kann auch die darauf entfallende Vorsteuer von 16 % von 1 400 € = 224 € nicht zum Abzug zugelassen werden. Die bei der Umsatzsteuer nicht abzugsfähige Vorsteuer in Höhe von 224 € kann nach § 12 Nr. 3 EStG auch bei der einkommensteuerlichen Gewinnermittlung nicht abgezogen werden (R 21 Abs. 5 Satz 8 EStR 2004).

An dieser Lösung kann m. E. nicht mehr festgehalten werden. Der BFH hat aktuell entschieden, dass die Unterlassung der nach Einkommensteuerrecht vorgeschriebenen gesonderten Aufzeichnung von Bewirtungsaufwendungen (§ 4 Abs. 7 EStG) keine Besteuerung als Eigenverbrauch nach § 1 Abs. 1 Nr. 2 Buchst. c UStG a. F. rechtfertigt (BFH, BFH/NV 2004, 1612). Der BFH stellt sich auf den Standpunkt, dass die Einschränkung des Vorsteuerabzugs wegen nicht eingehaltener Formvorschriften des Einkommensteuerrechts bei richtlinienkonformer Beurteilung unzulässig ist. Das Recht auf Vorsteuerabzug ist nach der Rechtsprechung des EuGH integrierender Bestandteil des Mechanismus der Mehrwertsteuer. Es kann grundsätzlich nicht eingeschränkt werden. Das Urteil betrifft zwar unmittelbar nur den Eigenverbrauchstatbestand des § 1 Abs. 1 Nr. 2 Buchst. c UStG a. F., seine Grundsätze gelten aber auch für § 15 Abs. 1a UStG. Das heißt: Die Unterlassung der nach Einkommensteuerrecht vorgeschriebenen gesonderten Aufzeichnung von Bewirtungsaufwendungen (§ 4 Abs. 7 EStG) rechtfertigt keinen Ausschluss des Vorsteuerabzugs nach § 15 Abs. 1a Nr. 1 UStG (so m. E. zutreffend *FK*, DStR 2004 S. 1829 und *kk*, KÖSDI 2004 S. 14399 jeweils in einer Urteilsanmerkung). A kann danach die volle Vorsteuer von 320 € bei seiner Umsatzsteuer abziehen.

Fall 91
Abzug von Bewirtungskosten in Bagatellfällen

Sachverhalt: A ist Arzt. Zum Vorsteuerabzug ist er nicht berechtigt. Er ermittelt seinen Gewinn durch Einnahmen-Überschussrechnung (§ 4 Abs. 3 EStG). Bei einer Außenprüfung für das Jahr 01 erkennt das Finanzamt die von A als Betriebsausgaben geltend gemachten Bewirtungskosten in Höhe von 406 € (= 70 % von 580 €) nicht an, weil die Aufwendungen nicht einzeln und getrennt von den sonstigen Betriebsausgaben aufgezeichnet worden sind, sondern zusammen mit anderen Betriebsausgaben auf dem Konto „Sonstige Betriebsausgaben" (§ 4 Abs. 7 EStG).

A ist mit dieser Kürzung nicht einverstanden. Er trägt dem Außenprüfer vor, im Jahr 01 seien nur drei Bewirtungsvorgänge mit Rechnungen in Höhe von 150 €, 180 € und 250 € zzgl. jeweils 16 % Vorsteuer, also in Höhe von insgesamt brutto 580 €, angefallen. In Bagatellfällen dieser Art stelle im Hinblick auf das mit § 4 Abs. 7 EStG verfolgte Gesetzesziel das Beharren auf Aufzeichnungspflicht einen Formalismus dar; eine leichte und sichere Prüfung sei bei den wenigen Belegen ohnehin gewährleistet.

Frage: Sind die Bewirtungskosten als Betriebsausgaben abzugsfähig?

Literaturhinweis: *Lehrbuch Einkommensteuer*, Rdn. 1092

▶ Lösung

Auch bei zahlenmäßig geringen Bewirtungsvorgängen müssen die Aufwendungen hierfür einzeln und getrennt von den sonstigen Betriebsausgaben aufgezeichnet werden. Die vom Gesetzgeber in § 4 Abs. 7 EStG getroffene strikte formale Lösung lässt nicht zu, von der besonderen Aufzeichnungspflicht in sog. Bagatellfällen abzuweichen (BFH IV R 122/88, BFH/NV 1990 S. 495). A kann daher die Bewirtungskosten in Höhe von 406 € nicht als Betriebsausgaben abziehen.

Fall 92
Korrektur von Fehlbuchungen auf dem Bewirtungskostenkonto

Sachverhalt: Die X-OHG vermittelt Versicherungen und Finanzanlagen. Sie ermittelt ihren Gewinn durch Bestandsvergleich. In ihrer Buchführung für das Jahr 01 sind u. a. Konten für Bewirtungskosten (4650) und für Rechts- und Beratungskosten (4950) eingerichtet worden. Das Konto Bewirtungskosten, auf dem 30 Buchungen erfolgten, schloss mit einem Saldo in Höhe von 5 000 €. Drei Buchungen über insgesamt 2 000 € betreffen die Kosten der Buchführung. Umbuchungen bei den Jahresabschlussarbeiten nahm die OHG nicht vor. Sie zog demgemäß bei der Gewinnermittlung Bewirtungskosten in Höhe von 70 % der auf dem Konto 4650 gebuchten Aufwendungen, d. h. 3 500 €, als Betriebsausgaben ab.

Bei einer 02 durchgeführten Außenprüfung vertritt das FA die Auffassung, dass die auf dem Konto Bewirtungskosten gebuchten Aufwendungen nicht berücksichtigt werden dürften, weil sie nicht getrennt von den sonstigen Betriebsausgaben aufgezeichnet worden seien (§ 4 Abs. 7 EStG). Die OHG bucht daraufhin die Steuerberatungskosten auf das Konto Rechts- und Beratungskosten um.

Frage: In welcher Höhe sind die auf dem Konto 4650 gebuchten Aufwendungen als Betriebsausgaben abzugsfähig?

▶ Lösung

Hat der Stpfl. auf dem von ihm eingerichteten Bewirtungskostenkonto eine oder mehrere einzelne Fehlbuchungen vorgenommen, die auf Schreibfehlern oder ähnlichen offenbaren Unrichtigkeiten oder auf verständlichen Abgrenzungsschwierigkeiten beruhen, können die Fehlbuchungen berichtigt werden (BFH IV R 20/99, BStBl 2000 II 203; vgl. auch die Urteilsanmerkung von *Gosch*, StBp 2000 S. 123). Da sich vorliegend die Nummer des

Bewirtungskostenkontos von der Nummer des Kontos für Rechts- und Beratungskosten nur bezüglich einer Ziffer unterscheidet, ist anzunehmen, dass lediglich die fragliche Ziffer verwechselt wurde und nicht die Widmung des Kontos geändert werden sollte. Die OHG kann daher 70 % der „berichtigten" Bewirtungskosten in Höhe von (5 000 € ./. 2 000 € =) 3 000 € = 2 100 € als Betriebsausgaben abziehen. Die auf die Bewirtungskosten in Höhe von 3 000 € entfallende Vorsteuer in Höhe von 480 € (= 16 % von 3 000 €) ist bei der Umsatzsteuer abzugsfähig.

Die Buchführungskosten in Höhe von 2 000 € sind dagegen zu 100 % abziehbar. Gleiches gilt für die auf die Buchführungskosten entfallende Vorsteuer.

Fall 93
Betriebsausgabenabzug für ein häusliches Arbeitszimmer

Sachverhalt: A ist Eigentümer eines Einfamilienhauses. In diesem Haus befindet sich seine Wohnung. In einem anderen Gebäude betreibt A eine Arztpraxis. Seine Ehefrau ist bei ihm mit monatlich 40 Stunden als Arzthelferin beschäftigt. A macht für das Jahr 2005 als Betriebsausgaben einen Betrag in Höhe von 2 000 € als „Aufwendungen für ein Arbeitszimmer im eigenen Haus" geltend. Das FA lässt diese Aufwendungen nicht zum Abzug zu. Dagegen macht A geltend, das Zimmer unterfalle nicht der Abzugsbeschränkung des § 4 Abs. 5 Satz 1 Nr. 6b EStG. Ein häusliches Arbeitszimmer setze begrifflich die Ausübung einer häuslichen Tätigkeit durch den Stpfl. selbst voraus. Das Zimmer werde aber nicht durch ihn selbst, sondern ausschließlich durch die in seiner Praxis angestellte Ehefrau genutzt. Sie erledige dort Büroarbeiten, für die in der Praxis ein Raum fehle. Außerdem diene das Zimmer der Unterbringung von Praxisakten.

Der gemeine Wert des Arbeitszimmers beträgt 25 000 € (anteiliger Wert des Grund und Bodens: 5 000 €, anteiliger Wert des Raumes: 20 000 €).

Fragen:
1. Sind die Arbeitszimmerkosten – ggf. in welcher Höhe – als Betriebsausgaben abziehbar?
2. Gehört das Arbeitszimmer zum notwendigen Betriebsvermögen des A?

Literaturhinweis: *Lehrbuch Einkommensteuer*, Rdn. 1101

Lösung

Zu 1.:

Aufwendungen für ein häusliches Arbeitszimmer sowie die Kosten der Ausstattung sind grundsätzlich nicht als Betriebsausgaben abzugsfähig (§ 4 Abs. 5 Satz 1 Nr. 6b Satz 1 EStG). Dieses generelle Abzugsverbot greift aber dann nicht (jedenfalls nicht in vollem Umfang) ein,

- wenn die betriebliche oder berufliche Nutzung des Arbeitszimmers mehr als 50 % der gesamten betrieblichen und beruflichen Tätigkeit beträgt oder

- wenn für die betriebliche oder berufliche Tätigkeit kein anderer Arbeitsplatz zur Verfügung steht (§ 4 Abs. 5 Satz 1 Nr. 6b Satz 2 EStG).

In diesen Fällen entfällt das totale Abzugsverbot, der Betriebsausgabenabzug ist jedoch auf 1 250 € im Jahr beschränkt (§ 4 Abs. 5 Satz 1 Nr. 6b Satz 3 1. Halbsatz EStG); die Beschränkung des Betriebsausgabenabzugs auf 1 250 € im Jahr gilt nicht, wenn das Arbeitszimmer den „Mittelpunkt der gesamten betrieblichen und beruflichen Betätigung" bildet (§ 4 Abs. 5 Satz 1 Nr. 6b Satz 3 2. Halbsatz EStG).

Der BFH hat entschieden, dass in den Fällen, in denen ein in die Wohnung integrierter Raum von einem zusammen mit dem Stpfl. im Haushalt lebenden Angehörigen genutzt wird, der in dessen Unternehmen beschäftigt ist, es sich um ein häusliches Arbeitszimmer i. S. des § 4 Abs. 5 Satz 1 Nr. 6b EStG handeln kann (BFH IV B 36/01, BFH/NV 2002 S. 1570). Die Arbeitszimmerkosten sind daher im vorliegenden Fall nicht – auch nicht begrenzt auf 1 250 € – als Betriebsausgabe abziehbar.

Zu 2.:

Grundstücke und Gebäudeteile gehören zum notwendigen Betriebsvermögen, wenn sie dazu bestimmt sind, dem Betrieb zu dienen oder ihn zu fördern. Notwendiges Betriebsvermögen muss in der Bilanz bzw. – bei Einnahmen-Überschussrechnung – im Bestandsverzeichnis ausgewiesen werden. Von diesem grundsätzlichen Ausweis von notwendigem Betriebsvermögen in der Bilanz bzw. Bestandsverzeichnis gibt es eine Ausnahme. Eigenbetrieblich genutzte Grundstücksteile, also prinzipiell Wirtschaftsgüter des notwendigen Betriebsvermögens, brauchen nicht als Betriebsvermögen behandelt zu werden, wenn ihr Wert nicht mehr als ein Fünftel des gemeinen Wertes des gesamten Grundstücks und nicht mehr als 20 500 € (vor 2002: 40 000 DM) beträgt (§ 8 EStDV). Sind die genannten Grenzen nicht überschritten, steht die Bilanzierung im Ermessen des Steuerpflichtigen (BFH III R 20/99, BFH/NV 2001 S. 849).

Vorliegend hat A kein Wahlrecht, ob er das Arbeitszimmer als Betriebsvermögen ausweist oder nicht. Das Arbeitszimmer gehört wegen Überschreitung der genannten Wertgrenze zwingend zum notwendigen Betriebsvermögen. Dass die Arbeitszimmerkosten wegen des Abzugsverbots nach § 4 Abs. 5 Satz 1 Nr. 6b EStG vom Betriebsausgabenabzug ausgeschlossen sind, ändert daran nichts. Das bedeutet: Das beruflich genutzte, steuerlich unter das Abzugsverbot des § 4 Abs. 5 Nr. 6b EStG fallende Arbeitszimmer ist steuerverstricktes Betriebsvermögen des A mit der Folge, dass es bei einem Verkauf des Hauses oder einer Entnahme des beruflich genutzten Gebäudeteils zu einer Gewinnrealisierung kommt. Ein unbefriedigendes Ergebnis (so zu Recht *kk*, KÖSDI 2002 S. 13125).

Fall 94
Anschaffungskosten bei einem Anschaffungsgeschäft in Fremdwährung

Sachverhalt: A betreibt eine Fabrikation. Am 10. 1. 01 bestellt er bei einem amerikanischen Lieferanten eine Maschine. Als Kaufpreis werden 100 000 US-Dollar vereinbart. A leistet noch im Januar 01 eine Vorauszahlung in Höhe des Kaufpreises. Ein Euro kostet im Zeitpunkt der Vorauszahlung 1,22 US-Dollar oder anders ausgedrückt: ein US-Dollar kostet 0,8196721 €, so dass A als Vorauszahlung 81 967,21 € bucht (Buchungssatz: Vorauszahlung 81 967,21 € an Bank 81 967,21 €). Die Maschine wird im März 01 geliefert. Ein Euro kostet im Zeitpunkt der Lieferung 1,29 US-Dollar oder anders ausgedrückt: ein US-Dollar kostet jetzt nur noch 0,7751938 €. Der US-Dollar hat also im Vergleich zum € an Wert verloren, der € an Wert gewonnen.

Frage: Wie hoch sind die Anschaffungskosten der Maschine?

Lösung

Anschaffungskosten entstehen grundsätzlich an dem Tag, an dem der Stpfl. die wirtschaftliche Verfügungsmacht an dem angeschafften Wirtschaftsgut erlangt, regelmäßig also am Tag der Lieferung. Ist der Kaufpreis für ein Wirtschaftsgut in ausländischer Währung zu erbringen, ist er für die Ermittlung der Anschaffungskosten zum Kurs im Anschaffungszeitpunkt in € umzurechnen (BFH III R 92/75, BStBl 1978 II 233, und III R 190/94, BStBl 1998 II 123). Das bedeutet, dass sich die Anschaffungskosten der Maschine auf (100 000 × 0,7751938 € =) 77 519,38 € belaufen. A ist also aufgrund der Vorauszahlung und des Umrechnungsverhältnisses ein Kursverlust von (0,8196721 ./. 0,7751938 =) 0,0444783 x 100 000 € = 4 447,83 € entstanden, der im Jahr 01 sofort als Betriebsausgabe abziehbar ist (Buchungssatz: Anschaffungskosten Maschine 77 519,38 € und Kursverlust 4 447,83 € an Vorauszahlungen 81 967,21 €).

Fall 95
Unentgeltlicher Erwerb eines Wirtschaftsgutes aus betrieblichen Gründen

Sachverhalt: Frau A ist Inhaberin eines Juweliergeschäfts. Ihren Gewinn ermittelt sie durch Bestandsvergleich. Anlässlich ihres 25-jährigen Geschäftsjubiläums am 1. 7. 01 erhält sie von einem Schmuckgroßhändler, der sie seit Jahren beliefert, ein Perlenarmband geschenkt. Im Falle eines Erwerbs hätte A für das Armband 1 000 € zzgl. 16 % Umsatzsteuer aufwenden müssen. A schenkt das Armband ihrer Tochter zu deren Geburtstag am 10. 7. 01.

Frage: Welche einkommensteuerliche Auswirkungen hat der Geschäftsvorfall?
Literaturhinweis: *Lehrbuch Einkommensteuer*, Rdn. 1251

Lösung

Es handelt sich um einen unentgeltlichen Erwerb, da A keine Anschaffungskosten entstanden sind. Für die steuerliche Beurteilung ist davon auszugehen, dass A das Armband aus betrieblichen Gründen zugewendet worden ist. Der Schmuckgroßhändler will nämlich mit dem Geschenk offensichtlich die langjährigen Geschäftsbeziehungen honorieren.

Beim unentgeltlichen Erwerb eines einzelnen Wirtschaftsgutes aus betrieblichen Gründen gilt für den Empfänger der gemeine Wert des Wirtschaftsgutes als Anschaffungskosten (§ 6 Abs. 4 EStG). Der gemeine Wert entspricht den Anschaffungskosten, die A im Zeitpunkt des Erwerbs hätte aufwenden müssen (BFH I R 136/72, BStBl 1974 II 210, für ein Sachgeschenk, das ein bedeutender Bierabnehmer von seiner Brauerei erhielt). Als gemeiner Wert sind also die – fiktiven – üblichen Anschaffungskosten in Höhe von 1 000 € anzusetzen. Durch diese Bewertung des unentgeltlichen Erwerbs ergibt sich für A ein Gewinn in Höhe von 1 000 €, der auch steuerpflichtig ist (Buchungssatz: Wareneinkauf an sonstige betriebliche Erträge 1 000 €).

Die Voraussetzungen für einen Vorsteuerabzug nach § 15 UStG liegen nicht vor.

Die Schenkung des Armbands an die Tochter stellt eine Entnahme dar, die mit dem Teilwert von 1 000 € zu bewerten ist (§ 6 Abs. 1 Nr. 4 EStG). Die Entnahme eines Gegenstands durch einen Unternehmer aus seinem Unternehmen für Zwecke, die außerhalb des Unternehmens liegen, wird zwar umsatzsteuerlich prinzipiell einer Lieferung gegen Entgelt gleichgestellt (§ 3 Abs. 1b Satz 1 Nr. 1 UStG). Voraussetzung dafür ist jedoch, dass der Gegenstand zum vollen oder teilweisen Vorsteuerabzug berechtigt hat (§ 3 Abs. 1b Satz 2 UStG). Da es hieran fehlt, löst die Schenkung des Armbands keine Umsatzsteuer aus. Die Entnahme selbst führt zu keiner Gewinnrealisierung, da der Entnahmewert den – fiktiven – Anschaffungskosten entspricht (Buchungssatz: Entnahme an Wareneinkauf 1 000 €). Da A den erlangten Sachwert für private Zwecke eingesetzt hat, bleibt es bei der Erfassung der Sacheinnahme, also beim Ansatz der Betriebseinnahme in dem Zeitpunkt, in dem A den Sachwert erhalten hat (BFH IV R 115/84, BStBl 1986 II 607). Dementsprechend erhöht sich der Gewinn 01 (einmalig) um 1 000 €.

Fall 96
Ausweis von Pensionsrückstellungen in der Steuerbilanz

Sachverhalt: A betreibt ein gewerbliches Einzelunternehmen. Zwischen ihm und B besteht ein Arbeitsverhältnis. A hat B eine unmittelbare Pensionszusage erteilt: In einem Einzelvertrag hat er sich verpflichtet, die Pensionsleistungen bei Eintritt des Versorgungsfalls selbst (unmittelbar) zu erbringen.

Der Teilwert der Pensionszusage beträgt

- am 31. 12. 2003   30 000 €
- am 31. 12. 2004   36 000 €

Die Voraussetzungen des § 6a Abs. 1 und 2 EStG für die Bildung einer Pensionsrückstellung sind gegeben.

1. Es handelt sich um eine Pensionszusage, die nach dem 31. 12. 1986 gemacht worden ist (sog. Neuzusage).
2. Es handelt sich um eine Pensionszusage, die vor dem 1. 1. 1987 gemacht worden ist (sog. Altzusage). A hat die Pensionsverpflichtung in seiner Handelsbilanz nicht ausgewiesen.

Abschnitt 9: Gewinnermittlung

Frage: Muss aufgrund der Pensionszusage in der Steuerbilanz des A eine gewinnmindernde Rückstellung gebildet werden?

Lösung

Zu 1.:

Vor Inkrafttreten des Bilanzrichtlinien-Gesetzes (BiRiLiG) bestand bezüglich der Passivierung von Pensionsverpflichtungen ein Passivierungswahlrecht. Das handelsrechtliche Passivierungswahlrecht hätte steuerrechtlich an sich ein Passivierungsverbot zur Folge gehabt. Aufgrund der speziellen Vorschrift des § 6a EStG fand dieser allgemeine Bilanzgrundsatz jedoch keine Anwendung: § 6a EStG gewährt auch steuerrechtlich ein Passivierungswahlrecht.

Mit dem Inkrafttreten des BiRiLiG ist eine veränderte Rechtslage eingetreten. § 249 Abs. 1 HGB sieht nämlich eine Passivierungspflicht für ungewisse Verbindlichkeiten vor.

Pensionsverpflichtungen gehören zu den ungewissen Verbindlichkeiten, die von der Rückstellungspflicht des § 249 Abs. 1 HGB erfasst werden. Die Passivierungspflicht erstreckt sich aber aufgrund einer Ausnahme- und Übergangsregelung nur auf sog. Neuzusagen, d. h. auf Pensionszusagen, auf die der Pensionsberechtigte seinen Rechtsanspruch nach dem 31. 12. 1986 erworben hat (Art. 28 Abs. 1 Satz 1 EGHGB). A muss daher für die Pensionsverpflichtung (Neuzusage) in seiner Handelsbilanz und wegen des Maßgeblichkeitsgrundsatzes auch in seiner Steuerbilanz eine gewinnmindernde Rückstellung bilden (R 41 Abs. 1 Satz 2 EStR 2003; BMF vom 13. 3. 1987, BStBl 1987 I, 365). Die Pensionsverpflichtung muss somit in der Steuerbilanz zum 31. 12. 2003 mit ihrem Teilwert von 30 000 € und in der Steuerbilanz zum 31. 12. 2004 mit ihrem Teilwert von 36 000 € passiviert werden.

Zu 2.:

Für eine unmittelbare Pensionszusage aus einer sog. Altzusage, d. h. für eine vor dem 1. 1. 1987 rechtsverbindlich erteilte Pensionszusage, braucht keine Rückstellung gebildet zu werden (Art. 28 Abs. 1 Satz 1 EGHGB). Bei Altzusagen besteht also ein Passivierungswahlrecht. Da A in seiner Handelsbilanz für die Altzusage keine Rückstellung gebildet hat, kann die Bildung einer solchen auch in der Steuerbilanz unterbleiben.

Hätte A die Altzusage in seiner Handelsbilanz passiviert, so hätte diese wegen des Maßgeblichkeitsprinzips auch in der Steuerbilanz ausgewiesen werden müssen.

Fall 97
Pensionszusagen an Gesellschafter-Geschäftsführer von Personengesellschaften

Sachverhalt: An der X-OHG sind Frau A und ihr Sohn B zu je 50 % beteiligt. Geschäftsführer der Gesellschaft ist B. Anfang 01 hat die OHG dem B sowie dem bei ihr angestellten C Pensionszusagen erteilt, deren Teilwerte sich auf folgende Beträge belaufen:

	31. 12. 01	31. 12. 02
Teilwert Pensionszusage B	10 000 €	18 000 €
Teilwert Pensionszusage C	8 000 €	14 000 €

Die X-OHG bildet für die Verpflichtungen aus den Pensionszusagen in ihren Handels- und Steuerbilanzen zum 31. 12. 01 und 31. 12. 02 zu Lasten ihres Gewinns Rückstellungen in Höhe der Teilwerte.

C tritt am 31. 12. 02 als weiterer (geschäftsführender) Gesellschafter in die OHG ein.

Fragen:
1. Wie ist die B erteilte Pensionszusage einkommensteuerrechtlich zu behandeln?
2. Wie ist die C erteilte Pensionszusage einkommensteuerrechtlich zu behandeln?

Lösung

Zu 1.:

Nach der früheren Rechtsprechung wurde im Steuerrecht eine Pensionszusage an den Gesellschafter-Geschäftsführer einer Personengesellschaft als Gewinnverteilungsabrede zwischen den Gesellschaftern angesehen, die den Gewinn der Gesellschaft nicht beeinflussen durfte und dementsprechend auch nicht zur Rückstellungsbildung für die zukünftigen Pensionsleistungen berechtigte (BFH I R 142/72, BStBl 1975 II 437). Zu Unrecht gebildete Rückstellungen waren aufzulösen. Grund hierfür war, dass auch Pensionszusagen zu den Vergütungen gehören, die der Gesellschafter für seine Tätigkeit im Dienste der Gesellschaft bezieht, und die daher nach § 15 Abs. 1 Satz 1 Nr. 2 EStG bei der Ermittlung des Steuerbilanzgewinns nicht abgezogen werden dürfen.

Diese Rechtsprechung war jedoch nicht mehr haltbar, nachdem die neuere Rechtsprechung des BFH GrS 1/79 (BStBl 1981 II 164, und GrS 1/79, BStBl 1991 II 691) den Gesamtgewinn einer Mitunternehmerschaft in Gestalt einer Gesamtbilanz ermittelt. Die daraus resultierende stufenweise Ermittlung des Gesamtgewinns der Mitunternehmerschaft muss zwangsläufig zur Berücksichtigung von Pensionsrückstellungen als Aufwand in der Steuerbilanz der Personengesellschaft (1. Stufe) führen. Die Neutralisierung dieses Aufwands im Rahmen der Gesamtbilanz geschieht in der Weise, dass die in der Steuerbilanz der Gesellschaft passivierte Pensionszusage durch einen gleich hohen Aktivposten in der Sonderbilanz der begünstigten oder aller Gesellschafter ausgeglichen wird. Es handelt sich hierbei um den sog. Grundsatz der „korrespondierenden" Bilanzierung. Diese steuerliche Behandlung hält der BFH in neueren Entscheidungen für zulässig (VIII R 15/96, BFH/NV 1998 S. 781 und VIII B 20/99, BFH/NV 2000 S. 469).

Dabei lässt er allerdings offen, ob der die Rückstellung in der Steuerbilanz der Gesellschaft neutralisierende Aktivposten anteilig in Sonderbilanzen für alle Gesellschafter oder nur in der Sonderbilanz des durch die Pensionszusage begünstigten Gesellschafters anzusetzen ist. Der wohl überwiegende Teil des Schrifttums favorisiert die zuletzt genannte Lösung (vgl. *Gosch*, StBp 1998 S. 138, sowie *Steinhauff*, NWB 1998, Fach 3 S. 10651). Folgt man dieser Auffassung, ist der Gewinn des B um folgende Beträge zu erhöhen:

	01	02
Mehrgewinn = Zuführung zur Pensionsrückstellung	10 000 €	18 000 €

Zu 2.:

Wird ein Arbeitnehmer einer Personengesellschaft zum Gesellschafter (Mitunternehmer) der Gesellschaft und war ihm zuvor eine Pensionszusage erteilt worden, ist die bis zu seinem Eintritt zulässigerweise gebildete Pensionsrückstellung nicht gewinnerhöhend aufzulösen (BFH I R 8/79, BStBl 1977 II 798, und IV R 41/80, BStBl 1981 II 424). Für die Zeit ab Gesellschaftseintritt dürfen Rückstellungen mit steuerlicher Wirkung jedoch nicht mehr gebildet werden. Allerdings darf die Rückstellung mit steuerlicher Wirksamkeit jährlich um die Aufzinsung bis zum Eintritt des Versorgungsfalls fortentwickelt werden. Die Zuführungen zur Rückstellung aufgrund der Fortentwicklung des Anwartschaftsbarwertes sind als Nachwirkung der früheren Arbeitnehmereigenschaft nicht nach § 15 Abs. 1 Nr. 2 EStG dem Gewinn der Gesellschaft zuzurechnen. Nach alledem kommt hier eine gewinnerhöhende Auflösung der für C gebildeten Pensionsrückstellung am 31. 12. 01 bzw. 31. 12. 02 nicht in Betracht.

Fall 98
Pensionszusage an Arbeitnehmer-Ehegatten

Sachverhalt: Zwischen dem Unternehmen von Frau B und ihrem Ehemann A besteht ein steuerlich anzuerkennendes Arbeitsverhältnis. A erhält – ebenso wie ein vergleichbarer familienfremder Arbeitnehmer – eine Pensionszusage. Die erteilte Pensionszusage schließt auch die Witwenversorgung ein. Aufgrund der Pensionszusage zugunsten des A ist zum Bilanzstichtag 31. 12. 01 eine gewinnmindernde Rückstellung gebildet worden; dabei wurde auch die zugesagte Witwenversorgung zugunsten der B berücksichtigt:

Zuführung zur Rückstellung	10 000 €
davon entfallen auf die Anwartschaft auf	
Witwenversorgung B	4 000 €

1. Bei dem Unternehmen der B handelt es sich um ein Einzelunternehmen.
2. Bei dem Unternehmen der B handelt es sich um eine Einmann-GmbH & Co. KG, d. h. B ist alleinige Kommanditistin der KG und zugleich alleinige Gesellschafterin der Komplementär-GmbH.

Frage: Ist die Bildung der Pensionsrückstellung steuerlich anzuerkennen?

→ Lösung

Zu 1.:

Pensionszusagen zwischen Ehegatten, die im Rahmen von steuerlich anzuerkennenden Arbeitsverhältnissen erteilt werden, sind auch steuerlich grds. zu beachten und berechtigen zur Bildung von Pensionsrückstellungen, vorausgesetzt, dass die Pensionszusage betrieblich veranlasst ist und der Arbeitgeber auch tatsächlich mit der Inanspruchnahme aus der gegebenen Pensionszusage rechnen muss (BFH XI R 2/93, BStBl 1994 II 111, und VIII R 69/98, BFH/NV 2002 S. 710). Für die Frage der betrieblichen Veranlassung ist in erster Linie ein Fremdvergleich von Bedeutung. Betrieblich veranlasst ist eine Pensionszusage im Rahmen eines Ehegatten-Arbeitsverhältnisses nur dann, wenn und soweit mit hoher Wahrscheinlichkeit eine vergleichbare Zusage auch einem familienfremden Arbeitnehmer im Betrieb erteilt worden wäre (BFH VIII R 177/78, BStBl 1984 II 661, und IX R 37/93, BStBl 1996 II 131). Eine Zusage auf Witwen- oder Witwerversorgung im Rahmen von Ehegatten-Pensionszusagen in Einzelunternehmen ist jedoch nach Auffassung der Finanzverwaltung nicht rückstellungsfähig, da hier bei Eintritt des Versorgungsfalles Anspruch und Verpflichtung in einer Person zusammenfallen, der Unternehmer im Versorgungsfalle also die Leistungen selbst erhält (H 41 Abs. 10 „Witwen-/Witwerversorgung" EStH). Ob dem zu folgen ist, ist höchstrichterlich bislang nicht entschieden (BFH IV R 42/73, BStBl 1976 II 372); der BFH hat die Frage ausdrücklich offen gelassen (BFH IV R 80/86, BStBl 1988 II 883, und XI R 2/93, BStBl 1994 II 111). Folgt man der Auffassung der Finanzverwaltung, ist die Zuführung zur Rückstellung, soweit sie auf den Witwenanteil in der Pensionszusage entfällt (= 4 000 €), nicht als Betriebsausgaben abzugsfähig.

Zu 2.:

Die Einmann-GmbH & Co. KG ist zivil- und steuerrechtlich grds. eine Personengesellschaft und kein Einzelunternehmen. Die Mitunternehmerschaft besteht aus der GmbH und dem Kommanditisten. Der Eigenständigkeit der Einmann-GmbH & Co. KG muss auch bei der Bewertung der Pensionsrückstellung Rechnung getragen werden. Das bedeutet, dass die Mitunternehmerschaft auch nicht partiell, nämlich in Bezug auf den Witwenanteil in der Pensionszusage einem Einzelunternehmen gleichgestellt werden darf. Bei Eintritt des Versorgungsfalls erfüllt die KG auch mit dem Witwenanteil der Pensionszusage nicht eine Verpflichtung der Witwe gegenüber sich selbst, sondern eine eigene Verbindlichkeit. Ein Durchgriff auf die hinter der GmbH stehende natürliche Person ist nicht zulässig. Die von der Einmann-GmbH & Co. KG erteilte Zusage auf Witwenversorgung ist in die Bildung der Rückstellung für die Pensionsverbindlichkeit mit einzubeziehen, da hier bei Eintritt des Versorgungsfalls Anspruch und Verpflichtung nicht in einer Person zusammenfallen (BFH IV R 80/86, BStBl 1988 II 883; vgl. auch die Urteilsanmerkung von *Bordewin*, RWP 1988, SG 1.3 S. 2741, sowie *ders.*, NWB 1988 Fach 3 S. 6940); die Zuführung zur Rückstellung in Höhe von 10 000 € ist daher nicht zu beanstanden.

Fall 99
Ausscheiden eines Wirtschaftsgutes aus dem Betriebsvermögen infolge höherer Gewalt bei Gewinnermittlung nach § 4 Abs. 3 EStG

Sachverhalt: Frau A ist selbständige Krankengymnastin. Sie ermittelt ihren Gewinn durch Einnahmen-Überschussrechnung nach § 4 Abs. 3 EStG. Ihre Praxis betreibt sie in einem eigenen Gebäude. Im Dezember 01 brennt das Betriebsgebäude ab. Der Restbuchwert des Gebäudes betrug im Zeitpunkt des Schadenseintritts 200 000 €. Die Brandversicherung leistet im Jahr 02 eine Entschädigungsleistung in Höhe von 250 000 €. A beginnt im Jahr 02 mit der Errichtung eines neuen Betriebsgebäudes. Das neue Gebäude wird im Jahr 03 fertig gestellt; seine Herstellungskosten belaufen sich auf 300 000 €.

Frage: Kann A den Schadenseintritt und die Entschädigungszahlung als Geschäftsvorfälle des Jahres 03 behandeln?

Literaturhinweis: *Lehrbuch Einkommensteuer*, Rdn. 1161

➡ Lösung

Scheidet ein Wirtschaftsgut infolge höherer Gewalt (z. B. Brand) aus dem Betriebsvermögen aus, sind Entschädigungsleistungen, die im Zusammenhang hiermit geleistet werden, grundsätzlich Betriebseinnahmen des Jahres, in dem sie zufließen. Ist die Entschädigungsleistung höher als der im Zeitpunkt des Ausscheidens des Wirtschaftsgutes noch vorhandene Restbuchwert – dieser ist erfolgswirksam auszubuchen –, kann der Differenzbetrag im Wirtschaftsjahr der Ersatzbeschaffung von den Anschaffungs- oder Herstellungskosten des Ersatzwirtschaftsgutes abgesetzt werden. Voraussetzung ist, dass die Anschaffung oder Herstellung des Ersatzwirtschaftsgutes am Schluss des Wirtschaftsjahres, in dem der Schadensfall eingetreten ist, ernstlich geplant ist und das Ersatzwirtschaftsgut bei beweglichen Gegenständen tatsächlich bis zum Schluss des ersten und bei Gebäuden bis zum Schluss des zweiten Wirtschaftsjahres, das auf das Wirtschaftsjahr des Eintritts des Schadensfalls folgt, angeschafft oder hergestellt oder bestellt wird. Diese Reinvestitionsfrist kann u. U. angemessen verlängert werden. Fallen der Schadenseintritt, die Zahlung der Entschädigung und die Beseitigung des Schadens jeweils in verschiedene Wirtschaftsjahre, so kann (nicht muss) der Stpfl. aus Billigkeitsgründen den Schadenseintritt und die Zahlung der Entschädigung als Geschäftsvorfälle des Jahres behandeln, in dem der Schaden beseitigt wird (R 35 Abs. 5 Satz 4 EStR 2003). A kann daher von der Ausbuchung des Restbuchwertes im Jahr 01 und der Erfassung der Entschädigungsleistung als Betriebseinnahme des Jahres 02 absehen und beide Geschäftsvorfälle im Jahr 03 berücksichtigen. In diesem Fall werden im Jahr 03 der Restbuchwert von 200 000 € und die den Restbuchwert übersteigende Entschädigungsleistung in Höhe von (250 000 € ./. 200 000 € =) 50 000 € als Betriebsausgabe erfasst; zugleich wird die Entschädigungsleistung in Höhe von 250 000 € im Jahr 03 als Betriebseinnahme berücksichtigt.

Andererseits darf die AfA für das neue Gebäude nur von folgender Bemessungsgrundlage vorgenommen werden:

Herstellungskosten Neubau	300 000 €
./. abgezogene Entschädigungsleistung	50 000 €
Bemessungsgrundlage für die AfA	250 000 €

Fall 100
Gewinnabzug nach § 6b EStG von den Anschaffungskosten eines Gästehauses

Sachverhalt: A betreibt in Mainz ein Hoch- und Tiefbauunternehmen. In Rottach-Egern unterhält er eine Ferienwohnung, die er seinen Geschäftsfreunden unentgeltlich zur Verfügung stellt.

Das Gästehaus wurde Anfang 01 für 125 000 € erworben. In seiner Bilanz zum 31. 12. 13 hat A die Ferienwohnung mit folgenden Werten aktiviert:

a) Grund und Boden

Buchwert 31. 12. 01 – 31. 12. 13	25 000 €

b) Gebäude

Anschaffungskosten	100 000 €
./. AfA 01 – 13: 13 × (2 % von 100 000 € =) 2 000 € =	./. 26 000 €
Buchwert 31. 12. 13	74 000 €

Anfang Januar 14 verkauft A die Ferienwohnung für 199 000 €. In diesem Zusammenhang hat er folgenden Veräußerungsgewinn ermittelt:

	Grund und Boden	Gebäude
Restbuchwert zum Zeitpunkt des Verkaufs	25 000 €	74 000 €
Verkaufserlös	45 000 €	154 000 €
Veräußerungsgewinn	20 000 €	80 000 €

Noch im selben Jahr, nämlich am 20. 2. 14, erwirbt A eine im Schwarzwald gelegene Ferienwohnung für 300 000 € (Grund und Boden 60 000 € und Gebäude 240 000 €). Das erworbene Grundstück wird – ebenso wie das veräußerte Gästehaus – Geschäftspartnern unentgeltlich zur Verfügung gestellt. A überträgt die durch die Veräußerung aufgedeckten stillen Reserven gem. § 6b EStG auf das erworbene Grundstück:

	Grund und Boden	Gebäude
Anschaffungskosten	60 000 €	240 000 €
./. übertragene stille Reserven	./. 20 000 €	./. 80 000 €
Veräußerungsgewinn	40 000 €	160 000 €

Fragen:

1. Ist die AfA für das Gästehaus für die Jahre 01 bis 13 als Betriebsausgabe abzugsfähig?

2. Welche einkommensteuerlichen Folgen hat die Übertragung der stillen Reserven auf die Anschaffungskosten des neuen Gästehauses im Jahr 14?
Literaturhinweis: *Lehrbuch Einkommensteuer*, Rdn. 1094

Lösung

Zu 1.:

Aufwendungen für eigene, nicht am Ort des Betriebs belegene Gästehäuser, die Geschäftsfreunden unentgeltlich zur Verfügung gestellt werden, gehören zu den nicht abziehbaren Betriebsausgaben des § 4 Abs. 5 Nr. 3 EStG. Zu den nicht abzugsfähigen Aufwendungen i. S. dieser Vorschrift zählt auch die AfA. Die Gewinnkorrektur wird hier dadurch erreicht, dass die AfA von jährlich 2 000 € dem Gewinn außerhalb der Bilanz hinzugerechnet wird.

Zu 2.:

Die Veräußerung der Ferienwohnung Anfang 14 führt nach dem Regelungsinhalt des § 4 Abs. 5 Nr. 3 EStG zu einem voll zu versteuernden Veräußerungsgewinn. Zur Berechnung des Veräußerungsgewinns ist daher – wie geschehen – dem Veräußerungserlös ein um die nicht abziehbare AfA geminderter Bilanzwert gegenüberzustellen (BFH VIII R 40/69, BStBl 1974 II 207, und VIII R 300/81, BFH/NV 1986 S. 18). A ist auch berechtigt, den Veräußerungsgewinn in Höhe von (20 000 € + 80 000 € =) 100 000 € in voller Höhe auf das erworbene Grundstück zu übertragen (§ 6b Abs. 1 EStG). Der nach Abzug der übertragenen stillen Reserven verbleibende Restbetrag gilt als Anschaffungskosten des neuen Grundstücks (§ 6b Abs. 6 EStG); soweit er auf das Gebäude entfällt (= 160 000 €), stellt er die Bemessungsgrundlage für die AfA dar.

Zu beachten ist aber, dass sich der Abzug gem. § 6b Abs. 1 EStG in Höhe von 80 000 € von den Anschaffungskosten des neuen Gebäudes in gleicher Weise auswirkt wie eine Abschreibung. Durch den Abzug werden nämlich Abschreibungen vorweggenommen, die sonst erst in späteren Jahren hätten vorgenommen werden können. Abschreibungen auf Gästehäuser gehören aber zu den nicht abzugsfähigen Aufwendungen i. S. des § 4 Abs. 5 Nr. 3 EStG (R 21 Abs. 11 Satz 1 EStR 2003). Das bedeutet, dass der wie eine vorweggenommene Abschreibung wirkende Abzug nach § 6b Abs. 1 EStG in Höhe von 80 000 € im Jahr 14 als nicht abzugsfähige Betriebsausgabe dem Gewinn außerhalb der Bilanz hinzuzurechnen ist.

Fall 101
Übertragung einer Rücklage nach § 6b EStG auf ein in das Betriebsvermögen eingelegtes Wirtschaftsgut

Sachverhalt: A betreibt ein Bauunternehmen. Zu seinem Betriebsvermögen gehörte ein vor 20 Jahren erworbenes unbebautes Grundstück, das dem Bauunternehmen als Lagerplatz diente. A verkaufte den Lagerplatz am 31. 12. 01. Der Buchwert betrug zum Zeitpunkt der Veräußerung umgerechnet 50 000 €, der Verkaufserlös 150 000 €. Da die Veräußerungskosten vom Erwerber getragen wurden, entstand A ein Veräußerungsgewinn in Höhe von (150 000 € ./. 50 000 € =) 100 000 €.

A hat in seiner Bilanz zum 31. 12. 01 eine den steuerlichen Gewinn mindernde Rücklage nach § 6b EStG von 100 000 € ausgewiesen. In den Bilanzen bis zum 31. 12. 04 wurde die Rücklage in Höhe von 100 000 € fortgeführt.

Im Jahr 05 legt der Stpfl. ein bis dahin zu seinem Privatvermögen gehörendes unbebautes Grundstück mit seinem Teilwert von 120 000 € in das Unternehmen ein. Das Grundstück wird ebenfalls als Lagerplatz des Bauunternehmens genutzt. Die Rücklage nach § 6b EStG in Höhe von 100 000 € wird auf den Einlagewert des Grundstücks übertragen:

Einlagewert	120 000 €
./. übertragene stille Reserven	./. 100 000 €
Buchwert Lagerplatz 31. 12. 05	20 000 €

Frage: Kann die Rücklage nach § 6b EStG in Höhe von 100 000 € vom Teilwert des eingelegten Grundstücks abgezogen werden?

Lösung

Die Bildung der Rücklage nach § 6b EStG in der Bilanz zum 31. 12. 01 ist zulässig. Eine Übertragung der Rücklage auf den Teilwert des im Jahr 05 eingelegten Grundstücks ist jedoch unzulässig. § 6b EStG begünstigt nämlich nur die Anschaffung oder Herstellung eines in dieser Vorschrift benannten Wirtschaftsgutes. Die Einlage des Grundstücks in das Betriebsvermögen ist aber nach der Rechtsprechung keine Anschaffung i. S. des § 6b EStG (BFH IX R 27/82, BStBl 1985 II, 250). Das bedeutet, dass die Rücklage in Höhe von 100 000 € zum 31. 12. 05 – zu diesem Zeitpunkt läuft die Reinvestitionsfrist von vier Jahren ab (§ 6b Abs. 3 Satz 5 EStG) – gewinnerhöhend aufgelöst werden muss. Der eingelegte Lagerplatz ist mit 120 000 € zu bilanzieren.

Infolge der zwangsweisen Auflösung der Rücklage ist für jedes volle Wirtschaftsjahr, in dem die Rücklage bestanden hat, der aufzulösende Rücklagebetrag um 6 % zu erhöhen (§ 6b Abs. 7 EStG). Dieser Erhöhungsbetrag ist dem laufenden Gewinn des Jahres 05 außerhalb der Bilanz zuzuschlagen, da es sich hierbei um einen Gewinnzuschlag und nicht um einen Geschäftsvorfall des Betriebs handelt.

Gewinnzuschlag somit: 4 × (6 % von 100 000 €) =	24 000 €

Fall 102
Übertragung eines Veräußerungsgewinns auf ein im Vorjahr angeschafftes bzw. hergestelltes Wirtschaftsgut nach § 6b EStG

Sachverhalt: A betreibt in einem Vorort von Koblenz eine Fabrikation. Mit notariellem Vertrag vom 5. 1. 01 erwirbt er im Koblenzer Industriegebiet ein unbebautes Grundstück; die Anschaffungskosten betragen 200 000 €. A errichtet auf dem Grundstück ein Betriebsgebäude, das Anfang November 01 fertig gestellt wird. Die Herstellungskosten belaufen sich auf 800 000 €; für das Gebäude wird die lineare AfA nach § 7 Abs. 4 Satz 1 Nr. 1 EStG in Anspruch genommen (jährlicher AfA-Satz: 3 %). A verlegt noch im Jahr 01 seine Fabrikation in das neue Betriebsgebäude.

Das bisherige Betriebsgrundstück, das A seit 15 Jahren gehörte, wird im Februar 02 für insgesamt 1,1 Mio. € veräußert; vom Veräußerungspreis entfallen 380 000 € auf den Grund und Boden und 720 000 € auf das Gebäude. Im Veräußerungszeitpunkt hatte das bisherige Betriebsgrundstück einen Buchwert von 400 000 € (Grund und Boden 80 000 € und Gebäude 320 000 €), so dass A in 02 folgender Veräußerungsgewinn entsteht:

	Grund und Boden	Gebäude
Veräußerungspreis	380 000 €	720 000 €
Buchwert	80 000 €	320 000 €
Veräußerungsgewinn	300 000 €	400 000 €

Frage: Kann A den bei der Veräußerung des bisherigen Betriebsgrundstücks in 02 erzielten Veräußerungsgewinn von insgesamt 700 000 € auf die Anschaffungskosten des in 01 angeschafften Grund und Bodens bzw. die Herstellungskosten des in 01 fertig gestellten Betriebsgebäudes übertragen?

➡ Lösung

Nach § 6b Abs. 1 EStG können Gewinne aus der Veräußerung von bestimmten Wirtschaftsgütern des Betriebsvermögens zur Vermeidung der sofortigen Besteuerung auch auf Reinvestitionsgüter übertragen werden, die im Wirtschaftsjahr **vor** der Veräußerung angeschafft oder hergestellt worden sind. Der Veräußerungsgewinn ist in diesem Fall anstelle von den Anschaffungs- oder Herstellungskosten vom Buchwert des betreffenden Wirtschaftsgutes am Schluss des Wirtschaftsjahres (des Vorjahres) abzuziehen (§ 6b Abs. 5 EStG).

Der Abzug des Veräußerungsgewinns ist hier zulässig

- beim Buchwert des Grund und Bodens, soweit der Gewinn bei der Veräußerung von Grund und Boden entstanden ist, und

- beim Buchwert des Gebäudes, soweit der Gewinn bei der Veräußerung von Grund und Boden und Gebäude entstanden ist.

Der bei der Veräußerung des Grund und Bodens entstandene Gewinn in Höhe von 300 000 € kann daher im Jahr 02 in Höhe von 199 999 € auf den Buchwert des in 01 erworbenen Grund und Bodens übertragen werden. Der Restbetrag von 100 001 € sowie der bei der Veräußerung des Gebäudes entstandene Gewinn in Höhe von 400 000 € (insgesamt also 500 001 €) sind auf den Buchwert des in 01 hergestellten Gebäudes übertragbar.

Es ergibt sich danach folgende Wertentwicklung:

a) Grund und Boden

Buchwert 31. 12. 01	200 000 €
./. übertragene stille Reserven des Grund und Bodens	./. 199 999 €
Buchwert 31. 12. 02	1 €

b) Gebäude

Herstellungskosten 01		800 000 €
./. AfA nach § 7 Abs. 4 Satz 1 Nr. 1 EStG:		
3 % von 800 000 € = 24 000 €		
für die Zeit vom 1. 11. bis 31. 12. 01:		
$^{2}/_{12}$ von 24 000 € =		./. 4 000 €
Buchwert 31. 12. 01		796 000 €
./. verbliebene stille Reserven des Grund und Bodens	100 001 €	
./. übertragene stille Reserven des Gebäudes	400 000 €	./. 500 001 €
verbleibender Betrag		295 999 €

Als AfA-Bemessungsgrundlage sind für das Gebäude ab 02 die um den Abzugsbetrag in Höhe von 500 001 € geminderten Herstellungskosten anzusetzen (§ 6b Abs. 6 Satz 2 EStG). Die für das Gebäude ab 02 maßgebende AfA-Bemessungsgrundlage beträgt somit (800 000 € ./. 500 001 € =) 299 999 €.

Fall 103
Betriebserwerb gegen Leibrente mit Wertsicherungsklausel

Sachverhalt: A veräußert mit Ablauf des 31. 12. 01 seinen Gewerbebetrieb an B gegen Zahlung einer lebenslänglichen Rente (mit Wertsicherungsklausel) in Höhe von zunächst monatlich 3 000 € (beginnend ab dem 1. 1. 02).

Der Übertragung liegen folgende Wirtschaftsgüter zugrunde:

	Buchwert in der Schlussbilanz des A zum 31. 12. 01	Teilwert zum 31. 12. 01
Grund und Boden	50 000 €	80 000 €
Gebäude	150 000 €	200 000 €
Maschinen	40 000 €	50 000 €
Einrichtung	20 000 €	30 000 €
Waren	90 000 €	90 000 €
Firmenwert	0 €	100 000 €
	350 000 €	550 000 €

Der versicherungsmathematische Rentenbarwert der monatlichen Rente in Höhe von 3 000 € beträgt

- am 1. 1. 02   550 000 €
- am 31. 12. 02   524 000 €
- am 31. 12. 03   497 000 €

Abschnitt 9: Gewinnermittlung

Aufgrund einer Wertsicherungsklausel erhöhen sich die Rentenzahlungen ab 1. 7. 03 auf monatlich 3 300 €. Der versicherungsmathematische Barwert des Erhöhungsbetrages beläuft sich

- am 1. 7. 03 auf 51 000 €
- am 31. 12. 03 auf 49 700 €

Fragen:
1. Welches Aussehen hat die Eröffnungsbilanz des B zum 1. 1. 02?
2. Welche Gewinnauswirkung ergibt sich im Zusammenhang mit den Rentenzahlungen der Jahre 02 und 03 in Höhe von monatlich 3 000 €?
3. Welche einkommensteuerlichen Folgen löst die Rentenerhöhung ab 1. 7. 03 aus?

Literaturhinweis: *Lehrbuch Einkommensteuer*, Rdn. 1163

 Lösung

Zu 1.:

Beim Erwerb eines Betriebs gegen eine Leibrente bildet der Barwert der Rentenverpflichtung zum Zeitpunkt des Erwerbs die Anschaffungskosten für die übernommenen Wirtschaftsgüter einschließlich eines etwaigen Firmenwertes. Der Rentenbarwert ist grds. nach versicherungsmathematischen Grundsätzen zu ermitteln (BFH I R 21/66, BStBl 1969 II 334; IV R 126/76, BStBl 1980 II 491, und VIII R 64/96, BStBl 1998 II 537). Die Finanzverwaltung lässt allerdings auch zu, dass der Erwerber den Rentenbarwert nach den Vorschriften des BewG ermitteln kann (R 32a EStR 2003). Die erworbenen Wirtschaftsgüter sind mit ihrem Teilwert, höchstens mit den Anschaffungskosten zu aktivieren (§ 6 Abs. 1 Nr. 7 EStG); der darüber hinausgehende Betrag ist als Firmenwert auszuweisen. Die Eröffnungsbilanz des B hat danach folgendes Aussehen:

Aktiva		Eröffnungsbilanz zum 1. 1. 02	Passiva
Grund und Boden	80 000 €	Kapital	0 €
Gebäude	200 000 €	Rentenverpflichtung	550 000 €
Maschinen	50 000 €		
Einrichtung	30 000 €		
Waren	90 000 €		
Firmenwert	100 000 €		
	550 000 €		550 000 €

Zu 2.:

Die Rentenzahlungen der Jahre 02 und 03 in Höhe von monatlich 3 000 € sind als Betriebsausgaben zu behandeln (Buchungssatz: Rentenaufwand an Geldkonto). Zu den Bilanzstichtagen 31. 12. 02 und 31. 12. 03 ist die Rentenverpflichtung mit ihrem versicherungsmathematischen Barwert zu passivieren. Die Minderung des Rentenbarwertes ist gewinnerhöhend zu berücksichtigen (Buchungssatz: Rentenverpflichtung an Rentenaufwand). Im Ergebnis wirkt sich also nur der Zinsanteil der Rente gewinnmindernd aus:

		02	03
Jährliche Rentenzahlung			
Aufwand		36 000 €	36 000 €
./. Barwertminderung			
a) Barwert 1. 1. 02	550 000 €		
./. Barwert 31. 12. 02	524 000 €	26 000 €	0 €
b) Barwert 31. 12. 02	524 000 €		
./. Barwert 31. 12. 03	./. 497 000 €	0 €	27 000 €
Gewinnminderung		10 000 €	9 000 €

Zu 3.:

Die Erhöhung der Rentenzahlungen ab 1. 7. 03 hat auf die Anschaffungskosten der erworbenen Wirtschaftsgüter keinen Einfluss; es tritt also keine nachträgliche Erhöhung der Anschaffungskosten ein (BFH VI R 80/66, BStBl 1967 III 699, und VIII R 64/96, BStBl 1998 II 537). Der Erhöhungsbetrag der Rente ist vielmehr im Zeitpunkt der Rentenanpassung als Aufwand zu behandeln, und zwar mit seinem versicherungsmathematischen Barwert. Es empfiehlt sich, den Erhöhungsbetrag als gesonderte Rente zu behandeln. Für B ergibt sich somit aufgrund der Rentenanpassung im Jahr 03 folgende Gewinnauswirkung:

a) Rentenbarwert des Erhöhungsbetrages am 1. 7. 03 (= Aufwand);

    Buchungssatz: Rentenaufwand an Rentenverbindlichkeit
    (Erhöhungsbetrag)   51 000 €

b) Rentenzahlungen (Erhöhungsbetrag) im Jahr 03:

6 × 300 € =		1 800 €	
./. Barwertminderung			
Barwert 1. 7. 03	51 000 €		
./. Barwert 31. 12. 03	./. 49 700 €	1 300 €	500 €
Gewinnminderung 03			51 500 €

Fall 104
Betriebserwerb gegen Kaufpreisraten mit Wertsicherungsklausel

Sachverhalt: A betreibt einen Schuheinzelhandel. Mit Ablauf des 31. 12. 00 veräußert er seinen Gewerbebetrieb an B. Verkäufer und Käufer vereinbaren, dass der Kaufpreis in Höhe von 500 000 € in 10 Halbjahresraten zu je 50 000 € entrichtet werden kann. Die Raten sind jeweils am 20. 3. und 20. 9. eines Jahres fällig; die erste Rate am 20. 3. 01, die letzte Rate am 20. 9. 05. Auf eine Verzinsung der Raten wurde verzichtet. Da die Raten der Versorgung des A dienen sollen, wurde jedoch eine Wertsicherungsklausel – Bindung an den Lebenshaltungskostenindex – vereinbart.

Aufgrund der Wertsicherungsklausel muss B ab 1. 1. 05 statt 50 000 € nunmehr 55 000 € halbjährlich zahlen.

Abschnitt 9: Gewinnermittlung

Die übertragenen Wirtschaftsgüter haben folgenden Teilwert:

Grund und Boden	40 000 €
Gebäude	140 000 €
Betriebsausstattung	20 000 €
Waren	60 000 €
	260 000 €

A und B sind sich darüber einig, dass ein Mehrbetrag des Kaufpreises auf den Firmenwert entfällt.

Fragen:
1. Welches Aussehen hat die Eröffnungsbilanz des B zum 1. 1. 01?
2. Wie sind die Kaufpreisraten in Höhe von (10 × 50 000 € =) 500 000 € bei B einkommensteuerlich zu behandeln?
3. Wie sind die Mehrbeträge, die aufgrund der Wertsicherungsklausel ab 1. 1. 05 zu entrichten sind, einkommensteuerlich zu behandeln?

Lösung

Zu 1.:

Beim Erwerb eines Betriebes gegen unverzinsliche Raten bestehen die Anschaffungskosten – anders als bei angemessen verzinslichen Raten – nicht in der Summe der Raten, sondern in dem nach den Vorschriften des BewG ermittelten gemeinen Wert der Kaufpreisschuld. Der Barwert der Kaufpreisschuld stellt also die in der Eröffnungsbilanz zu aktivierenden Anschaffungskosten dar (§ 6 Abs. 1 Nr. 7 EStG); zugleich ist er in der Eröffnungsbilanz zu passivieren.

Sofern die Parteien – wie hier – keine Zinsvereinbarung getroffen haben, ist bei der Abzinsung grundsätzlich von einem Rechnungszinsfuß von 5,5 % auszugehen (BFH VIII R 131/79, BStBl 1975 II 173; VIII R 37/90, BFH/NV 1993 S. 87, und VIII R 67/95, BFH/NV 1997 S. 175). Zur Berechnung des Barwertes ist die Tabelle 2 zu § 12 Abs. 1 BewG anzuwenden, der ein Rechnungszinsfuß von 5,5 % zugrunde liegt (BMF, BStBl 2001 I 1041, 1053). Anhand einer Berechnung nach der Tabelle 2 zu § 12 Abs. 1 BewG beträgt der Barwert der Kaufpreisraten zum 1. 1. 01 (100 000 € × 4,388 =) 438 800 €. Die Eröffnungsbilanz des A zum 1. 1. 01 hat danach folgendes Aussehen:

Aktiva	Eröffnungsbilanz zum 1. 1. 01		Passiva
Grund und Boden	40 000 €	Kapital A	0 €
Gebäude	140 000 €	Kaufpreisschuld	438 800 €
Betriebsausstattung	20 000 €		
Waren	60 000 €		
Firmenwert	178 800 €		
	438 800 €		438 800 €

Zu 2.:

Die in den jährlichen Ratenzahlungen in Höhe von 100 000 € enthaltenen Zinsanteile kann B im Jahr der Zahlung als Betriebsausgaben abziehen. Die abzugsfähigen Zinsanteile werden errechnet, indem von den jährlichen Ratenzahlungen die jährliche Barminderung abgezogen wird (BFH VIII R 163/71, BStBl 1975 II, 431). Die jährlichen Zinsanteile errechnen sich anhand der Tabelle zu § 12 Abs. 1 BewG wie folgt (BMF, BStBl 2001 I, 1041, 1053):

	Barwert	Ratenzahlung	Barwertminderung = Tilgungsanteil	Zinsanteil = Betriebsausgabe
	€	€	€	€
1. 1. 01	438 800	–	–	–
01	–	100 000	78 600	21 400
1. 1. 02	360 200	–	–	–
02	–	100 000	83 000	17 000
1. 1. 03	277 200	–	–	–
03	–	100 000	87 500	12 500
1. 1. 04	189 700	–	–	–
04	–	100 000	92 300	7 700
1. 1. 05	97 400	–	–	–
05	–	100 000	97 400	2 600
1. 1. 06	–	–	–	–
		500 000	438 800	61 200

Zu 3.:

Die aufgrund der Wertsicherungsklausel ab 1. 1. 05 zu leistenden Mehrbeträge in Höhe von jährlich 2 × 5 000 € = 10 000 € führen zu keiner Erhöhung der Anschaffungskosten für die erworbenen Wirtschaftsgüter; denn Erhöhungen aufgrund einer Wertsicherungsklausel sollen vor der Verschlechterung des Geldwertes schützen, sie erhöhen aber nicht den Wert der erworbenen Wirtschaftsgüter. Die Anschaffungskosten in Höhe des Barwertes der Kaufpreisraten zum Zeitpunkt der Anschaffung in Höhe von 438 800 € ändern sich also nicht, so dass auch die AfA unverändert bleibt.

Die Mehrbeträge in Höhe von 10 000 € sind im Zeitpunkt der Zahlung, d. h. im Jahr 05 in vollem Umfang als Betriebsausgaben abzugsfähig (BFH VIII R 231/80, BStBl 1984 II 109, und IX R 138/86, BFH/NV 1991 S. 227).

Fall 105
Übergang von der Einnahmen-Überschussrechnung zum Betriebsvermögensvergleich

Sachverhalt: Steuerpflichtige A hat am 1. 1. 01 einen Gewerbebetrieb eröffnet und ist am 1. 1. 04 zur Gewinnermittlung durch Bestandsvergleich übergegangen (§ 5 EStG), weil er buchführungspflichtig geworden ist. A stellt folgende Anfangsbilanz (Übergangsbilanz) auf:

Abschnitt 9: Gewinnermittlung

Aktiva	Anfangsbilanz zum 1. 1. 04		Passiva
Grund und Boden	50 000 €	Kapital	100 000 €
Gebäude	230 000 €	Gewerbesteuerrückstellung	6 000 €
Maschinen	25 000 €	Umsatzsteuer	3 400 €
Genossenschaftsanteil	5 000 €	Darlehen	254 200 €
Warenbestand	30 000 €	Verbindlichkeiten	5 800 €
Forderungen	23 200 €	Sonstige Verbindlichkeiten	4 000 €
Kasse und Bankgutgaben	5 800 €	Delkredere	200 €
Disagio	2 000 €	Passive Rechnungs-abgrenzungsposten	400 €
Aktive Rechnungs-abgrenzungsposten	3 000 €		
	374 000 €		374 000 €

Erläuterungen zu den einzelnen Bilanzposten:

Grund und Boden:

Den betrieblich genutzten Grund und Boden hat der Stpfl. im Jahr 01 für 50 000 € erworben. Der Teilwert beträgt am 1. 1. 04 60 000 €.

Gebäude:

Der Bilanzwert des Gebäudes ergibt sich aus der Differenz zwischen den Herstellungskosten und der bisherigen AfA.

Maschine:

Die Maschine hat nach dem Anlagenverzeichnis am 1. 1. 04 einen Buchwert von 40 000 €. Infolge von Preissenkungen beträgt der Teilwert am 1. 1. 04 nur 25 000 € (dauernde Wertminderung).

Genossenschaftsanteil:

Bei dem Genossenschaftsanteil handelt es sich um einen Anteil an einer Einkaufsgenossenschaft, der mit seinen Anschaffungskosten in Höhe von 5 000 € bilanziert ist.

Waren:

Die Anschaffungskosten des Warenbestandes belaufen sich auf 30 000 € zzgl. 16 % Umsatzsteuer. Der Warenbestand war am Stichtag der Anfangsbilanz zu 100 % bezahlt. Die mit der Anschaffung der Waren zusammenhängende Vorsteuer wurde A vom Finanzamt bis Ende 03 vollständig erstattet.

Forderungen:

Die Forderungen aus Lieferungen und Leistungen betragen netto 20 000 € zzgl. 16 % Umsatzsteuer.

Kasse und Bank:

Das vorhandene Bargeld beträgt 1 800 €, das Bankguthaben 4 000 €.

Disagio:

Das Disagio in Höhe von 2 000 € hängt mit dem passivierten Darlehen zusammen, das A im Jahr 01 aufgenommen hat. Es wurde nur noch mit dem Betrag aktiviert, der auf die Restlaufzeit entfällt. Das Darlehen hat eine Laufzeit von fünf Jahren.

Aktive Rechnungsabgrenzungsposten:

Der aktive Rechnungsabgrenzungsposten in Höhe von 3 000 € betrifft die am 27. 12. 03 für das Jahr 04 vorausbezahlte Prämie für die Betriebshaftpflichtversicherung. Die Prämie ist am 2. 1. 04 fällig.

Gewerbesteuer:

Die Gewerbesteuerrückstellung von 6 000 € betrifft die voraussichtliche Nachforderung für 03.

Umsatzsteuer:

Die passivierte Umsatzsteuer für den Monat Dezember 03 in Höhe von 3 400 € errechnet sich wie folgt:

USt aus Kundenforderungen 1. 1. 04:		
16 % von 20 000 € =	3 200 €	
USt aus im Dezember 03 bar vereinnahmten Erlösen:		
16 % von 10 000 € =	1 600 €	4 800 €
./. abziehbare Vorsteuer:		
aus Verbindlichkeiten 1. 1. 04: Reparaturrechnung	800 €	
aus im Dezember 03 bar bezahlten Rechnungen	600 €	./. 1 400 €
		3 400 €

Darlehen:

Das Darlehen in Höhe von 254 200 € hängt mit den Anschaffungskosten des Grund und Bodens und den Herstellungskosten des Gebäudes zusammen.

Verbindlichkeiten:

Bei den passivierten Verbindlichkeiten handelt es sich um eine Handwerkerrechnung im Zusammenhang mit der Reparatur des Betriebsgebäudes: Nettorechnungsbetrag 5 000 € zzgl. 16 % = 800 € Vorsteuer.

Sonstige Verbindlichkeiten:

Diese setzen sich wie folgt zusammen: Sozialversicherungsbeiträge (2 400 €) und Lohnsteuer (1 600 €) für den Monat Dezember 03. Die Beträge werden am 15. 1. 04 entrichtet.

Delkredere:

Bei dem Passivposten „Delkredere" handelt es sich um eine pauschale Wertberichtigung in Höhe von 1 % der Nettoforderungen von 20 000 € = 200 €.

Passive Rechnungsabgrenzungsposten:

Der passive Rechnungsabgrenzungsposten betrifft eine Mietvorauszahlung für 04 in Höhe von 600 €, die A vom Mieter B am 16. 12. 03 erhalten hat. A hat B einen Teil seines betrieblichen Grundstücks als Pkw-Stellplatz für jährlich 600 € vermietet. Die Miete ist jeweils Anfang des Jahres im Voraus fällig.

Frage: Wie hoch ist der Übergangsgewinn?

Literaturhinweis: *Lehrbuch Einkommensteuer*, Rdn. 1164 ff.

Lösung

Gehen z. B. Freiberufler oder Gewerbetreibende von der Gewinnermittlung durch Einnahmen-Überschussrechnung zur Gewinnermittlung durch Bestandsvergleich nach § 4 Abs. 1 oder § 5 EStG über, sind Zu- und Abrechnungen vorzunehmen. Diese Korrekturen tragen der abweichenden Technik der Gewinnermittlung Rechnung und stellen sicher, dass sich Geschäftsvorfälle nicht doppelt oder überhaupt nicht auswirken. Ein sog. Übergangsgewinn, der nach Saldierung dieser Zu- und Abrechnungen entsteht, kann auf Antrag auf zwei oder drei Jahre verteilt versteuert werden (R 17 Abs. 1 Satz 4 EStR 2003). Die beim Übergang von der Einnahmen-Überschussrechnung nach § 4 Abs. 3 EStG zum Bestandsvergleich nach § 4 Abs. 1 und § 5 EStG gebotenen Gewinnkorrekturen sind zwar nicht ausdrücklich gesetzlich geregelt (BFH IV R 202/67, BStBl 1968 II 650), der BFH hat sie jedoch als rechtens anerkannt, weil sie sich aus der Systematik des Gesetzes ergeben (BFH I R 134/78, BStBl 1981 II 780).

Anmerkungen zu den Gewinnkorrekturen im Einzelnen:

Grund und Boden

A hat den nicht abnutzbaren Grund und Boden zutreffend mit seinen Anschaffungskosten bilanziert. Die Anschaffungskosten ergeben sich aus dem nach § 4 Abs. 3 Satz 5 EStG zu führenden Verzeichnis. Die Anschaffung des Grund und Bodens hat sich in der Zeit der Einnahmen-Überschussrechnung nicht als Betriebsausgabe ausgewirkt, da die Anschaffungs- oder Herstellungskosten nicht abnutzbarer Wirtschaftsgüter des Anlagevermögens bei der Überschussrechnung – prinzipiell ebenso wie beim Bestandsvergleich – erst im Zeitpunkt der Veräußerung oder Entnahme dieser Wirtschaftsgüter als Betriebsausgaben berücksichtigt werden dürfen (§ 4 Abs. 3 Satz 4 EStG). Eine Gewinnkorrektur ist daher nicht erforderlich.

Gebäude

Das Gebäude gehört zum abnutzbaren Anlagevermögen. Wirtschaftsgüter des abnutzbaren Anlagevermögens werden bei der Gewinnermittlung durch Überschussrechnung – mit Ausnahme von Teilwertabschreibungen – genauso behandelt wie bei der Gewinnermittlung durch Bestandsvergleich, da auch bei der Überschussrechnung die Vorschriften über die AfA zu befolgen sind (§ 4 Abs. 3 Satz 3 EStG). Die Anschaffungs- oder Herstellungskosten von abnutzbaren Anlagegütern wirken sich demzufolge bei der Überschussrechnung nicht im Zeitpunkt der Verausgabung, sondern wie beim Bestandsvergleich nur über die AfA aus. Einer Gewinnkorrektur bedarf es nicht.

Fall 105: Übergang von Einnahmen-Überschussrechnung zum BV-Vergleich

---

| Maschine |

Die Maschine ist zutreffend mit ihrem niedrigeren Teilwert in der Anfangsbilanz aktiviert worden (§ 6 Abs. 1 Nr. 1 Satz 2 EStG). Die Teilwertabschreibung in Höhe von 15 000 € (Differenz zwischen dem Buchwert und Teilwert der Maschine) hat sich bei der Überschussrechnung nicht gewinnmindernd ausgewirkt, da Teilwertabschreibungen nur bei einer Gewinnermittlung zulässig sind, die vom Wert des Betriebsvermögens ausgeht (§§ 4 Abs. 1, 5 EStG). Da die Teilwertabschreibung sich bei der Überschussrechnung nicht gewinnmindernd ausgewirkt hat und im Rahmen der neuen Gewinnermittlungsart sich nicht mehr gewinnmindernd auswirken wird, muss beim Übergang zum Bestandsvergleich ein Abschlag in Höhe von 15 000 € vorgenommen werden.

| Genossenschaftsanteil |

Hier gilt das für den Grund und Boden Gesagte entsprechend. Der Genossenschaftsanteil ist ein nicht abnutzbares Wirtschaftsgut des Anlagevermögens, dessen Anschaffung und Bezahlung sich bei der Überschussrechnung nicht ausgewirkt hat (§ 4 Abs. 3 Satz 4 EStG). Diese Behandlung entspricht den Gewinnermittlungsgrundsätzen des Bestandsvergleichs. Ein Zu- oder Abschlag ist daher nicht erforderlich.

| Warenbestand |

Beim Erwerb von Umlaufvermögen, z. B. Waren, können sich bei der Überschussrechnung zeitliche Gewinndifferenzen gegenüber der Gewinnermittlung durch Bestandsvergleich ergeben. Bei der Überschussrechnung wirkt sich die Anschaffung von Umlaufvermögen im Zeitpunkt der Bezahlung als Betriebsausgabe aus. Beim Bestandsvergleich dagegen wird Umlaufvermögen erst über den Wareneinsatz zu Betriebsausgaben.

A hat den vorhandenen Warenbestand zutreffend mit seinen Anschaffungskosten in Höhe von 30 000 € bilanziert. Diese Anschaffungskosten sind in der Zeit der Überschussrechnung – bei Bezahlung – als Betriebsausgaben abgezogen worden. Infolge des Übergangs zur Gewinnermittlung durch Bestandsvergleich wirkt sich der Warenbestand durch Erhöhung des Wareneinsatzes noch einmal gewinnmindernd aus. Daraus folgt, dass der Warenbestand in Höhe von 30 000 € zu einem Zuschlag führt.

Eines Zuschlags der mit dem Warenbestand zusammenhängenden Vorsteuer in Höhe von 4 800 € bedarf es nicht, da diese Vorsteuer von A im Zeitpunkt der Bezahlung als Betriebsausgabe abgesetzt wurde. In gleicher Höhe hat A Vorsteuer gegenüber dem Finanzamt geltend gemacht, was zu einer Betriebseinnahme geführt hat. Im Ergebnis hat sich also die mit dem Warenbestand zusammenhängende Vorsteuer zutreffend erfolgsneutral ausgewirkt.

| Forderungen aus Lieferungen und Leistungen |

Dieser Posten hat in der Zeit der Überschussrechnung keine Gewinnauswirkung gehabt. Denn erst der Geldeingang wäre als Betriebseinnahme angesetzt worden. Auch im Rahmen des Bestandsvergleichs ergibt sich keine Gewinnauswirkung, sondern nur eine Vermögensumschichtung. Die Warenforderungen müssen aber einmal als Ertrag behandelt werden. Deshalb muss ein Zuschlag in Höhe der Nettoforderungen von 20 000 € gemacht werden (wegen des Problems der in den Forderungen enthaltenen Umsatzsteuer vgl. unter „Umsatzsteuer").

Kasse und Bank

Bei diesen beiden Posten ist keine Doppel- oder Nichterfassung zu erwarten. Sie werden bei beiden Gewinnermittlungsarten gleich behandelt. Eine Korrektur ist somit nicht erforderlich.

Disagio

Ein Disagio, das in der Zeit der Gewinnermittlung durch Überschussrechnung geleistet wird, stellt prinzipiell in voller Höhe Betriebsausgaben dar (BFH, BStBl 1966 III, 144; vgl. jedoch § 11 Abs. 2 Satz 3 EStG). Beim Bestandsvergleich ist ein Disagio zu aktivieren und innerhalb der Laufzeit des Darlehens abzuschreiben (BFH IV R 153/72, BStBl 1978 II 262). Um die zweifache gewinnmindernde Berücksichtigung des in der Anfangsbilanz ausgewiesenen Betrages zu vermeiden, ist ein Zuschlag in Höhe von 2 000 € geboten.

Aktive Rechnungsabgrenzungsposten

Die Prämienvorauszahlung in Höhe von 3 000 € ist im Rahmen der Überschussrechnung 03 nicht als Betriebsausgabe abzugsfähig. Es handelt sich um eine regelmäßig wiederkehrende Ausgabe i. S. des § 11 Abs. 2 Satz 2 EStG, die A kurze Zeit vor Beginn des Kalenderjahres 04, zu dem sie wirtschaftlich gehört, abgeflossen ist und demzufolge – bei unterstellter Fortführung der Überschussrechnung – erst im Jahr 2004 als Betriebsausgabe abzugsfähig wäre (BFH IV R 1/99, BStBl 2000 II 121). Infolge der Aktivierung als Rechnungsabgrenzungsposten in der Anfangsbilanz und gewinnmindernder Auflösung dieses Postens in 04 wird die zutreffende Gewinnauswirkung erreicht. Einer Gewinnkorrektur bedarf es nicht.

Gewerbesteuerrückstellung

Die Gewerbesteuernachforderung 03 hat sich bei der Überschussrechnung noch nicht gewinnmindernd auswirken können. Bei Zahlung im Rahmen des Bestandsvergleichs tritt eine erfolgsneutrale Vermögensumschichtung ein. Deshalb muss ein Abschlag in Höhe von 6 000 € vorgenommen werden.

Umsatzsteuer

Für Zwecke der Gewinnkorrektur empfiehlt es sich, die Umsatzsteuer und Vorsteuer getrennt zu behandeln.

Umsatzsteuer

Bei der Umsatzsteuer in Höhe von 4 800 € handelt es sich in Höhe eines Teilbetrages von 3 200 € um die in den Forderungen enthaltene Umsatzsteuer. Diese Umsatzsteuer hätte sich, wenn der Gewinn von Anfang durch Bestandsvergleich ermittelt worden wäre, nicht auf den Gewinn ausgewirkt. Bei der Überschussrechnung sind Umsatzsteuerbeträge, die ein Unternehmer seinen Kunden in Rechnung stellt, im Zeitpunkt der Vereinnahmung als Betriebseinnahme zu erfassen (BFH I R 134/73, BStBl 1975 II 441, und X B 12/91, BFH/NV 1991 S. 614), andererseits ist die an das Finanzamt abgeführte Umsatzsteuer im Zeitpunkt der Bezahlung als Betriebsausgabe abziehbar. Da die in den Forderungen zum 1. 1. 04 enthaltene Umsatzsteuer mangels Vereinnahmung bei der Überschussrechnung nicht gewinnerhöhend erfasst worden ist und sich in der Zeit des Bestandsvergleichs erfolgsneutral auswirkt, kommt eine Korrektur nicht in Betracht.

Bei dem Teilbetrag in Höhe von 1 600 € handelt es sich um Umsatzsteuer, die in den im Dezember 03 zugeflossenen Erlösen enthalten und demzufolge im Rahmen der Überschussrechnung 03 als Betriebseinnahme zu erfassen ist. Bei Bezahlung an das Finanzamt im Jahr 04 wirkt sich diese Position im Rahmen des Bestandsvergleichs gewinnneutral aus. Da sich die Umsatzsteuer insgesamt nicht auf den Gewinn auswirken darf, ist ein Abschlag in Höhe von 1 600 € geboten.

Vorsteuer

Die mit der Reparaturrechnung zusammenhängende Vorsteuer in Höhe von 800 € hätte sich bei A, wenn er seinen Gewinn von Anfang an durch Bestandsvergleich ermittelt hätte, erfolgsneutral ausgewirkt. Bei der Überschussrechnung ist die von Dritten in Rechnung gestellte Vorsteuer im Zeitpunkt ihrer Verausgabung als Betriebsausgabe abzugsfähig, vorausgesetzt, dass die Vorsteuer nach § 9b Abs. 1 EStG nicht zu den Anschaffungs- oder Herstellungskosten des zugehörigen Wirtschaftsguts gehört. Andererseits stellt die vom Finanzamt erstattete Umsatzsteuer eine Betriebseinnahme dar. Die am 1. 1. 04 noch nicht bezahlte Vorsteuer hat sich in der Zeit der Überschussrechnung noch nicht auf den Gewinn ausgewirkt. Auch bei der neuen Gewinnermittlungsart wird sie sich nicht auf den Gewinn auswirken, ein Zu- oder Abschlag ist somit nicht gerechtfertigt.

Anders verhält es sich hinsichtlich der Vorsteuer in Höhe von 600 €, die in den im Dezember 03 bezahlten Rechnungen enthalten und bisher gegenüber dem Finanzamt noch nicht geltend gemacht worden ist. Diese Vorsteuer ist im Rahmen der Überschussrechnung im Jahr 03 als Betriebsausgabe abzuziehen, weil sie im Jahr 03 bezahlt worden ist. Im Rahmen des Bestandsvergleichs wirkt sich dann die vom Finanzamt zu erstattende Vorsteuer erfolgsneutral aus. Da die Vorsteuer sich aber insgesamt erfolgsneutral auswirken muss, ist ein Zuschlag von 600 € geboten.

Anzumerken ist, dass man im Beispielfall in Bezug auf die Umsatz- und Vorsteuer zum selben Ergebnis (Gewinnabschlag von ./. 1 600 € + 600 € = ./. 1 000 €) kommt, wenn man die Forderungen mit ihrem Bruttobetrag in Höhe von 23 200 € (statt: 20 000 €) zurechnet, die Verbindlichkeiten mit ihrem Bruttobetrag in Höhe von 5 800 € (statt: 5 000 €) sowie die Umsatzsteuer in Höhe von 3 400 € abrechnet: 3 200 € ./. 800 € ./. 3 400 € = ./. 1 000 €.

Darlehen

Als Darlehen empfangenes Geld darf bei der Überschussrechnung nicht als Betriebseinnahme, die Rückzahlung des Darlehens nicht als Betriebsausgabe berücksichtigt werden (BFH X R 63/95, BFH/NV 2000 S. 40), da die Hingabe des Darlehens nicht den Begriff einer Betriebsausgabe (§ 4 Abs. 4 EStG) und umgekehrt, der Empfang eines Darlehens nicht den Begriff einer Betriebseinnahme erfüllt. Im Rahmen des Bestandsvergleichs hat die weitere Darlehenstilgung gleichfalls keinen Einfluss auf den Gewinn, sondern bewirkt eine reine Vermögensumschichtung. Ein Zu- oder Abschlag ist deshalb nicht erforderlich.

Verbindlichkeiten

Die Reparaturrechnung hat sich bei der Überschussrechnung mangels Zahlung noch nicht gewinnmindernd ausgewirkt. Die Bezahlung der Rechnung im Rahmen des Bestandsvergleichs ist gewinnneutral. Der Wechsel der Gewinnermittlungsart führt dazu, dass die Reparaturkosten in Höhe von 5 000 € nicht als Betriebsausgaben erfasst würden (zur Behandlung der in Rechnung gestellten Vorsteuer von 16 % in Höhe von 5 000 € = 800 € vgl. unter „Umsatzsteuer"). Deshalb muss ein Abschlag in Höhe von 5 000 € vorgenommen werden.

Sonstige Verbindlichkeiten

Die Sozialversicherungsbeiträge und die Lohnsteuer für den Monat Dezember 03, die am 15. 1. 04 entrichtet werden, haben sich in der Zeit der Überschussrechnung noch nicht gewinnmindernd ausgewirkt. Im Rahmen des Bestandsvergleichs kommt es zu einer erfolgsneutralen Vermögensumschichtung (Buchung: Sonstige Verbindlichkeit an Geldkonto). Da die Sozialversicherungsbeiträge und die Lohnsteuer sich einmal als Aufwand auswirken müssen, ist ein Abschlag in Höhe von 4 000 € geboten.

Delkredere

Die durch das Delkredere gedeckten Forderungsausfälle haben sich in der Zeit der Überschussrechnung nicht gewinnmindernd ausgewirkt. In der Zeit des Bestandsvergleichs wirken sie sich erfolgsneutral aus. Da die durch das Delkredere gedeckten Forderungsausfälle demnach nie Aufwand würden, obwohl sie nach den Gewinnermittlungsgrundsätzen des Bestandsvergleichs einmal Aufwand werden müssen, bedarf es eines Abschlags in Höhe von 200 €.

Passive Rechnungsabgrenzungsposten

Die Mietvorauszahlung ist in der Überschussrechnung 03 als Betriebseinnahme zu erfassen. Es handelt sich nicht um eine regelmäßig wiederkehrende Einnahme i. S. des § 11 Abs. 1 Satz 2 EStG, die bei unterstellter Fortführung der Einnahmen-Überschussrechnung erst im Jahr 04 als Betriebseinnahme zu erfassen wäre, da sie nicht innerhalb kurzer Zeit, d. h. innerhalb von 10 Tagen vor dem Jahreswechsel, zugeflossen ist (BFH IV R 309/84, BStBl 1987 II 16). Wegen der gewinnerhöhenden Auflösung des passiven Rechnungsabgrenzungspostens in 04 wird die Miete noch einmal als Betriebseinnahme erfasst. Zum Ausgleich muss ein Abschlag in Höhe von 600 € erfolgen.

Nach den Grundsätzen über den Ansatz von Korrekturposten beim Wechsel der Gewinnermittlungsart sind im vorliegenden Fall folgende Gewinnkorrekturen vorzunehmen:

	Zuschlag	Abschlag
Maschine	-	./. 15 000 €
Warenbestand	+ 30 000 €	-
Forderungen	+ 20 000 €	-
Disagio	+ 2 000 €	-
Gewerbesteuerrückstellung	-	./. 6 000 €
Umsatzsteuer	-	./. 1 600 €
Vorsteuer	+ 600 €	
Verbindlichkeiten	-	./. 5 000 €
Sonstige Verbindlichkeiten	-	./. 4 000 €
Delkredere	-	./. 200 €
Passiver Rechnungsabgrenzungsposten	-	./. 600 €
	+ 52 600 €	./. 32 400 €

Per Saldo ergibt sich ein Zuschlag in Höhe von 52 600 € ./. 32 400 € = 20 200 €, der dem Gewinn des Jahres 04 hinzuzurechnen ist, sofern der Stpfl. nicht die gleichmäßige Billigkeitsverteilung auf die Jahre 04 und 05 in Höhe von je $^1/_2$ von 20 200 € = 10 100 € bzw. auf die Jahre 04 bis 06 in Höhe von je $^1/_3$ von 20 200 € = abgerundet 6 733 € beantragt.

Fall 106
Übergang vom Betriebsvermögensvergleich zur Einnahmen-Überschussrechnung

Sachverhalt: Ein Zahnarzt, der bislang bilanzierte, also seinen Gewinn durch Bestandsvergleich nach § 4 Abs. 1 EStG ermittelte, geht am 1. 1. 04 zur Einnahmen-Überschussrechnung über. Die Schlussbilanz zum 31. 12. 03 weist folgende Positionen aus:

- Unbebautes Grundstück, das mit seinen Anschaffungskosten in Höhe von 30 000 € aktiviert ist und zum gewillkürten Betriebsvermögen gehört,
- Kundenforderungen in Höhe von 25 000 €,
- zum Umlaufvermögen gehörender Materialbestand in Höhe von 10 000 €, der in voller Höhe im Jahr 03 bezahlt worden ist,
- Rückstellung für Jahresabschlusskosten 03 in Höhe von 3 000 €,
- Verbindlichkeiten in Höhe von 2 000 €, die mit einem Materialeinkauf zusammenhängen; das Material wurde 03 verbraucht, ist also am 31. 12. 03 nicht mehr vorhanden,
- passiver Rechnungsabgrenzungsposten in Höhe von 500 € für im Jahr 03 – im Voraus für 04 – vereinnahmte Miete für das zum gewillkürten Betriebsvermögen gehörende unbebaute Grundstück.

Frage: Wie hoch ist der Übergangsgewinn?
Literaturhinweis: *Lehrbuch Einkommensteuer*, Rdn. 1123 ff.

→ Lösung

Auch bei einem Übergang vom Bestandsvergleich zur Einnahmen-Überschussrechnung gilt Folgendes: Vorgänge, die sich in der Zeit des Bestandsvergleichs bereits auf den Gewinn ausgewirkt haben und bei der neuen Gewinnermittlungsart erneut den Gewinn beeinflussen, zwingen ebenso zu Gewinnkorrekturen wie solche Vorgänge, die sich bisher noch nicht ausgewirkt haben und infolge des Übergangs zur Einnahmen-Überschussrechnung nicht mehr auswirken können. Sämtliche Posten der letzten Bilanz müssen also darauf untersucht werden, ob sie sich schon gewinnmäßig ausgewirkt haben und wie sie sich bei der späteren Einnahmen-Überschussrechnung auswirken würden, d. h. ob sie sich als Betriebseinnahmen oder Betriebsausgaben darstellen oder überhaupt nicht mehr auswirken würden.

Es ergeben sich folgende Gewinnkorrekturen:

Grund und Boden

Das unbebaute Grundstück scheidet nach dem Wechsel zur Einnahmen-Überschussrechnung nicht zwangsläufig aus dem Betriebsvermögen aus. Nach neuer Rechtsprechung des BFH kann auch ein Stpfl. mit Einnahmen-Überschussrechnung gewillkürtes Betriebsvermögen bilden (BFH IV R 13/03, BStBl 2004 II 985); hat er es einmal zulässigerweise gebildet, kann er es als solches fortführen (§ 4 Abs. 1 Satz 3 EStG). Da das Grundstück mithin auch bei der Einnahmen-Überschussrechnung Betriebsvermögen bleibt, ist die spätere Erfassung der in ihm enthaltenen stillen Reserven sichergestellt. Die Anschaffungskosten des Grundstücks haben sich bisher nicht als Aufwand ausgewirkt. Sie sind im Zeitpunkt der Veräußerung oder Entnahme als Betriebsausgaben zu berücksichtigen (§ 4 Abs. 3 Satz 4 EStG). Deshalb ist das Grundstück mit seinem Buchwert aus der Schlussbilanz in das nach § 4 Abs. 3 Satz 5 EStG zu führende besondere Verzeichnis aufzunehmen (§ 4 Abs. 3 Satz 5 EStG). Zu einer Gewinnkorrektur kommt es nicht.

Kundenforderungen

Bei Entstehen der Forderungen wurden 25 000 € über das Ertragskonto gebucht, haben sich somit gewinnerhöhend ausgewirkt. Die Zahlungseingänge würden sich beim Bestandsvergleich erfolgsneutral auswirken durch die Buchung: Geldkonto an Forderungen.

Bei der Einnahmen-Überschussrechnung führt der Eingang der Forderungen erneut zu einer Betriebseinnahme. Durch den Wechsel der Gewinnermittlungsart würde dieser Betrag zweimal besteuert. Deshalb muss zum Ausgleich ein Abschlag als fiktive Betriebsausgabe in Höhe von 25 000 € gebildet werden.

Materialbestand

Die Anschaffungskosten des am 31. 12. 03 vorhandenen Materialbestandes haben sich in der Zeit des Bestandsvergleichs nicht gewinnmindernd ausgewirkt. Auch in der Zeit der Einnahmen-Überschussrechnung würden sie sich nicht mehr gewinnmindernd auswirken, da sie bereits im Jahr 03 bezahlt worden sind. Deshalb ist ein Gewinnabschlag in Höhe von 10 000 € geboten.

Rückstellung für Jahresabschlusskosten

Der Rückstellungsbetrag von 3 000 € hat durch die Buchung: Aufwand an Rückstellungskonto den Gewinn gemindert. Bei Zahlung 04 würde infolge des Abflussprinzips, von dem die Einnahmen-Überschussrechnung beherrscht wird, der Betrag erneut als Betriebsausgabe in Erscheinung treten. Derselbe Betrag würde also zweimal aufwandswirksam sein. Deshalb muss ein Gewinnzuschlag in Höhe von 3 000 € vorgenommen werden.

Verbindlichkeiten

Es handelt sich um eine Verbindlichkeit aus einer Lieferung von Material, das noch in 03 verarbeitet worden ist. Da sich die Anschaffungskosten während der Zeit des Bestandsvergleichs durch Erhöhung des Materialeinsatzes gewinnmindernd ausgewirkt haben und bei der Einnahmen-Überschussrechnung infolge der Bezahlung noch einmal gewinnmindernd auswirken würden, ist ein Zuschlag in Höhe von 2 000 € vorzunehmen.

Passiver Rechnungsabgrenzungsposten

Der Stpfl. hat 03 Miete im Voraus für 04 vereinnahmt und deshalb in Höhe von 500 € einen passiven Rechnungsabgrenzungsposten in die Schlussbilanz zum 31. 12. 03 eingestellt. Das hat sich erfolgsneutral ausgewirkt. Im Jahr 04 wäre mangels tatsächlichen Zuflusses insoweit keine Betriebseinnahme und damit keine Gewinnerhöhung zu verzeichnen. Deshalb ist ein Zuschlag in Höhe von 500 € als fiktive Betriebseinnahme erforderlich.

Nach alledem ergeben sich Zuschläge in Höhe von 5 500 € und Abschläge in Höhe von 35 000 €. Der Saldo von ./. 29 500 € ist im ersten Jahr nach dem Übergang, also im Jahr 04 vom Ergebnis dieses Jahres abzuziehen.

Ist der Saldo positiv, übersteigen also die Zuschläge die Abschläge, ist eine Verteilung des Übergangsgewinns auf zwei oder drei Jahre, wie sie für den Übergang von der Einnahmen-Überschussrechnung zum Bestandsvergleich möglich ist, im Allgemeinen nicht zulässig (BFH I 236/60 U, BStBl 1961 III, 565). Der Übergang zur Gewinnermittlung nach § 4 Abs. 3 EStG steht im Belieben des Stpfl., so dass man ihm zumuten kann, auch außergewöhnliche hohe Zurechnungen im Übergangsjahr in Kauf zu nehmen. Bei der Verteilung handelt es sich um eine – in ständiger Rechtsprechung anerkannte – abweichende Steuerfestsetzung aus Billigkeitsgründen nach § 163 Abs. 1 Satz 2 AO (BFH IV R 18/00, BStBl 2001 II, 102), die auf den Übergang vom Bestandsvergleich zur Einnahmen-Überschussrechnung nicht anzuwenden ist.

Abschnitt 10: Absetzung für Abnutzung

Fall 107
Abschreibungsbeginn

Sachverhalt: A betreibt eine Drogerie. Im September 01 hat er bei einem Kfz-Händler einen Pkw bestellt, der am 30. 12. 01 ausgeliefert wird. Die Anschaffungskosten des Pkw betragen 30 000 €. A bezahlt die auf den 30. 12. 01 datierte Rechnung noch im Dezember 01 per Scheck. Das Kraftfahrzeug wird am 2. 1. 02 auf A zugelassen. Der zum Betriebsvermögen gehörende Pkw soll degressiv abgeschrieben werden (§ 7 Abs. 2 EStG).
Frage: Kann A bereits für das Jahr 01 Absetzungen für Abnutzung vornehmen?
Literaturhinweis: *Lehrbuch Einkommensteuer*, Rdn. 1286

➔ Lösung

Die planmäßige Abschreibung bzw. AfA (§ 253 Abs. 2 HGB, § 7 EStG) beginnt grundsätzlich mit der Anschaffung des betreffenden Wirtschaftsgutes. Jahr der Anschaffung ist das Jahr der Lieferung (§ 9a EStDV). Die Ingebrauchnahme des Wirtschaftsgutes ist nicht Voraussetzung für die Inanspruchnahme der AfA, da auch ein nicht in Gebrauch stehendes Wirtschaftsgut, wenn schon keiner technischen, so immerhin bereits einer wirtschaftlichen Abnutzung fähig ist (BFH V R 113/74, BStBl 1977 II 708). Auf den zeitlichen Beginn der effektiven Nutzung kommt es somit nicht an. Ebenso ist für den Beginn der AfA unerheblich, ob das Anlagegut bereits bezahlt ist oder nicht. Entscheidend ist allein, dass das Anlagegut angeschafft, d. h. geliefert ist. A kann daher bereits für das Jahr 01 folgende AfA vornehmen:

degressive AfA (§ 7 Abs. 2 EStG): 20 % von 30 000 € =	6 000 €
hiervon $^1/_{12}$ (§ 7 Abs. 1 Satz 4 und Abs. 2 Satz 3 EStG) =	500 €

Die Finanzverwaltung billigte dem Stpfl. früher ein Wahlrecht zu. Der Stpfl. konnte danach wählen, ob er AfA vom Zeitpunkt der Anschaffung oder erst vom Zeitpunkt der Ingebrauchnahme des Anlageguts vornimmt (OFD Hamburg, DB 1970 S. 709). Diese Regelung ist überholt: Die EStR sehen vor, dass AfA vorzunehmen „ist", sobald ein Wirtschaftsgut angeschafft oder hergestellt ist (R 44 Abs. 1 Satz 1 EStR 2003).

Fall 108
AfA-Fähigkeit von Kunstgegenständen und antiken Möbeln

Sachverhalt: Der größere Firmen und anspruchsvolle Mandanten beratende Rechtsanwalt A betreibt in Köln eine Anwaltspraxis. Im Januar 01 erwarb er

- anlässlich einer Ausstellung ein Gemälde eines mehrfach preisgekrönten Malers für 15 000 €, das in der Kanzlei aufgehängt ist;

Fall 108: AfA-Fähigkeit von Kunstgegenständen und antiken Möbeln

- einen in den Praxisräumen stehenden Schreibtisch nebst Sessel zu einem Kaufpreis in Höhe von 7 000 € bzw. 4 000 €. Beide Möbelstücke sind über 100 Jahre alt.

In seiner Einnahmen-Überschussrechnung (§ 4 Abs. 3 EStG) für das Jahr 01 macht A folgende AfA als Betriebsausgaben geltend:

AfA Bild: $^1/_{20}$ von 15 000 € =	750 €
AfA Möbel: $^1/_{20}$ von 11 000 € =	550 €
	1 300 €

Frage: Kann für das Gemälde bzw. die antiken Möbel AfA in Anspruch genommen werden?

➡ Lösung

AfA sind bei körperlichen Gegenständen nur möglich, wenn diese abnutzbar sind. Dabei wird zwischen einer wirtschaftlichen und einer technischen Abnutzung unterschieden.

Wirtschaftliche oder technische Abnutzung sind dabei jeweils für sich zu beurteilen und berechtigen jeweils für sich gesehen zur AfA (BFH, BStBl 1990 II, 50).

Die AfA bemisst sich nach der betriebsgewöhnlichen Nutzungsdauer des Wirtschaftsgutes (§ 7 Abs. 1 Satz 2 EStG). Unter Nutzungsdauer eines Wirtschaftsgutes ist der Zeitraum zu verstehen, in dem das Wirtschaftsgut erfahrungsgemäß verwendet oder genutzt werden kann. „Betriebsgewöhnliche" Nutzungsdauer bedeutet, dass die besonderen betrieblichen Verhältnisse zu beachten sind, unter denen das Wirtschaftsgut eingesetzt wird. Eine durch die betriebliche Nutzung eintretende besondere Beanspruchung, welche die gewöhnliche Nutzungsdauer verkürzt, ist zu berücksichtigen. Dagegen kommt es nicht darauf an, wie lange der Stpfl. das Wirtschaftsgut tatsächlich in seinem Betrieb verwendet oder voraussichtlich verwenden wird; denn die betriebsgewöhnliche Nutzungsdauer wird nicht dadurch vermindert, dass der Stpfl. das Wirtschaftsgut vor Beendigung seines technischen oder wirtschaftlichen Wertverzehrs veräußert.

Wirtschaftsgüter nutzen sich wirtschaftlich ab, wenn sie – unabhängig von ihrem materiellen Verschleiß – erfahrungsgemäß wirtschaftlich zur Erzielung von Einkünften nur zeitlich beschränkt verwendbar sind. Eine wirtschaftliche Abnutzung setzt voraus, dass das Wirtschaftsgut nicht nur aufgrund des technischen Verschleißes, sondern auch aus anderen Gründen erheblich an Wert verliert. Eine mit wirtschaftlicher Abnutzung begründete kürzere Nutzungsdauer kann der AfA nur zugrunde gelegt werden, wenn das Wirtschaftsgut vor Ablauf der technischen Nutzbarkeit objektiv wirtschaftlich verbraucht ist. Ein wirtschaftlicher Verbrauch ist nur anzunehmen, wenn die Möglichkeit einer wirtschaftlich sinnvollen (anderweitigen) Nutzung oder Verwertung endgültig entfallen ist. Ist ein Wirtschaftsgut im Betrieb zwar nicht mehr entsprechend der ursprünglichen Zweckbestimmung rentabel nutzbar, lassen sich aber durch Veräußerung erhebliche Erlöse erzielen, ist es auch für den Unternehmer wirtschaftlich noch nicht verbraucht (BFH X R 78/94, BStBl 1998 II 59).

Nach der BFH-Rechtsprechung kann für Werke anerkannter Meister eine steuermindernde Abschreibung nicht in Anspruch genommen werden, weil ein Wertverzehr wirtschaftlich nicht eintritt. Zwar kann für derartige Kunstgegenstände eine technische Abnutzung nicht generell verneint werden. Diese vollzieht sich jedoch in so großen Zeitabständen und ist dementsprechend im jeweiligen Veranlagungszeitraum so geringfügig, dass sie nach Auffassung des BFH vernachlässigt werden kann. Für Bilder anerkannter Meister ist daher – anders als bei Stücken einer sog. Gebrauchskunst – eine Abschreibung wegen wirtschaftlicher oder technischer Abnutzung nicht zulässig (BFH VI 327/64 U, BStBl 1965 III 382; III R 58/75, BStBl 1978 II 164, und III B 31/88, BFH/NV 1989 S. 129). A kann daher für das Bild des preisgekrönten Malers keine AfA in Anspruch nehmen.

Eine technische Abnutzung ist jedoch nur dann zu vernachlässigen, wenn sie – wie bei Bildern anerkannter Meister in den Praxisräumen eines Rechtsanwalts – praktisch nicht eintritt, weil das Anlagegut nicht oder kaum benutzt wird. Etwas anderes gilt jedoch für im Gebrauch befindliche Möbelstücke. In diesem Fall ist – auch bei pfleglicher Behandlung – ihre technische Abnutzung nicht in Frage zu ziehen. Das heißt, es kommen insoweit AfA für eine technische Abnutzung in Betracht (BFH VI R 78/82, BStBl 1986 II 355; VI R 26/98, BFH/NV 1994 S. 472, und XI R 5/93, BStBl 2001 II 194). Der Ansatz einer AfA für die beiden Möbelstücke ist daher gerechtfertigt.

Fall 109
Abschreibung kurzlebiger Wirtschaftsgüter

Sachverhalt: Einzelgewerbetreibender A, dessen Wirtschaftsjahr mit dem Kalenderjahr übereinstimmt, erwirbt Anfang Juli 01 ein Anlagegut (Werkzeug), das eine betriebsgewöhnliche Nutzungsdauer von 12 Monaten hat, für 3 000 €.

Frage: Kann A im Anschaffungsjahr 01 die vollen Anschaffungskosten in Höhe von 3 000 € als Betriebsausgaben abziehen oder hat eine Verteilung der Anschaffungskosten auf die Jahre 01 und 02 mit jeweils $^1/_2$ von 3 000 € = 1 500 € zu erfolgen?

➡ Lösung

Anschaffungs- oder Herstellungskosten eines Wirtschaftsgutes sind im Wege der AfA (§ 7 EStG) zu verteilen, wenn die gesamte Nutzungsdauer einen Jahreszeitraum i. S. eines Zeitraums von mehr als 365 Tagen übersteigt. Das bedeutet, dass es bei sog. kurzlebigen Wirtschaftsgütern nicht zu einer genau periodengerechten Aufwandsverteilung über den gesamten Nutzungszeitraum kommt: A kann seine Anschaffungskosten in Höhe von 3 000 € im Jahr 01 voll als Betriebsausgaben abziehen (BFH IV R 127/91, BStBl 1994 II 232).

Fall 110
Willkürlich unterlassene AfA

Sachverhalt: A ist Inhaber eines gewerblichen Einzelunternehmens. Er wird mit seiner Ehefrau zusammenveranlagt. Das zu versteuernde Einkommen der Eheleute für das Jahr 01 beläuft sich nach einer vorläufigen Berechnung des Steuerberaters auf 5 000 €. A bittet seinen Steuerberater daraufhin, von einer Geltendmachung der AfA für einen Anfang Januar 01 für 36 000 € angeschafften – zum Betriebsvermögen gehörenden – Pkw abzusehen. Dadurch erhöht sich zwar das zu versteuernde Einkommen um die AfA in Höhe von $^1/_6$ von 36 000 € = 6 000 € auf 11 000 €. Nach der Einkommensteuer-Splittingtabelle fällt aber auch bei diesem Betrag noch keine Einkommensteuer an.

Der Pkw wird in den Bilanzen der Jahre 02 bis 04 wie folgt abgeschrieben:

Anschaffungskosten (= Buchwert 31. 12. 01)	36 000 €
./. AfA 02 – 04: ($^1/_6$ von 36 000 € =) 6 000 € × 3 =	./. 18 000 €
Buchwert 31. 12. 04	18 000 €

Anfang 05 verkauft A den Pkw für 25 000 €. Der Veräußerungsgewinn in Höhe von (25 000 € ./. 18 000 € =) 7 000 € ist im erklärten Gewinn für das Jahr 05 enthalten.

Die Veranlagungen bis einschließlich 01 sind bestandskräftig und nach den Vorschriften der AO nicht berichtigungsfähig. Die Veranlagung der Jahre 02 bis 05 sind unter Vorbehalt der Nachprüfung ergangen (§ 164 Abs. 1 AO).

Frage: Darf die von A im Jahr 01 unterlassene AfA den im Zusammenhang mit dem Pkw-Verkauf im Jahr 05 erzielten Veräußerungsgewinn mindern?

Literaturhinweis: *Lehrbuch Einkommensteuer*, Rdn. 1291, 1294

➔ Lösung

Ein Kaufmann hat kein Wahlrecht, ob er Abschreibungen vornehmen will oder nicht, da nach dem Gesetzeswortlaut sowohl handels- als auch steuerrechtlich eine Pflicht zur Abschreibung besteht (§ 253 Abs. 2 HGB, § 7 EStG). Unterlässt es der Stpfl. – entgegen dieser zwingenden Anordnung –, Abschreibungen überhaupt oder in der gebotenen Höhe vorzunehmen, stellt sich die Frage, ob eine Nachholung der zu Unrecht unterlassenen AfA zulässig ist.

Steuerrechtlich ist hier zu unterscheiden,

- ob die AfA bewusst unterlassen wurde, um infolge der Verlagerung auf spätere Veranlagungszeiträume zu einer unberechtigten Steuerersparnis zu kommen, oder
- ob die gebotene AfA versehentlich unterlassen wurde.

Im ersten Fall, in dem der Stpfl. – wie hier – von der Vornahme einer AfA bewusst abgesehen hat, ist eine Nachholung der nach den Grundsätzen von Treu und Glauben unterlassenen AfA unzulässig (BFH IV R 181/66, BStBl 1972 II, 271; IV R 101/92, BStBl 1994 II, 638, und IV R 29/94, BStBl 1995 II, 635). Da die Voraussetzungen für eine Änderung des Einkommensteuerbescheids für das Jahr 01 nicht vorliegen und daher eine Bilanzberichtigung (§ 4 Abs. 2 EStG) im Hinblick auf die unterlassene AfA nicht möglich ist, muss sich A so behandeln lassen, als ob er die AfA im Jahr 01 zutreffend vorgenommen hätte. Die bewusst unterlassene AfA für das Jahr 01 in Höhe von 6 000 € fällt damit endgültig aus (BFH IV R 31/77, BStBl 1981 II, 255 f.). Buchungstechnisch wird unter Durchbrechung des Bilanzenzusammenhangs der Buchwert des Pkw in der Anfangsbilanz des Wirtschaftsjahres 02 erfolgsneutral durch einen entsprechend niedrigeren Ansatz berichtigt. Der Pkw wird also in der Steuerbilanz der Jahre 02 – 05 mit dem Wert angesetzt, der sich bei Vornahme einer AfA für das Jahr 01 ergeben hätte:

Anschaffungskosten 01	36 000 €
./. AfA 01: $^1/_6$ von 36 000 € =	./. 6 000 €
Berichtigter Buchwert 1. 1. 02	30 000 €
./. AfA 02 – 04: 3 × 6 000 € =	./. 18 000 €
Buchwert 31. 12. 04	12 000 €

Aus dieser Behandlung folgt zwangsläufig, dass aufgrund des Pkw-Verkaufs im Jahr 05 folgender Veräußerungsgewinn entsteht:

Veräußerungserlös	25 000 €
./. Buchwert im Zeitpunkt der Veräußerung	./. 12 000 €
Veräußerungsgewinn 05	13 000 €

Fall 111
Versehentlich unterlassene AfA

Sachverhalt: A betreibt einen Fabrikationsbetrieb. Im Juli des Wirtschaftsjahres 01 hat er eine Maschine angeschafft, deren betriebsgewöhnliche Nutzungsdauer fünf Jahre beträgt. Die Anschaffungskosten der Maschine belaufen sich auf 100 000 €.

Im Jahre 01 hat A für die Maschine zulässigerweise die halbe Jahres-AfA in Höhe von 10 000 € in Anspruch genommen. In den Jahren 02 und 03 hat er diese AfA-Höhe versehentlich beibehalten, so dass die Maschine zum 31. 12. 03 mit einem Buchwert von 70 000 € bilanziert ist. Die Veranlagungen der Jahre 01 bis 03 sind bestandskräftig und nach den Vorschriften der AO nicht mehr berichtigungsfähig.

Die Maschine hat am 31. 12. 03 eine Restnutzungsdauer von 2,5 Jahren.

Frage: Kann die zu niedrige AfA der Jahre 02 und 03 nachgeholt werden?

Literaturhinweis: *Lehrbuch Einkommensteuer*, Rdn. 1293

▶ Lösung

Ist die gebotene AfA versehentlich unterlassen worden und sind die Voraussetzungen einer Bilanzberichtigung (§ 4 Abs. 2 EStG) – wie vorliegend – nicht gegeben, ist nach bisheriger Rechtsprechung eine Nachholung der unterlassenen AfA möglich. Die unterlassene AfA darf aber nicht etwa in der Weise nachgeholt werden, dass sie in einer Summe gewinnmindernd berücksichtigt wird. Es erfolgt vielmehr eine Verteilung des Restbuchwertes auf die Restnutzungsdauer, und zwar entsprechend der schon bisher angewendeten AfA-Methode in gleich bleibenden oder fallenden Jahresbeträgen (BFH VI R 295/66, BStBl 1967 III 386). Die Restnutzungsdauer ist ggf. neu zu schätzen. Diese Beurteilung hat zur Folge, dass A in den Jahren 04 bis 06 folgende AfA vornehmen kann:

Restbuchwert 31. 12. 03	70 000 €
AfA 04: 70 000 € : 2,5 =	28 000 €
Restbuchwert 31. 12. 04	42 000 €
./. AfA 05	./. 28 000 €
Restbuchwert 31. 12. 05	14 000 €
./. AfA 06	./. 13 999 €
Restbuchwert 31. 12. 06	1 €

Fall 112
AfA bei unterlassener Bilanzierung eines Wirtschaftsgutes

Sachverhalt: A ist Inhaber einer Zimmerei. Er ermittelt den Gewinn durch Betriebsvermögensvergleich (§ 5 EStG). Anfang 07 hat er eine Lagerhalle für umgerechnet 100 000 € angeschafft, die er ab diesem Zeitpunkt zu 100 % für eigenbetriebliche Zwecke nutzt. Von den Anschaffungskosten entfallen 20 000 € auf den Grund und Boden und 80 000 € auf das Gebäude. Bei der Lagerhalle handelt es sich um ein sog. Wirtschaftsgebäude, das mit einem linearen AfA-Satz von 4 % abzuschreiben ist (§ 7 Abs. 4 Satz 1 Nr. 1 EStG a. F.). In den Bilanzen für die Jahre 07 bis 11 wurde die Halle nebst Grund und Boden versehentlich nicht aktiviert. Die Veranlagungen der Jahre 07 bis 11 sind nach den Vorschriften der AO nicht mehr änderbar.

Erstmals in der Bilanz für das Jahr 12 aktivierte A den Grund und Boden mit seinen Anschaffungskosten von 20 000 € und die Halle mit ihren Anschaffungskosten in Höhe von 80 000 €, nahm eine betriebsgewöhnliche Nutzungsdauer von 25 Jahren an und verteilte die AfA auf die hieraus errechnete Restnutzungsdauer von 20 Jahren, so dass sich in der Bilanz zum 31. 12. 12 folgender Buchwert ergab:

Anschaffungskosten	80 000 €
./. AfA 12: 80 000 € : 20 =	./. 4 000 €
Buchwert 31. 12. 12	76 000 €

Frage: Kann A die in den Jahren 07 bis einschließlich 11 unterlassene AfA in Höhe von 4 % von 80 000 € = 3 200 € jährlich steuerlich nachholen?

➔ Lösung

Die Lagerhalle gehört seit Anschaffung zum notwendigen Betriebsvermögen des von A unterhaltenen Gewerbebetriebs. Dies hat zur Folge, dass er das Wirtschaftsgut auf der Aktivseite seiner Bilanz ausweisen muss (§ 2 Abs. 2 Nr. 1 i. V. m. § 4 Abs. 1 Satz 1 und

§ 5 Abs. 1 EStG). War ein Wirtschaftsgut des notwendigen Betriebsvermögens – wie vorliegend – bislang in der Bilanz nicht aktiviert worden, hat dies keinen Einfluss auf die rechtliche Beurteilung (BFH I R 248/74, BStBl 1978 II, 191, und VIII R 84/88, BFH/NV 1992 S. 161 f.). Die nachträgliche Aufnahme eines solchen Wirtschaftsgutes in die Bilanz ist eine berichtigende Einbuchung; sie ist – mangels tatsächlicher Zuführung zum Betriebsvermögen – ebenso wenig eine Einlage i. S. des § 4 Abs. 1 Satz 1 und 5 i. V. m. § 6 Abs. 1 Nr. 5 EStG wie – mangels Änderung der tatsächlichen Verwendung – die bilanzberichtigende Ausbuchung eine Entnahme i. S. des § 4 Abs. 1 Satz 1 bis 4 i. V. m. § 6 Abs. 1 Nr. 4 EStG ist (BFH I R 248/74, BStBl 1978 II 191). Demgemäß bestimmt sich der Bilanzansatz für eine fehlerberichtigende Einbuchung bei unterlassener Aktivierung eines Wirtschaftsgutes nach dem Wert, mit dem das bisher zu Unrecht nicht bilanzierte Wirtschaftsgut bei von Anfang an richtiger Bilanzierung zu Buche stehen würde (BFH IV R 76/96, BFH/NV 1998 S. 578). Das erfordert für die Ermittlung des Einbuchungswertes eine „Schattenrechnung", d. h. die Absetzung der bisher unberücksichtigt gebliebenen AfA-Beträge von den Anschaffungskosten. Denn nach § 6 Abs. 1 Nr. 1 Satz 1 EStG sind Wirtschaftsgüter des Anlagevermögens, die der Abnutzung unterliegen, mit den Anschaffungskosten, vermindert um die AfA (§ 7 EStG), anzusetzen.

Die Sachbehandlung des A führt im Ergebnis zu einer Nachholung der bisher nicht vorgenommenen AfA. Nach einer neueren Grundsatzentscheidung des BFH X R 153/97 (BStBl 2002 II 75) findet sich für die von A vorgenommene „Nachholung der AfA" keine Stütze im Gesetz. Vor allem widerspräche sie dem Prinzip, dass die Einkommensteuer – dem Grunde wie der Höhe nach – als Jahressteuer (§ 2 Abs. 7 EStG) kraft Gesetzes jeweils mit Ablauf eines jeden Veranlagungszeitraums entsteht. Dieses Prinzip der Abschnittsbesteuerung betrifft auch den einkünftebezogenen Aufwand, der daher, wenn er – wie hier – nur im Wege der AfA abgezogen werden darf (§ 4 Abs. 1 Satz 6 i. V. m. § 7 EStG), zeitanteilig den Veranlagungszeiträumen zwischen Anschaffung/Herstellung und dem Ende der betriebsgewöhnlichen Nutzungsdauer zuzuordnen ist. Diese Aufteilung ist zwingend. Gegenüber diesem Prinzip der abschnittsweisen Erfassung des Wertverzehrs von der Abnutzung unterliegenden Wirtschaftsgütern des Anlagevermögens tritt der Gedanke der richtigen Erfassung des Totalgewinns zurück.

In Übereinstimmung mit diesen materiell-rechtlichen Grundsätzen und ebenfalls unabhängig von der buchmäßigen Behandlung gehört der nach den Vorschriften des EStG ermittelte anteilige AfA-Jahresbetrag von Gesetzes wegen (§ 85 Abs. 1 Satz 1 AO) zu den Besteuerungsgrundlagen der jeweiligen Jahressteuerbescheide (§ 155 Abs. 1 Satz 1 i. V. m. § 157 Abs. 1 Satz 2 und Abs. 2 AO). Die von A erstrebte „Nachholung" kommt daher nicht in Betracht.

Inwieweit sich aus den Grundsätzen des formellen Bilanzenzusammenhangs etwas anderes ergibt (BFH VIII R 28/90, BStBl 1992 II 881, und VIII R 52/99, BFH/NV 2000 S. 1487), kann nach Ansicht des BFH hier auf sich beruhen, weil diese Grundsätze jedenfalls dann nicht gelten, wenn ein Bilanzansatz, der fortgeführt werden könnte, fehlt. Der Bilanzansatz „Lagerhalle" ist in der Bilanz zum 31. 12. 12 wie folgt zu berichtigen (§ 4 Abs. 2 EStG):

Buchwert Lagerhalle:
Anschaffungskosten 07   80 000 €
./. verbrauchte AfA 07–11:
5 × (4 % von 80 000 € =) 3 200 € =   ./. 16 000 €
./. AfA 12: 4 % von 80 000 € =   ./. 3 200 €
Buchwert 31. 12. 12   60 800 €

Fall 113
Ermittlung der AfA-Bemessungsgrundlage und der linearen Gebäude-AfA bei Erwerb eines Wohngebäudes

Sachverhalt: A erwirbt Anfang Juli 2005 von Eheleuten, die in Scheidung leben, sehr günstig ein im Jahr 1970 fertig gestelltes Zweifamilienhaus für 250 000 € mit zwei gleich großen Wohnungen, von denen eine vermietet und die andere von A selbst genutzt wird. Das Finanzamt ermittelt den Verkehrswert des Grund und Bodens auf 75 000 € und setzt nach der sog. „Restwertmethode" als Bemessungsgrundlage für die Gebäude-AfA 250 000 € ./. 75 000 € = 175 000 € an. Der Verkehrswert des Grund und Bodens beträgt 75 000 € und der Verkehrswert des Gebäudes 225 000 €.

Fragen:
1. Wie hoch ist die AfA-Bemessungsgrundlage für die vermietete Wohnung?
2. Wie hoch ist die als Werbungskosten bei den Einkünften aus Vermietung und Verpachtung des A abziehbare lineare Gebäude-AfA für das Jahr 2005?

Literaturhinweis: *Lehrbuch Einkommensteuer*, Rdn. 1319

➡ Lösung

So genannte sonstige selbständige Gebäudeteile liegen vor, wenn ein Gebäude teils eigenbetrieblich, teils fremdbetrieblich, teils zu eigenen Wohnzwecken und teils zu fremden Wohnzwecken genutzt wird. Jeder der vier unterschiedlich genutzten Gebäudeteile ist dann ein besonderes Wirtschaftsgut (R 13 Abs. 4 EStR 2003). Gemischt genutzte Gebäude sind also nach Maßgabe der unterschiedlichen Nutzungsarten im Hinblick auf die unterschiedlichen Nutzungs- und Funktionszusammenhänge in mehrere (maximal: vier) selbständige Gebäudeteile zu zerlegen (BFH GrS 5/71, BStBl 1974 II 132; GrS 4/92, BStBl 1995 II 281):

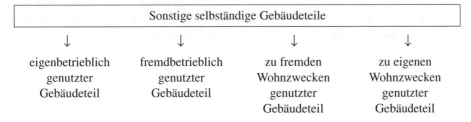

Die genannten sonstigen selbständigen Gebäudeteile sind unbewegliche Wirtschaftsgüter i. S. von § 7 Abs. 5a EStG. Jeder selbständige Gebäudeteil ist mit Ausnahme des eigenen Wohnzwecken dienenden Gebäudeteils nach Maßgabe der AfA-Vorschriften des § 7 Abs. 4 und 5 EStG abzuschreiben.

Zu 1.:

Bemessungsgrundlage für die Gebäude-Abschreibung sind grundsätzlich die Anschaffungs- oder Herstellungskosten. Wird ein bebautes Grundstück erworben, muss der Gesamtkaufpreis auf den Grund und Boden einerseits und auf das Gebäude andererseits aufgeteilt werden, da Grund und Boden und Gebäude verschiedene Wirtschaftsgüter bilden. Nur auf das Gebäude sind AfA möglich. Die Aufteilung des Gesamtkaufpreises hat nach dem Verhältnis der Teilwerte zu erfolgen (BFH GrS 1/77, BStBl 1978 II 620, 625; X R 97/87, BStBl 1989 II 604, und IX R 63/94, BFH/NV 1996 S. 116).

In der Praxis kommt es vor, dass Finanzämter bei der Kaufpreisaufteilung wie folgt vorgehen: Sie ermitteln den Verkehrswert für den Grund und Boden und behandeln die Differenz zum Kaufpreis als Anschaffungskosten für das Gebäude (sog. „Differenz- oder Restwertmethode"). Die „Restwertmethode" führt zu einem für den Stpfl. ungünstigen Ergebnis, wenn er das Haus zu einem sehr günstigen Preis erworben hat, etwa bei einem Kauf von Verwandten, Bekannten oder anlässlich einer Zwangsversteigerung oder von Eheleuten, die in Scheidung leben. In Fällen, in denen der vom Finanzamt auf diese Weise ermittelte Gebäudewert nicht der Realität entspricht, kann die Wertermittlung des Finanzamtes nicht akzeptiert werden. Nach der genannten Rechtsprechung des BFH muss das Finanzamt den Kaufpreis (genau: die Anschaffungskosten) eines bebauten Betriebsgrundstücks nach dem Verhältnis der Teilwerte auf den Grund und Boden, das Gebäude und die Außenanlagen aufteilen.

Es sind also nach dem Grundsatz der Einzelbewertung – unabhängig vom gezahlten Kaufpreis – Teilwerte für den Grund und Boden einerseits und das Gebäude andererseits zu ermitteln. Dann werden die Anschaffungskosten nach dem Verhältnis dieser fiktiven Werte zueinander in Anschaffungskosten für den Boden- und den Gebäudeanteil aufgeteilt. Betragen also – wie hier – der Verkehrswert für den Grund und Boden 75 000 € und für das Gebäude 225 000 €, weil das Gebäude sehr günstig gekauft worden ist, entfallen $1/4$ des Kaufpreises (= 62 500 €) auf den Grund und Boden und $3/4$ des Kaufpreises (= 187 500 €) auf das Gebäude. Da vorliegend nur die vermietete Wohnung der Einkünfteerzielung dient, sind die Gebäude-Anschaffungskosten auf die beiden Wohnungen aufzuteilen. Aufteilungsmaßstab ist grundsätzlich das Verhältnis der Nutzflächen, die nach §§ 43 und 44 der Zweiten Berechnungsverordnung zu ermitteln sind (R 13 Abs. 6 Satz 4 EStR 2003; BFH III R 20/99, BFH/NV 2001 S. 849), es sei denn, die Aufteilung nach den Nutzflächen führt zu einem unangemessenen Ergebnis (R 13 Abs. 6 Satz 2 EStR 2003). Bei einer Aufteilung nach der Nutzfläche ergibt sich für die vermietete Wohnung eine Bemessungsgrundlage für die Abschreibung in Höhe von $1/2$ von 187 500 € = 93 750 €.

Zu 2.:

Wird ein Gebäude im Laufe des Jahres angeschafft, kann die AfA nur zeitanteilig gewährt werden. Die lineare AfA 2005 für die vermietete Wohnung beträgt somit:

Jahres-AfA nach § 7 Abs. 4 Nr. 2 Buchst. a EStG: 2 % von 93 750 € = 1 875 €
anteilige AfA für die Zeit vom 1. 7. bis 31. 12. 2004: ¹/₂ von 1 875 € = aufgerundet 938 €

Fall 114
Degressive Gebäude-AfA bei Anschaffung eines Gebäudes im Jahr der Fertigstellung

Sachverhalt: A erwarb im Dezember 2004 eine in Köln belegene Eigentumswohnung, die er ab Januar 2005 vermietet. Von den Anschaffungskosten in Höhe von insgesamt 200 000 € entfallen 160 000 € auf die Wohnung, 40 000 € auf den Grund und Boden.

Die Wohnung war im Frühjahr 2004 fertig gestellt worden; der Bauantrag für die Wohnung wurde 2002 gestellt. Zunächst war die Wohnung von Herrn D erworben und in der Zeit vom 15. 6. bis 15. 12. 2004 vermietet worden. Danach wurde der Kaufvertrag zwischen Herrn D und der Firma X-GmbH, der Herstellerin der Eigentumswohnung, wieder aufgehoben. Für das Jahr 2004 machte D die degressive AfA mit einem Staffelsatz von 5 % geltend (§ 7 Abs. 5 Satz 1 Nr. 3 Buchst. b i. V. m. Abs. 5 Satz 2 EStG a. F.). Die GmbH hat für die Eigentumswohnung keine AfA geltend gemacht.

Fragen:
1. Kann auch der Zweiterwerber A die degressive AfA im Herstellungsjahr 2004 in Anspruch nehmen?
2. Kann der Zweiterwerber A die degressive AfA ab dem Jahr 2005 in Anspruch nehmen?
3. Nach welcher AfA-Methode muss die Eigentumswohnung nach Ablauf der gesetzlichen Nutzungsdauer von 50 Jahren abgeschrieben werden?

Literaturhinweis: *Lehrbuch Einkommensteuer*, Rdn. 1327 ff.

 Lösung

Zu 1.:

Bei der Abschreibung von Gebäuden kann anstatt der linearen Gebäude-AfA nach § 7 Abs. 4 EStG unter bestimmten Voraussetzungen die degressive AfA nach § 7 Abs. 5 EStG in Anspruch vorgenommen werden. Die AfA nach § 7 Abs. 5 EStG wird als degressiv bezeichnet, weil die AfA-Sätze während der Laufzeit fallen. Es handelt sich um eine AfA mit fest vorgeschriebenen, ungleichmäßig fallenden Prozentsätzen (arithmetisch-degressive AfA), die sich während der gesamten Abschreibungsdauer von den Anschaffungs- oder Herstellungskosten bemisst. Im Vergleich zur linearen AfA führt die degressive AfA durch eine Vorverlagerung der AfA zu einer Steuerstundung. Die degressive AfA ist nur mit den im Gesetz vorgeschriebenen Staffelsätzen zulässig. Eine Anwendung höherer oder niedrigerer AfA-Sätze ist unzulässig.

Die degressive AfA nach § 7 Abs. 5 EStG kommt nur für im Inland belegene „Neubauten" in Betracht. Sie kann vom Bauherrn, aber auch vom Erwerber in Anspruch genommen werden, wenn er das Gebäude spätestens bis zum Ende des Jahres der Fertigstellung erwirbt. Wurde eine Eigentumswohnung – wie vorliegend – im Jahr 2004 fertig gestellt, erhält der Erwerber die degressive AfA, wenn das wirtschaftliche Eigentum noch im Jahr der Fertigstellung übertragen wird, und zwar auch, wenn die Teilungserklärung erst im Folgejahr abgegeben wird (BFH IX R 53/96, BStBl 1999 II 589).

Im Fall der Anschaffung kann der Erwerber die degressive AfA aber nur beanspruchen, wenn der „Hersteller" für das veräußerte Gebäude weder die degressive AfA noch erhöhte Absetzungen oder Sonderabschreibungen in Anspruch genommen hat (§ 7 Abs. 5 Satz 2 EStG), sondern allenfalls lineare AfA nach § 7 Abs. 4 EStG. Durch dieses Kumulationsverbot soll eine Doppelvergünstigung ausgeschlossen werden. Da die Herstellerfirma X-GmbH keine AfA in Anspruch genommen hat, steht dem Ersterwerber D die degressive AfA zu.

Umstritten war früher, ob ein Zweiterwerber, der das Gebäude im Jahr der Herstellung erworben hat, die degressive AfA in Anspruch nehmen kann, wenn nicht der Hersteller, sondern – wie vorliegend – ein vorheriger Käufer (hier: D als Ersterwerber) für das Objekt bereits degressive AfA in Anspruch genommen hat. Diese Streitfrage hat der BFH dahin gehend entschieden, dass auch der Zweiterwerber die degressive AfA nach § 7 Abs. 5 Satz 1 Nr. 3 EStG **nicht** in Anspruch nehmen darf, wenn sie bereits bei einem Ersterwerber berücksichtigt worden ist (BFH IX R 16/98, BStBl 2001 II 599). Die Voraussetzungen des § 7 Abs. 5 Satz 2 EStG sind hier zwar dem Wortlaut nach nicht gegeben, denn der Hersteller, die Firma X-GmbH, hat für das Gebäude keine, also auch keine Abschreibungen nach § 7 Abs. 5 EStG in Anspruch genommen. Aber nach dem Zweck der Vorschrift kann der (spätere) Erwerber A für das Jahr der Fertigstellung die degressiven AfA nach § 7 Abs. 5 EStG auch dann nicht geltend machen, wenn der vorherige Erwerber sie bereits in Anspruch genommen hat. § 7 Abs. 5 Satz 2 EStG will verhindern, dass die AfA gem. § 7 Abs. 5 EStG vom Hersteller und Erwerber gleichzeitig in Anspruch genommen werden. Eine solche doppelte Steuervergünstigung ist aber in gleicher Weise gegeben, wenn zwei Erwerber die AfA gem. § 7 Abs. 5 Satz 1 oder 2 EStG im Jahr der Fertigstellung in Anspruch nehmen. Beide Alternativen sind wirtschaftlich gleichwertig und rechtfertigen keine unterschiedliche steuerrechtliche Behandlung. Nach alledem kann A für das Jahr 2004 die degressive AfA nach § 7 Abs. 5 EStG für die Eigentumswohnung nicht gewährt werden. Er erhält für 2004 nur die zeitanteilige lineare AfA in Höhe von $^1/_{12}$ von (2 % von 160 000 € = 3 200 €) = 267 €.

Zu 2.:

Hinsichtlich des Jahres 2005 liegt die Sache anders. Für dieses Jahr schließt § 7 Abs. 5 Satz 2 EStG die Inanspruchnahme der AfA nach § 7 Abs. 5 Satz 1 Nr. 3 EStG bei den Einkünften des A aus Vermietung und Verpachtung (§ 21 Abs. 1 EStG) nicht aus. Im Jahr 2005 kann es bei der Inanspruchnahme der degressiven AfA gem. § 7 Abs. 5 Satz 1 Nr. 3 EStG durch A nicht mehr zu einer doppelten Inanspruchnahme der degressiven AfA gem. § 7 Abs. 5 EStG kommen. Es besteht nach Ansicht des BFH deshalb kein Grund, für den weiteren Abschreibungszeitraum die degressiven AfA nach § 7 Abs. 5 Satz 1 Nr. 3 EStG zu versagen.

Fall 114: Degressive Gebäude-AfA bei Anschaffung im Jahr der Fertigstellung

Nach dem Wortlaut des § 7 Abs. 5 Satz 2 EStG („Im Fall der Anschaffung kann Satz 1 nur angewendet werden, . . .") ist zwar die Inanspruchnahme der degressiven AfA auch in den Folgejahren nicht möglich, „wenn" der Hersteller – oder wie hier analog der Ersterwerber – sie im Jahr der Fertigstellung in Anspruch genommen hat. Nach dem Zweck der Vorschrift ist ihr Anwendungsbereich jedoch abweichend vom Wortlaut dahin einzuschränken, dass sie dem Abzug degressiver AfA in den Folgejahren nicht entgegensteht.

Es wäre nach Meinung des BFH nicht gerechtfertigt, die Vorschrift im Hinblick auf den Gesetzeszweck im Anschaffungsjahr zu Lasten des Stpfl. über den Wortlaut hinaus entsprechend anzuwenden (s. o. zu 1.), andererseits für die Folgejahre den Gesetzeszweck unberücksichtigt zu lassen und das Gesetz zu Lasten des Stpfl. diesmal nach seinem Wortlaut anzuwenden.

Die Einschränkung des Wortlautes des § 7 Abs. 5 Satz 2 EStG ist für die Folgejahre geboten, weil die Versagung der AfA nach § 7 Abs. 5 EStG zu einer Härte führen würde, die mit dem Zweck des § 7 Abs. 5 Satz 1 EStG nicht vereinbar wäre. A hat alle Tatbestandsmerkmale des § 7 Abs. 5 Satz 1 EStG erfüllt und durch die herstellungsnahe Anschaffung der Wohnung in typischer Weise dem Zweck dieser Regelung entsprochen. Zweck des § 7 Abs. 5 EStG ist es nämlich, einen Bauanreiz zu schaffen und eine Hilfe bei der Finanzierung zu bieten. Demnach ist der zu weit gefasste § 7 Abs. 5 Satz 2 EStG im Wege der Reduktion dahin einzuschränken, dass § 7 Abs. 5 Satz 1 Nr. 3 EStG nicht angewendet werden kann, soweit der Hersteller oder Vorerwerber für das veräußerte Gebäude degressive AfA in Anspruch genommen hat. A kann mithin für das Jahr 2005 die AfA gem. § 7 Abs. 5 Satz 1 Nr. 3 EStG in Anspruch nehmen (5 % von 160 000 € = 8 000 €).

Anzumerken ist noch Folgendes: Die degressiven Abschreibungssätze für die Herstellungs- bzw. Anschaffungskosten von Wohngebäuden wurden durch das Haushaltsbegleitgesetz 2004 vom 29. 12. 2003 (BGBl 2003 I, 3076) gekürzt. Wurde der Bauantrag für das Gebäude **nach dem 31. 12. 2003** gestellt bzw. dieses nach dem 31. 12. 2003 angeschafft, gelten folgende Abschreibungssätze:

- im Jahr der Fertigstellung und in den folgenden 9 Jahren: 4 %,
- in den darauf folgenden 8 Jahren: 2,5 %,
- in den darauf folgenden 32 Jahren: 1,25 % (§ 7 Abs. 5 Satz 1 Nr. 3 Buchst. c EStG n. F.).

Zu 3.:

Nach Ablauf des nach § 7 Abs. 5 Satz 1 Nr. 3 EStG maßgebenden Zeitraums von 50 Jahren ist noch ein Gebäude-Restwert vorhanden, da das Gebäude von A im ersten Jahr (2004) nur linear abgeschrieben worden ist. Hierdurch ergibt sich ein längerer als der gesetzlich festgelegte Abschreibungszeitraum von 50 Jahren, d. h. der Abschreibungszeitraum verlängert sich über den Zeitraum von 50 Jahren hinaus. Mangels einer für die Zeit nach Ablauf des 50-Jahreszeitraums geltenden Sonderregelung sind die AfA m. E. dann – wie im Fall des Entstehens von nachträglichen Anschaffungs- oder Herstellungskosten – nach § 7 Abs. 4 Satz 1 EStG zu bemessen, vorliegend also bis zur Vollabschreibung mit jährlich 2 % der Anschaffungskosten in Höhe von 160 000 €, bis die Vollabschreibung erreicht ist.

Fall 115
Gebäude-AfA bei nachträglichen Herstellungskosten

Sachverhalt: A hat im Jahr 01 ein Zehnfamilienhaus errichtet. Die Herstellungskosten des fremden Wohnzwecken dienenden Gebäudes haben 500 000 € betragen. Die tatsächliche Nutzungsdauer des Gebäudes beträgt mehr als 50 Jahre. Im Jahr 11 fallen nachträgliche Herstellungskosten in Höhe von 100 000 € an.

Frage: Wie hoch sind die jährlichen Abschreibungen, wenn A die degressive Gebäude-Abschreibung nach § 7 Abs. 5 Satz 1 Nr. 3 Buchst. c EStG i. d. F. des HBeglG 2004 in Anspruch nimmt?

Literaturhinweis: *Lehrbuch Einkommensteuer*, Rdn. 1336 ff.

Lösung

Fallen bei degressiver Abschreibung nach § 7 Abs. 5 EStG nachträgliche Anschaffungs- oder Herstellungskosten an, ohne dass hierdurch ein anderes Gebäude entsteht, gelten die gleichen Grundsätze wie bei der linearen Gebäude-AfA. Die nachträglichen Anschaffungs- oder Herstellungskosten sind der ursprünglichen Bemessungsgrundlage hinzuzurechnen, auf die Summe ist der gerade maßgebliche Staffelsatz anzuwenden. Bei der Bemessung der AfA für das Jahr des Entstehens der nachträglichen Anschaffungs- oder Herstellungskosten sind diese so zu berücksichtigen, als wären sie zu Beginn des Jahres aufgewendet worden (R 44 Abs. 10 Satz 3 EStR 2003). Ein nach Ablauf des gesetzlichen Abschreibungszeitraums nach § 7 Abs. 5 EStG von 50 Jahren verbliebener Restwert ist – ausgehend von der bisherigen Bemessungsgrundlage – linear nach § 7 Abs. 4 Satz 1 EStG abzuschreiben (BFH IX R 103/83, BStBl 1987 II 491; vgl. hierzu auch die Urteilsanmerkungen in HFR 1987 S. 513, und von *Drenseck*, FR 1987 S. 381).

Bei degressiver Abschreibung nach § 7 Abs. 5 Satz 1 Nr. 3 Buchst. b EStG ergeben sich folgende Abschreibungsbeträge:

01 – 10: 4 % von 500 000 € = 20 000 € x 10 =	200 000 €
11 – 18: 2,5 % von 600 000 € = 15 000 € x 8 =	120 000 €
19 – 50: 1,25 % von 600 000 € = 7 500 € x 32 =	<u>240 000 €</u>
gesamte AfA nach Ablauf der gesetzlichen Nutzungsdauer von 50 Jahren	560 000 €

Der Restwert zum 31. 12. 50 beträgt somit 600 000 € ./. 560 000 € = 40 000 €. Ab dem Jahr 51 bemisst sich die AfA nach § 7 Abs. 4 Satz 1 Nr. 2 Buchst. a EStG. Es ergibt sich folgende lineare AfA:

51 – 53: 2 % von 600 000 € = 12 000 € x 3 =	36 000 €
54: 2 % von 600 000 € = 12 000 €, höchstens	4 000 €

Fall 116
Hinreichende Konkretisierung bei Vornahme einer Ansparabschreibung

Sachverhalt: Handwerksmeister A macht in seiner Bilanz zum 31. 12. 2005 verschiedene Ansparrücklagen nach § 7g Abs. 3 EStG von insgesamt 80 000 € „für umfangreiche Investitionen mit Anschaffungskosten in Höhe von insgesamt 200 000 €" geltend, die geplant seien, um den Betrieb auszubauen und Umsätze und Gewinn auf ein Vielfaches des erreichten Niveaus zu steigern.

Frage: Ist die von A vorgenommene Ansparabschreibung steuerlich anzuerkennen?

Literaturhinweis: *Lehrbuch Einkommensteuer*, Rdn. 1356 ff.

Lösung

Abschreibungen gibt es prinzipiell nur für tatsächlich angeschaffte oder hergestellte Gegenstände. Kleine und mittlere Unternehmen können darüber hinaus von der sog. Ansparabschreibung (§ 7g Abs. 3 bis 8 EStG) für neue, bewegliche Wirtschaftsgüter des betrieblichen Anlagevermögens profitieren. Hier kann schon

- ein oder zwei Jahre vor der geplanten Anschaffung eines neuen beweglichen Wirtschaftsgutes, z. B. einer Maschine oder eines betrieblichen Pkw,
- bis zu 40 % der voraussichtlichen Anschaffungskosten als gewinnmindernde, vorgezogene Abschreibung geltend gemacht werden (§ 7g Abs. 3 EStG).

Bilanzierende Stpfl. bilden dafür eine den Gewinn mindernde (steuerfreie) Rücklage, Stpfl. mit Einnahmen-Überschussrechnung setzen die vorgezogene Abschreibung als Betriebsausgabe ab. Der Betrag von 40 % orientiert sich an der höchstmöglichen degressiven AfA von 20 % (§ 7 Abs. 2 EStG) und der Sonder-AfA von 20 % (§ 7g Abs. 1 EStG). Unschädlich ist, wenn durch die Ansparabschreibung ein Verlust entsteht oder sich erhöht (§ 7g Abs. 3 Satz 4 EStG). Die Ansparabschreibung darf je Betrieb des Steuerpflichtigen den Betrag von 154 000 € nicht übersteigen (§ 7g Abs. 3 Satz 5 EStG). Eine gewinnmindernde Rücklage darf nur gebildet werden, wenn ihre Bildung und Auflösung in der Buchführung verfolgt werden kann (§ 7g Abs. 3 Satz 3 Nr. 3 EStG).

Begünstigt sind fabrikneue bewegliche Wirtschaftsgüter des Anlagevermögens, z. B. Pkw, Maschinen, Büroeinrichtungsgegenstände. Die Investitionsabsicht braucht nur glaubhaft gemacht zu werden. Hierzu muss weder ein Investitionsplan vorgelegt noch eine feste Bestellung eines bestimmten Wirtschaftsgutes nachgewiesen werden. Es reicht aus, wenn das Wirtschaftsgut, das angeschafft oder hergestellt werden soll, seiner Funktion nach bekannt und der beabsichtigte Investitionszeitpunkt sowie die Höhe der voraussichtlichen Anschaffungs- oder Herstellungskosten angegeben werden (BMF, BStBl 2004 I 337, Rdn. 8).

Die Bildung einer Ansparrücklage nach § 7g Abs. 3 EStG setzt bei einem bereits bestehenden Betrieb nicht voraus, dass der Steuerpflichtige glaubhaft macht, die Investition sei wirklich beabsichtigt (BFH XI R 13/00, BStBl 2002 II 385). Da Ansparabschreibungen nach § 7g Abs. 3 Satz 2 EStG aber nur auf „voraussichtliche" Anschaffungen oder Herstellungen innerhalb der gesetzlichen Zweijahresfrist erfolgen dürfen, bedarf es einer hinreichenden Konkretisierung (BFH XI R 18/01, BFH/NV 2002 S. 181). Erforderlich ist eine aus der Sicht des jeweiligen Gewinnermittlungszeitraums zu treffende Prognose über die voraussichtlichen Investitionen. Diese müssen durch Angabe der Funktion des Wirtschaftsgutes und dessen voraussichtliche Anschaffungs- oder Herstellungskosten so genau bezeichnet werden, dass im Investitionsjahr festzustellen ist, ob eine vorgenommene Investition derjenigen entspricht, für deren Finanzierung die Ansparrücklage gebildet wurde. Es sind daher insbesondere Angaben zur Funktion des Wirtschaftsgutes sowie zu den voraussichtlichen Anschaffungs- oder Herstellungskosten erforderlich, nach Meinung der Finanzverwaltung auch das voraussichtliche Anschaffungsjahr (BMF, BStBl 2004 I, 337, Rdn. 8). Vorliegend fehlen exakte Angaben zur Funktion der betreffenden Wirtschaftsgüter und eine Aufteilung der Anschaffungskosten auf diese Wirtschaftsgüter. Da für jedes einzelne Wirtschaftsgut eine gesonderte Rücklage zu bilden ist, sind die von A vorgenommene Bezeichnung „umfangreiche Investitionen" und die Angabe der voraussichtlichen Anschaffungskosten mit einem zusammengefassten Betrag in Höhe von 200 000 € nicht konkret genug (vgl. *Hoffmann*, EFG 2002 S. 1026). Eine Ansparabschreibung „ins Blaue hinein" ist nicht möglich. Die Ansparrücklage kann nicht anerkannt werden.

Fall 117
AfA bei Erwerb eines Wohnhauses unter Rückbehalt eines Wohnrechts durch den Übergeber

Sachverhalt: Der 56 Jahre alte V ist Eigentümer eines Zweifamilienhauses mit einem Verkehrswert von 250 000 € (Grund und Boden: 50 000 €, Gebäude: 200 000 €). Das Haus enthält im Erd- und Obergeschoss zwei gleich große Wohnungen. V überträgt das Zweifamilienhaus auf seinen Sohn S. V behält sich das Wohnrecht im Wert von 50 000 € an der Wohnung im Erdgeschoss vor und macht S zur Auflage, 100 000 € an seine Schwester auszuzahlen. Die Wohnung im Obergeschoss wird vermietet. V hat die vermietete Obergeschosswohnung bisher mit 2 % von 70 000 € = 1 400 € jährlich abgeschrieben (§ 7 Abs. 4 Nr. 1 EStG).

Frage: Wie hoch ist die AfA-Bemessungsgrundlage, die auf die vermietete Obergeschosswohnung entfällt?

➔ Lösung

Da die Erdgeschosswohnung mit dem Wohnrecht des Vaters belastet ist, erzielt der Sohn nur aus der vermieteten Wohnung im Obergeschoss Einkünfte aus Vermietung und Verpachtung. Werbungskosten einschließlich AfA kann S nur für die vermietete Obergeschosswohnung geltend machen (BFH IX R 84/94, BFH/NV 1996 S. 808).

Fall 117: Gebäude-AfA – Rückbehalt eines Wohnrechts durch den Übergeber

Das Zweifamilienhaus hat unter Berücksichtigung des zurückbehaltenen Werts des Wohnrechts einen Verkehrswert von 250 000 € ./. 50 000 € = 200 000 €. Da S seiner Schwester 100 000 € auszuzahlen hat, hat er das Zweifamilienhaus zu 50 % entgeltlich und zu 50 % unentgeltlich erworben (BFH IX R 50, 51/97, BStBl 2001 II 594, und BFH/NV 2002 S. 1140). Seine Anschaffungskosten, d. h. das Gleichstellungsgeld in Höhe von 100 000 € entfallen in Höhe von

50 % von 50 000 € = 25 000 € auf den Grund und Boden (Wert: 50 000 €),

50 % von 100 000 € = 50 000 € auf die vermietete Obergeschosswohnung (Wert: 100 000 €),

50 % von 50 000 € = 25 000 € auf die mit dem Wohnrecht belastete Erdgeschosswohnung (Wert 100 000 € ./. Kapitalwert Wohnrecht 50 000 € = 50 000 €).

Soweit die Obergeschosswohnung entgeltlich erworben wurde, beträgt die AfA-Bemessungsgrundlage 50 000 €. Soweit S die Obergeschosswohnung unentgeltlich erworben hat (50 %), muss er die AfA-Bemessungsgrundlage seines Vaters von 50 % von 70 000 € fortführen (§ 11d Abs. 1 EStDV). Die neue AfA-Bemessungsgrundlage für die Obergeschosswohnung beträgt somit 50 000 € (entgeltlicher Erwerb) + 35 000 € (unentgeltlicher Erwerb) = 85 000 €. Die lineare AfA nach § 7 Abs. 4 Nr. 1 EStG beträgt folglich 2 % von 85 000 € = 1 700 € pro Jahr.

Abschnitt 11: Die Einkunftsarten

I. Einkünfte aus Land- und Forstwirtschaft (§§ 13 ff. EStG)

Vorbemerkungen

Bei den Einkünften aus Land- und Forstwirtschaft handelt es sich um eine Gewinneinkunftsart nach § 2 Abs. 1 Nr. 1 und § 13 Abs. 1 EStG. Unter Landwirtschaft versteht man die planmäßige Nutzung der natürlichen Kräfte des Grund und Bodens und die Verwertung der dadurch gewonnenen Erzeugnisse einschl. Tierzucht und Tierhaltung. Einzelne Betriebsarten sind in § 13 Abs. 1 EStG aufgeführt. Bedeutung hat vor allem die Abgrenzung zur steuerlich nicht relevanten Liebhaberei und zum Gewerbebetrieb. Zu den Einkünften aus Land- und Forstwirtschaft gehört der Nutzungswert der Wohnung des Land- und Forstwirtes nach § 13 Abs. 2 Nr. 2 EStG, wenn die Wohnung die bei Betrieben der gleichen Art übliche Größe nicht überschreitet und das Gebäude nach den jeweiligen landesrechtlichen Vorschriften ein Baudenkmal ist.

Bei der Gewinnermittlung für Land- und Forstwirte sind drei verschiedene Gewinnermittlungsarten denkbar, nach § 4 Abs. 1, nach § 4 Abs. 3 und nach § 13a Nr. 3 bis 6. Siehe Übersicht S. 199.

Land- und Forstwirte können von der Summe der Einkünfte (bei der Ermittlung des Gesamtbetrags der Einkünfte) einen Freibetrag gem. § 13 Abs. 3 EStG abziehen. Er beträgt ab VZ 2002 670 €, bei Ehegatten, die nach §§ 26, 26b EStG zusammenveranlagt werden, ab 2002 1 340 € – max. bis zur Höhe der positiven Einkünfte aus Land- und Forstwirtschaft. Der Freibetrag wird aber nur gewährt, wenn die Summe der Einkünfte ab 2002 30 700 €, bei Zusammenveranlagung 61 400 € nicht übersteigt.

Fall 117: Gebäude-AfA – Rückbehalt eines Wohnrechts durch den Übergeber

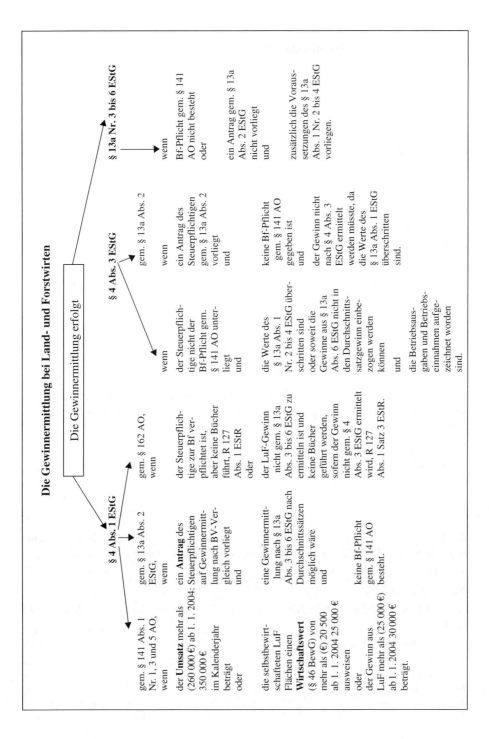

Fall 118
Abgrenzung zum Gewerbebetrieb

Sachverhalt: Der Steuerpflichtige besitzt folgende Flächen:

- landwirtschaftliche Flächen 10,0 ha
- Weinbaufläche 0,5 ha
- Sonderkultur Hopfen 1,0 ha
- forstwirtschaftliche Flächen 10,0 ha

Er hat 4 ha Ackerland verpachtet.

Der durchschnittliche Viehbestand beträgt seit Jahren:

- 3 Milchkühe
- 50 Zuchtschweine
- 100 Zuchtputen
- 3 000 Legehennen

Frage: In welchem Umfang gehört der Viehbestand noch zur landwirtschaftlichen Tierhaltung?

Literaturhinweis: *Lehrbuch Einkommensteuer*, Rdn. 1391

➔ Lösung

Der Steuerpflichtige erzielt Einkünfte nach § 13 Abs. 1 Nr. 1 EStG. Dazu gehören auch seine Einkünfte aus der Tierzucht, wenn die Grenzen des § 13 Abs. 1 Nr. 1 Satz 2 EStG nicht überschritten sind.

Berechnung:

landwirtschaftlich genutzte Fläche (R 124a Abs. 3 EStR)

Eigenland =	11 ha
./. Verpachtung =	./. 4 ha
	7 ha

Die landwirtschaftlichen Sonderkulturen i. S. des § 52 BewG sind einzubeziehen. Dies ergibt sich aus R 124a Abs. 3 EStR 2003, die eine Ausklammerung nicht vorsieht.

Höchstbestand an Vieheinheiten (VE):

7 ha × 10 VE = 70 VE

Tatsächlicher Viehbestand: § 13 Abs. 1 Nr. 1 Satz 3 und 4 EStG und R 124a Abs. 1 und 2 EStR:

3 Milchkühe × 1,00 VE =	3,0 VE
50 Zuchtschweine × 0,33 VE =	16,5 VE
100 Zuchtputen × 0,04 VE =	4,0 VE
3 000 Legehennen × 0,02 VE =	60,0 VE
Summe	83,5 VE

Da der Höchstbestand von 70 VE überschritten wird, sind die weniger flächenabhängigen Zweige eines Tierbestandes der gewerblichen Tierzucht zuzurechnen. Weniger flächenabhängig ist die Haltung von Schweinen und Geflügel. Innerhalb dieser Gruppe ist zuerst der Zweig der gewerblichen Tierhaltung zuzurechnen, der die größere Zahl von VE hat. Dabei muss immer ein gesamter Zweig eines Tierbestandes herausgerechnet werden. Deshalb sind im vorliegenden Fall die Legehennen der gewerblichen Tierhaltung zuzurechnen und daraus die Einkünfte aus Gewerbebetrieb zu ermitteln. Der restliche Tierbestand gehört zur Landwirtschaft.

Fall 119
Einkünfte aus Weinbaubetrieb

Sachverhalt: Der Steuerpflichtige unterhält einen Weinbaubetrieb und eine Weinhandlung. Zur Weinerzeugung werden nicht nur Trauben aus eigener Ernte verwendet, sondern auch fremde Trauben, Moste und Weine zugekauft. Der Zukauf betrug, berechnet nach dem Verhältnis des Einkaufswertes der zugekauften Trauben, Moste und Weine und dem Gesamtumsatz

im Wj. 01 = 54 %,

im Wj. 02 = 32,5 %,

im Wj. 03 = 49,2 %.

Ein Vergleich der erzeugten und zugekauften Weinmengen ergibt:

Wj. 01: 31 700 Liter Zukauf: 39 800 Liter

Wj. 02: 18 400 Liter Zukauf: 52 900 Liter

Wj. 03: 28 350 Liter Zukauf: 42 200 Liter

Frage: Welche Einkünfte erzielt der Steuerpflichtige?

Literaturhinweis: *Lehrbuch Einkommensteuer*, Rdn. 1384

▶ Lösung

Nach § 13 Abs. 1 Nr. 1 EStG gehören zu den Einkünften aus Land- und Forstwirtschaft auch Einkünfte aus einem Weinbaubetrieb. Veräußert der Stpfl. in seinem Betrieb nicht nur selbstgewonnene landwirtschaftliche Produkte, sondern auch fremde Erzeugnisse, die er nachhaltig hinzukauft, so ist zu prüfen, ob nicht Einkünfte aus Gewerbebetrieb vorliegen (R 135 EStR). Fremde Erzeugnisse sind danach solche, die zur Weiterveräußerung zugekauft wurden und die nicht im eigenen Betrieb des Stpfl. bei der Bewirtschaftung des Bodens oder der landwirtschaftlichen Tierzucht weiter verwendet werden. Dazu gehört der Zukauf der fremderzeugten Trauben, Moste und Weine. Die Kelterung und kellermäßige Bearbeitung der Trauben ist nur dann Teil der landwirtschaftlichen Tätigkeit, wenn es sich um die Verarbeitung der Erzeugnisse handelt, die im Wege der eigenen Urproduktion gewonnen werden. Der Zukauf darf bestimmte Grenzen nicht überschreiten. Beträgt, wie im vorliegenden Fall, der dauernde und nachhaltige Zukauf fremder Erzeugnisse, gemessen am Einkaufswert, mehr als 30 % des Umsatzes, so ist ein Gewerbebetrieb anzunehmen (R 135 Abs. 5 EStR). Auch die Prüfung, ob ein landwirtschaftlicher Nebenbetrieb gegeben sein könnte, führt zum gleichen Ergebnis. Ein derartiger Be- oder Verarbeitungsbetrieb liegt dann vor, wenn die be- oder verarbeiteten Produkte überwiegend zum Verkauf bestimmt sind und die eingesetzte Rohstoffmenge zu mehr als 50 % im eigenen Hauptbetrieb erzeugt wurde (R 135 Abs. 3 EStR 2003). Führt man diesen Mengenvergleich nach den o. g. Zahlen durch, so lässt sich erkennen, dass die steuerschädliche Grenze in allen Jahren überschritten war. Der Stpfl. erzielt demnach Einkünfte aus Gewerbebetrieb nach § 15 Abs. 1 Nr. 1 EStG.

Fall 120
Gewinnermittlung gem. § 13a EStG/Abgrenzung zum Gewerbebetrieb

Sachverhalt: Die Eheleute Xaver und Herta Gerstenkorn unterhalten einen land- und forstwirtschaftlichen Betrieb, für den sie zu Recht die Gewinnermittlung gem. § 13a EStG vornehmen. Sie führen keine Bücher und wurden vom Finanzamt auch nicht zur Buchführung aufgefordert. Der Einheitswert setzt sich wie folgt zusammen (die Einheitswerte werden in DM ermittelt und nach der Abrundung gem. § 30 Satz 2 BewG ab 2002 in € umgerechnet):

Vergleichswert landwirtschaftliche Nutzung

(Hektarwert = 1 948 DM)	6,47 ha =	12 600 DM
Vergleichswert Weinbau	0,79 ha =	4 087 DM
Geringstland	2,00 ha =	100 DM
Wirtschaftswert	=	16 787 DM
Wohnungswert	=	20 134 DM

Die o. g. Flächen gehören den Eheleuten gemeinsam.

Zugepachtete Flächen:
0,8 ha landwirtschaftliche Nutzung, Hektarwert = 1 650 DM, Pachtzinsen = 150 €

Verpachtete Flächen:
0,5 ha Weinbau, Hektarwert = 4 800 DM, Pachtzinsen = 500 €

Am 3. 10. 03 wurde ein Acker von 0,8 ha für 8 400 € veräußert, die Anschaffungskosten betrugen umgerechnet 1 268 €.

Der Gewinn des Wj. 02/03 betrug 9 400 €.

Zum Betrieb gehörender Viehbestand:

15 Stück Rindvieh unter 1 Jahr,
20 Kühe,
200 Legehennen aus zugekauften Junghennen,
20 Mastschweine.

Die Ernte aus dem Weinbaubetrieb wird voll an die Winzergenossenschaft abgeliefert.

Fall 120: *Gewinnermittlung gem. § 13a EStG/Abgrenzung zum Gewerbebetrieb*

Die Einnahmen betragen für die
Zeit vom 1. 7. bis 31. 12. 03 = 4 100 €
Zeit vom 1. 1. bis 30. 6. 04 = 2 150 €
An Aushilfslöhnen im Weinbaubetrieb wurden 460 € gezahlt.

Das von den übrigen Gebäuden getrennt stehende Wohnhaus (Baujahr 1986, Herstellungskosten insgesamt 346 000 DM) enthält eine Wohnung mit 180 qm Wohn- und Nutzfläche, die von den Eheleuten und den Kindern gemeinsam bewohnt wird. Die Kinder haben keinen eigenen Hausstand.

Die Schuldzinsen belaufen sich auf 160 € monatlich.

Frage: Ermitteln Sie die sich aus dem Sachverhalt ergebenden Einkünfte der Eheleute Gerstenkorn für den Veranlagungszeitraum 03.

Literaturhinweis: *Lehrbuch Einkommensteuer,* Rdn. 1415 ff.

➜ Lösung

Die Eheleute Gerstenkorn betreiben gemeinsam einen land- und forstwirtschaftlichen Betrieb und erzielen damit Einkünfte gem. § 13 Abs. 1 Nr. 1 EStG (H 126 EStH). Eine einheitliche und gesonderte Feststellung der Einkünfte gem. § 179 Abs. 2, § 180 Abs. 1 Nr. 2a AO kann unterbleiben, da nur zusammen zu veranlagende Ehegatten beteiligt sind (§ 180 Abs. 3 Nr. 2 AO). Das Wirtschaftsjahr erstreckt sich gem. § 4a Abs. 1 Nr. 1 EStG auf die Zeit vom 1. 7. bis 30. 6.

Da die zulässige Höchstgrenze von 7,27 ha (6,47 ha landwirtschaftliche Fläche + 0,8 ha Zupacht) × 10 VE = 72,7 VE durch den tatsächlichen Viehbestand von:

15 × 0,3 VE	=	4,50 VE
20 × 1,0 VE	=	20,00 VE
200 × 0,0183 VE	=	3,66 VE
20 × 0,16 VE	=	3,20 VE
Summe		31,36 VE

nicht überschritten wird, gehört die Viehhaltung zum land- und forstwirtschaftlichen Betrieb.

Gewinnermittlung gem. § 13a EStG:

Die Gewinnermittlung gem. § 13a Abs. 1 EStG ist zulässig, da die selbstbewirtschaftete landwirtschaftliche Fläche unter 20 ha beträgt (§ 13a Abs. 1 Nr. 2 EStG),
die VE unter 50 betragen (§ 13a Abs. 1 Nr. 3 EStG) und
die selbstbewirtschaftete Sondernutzung Weinbau unter 2 000 DM liegt.

Vergleichswert beträgt:

Vergleichswert Weinbau =	4 087 DM
./. verpachtete Flächen	
0,5 ha × 4 800 DM =	./. 2 400 DM
+ Geringstland	+ 100 DM
Summe	1 587 DM

Abschnitt 11: Die Einkunftsarten

Da dieser Wert 2 000 DM nicht übersteigt, ist diese Sondernutzung einzubeziehen und die Gewinnermittlung gem. § 13a EStG zulässig. Diese Regelung gilt erstmals für Wj., die nach dem 31. 12. 1999 enden.

Der Flächenabgang durch den Verkauf des Ackers war nach R 130 Abs. 1 Satz 3 EStR 2003 nicht zu berücksichtigen.

Grundbetrag (§ 13a Abs. 4 EStG):

§ 13a Abs. 4 Nr. 5 EStG: Berechnung bei Hektarwerten von 1 948 DM bzw. 1 650 DM

Fläche 6,47 ha + zugepachtete Fläche 0,8 ha = 7,27 ha × 461 € =   3 351 €

(Nutzungswert der Wohnung – Wegfall ab 1999 § 13a Abs. 7 EStG a. F.)

./. verausgabte Pachtzinsen (§ 13a Abs. 3 Satz 2 EStG)   ./. 150 €

Diese dürfen nicht zu einem Verlust führen.

Die Schuldzinsen betreffend Wohnhaus sind mangels Einnahmen nicht abzugsfähig.

Sondernutzungen – Zuschlag zum Grundbetrag für Weinbau (§ 13a Abs. 5 EStG):

Da der Grundbetrag nur die eigentliche landwirtschaftliche Nutzung erfasst, werden alle übrigen Nutzungen durch Zuschläge erfasst.

Das gilt für Werte (Ableitung aus den Einheitswerten) von mind. 500 DM (Bagatellgrenze), aber höchstens 2 000 DM (max. Anwendungsgrenze für § 13a EStG).

Zuschlag für Weinbau   + 512 €

Die Pachtzinsen für den Weinbau sind gem. § 13a Abs. 3 Nr. 4
EStG anzusetzen.   + 500 €

Weitere Betriebsausgaben sind nicht zu berücksichtigen (§ 13a Abs. 3 Satz 2 EStG).

Einbeziehung zusätzlicher Gewinne (§ 13a Abs. 6 Nr. 2 EStG):

Verkauf Acker	8 400 €	
./. Anschaffungskosten	./. 1 268 €	
Überschuss	7 132 €	
./. Freibetrag	./. 1 534 €	
verbleiben	5 598 €	+ 5 598 €
Summe (§ 13a Abs. 3 bis 6 EStG)		9 811 €

Einkünfte aus Land- und Forstwirtschaft:

zeitanteilig gem. § 4a Abs. 2 Nr. 1 EStG

Wj. 02/03 = 9 400 €, davon ¹/₂ =	4 700 €
Wj. 03/04 = 9 811 €, davon ¹/₂ =	4 905 €
Einkünfte 03 =	9 605 €

Fall 121
Gewinnermittlung nach § 4 Abs. 3 EStG/Abgrenzung

Sachverhalt: Die Eheleute Wutz betreiben gemeinsam in Neustadt-Diedesfeld einen Weinbaubetrieb. Außerdem werden noch 3 Doppelzimmer zeitweise an Feriengäste vermietet. Die Eheleute führen keine Bücher für ihren Betrieb und wurden vom Finanzamt auch nicht dazu aufgefordert. Belege über Betriebseinnahmen und Betriebsausgaben liegen aber vor.

Der zuletzt festgestellte Einheitswert setzt sich wie folgt zusammen:

Vergleichswert Weinbau 6,4 ha =	35 596 DM
Wirtschaftswert =	35 596 DM
Wohnungswert =	21 936 DM
Einheitswert =	57 500 DM

Umgerechnet gem. § 30 Satz 2 BewG = 29 399 €

An Weinbauflächen haben die Eheleute 1,2 ha für 750 € jährlich hinzugepachtet (Hektarwert = 4 900 DM), 0,5 ha wurden für 300 € verpachtet (Hektarwert = 4 900 DM). Im Weinbaubetrieb sind beide Eheleute tätig, wobei die Ehefrau den Haushalt führt. Der 20-jährige Sohn Kurt hilft unentgeltlich in den Semesterferien mit. Die Ernteerträge werden an die Winzergenossenschaft zur Weiterverarbeitung veräußert, die dabei erzielten Einnahmen belaufen sich auf die

Zeit vom 1. 7. 03 bis 31. 12. 03 = 22 300 €
Zeit vom 1. 1. 04 bis 30. 6. 04 = 12 900 €

Die Löhne für Erntehelfer betragen 1 560 €.

Der Gewinn des Wj. 02/03 betrug 10 900 €.

Außerdem erklären die Eheleute noch folgende Beträge:

Vermietung Fremdenzimmer im Wj. 03/04:

Mieteinnahmen =	4 100 €
Ausgaben:	
Kauf von Lebensmitteln für die Feriengäste im Wj. =	270 €
Kauf neuer Bettwäsche und Handtücher im Januar 04 =	140 €

Einrichtung Fremdenzimmer, Anschaffung September 01, für umgerechnet 6 000 €, Nutzungsdauer = 10 Jahre.

Das Wohnhaus enthält eine Wohnung und steht von den übrigen Wirtschaftsgebäuden getrennt. Die Wohnung hat eine Fläche von 130 qm und wird von der Familie Wutz genutzt (Mietwert monatlich = 350 €).

Zusätzlich 70 qm betreffen die 3 Doppelzimmer inkl. Frühstücksraum. Die Kellerräume mit einer Fläche von 50 qm werden als Lagerfläche für den Haushalt genutzt.

Das Wohngebäude war im Jahre 1996 mit einem Kostenaufwand von umgerechnet 163 614 € neu errichtet worden. Die für das Gebäude zu zahlenden Schuldzinsen belaufen sich auf 2 380 € für das Kalenderjahr 03 und 1 820 € für 04.

Die sachliche Bebauungskostenpauschale soll bei Vollablieferern mit Gewinnermittlung gem. § 4 Abs. 3 EStG 1 850 € betragen.

Die AfA auf Betriebsvermögen beträgt unstreitig 2 600 €.

Frage: Ermitteln Sie die Einkünfte der Eheleute Wutz, soweit sie sich aus dem Sachverhalt ergeben.

Literaturhinweis: *Lehrbuch Einkommensteuer*, Rdn. 1388, 1409 ff., 1414

➔ Lösung

Die Eheleute Wutz betreiben gemeinsam einen Weinbaubetrieb und erzielen damit Einkünfte gem. § 13 Abs. 1 Nr. 1 EStG. Eine einheitliche und gesonderte Gewinnfeststellung nach § 179 Abs. 2, § 180 Abs. 1 Nr. 2a AO kann unterbleiben, da nur zusammen zu veranlagende Ehegatten beteiligt sind (§ 180 Abs. 3 Nr. 2 AO).

Das Wirtschaftsjahr ist nach § 4a Abs. 1 Nr. 1 EStG die Zeit vom 1. 7. bis 30. 6. Der Gewinn ist nicht nach Durchschnittssätzen gem. § 13a Abs. 1 EStG zu ermitteln, da (Vergleichswert Weinbau = 35 596 DM + Zupachtung = 5 880 DM ./. Verpachtung 2 450 DM = insgesamt 39 026 DM) der Wert der selbst bewirtschafteten Sondernutzung – Weinbau – 2 000 DM übersteigt (§ 13a Abs. 1 Nr. 4 EStG; keine Umrechnung in € ab 2002, da die Werte im Rahmen der Einheitsbewertung auf DM lauten). Der Gewinn aus dem Weinbaubetrieb ist demnach gem. § 4 Abs. 3 EStG zu ermitteln. Eine Aufzeichnung der Betriebseinnahmen und Betriebsausgaben liegt vor.

Einnahmen im Wj. 2003/2004	35 200 €
+ Pachteinnahmen	+ 300 €
	35 500 €

Betriebsausgaben:
Bebauungskostenpauschale für die bewirtschaftete Fläche von 6,4 ha
+ Zupachtung 1,2 ha
./. Verpachtung ./. 0,5 ha
insgesamt 7,1 ha × 1 850 € = 13 135 €
./. Pachtzinsen = ./. 750 €
./. Aushilfslöhne = ./. 1 560 €
./. AfA auf BV = ./. 2 600 €
Überschuss 17 455 €

Bei dem Wohngebäude handelt es sich losgelöst vom landwirtschaftlichen Betrieb um ein Gebäude, das nur eine Wohnung enthält. Eine Nutzungswertbesteuerung gem. § 13 Abs. 2 Nr. 2 EStG kommt nicht mehr in Betracht. Die mit diesem Gebäude zusammenhängenden Aufwendungen, hier die Schuldzinsen, können nicht als BA abgezogen werden, da das Gebäude nicht zum BV gehört.

Für die eigengenutzte Wohnung war der Sonderausgaben-Abzugsbetrag gem. § 10e Abs. 1 EStG a. F. für 8 Jahre bis 03 zu gewähren.

Fremdenzimmer:
Die Vermietung von Ferienzimmern ist keine typische landwirtschaftliche Tätigkeit. Die daraus erzielten Einnahmen gehören aber zu den Einkünften nach § 13 EStG, wenn die vermieteten Räume zum landwirtschaftlichen Betriebsvermögen gehören. Eine gewerb-

liche Vermietungsleistung ist nicht gegeben, da außer dem Frühstück keine sonstigen Leistungen angeboten werden. Die Anzahl der vermieteten Betten ist grds. ohne Bedeutung, lt. Finanzverwaltung aber bis zu 4 Zimmern und 6 Betten keine gewerbliche Tätigkeit (R 135 Abs. 12 EStR 2003). Die Gewinnermittlung erfolgt nach § 4 Abs. 3 EStG.

Einnahmen im Wj. 03/04 =	4 100 €
./. anteilige AfA gem. § 7 Abs. 4 EStG	
HK = 163 134 €, davon betr. Fremdenzimmer	
lt. Nutzflächenverhältnis:	
gesamt = 130 qm + 70 qm + 50 qm = 250 qm	
Fremdenzimmer = 70 qm → 28 %	
28 % von 163 134 € = 45 678 €,	
davon 2 % AfA = 914 €	./. 914 €
./. anteilige Schuldzinsen betr. Wj. 03/04 ½ von 2 380 € =	
1 190 € ½ von 1 820 € = 910 €	
gesamt = 2 100 €, davon anteilig 28 % =	./. 588 €
./. Lebensmittel	./. 270 €
./. Wäsche	./. 140 €
./. AfA auf Einrichtung (§ 7 Abs. 1 EStG) ¹/₁₀ von 6 000 €	./. 600 €
Überschuss Fremdenzimmer =	1 588 €
Gewinn aus Land- und Forstwirtschaft insgesamt	**19 043 €**
Einkünfte aus Land- und Forstwirtschaft:	
zeitanteilig nach § 4a Abs. 2 Nr. 1 EStG:	
Wj. 02/03 = 10 900 €, davon ½ =	5 450 €
Wj. 03/04 = 19 043 €, davon ½ =	9 521 €
Einkünfte 03 =	14 971 €

Die Eheleute erhalten bei der Ermittlung des Gesamtbetrags der Einkünfte einen Freibetrag gem. § 13 Abs. 3 EStG von insgesamt 1 340 €, wenn die Summe der Einkünfte 61 400 € nicht übersteigt.

Fall 122
Gewinnermittlung nach Durchschnittssätzen

Vorbemerkungen

Die Gewinnermittlung der Land- und Forstwirtschaft erfolgt für Wj., die nach dem 30. 12. 1999 enden, nach Durchschnittssätzen gem. § 13a Abs. 3 bis 6 EStG, wenn

- keine Buchführungspflicht aufgrund gesetzlicher Vorschriften des § 141 AO besteht;
- kein Antrag nach § 13a Abs. 2 EStG auf Gewinnermittlung durch Betriebsvermögensvergleich gem. § 4 Abs. 1 EStG bzw. durch Vergleich der Betriebseinnahmen mit den Betriebsausgaben gem. § 4 Abs. 3 EStG gestellt wurde;
- die selbst bewirtschaftete Fläche der landwirtschaftlichen Nutzung 20 ha nicht übersteigt;

Abschnitt 11: Die Einkunftsarten

- keine Intensivtierhaltung nach § 13a Abs. 1 Nr. 3 EStG gegeben ist, mehr als 50 VE;
- der Wert der Sondernutzungen nicht mehr als 2 000 DM je Sondernutzung beträgt.

Sachverhalt: Der Steuerpflichtige hat einen landwirtschaftlichen Betrieb mit Ackerbau, Viehhaltung und Weinbau. Er führt keine Bücher. Der Gewinn des vorangegangenen Wirtschaftsjahres beträgt 13 100 € (Vorjahr umgerechnet = 8 900 €), seine Umsätze liegen unter 260 000 €. Der zuletzt festgestellte Einheitswert setzt sich wie folgt zusammen (die Werte im Rahmen der Einheitsbewertung lauten auf DM und werden erst nach Abrundung gem. § 30 Satz 2 BewG in € umgerechnet):

Vergleichswert landwirtschaftliche Nutzung = 8,47 ha	16 500 DM
Vergleichswert Weinbau =	19 139 DM
Geringstland 2 ha =	100 DM
Wirtschaftswert =	35 739 DM
Wohnungswert =	20 134 DM
Summe Einheitswert abgerundet =	55 800 DM

Umgerechnet § 30 Satz 2 BewG = 28 530 €

Er hat noch 0,8 ha Ackerland und 1 ha weinbauliche Fläche zugepachtet, außerdem sind 0,5 ha Weinberg verpachtet. Der Hektarwert des zugepachteten Ackerlandes beträgt 1 650 DM, der Hektarwert für das zugepachtete und verpachtete Weinbergsgelände jeweils 4 800 DM.

Der durchschnittliche Viehbestand beträgt:

20 Kühe, 15 Kälber unter 1 Jahr, 10 Mastschweine aus selbst erzeugten Ferkeln, 100 Legehennen.

Frage: Welche Gewinnermittlungsart kommt in Betracht?
Literaturhinweis: *Lehrbuch Einkommensteuer*, Rdn. 1415 ff.

➡ Lösung

Die Gewinnermittlung nach Durchschnittssätzen gem. § 13a Abs. 3 bis 6 EStG ist vorzunehmen, wenn die Voraussetzungen des § 13a Abs. 1 EStG vorliegen.

- **§ 13a Abs. 1 Nr. 1 EStG:**

Eine Buchführungspflicht gem. § 141 Abs. 1 AO besteht nicht, da die Umsätze unter 260 000 € (ab 2004: 350 000 €) liegen, der Wirtschaftswert der selbst bewirtschafteten land- und forstwirtschaftlichen Flächen nicht mehr als 20 500 € beträgt (ab 2004: 25 000 €).

Ermittlung (R 130 Abs. 1 EStR):

Wirtschaftswert lt. Einheitswertbescheid =	35 739 DM
+ Zupachtung Ackerland 0,8 ha × 1 650 DM =	1 320 DM
+ Zupachtung Weinberg 1 ha × 4 800 DM =	4 800 DM
./. Verpachtung Weinberg 0,5 ha × 4 800 DM =	./. 2 400 DM
Summe	39 459 DM

Umgerechnet: 1,95583 = 20 175 €, also unter 20 500 €

und der Gewinn aus LuF des vorangegangenen Kalenderjahres nicht mehr als 25 000 € beträgt (ab 2004: 30 000 €).

- **§ 13a Abs. 1 Nr. 2 EStG:**

Die selbst bewirtschaftete Fläche der landwirtschaftlichen Nutzung darf nicht mehr als 20 ha betragen.

landwirtschaftliche Nutzung	8,47 ha
+ Zupachtung landwirtschaftlich	
Geringstland ist nicht einzubeziehen, fällt unter § 34 Abs. 2 Nr. 2b BewG	0,8 ha
Summe	9,27 ha

- **§ 13a Abs. 1 Nr. 4 EStG:**

Vergleichswert weinbauliche Nutzung =	19 139 DM
+ 1 ha zugepachteter Weinberg =	4 800 DM
./. 0,5 ha verpachtete Fläche =	./. 2 400 DM
Summe	21 539 DM

Da der Wert 2 000 DM übersteigt, ist die Gewinnermittlung gem. § 13a EStG nicht mehr zulässig (ab Wj. 1999/2000).

- **§ 13a Abs. 1 Nr. 3 EStG:**

Es darf keine Intensivtierhaltung vorliegen:

landwirtschaftlich genutzte Fläche:	
eigene Fläche	8,47 ha
+ Zupachtung	0,80 ha
Summe (ohne Geringstland)	9,27 ha

Der Tierbestand ist in VE umzurechnen (R 124a EStR).

20 Kühe × 1,0 VE =	20,0 VE
15 Kälber × 0,3 VE =	4,5 VE
10 Mastschweine × 0,16 VE =	1,6 VE
100 Legehennen × 0,02 VE =	2,0 VE
Summe	28,1 VE

Die VE betragen insgesamt 28,1 VE, das sind weniger als insgesamt 50 VE. Das heißt, der tatsächliche Viehbestand liegt unter der Höchstgrenze des § 13a Abs. 1 Nr. 3 EStG.

Die Gewinnermittlung nach § 13a EStG ist nicht zulässig. Der Stpfl. hat seinen Gewinn gem. § 4 Abs. 3 EStG zu ermitteln.

II. Einkünfte aus Gewerbebetrieb (§§ 15, 15a EStG)

Vorbemerkungen

Nach § 15 Abs. 2 EStG liegt ein Gewerbebetrieb vor bei einer selbständigen, nachhaltigen Betätigung, die mit Gewinnabsicht unternommen wird und sich als Beteiligung am allgemeinen wirtschaftlichen Verkehr darstellt, wenn die Betätigung weder als Ausübung von Land- und Forstwirtschaft noch als Ausübung eines freien Berufs noch als eine andere selbständige Arbeit i. S. des Einkommensteuerrechts anzusehen ist. Eine durch die Betätigung verursachte Minderung der Steuern vom Einkommen ist kein Gewinn.

Arten der Einkünfte aus Gewerbebetrieb:

- Einkünfte aus gewerblichen Unternehmen (§ 15 Abs. 1 Nr. 1 EStG), wie z. B. Handwerksbetriebe, Einzelhandelsbetriebe, Großhandelsbetriebe, Industriebetriebe, Handelsvertreter, Handelsmakler, Spediteure.
- Gewinnanteile der Gesellschafter einer Gesellschaft, bei der die Gesellschafter als Mitunternehmer anzusehen sind (§ 15 Abs. 1 Nr. 2 EStG). Hierzu gehören die Gewinnanteile und Vergütungen, die der Gesellschafter von der Gesellschaft für seine Tätigkeit im Dienst der Gesellschaft oder für die Hingabe von Darlehen oder für die Überlassung von Wirtschaftsgütern bezogen hat.

  § 15 Abs. 1 Nr. 2 Satz 2 EStG bestimmt, dass ein mittelbar über eine Personengesellschaft beteiligter Gesellschafter einem unmittelbar Beteiligten gleichsteht.

  Es handelt sich grds. um die Gesellschafter einer offenen Handelsgesellschaft (OHG), einer Kommanditgesellschaft (KG), einer Gesellschaft des bürgerlichen Rechts (GbR), die gewerblich tätig ist, einer atypischen stillen Gesellschaft, einer atypischen Unterbeteiligung.

  Diese Gesellschaften sind selbst weder einkommen- noch körperschaftsteuerpflichtig. Die von diesen Gesellschaften erzielten Einkünfte sind den einzelnen Gesellschaftern zuzurechnen und bei diesen steuerlich zu erfassen.

  Über die Höhe der Einkünfte ist eine einheitliche und gesonderte Feststellung nach den §§ 179 und 180 AO vorzunehmen.

- Gewinnanteile des Komplementärs einer Kommanditgesellschaft auf Aktien (§ 15 Abs. 1 Nr. 3 EStG).
- Zu den Einkünften aus Gewerbebetrieb gehören auch der Veräußerungsgewinn gem. § 16 EStG und der Gewinn aus der Veräußerung von Beteiligungen an Kapitalgesellschaften gem. § 17 EStG.

Gewinnermittlungsmethoden:

- § 4 Abs. 3 EStG durch Gegenüberstellung der Betriebseinnahmen und Betriebsausgaben: Für Gewerbetreibende, die nicht zur Buchführung verpflichtet sind und auch freiwillig keine Bücher führen.
- § 5 EStG durch Betriebsvermögensvergleich: Für Gewerbetreibende, die nach Handels- oder Steuerrecht zur Buchführung verpflichtet sind (§§ 140, 141 AO, §§ 1, 38 ff. HGB) oder freiwillig Bücher führen.

Fall 123
Abgrenzung und Gewinnermittlung

Sachverhalt: Ein verheirateter Steuerpflichtiger ist als selbständiger Handelsvertreter tätig und reicht dem Finanzamt folgende Einnahmen-/Ausgaben-Rechnung ein:

Fall 123: Abgrenzung und Gewinnermittlung

Einnahmen:

Provisionen	100 000 €
+ Umsatzsteuer 16 %	16 000 €
Verkauf der betrieblich genutzten Schreibmaschine, brutto	696 €
Verkauf Kinderfahrrad	100 €
Zinsen Geschäftskonto	350 €
Zinsen Sparbuch, privat	4 850 €
Erbschaft Mietwohngrundstück	200 000 €
Mieteinnahmen daraus	10 000 €

Ausgaben:

Miete Arbeitszimmer	1 200 €
Miete Wohnung	6 000 €
Hauskosten Mietwohngrundstück	13 000 €
Pkw-Kosten, beruflich	21 000 €
Kauf neue Schreibmaschine	
Nutzungsdauer = 4 Jahre, brutto	1 392 €
Schreibmaterial	900 €
Die Vorsteuern sind in den o. g. Beträgen enthalten.	
Umsatzsteuer an das Finanzamt	10 316 €
Anschaffungskosten Pkw Ehefrau	18 000 €
Einkommensteuer-Vorauszahlungen	8 900 €

Frage: Ermitteln Sie die Höhe der jeweiligen Einkünfte für den Veranlagungszeitraum. Eine Aufforderung zur Buchführung nach § 141 Abs. 2 AO ist bisher noch nicht ergangen.

Literaturhinweis: *Lehrbuch Einkommensteuer*, Rdn. 1441 ff., 1879, 1951

➔ Lösung

Als selbständiger Handelsvertreter übt der Steuerpflichtige eine gewerbliche Tätigkeit nach § 15 Abs. 2 EStG aus und erzielt Einkünfte gem. § 15 Abs. 1 Nr. 1 EStG. Wirtschaftsjahr ist das Kalenderjahr nach § 4a Abs. 1 Nr. 3 EStG. Die Gewinnermittlung erfolgt nach § 4 Abs. 3 EStG.

Betriebseinnahmen:

Provisionen	100 000 €
Umsatzsteuer	16 000 €
Verkauf Schreibmaschine	696 €
Zinsen Geschäftskonto	350 €
Summe	117 046 €

Keine Betriebseinnahmen sind der Verkauf des Kinderfahrrades, die Erbschaft; es handelt sich hier nicht um Einkünfte i. S. des EStG.

Betriebsausgaben:

Miete Arbeitszimmer	1 200 €
Pkw-Kosten	21 000 €
Schreibmaschine, da sie eine Nutzungsdauer von mehr als 1 Jahr hat, ist nur die AfA abzugsfähig. AK netto (§ 9b Abs. 1 EStG) = 1 200 €, davon ¼ (§ 7 Abs. 1 EStG)	300 €
Die Vorsteuer darauf ist voll abzugsfähig	192 €
Schreibmaterial	900 €
Umsatzsteuer an das Finanzamt	10 316 €
Summe	33 908 €

Keine Betriebsausgaben sind die Miete der Wohnung (§ 12 Nr. 1 EStG), Pkw Ehefrau, Einkommensteuer-Vorauszahlungen (§ 12 Nr. 3 EStG).

Der Gewinn aus Gewerbebetrieb beträgt	83 138 €

Der Steuerpflichtige ist zur Buchführung aufzufordern.
Außerdem liegen noch folgende Einkunftsarten vor:

Einkünfte aus Kapitalvermögen:

Zinsen gem. § 20 Abs. 1 Nr. 7 EStG	4 850 €
• Werbungskosten-Pauschbetrag gem. § 9a Nr. 2 EStG	./. 102 €
• Sparer-Freibetrag gem. § 20 Abs. 4 EStG (ab 2004)	./. 2 740 €
Einkünfte gem. § 20 EStG	2 008 €

Einkünfte aus Vermietung und Verpachtung:

Mieteinnahmen gem. § 21 Abs. 1 Nr. 1 EStG	10 000 €
• Werbungskosten	./. 13 000 €
Verlust	./. 3 000 €

Fall 124
Gewinnermittlung gem. § 4 Abs. 3 EStG

Sachverhalt: Gustav Klingemann, 60 Jahre alt, seit Jahren verheiratet, 2 Kinder, betreibt in Neustadt ein kleines Lebensmittel-Einzelhandelsgeschäft. Seinen Gewinn ermittelt er zulässigerweise gem. § 4 Abs. 3 EStG. Klingemann versteuert seine Umsätze nach den allgemeinen Vorschriften des UStG. Er meldet die Umsätze monatlich an. Laut der dem Finanzamt eingereichten Aufstellung betragen die Betriebseinnahmen 62 800 € und die Betriebsausgaben 47 200 €.

Aus den eingereichten Unterlagen und den Erläuterungen ergibt sich Folgendes:

1. Die Miete für die Räume des Ladengeschäftes von monatlich 400 € ist jeweils am Monatsanfang fällig. Klingemann zahlte die Mieten durch Überweisung von seinem betrieblichen Bankkonto i. d. R. einige Tage nach dem Fälligkeitstermin.

Die Miete für Januar 01 überwies er bereits am 28. 12. 00 (Tag der Abgabe bei der Bank). Die Mieten für November und Dezember 01 überwies er zusammen am 5. 1. 02 (Tag der

Fall 124: Gewinnermittlung gem. § 4 Abs. 3 EStG

Abgabe). Die Mieten sind in der Aufstellung für 01 als Betriebsausgaben abgesetzt worden.

2. Um einen genügend großen Warenvorrat für das Weihnachtsgeschäft erwerben zu können, kauft Klingemann Anfang November 01 Waren im Werte von 5 800 € einschl. Umsatzsteuer auf Kredit. Die Bank gewährt Klingemann einen Kredit in Höhe von 6 000 €, behält aber ein Damnum von 200 € ein. Die Tilgung wurde zum Monatsanfang mit jeweils 1 000 € vereinbart, beginnend am 1. 12. 01; an Zinsen sind 50 € monatlich zu zahlen. Die Dezemberrate zahlt Klingemann am 15. 12. 01, die Januarrate am 10. 1. 02. Als Betriebsausgaben für diesen gesamten Geschäftsvorfall erfasst Klingemann für 01 6 800 €, als Betriebseinnahmen 6 000 €. Soweit die Waren zum Ende des Jahres bereits verkauft wurden, sind die Einnahmen in den Betriebseinnahmen enthalten.

3. Bei einem Einbruch im Juli 01 werden Zigaretten im Werte von 100 €, Schmuck der Ehefrau im Werte von 5 000 € und Bargeld aus den Tageseinnahmen des letzten Geschäftstages in Höhe von 300 € gestohlen. Klingemann behandelt 5 416 € als Betriebsausgabe. Eine Versicherung für derartige Fälle hat Klingemann nicht abgeschlossen.

4. Anlässlich der Heirat seiner Tochter feiert Klingemann mit Frau, 10 Freunden und 6 Stammkunden im Gasthaus „Zur frohen Einkehr". Die Rechnung beläuft sich auf 1 200 € zzgl. Umsatzsteuer. Die Kosten werden als Betriebsausgaben behandelt.

5. Am 20. 8. 01 wird Klingemann ein Pkw Kombi geliefert. Er bezahlt vereinbarungsgemäß Mitte September 01.

Nutzungsdauer des Pkw 4 Jahre, Kosten 16 800 € zzgl. 2 688 € Umsatzsteuer. Klingemann holt mit diesem Pkw Waren ab und liefert sie an Kunden aus; zu 40 % benutzt er den Pkw für private Zwecke – lt. Fahrtenbuch. Als Abschreibung setzt er in 01 4 872 € ab. Als Betriebsausgaben sind außerdem die sonstigen Kosten (Benzin, Reparaturen etc.) in Höhe von insgesamt 3 900 € netto abgezogen, darin enthalten sind Versicherung und Steuer mit 1 200 €. Weitere Konsequenzen zieht er nicht.

Frage: Ermitteln Sie die Einkünfte aus Gewerbebetrieb des Gustav Klingemann für den Veranlagungszeitraum 01 (aktuelle Rechtslage 2004/2005 anwenden).

Hinweis: Der Pkw wurde nach dem 31. 12. 2003 angeschafft.

➔ Lösung

Klingemann bezieht aus dem Lebensmittelgeschäft Einkünfte aus Gewerbebetrieb gem. § 15 Abs. 1 Nr. 1 EStG. Der Gewinn nach § 4 Abs. 3 EStG für 01 in Höhe von 15 600 € ist wie folgt zu korrigieren:

1. Die Januarmiete in Höhe von 400 € ist gem. § 11 Abs. 2 Satz 1 EStG am 28. 12. 00 abgeflossen. Der Zeitpunkt der wirtschaftlichen Zugehörigkeit ist der Januar. Die Miete ist bereits in 01 zu berücksichtigen.
   Folge: keine Korrektur
   Die Novembermiete fließt am 5. 1. 02 ab und ist gem. § 11 Abs. 2 Satz 1 EStG in 02 als Betriebsausgabe zu erfassen. Der Fälligkeitszeitpunkt liegt nicht im 10-Tage-Zeitraum (H 116 „Allgemeines" EStH).
   Folge: Gewinnerhöhung   + 400 €

Die Dezembermiete fließt am 5. 1. 02 ab, demnach ist sie als regelmäßig wiederkehrende Ausgabe gem. § 11 Abs. 2 Satz 2 EStG im Jahr der wirtschaftlichen Zugehörigkeit – in 01 – als Betriebsausgabe zu erfassen. Der Abzug erfolgte demnach zu Recht.

2. Der Kauf der Waren stellt im Zeitpunkt der Zahlung Betriebsausgaben in Höhe von 5 800 € dar. Die Umsatzsteuer ist ebenfalls als Betriebsausgabe zu berücksichtigen (H 86 „Gewinnermittlung nach § 4 Abs. 3 EStG ..." EStH. Die Aufnahme und Tilgung des Darlehens berühren den Gewinn nicht (H 16 Abs. 2 „Darlehen" EStH). Die Kreditkosten stellen aber Betriebsausgaben nach § 4 Abs. 4 EStG dar.

Das Damnum in Höhe von 200 € ist im Zeitpunkt der Auszahlung des Darlehensbetrages abgeflossen (§ 11 Abs. 2 Satz 1 EStG). Die Neuregelung des § 11 Abs. 2 Satz 3 EStG lt. EURLUmsG ist nicht auf ein Damnum vor dem 1. 1. 2006 anzuwenden (BMF v. 5. 4. 2005 – IV A 3 – S 2259 – 7/05). Die Zinsen für Dezember 01 von 50 € sind ebenfalls Betriebsausgaben, während die Zinsen für Januar 02 erst als Betriebsausgabe in 02 zu berücksichtigen sind. Die Regelung nach § 11 Abs. 2 Satz 2 EStG findet keine Anwendung, da sowohl der Fälligkeitszeitpunkt (1. 1. 02) als auch der Zahlungszeitpunkt (10. 1. 02) in das Jahr 02 fallen.

Betriebsausgaben lt. Erklärung	6 800 €	
Betriebsausgaben richtig	6 000 €	
Gewinnerhöhung	+ 800 €	+ 800 €
Betriebseinnahmen lt. Erklärung	6 000 €	
Betriebseinnahmen richtig	0 €	
Gewinnminderung	./. 6 000 €	./. 6 000 €

3. Da sich der Einkauf der Zigaretten inkl. USt von 16 % bereits als Betriebsausgabe ausgewirkt hat, ist ein nochmaliger Aufwand nicht gerechtfertigt. Folge: Gewinnerhöhung   + 116 €

Bei dem Schmuck der Ehefrau handelt es sich um notwendiges Privatvermögen. Eine Gewinnauswirkung darf sich nicht ergeben.   + 5 000 €

Das Bargeld in Höhe von 300 € wurde bei der Vereinnahmung bereits als Betriebseinnahme behandelt und ist deshalb bei Diebstahl als Betriebsausgabe rückgängig zu machen. Dieser Betrag wurde richtig als Betriebsausgabe erfasst.

4. Da die Feier privat veranlasst ist, sind die Gesamtkosten gem. § 12 Nr. 1 EStG nicht abzugsfähig. Folge: Gewinnerhöhung   + 1 392 €

5. Bei dem Pkw handelt es sich um ein abnutzbares Wirtschaftsgut des Anlagevermögens. Da der Pkw zu mehr als 50 % betrieblich genutzt wird, stellt er notwendiges Betriebsvermögen dar und ist auch umsatzsteuerlich dem Unternehmensvermögen zuzuordnen.

Neuregelung ab 2004 lt. StÄndG 2003:

Mit Wirkung vom 1. 1. 2004 sind § 15 Abs. 1b und § 3 Abs. 9a Satz 2 UStG aufgehoben. Ab 2004 kommt deshalb der volle Vorsteuerabzug in Betracht. Die abzugsfähige Vorsteuer ist im Zeitpunkt der Zahlung als Betriebsausgabe abzugsfähig, das wäre im September 01. Die vom Finanzamt im Oktober zu erstattende Vorsteuer dürfte wohl in der Voranmeldung berücksichtigt sein, d. h. dieser Betrag ist bereits in den BE bzw. als geringere BA enthalten. ./. 2 688 €

Die AK betragen damit netto 16 800 €, die AfA gem. § 7 Abs. 1 Satz 4 EStG n. F. $^5/_{12}$ von 4 200 € = 1 750 €. (Die bisherige Vereinfachungsregelung in R 44 Abs. 2 EStR ist damit überholt.) Die AfA ist unabhängig von der Zahlung im Jahr der Anschaffung zu berücksichtigen, erklärt = 4 872 €.

Folge: Gewinnerhöhung + 3 122 €

Die Vorsteuer auf die Kosten ist lt. neuer Rechtslage abzugsfähig (bisher nur 50 %) und damit Betriebsausgabe, die Erstattung durch das Finanzamt stellt eine Betriebseinnahme dar, damit ist die Umsatzsteuer neutral.

Bezüglich der privaten Pkw-Nutzung liegt eine Nutzungsentnahme gem. § 4 Abs. 1 Satz 2 EStG vor.

Die private Pkw-Nutzung ist eine gleichgestellte sonstige Leistung gem. § 3 Abs. 9a Satz 1 Nr. 1 UStG. Die BMG sind nach der hier gegebenen Fahrtenbuchmethode (§ 6 Abs. 1 Nr. 4 Satz 3 EStG) die Gesamtkosten netto, da die Vorsteuer voll abzugsfähig ist. (BMF vom 27. 8. 2004, BStBl 2004 I S. 864 f.)

BMG = Laufende Pkw-Kosten   2 700 €
nicht mit Vorsteuer belastete Kosten + 1 200 €
AfA   + 1 750 € = 5 650 €

davon 40 % = 2 260 €. Dieser Betrag darf den Gewinn gem. § 12 Nr. 1 EStG nicht mindern.

Zzgl. 16 % USt = 361,60 €. + 2 260,00 €
Dieser Betrag erhöht als fiktive Betriebseinnahme den Gewinn. + 361,60 €
Berichtigter Gewinn 20 363,00 €

Rechtslage bis 2003 (Kollision mit EG-Recht, Wahlrecht des Stpfl.):
Bei nach dem 31. 3. 1999 angeschafften, auch privat genutzten Fahrzeugen ist der Vorsteuerabzug auf 50 % gem. § 15 Abs. 1b UStG begrenzt. Damit entfällt die Besteuerung der Privatnutzung gem. § 3 Abs. 9a Satz 2 UStG. Die nicht abzugsfähige Vorsteuer von 50 % = 1 344 € gehört gem. § 9b Abs. 1 EStG zu den Anschaffungskosten (R 86 Abs. 5 EStR).

Die abzugsfähige Vorsteuer von nur 1 344 € ist im Zeitpunkt der Zahlung als Betriebsausgabe abzugsfähig, das wäre im September 01.

Die Anschaffungskosten gem. § 9b EStG betragen damit 16 800 € + 1 344 € = 18 144 €.

Die AfA ist unabhängig von der Zahlung im Jahr der Anschaffung zu berücksichtigen. Die jährliche AfA beträgt demnach: AK 18 144 € : 4 Jahre = 4 536 €. Für 01 sind gem. R 44 Abs. 2 EStR lediglich $^1/_2$ = 2 268 € abzusetzen.

Weiter sind 50 % der Vorsteuer auf die Kosten von insgesamt 2 700 € nicht abzugsfähig, das sind 16 % = 432 €, davon 50 % = 216 €.
Die private Nutzung berechnet sich von den gesamten Kosten von 3 900 € zzgl. nicht abzugsfähige Vorsteuer 216 € + AfA 2 268 €, davon 40 % = 2 553 €.

Fall 125
Mitunternehmerschaft

Sachverhalt: A ist zu 30 % an der Baufirma Stein OHG mit Sitz in Neustadt beteiligt. Nach der von der Firma erstellten Handelsbilanz beträgt der Gewinn für 01 87 300 €. Bei Ermittlung des Gewinns wurde ein an A gezahltes Gehalt von 42 000 € für dessen Tätigkeit im Dienste der Gesellschaft als Aufwand verbucht.

Der Gesellschafter hat im Übrigen noch einen Zinsanspruch in Höhe von 3 000 € gegen die OHG aufgrund eines der OHG gewährten Darlehens. Die Zinsen wurden zum Jahresende bezahlt und als Aufwand behandelt.

Bei der Gewinnermittlung wurde eine an A gezahlte Miete für das Betriebsgebäude, welches A der OHG aufgrund eines Mietvertrages zur Nutzung überlassen hat, in Höhe von 24 000 € als Betriebsausgabe verbucht. Die von A privat getragenen Grundstückskosten von 13 000 € inkl. AfA sind nicht berücksichtigt.

Frage: Ermitteln Sie die Höhe der Einkünfte des A für den Veranlagungszeitraum 01.
Literaturhinweis: *Lehrbuch Einkommensteuer*, Rdn. 1481 ff.

➔ Lösung

A erzielt als Mitunternehmer der Stein OHG Einkünfte gem. § 15 Abs. 1 Nr. 2 EStG. Zu diesen Einkünften gehört auch die Vergütung an A für Tätigkeiten im Dienste der Gesellschaft, die Vergütung für die Hingabe von Darlehen und die Vergütung für die Überlassung des Gebäudes an die OHG. Bei dem der OHG zur Nutzung überlassenen Grundstück handelt es sich um notwendiges Sonderbetriebsvermögen I des A, welches in seiner Sonderbilanz zu aktivieren ist. Die privat getragenen Kosten hängen mit dem Grundstück zusammen und sind als Sonderbetriebsausgaben des A gewinnmindernd zu behandeln.

Handelsrechtlicher Gewinn =	87 300 €
+ Tätigkeitsvergütung	42 000 €
+ Zinsen	3 000 €
+ Miete	24 000 €
./. Grundstückskosten	./. 13 000 €
steuerlicher Gewinn der OHG	143 300 €
davon entfallen auf den Gesellschafter A:	
Vorwegvergütung Gehalt	42 000 €
+ Zinsen	3 000 €
+ Miete	24 000 €
./. Grundstückskosten	./. 13 000 €

30 % vom Restgewinn	26 190 €
Einkünfte gem. § 15 Abs. 1 Nr. 2 EStG	__82 190 €__

Fall 126
Unterbeteiligung

Sachverhalt: A, B und C sind zu je ⅓ Gesellschafter einer OHG. An dem Anteil des C ist aufgrund vertraglicher Regelungen noch D beteiligt. D ist mit einem Anteil von 10 % am Gewinn und Verlust des C beteiligt. Der Gewinn der OHG für das Kalenderjahr 01 beträgt 210 000 €. Der Gewinnanteil des D wird im Jahr 02 ausgezahlt.

Fragen:
1. Wie hoch sind die Einkünfte von C und D, wenn nur eine Gewinn- und Verlustbeteiligung vereinbart ist? Welche Einkünfte erzielen beide?
2. Welche Einkünfte erzielen C und D, wenn D noch anteilig mit 10 % an den stillen Reserven beteiligt ist? Nehmen Sie in beiden Fällen Stellung zur Art der Beteiligung.

Literaturhinweis: *Lehrbuch Einkommensteuer*, Rdn. 1509 ff.

Lösung

Die Unterbeteiligung ist eine Innengesellschaft in der Form einer BGB-Gesellschaft gem. § 705 BGB, wobei der Unterbeteiligte an einem Mitunternehmeranteil eines Gesellschafters beteiligt ist. Ziel ist die gemeinsame Berechtigung an dem Gesellschaftsanteil des Hauptbeteiligten. Die Innengesellschaft hat kein Gesamthandsvermögen, es handelt sich lediglich um eine schuldrechtliche Beziehung zwischen Hauptgesellschafter und Unterbeteiligtem. Die Unterbeteiligungsgesellschaft ist keine stille Gesellschaft, da der an der OHG beteiligte Hauptgesellschafter kein Handelsgewerbe betreibt. Es handelt sich um zwei Personengesellschaften, die Hauptgesellschaft OHG und die Unterbeteiligungsgesellschaft GbR C und D.

Zu 1.:
Da D nicht an den stillen Reserven beteiligt ist, trägt er auch kein Mitunternehmerrisiko. Es handelt sich demnach um eine typische stille Unterbeteiligung (H 138 Abs. 1 „Mitunternehmerrisiko" EStH).

Unterbeteiligter D:
D erzielt Einkünfte gem. § 20 Abs. 1 Nr. 4 EStG als Unterbeteiligter. Die Einnahmen sind bei Zufluss in 02 nach § 11 Abs. 1 Satz 1 EStG zu versteuern. Bei Zufluss ist im Übrigen Kapitalertragsteuer von 25 % nach §§ 43 Abs. 1 Nr. 3, 43a Abs. 1 Nr. 2 EStG von C einzubehalten und an das Finanzamt abzuführen.

Gewinnanteil C: ⅓ von 210 000 € =	70 000 €
davon 10 % =	7 000 € brutto
./. Werbungskosten-Pauschbetrag gem. § 9a Nr. 2 EStG	./. 51 €

./. Sparer-Freibetrag gem. § 20 Abs. 4 EStG (ab 2004) ./. 1 370 €
Einkünfte aus Kapitalvermögen D 5 579 €

Für die OHG ist eine einheitliche und gesonderte Feststellung nach §§ 179 Abs. 2, 180 Abs. 1 Nr. 2a AO durchzuführen. Für die Unterbeteiligung ist grundsätzlich keine gesonderte Gewinnfeststellung vorzunehmen. Der Anteil des Unterbeteiligten ist als Sonderbetriebsausgabe des Hauptbeteiligten C zu erfassen und im Feststellungsverfahren zu berücksichtigen. Eine Nachholung im Veranlagungsverfahren des Hauptbeteiligten ist nicht zulässig (Anwendungserlass zu § 179 AO).

Gewinnanteil des C gem. § 15 Abs. 1 Nr. 2 EStG =	70 000 €
./. Sonderbetriebsausgaben Anteil des D	./. 7 000 €
Einkünfte 01	63 000 €
Der Gewinn der OHG beträgt danach	210 000 €
./. Sonderbetriebsausgaben C	./. 7 000 €
Gewinn 01	203 000 €

Zu 2.:

Da D an den stillen Reserven beteiligt ist, trägt er ein Mitunternehmerrisiko. Der Unterbeteiligte kann außerdem über den Hauptbeteiligten Mitunternehmerinitiative entwickeln, das ist lt. BFH dann der Fall, wenn ihm mindestens die Kontrollrechte eines Kommanditisten zustehen. Geht man im vorliegenden Fall davon aus, handelt es sich demnach um eine atypische stille Unterbeteiligung. D ist analog eines atypischen stillen Gesellschafters als Mitunternehmer mit Einkünften nach § 15 Abs. 1 Nr. 2 EStG zu behandeln (H 138 Abs. 1 „Innengesellschaft" EStH).

Besteht für die Betroffenen ein Geheimhaltungsbedürfnis, so kann für die atypische stille Unterbeteiligung am Anteil des Gesellschafters C eine besondere gesonderte und einheitliche Feststellung vorgenommen werden. Die Berücksichtigung der Unterbeteiligung im Feststellungsverfahren für die OHG ist nur im Einverständnis aller Beteiligten zulässig (zu § 179 AEAO, § 179 Abs. 2 Satz 3 AO).

D erzielt Einkünfte in 01 nach § 15 Abs. 1 Nr. 2 EStG in Höhe von **7 000 €**
C erzielt Einkünfte in 01 nach § 15 Abs. 1 Nr. 2 EStG in Höhe von **63 000 €**

Einheitliche und gesonderte Feststellung der OHG für 01:

A	B	C	D
70 000 €	70 000 €	63 000 €	7 000 €

Fall 127
Tätigkeitsvergütungen

Sachverhalt: Der ledige Steuerpflichtige Anton ist seit Jahren an der Stein & Bruch KG mit 10 % als Kommanditist beteiligt. Der Gewinn der KG 2004 beträgt 200 000 €. Das Bruttogehalt des Anton beträgt 40 000 €, der Arbeitgeberanteil zur Sozialversicherung 3 800 €. Diese Beträge wurden als Betriebsausgabe behandelt. Die einbehaltene Kirchensteuer beträgt 840 €. Aus beruflichen Gründen entstanden Anton Aufwendungen von 600 €, die er privat zahlte.

Fall 127: Tätigkeitsvergütungen

Frage: Wie hoch sind der Gewinn der KG und das zu versteuernde Einkommen des Anton 2004?

Literaturhinweis: *Lehrbuch Einkommensteuer,* Rdn. 1548 ff., 1550, 1553

➔ Lösung

Der Gewinn der KG ist gem. § 179 Abs. 2 i. V. m. § 180 Abs. 1 Nr. 2a AO einheitlich und gesondert festzustellen. Die Tätigkeitsvergütungen stellen Sondervergütungen nach § 15 Abs. 1 Nr. 2 EStG dar und dürfen den Gewinn nicht mindern, da Anton als Mitunternehmer der KG (Kommanditist) anzusehen ist. Die Vergütung ist durch das Gesellschaftsverhältnis veranlasst. Eine gesellschaftliche Veranlassung ist auch dann gegeben, wenn die Leistungen auf besonderen schuldrechtlichen Verträgen beruhen (Arbeitsvertrag, Darlehensvertrag, Mietvertrag).

Gewinn lt. Handelsbilanz 2004 =	200 000 €
+ Tätigkeitsvergütung Anton, da es sich hier nicht um steuerlichen Aufwand der KG handelt	+ 40 000 €
+ Arbeitgeberanteil zur Sozialversicherung, da Anton kein Arbeitnehmer i. S. des EStG ist. Er ist nur Arbeitnehmer lt. Sozialversicherungsrecht, da er zu weniger als 50 % beteiligt ist	+ 3 800 €
./. Sonderbetriebsausgaben	./. 600 €
Gewinn der KG 2004	243 200 €

Als Kommanditist in der gesetzestypischen Stellung lt. HGB ist Anton Mitunternehmer und erzielt Einkünfte gem. § 15 Abs. 1 Nr. 2 EStG.

Tätigkeitsvergütung	40 000 €
+ Arbeitgeberanteil	+ 3 800 €
./. Sonderbetriebsausgaben	./. 600 €
+ Gewinnanteil 10 %	+ 20 000 €
Einkünfte	63 200 €

Zu versteuerndes Einkommen des Anton:

Einkünfte gem. § 15 Abs. 1 Nr. 2 EStG		63 200 €
./. Sonderausgaben gem. § 10 Abs. 1 Nr. 4 EStG Kirchensteuer		./. 840 €
./. Vorsorgeaufwendungen: Arbeitnehmeranteil zur Sozialversicherung (§ 10 Abs. 1 Nr. 2a EStG) =	3 800 €	
+ Arbeitgeberanteil, da es sich hier um steuerpflichtige Einnahmen handelt (kein § 10 Abs. 2 Nr. 2 EStG)	+ 3 800 €	
Summe	7 600 €	

Friebel

./. Vorwegabzug
(§ 10 Abs. 3 Nr. 2 EStG) ./. 3 068 € 3 068 €
Eine Kürzung kommt nicht in Betracht,
da er keine steuerfreien Leistungen des
Arbeitgebers nach § 3 Nr. 62 EStG erhält, verbleiben 4 532 €
./. Grundhöchstbetrag
(§ 10 Abs. 3 Nr. 1 EStG) 1 334 € 1 334 €
verbleiben 3 198 €
./. Erhöhungsbetrag
(§ 10 Abs. 3 Nr. 3 EStG) 667 € 667 €
Vorsorgeaufwendungen 5 069 € ./. 5 069 €
zu versteuerndes Einkommen 57 291 €

Änderungen ab 2005 lt. Alterseinkünftegesetz vom 5. 7. 2004, BStBl 2004 I 554 ff.:
Beiträge zur gesetzlichen Rentenversicherung sind gem. § 10 Abs. 1 Nr. 2a EStG n. F. aber incl. der steuerfreien Arbeitgeberanteile gem. Abs. 1 Nr. 2 Satz 2 EStG abzugsfähig. Die gesondert zu bescheinigenden Beiträge zur gesetzl. Kranken-, Pflege-, und Arbeitslosenversicherung sind gem. § 10 Abs. 1 Nr. 3a EStG n. F. zu berücksichtigen. Das Abzugsvolumen ist gem. § 10 Abs. 3 EStG n. F. auf 20 000 € (keine Kürzung) begrenzt. Gesamter Anteil zur Rentenversicherung angenommen lt. SV 3 511 €, max. § 10 Abs. 3 EStG 20 000 €
60 % der tatsächlichen Aufwendungen v. 3 511 = 2 107 €
abzgl. steuerfreier AG-Anteil 0 €, verbleiben 2 107 €
zzgl. übrige Beträge 4 088 €,
§ 10 Abs. 4 EStG n. F. mit max. 2 400 €
abzugsfähig,
Summe = 4 507 €
§ 10 Abs. 4a EStG n. F. enthält eine Günstigerprüfung, d. h. es sind mind. 3 068 € abzugsfähig.

Fall 128
Mitunternehmerschaft/Sondervergütung

Sachverhalt: An der ABC-OHG sind die Gesellschafter A, B und C mit jeweils ⅓ beteiligt. Die OHG erzielt für 01 einen Gewinn in Höhe von 120 000 €. Zwischen der Gesellschaft und ihren Gesellschaftern bestehen folgende besonderen Vereinbarungen:

A hat der OHG ein bebautes Grundstück zur betrieblichen Nutzung überlassen. Dafür erhält er lt. vertraglicher Vereinbarungen eine jährliche Pacht in Höhe von 36 000 €. Die laufenden Hauskosten betragen 12 300 € und werden vereinbarungsgemäß von der OHG

Fall 128: Mitunternehmerschaft/Sondervergütung

getragen. Die AfA für das Gebäude beträgt 4 500 € und ist ebenso wie die von A privat gezahlten Schuldzinsen in Höhe von 3 500 € nicht bei der Gewinnermittlung berücksichtigt.

B betreibt neben seiner Beteiligung an der OHG ein Ingenieurbüro und einen Baustoffgroßhandel. Er erhielt von der OHG den Auftrag, die Baubetreuung für den Büroneubau zu übernehmen und die Baustoffe zu liefern. Für die Baubetreuung erhielt er ein Honorar in Höhe von 40 000 €, Baustoffe lieferte er für 120 000 €. An eigenen Aufwendungen entstanden ihm für die Baubetreuung an Personalkosten und Büromaterial 21 000 €. Die Selbstkosten der Baustoffe betrugen 85 000 €. Die Einnahmen und die Kosten wurden in den jeweiligen Einzelunternehmen erfasst.

C ist als Geschäftsführer tätig und erhält dafür eine jährliche Vergütung in Höhe von 60 000 €, die als Betriebsausgabe verbucht wurde. Für die Fahrten zum Betrieb nutzt er seinen privaten Pkw. Die einfache Entfernung von seiner Wohnung bis zum Betrieb beträgt 15 km, die er an 230 Tagen im Jahr zurücklegt. Die Kosten sind nicht berücksichtigt.

Frage: Ermitteln Sie den Gewinn der OHG und die steuerlichen Gewinnanteile der Gesellschafter für 01 (= VZ 2004).

Literaturhinweis: *Lehrbuch Einkommensteuer*, Rdn. 1559

➤ Lösung

Der Gewinn der OHG ist gem. §§ 179 Abs. 2, 180 Abs. 1 Nr. 2a AO einheitlich und gesondert festzustellen. Die Gesellschafter erzielen als Mitunternehmer Einkünfte gem. § 15 Abs. 1 Nr. 2 EStG. Dazu gehören nicht nur der Gewinnanteil, sondern auch alle Vergütungen, die die Gesellschafter für Leistungen im Dienste der Gesellschaft erhalten.

Die Pacht, die A für die Überlassung des Grundstücks von der OHG erhält, ist nicht als Betriebsausgabe der OHG abzusetzen, sondern stellt eine Sondervergütung i. S. des § 15 Abs. 1 Nr. 2 EStG dar, die dem A vorweg bei der Gewinnverteilung zuzurechnen ist. Das Grundstück ist als notwendiges Sonderbetriebsvermögen in der Sonderbilanz des A bei der OHG zu erfassen. Alle mit diesem Grundstück im Zusammenhang stehenden Kosten, die von A getragen werden, sind außerdem als Sonderbetriebsausgaben abzugsfähig und bei A zu berücksichtigen. Auch das Darlehen zur Finanzierung des Grundstücks ist als Sonderbetriebsvermögen zu passivieren, die Zinsen sind als Sonderbetriebsausgaben abzugsfähig. Es handelt sich hier nicht um eine mitunternehmerische Betriebsaufspaltung.

Das Honorar, das B von der OHG erhält, ist ebenfalls eine Sondervergütung für Leistungen im Dienste der Gesellschaft und darf nicht als Betriebsausgabe abgezogen werden (§ 15 Abs. 1 Nr. 2 Satz 1 2. Halbsatz EStG). Alle damit im Zusammenhang stehenden Kosten sind als Sonderbetriebsausgaben abzuziehen. Diese Beträge sind bei der Gewinnermittlung des Ingenieurbüros nicht mehr zu berücksichtigen.

Die Lieferungen der Baustoffe an die OHG fallen nicht unter § 15 Abs. 1 Nr. 2 EStG, da diese Vorschrift nur von der Überlassung, aber nicht von der Veräußerung bzw. Lieferung von Wirtschaftsgütern spricht. Die Beträge sind deshalb im Baustoffgroßhandel zu erfassen.

Abschnitt 11: Die Einkunftsarten

Die Tätigkeitsvergütungen, die C von der OHG erhält, stellen Sondervergütungen dar, die den Gewinn der OHG nicht mindern dürfen. Die damit zusammenhängenden Fahrtkosten sind aber als Sonderbetriebsausgaben abzugsfähig. Dabei ist die Begrenzung gem. § 4 Abs. 5 Nr. 6 i. V. m. § 9 Abs. 1 Nr. 4 EStG zu beachten. Abzugsfähig sind 230 Tage (ab 2004 lt. HBeglG) x 15 km x 0,30 € = 1 035 €.

Gewinnermittlung:

	OHG	A	B	C
Pacht	+ 36 000 €	+ 36 000 €		
AfA	./. 4 500 €	./. 4 500 €		
Zinsen	./. 3 500 €	./. 3 500 €		
Honorar	+ 40 000 €		+ 40 000 €	
Kosten	./. 21 000 €		./. 21 000 €	
Gehalt	+ 60 000 €			+ 60 000 €
Fahrtkosten	./. 1 035 €			./. 1 035 €
Gewinn	+ 120 000 €	+ 40 000 €	+ 40 000 €	+ 40 000 €
Gewinn	225 965 €	68 000 €	59 000 €	98 965 €

Fall 129
Familienpersonengesellschaft

Sachverhalt: Der Vater Anton beteiligt an seinem bisher als Einzelunternehmen geführten Gewerbebetrieb seinen 12-jährigen Sohn Harald ab 1. 1. 01 als Kommanditist. Der schriftliche Gesellschaftsvertrag vom 10. 11. 00 wurde am 5. 12. 00 durch das Vormundschaftsgericht genehmigt. Bei Abschluss des Vertrages war Harald durch einen Pfleger vertreten, den das Amtsgericht bestellt hatte. Der Gesellschaftsvertrag bestimmt, dass der Vater sein Einzelunternehmen mit allen Aktiven und Passiven zu Buchwerten in die neu gegründete KG einbringt. Vom Festkapital der KG von 500 000 € entfallen auf Anton 450 000 € und auf seinen Sohn 50 000 €. Harald erbringt seine Kapitaleinlage vereinbarungsgemäß dadurch, dass die Beträge vom Konto des Anton schenkungsweise umgebucht werden. Zur Geschäftsführung und Vertretung ist nur Anton berechtigt. Für seine Tätigkeit und für seine unbeschränkte Haftung erhält Anton monatlich 10 000 €. Anton und Harald sind im Verhältnis ihrer Kapitalanteile an den stillen Reserven des Unternehmens beteiligt.

Der Handelsbilanzgewinn der KG in 01 beträgt 380 000 €. Anton erhält 80 % als Gewinn- und Verlustanteil, Harald ist mit 20 % am Gewinn und Verlust beteiligt. Die steuerlichen Gewinne der letzten 5 Jahre betrugen bei dem Einzelunternehmen durchschnittlich 400 000 €. Der gemeine Wert der Beteiligung des Sohnes kann mit 100 000 € angenommen werden.

Fragen:
1. Kann die KG steuerlich anerkannt werden?
2. Kann die Gewinnverteilung steuerlich anerkannt werden?

Literaturhinweis: *Lehrbuch Einkommensteuer*, Rdn. 1515 ff.

→ Lösung

Zu 1.:

Ein Gesellschaftsvertrag unter Familienangehörigen ist dann steuerlich anzuerkennen, wenn der Gesellschaftsvertrag zivilrechtlich wirksam ist, tatsächlich durchgeführt wurde und es sich um eine Mitunternehmerschaft handelt.

Der Gesellschaftsvertrag wurde zivilrechtlich wirksam unter Beachtung der Formvorschriften abgeschlossen. Eine notarielle Beurkundung des Gesellschaftsvertrages ist nicht erforderlich. Erforderlich ist aber, dass der Sohn bei Abschluss des Gesellschaftsvertrages durch einen Ergänzungspfleger vertreten war (§ 1909 BGB) und die vormundschaftliche Genehmigung des Vertrages unverzüglich nach Vertragsabschluss eingeholt und erteilt wird (§ 1822 Nr. 3 BGB, H 138a Abs. 2 „Vormundschaftsgerichtliche Genehmigung" EStH). Eine Dauerergänzungspflegschaft ist nicht erforderlich. Diese Voraussetzungen sind im vorliegenden Fall erfüllt. Die Genehmigung des Vormundschaftsgerichts wirkt hier auf den Zeitpunkt des Vertragsabschlusses zurück.

Der Sohn Harald wird durch eine Schenkung des Kapitalanteils als Gesellschafter beteiligt. Grundsätzlich ist hierfür eine notarielle Beurkundung des Schenkungsversprechens erforderlich gem. § 518 Abs. 1 BGB. Diese ist im vorliegenden Fall nicht gegeben. Dieser Formmangel kann aber durch Bewirkung der versprochenen Leistung geheilt werden nach § 518 Abs. 2 BGB. Die Heilung erfolgt hier durch die Einrichtung eines entsprechenden Kapitalkontos zugunsten des Harald in der Bilanz.

Eine Mitunternehmerschaft kann dann bejaht werden, wenn einem minderjährigen Kind in einem ernsthaft gewollten und zivilrechtlich wirksamen Vertrag wenigstens annähernd die Rechte eines Kommanditisten nach den Vorschriften des HGB eingeräumt werden (H 138a Abs. 2 „Allgemeines" EStH). Da keine entgegenstehenden vertraglichen Vereinbarungen bezüglich etwaiger Einschränkungen der Gesellschafterrechte bestehen, ist Harald als Mitunternehmer anzusehen. Er trägt demnach Mitunternehmerinitiative und Mitunternehmerrisiko durch die Beteiligung an den stillen Reserven.

Zu 2.:

Unabhängig von der steuerlichen Anerkennung der KG ist zu prüfen, ob die vereinbarte und entsprechend durchgeführte Gewinnverteilung anerkannt werden kann (R 138a Abs. 3 EStR). Bei der Prüfung der Angemessenheit sind Vergleiche mit Gewinnverteilungsabreden unter Fremden anzustellen. Eine derartige Möglichkeit besteht aber hier nicht, da Harald seinen Kapitalanteil geschenkt erhielt, was unter Fremden nicht üblich ist. Die Prüfung der Angemessenheit richtet sich nach den Grundsätzen des Großen Senats des BFH v. 29. 5. 1972 GrS 4/71 (BStBl 1973 II 5 ff., H 138a Abs. 3 „Allgemeines" EStH). Danach ist bei einem nicht mitarbeitenden Familienangehörigen, der seine Beteiligung geschenkt erhielt, ein Gewinnanteil angemessen, der eine Rendite von 15 % des tatsächlichen Wertes des Gesellschaftsanteils ergibt. Dieser Wert ist im Zeitpunkt der Gründung zu ermitteln und beträgt lt. Sachverhalt 100 000 €.

Berechnung:

gemeiner Wert der Beteiligung =	100 000 €
davon 15 % =	15 000 €
zu erwartender jährlicher Gewinn	
(geschätzt auf der Grundlage der letzten 5 Jahre,	
abzgl. Vorwegvergütung des Komplementärs)	
= 400 000 € ./. 120 000 € =	280 000 €
steuerlich höchstmöglicher Gewinnanteil =	

(Rendite) $\dfrac{15\,000\,€ \times 100}{280\,000\,€} =$ 5,36 %

Damit ist für Harald ein Gewinnanteil von 5,36 % angemessen. Das bedeutet, für 01 ist ein Gewinnanteil in Höhe von 5,36 % von 380 000 € = 20 368 € angemessen.

Der steuerliche Gewinn der KG beträgt: HB	380 000 €
+ Tätigkeitsvergütung Anton, da es sich hier um Sondervergütungen	
i. S. des § 15 Abs. 1 Nr. 2 EStG handelt, die den HB-Gewinn	
gemindert haben.	+ 120 000 €
steuerlicher Gewinn	<u>500 000 €</u>

Vereinbarte Gewinnverteilung:

	KG	Anton	Harald
Gewinn	500 000 €		
./. Gehalt	./. 120 000 €	120 000 €	
	380 000 €		
Rest 80 : 20		304 000 €	76 000 €
		424 000 €	76 000 €

Diese Gewinnverteilung ist wegen Unangemessenheit nicht anzuerkennen. Die **steuerliche** Gewinnverteilung sieht wie folgt aus:

	KG	Anton	Harald
Gewinn	500 000 €		
./. vorweg	./. 120 000 €	120 000 €	
Rest	380 000 €		
		359 632 €	20 368 €
		479 632 €	20 368 €

Die unangemessenen Gewinnanteile sind dem Mitunternehmer zuzurechnen, dem sie wirtschaftlich aufgrund des Gesellschaftsvertrages zustehen, also dem Komplementär, dem Schenker Anton. Es handelt sich hier um einkommensteuerlich unbeachtliche Zuwendungen des Vaters in Höhe von (76 000 € ./. 20 368 € =) 55 632 € gem. § 12 Nr. 2 EStG. Da der Kommanditist Anspruch auf den vertraglich vereinbarten Gewinnanteil hat, müssen die Beträge dem Kapitalkonto des Harald erfolgsneutral gutgeschrieben werden.

Der so ermittelte angemessene Gewinnanteilsatz von 5,36 % tritt an die Stelle des im Gesellschaftsvertrag vereinbarten höheren Satzes von 20 %.

Fall 130
GmbH & Co. KG

Sachverhalt: An der Globus GmbH & Co. KG sind als Geschäftsführer die Komplementär-GmbH mit 10 % und als Kommanditisten die Gesellschafter A und B mit jeweils 45 % beteiligt. Der Gewinn der KG beträgt im Wirtschaftsjahr = Kalenderjahr 04 300 000 €. An der GmbH sind A und B zu je 50 % beteiligt. Am 20. 12. 04 wird auf einer Gesellschafterversammlung der GmbH eine Vorabgewinnausschüttung für 04 beschlossen. Die beiden Gesellschafter erhalten am 10. 1. 05 jeweils 9 000 € auf ihr Konto überwiesen.

Frage: Führen Sie die Gewinnfeststellung der KG und die Gewinnverteilung für die Gesellschafter der KG durch (04 = Rechtslage 2004/2005).

➡ Lösung

Die GmbH & Co. KG ist eine Personengesellschaft, deren Gewinn einheitlich und gesondert gem. §§ 179 Abs. 2, 180 Abs. 1 Nr. 2a AO festzustellen ist. Die Gesellschaft ist ein Gewerbebetrieb, wenn nicht durch gewerbliche Betätigung nach § 15 Abs. 1 Nr. 1 EStG, dann zumindest als gewerblich geprägte Gesellschaft nach § 15 Abs. 3 Nr. 2 EStG.

Die Gesellschafter der KG erzielen Einkünfte aus Gewerbebetrieb nach § 15 Abs. 1 Nr. 2 EStG. Zum Sonderbetriebsvermögen der Gesellschafter A und B gehört auch die Beteiligung an der Komplementär-GmbH. Diese ist für den Betrieb der GmbH & Co. KG nicht nur förderlich, sondern für diese Rechtsform unerlässlich. Die Gewinnausschüttungen sind demnach Sonderbetriebseinnahmen der Kommanditisten. Der Auszahlungsanspruch entsteht im Zeitpunkt der Beschlussfassung und ist deshalb bereits in 04 zu berücksichtigen. Als Betriebseinnahmen sind auch die Kapitalertragsteuer und der Solidaritätszuschlag anzusetzen (§ 20 Abs. 3 i. V. m. §§ 20 Abs. 1 Nr. 1, 12 Nr. 3 EStG). Für die Vorabausschüttung gelten das Halbeinkünfteverfahren gem. § 3 Nr. 40d EStG und eine Kapitalertragsteuer von 20 % gem. §§ 43 Abs. 1 Nr. 1, 43a Abs. 1 Nr. 1 EStG.

Gewinnfeststellung:

	KG	GmbH	A	B
Gewinn	300 000 €	30 000 €	135 000 €	135 000 €
+ Ausschüttung, netto (= 78,9 %)	18 000 €		9 000 €	9 000 €
+ KapESt u. SolZ (21,1 %) der Bardividende	4 813 €		2 407 €	2 406 €
./. 50 % steuerfrei	./. 11 407 €		./. 5 704 €	./. 5 703 €
steuerlicher Gewinn	311 406 €	30 000 €	140 703 €	140 703 €

Die Kommanditisten A und B können bei ihrer Einkommensteuerveranlagung die Kapitalertragsteuer von jeweils 2 281 € auf die Einkommensteuer anrechnen (§ 36 Abs. 2 Nr. 2 EStG). Bei der Ermittlung des Gewerbeertrags der KG ist die Gewinnausschüttung der GmbH nicht gem. § 8 Nr. 5 GewStG hinzuzurechnen, der im Gewinn enthaltene hälftige Betrag ist zusätzlich gem. § 9 Nr. 2a GewStG in Höhe von 11 407 € zu kürzen.

Hinweis: Bei der Körperschaftsteuerveranlagung der GmbH ist die Vorabausschüttung bei der Ermittlung des zu versteuernden Einkommens für 04 zu berücksichtigen. Es ist aber für Vorabausschüttungen erst ab VZ 2002 ggf. eine Steuergutschrift gem. § 37 Abs. 2 KStG zu berücksichtigen. Zu beachten ist aber, dass für Ausschüttungen nach dem 11. 4. 2003 bis 31. 12. 2005 keine Steuergutschrift gewährt wird (§ 37 Abs. 2a Nr. 1 KStG).

Fall 131
GmbH & Co. KG/Sonderbetriebsvermögen

Sachverhalt: wie Fall 130, aber an der Komplementär-GmbH sind die Gesellschafter X und B beteiligt.

Frage: Welche Folgerungen ergeben sich bei vorliegender Fallgestaltung?

➔ Lösung

In diesem Fall sind nur die Anteile des B notwendiges Sonderbetriebsvermögen. Demnach sind auch nur die Gewinnausschüttungen, soweit sie auf B entfallen, als Sonderbetriebseinnahmen zu berücksichtigen. Die Hälfte ist aber steuerfrei gem. § 3 Nr. 40d EStG.

Gewinnermittlung:

	KG	GmbH	A	B
Gewinn	300 000 €	30 000 €	135 000 €	135 000 €
Ausschüttung	9 000 €			9 000 €
Kapitalertragsteuer + Solidaritätszuschlag	2 406 €			2 406 €
50 % steuerfrei	./. 5 703 €			./. 5 703 €
	305 703 €	30 000 €	135 000 €	140 703 €

Der Gesellschafter X erzielt Einkünfte aus Kapitalvermögen gem. § 20 Abs. 1 Nr. 1 EStG. Die Einnahmen sind im Zeitpunkt des Zuflusses 05 zu berücksichtigen (§ 11 Abs. 1 Satz 1 EStG).

Einnahmen	9 000 €
+ KapESt (§ 12 Nr. 3 EStG) + SolZ	+ 2 407 €
./. steuerfrei 50 %	./. 5 704 €
Einnahmen, steuerpflichtig	5 703 €
./. Werbungskosten-Pauschbetrag (§ 9a Nr. 2 EStG)	./. 51 €
./. Sparer-Freibetrag (§ 20 Abs. 4 EStG) ab 2004	./. 1 370 €
Einkünfte	4 282 €

Fall 132
Gewinnermittlung GmbH & Co. KG

Sachverhalt: Xaver Lustig ist Geschäftsführer der Fröhlich Verwaltungs-GmbH mit Sitz in Neustadt. Er erhält in 05 ein Bruttogehalt von 61 000 €. Das Stammkapital der GmbH beträgt 50 000 €. Gesellschafter der GmbH sind seit der Gründung Xaver Lustig zu 60 % und seine Ehefrau Antonia zu 40 %. Am 23. 6. 05 beschließt die GmbH eine Gewinnausschüttung für 04. Die Ausschüttung wurde am 10. 7. 05 an die Eheleute Lustig in Höhe von 42 000 € (netto) per Überweisung gezahlt (= Tag der Abgabe bei der Bank). Eine Steuerbescheinigung liegt vor.

Xaver Lustig erhält am 1. 12. 05 vereinbarungsgemäß 12 000 € jährliche Zinsen von der GmbH überwiesen, da er der Gesellschaft am 2. 1. 05 ein Darlehen von 60 000 € zur Verfügung gestellt hatte mit einem Zinssatz von 20 % p. a. Bei einer Bank hätte die GmbH den Kredit allerdings für die Hälfte erhalten. Der Kredit war nicht für die Existenz der GmbH notwendig.

Xaver Lustig ist außerdem an der Fröhlich GmbH & Co. KG (Baufirma) als Kommanditist mit einer Kapitaleinlage von 40 000 € beteiligt.

Weitere Gesellschafter sind:

- Willi Wutz, Kapitaleinlage 50 000 €, als Kommanditist,
- Fröhlich Verwaltungs-GmbH, Kapitaleinlage 10 000 €, als Komplementär und Geschäftsführerin der KG.

Die Gesellschafter sind entsprechend ihren Einlagen am Gewinn/Verlust und an den stillen Reserven beteiligt. Vorab erhalten sie eine Verzinsung der Einlagen von 15 %, die GmbH erhält Auslagenersatz in Höhe des Geschäftsführergehalts an Xaver Lustig. Diese Beträge wurden als Betriebsausgaben behandelt.

Der Handelsbilanzgewinn der KG im Wirtschaftsjahr = Kalenderjahr 05 beträgt 360 000 €.

Frage: Ermitteln Sie den festzustellenden Gewinn der Fröhlich GmbH & Co. KG für 05 und verteilen Sie ihn auf die Gesellschafter (Rechtslage 2004/2005).

Literaturhinweis: *Lehrbuch Einkommensteuer*, Rdn. 1564 ff.

▶ Lösung

Die Fröhlich GmbH & Co. KG unterhält einen Gewerbebetrieb i. S. des § 15 Abs. 2 EStG. Es ist eine einheitliche und gesonderte Gewinnfeststellung nach § 179 Abs. 2 i. V. m. § 180 Abs. 1 Nr. 2a AO vorzunehmen.

Als Kommanditist der KG erzielen Willi Wutz und Xaver Lustig Einkünfte gem. § 15 Abs. 1 Nr. 2 EStG. Sie sind Mitunternehmer der KG, da ihre Stellung der gesetzestypischen Stellung eines Kommanditisten lt. HGB entspricht. Xaver ist zu 40 % und Willi ist zu 50 % am Gewinn beteiligt.

Abschnitt 11: Die Einkunftsarten

Xaver ist gleichzeitig Geschäftsführer der Fröhlich Verwaltungs-GmbH und führt als solcher die Geschäfte der KG. Damit wird er im Dienste der KG tätig, an der er als Kommanditist beteiligt ist.

Der von der Komplementär-GmbH gezahlte Arbeitslohn stellt für Xaver Lustig keine Einkünfte aus nichtselbständiger Arbeit dar, sondern gehört als Sondervergütung zu den Einkünften gem. § 15 Abs. 1 Nr. 2 EStG. Beiträge zur Sozialversicherung wurden keine geleistet, da Xaver nicht sozialversicherungspflichtig i. S. des Sozialversicherungsrechts ist, denn er ist mit seiner 60 %igen Beteiligung an der Komplementär-GmbH beherrschender Gesellschafter-Geschäftsführer. Der Gewinn der KG ist demnach um den Bruttolohn in Höhe von 61 000 € zu erhöhen und vorweg bei der Gewinnverteilung dem Xaver zuzurechnen.

Der Auslagenersatz an die GmbH stellt ebenfalls eine Sondervergütung dar, um die der Gewinn zu erhöhen ist. Gleichzeitig hat die GmbH in Höhe des Geschäftsführergehalts an Xaver Sonderbetriebsausgaben, um die der Gewinn wieder zu mindern ist. Diese Beträge sind bereits bei der einheitlichen und gesonderten Gewinnfeststellung der KG zu berücksichtigen.

Die GmbH-Anteile des Xaver in Höhe von 30 000 € (60 % von 50 000 € Stammkapital) gehören zum notwendigen Sonderbetriebsvermögen des Xaver, da die Beteiligung an der Komplementär-GmbH seiner Beteiligung als Kommanditist an der KG förderlich und für diese Gesellschaftsform erforderlich ist. Das gilt nicht für die Anteile von Antonia Lustig, da sie nicht als Mitunternehmerin an der KG beteiligt ist und somit kein Sonderbetriebsvermögen haben kann. Die Anteile gehören bei ihr zum Privatvermögen.

Zu den Sonderbetriebseinnahmen des Xaver zählen deshalb die Gewinnausschüttungen der GmbH inkl. Kapitalertragsteuer und Solidaritätszuschlag gem. § 20 Abs. 3 i. V. m. §§ 20 Abs. 1 Nr. 1 EStG, 12 Nr. 3 EStG. Die Ausschüttungen sind zur Hälfte steuerfrei gem. § 3 Nr. 40d EStG.

Hinzuzurechnen sind:

60 % von 42 000 €, netto =	25 200 €
+ KapESt + SolZ	+ 6 739 €
Summe	31 939 €
zu 50 % steuerpflichtig =	15 969 €

Ebenso sind verdeckte Gewinnausschüttungen bei der einheitlichen und gesonderten Gewinnfeststellung der KG als Sonderbetriebseinnahmen zu berücksichtigen. Der Darlehensvertrag zwischen Xaver und der GmbH ist steuerlich anzuerkennen. Allerdings ist der Zinssatz überhöht, denn bei einem Vertrag zwischen fremden Dritten wäre lediglich ein Zinssatz in Höhe von 10 % vereinbart worden. Insoweit gewährt die GmbH ihrem Gesellschafter Vorteile, die sie fremden Dritten nicht gewährt hätte. In Höhe von 10 % = 6 000 € liegt demnach eine verdeckte Gewinnausschüttung an Xaver vor. Als Sonderbetriebseinnahmen sind zu erfassen:

6 000 € (die Kapitalertragsteuer ist bei einer verdeckten
   Gewinnausschüttung nicht einbehalten)

3 000 € 50 % steuerpflichtig

Die Zinsen für das Darlehen selbst sind als Einkünfte aus Kapitalvermögen zu erfassen, da das Darlehen kein notwendiges Sonderbetriebsvermögen des Xaver darstellt. Darlehen und GmbH-Anteile sind unabhängig voneinander zu beurteilen (BFH, BStBl 1976 II, 380; lt. SV nicht notwendiges BV, R 13 Abs. 2 EStR 2003).

Die Kapitalverzinsung ist lediglich eine Gewinnverteilungsabrede und darf den Gewinn nicht mindern. Einlagen insgesamt = 100 000 €, davon 15 % = 15 000 €. Diese Beträge sind entsprechend der Höhe der Einlage auf die Gesellschafter zu verteilen.

Der Restgewinn ist entsprechend dem Verhältnis der Einlagen zu verteilen: 40 : 50 : 10.

Gewinnverteilung:

	KG €	Xaver €	Willi €	GmbH €
Handelsbilanzgewinn	360 000			
Gehalt	+ 61 000	61 000		
Vergütung GmbH	+ 61 000			61 000
Sonder-BA GmbH	./. 61 000			./. 61 000
Dividende zu ½	+ 15 969	15 969		
verdeckte Gewinnausschüttung zu ½	+ 3 000	3 000		
Kapitalverzinsung	+ 15 000	6 000	7 500	1 500
Restgewinn	360 000	144 000	180 000	36 000
Summe KG	454 969	229 969	187 500	37 500

Fall 133
Betriebsaufspaltung

Sachverhalt: In seiner Einkommensteuererklärung 06 gibt A Einnahmen aus Vermietung und Verpachtung in Höhe von monatlich 6 000 € an. Die laufenden Aufwendungen hierzu betragen (unstreitig) 2 100 € monatlich. Das Finanzamt ist bei der Veranlagung für die Vorjahre den Angaben des Stpfl. gefolgt. Diesen liegt folgender Sachverhalt zugrunde:

Am 1. 3. 00 hatte A ein altes Fabrikgrundstück (Baujahr 1930) für 320 000 € (darin enthalten sind 60 000 € für den Grund und Boden) erworben (Einheitswert 1. 1. 01 = 160 000 DM, umgerechnet 81 806 €). Dieses Gebäude hat er renoviert und modernisiert mit einem Kostenaufwand von 40 000 € (neuer EW 1. 1. 02 = 180 000 DM, umgerechnet 92 032 €). Infolgedessen konnte A das Gebäude genau auf den Mieter zugeschnitten verbessern. Neuer Mieter wurde ab Oktober 00 die „Heimat Brotfabriken GmbH", die diesen Gebäudekomplex nunmehr als alleiniges Betriebsgebäude nutzt.

Ende Mai 01 erwarb A 80 % der Anteile an der nun florierenden GmbH (Stammkapital 100 000 €) zum günstigen Kaufpreis in Höhe von 96 000 € von dem bisherigen Alleingesellschafter Schneider. Schneider wollte sich teilweise aus der Firma zurückziehen, da er zeitlich bereits in anderen Geschäften sehr beansprucht ist. Als neuer Geschäftsführer wurde ein Fremder eingestellt. Ende des Jahres 05 auftretende finanzielle Schwierigkeiten veranlassten A, der GmbH ab Januar 06 ein Darlehen in Höhe von 200 000 € zu ge-

Abschnitt 11: Die Einkunftsarten

währen. A konnte dadurch erreichen, dass sich die Vermögens- und Ertragslage der Firma wieder verbesserte. A verlangte einen marktüblichen Zinssatz von 10 %. Die Zinsen sind monatlich, jeweils zum Monatsende, fällig und wurden in zwei gleichen Beträgen am 30. 6. 06 und 31. 12. 06 bezahlt.

Gewinnausschüttungen hat A wegen der wirtschaftlichen Situation der GmbH in 05 und 06 nicht erhalten.

Frage: Ermitteln Sie die Höhe der Einkünfte des A für den Veranlagungszeitraum 06 (Rechtslage 2004/2005).

Nehmen Sie ggf. Stellung zu den gewerbesteuerlichen Folgen.

Literaturhinweis: *Lehrbuch Einkommensteuer*, Rdn. 1568 ff.

➔ Lösung

Bis zum Erwerb der GmbH-Anteile erzielte A aus der Vermietung des Grundstücks – wie erklärt – Einnahmen gem. § 21 Abs. 1 Nr. 1 EStG.

Durch den Erwerb von 80 % der Anteile an der „Heimat Brotfabriken GmbH" sind die Voraussetzungen der Betriebsaufspaltung zu prüfen. Da A die GmbH durch die Mehrheit der Anteile beherrscht (abweichendes Stimmrecht liegt lt. Sachverhalt nicht vor), liegt eine personelle Verflechtung zwischen A und der GmbH vor.

Es ist ebenfalls eine sachliche Verflechtung gegeben, da das vermietete Grundstück die wesentliche Betriebsgrundlage der GmbH darstellt, da es für die Bedürfnisse der Betriebsgesellschaft GmbH besonders gestaltet wurde. Es handelt sich zumindest um eine der wesentlichen Betriebsgrundlagen.

Da eine sachliche und personelle Verflechtung zwischen A (Besitzgesellschaft) und der GmbH (Betriebsgesellschaft) besteht, handelt es sich um eine unechte Betriebsaufspaltung, da sie nicht durch Aufspaltung einer Gesellschaft entstanden ist (H 137 Abs. 5 und 6 EStH). Die Vermietung und Verpachtung wird in diesem Fall nicht mehr als Vermögensverwaltung, sondern als gewerbliche Tätigkeit angesehen. A erzielt deshalb Einkünfte nach § 15 Abs. 1 Nr. 1 EStG.

Einkünfte aus Gewerbebetrieb:

Das Wirtschaftsjahr ist gem. § 4a Abs. 1 Nr. 3 EStG das Kalenderjahr. Die Gewinnermittlung erfolgt gem. § 4 Abs. 3 EStG.

Mieteinnahmen nach § 15 Abs. 1 Nr. 1 EStG

6 000 € × 12 =   72 000 €

- laufende Aufwendungen 2 100 € × 12 =   ./. 25 200 €
- **AfA auf Fabrikgebäude:**

    Anschaffungskosten Gebäude 00 = 260 000 €

    Die Kosten von 40 000 € waren sofort abzugsfähige Erhaltungsaufwendungen nach R 157 Abs. 1 EStR, H 157 „Abgrenzung von AK/HK und Erhaltungsaufwendungen" EStH, da sich keine Anhaltspunkte für eine wesentliche Verbesserung i. S. von § 255 HGB ergeben,

s. auch BMF v. 18. 7. 2003, BStBl 2003 I 386 ff., Tz. 9 -14, 25 - 28, 38 (15 %-Grenze, ab 2004 gilt § 6 Abs. 1 Nr. 1a EStG i. d. F. StÄndG 2003).

Ende Mai 01 wird das Grundstück notwendiges BV. Es handelt sich um eine Einlage nach § 6 Abs. 1 Nr. 5 EStG. Die Einlage erfolgt mit dem Teilwert, max. mit den AK/HK ./. AfA. Ebenso werden die GmbH-Anteile notwendiges BV.

AfA gem. § 7 Abs. 4 Nr. 2a EStG für die Zeit von März 00 bis Mai 01
2 % von 260 000 € = 5 200 €,

davon $^{15}/_{12}$ = 6 500 €

260 000 € ./. 6 500 € = 253 500 €

neue AfA-Bemessungsgrundlage bei Einlage

AfA ab Juni 01 = 2 % (Bauantrag vor 1985) von 253 500 € = 5 070 €
(R 43 Abs. 6 Satz 1 und R 44 Abs. 12 Nr. 1 EStR)

für 06 als AfA abzugsfähig	./. 5 070 €

- Das Darlehen an die GmbH gehört ebenfalls zum Betriebsvermögen des Besitzunternehmens, da das Darlehen dazu diente, die Vermögens- und Ertragslage der GmbH zu verbessern und damit auch den Wert der GmbH-Beteiligung, die zum notwendigen Betriebsvermögen gehört (BFH VIII R 38/74, BStBl 1978 II, 378 ff.).

Die Zinseinnahmen daraus stellen deshalb Einnahmen gem. § 15 Abs. 1 Nr. 1 EStG dar. Zinsen lt. Zahlung am 30. 6. 06 und 31. 12. 06	+ 20 000 €
laufender Gewinn aus Gewerbebetrieb	61 730 €

Gewerbesteuer:

Bezüglich der Betriebsaufspaltung handelt es sich um Einkünfte aus Gewerbebetrieb. Die Feststellungen des einheitlichen Gewerbesteuermessbetrages sind, soweit noch nicht die Verjährung eingetreten ist, ab 01 nachzuholen.

Gewerbeertrag der Besitzgesellschaft 06:

Gewinn gem. § 15 EStG, § 7 GewStG	61 730 €
./. § 9 Nr. 1 GewStG: Kürzung für Grundbesitz 1,2 % von	
(92 032 € zzgl. 40 % nach § 121a BewG) 128 845 €	./. 1 547 €
Gewerbeertrag	60 183 €
Abrundung gem. § 11 Abs. 1 Satz 3 GewStG	60 100 €
./. Freibetrag gem. § 11 Abs. 1 GewStG	./. 24 500 €
	35 600 €

Messbetrag gem. § 11 Abs. 2 Nr. 1 GewStG
12 000 € 1 % = 120,00 €
12 000 € 2 % = 240,00 €
11 600 € 3 % = 348,00 €   708,00 €

Fall 134
Verluste bei beschränkter Haftung (§ 15a EStG)

Sachverhalt: Am 2. 1. 01 wird eine KG gegründet, die aus den Gesellschaftern A, B und C besteht. A ist Komplementär und hat eine Einlage in Höhe von 100 000 € zu leisten. Er erhält eine monatliche Geschäftsführervergütung in Höhe von 3 000 €. Die beiden Kommanditisten B und C haben eine Einlage in Höhe von je 50 000 € zu leisten, die vereinbarungsgemäß mit je 25 000 € bei Gründung der Gesellschaft erbracht wird.

B hat der KG ein Darlehen in Höhe von 50 000 € zur Verfügung gestellt, für das er jährlich 5 000 € an Zinsen erhält.

C stellt der Gesellschaft ein unbebautes Grundstück gegen eine jährliche Pacht in Höhe von 5 000 € zur Verfügung, welches er in 00 für 50 000 € erworben hatte. Den Kaufpreis hat er durch ein Darlehen von 40 000 € bestritten, für das er jährlich Zinsen in Höhe von 3 000 € zu zahlen hat. Weiter entstehen ihm keine Grundstücksaufwendungen.

Die Handelsbilanzgewinne betragen:

01 = Verlust 300 000 €,

02 = Verlust 160 000 €.

Die o. g. Beträge sind hier, soweit möglich, als Betriebsausgaben abgezogen worden.

Der Gewinn/Verlust ist im Verhältnis 50 : 25 : 25 zu verteilen.

Die Kommanditisten haben folgende Entnahmen aus dem Gesellschaftsvermögen getätigt:

01: B = 5 000 €, C = 10 000 €

02: B = 0 €, C = 10 000 €

Frage: Ermitteln Sie die Einkünfte der Gesellschafter für 01 und 02.

Literaturhinweis: *Lehrbuch Einkommensteuer*, Rdn. 1592 ff.

Lösung

01:

Die Gesellschafter erzielen als Mitunternehmer Einkünfte gem. § 15 Abs. 1 Nr. 2 EStG. Die von der KG erhaltenen Vergütungen für Leistungen im Dienste der Gesellschaft sind nicht als Betriebsausgaben abzugsfähig, sondern stellen Einkünfte nach § 15 Abs. 1 Nr. 2 EStG dar. Sie sind den betreffenden Gesellschaftern bei der Gewinnverteilung vorweg zuzurechnen.

Der Gewinn ist im Rahmen einer einheitlichen und gesonderten Feststellung nach §§ 179 Abs. 2, 180 Abs. 1 Nr. 2a AO zu ermitteln.

Fall 134: Verluste bei beschränkter Haftung (§ 15a EStG)

Gewinnermittlung und Gewinnverteilung:

	KG	A	B	C
Verlust lt. HB	./. 300 000 €	./. 150 000 €	./. 75 000 €	./. 75 000 €
+ Geschäftsführergehalt	+ 36 000 €	+ 36 000 €		
+ Zinsen/Darlehen	+ 5 000 €		+ 5 000 €	
+ Pacht/Grundstück	+ 5 000 €			+ 5 000 €
./. Schuldzinsen	./. 3 000 €			./. 3 000 €
Verlust lt. StB	./. 257 000 €	./. 114 000 €	./. 70 000 €	./. 73 000 €

Es ist nun zu prüfen, inwieweit die festgestellten Verlustanteile (§§ 179 Abs. 2, 180 Abs. 1 Nr. 2a AO) bei der Einkommensteuerveranlagung berücksichtigt werden können.

Der Komplementär A kann seine Verlustanteile uneingeschränkt absetzen. § 15a EStG beschränkt aber die Möglichkeit, gewerbliche Verluste mit anderen positiven Einkünften für beschränkt haftende Gesellschafter wie die Kommanditisten zu verrechnen. Diese Beschränkung gilt für Verluste, die zu einem negativen Kapitalkonto führen oder ein negatives Kapitalkonto erhöhen. Diese über den Haftungsbetrag hinausgehenden Beträge belasten den Kommanditisten im Jahr der Entstehung weder rechtlich noch wirtschaftlich, sondern nur, wenn und soweit spätere Gewinne entstehen.

Kapitalkonten der Kommanditisten lt. Handelsbilanz:

	B	C
geleistete Einlage	25 000 €	25 000 €
./. Entnahmen 01	./. 5 000 €	./. 10 000 €
Kapital vor Verlust	20 000 €	15 000 €
./. Verlustanteil 01 lt. HB ohne Sonderbetriebsvermögen	./. 75 000 €	./. 75 000 €
Kapital HB 31. 12. 01	./. 55 000 €	./. 60 000 €

Da durch die Zurechnung der Verlustanteile ein negatives Kapitalkonto der Kommanditisten entsteht, ist gem. § 15a Abs. 1 EStG zu prüfen, wie hoch die in 01 ausgleichsfähigen Verluste sind. Dabei ist der Stand des Kapitalkontos lt. HB am Bilanzstichtag vor Verlustberücksichtigung maßgebend. Das Kapitalkonto lt. Sonderbilanz ist nicht einzubeziehen (BMF v. 30. 5. 1997, BStBl 1997 I 627).

B: Das Kapitalkonto des B vor Verlustberücksichtigung beträgt 20 000 €. Gemäß § 15a Abs. 1 Satz 1 EStG sind Verluste bis zu dieser Höhe ausgleichsfähig. Da B seine Einlage noch nicht voll geleistet hat, haftet er insoweit (für 25 000 €) unbeschränkt. Es besteht wegen der nicht gezahlten Einlage eine erweiterte Haftung gem. § 171 Abs. 1 HGB von 25 000 €. Gemäß § 15a Abs. 1 Satz 2 EStG kann B deshalb diese 25 000 € zusätzlich als ausgleichsfähig berücksichtigen. Durch die Entnahme von 5 000 € lebt die Haftung gem. § 172 Abs. 4 i. V. m. § 171 Abs. 1 HGB wieder auf; d. h. gem. § 15a Abs. 1 Satz 2 EStG sind weitere 5 000 € ausgleichsfähig. Der Rest ist lediglich mit späteren Gewinnen verrechenbar.

C: C kann gem. § 15a Abs. 1 Satz 1 EStG in Höhe seines positiven Kapitalkontos von 15 000 € Verluste ausgleichen. Auch bei ihm besteht eine erweiterte Haftung wegen der noch nicht voll eingezahlten Einlage. Er kann demnach in Höhe des Haftungsbetrages von 25 000 € weitere Verluste ausgleichen. Durch die Entnahme von 10 000 € lebt außerdem die Haftung gem. § 172 Abs. 4 i. V. m. § 171 Abs. 1 HGB wieder auf; es sind gem. § 15a Abs. 1 Satz 2 EStG weitere 10 000 € ausgleichsfähig. Der Restbetrag ist gem. § 15a Abs. 2 EStG mit späteren Gewinnen verrechenbar. Über die Höhe des jeweiligen verrechenbaren Verlustes ist eine gesonderte Feststellung durchzuführen (§ 15a Abs. 4 EStG).

Verlustausgleich 01 für Verluste von je 75 000 €:

	B	C
§ 15a Abs. 1 Satz 1 EStG	20 000 €	15 000 €
§ 15a Abs. 1 Satz 2 EStG	25 000 €	25 000 €
und wegen erweiterter Haftung durch		
Entnahme	5 000 €	10 000 €
ausgleichsfähig	50 000 €	50 000 €
Rest verrechenbar	25 000 €	25 000 €
und gesondert festzustellen		

Zu versteuern gem. § 15 Abs. 1 Nr. 2 EStG:

	B	C
ausgleichsfähig	./. 50 000 €	./. 50 000 €
+ Gewinne aus Sonderbetriebsvermögen	+ 5 000 €	+ 2 000 €
Einkünfte	./. 45 000 €	./. 48 000 €

Die Verluste lt. HB sind für die Berechnung des ausgleichsfähigen Verlustes nach § 15a EStG nicht mit den Gewinnen aus der Sonderbilanz zu saldieren (BMF v. 15. 12. 1993, BStBl I, 976).

Verluste aus der Sonderbilanz sind uneingeschränkt abzugsfähig.

02:

Gewinnermittlung und Gewinnverteilung:

	KG	A	B	C
Verlust lt. HB	./. 160 000 €	./. 80 000 €	./. 40 000 €	./. 40 000 €
+ Gehalt	+ 36 000 €	+ 36 000 €		
+ Zinsen	+ 5 000 €		+ 5 000 €	
+ Pacht	+ 5 000 €			+ 5 000 €
./. Kosten	./. 3 000 €			./. 3 000 €
	./. 117 000 €	./. 44 000 €	./. 35 000 €	./. 38 000 €

Kapitalkonten der Kommanditisten lt. HB:

	B	C
1. 1. 02	./. 55 000 €	./. 60 000 €
./. lfd. Entnahmen	./. 0 €	./. 10 000 €
Zwischensumme	./. 55 000 €	./. 70 000 €
./. Verlustanteil HB	./. 40 000 €	./. 40 000 €
Kapital 31. 12. 02	./. 95 000 €	./. 110 000 €

B: Da B ein negatives Kapitalkonto hat, kann er keine Verluste gem. § 15a Abs. 1 Satz 1 EStG ausgleichen. Der Haftungsbetrag in Höhe von 25 000 € gem. § 15a Abs. 1 Satz 2

EStG ist ebenfalls bereits ausgeschöpft. Der Verlust aus der HB ist demnach gem. § 15a Abs. 2 EStG nur mit späteren Gewinnen verrechenbar.

C: Da C ein negatives Kapitalkonto hat, kann er ebenfalls keine Verluste gem. § 15a Abs. 1 Satz 1 EStG ausgleichen. Durch die Entnahme aus dem Gesellschaftsvermögen in Höhe von 10 000 € lebt aber die persönliche Haftung gem. § 172 Abs. 4 i. V. m. § 171 Abs. 1 HGB wieder auf. Eine Einlagenminderung gem. § 15a Abs. 3 Satz 1 EStG kommt deshalb nicht in Betracht. Das Verlustausgleichspotenzial des § 15a Abs. 1 Satz 2 EStG darf aber nur einmal in Anspruch genommen werden (R 138d Abs. 3 Satz 9 EStR). Der Restbetrag ist gem. § 15a Abs. 2 EStG mit späteren Gewinnen verrechenbar.

Verlustausgleich 02 für HB-Verluste in Höhe von je 40 000 €:

	B	C
§ 15a Abs. 1 Satz 1 EStG	0 €	0 €
§ 15a Abs. 1 Satz 2 EStG	0 €	0 €
	0 €	0 €
Rest verrechenbar	40 000 €	40 000 €
gesondert festzustellen:	65 000 €	65 000 €
§ 15a Abs. 4 EStG		
inkl. Betrag aus 01		
§ 15 Abs. 1 Nr. 2 EStG zu versteuern:		
ausgleichsfähiger		
Verlust lt. HB	0 €	0 €
+ Gewinne aus Sonderbetriebsvermögen	+ 5 000 €	+ 2 000 €
Einkünfte	5 000 €	+ 2 000 €

Fall 135
Einlageminderung

Sachverhalt: A ist an einer KG als Kommanditist beteiligt. Er hat seine Einlage in Höhe von 100 000 € voll geleistet und folgendes Kapitalkonto:

lt. Steuerbilanz zum 1. 1. 01 =	100 000 €
zusätzliche Einlage	+ 100 000 €
Zwischensumme	200 000 €
Verlustanteil 01	./. 200 000 €
31. 12. 01	0 €
./. Entnahme 02	./. 100 000 €
Zwischensumme	./. 100 000 €
./. Verlustanteil 02	./. 50 000 €
31. 12. 02	./. 150 000 €

Frage: Wie hoch sind die Einkünfte 01 und 02?

Literaturhinweis: *Lehrbuch Einkommensteuer*, Rdn. 1598

Abschnitt 11: Die Einkunftsarten

→ **Lösung**

Im Kalenderjahr 01 ist der Verlustanteil von 200 000 € voll ausgleichsfähig, da durch die Verlustzurechnung kein negatives Kapitalkonto entsteht (§ 15a Abs. 1 Satz 1 EStG). A erzielt Einkünfte nach § 15 Abs. 1 Nr. 2 EStG in Höhe von ./. 200 000 €.

Im Kalenderjahr 02 ist der Verlustanteil in Höhe von 50 000 € nicht ausgleichsfähig gem. § 15a Abs. 1 Satz 1 EStG, da sich das negative Kapitalkonto erhöht. Der Verlustanteil in Höhe von 50 000 € ist gem. § 15a Abs. 2 EStG mit Gewinnen aus späteren Jahren verrechenbar. Über die Höhe des verrechenbaren Verlustes muss eine gesonderte Feststellung nach § 15a Abs. 4 EStG ergehen.

Durch die Einlage in Höhe von 100 000 € im Vorjahr 01 hatte A aber 100 000 € in 01 mehr ausgleichen können. Diese Einlage wurde nach dem Bilanzstichtag wieder rückgängig gemacht.

Um Missbräuche zu verhindern, die dadurch entstehen, dass durch kurzfristige Einlagen, die später wieder abgezogen werden, die ausgleichsfähigen Verluste erhöht werden, regelt § 15a Abs. 3 Satz 1 und 2 EStG, dass, soweit ein negatives Kapitalkonto des Kommanditisten durch Entnahmen entsteht oder sich erhöht, eine fiktive Gewinnzurechnung vorzunehmen ist.

Im Ergebnis wird der Teil des Verlustes, der im vorangegangenen Jahr ausgleichsfähig war, nunmehr durch eine Gewinnzurechnung rückgängig gemacht und in einen verrechenbaren Verlust umgewandelt.

Die Gewinnzurechnung in 02 gem. § 15a Abs. 3 Satz 1 EStG beträgt 100 000 €.

A erzielt demnach Einkünfte nach § 15 Abs. 1 Nr. 2 EStG in 02 von 100 000 €. In gleicher Höhe ist ein verrechenbarer Verlust nach § 15a Abs. 4 EStG festzustellen.

Eine Verrechnung der 100 000 € mit dem nicht ausgleichsfähigen Verlustanteil 02 von 50 000 € ist nicht zulässig, da es sich bei der fiktiven Gewinnzurechnung nicht um Gewinne aus der Beteiligung i. S. des § 15a Abs. 2 EStG handelt.

Fall 136
Haftungsminderung

Sachverhalt: A ist an einer KG als Kommanditist beteiligt. Er hat eine Einlage in Höhe von 100 000 € gezeichnet. Tatsächlich bezahlt hat er lediglich 20 000 €. In den Jahren 01 – 04 werden ihm Verlustanteile in Höhe von insgesamt 150 000 € zugerechnet. Das Kapitalkonto zum 31. 12. 04 beträgt demnach ./. 130 000 €. Ende des Jahres 05 wird der Haftungsbetrag auf 20 000 € herabgesetzt. Der Gewinnanteil des Jahres 05 beträgt 150 000 €. Entnahmen und Einlagen wurden nicht getätigt.

Frage: Wie hoch sind die Einkünfte aus Gewerbebetrieb des A in 01 bis 05?

Literaturhinweis: *Lehrbuch Einkommensteuer*, Rdn. 1599

➔ Lösung

Das Kapitalkonto des A beträgt:

gezahlte Einlage 01	20 000 €
./. Verlustanteil 01 – 04	./. 150 000 €
Kapital 31. 12. 04	./. 130 000 €
+ Gewinnanteil 05	+ 150 000 €
31. 12. 05	+ 20 000 €

Ausgleichsfähige Verluste 01 – 04:

Gemäß § 15a Abs. 1 Satz 1 EStG waren in Höhe des positiven Kapitalkontos vor Verlustberücksichtigung abzugsfähig =	20 000 €
Gemäß § 15a Abs. 1 Satz 2 EStG besteht wegen der noch nicht voll eingezahlten Einlage eine erweiterte Haftung nach § 171 Abs. 1 HGB. In Höhe von 80 000 € haftet der Kommanditist wie ein unbeschränkt haftender Gesellschafter und kann deshalb die Verluste insoweit ausgleichen.	80 000 €
Ausgleichsfähige Verluste 01 – 04	100 000 €
Restbetrag verrechenbar gem. § 15a Abs. 2 EStG	50 000 €

Im Jahr 05 wird der Haftungsbetrag in Höhe von 100 000 € auf 20 000 € gemindert. Der in den Vorjahren wegen der erweiterten Haftung als Verlust nach § 15a Abs. 1 Satz 2 EStG ausgleichsfähige Betrag wird nun wieder korrigiert. Im Jahr der Herabsetzung des Haftungsbetrages wird dieser Betrag als Gewinn nach § 15a Abs. 3 Satz 3 EStG wieder hinzugerechnet, insoweit liegt eine Rückgängigmachung vor.

Die Haftungsminderung beträgt 80 000 €.

Die Gewinnzurechnung nach § 15a Abs. 3 Satz 3 EStG ist in Höhe von 80 000 € zu berücksichtigen, da insoweit Verluste erweitert ausgleichsfähig waren. Dieser Betrag wird gleichzeitig in einen verrechenbaren Verlust umgewandelt nach § 15a Abs. 3 Satz 4 EStG.

Fallen im Jahr der Gewinnzurechnung nach § 15a Abs. 3 EStG gleichzeitig Gewinne aus der Beteiligung an der KG an, können diese Gewinne bereits mit dem um die Gewinnzurechnungen erhöhten verrechenbaren Verlust ausgeglichen werden.

Gewinnanteil 05	150 000 €
Gewinnzurechnung	80 000 €
Bestand verrechenbarer Verlust bisher	50 000 €
+ Gewinnzurechnung gem. § 15a Abs. 3 Satz 4 EStG	+ 80 000 €
insgesamt verrechenbar	130 000 €
./. Verrechnung in 05 mit Gewinn aus der Beteiligung von 150 000 €	./. 130 000 €
gesonderte Feststellung des verrechenbaren Verlustes zum 31. 12. 05	0 €
Einkünfte nach § 15 Abs. 1 Nr. 2 EStG für 05:	150 000 €
./. verrechenbarer Verlust	./. 130 000 €

verbleiben	20 000 €
+ Gewinnzurechnung	+ 80 000 €
zu versteuernde Einkünfte	100 000 €

Fall 137
Gewerblicher Grundstückshandel oder private Vermögensverwaltung

Sachverhalt: Tochter T hat 2004 10 Wohnhäuser von ihrem Vater V geerbt, die sich seit über 20 Jahren im Familienbesitz befinden und seither vermietet werden. 2005 veräußert T die Häuser an 10 verschiedene Erwerber für insgesamt 2 Mio. €.

Frage: Liegt private Vermögensverwaltung oder ein sog. gewerblicher Grundstückshandel vor?

Literaturhinweis: *Lehrbuch Einkommensteuer*, Rdn. 2208 ff.

➡ Lösung

Bei der Abgrenzung zwischen privater Vermögensverwaltung und gewerblichem Grundstückshandel stellt der BFH in ständiger Rechtsprechung auf die sog. „Drei-Objekt-Grenze" ab. Danach kann prinzipiell von einem gewerblichen Grundstückshandel ausgegangen werden, wenn innerhalb eines engen zeitlichen Zusammenhangs – i. d. R. fünf Jahre – zwischen Anschaffung bzw. Errichtung mindestens vier Objekte veräußert werden (BFH GrS 1/98, BStBl 2002 II, 291). Eine private Vermögensverwaltung ist dagegen zu bejahen, solange sich die zu beurteilende Tätigkeit noch als Nutzung von Grundbesitz durch Fruchtziehung aus zu erhaltender Substanz darstellt und die Ausnutzung substanzieller Vermögenswerte durch Umschichtung nicht entscheidend in den Vordergrund tritt (BFH I R 118/97, BStBl 2000 II 28).

Zwar hat T eine größere Anzahl von Grundstücksgeschäften mit erheblichem Wert getätigt. Sie hat aber hierdurch lediglich eine längere Phase der Fruchtziehung und des bloßen Abwartens von Wertsteigerungen abgeschlossen. Es ist nicht erkennbar, dass T, die durch die Erbfolge in die Rechtsstellung ihres Vaters eintritt (§ 1922 BGB), durch die Verkäufe einen Gewerbebetrieb eröffnet hätte, der den An- und Verkauf von Grundstücken zum Gegenstand hätte. Unabhängig von der Anzahl und dem Wert der verkauften Grundstücke bilden die Grundstücksverkäufe den letzten Akt der privaten Grundstücksverwaltung (BFH I R 120/80, BStBl 1984 II 137, und IV R 102/86, BFH/NV 1989 S. 101). T hat mit den Grundstücksverkäufen keine gewerblichen Einkünfte erzielt.

Fall 138
An- und Verkauf von nur zwei Grundstücken

Sachverhalt: A erwarb 2003 ein unbebautes Grundstück, das er mit einem Zweifamilienhaus bebaute und 2004 nach Veräußerungsannoncen und Beauftragung einer Maklerfirma verkaufte. Im Juli 2004 erwarb A ein weiteres unbebautes Grundstück, das er mit einem Vierfamilienhaus bebaute und 2005 veräußerte, nachdem er es über Zeitungsanzeigen zum Verkauf anbot.
Frage: Hat A mit dem An- und Verkauf der Grundstücke einen gewerblichen Grundstückshandel ausgeübt?
Literaturhinweis: *Lehrbuch Einkommensteuer*, Rdn. 2208, 2212 ff.

➡ Lösung

Objekt i. S. der sog. Drei-Objekt-Grenze sind Grundstücke jeglicher Art. Auf die Größe, den Wert oder die Nutzungsart des einzelnen Objekt kommt es nicht an (BFH I R 118/97, BStBl 2000 II 28, und X R 130/97, BStBl 2001 II 530; BMF, BStBl 2004 I 434, Tz. 8). Auch ein Zwei- oder ein Mehrfamilienhaus – wie es A errichtet hat – zählt nur als ein Objekt. Das schließt allerdings nicht aus, dass im Falle der Errichtung und des anschließenden Verkaufs von Mehrfamilienhäusern ein gewerblicher Grundstückshandel auch bei der Veräußerung von weniger als vier Objekten vorliegen kann. Wie der Große Senat entschieden hat (BFH GrS 1/98, BStBl 2002 II, 291), ist die Drei-Objekt-Grenze lediglich ein Indiz für das Bestehen einer bereits bei Erwerb oder Errichtung der Objekte vorliegenden (zumindest bedingten) Veräußerungsabsicht. Ergibt sich aus anderen gewichtigen Gründen, dass der Stpfl. bereits bei Erwerb oder Errichtung des Objekts unbedingt zur Veräußerung entschlossen war, genügt zur Überschreitung der privaten Vermögensverwaltung bereits die Veräußerung eines einzigen (Groß-)Objekts (BFH VIII R 40/01, BStBl 2003 II 294). Veräußerungsannoncen wertet der BFH als Indiz für eine von Anfang an bestehende Veräußerungsabsicht. Da vorliegend eine unbedingte Veräußerungsabsicht im Hinblick auf die Beauftragung des Maklers und der selbst geschalteten Veräußerungsannoncen feststeht, liegt ein gewerblicher Grundstückshandel auch ohne Überschreiten der Drei-Objekt-Grenze vor.

III. Einkünfte aus selbständiger Arbeit (§ 18 EStG)

Fall 139
Zusammenschluss von Freiberuflern mit berufsfremden Personen

Sachverhalt: Mit Vertrag vom 1. 6. 01 schließen sich A und B zum Ankauf und gemeinsamen Betrieb einer durch Tod verwaisten Steuerberaterpraxis in Form einer Gesellschaft bürgerlichen Rechts (GbR) zusammen. A ist Steuerberater. B hat diese Qualifikation noch nicht; er beabsichtigt aber, später die Steuerberaterprüfung abzulegen und hat aus diesem Anlass bereits an einem entsprechenden Vorbereitungslehrgang teilgenommen. Nach dem Gesellschaftsvertrag sind A und B an der Praxis und am Gewinn der Praxis je zur Hälfte beteiligt.

Frage: Welcher Einkunftsart sind die von A und B erzielten Einkünfte zuzuordnen?

Literaturhinweis: *Lehrbuch Einkommensteuer*, Rdn. 1642

➜ Lösung

Geht ein Angehöriger eines freien Berufes i. S. des § 18 Abs. 1 Nr. 1 EStG mit einer berufsfremden Person eine GbR ein, so erzielt die GbR für ihre Gesellschafter Einkünfte aus Gewerbebetrieb (§ 15 Abs. 3 Nr. 1 EStG). Die Tätigkeit einer Personengesellschaft kann nur dann als „freiberuflich" anerkannt werden, wenn alle Gesellschafter der Personengesellschaft die Voraussetzungen einer freiberuflichen Tätigkeit nach § 18 Abs. 1 Nr. 1 EStG erfüllen. Erfüllt nur ein Gesellschafter diese Voraussetzungen nicht, erzielen alle Gesellschafter Einkünfte aus Gewerbebetrieb nach § 15 Abs. 1 Nr. 2 EStG (BFH I R 133/93, BStBl 1995 II 171, und IV R 11/97, BStBl 1998 II 603). Auch eine Aufteilung der Einkünfte als solche des Freiberuflers nach § 18 EStG und solche des Berufsfremden aus Gewerbebetrieb ist nicht möglich. Sowohl A als auch B beziehen daher Einkünfte aus Gewerbebetrieb.

Fall 140
Einkünfte einer Freiberufler-GmbH & Co. KG

Sachverhalt: Kommanditisten der X-GmbH & Co. KG, zugleich geschäftsführende Gesellschafter der Komplementär-GmbH, sind die promovierten und diplomierten Ingenieure A und B. Die Gesellschaft hat die Erstellung von Gutachten für Kfz-Unfallschäden und die Bewertung von Kfz und Maschinen zum Gegenstand.

Frage: Entfaltet die Personengesellschaft eine freiberufliche Tätigkeit?

Literaturhinweis: *Lehrbuch Einkommensteuer*, Rdn. 1644 ff.

➜ Lösung

Eine Personengesellschaft entfaltet nur dann eine freiberufliche Tätigkeit, wenn alle ihre Gesellschafter freiberuflich tätig sind (BFH VIII R 254/80, BStBl 1985 II 584, und IV R 33/95, BFH/NV 1997 S. 751). Sowohl die persönlich haftenden Gesellschafter als auch die Kommanditisten müssen selbst eine freiberufliche Tätigkeit ausüben. Das ist bei einer GmbH & Co. KG nicht möglich, weil die GmbH als Kapitalgesellschaft nicht die Merkmale eines freien Berufs erfüllen kann. Die Tätigkeit einer GmbH & Co. KG gilt stets als Gewerbebetrieb (§ 2 Abs. 2 GewStG). Die Ingenieure A und B beziehen daher keine freiberuflichen, sondern gewerbliche Einkünfte (BFH VIII B 94/86, BFH/NV 1987 S. 509).

Fall 141
Fortführung einer Arztpraxis durch die Erben mit Hilfe eines Arztvertreters

Sachverhalt: Der Ehemann der A betrieb bis zu seinem Tod am 18. 10. 01 eine Arztpraxis. Nach dem Tod ihres Ehemannes führt A die Praxis bis zum 31. 3. 02 mit Hilfe eines Arztvertreters fort. Dann gibt sie die Arztpraxis auf. A war bei ihrem Ehemann bis zu dessen Tod als Arzthelferin angestellt.

Frage: Unter welche Einkunftsart fallen die von A in der Zeit vom 18. 10. 01 bis 31. 3. 02 erwirtschafteten Einkünfte?

Literaturhinweis: *Lehrbuch Einkommensteuer*, Rdn. 1642

 Lösung

Stirbt ein Arzt und führt ein Erbe mangels eigener beruflicher Qualifikationen die Praxis auf eigene Rechnung in der Weise fort, dass er die ärztliche Tätigkeit durch eine dafür qualifizierte Person ausüben lässt, so erzielt der Erbe keine Einkünfte nach § 18 Abs. 1 Nr. 1 EStG. Denn ihm fehlt die berufliche Qualifikation des Erblassers und damit das Recht zur eigenverantwortlichen und selbständigen Ausübung der Arztpraxis, das mit dem Tod des Freiberuflers erloschen ist und nicht vererbt werden kann. In einem solchen Fall stellt die Fortführung der Praxis eine gewerbliche Tätigkeit dar. Die Einkünfte der A aus der Weiterführung der Arztpraxis ihres verstorbenen Ehemannes durch den Arztvertreter sind also keine Einkünfte aus selbständiger Tätigkeit, sondern solche aus Gewerbebetrieb (BFH VIII R 143/78, BStBl 1981 II 665, und IV R 29/91, BStBl 1993 II 36).

Fall 142
Abschreibung des Praxiswerts bei Aufnahme eines Sozius

Sachverhalt: A bringt seine Steuerberaterpraxis am 1. 1. 01 unter Aufdeckung der stillen Reserven in eine zwischen ihm und B neu gegründete GbR ein, und zwar die Praxisausstattung mit 50 000 € und den Praxiswert mit 300 000 €. B erbringt eine dem tatsächlichen Wert des eingebrachten Betriebsvermögens entsprechende Bareinlage von 350 000 €. A ist weiterhin in der Praxis tätig.

a) B ist von Beruf ebenfalls Steuerberater.

b) B ist eine sog. berufsfremde Person, d. h. er hat die Steuerberaterprüfung noch nicht abgelegt.

Frage: Kann der aufgedeckte Praxiswert – ggf. innerhalb welchen Zeitraums – abgeschrieben werden?

Literaturhinweis: *Lehrbuch Einkommensteuer*, Rdn. 1139

→ Lösung

Zu a):

Der beim entgeltlichen Erwerb einer Praxis mit erworbene Praxiswert kann nach der Rechtsprechung innerhalb eines Zeitraumes von drei bis fünf Jahren abgeschrieben werden (BFH VIII R 67/92, BStBl 1994 II 449). Begründet wird diese Abschreibung damit, dass der Praxiswert auf einem besonderen Vertrauensverhältnis zum bisherigen Praxisinhaber beruhe, das zwangsläufig mit dessen Ausscheiden ende, so dass sich der Praxiswert verflüchtige.

Eine AfA hat die Rechtsprechung früher jedoch abgelehnt, wenn der Praxiswert bei Veräußerung eines Praxisanteils im Wege der entgeltlichen Aufnahme eines Sozius oder bei Eintritt in eine Sozietät aufgedeckt wird und die bisherigen Mitglieder der Sozietät weiterhin mitarbeiten (BFH IV R 166/71, BStBl 1975 II 381). Hier hielt die Rechtsprechung eine AfA für unzulässig, weil derjenige, der den Praxiswert geschaffen habe, weiterhin in der Praxis tätig sei; der Praxiswert wurde in diesen Fällen als nicht abnutzbares Wirtschaftsgut angesehen.

In neueren Entscheidungen hat sich der BFH jedoch unter Änderung seiner bisherigen Rechtsprechung auf den Standpunkt gestellt, dass der anlässlich der Gründung einer Sozietät aufgedeckte Praxiswert ein abnutzbares und abschreibbares Wirtschaftsgut darstellt (BFH IV R 33/93, BStBl 1994 II 590; IV R 38/94, BFH/NV 1995 S. 385; IV R 33/95, BFH/NV 1997 S. 751 und IV B 24/97, BFH/NV 1998 S. 1467).

Der BFH geht wegen der weiteren Mitarbeit des bisherigen Praxisinhabers typisierend davon aus, dass die betriebsgewöhnliche Nutzungsdauer eines derivativ erworbenen „Sozietätspraxiswerts" doppelt so lang ist wie die Nutzungsdauer des Wertes einer Einzelpraxis, also sechs bis zehn Jahre beträgt (ebenso BMF, BStBl 1995 I, 14). Der Sozietätspraxiswert in Höhe von 300 000 € kann also hier innerhalb von sechs bis zehn Jahren abgeschrieben werden. Ob als Abschreibungszeitraum z. B. sechs oder zehn Jahre zugrunde zu legen sind, hängt von den Umständen des einzelnen Falles ab, d. h. die Abschreibungsdauer ist innerhalb dieses Rahmens sachgerecht zu schätzen.

Anzumerken ist noch, dass **bereits vor** Wegfall der Vereinfachungsregelung, wonach für im ersten Halbjahr angeschaffte bewegliche Anlagegüter die volle Jahres-AfA und für im zweiten Halbjahr angeschaffte bewegliche Anlagegüter die halbe Jahres-AfA gewährt werden konnte, bei Erwerb eines Praxiswerts im Laufe eines Jahres die AfA nur zeitanteilig in Anspruch genommen werden konnte.

Zu b):

Wird der Praxiswert auf eine Sozietät übertragen, deren Einkünfte in solche aus Gewerbebetrieb umzuqualifizieren sind, weil ein Berufsfremder an der Sozietät beteiligt ist, gilt nichts anderes als im ersten Fall. Zwar wandelt sich der Praxiswert in einen Geschäftswert (BFH IX R 26/89, BStBl 1994 II 902), er verliert dabei aber nicht seinen aus der besonderen Personenbezogenheit folgenden Charakter. Dementsprechend kann auch im zweiten Fall die betriebsgewöhnliche Nutzungsdauer des anlässlich der Gründung der Sozietät aufgedeckten „Praxiswerts" typisierend auf sechs bis zehn Jahre geschätzt werden (BFH IV R 33/95, BFH/NV 1997 S. 751).

Fall 143
Abschreibung des Praxiswerts bei Gründung einer Freiberufler-GmbH

Sachverhalt: Steuerberater A und Steuerberater B bringen ihre beiden Einzelpraxen zum Teilwert, d. h. auch unter Aufdeckung der Praxiswerte von je 300 000 € in die X-GmbH ein. Beide Freiberufler sind zu je 50 % an der X-GmbH beteiligt.

Frage: Innerhalb welchen Zeitraums können die Praxiswerte von der X-GmbH abgeschrieben werden?

➔ Lösung

Aus dem Gesetz ergibt sich, dass der Geschäfts- oder Firmenwert eines Gewerbebetriebs auf eine betriebsgewöhnliche Nutzungsdauer von 15 Jahren abzuschreiben ist (§ 7 Abs. 1 Satz 3 EStG). Eine geringere Nutzungsdauer kommt danach nur für den Praxiswert eines selbständig Tätigen in Betracht (BFH IV R 33/93, BStBl 1994 II 590). Für die betriebsgewöhnliche Nutzungsdauer des Geschäftswerts eines Gewerbebetriebs ist dementsprechend ohne Bedeutung, ob die gewerbliche Tätigkeit besonders auf die Person des Unternehmers zugeschnitten ist. Eine Ausnahme von diesem Grundsatz hat der BFH lediglich in solchen Fällen angenommen, in denen sich der Praxiswert eines Freiberuflers

- durch Übertragung auf eine der Tätigkeit nach freiberufliche, aber – wie vorliegend – kraft Rechtsform oder
- wegen der Wirkung des § 15 Abs. 3 Nr. 1 EStG – gewerbliche Einkünfte erzielende Gesellschaft – in einen Geschäftswert gewandelt hat (BFH I R 52/93, BStBl 1994 II 903; IV R 33/95, BFH/NV 1997 S. 751 und IV B 24/97, BFH/NV 1998 S. 1467).

Ein so gelagerter Ausnahmefall ist hier gegeben. Der Praxiswert ist auf eine GmbH übertragen worden, deren Einkünfte kraft Rechtsform solche aus Gewerbebetrieb sind. In diesem Fall wandelt sich der Praxiswert in einen Geschäftswert (BFH VIII R 13/93, BStBl 1994 II 922). Er verliert dabei aber nicht seinen aus der besonderen Personenbezogenheit folgenden Charakter, weil er durch die Einbringung in eine Gesellschaft aufgedeckt wird, die nach außen in gleicher Weise auftritt wie eine freiberufliche Sozietät.

Da die bisherigen Praxisinhaber in der erwerbenden GmbH weiterhin entscheidenden Einfluss ausüben, kann dies allerdings für die Bemessung der Nutzungsdauer von Bedeutung sein. Finanzverwaltung und BFH gehen in diesen Fällen davon aus, dass die betriebsgewöhnliche Nutzungsdauer – wie im Fall des „Sozietätspraxiswerts" – doppelt so lang ist wie die Nutzungsdauer des Wertes einer erworbenen Einzelpraxis, also sechs bis zehn Jahre beträgt (BMF, BStBl 1995 I 14; BFH I R 52/93, BStBl 1994 II 903, und IV R 33/95, BFH/NV 1997 S. 751).

Fall 144
Vergütungen einer Personengesellschaft an einen an ihr beteiligten Freiberufler

Sachverhalt: A betreibt als selbständiger Architekt ein Architekturbüro. Für das Jahr 01 hat er dem Finanzamt einen Gewinn aus selbständiger Arbeit in Höhe von 200 000 € erklärt:

Betriebseinnahmen	420 000 €
./. Betriebsausgaben	./. 220 000 €
Gewinn	200 000 €

A ist zugleich als Kommanditist an einer GmbH & Co. KG beteiligt, die sich mit dem Bau und Verkauf von Eigentumswohnungen befasst. Er hat es nach dem Gesellschaftsvertrag übernommen, für die KG Architektenleistungen zu erbringen, die nach Maßgabe der Gebührenordnung für Architekten vergütet werden. Die KG hat das Honorar für das Jahr 01 in Höhe von 95 000 € als Betriebsausgaben abgesetzt; der auf A danach entfallende Gewinnanteil beträgt 130 000 €.

A hat die Honorarzahlungen der KG in Höhe von 95 000 € im Rahmen seiner Einnahmen-Überschussrechnung 01 als Betriebseinnahmen berücksichtigt. Die mit der Tätigkeit für die KG zusammenhängenden Aufwendungen belaufen sich auf 45 000 €; sie sind in den erklärten Betriebsausgaben in Höhe von 220 000 € enthalten.

Frage: Welcher Einkunftsart sind die von der KG geleisteten Architektenhonorare zuzuordnen?

Literaturhinweis: *Lehrbuch Einkommensteuer*, Rdn. 1555

➜ Lösung

Ist ein Freiberufler Gesellschafter einer gewerblich tätigen oder gewerblich geprägten Personengesellschaft und erbringt er für diese Leistungen im Rahmen seiner freiberuflichen Tätigkeit, so handelt es sich bei den dafür gezahlten Vergütungen nicht um Einkünfte aus freiberuflicher Tätigkeit, sondern um Einkünfte aus Gewerbebetrieb (§ 15 Abs. 1 Satz 1 Nr. 2 EStG). Die mit den Leistungen für die Personengesellschaft zusammenhängenden Aufwendungen stellen Sonderbetriebsausgaben des betreffenden Gesellschafters dar (BFH I R 56/77, BStBl 1979 II 763, und I R 85/77, BStBl 1979 II 767). Die Vergütungen und die damit zusammenhängenden Sonderbetriebsausgaben sind in die gesonderte und einheitliche Gewinnfeststellung der Personengesellschaft einzubeziehen.

Diese Beurteilung hat für A folgende steuerlichen Konsequenzen:

Korrektur der Einkünfte aus selbständiger Arbeit

Gewinn lt. Erklärung		200 000 €
./. Vergütungen der KG	./. 95 000 €	
+ damit zusammenhängende Betriebsausgaben	45 000 €	./. 50 000 €
		150 000 €

Korrektur der Einkünfte aus Gewerbebetrieb

Gewinnanteil lt. Erklärung		130 000 €
+ Vergütungen der KG	95 000 €	
./. damit zusammenhängende Sonderbetriebsausgaben	./. 45 000 €	50 000 €
		180 000 €

Fall 145
Gründung einer Freiberuflersozietät durch Einbringung einer Einzelpraxis

Sachverhalt: A betreibt eine Rechtsanwaltspraxis. Zum 31. 12. 01 stellt er folgende vereinfacht dargestellte Schlussbilanz auf:

Aktiva	Schlussbilanz zum 31. 12. 01		Passiva
Praxisausstattung	40 000 €	Kapital	100 000 €
Sonstige Aktiva	60 000 €		
	100 000 €		100 000 €

Der Praxiswert beträgt 200 000 €; weitere stille Reserven sind im Betriebsvermögen nicht enthalten.

A bringt die Praxis am 31. 12. 01 in eine zwischen ihm und dem Rechtsanwalt B neu gegründete GbR ein. B erbringt eine Bareinlage in Höhe von 300 000 €, die dem wahren Wert des eingebrachten Betriebsvermögens entspricht. A und B sind an der GbR zu je 50 % beteiligt. Ihre Kapitalkonten sollen in der Eröffnungsbilanz der GbR gleich hoch sein (= je 300 000 €). A will im Rahmen der Sozietätsgründung keinen Gewinn versteuern.

Frage: Welches Aussehen müssen die Eröffnungsbilanzen haben, damit der Gründungsvorgang erfolgsneutral behandelt werden kann?

➤ Lösung

Die Einbringung einer freiberuflichen Praxis in eine Personengesellschaft fällt unter § 24 UmwStG; der Einbringungsvorgang kann daher durch Fortführung der Buchwerte erfolgsneutral gestaltet werden.

Da im vorliegenden Fall die Kapitalkonten von A und B in der Eröffnungsbilanz der Sozietät in gleicher Höhe ausgewiesen werden sollen, hat diese folgendes Aussehen:

Aktiva	Eröffnungsbilanz GbR		Passiva
Praxisausstattung	40 000 €	Kapital A	300 000 €
Sonstige Aktiva	60 000 €	Kapital B	300 000 €
Praxiswert	200 000 €		
Bareinlage B	300 000 €		
	600 000 €		600 000 €

Für A entsteht bei dieser Behandlung ein Veräußerungsgewinn in Höhe von (300 000 € ./. 100 000 € =) 200 000 €, weil sich sein Kapital im Rahmen der Einbringung um 200 000 € erhöht hat. Diesen Veräußerungsgewinn kann A dadurch neutralisieren, dass er eine negative Ergänzungsbilanz mit einem Minderkapital von 200 000 € aufstellt (BMF, BStBl 1998 I 268, Tz. 24.14):

Aktiva		Negative Ergänzungsbilanz A	Passiva
Minderkapital	200 000 €	Praxiswert	200 000 €
	200 000 €		200 000 €

Das eingebrachte Betriebsvermögen ist nunmehr in der Bilanz der GbR und der Ergänzungsbilanz des A wie folgt ausgewiesen: mit 300 000 € in der Bilanz der GbR, abzgl. 200 000 € in der Ergänzungsbilanz des A, insgesamt also mit 100 000 €. Dieser Wert gilt für den einbringenden A als Veräußerungspreis (§ 24 Abs. 3 UmwStG). Da der Buchwert des eingebrachten Betriebsvermögens ebenfalls 100 000 € beträgt, entsteht kein Veräußerungsgewinn.

Die Ergänzungsbilanz ist bei der künftigen Gewinnermittlung zu berücksichtigen und weiterzuentwickeln. Die Auflösung des Praxiswerts bewirkt bei A einen jährlichen Gewinn aus der Ergänzungsbilanz in Höhe von ($^1/_{10}$ von 200 000 € =) 20 000 €, wenn man für den „Sozietätspraxiswert" eine Nutzungsdauer von zehn Jahren zugrunde legt (vgl. BMF, BStBl 1995 I, 14, wonach ein Sozietätspraxiswert innerhalb von sechs bis zehn Jahren abgeschrieben werden darf).

IV. Besteuerung der Veräußerungsgewinne i. S. der §§ 16 und 18 Abs. 3 EStG

Vorbemerkungen

1. Allgemeines

Zu den Einkünften aus Gewerbebetrieb gehören auch Gewinne oder Verluste, die erzielt werden

- bei der Veräußerung oder Aufgabe eines ganzen Gewerbebetriebs, eines Teilbetriebs oder einer im Betriebsvermögen gehaltenen 100 %igen Beteiligung an einer Kapitalgesellschaft (§ 16 Abs. 1 Nr. 1 EStG) und
- bei der Veräußerung des gesamten Mitunternehmeranteils (§ 16 Abs. 1 Satz 1 Nr. 2 EStG).

Zu den Einkünften aus selbständiger Arbeit gehört auch der Gewinn, der bei der Veräußerung des Vermögens oder eines selbständigen Teils des Vermögens oder eines Anteils am Vermögen erzielt wird, das der selbständigen Arbeit dient (§ 18 Abs. 3 Satz 1 EStG). Veräußerungs- und Aufgabegewinne sind also einkommensteuerpflichtig, Veräußerungs- und Aufgabeverluste ausgleichs- und abzugsfähig.

2. Freibetragsregelung

Wer seinen Betrieb veräußert, erhält auf Antrag einen Freibetrag von maximal 45 000 € (bis 31. 12. 2003: 51 200 €), wenn er im Zeitpunkt der Betriebsveräußerung das 55. Lebensjahr vollendet hat oder im sozialversicherungsrechtlichen Sinne dauernd berufsunfähig ist (§ 16 Abs. 4 Satz 1 EStG). Der Freibetrag ist dem Stpfl. nur einmal zu gewähren (§ 16 Abs. 4 Satz 2 EStG). „Einmal" bedeutet in diesem Zusammenhang: nur einmal im Leben, auch wenn der Stpfl. mehrere Betriebe hat (OFD Saarbrücken, DStR 1997 S. 1165). Veräußerungs- und Aufgabefreibeträge, die für Betriebsveräußerungen oder -aufgaben vor dem 1. 1. 1996 in Anspruch genommen wurden, werden nicht angerechnet (§ 52 Abs. 34 Satz 5 EStG). Der Freibetrag von 45 000 € (bis 31. 12. 2003: 51 200 €) ermäßigt sich um den Betrag, um den der Veräußerungs- oder Aufgabegewinn 136 000 € (bis 31. 12. 2003: 154 000 €) übersteigt (§ 16 Abs. 4 Satz 3 EStG). Auf Kapitalgesellschaften findet die Freibetragsregelung naturgemäß keine Anwendung.

3. Progressions- bzw. Tarifvergünstigung

Für Veranlagungszeiträume ab 1999 ist auf außerordentliche Einkünfte – Betriebsveräußerungsgewinne zählen dazu – auf Antrag eine komplizierte Tarifregelung, sog. Fünftel-Regelung (§ 34 Abs. 1 EStG) anzuwenden. Diese hat zum Ziel, die infolge der zusammengeballten Realisierung stiller Reserven sowie des Zusammentreffens laufender mit einmaligen Gewinnen eintretende Progressionswirkung des Tarifs durch eine rechnerische Verteilung der Einkünfte auf fünf Jahre zu mildern. Hierzu wird die Einkommensteuer für das zu versteuernde Einkommen ohne die außerordentlichen Einkünfte (sog. „verbleibendes zu versteuerndes Einkommen") der Einkommensteuer für das zu versteuernde Einkommen ohne die außerordentlichen Einkünfte zuzüglich eines Fünftels der außerordentlichen Einkünfte gegenübergestellt. Die Differenz wird verfünffacht und der Einkommensteuer für das verbleibende zu versteuernde Einkommen hinzugerechnet (§ 34 Abs. 1 Satz 2 EStG). Ist das verbleibende zu versteuernde Einkommen negativ und das zu versteuernde Einkommen positiv, beträgt die Einkommensteuer das Fünffache der auf ein Fünftel des zu versteuernden Einkommens entfallenden Einkommensteuer (§ 34 Abs. 1 Satz 3 EStG).

Betriebsveräußerungsgewinne, die nach dem 31. 12. 2003 erzielt werden, können bis maximal 5 Mio. € statt nach der Fünftel-Regelung mit 56 % (bis 2003: 50 %) des durchschnittlichen Steuersatzes, mindestens jedoch mit dem Eingangssteuersatz (2004: 16,0 %, 2005: 15,0 %) versteuert werden, wenn der Steuerpflichtige das 55. Lebensjahr vollendet hat oder im sozialversicherungsrechtlichen Sinne dauernd berufsunfähig ist. Diese Ermäßigung kann der Stpfl. nur einmal im Leben in Anspruch nehmen (§ 34 Abs. 3 EStG), gerechnet ab dem Veranlagungszeitraum 2001.

Zu beachten ist, dass § 16 Abs. 2 Satz 3 EStG vorsieht, dass Gewinne aus der Betriebsveräußerung insoweit nicht begünstigt sind – auch nicht für Zwecke des Freibetrags –, als auf der Seite des Veräußerers und des Erwerbers dieselben Personen Unternehmer oder Mitunternehmer sind. Eine entsprechende Regelung gilt für § 24 Abs. 3 UmwStG. Betroffen von dieser Regelung sind vor allem die Fälle, in denen ein Gesellschafter neu in eine bisher bestehende Personengesellschaft aufgenommen wird und die bisherigen Gesellschafter die Gelegenheit nutzen, die stillen Reserven durch Ansatz des Teilwertes aufzudecken. Hier wird nur der Betrag als begünstigter Veräußerungsgewinn besteuert, der von den stillen Reserven auf den neu aufgenommenen Gesellschafter entfällt.

4. Begriff der Veräußerung

Der zivilrechtliche Begriff der Veräußerung erfasst sowohl die entgeltliche als auch die unentgeltliche Übertragung, während das EStG unter einer Veräußerung nur die entgeltliche bzw. teilentgeltliche Übertragung des Eigentums an einem Gegenstand versteht. Für die Annahme einer Veräußerung bedarf es einkommensteuerrechtlich nicht des Übergangs des rechtlichen Eigentums, der Übergang des wirtschaftlichen Eigentums reicht aus (BFH IV R 210/72, BStBl 1977 II 145, und IV R 52/83, BStBl 1986 II 552).

Entgeltlich ist eine Veräußerung, wenn ihr ein schuldrechtliches Verpflichtungsgeschäft (z. B. ein Kauf- oder Tauschvertrag) zugrunde liegt, bei dem der Wert der Leistung und Gegenleistung nach kaufmännischen Gesichtspunkten gegeneinander abgewogen worden ist; wesentlich ist, dass die Beteiligten subjektiv von der Gleichwertigkeit von Leistung und Gegenleistung ausgegangen sind (BFH IV R 154/79, BStBl 1983 II 99). Auch bei teilentgeltlichen Rechtsgeschäften, d. h. bei gemischten Schenkungen, kann ein Veräußerungsgewinn i. S. von § 16 Abs. 1 Nr. 1 EStG entstehen (BFH VIII R 138/80, BStBl 1986 II 811, und IV R 138/80, BStBl 1993 II 436).

Die Einbringung eines ganzen Gewerbebetriebs oder eines Teilbetriebs in eine Kapitalgesellschaft oder eine Personengesellschaft ist an sich auch eine Veräußerung i. S. von § 16 EStG (BFH VIII R 138/80, BStBl 1982 II 622, und XI R 34/92, BStBl 1984 II 233). Die Rechtsfolgen richten sich hier aber primär nach den vorrangigen §§ 20 bis 23 UmwStG bzw. § 24 UmwStG.

5. Gegenstand der Veräußerung

a) Der ganze Betrieb

Eine Betriebsveräußerung im Ganzen i. S. des § 16 Abs. 1 Nr. 1 EStG liegt nur vor, wenn der Veräußerer alle wesentlichen Grundlagen des Betriebs in einem einheitlichen Vorgang entgeltlich bzw. teilentgeltlich auf einen Erwerber überträgt und damit seine bisherige gewerbliche Betätigung mit dem bisherigen Betriebsvermögen beendet (BFH IV R 21/85, BFH/NV 1988 S. 558, und XI R 62/95, BFH/NV 1996 S. 527). Die Annahme einer Betriebsveräußerung wird nicht dadurch ausgeschlossen, dass der Veräußerer Wirtschaftsgüter von untergeordneter Bedeutung zurückbehält, um sie bei sich bietender Gelegenheit zu veräußern (BFH I R 40/72, BStBl 1975 II 232). Unerheblich ist auch, ob der Erwerber den Betrieb tatsächlich fortführt oder stilllegt (R 139 Abs. 1 Satz 2 EStR 2003).

Was als wesentliche Betriebsgrundlage anzusehen ist, kann nur im Einzelfall bestimmt werden. Zu den wesentlichen Betriebsgrundlagen gehören zum einen solche Wirtschaftsgüter, die bei funktionaler Betrachtungsweise zur Erreichung des Betriebszwecks erforderlich sind und ein besonderes wirtschaftliches Gewicht für die Betriebsführung besitzen (BFH I R 40/72, BStBl 1975 II 232); das sind i. d. R. Wirtschaftsgüter des Anlagevermögens, insbesondere Betriebsgrundstücke. Daneben werden aufgrund einer rein quantitativen Betrachtungsweise im Allgemeinen auch solche Wirtschaftsgüter den wesentlichen Betriebsgrundlagen zugerechnet, die erhebliche stille Reserven enthalten (BFH I R 57/79, BStBl 1983 II 312, und VIII R 39/72, BStBl 1996 II 409).

b) Teilbetrieb

Eine Teilbetriebsveräußerung i. S. des § 16 Abs. 1 Nr. 1 EStG liegt vor, wenn

- ein mit einer gewissen Selbständigkeit ausgestatteter, organisch geschlossener Teil eines Gesamtbetriebs,
- der für sich allein lebensfähig ist,

entgeltlich bzw. teilentgeltlich auf einen Erwerber übertragen wird (BFH IV R 62/99, BFH/NV 2001 S. 1248 und XI R 35/00, BFH/NV 2002 S. 336).

Für die Frage, ob der veräußerte Betriebsteil selbständig und allein lebensfähig ist, sind die Verhältnisse beim Veräußerer im Zeitpunkt der Veräußerung maßgebend (BFH IV R 189/81, BStBl 1984 II 486).

c) Die 100%ige Beteiligung an einer Kapitalgesellschaft

Als Teilbetrieb gilt auch die in einem Betriebsvermögen gehaltene 100%ige Beteiligung an einer Kapitalgesellschaft (§ 16 Abs. 1 Satz 1 Nr. 1 Satz 2 EStG), weil diese wirtschaftlich betrachtet einem Teilbetrieb entspricht. Aufgrund dieser Fiktion ist die Veräußerung einer solchen Beteiligung im Rahmen des § 16 EStG einkommensteuerlich ebenso begünstigt wie die Veräußerung eines Teilbetriebs.

Gewinne aus der Veräußerung einer 100%igen Beteiligung an einer Kapitalgesellschaft unterliegen prinzipiell dem Halbeinkünfteverfahren und können daher nicht ermäßigt besteuert werden (§ 3 Nr. 40, § 34 Abs. 2 Nr. 1 EStG). Für Veräußerungsgewinne, die dem Halbeinkünfteverfahren unterliegen, wird zwar nicht die Fünftel-Regelung oder der „halbe Steuersatz" gewährt, bei Vorliegen der entsprechenden Voraussetzungen kann jedoch der Freibetrag nach § 16 Abs. 4 EStG geltend gemacht werden. Die Privilegierung der Veräußerung einer 100%igen Beteiligung an einer Kapitalgesellschaft im Betriebsvermögen reduziert sich bei Anwendung des Halbeinkünfteverfahrens auf den Freibetrag. Die Fünftel-Regelung oder der begünstigte Steuersatz kommen nur zur Anwendung, wenn der Veräußerungserlös bei einbringungsgeborenen Anteilen wegen Verstoßes gegen die Sieben-Jahres-Sperrfrist nicht zur Hälfte steuerbefreit ist (§ 3 Nr. 40 Satz 3 und 4 EStG).

6. Betriebsaufgabe

Als Veräußerung gilt auch die Aufgabe des Betriebs (§ 16 Abs. 3 Satz 1 EStG). Eine Aufgabe des ganzen Betriebs liegt vor, wenn der Inhaber des Betriebs die wesentlichen Grundlagen des Betriebs in einem einheitlichen Vorgang innerhalb kurzer Zeit an mehrere Abnehmer veräußert oder wenn er sie objektiv erkennbar in sein Privatvermögen überführt (BFH IV R 36/81, BStBl 1984 II 711, und I R 235/80, BStBl 1985 II 456). In diesem Fall besteht der Betrieb als selbständiger Organismus des Wirtschaftslebens nicht mehr fort. Eine Betriebsaufgabe setzt demnach die Einstellung der werbenden Tätigkeit voraus (BFH I R 154/85, BStBl 1981 II 460).

Obwohl in § 16 Abs. 3 Satz 1 EStG die Aufgabe eines Teilbetriebs nicht erwähnt ist, hat die Rechtsprechung auch einen Teilbetrieb für aufgabefähig gehalten (BFH VIII R 154/85, BStBl 1986 II 896 f.). Ein Teilbetrieb ist danach aufgegeben, wenn alle wesentlichen Betriebsgrundlagen des Teilbetriebs in einem einheitlichen Vorgang entweder an verschiedene Erwerber veräußert oder insgesamt entnommen oder teilweise veräußert und teilweise entnommen werden.

7. Betriebsverpachtung

Bei einer Betriebsverpachtung hat der Verpächter ein Wahlrecht, ob er die Verpachtung als Betriebsaufgabe i. S. des § 16 Abs. 3 EStG oder ob er den Betrieb als fortbestehend behandelt sehen will.

Erklärt der Unternehmer die Betriebsaufgabe, so sind damit die Wirtschaftsgüter des Betriebsvermögens in das Privatvermögen überführt (BFH I R 235/80, BStBl 1985 II 456); es entsteht ein nach §§ 16, 34 EStG steuerbegünstigter Aufgabegewinn. Die künftigen Pachteinnahmen sind bei den Einkünften aus Vermietung und Verpachtung zu erfassen.

Gibt der Verpächter keine Aufgabeerklärung ab, bleiben die verpachteten Wirtschaftsgüter Betriebsvermögen. Der Verpächter bezieht einkommensteuerrechtlich weiterhin Einkünfte aus Gewerbebetrieb (sog. ruhender Gewerbebetrieb), die jedoch nicht der Gewerbesteuer unterliegen, weil ein werbender Betrieb i. S. des § 1 Abs. 1 GewStDV nicht (mehr) gegeben ist.

Eine Betriebsverpachtung im vorstehenden Sinne setzt zwar nicht voraus, dass der Betrieb als geschlossener Organismus verpachtet wird, wohl aber, dass alle wesentlichen Grundlagen des ganzen Betriebs oder Teilbetriebs verpachtet werden (BFH III R 214/83, BFH/NV 1987 S. 578, und VIII R 2/95, BStBl 1998 II 388).

Fall 146
Betriebsveräußerung gegen Leibrente mit Wertsicherungsklausel

Sachverhalt: Der 60 Jahre alte A verkauft am 1. 1. 01 seinen Gewerbebetrieb an B gegen eine im Voraus – ab 1. 1. 01 – zahlbare lebenslängliche Rente (mit Wertsicherungsklausel) in Höhe von monatlich 2 500 €. Das Kapitalkonto des A beträgt im Zeitpunkt der Betriebsveräußerung 80 000 €. Die von A getragenen Veräußerungskosten belaufen sich auf 3 440 €. Am 1. 1. 03 tritt die Wertsicherungsklausel in Kraft; deswegen erhöht sich die Rente von bisher 2 500 € auf nunmehr 2 700 €.

Frage: Welche Wahlmöglichkeiten hat A, und welche Rechtsfolgen ergeben sich für ihn hinsichtlich der Versteuerung des Veräußerungsgewinns?

Literaturhinweis: *Lehrbuch Einkommensteuer*, Rdn. 1790, 2168 ff.

➔ Lösung

Bei einer Betriebsveräußerung gegen eine Leibrente hat der Veräußerer nach Verwaltungsauffassung und Rechtsprechung ein Wahlrecht: Er kann den Veräußerungsgewinn sofort oder nachträglich bei Zufluss versteuern (BFH VIII R 8/01, BStBl 2002 II 532; R 139 Abs. 11 EStR 2003).

a) Sofortversteuerung

Entscheidet sich der Stpfl. für die Sofortversteuerung, ist Veräußerungsgewinn der Unterschiedsbetrag zwischen dem Barwert der Rente, vermindert um etwaige Veräußerungs-

Fall 146: Betriebsveräußerung gegen Leibrente mit Wertsicherungsklausel

kosten des Stpfl., und dem Buchwert des steuerlichen Kapitalkontos im Zeitpunkt der Veräußerung des Betriebs. Der Gewinn ist steuerbegünstigt (§§ 16, 34 EStG).

Der Barwert der Rente wird im betrieblichen Bereich „üblicherweise" nach versicherungsmathematischen Grundsätzen ermittelt (BFH IX R 110/90, BStBl 1995 II 47, und VIII R 38/94, BStBl 1998 II 339). Die Finanzverwaltung gewährt ein Wahlrecht (R 32a Abs. 2 Satz 2 EStR 2003). Danach kann der Barwert entweder nach den Vorschriften des BewG oder nach versicherungsmathematischen Grundsätzen ermittelt werden.

Ermittelt man den Rentenbarwert nach den Vorschriften des BewG, ergibt sich für A folgender Veräußerungsgewinn:

Jahresbetrag der Rente: 12 × 2 500 € =	30 000 €
Vervielfältiger lt. Tabelle 8 zu § 14 Abs. 1 BewG (BMF, BStBl 2001 I, 1041, 1058) bei einem Lebensalter von 60 Jahren = 10,448	
Kapitalwert der Rente somit: 30 000 € × 10,448 =	313 440 €
./. von A getragene Veräußerungskosten	./. 3 440 €
	310 000 €
./. Buchwert des steuerlichen Kapitalkontos	./. 80 000 €
Veräußerungsgewinn	230 000 €

Der Veräußerungsgewinn wird entweder nach der sog. Fünftel-Regelung versteuert (§ 34 Abs. 1 EStG) oder auf Antrag mit 56 % des durchschnittlichen Steuersatzes, mindestens dem Eingangssteuersatz besteuert (§ 34 Abs. 3 Doppelbuchst. bb EStG).

Die zufließenden Rentenzahlungen sind von A mit ihrem Ertragsanteil als sonstige Einkünfte zu versteuern (§ 22 Nr. 1 Satz 3 Buchst. a Doppelbuchst. bb EStG). Der Eintritt der Wertsicherungsklausel bewirkt keine Änderung des Veräußerungsgewinns. Eine steuerliche Auswirkung ergibt sich für A nur insoweit, als der bisherige Ertragsanteil der Rente auch auf den Erhöhungsbetrag angewendet wird.

Sonstige Einkünfte 01

Rentenzahlungen: 12 × 2 500 € =	30 000 €
Ertragsanteil (ab 2005): 22 % von 30 000 € =	6 600 €
./. Werbungskosten-Pauschbetrag (§ 9a Nr. 3 EStG)	./. 102 €
	6 498 €

Sonstige Einkünfte 02

Rentenzahlungen: 12 × 2 500 € =	30 000 €
Ertragsanteil: 22 % von 30 000 € =	6 600 €
./. Werbungskosten-Pauschbetrag (§ 9a Nr. 3 EStG)	./. 102 €
	6 498 €

Sonstige Einkünfte 03

Rentenzahlungen: 12 × 2 700 € =	32 400 €
Ertragsanteil (ab 2005): 22 % von 32 400 € =	7 128 €
./. Werbungskosten-Pauschbetrag (§ 9a Nr. 3 EStG)	./. 102 €
	7 026 €

b) Zuflussbesteuerung

Zur Zuflussbesteuerung kommt es nur, wenn diese Art der Besteuerung ausdrücklich gewählt wird. Wird das Wahlrecht überhaupt nicht oder nicht ordnungsgemäß ausgeübt, ist der Gewinn im Zeitpunkt der Veräußerung realisiert und sofort zu versteuern (BFH, BFH/NV 1999 S. 1333). Wählt A die Zuflussbesteuerung, d. h. eine Versteuerung der laufenden Rentenzahlungen nach Maßgabe des tatsächlichen Zuflusses, ist bei Veräußerungen, die **vor dem 1. 1. 2004** erfolgt sind, wie folgt zu verfahren (R 139 Abs. 11 Satz 8 EStR 2003):

Die Rentenzahlungen stellen nachträgliche Einkünfte aus Gewerbebetrieb (§§ 15, 24 Nr. 2 EStG) dar, die erst zu versteuern sind, sobald sie das steuerliche Kapitalkonto in Höhe von 80 000 € (zzgl. der von A getragenen Veräußerungskosten in Höhe von 3 440 €) übersteigen. Erst dann kommt es zur Realisierung des Veräußerungsgewinns. Es handelt sich um einen laufenden Gewinn, für den weder der Freibetrag nach § 16 Abs. 4 EStG noch die Progressionsbegünstigung (Fünftel-Regelung) nach § 34 Abs. 1 EStG noch die Tarifermäßigung nach § 34 Abs. 3 EStG in Anspruch genommen werden kann (BFH III B 15/88, BStBl 1989 II 409). Die Rentenzahlungen der Jahre 01 und 02 werden nicht versteuert. Im Jahr 03 übersteigen die Rentenzahlungen erstmalig das Kapitalkonto (zzgl. Veräußerungskosten), so dass sie ab diesem Zeitpunkt als nachträgliche gewerbliche Einkünfte zu erfassen sind.

	01	02	03
Rentenzahlungen	30 000 €	30 000 €	32 400 €
./. verrechnet mit Kapitalkonto (zzgl. Veräußerungskosten) von 83 440 €	./. 30 000 €	./. 30 000 €	23 440 €
nachträgliche gewerbliche Einkünfte	0 €	0 €	8 960 €

Ist die Betriebsveräußerung **nach dem 31. 12. 2003** erfolgt, soll nach Ansicht der Finanzverwaltung bei Wahl der Zuflussbesteuerung ein Gewinn entstehen, wenn der „Kapitalanteil" der wiederkehrenden Leistungen das steuerliche Kapitalkonto des Veräußerers zuzüglich etwaiger Veräußerungskosten des Veräußerers übersteigt; der in den wiederkehrenden Leistungen enthaltene Zinsanteil stellt nach neuerer Erkenntnis der Finanzverwaltung bereits im Zeitpunkt des Zuflusses nachträgliche Betriebseinnahmen dar (R 139 Abs. 11 Satz 7 EStR 2003; BMF, BStBl 2004 I 1187). Folgt man der Auffassung der Finanzverwaltung, ergibt sich für die Jahre 01 bis 03 folgender Zinsanteil:

01:
Barwert der Rente 1. 1. 01: 30 000 € x 10,448 =	313 440 €
Barwert der Rente 1. 1. 02: 30 000 € x 10,171 =	305 130 €
Differenz = Barwertminderung	8 310 €
Rentenzahlungen 01	30 000 €
Differenz = Zinsanteil 01	21 690 €

02:
Barwert der Rente 1. 1. 02: 30 000 € x 10,171 =	305 130 €
Barwert der Rente 1. 1. 03: 30 000 € x 9,889 =	296 670 €
Differenz = Barwertminderung	8 460 €
Rentenzahlungen 02	30 000 €
Differenz = Zinsanteil 02	21 540 €

03:

Barwert der Rente 1. 1. 03: 32 400 € x 9,889 =	320 403 €
Barwert der Rente 1. 1. 04: 32 400 € x 9,603 =	311 137 €
Differenz = Barwertminderung	9 266 €
Rentenzahlungen 03	32 400 €
Differenz = Zinsanteil 03	23 134 €

Nach Auffassung der Finanzverwaltung führen die Zinsanteile im Jahr des Zuflusses zu nachträglichen Einnahmen aus Gewerbebetrieb (§ 24 Nr. 2 i. V. m. § 15 EStG). Die in den Rentenzahlungen enthaltenen Kapitalanteile sind erst dann als nachträgliche Betriebseinnahmen zu erfassen, sobald sie das Kapitalkonto zzgl. die von A getragenen Veräußerungskosten in Höhe von insgesamt 83 440 € übersteigen. Ab diesem Zeitpunkt ist dann die gesamte Rente (Zins- und Kapitalanteil) als nachträgliche Betriebseinnahme zu erfassen.

Es erscheint fraglich, ob die jetzt von der Finanzverwaltung vertretene Rechtsauffassung mit der bisherigen BFH-Rechtsprechung übereinstimmt. Die weitere Rechtsprechung bleibt abzuwarten.

Fall 147
Betriebsveräußerung gegen Einmalbetrag und Leibrente

Sachverhalt: Der 58 Jahre alte A veräußert am 31. 12. 01 seinen Gewerbebetrieb gegen einen festen Kaufpreis in Höhe von 160 000 € und eine ab 1. 1. 02 zahlbare monatliche Leibrente, deren Kapitalwert im Zeitpunkt der Veräußerung 240 000 € beträgt. Das steuerliche Kapitalkonto des A beläuft sich zum 31. 12. 01 auf 100 000 €.

Frage: Welche Wahlmöglichkeiten hat A hinsichtlich der Versteuerung des Veräußerungsgewinns?

Literaturhinweis: *Lehrbuch Einkommensteuer*, Rdn. 1790, 2168 f.

▶ Lösung

Bei einer Veräußerung eines Betriebs gegen einen festen Kaufpreis und eine Leibrente steht dem Veräußerer das Wahlrecht zwischen Sofortversteuerung und Zuflussbesteuerung nur hinsichtlich der Leibrente zu (R 139 Abs. 11 Satz 9 EStR 2003).

a) Sofortversteuerung

Wählt A die Sofortversteuerung, so ergibt sich folgender Veräußerungsgewinn:

Fester Kaufpreis	160 000 €
+ Kapitalwert der Rente	240 000 €
	400 000 €
./. Buchwert des steuerlichen Kapitalkontos	./. 100 000 €
Veräußerungsgewinn	300 000 €

Abschnitt 11: Die Einkunftsarten

Für den Veräußerungsgewinn kann kein Freibetrag gewährt werden, da der Veräußerungsgewinn die Freibetragsgrenze von 136 000 € um mehr als 45 000 € übersteigt (§ 16 Abs. 4 Satz 3 EStG). Der Veräußerungsgewinn in Höhe von 300 000 € ist jedoch entweder nach der Fünftel-Regelung oder auf Antrag mit 56 % des durchschnittlichen Steuersatzes, mindestens dem Eingangssteuersatz zu versteuern (§ 34 Abs. 1 und 3 EStG).

Die laufenden Rentenzahlungen unterliegen bei A mit ihrem Ertragsanteil als sonstige Einkünfte der Einkommensteuer (§ 22 Nr. 1 Satz 3 Buchst. a Doppelbuchst. bb EStG).

b) Zuflussbesteuerung

Wählt A hinsichtlich der Leibrente die Zuflussbesteuerung, ist der durch den festen Kaufpreis realisierte Veräußerungsgewinn gleichwohl sofort zu versteuern; obgleich in diesem Fall nicht alle stillen Reserven realisiert werden, ist die Fünftel-Regelung nach § 34 Abs. 1 EStG oder auf Antrag der ermäßigte Steuersatz nach § 34 Abs. 3 EStG, mindestens der Eingangssteuersatz zu gewähren (BFH IV 288/62, BStBl 1968 II 76). Für die Ermittlung des Freibetrags nach § 16 Abs. 4 EStG ist der Kapitalwert der Rente jedoch auch dann mit einzubeziehen, wenn die Rente erst bei Zufluss als nachträgliche Einkünfte (§ 24 Nr. 2 EStG) versteuert wird (BFH IV R 81/67, BStBl 1968 II 75).

Diese Beurteilung hat hier zur Folge, dass A den durch den festen Kaufpreis realisierten Veräußerungsgewinn in Höhe von (160 000 € ./. 100 000 € =) 60 000 € progressionsbegünstigt bzw. auf Antrag tarifermäßigt zu versteuern hat (§ 34 Abs. 1 und 3 EStG). Ein Freibetrag nach § 16 Abs. 4 EStG kann nicht gewährt werden. Die laufenden Rentenzahlungen sind im Zeitpunkt des Zuflusses in voller Höhe als nachträgliche, dem regulären Steuersatz unterliegende Einkünfte aus Gewerbebetrieb zu versteuern (§§ 15, 24 Nr. 2 EStG).

Fall 148
Ablösung einer betrieblichen Veräußerungsrente durch eine Einmalzahlung

Sachverhalt: Einzelunternehmer A hat am 1. 1. 2002 seinen Gewerbebetrieb an B gegen eine Leibrente in Höhe von jährlich 36 000 € veräußert und die Zuflussbesteuerung, d. h. die nachträgliche Versteuerung gewählt. Das steuerliche Kapitalkonto des A betrug im Zeitpunkt der Veräußerung 108 000 €. Anfang 2005 vereinbart A mit dem Erwerber, dass dieser zur Ablösung der eingegangenen Rentenverpflichtung 420 000 € zahlt.

Frage: Wie ist die Einmalzahlung von 420 000 € bei A steuerlich zu behandeln?

➔ Lösung

Ist ein Gewerbebetrieb gegen eine Leibrente veräußert worden und hat der Stpfl. – wie vorliegend A – die Zuflussbesteuerung gewählt, führt die spätere Ablösung der Rentenverbindlichkeit durch eine Einmalzahlung zu einem auf Antrag begünstigten Veräußerungsgewinn (BFH X R 79/90, HFR 1992 S. 8; III R 53/89, HFR 1994 S. 209 und X R

37/02, BFH/NV 2004 S. 706). Nach Ansicht des BFH kann es für die Besteuerung keinen Unterschied machen, ob der Stpfl. von vornherein eine größere Einmalzahlung und zusätzlich eine Rente erhält oder ob er zunächst eine Rente und anschließend (zur Ablösung der Rentenschuld) eine größere Einmalzahlung erhält. In beiden Fällen kommt es – bei Wahl der nachträglichen Versteuerung hinsichtlich der Rente – kumulativ zu einer begünstigten Versteuerung eines Veräußerungsgewinns und zu einer Versteuerung der laufenden Zahlungen nach ihrem Zufluss.

Damit in beiden Fällen ein gleiches steuerrechtliches Ergebnis gewährleistet ist, muss jedoch die Vergünstigung des § 34 Abs. 1 oder 3 EStG für den Teil des Ablösebetrages entfallen, der dem Gesamtvolumen der mit dem steuerlichen Kapitalkonto verrechneten Rentenzahlungen entspricht.

A entsteht danach in 2005 ein Veräußerungsgewinn in Höhe von 420 000 €. Von dem Veräußerungsgewinn sind (420 000 € ./. 108 000 € =) 312 000 € begünstigt, der restliche Veräußerungsgewinn in Höhe von 108 000 € unterliegt dem Normaltarif. Der nicht begünstigte Gewinn in Höhe von 108 000 € entspricht dem Betrag der Rentenzahlungen, der in den Jahren 2002 bis 2004 mit dem steuerlichen Kapitalkonto des A verrechnet worden ist.

Fall 149
Betriebsveräußerung gegen Zeitrente

Sachverhalt: Der 65 Jahre alte A veräußert am 1. 1. 01 seinen Gewerbebetrieb an B. Der Erwerber verpflichtet sich, dem A für die Dauer von 15 Jahren – monatlich im Voraus – Rentenzahlungen in Höhe von jeweils 5 000 € zu erbringen. Das steuerliche Kapitalkonto des A beträgt im Zeitpunkt der Betriebsveräußerung 180 000 €. Der Kapitalwert der Rente in Höhe von 618 840 € entspricht dem Verkehrswert des Betriebs.

a) Der Vertrag enthält keinen Hinweis dahingehend, dass die Rente der Versorgung des A dienen soll.

b) Der Vertrag enthält den Hinweis, dass die Rente der Versorgung des A dienen soll.

Frage: Wie sind die A zufließenden Zahlungen einkommensteuerlich zu behandeln?

Literaturhinweis: *Lehrbuch Einkommensteuer*, Rdn. 2125 f.

Lösung

Im vorliegenden Fall handelt es sich um eine Betriebsveräußerung gegen Zeitrente. Veräußerungszeitrenten müssen von Kaufpreisraten abgegrenzt werden. Diese Unterscheidung ist nur bedeutsam für das von der Rechtsprechung und Verwaltung eingeräumte Wahlrecht zwischen Sofortversteuerung und Zuflussbesteuerung (BFH VIII R 37/90, BFH/NV 1993 S. 87).

Bei Zeitrenten ist zu prüfen, ob die Beteiligten eine Versorgung des Veräußerers gewollt haben. Fehlt der Rente der Versorgungscharakter, sind die Zahlungen als Kaufpreisraten zu behandeln, d. h. der Gewinn gilt als im Zeitpunkt der Veräußerung realisiert. Der Veräußerungsgewinn ist begünstigt (§§ 16, 34 EStG). Der in den jährlichen Rentenzahlungen enthaltene Zinsanteil ist vom Veräußerer als Einnahmen aus Kapitalvermögen zu versteuern (so wohl BFH VIII R 37/90, BFH/NV 1993 S. 87), wenn man in Übereinstimmung mit der bislang ständigen höchstrichterlichen Rechtsprechung davon ausgeht, dass die Kaufpreisforderung notwendig in das Privatvermögen des Veräußerers übergeht (so BFH VIII R 11/95, BStBl 1998 II 379; vgl. jedoch BFH II R 45/97, BFH/NV 2000 S. 686, wonach die Restkaufpreisforderung aus der Betriebsveräußerung zumindest für die Dauer der Abwicklung noch so lange zum Betriebsvermögen gehört, wie sie nicht freiwillig ins Privatvermögen überführt wird). Die Zinsanteile sind als nachträgliche Betriebseinnahmen (§ 24 Nr. 2 EStG) zu erfassen, wenn man mit dem Vorlagebeschluss des VIII. Senats (VIII R 55/86, BStBl 1992 II 479) davon ausgeht, dass die Kaufpreisforderung dem Betriebsvermögen zugeordnet bleibt (BFH VIII R 37/90, BFH/NV 1993 S. 87). Der Große Senat des BFH (GrS 2/92, BStBl 1993 II 897) hat diese Frage offen gelassen.

Hat die Rente Versorgungscharakter, kann für die Rentenzahlungen die Zuflussbesteuerung gewählt werden. Der Kapitalanteil, der in den Rentenzahlungen enthalten ist, ist erst ab dem Zeitpunkt als nachträgliche gewerbliche Einkünfte (§ 24 Nr. 2 EStG) zu erfassen, ab dem er das steuerliche Kapitalkonto und die vom Rentenberechtigten getragenen Veräußerungskosten übersteigt. Der in den Rentenzahlungen enthaltene Zinsanteil ist dagegen im Jahr des Zuflusses sofort als nachträgliche Betriebseinnahme zu erfassen (R 139 Abs. 11 EStR 2004; BMF, BStBl 2004 I 1187). Die Rechtsprechung fordert für die Annahme einer betrieblichen Veräußerungsrente, dass der Betriebserwerber die Leistungen über einen Zeitraum von mehr als 10 Jahren zu erbringen hat und in der sonstigen Ausgestaltung des Vertrages eindeutig die Absicht des Veräußerers zum Ausdruck kommt, sich eine Versorgung zu verschaffen (BFH IV 254/62, BStBl 1968 III 653, und IV R 137/82, BStBl 1984 II 829). Die Entscheidung darüber, ob die vereinbarten Leistungen Versorgungscharakter haben, liegt weitgehend auf tatsächlichem Gebiet. Man wird deshalb dort, wo der Veräußerer zur Erlangung des Veräußerungsfreibetrages (§ 16 Abs. 4 EStG) und/oder der Fünftel-Regelung oder des ermäßigten Steuersatzes (§ 34 Abs. 1 oder 3 EStG) das Vorliegen von Kaufpreisraten behauptet, ihm folgen müssen; für spätere Jahre ist der Veräußerer allerdings an seine Wahl gebunden (BFH III 89/58 U, BStBl 1959 III 152).

Steuerliche Behandlung im Fall a)

Hier hat die Rente offensichtlich keinen Versorgungscharakter, so dass sie wie Kaufpreisraten zu behandeln ist. Im Zeitpunkt der Veräußerung entsteht ein nach § 34 Abs. 1 oder 3 EStG begünstigter Veräußerungsgewinn, der wie folgt zu ermitteln ist:

Kapitalwert der Kaufpreisraten am 1. 1. 01	618 840 €
./. steuerliches Kapitalkonto am 1. 1. 01	./. 180 000 €
begünstigt zu versteuernder Veräußerungsgewinn	438 840 €

Der in den jährlichen Rentenzahlungen enthaltene Zinsanteil gehört bei A zu den Einnahmen aus Kapitalvermögen bzw. den nachträglichen Betriebseinnahmen. Dieser Zinsanteil wird errechnet, indem von der jährlichen Rentenzahlung die jährliche Barwertminderung abgezogen wird (BFH VIII R 131/70, BStBl 1975 II 173 und VIII R 163/71, BStBl 1975

II 431). Aus Vereinfachungsgründen kann der Zinsanteil auch in Anlehnung an die Ertragsanteilstabelle des § 55 Abs. 2 EStDV bestimmt werden (BMF, BStBl 2004 I 1187):

Rentenzahlung 01: 5 000 € × 12 = 60 000 €
Barwert der Rente lt. Tabelle 2 zu § 12 Abs. 1 BewG (BMF, BStBl 2001 I, 1041, 1053):
1. 1. 01: 60 000 € × 10,314 = 618 840 €
1. 1. 02: 60 000 € × 9,853 = 591 180 €
Barwertminderung 27 660 € 27 660 €
Differenz = Zinsanteil 01 32 340 €

Steuerliche Behandlung im Fall b)

Da die Rente Versorgungscharakter hat, kann A die Zuflussbesteuerung wählen. Dann muss er den in den Rentenzahlungen enthaltenen Kapitalanteil erst versteuern, wenn dieser sein steuerliches Kapitalkonto von 180 000 € übersteigt. Der in den Rentenzahlungen enthaltene Zinsanteil ist dagegen sofort bei Zufluss als nachträgliche Betriebseinnahme (§§ 15, 24 Nr. 2 EStG) zu erfassen (so jedenfalls R 139 Abs. 11 Satz 7 EStR 2003 für Veräußerungen, die nach dem 31. 12. 2003 erfolgen).

Fall 150
Veräußerung einer zum Betriebsvermögen gehörenden 100%igen Beteiligung an einer Kapitalgesellschaft

Sachverhalt: A (60 Jahre alt) und B (62 Jahre alt) sind zu je 50 % als Gesellschafter an der X-OHG und zugleich zu je 50 % an der Y-GmbH beteiligt, deren Wirtschaftsjahr mit dem Kalenderjahr übereinstimmt. Die Beteiligungen an der Y-GmbH gehören seit 10 Jahren steuerlich zum Sonderbetriebsvermögen von A und B bei der X-OHG. Am 1. 7. 01 veräußern A und B ihre GmbH-Anteile an C für je 226 000 €; der Buchwert der GmbH-Anteile beträgt im Zeitpunkt der Veräußerung je 25 000 €. An Veräußerungskosten entstehen A und B je 1 000 €.

Frage: Welche ertragsteuerlichen Folgen ergeben sich für A und B im Zusammenhang mit der Veräußerung der GmbH-Anteile?

Literaturhinweis: *Lehrbuch Einkommensteuer*, Rdn. 1811 ff.

▶ Lösung

Als Teilbetrieb „gilt" auch die im Betriebsvermögen gehaltene 100%ige Beteiligung an einer Kapitalgesellschaft (§ 16 Abs. 1 Satz 1 Nr. 1 Satz 2 EStG), weil diese – wirtschaftlich betrachtet – einem Teilbetrieb entspricht. Die Beteiligung muss insgesamt notwendiges oder gewillkürtes Betriebsvermögen sein. Keine Rolle spielt, ob sich die 100%ige Beteiligung im Betriebsvermögen eines Einzelunternehmers oder im Gesamthandsvermögen einer Personengesellschaft befindet; es reicht auch aus, wenn die Beteiligung im Eigentum eines oder – wie hier – mehrerer Mitunternehmer derselben Personengesellschaft steht und steuerlich zum Sonderbetriebsvermögen gehört (R 139 Abs. 3 Satz 7 EStR 2003; ebenso OFD Münster, DStR 1987 S. 732).

Ab 2002 – bei vom Kalenderjahr abweichendem Wirtschaftsjahr der Kapitalgesellschaft entsprechend später – unterliegen Gewinne, die bei der Veräußerung einer im Betriebsvermögen gehaltenen 100%igen Beteiligung entstehen, wegen der Einführung des Halbeinkünfteverfahrens prinzipiell nur zur Hälfte der Einkommensteuer (§§ 3 Nr. 40 Buchst. b, 3c Abs. 2 EStG). Die Fünftel-Regelung oder der ermäßigte Steuersatz kommen nur dann zur Anwendung, wenn der Veräußerungserlös bei einbringungsgeborenen Anteilen wegen Verstoßes gegen die Sieben-Jahres-Sperrfrist nicht zur Häfte steuerbefreit ist (§ 3 Nr. 40 Satz 3 und 4 EStG). Für Veräußerungsgewinne, die dem Halbeinkünfteverfahren unterliegen, gibt es zwar den Steuerfreibetrag nach § 16 Abs. 4 EStG, aber nicht die Tarifbegünstigung nach § 34 Abs. 1 oder 3 EStG (§ 34 Abs. 2 Nr. 1 EStG). Zur Ermittlung des Veräußerungsgewinns von A und B ist wie folgt zu rechnen:

Veräußerungspreis	226 000 €	
steuerfrei nach § 3 Nr. 40 Buchst. b EStG: 50 %	./. 113 000 €	
steuerpflichtig	113 000 €	113 000 €
Veräußerungskosten	1 000 €	
nicht abziehbar: 50 %	./. 500 €	
abziehbar nach § 3c Abs. 2 EStG: 50 %	500 €	./. 500 €
		112 500 €
Buchwert der GmbH-Beteiligung	25 000 €	
nicht abziehbar: 50 %	./. 12 500 €	
abziehbar nach § 3c Abs. 2 EStG: 50 %	12 500 €	./. 12 500 €
Veräußerungsgewinn A bzw. B		100 000 €
Freibetrag nach § 16 Abs. 4 EStG		./. 45 000 €
steuerpflichtiger Veräußerungsgewinn A bzw. B		55 000 €

Zu beachten ist, dass eine 100%ige Beteiligung zwar als Teilbetrieb gilt, in Wahrheit aber kein solcher ist, so dass der Verkauf der Beteiligung nicht einer Teilbetriebsveräußerung i. S. einer teilweisen Einstellung der gewerblichen Tätigkeit gleichgestellt werden kann. Diese Beurteilung hat hier zur Folge, dass der von A und B erzielte Veräußerungsgewinn in Höhe von jeweils 100 000 € bei der Einkommensteuer auf Antrag nach § 16 Abs. 4 EStG begünstigt zu versteuern ist, zugleich aber der Gewerbesteuer unterliegt (BFH IV R 60/74, BStBl 1978 II 100). Die auf den Veräußerungsgewinn in Höhe von 2 × 100 000 € = 200 000 € entfallende Gewerbesteuer mindert den laufenden Gewinn 01 der X-OHG, nicht den Veräußerungsgewinn; denn die Gewerbesteuer gehört nicht zu den Veräußerungskosten.

Fall 151
Aufgabe einer zum Betriebsvermögen gehörenden 100%igen Beteiligung an einer Kapitalgesellschaft

Sachverhalt: Der 60 Jahre alte A betreibt als Einzelunternehmer einen Gewerbebetrieb. Zugleich ist er Alleingesellschafter der X-GmbH. Die GmbH-Anteile gehören zum Betriebsvermögen seines Einzelunternehmens, dessen Gewinn durch Bestandsvergleich ermittelt wird. Mit Kaufvertrag vom 20. 12. 01 verkauft A 40 % seiner GmbH-Anteile an seinen Schwiegersohn B; nach dem Vertrag soll das Eigentum an den GmbH-Anteilen am 1. 4. 02 auf B übergehen. Ende 02 überträgt A die ihm noch verbliebenen 60 % der GmbH-Anteile unentgeltlich auf seine Tochter C.

Aufgrund des Verkaufs der GmbH-Anteile an seinen Schwiegersohn hat A einen Gewinn in Höhe von 40 000 € (Veräußerungspreis in Höhe von 80 000 € ./. Buchwert des 40%igen Anteils von 40 000 €) erzielt. Die der Tochter übertragenen GmbH-Anteile hatten im Zeitpunkt der Übertragung einen Buchwert von 60 000 € und einen Teilwert (= gemeiner Wert) von 120 000 €.

Das Wirtschaftsjahr des Einzelunternehmens und der GmbH stimmen mit dem Kalenderjahr überein.

Frage: Welche einkommensteuerlichen Folgen ergeben sich für A aufgrund der Veräußerung bzw. unentgeltlichen Übertragung der GmbH-Anteile?

Literaturhinweis: *Lehrbuch Einkommensteuer*, Rdn. 1811 ff.

➔ Lösung

Die Veräußerung einer 100%igen Beteiligung an einer Kapitalgesellschaft i. S. des § 16 Abs. 1 Nr. 1 Satz 2 EStG liegt nur vor, wenn die gesamte Beteiligung im Laufe eines Wirtschaftsjahres auf einen Erwerber übertragen wird. Wird die Beteiligung in einem Wirtschaftsjahr zwar insgesamt, aber an verschiedene Erwerber veräußert, handelt es sich nicht um eine begünstigte Veräußerung, aber um eine nach § 16 Abs. 3 Satz 1 EStG ebenso begünstigte Aufgabe.

Dasselbe gilt für den Fall, dass die Beteiligung in einem Wirtschaftsjahr insgesamt in das Privatvermögen überführt oder teilweise veräußert und im Übrigen entnommen wird (BFH IV R 151/79, BStBl 1982 II 751).

Diese letzte Voraussetzung ist bei A erfüllt. Denn der Gewinn aus der Veräußerung einer Beteiligung entsteht bei einem bilanzierenden Stpfl. nicht schon mit Abschluss des entgeltlichen schuldrechtlichen Verpflichtungsgeschäfts, z. B. eines Kaufvertrags, sondern erst zu dem Zeitpunkt, in dem aufgrund dieses entgeltlichen schuldrechtlichen Verpflichtungsgeschäfts das rechtliche oder wenigstens das wirtschaftliche Eigentum an den Anteilen vom Veräußerer auf den Erwerber übergeht (BFH IV R 113/81, BStBl 1983 II 640, und IV R 226/85, BStBl 1988 II 832). Da A die GmbH-Anteile im Jahr 02 teilweise veräußert und im Übrigen – aufgrund der unentgeltlichen Übertragung auf die Tochter – entnommen hat, ist der nach dem Halbeinkünfteverfahren (§§ 3 Nr. 40 Buchst. b, 3c Abs. 2 EStG) zu versteuernde Veräußerungs- und Entnahmegewinn in Höhe von insgesamt 1/2 von (40 000 € + 60 000 € =) 100 000 € = 50 000 € nach § 16 Abs. 4 EStG begünstigt. Der Gewinn ist bei der Einkommensteuer in Höhe von 45 000 € steuerfrei, weil eine 100%ige Beteiligung als Teilbetrieb gilt (§ 16 Abs. 4 EStG). Der Veräußerungs- bzw. Entnahmegewinn in Höhe von 50 000 € unterliegt jedoch der Gewerbesteuer (BFH IV R 60/74, BStBl 1978 II 100). Die Gewerbesteuer mindert den laufenden Gewinn 02 des Einzelunternehmens des A.

Fall 152
Realteilung einer OHG

Sachverhalt: Die X-OHG, an der A und B zu je 50 % als Gesellschafter beteiligt sind, besteht aus zwei Teilbetrieben:

- dem Teilbetrieb 1 mit einem Buchwert von 250 000 € und einem Teilwert von 500 000 € und

- dem Teilbetrieb 2 mit einem Buchwert von ebenfalls 250 000 € und einem Teilwert von 500 000 €.

Die Kapitalkonten der beiden Gesellschafter belaufen sich auf je 250 000 €. Die Gesellschafter lösen im Jahr 01 die OHG auf und setzen sich im Wege der Realteilung in der Weise auseinander, dass A den Teilbetrieb 1 und B den Teilbetrieb 2 übernimmt.

Frage: Ist die Realteilung erfolgsneutral?

Literaturhinweis: *Lehrbuch Einkommensteuer*, Rdn. 1767 ff.

➔ Lösung

Eine Personengesellschaft, z. B. OHG, KG oder GbR, mit Gewinneinkünften kann in der Weise aufgelöst werden, dass aufgrund eines entsprechenden Auflösungsbeschlusses die Wirtschaftsgüter des Gesellschaftsvermögens den einzelnen Mitunternehmern entsprechend ihrem Anteil am Gesellschaftsvermögen zugewiesen werden. Das Vermögen der Gesellschaft geht dann in das Vermögen der Gesellschafter über. Eine solche Aufteilung gemeinschaftlichen Betriebsvermögens zur Erfüllung des Auseinandersetzungsanspruchs der Mitunternehmer bezeichnet man als Realteilung oder Naturalteilung (BFH XI R 51/89, BStBl 1992 II 946). Handelsrechtlich ist die Realteilung eine andere Art der Auseinandersetzung des Gesellschaftsvermögens (§§ 131, 145 Abs. 1, 161 Abs. 2 HGB), die dazu führt, dass die Personengesellschaft kein Aktivvermögen zurückbehält und deshalb voll beendet ist. Die Grundsätze der Realteilung gelten nicht nur für gewerbliche, sondern auch für land- und forstwirtschaftliche Betriebe (BFH IV R 93/93, BStBl 1995 II 700) sowie bei Betriebsvermögen, das der selbständigen Arbeit dient (BFH IV R 20/94, BStBl 1996 II 70).

§ 16 Abs. 3 Satz 2 bis 4 i. d. F. des Unternehmenssteuerfortentwicklungsgesetzes (UntStFG; BGBl 2001 I 3858, und BStBl 2002 I 35) sieht vor, dass bei der Realteilung einer Mitunternehmerschaft nach dem 31. 12. 2000 (vgl. dazu § 52 Abs. 34 Satz 4 EStG i. d. F. des UntStFG):

- zwingend die Buchwerte anzusetzen sind, wenn die Wirtschaftsgüter in das jeweilige Betriebsvermögen der einzelnen Mitunternehmer übertragen werden, vorausgesetzt, die Besteuerung der stillen Reserven ist sichergestellt; das gilt unabhängig davon, ob im Zuge der Realteilung Teilbetriebe, Mitunternehmeranteile oder einzelne Wirtschaftsgüter übertragen werden (§ 16 Abs. 3 Satz 2 EStG);

- rückwirkend der gemeine Wert anzusetzen ist, soweit bei einer Realteilung, bei der einzelne Wirtschaftsgüter übertragen worden sind, zum Buchwert übertragener Grund

und Boden, übertragene Gebäude oder andere übertragene wesentliche Betriebsgrundlagen innerhalb einer Sperrfrist nach der Übertragung veräußert oder entnommen werden; die Sperrfrist endet drei Jahre nach Abgabe der Steuererklärung der Mitunternehmerschaft für den Veranlagungszeitraum der Realteilung (§ 16 Abs. 3 Satz 3 EStG);

- eine Buchwertfortführung bei Zuteilung von einzelnen Wirtschaftsgütern nicht zulässig ist, soweit die Wirtschaftsgüter unmittelbar oder mittelbar auf eine Körperschaft, Personenvereinigung oder Vermögensmasse übertragen werden; in diesem Fall ist bei der Übertragung der gemeine Wert anzusetzen (§ 16 Abs. 3 Satz 4 EStG).

Im vorliegenden idealtypischen Fall ergeben sich keine Bilanzierungsprobleme:

- A und B führen die Buchwerte der Teilbetriebe 1 und 2 von je 250 000 €
- unter gleichzeitiger Fortführung ihrer Kapitalkonten von je 250 000 € fort.

Die Realteilung ist damit erfolgsneutral.

Fall 153
Realteilung einer KG unter Anwendung der Kapitalkontenanpassungsmethode

Sachverhalt: A und B sind zu je 50 % als Gesellschafter an der X-KG beteiligt. Das Gesellschaftsvermögen besteht aus den Wirtschaftsgütern 1 (Buchwert 150 000 €, Teilwert 300 000 €) und den Wirtschaftsgütern 2 (Buchwert 50 000 €, Teilwert 300 000 €). Die Kapitalkonten von A und B betragen je 100 000 €. A übernimmt bei der Realteilung die Wirtschaftsgüter 1 und B die Wirtschaftsgüter 2. Beide Gesellschafter übertragen die ihnen zugeteilten Wirtschaftsgüter in das Betriebsvermögen ihrer Einzelunternehmen.

Frage: Ist die Realteilung gewinnneutral?

Literaturhinweis: *Lehrbuch Einkommensteuer*, Rdn. 1767 ff.

▶ Lösung

In den meisten Realteilungsfällen ist es nicht möglich, den einzelnen Gesellschaftern Wirtschaftsgüter mit Buchwerten zuzuteilen, die insgesamt genau dem Buchwert ihrer Kapitalkonten entsprechen. Zwangsläufig kommt es dann dazu, dass der eine Gesellschafter an Buchwerten mehr, der andere Gesellschafter an Buchwerten weniger als den Betrag seines Kapitalkontos erhält. Dieses Bilanzierungsproblem ist mittels der sog. Kapitalkontenanpassungsmethode zu lösen (BFH VIII R 69/86, BStBl 1992 II 385). Nach dieser Methode müssen die Realteiler ihr jeweiliges Kapitalkonto durch Auf- bzw. Abstocken an die Buchwerte der zugeteilten Teilbetriebe bzw. Mitunternehmeranteile anpassen. Dadurch ändert sich zwar die personelle Zuordnung der stillen Reserven nach der Realteilung, sämtliche stille Reserven bleiben indes steuerverhaftet.

Vorliegend ist die Realteilung gewinnneutral. A muss allerdings sein Kapitalkonto erfolgsneutral von 100 000 € auf 150 000 € aufstocken, B von 100 000 € auf 50 000 € abstocken. Danach können die Buchwerte der den beiden Gesellschaftern zugeteilten Wirtschaftsgüter von diesen in ihren eigenen Betrieben fortgeführt werden. Bei dieser Lösung wird also in Kauf genommen, dass stille Reserven von einem Realteiler auf den anderen übergehen: An den stillen Reserven von insgesamt 400 000 € waren A und B vor der Realteilung mit je 50 % = 200 000 € beteiligt. Nach der Realteilung hat A stille Reserven in Höhe von 150 000 €, B in Höhe von 250 000 €. Stille Reserven in Höhe von 50 000 € sind somit von A auf B übergegangen.

Fall 154
Realteilung einer OHG unter Zuteilung von in das Privatvermögen überführten Einzelwirtschaftsgütern

Sachverhalt: An der X-OHG sind der 60 Jahre alte A und der 62 Jahre alte B je zur Hälfte als Gesellschafter beteiligt. Der Buchwert des Betriebsvermögens beträgt 200 000 €, der gemeine Wert (= Teilwert) 500 000 €. Das Kapitalkonto des A beläuft sich auf 50 000 €, das des B auf 150 000 €. Die Gesellschafter setzen sich in 01 im Wege der Realteilung in der Weise auseinander, dass A Einzelwirtschaftsgüter im gemeinen Wert in Höhe von 200 000 €, B in Höhe von 300 000 € übernimmt. Beide Realteiler überführen die zugeteilten Wirtschaftsgüter in ihr Privatvermögen.
Frage: Ist die Realteilung erfolgsneutral oder entsteht – ggf. in welcher Höhe – ein Aufgabegewinn?
Literaturhinweis: *Lehrbuch Einkommensteuer*, Rdn. 1767 ff.

 Lösung

Werden den Realteilern Einzelwirtschaftsgüter zugeteilt, die in das Privatvermögen überführt werden, liegt eine Betriebsaufgabe (§ 16 Abs. 3 EStG) vor mit der Folge, dass die stillen Reserven aufzudecken sind. Der Aufgabegewinn der Mitunternehmerschaft ist den Gesellschaftern A und B anteilig zuzurechnen. Die Verteilung des Aufgabegewinns der Gesellschaft auf die Gesellschafter bestimmt sich im Fall der Realteilung nach dem Wert der Wirtschaftsgüter, die auf den einzelnen Gesellschafter übertragen werden (§ 16 Abs. 3 Satz 8 EStG; BFH VIII R 57/90, BStBl 1982 II 456). Für jeden Beteiligten ist also der gemeine Wert der Wirtschaftsgüter anzusetzen, die er bei der Auseinandersetzung erhalten hat. Aufgabegewinnanteil des Gesellschafters ist danach der Unterschied zwischen dem gemeinen Wert der ihm zugeteilten Wirtschaftsgüter und dem Buchwert seines Kapitalkontos.

In der Praxis wird zur Ermittlung des Aufgabegewinns meist eine Aufgabebilanz aufgestellt, in der die Wirtschaftsgüter mit ihrem gemeinen Wert ausgewiesen werden. Diese Aufgabebilanz wird dann der letzten, auf den Zeitpunkt der Aufgabe fortentwickelten steuerlichen Jahresbilanz gegenübergestellt. Die steuerliche Realteilungsbilanz ist also bei Aufdeckung der stillen Reserven mit der Aufgabebilanz identisch (BFH, BStBl 1994 II, 607). Zur Ermittlung der Aufgabegewinnanteile ist also hier für jeden Gesellschafter der gemeine Wert der Wirtschaftsgüter anzusetzen, die er bei der Auseinandersetzung erhalten hat. Dieser Wert ist dem Buchwert des Kapitalkontos gegenüberzustellen. Für A ergibt sich danach ein Aufgabegewinnanteil in Höhe von 200 000 € ./. 50 000 € = 150 000 € und für B in Höhe von 300 000 € ./. 150 000 € = 150 000 €. Die Aufgabegewinnanteile werden begünstigt besteuert (§§ 16, 34 EStG).

A:
gemeiner Wert der Wirtschaftsgüter 1	200 000 €	
./. Kapitalkonto	./. 50 000 €	150 000 €

B:
gemeiner Wert der Wirtschaftsgüter 2	300 000 €	
./. Kapitalkonto	./. 150 000 €	150 000 €
Aufgabegewinn insgesamt		300 000 €

Fall 155
Realteilung mit Spitzenausgleich

Sachverhalt: Das Betriebsvermögen der X-OHG, an der A und B zu je 50 % als Gesellschafter beteiligt sind, besteht aus dem

Teilbetrieb 1:	Buchwert	100 000 €	Teilwert	1 000 000 €
Teilbetrieb 2:	Buchwert	80 000 €	Teilwert	800 000 €

Die Kapitalkonten von A und B betragen je 90 000 €. Bei der Realteilung in 2004 erhält A den Teilbetrieb 1 und B den Teilbetrieb 2. Zum Wertausgleich zahlt A an B 100 000 €. Beide Gesellschafter führen die ihnen zugewiesenen Teilbetriebe als Einzelunternehmen fort.

Frage: Welche steuerlichen Folgen ergeben sich für A und B?

Literaturhinweis: *Lehrbuch Einkommensteuer*, Rdn. 1767 ff.

▶ Lösung

In zahlreichen Realteilungsfällen ist ein vollständiger Wertausgleich durch die Zuteilung von Wirtschaftsgütern des Gesellschaftsvermögens einschließlich der Geldkonten nicht möglich. Ein Gesellschafter enthält dann – bezogen auf seinen nach Verkehrswerten ermittelten Auseinandersetzungsanspruch – mehr Vermögen, der andere Gesellschafter weniger Vermögen als ihm zusteht. Deshalb zahlt der Gesellschafter, der zu viel erhalten hat, dem Gesellschafter, der zu wenig erhalten hat, einen Ausgleich in Geld. Man spricht in diesem Zusammenhang von einer Realteilung mit Spitzenausgleich.

Der BFH hat in einer Grundsatzentscheidung (VIII R 57/90, BStBl 1994 II 607) zur Realteilung einer Personengesellschaft – es ging um eine Realteilung mit Buchwertfortführung, bei der ein Realteiler dem anderen einen Spitzenausgleich zahlte – u. a. folgende Aussage gemacht: Zahlt bei einer Realteilung mit Buchwertfortführung ein Realteiler dem anderen einen Spitzenausgleich,

- steht dies der gewinnneutralen Realteilung des Gesellschaftsvermögens (im Übrigen) nicht entgegen,
- führt dies zur Realisierung eines laufenden Veräußerungsgewinns in Höhe des Ausgleichsbetrags (ohne Gegenrechnung eines anteiligen Buchwerts) und
- kann für diesen Gewinn die Steuerbegünstigung nicht beansprucht werden.

Dieser Rechtsprechung hat sich der BFH in einer weiteren Entscheidung angeschlossen (BFH VIII R 12/93, BFH/NV 1995 S. 98).

B entsteht nach Ansicht des BFH in Höhe des Spitzenausgleichs von 100 000 € ein – nicht begünstigter – laufender Veräußerungsgewinn (BFH VIII R 57/90, BStBl 1994 II 607), der allerdings nicht der Gewerbesteuer unterliegt (BFH VIII R 13/94, BStBl 1994 II 809). A und B müssen in ihren Fortführungseröffnungsbilanzen ihre Kapitalkonten erfolgsneutral an die Buchwerte der übernommenen Teilbetriebe angleichen (Kapitalkonto A nach Angleichung 100 000 €, Kapitalkonto B nach Angleichung 80 000 €). Anschließend hat der leistungsverpflichtete A die Buchwerte der von ihm übernommenen Wirtschaftsgüter um die nachträglichen Anschaffungskosten in Höhe der Ausgleichszahlung von 100 000 € aufzustocken.

Die vom BFH in seiner genannten Grundsatzentscheidung gemachten Aussagen stimmen in mehreren Punkten nicht mit der Auffassung der Finanzverwaltung überein. Diese geht bisher u. a. davon aus, dass

- der Spitzenausgleich nur in Höhe der Differenz zwischen der Abfindungszahlung und dem der entgeltlichen Übertragung entsprechenden Teil des Buchwerts steuerpflichtig ist – zur Ermittlung des Veräußerungsgewinns sind also dem Spitzenausgleich anteilig die entsprechenden Buchwerte gegenzurechnen und
- für den Gewinn nur dann die Steuervergünstigung (§§ 16, 34 EStG) zu versagen ist, wenn einzelne Wirtschaftsgüter übertragen werden, nicht dagegen, wenn den Realteilern ganze Betriebe oder Teilbetriebe zugeteilt werden.

Die Finanzverwaltung sah sich deshalb gezwungen, die Grundsätze der genannten BFH-Entscheidung zur Realteilung zum Teil mit einem Nichtanwendungserlass zu belegen (BMF, BStBl 1994 I 601). Die Finanzverwaltung geht unter Berufung auf den Beschluss des Großen Senats zur Erbauseinandersetzung (BFH GrS 2/89, BStBl 1990 II 837) bei der Realteilung eines betrieblichen Nachlasses gegen eine Abfindung (sog. Spitzenausgleich) davon aus, dass der Übernehmer von Betriebsvermögen nicht entgeltlich erwirbt, soweit seine Erbquote reicht. Soweit für den Mehrerwerb jedoch eine Abfindung gezahlt wird, liegt eine entgeltliche Übertragung vor. Der Veräußerungsgewinn aus der Abfindungszahlung ist danach in der Weise zu ermitteln, dass die Abfindungszahlung dem Teil des Kapitalkontos gegenübergestellt wird, der dem Verhältnis der Abfindungszahlung zum Wert des übernommenen Betriebsvermögens entspricht (anteilige Gegenrechnung der Buchwerte). Diese Berechnungsweise beruht – wie dargelegt – auf dem Beschluss des Großen Senats des BFH zur Erbauseinandersetzung.

Da für die Realteilung eines betrieblichen Nachlasses und die Realteilung von Personengesellschaften insoweit einheitliche Grundsätze gelten, hat die Finanzverwaltung angeordnet, dass auch bei der Realteilung einer Personengesellschaft zur Ermittlung des Gewinns aus dem Spitzenausgleich eine anteilige Gegenrechnung der Buchwerte vorzunehmen ist. Soweit der Grundsatzentscheidung des BFH zur Realteilung (VIII R 57/90, BStBl 1994 II 607) etwas anderes zu entnehmen ist, wendet die Finanzverwaltung die Urteilsgrundsätze über den entschiedenen Einzelfall hinaus nicht an (BMF, BStBl 1994 I 601). Nach Ansicht der Finanzverwaltung ist der Fall wie folgt zu lösen:

A steht wertmäßig am Gesellschaftsvermögen die Hälfte von 1 800 000 € = 900 000 € zu. Da er aber Wirtschaftsgüter im Wert von 1 Mio. € erhält, also 100 000 € mehr, zahlt er diese 100 000 € für $^1/_{10}$ des Betriebsvermögens 1, das er mehr erhält. A erwirbt also $^9/_{10}$ der Wirtschaftsgüter des Teilbetriebs 1 unentgeltlich und $^1/_{10}$ entgeltlich. Auf dieses $^1/_{10}$ entfällt ein Buchwert von $^1/_{10}$ von 100 000 € = 10 000 €, so dass A die Aktivwerte um 100 000 € ./. 10 000 € = 90 000 € aufstocken muss und B einen Veräußerungsgewinn in Höhe von 90 000 € erzielt. Der von B erzielte Veräußerungsgewinn kann nach Ansicht der Finanzverwaltung begünstigt besteuert werden (§§ 16, 34 EStG), weil A und B Teilbetriebe zugeteilt worden sind (BMF, BStBl 1994 I 601). B muss die Buchwerte der von ihm übernommenen Wirtschaftsgüter in Höhe von 80 000 € fortführen.

Fall 156
Betriebsübertragung im Wege der vorweggenommenen Erbfolge bei negativem Kapitalkonto

Sachverhalt: Der 60 Jahre alte Einzelgewerbetreibende V betreibt ein Bauunternehmen. Mit notariell beurkundetem Vertrag vom 28. 12. 01 überträgt er zum 31. 12. 01 seinen Betrieb auf seinen Sohn A. Im Gegenzug übernimmt A die betrieblichen Verbindlichkeiten und verpflichtet sich zur Zahlung eines einmaligen Geldbetrags an seine Schwester B in Höhe von 100 000 €. Im Vertrag ist festgehalten, dass der Betrag von 100 000 € der Gleichstellung der B dienen soll. A finanziert die Abfindung seiner Schwester mit eigenen privaten Mitteln, d. h. einem Veräußerungserlös, den er anlässlich der Veräußerung eines privaten Bauplatzes erzielt hat.

Die von V zum 31. 12. 01 aufgestellte Bilanz hat folgendes Aussehen:

Aktiva		Bilanz zum 31. 12. 01	Passiva
Grund und Boden	60 000 €	Darlehen	400 000 €
Gebäude	300 000 €	Verbindlichkeiten	100 000 €
Betriebsausstattung	100 000 €	Rückstellungen	20 000 €
Sonstige Aktiva	40 000 €	Sonstige Passiva	30 000 €
Kapital	50 000 €		
	550 000 €		550 000 €

Im Betriebsvermögen sind stille Reserven in Höhe von 500 000 € enthalten (Grund und Boden 50 000 €, Gebäude 250 000 €, Geschäftswert 200 000 €).

Frage: Welche Steuerfolgen ergeben sich für V und A?

Literaturhinweis: *Lehrbuch Einkommensteuer*, Rdn. 1671 ff.

Abschnitt 11: Die Einkunftsarten

➜ Lösung

Wird ein Betrieb unentgeltlich übertragen, sind vom Übernehmer zwingend die Buchwerte fortzuführen (§ 6 Abs. 3 EStG); ein Veräußerungsgewinn fällt nicht an. Eine unentgeltliche Betriebsübertragung i. S. von § 6 Abs. 3 EStG liegt auch vor, wenn der Übernehmer die Betriebsschulden mit übernimmt. Im Übergang der betrieblichen Verbindlichkeiten ist nach dem Beschluss des Großen Senats des BFH (GrS 4-6/89, BStBl 1990 II 847) kein Entgelt zu sehen. Der Grundsatz, dass die Übernahme der betrieblichen Verbindlichkeiten bei der Übertragung des Betriebs kein Entgelt darstellt, findet auch Anwendung, wenn das steuerliche Kapitalkonto des Betriebsübergebers negativ ist (BFH IV 201/65, BStBl 1971 II 686; VIII R 36/66, BStBl 1973 II 111, und GrS 4-6/89, BStBl 1990 II 847; VI R 188/87, BStBl 1990 II 854).

Dagegen kann bei einer teilentgeltlichen Betriebsübertragung ein Veräußerungsgewinn entstehen. Eine teilentgeltliche Betriebsübertragung liegt nach dem Beschluss des Großen Senats (BStBl 1990 II, 847) vor, wenn der Betriebsübernehmer seinen Geschwistern sog. Gleichstellungsgelder zahlt. In diesem Fall ergibt sich für den bisherigen Betriebsinhaber ein Veräußerungsvorgang und für den Betriebsübernehmer ein Anschaffungsvorgang.

Zu der Frage, wie der Veräußerungsgewinn zu ermitteln ist, wenn der Betriebsübergeber – wie vorliegend V – ein negatives Kapitalkonto hat, hat der BFH in seiner Entscheidung v. 16. 12. 1992 (XI R 34/92, BStBl 1993 II 436; ebenso BFH IX R 3/93, BStBl 1995 II 357) Stellung genommen. Der BFH betont, dass auch bei einer teilentgeltlichen Veräußerung die Ermittlung des Veräußerungsgewinns nach § 16 Abs. 2 EStG vorzunehmen ist. Dementsprechend ist dem Veräußerungserlös der Buchwert als Resultante des nach § 5 EStG ermittelten Betriebsvermögens gegenüberzustellen. Dabei ist unerheblich, ob der Buchwert (rechnerisch im Kapitalkonto erfasst) einen positiven oder negativen Wert hat. Der Veräußerungsgewinn des V errechnet sich danach wie folgt:

Veräußerungspreis (Gleichstellungsgeld)	100 000 €
negatives Kapitalkonto zum 31. 12. 01	+ 50 000 €
Veräußerungsgewinn	150 000 €

Vom Veräußerungsgewinn bleiben auf Antrag 45 000 € ./. 14 000 € = 31 000 € steuerfrei, da der Veräußerungsgewinn die Freibetragsgrenze von 136 000 € um 14 000 € übersteigt (§ 16 Abs. 4 EStG). Der verbleibende Veräußerungsgewinn in Höhe von 119 000 € kann begünstigt besteuert werden (§ 34 Abs. 1 oder 3 EStG).

Die Abfindung seiner Schwester und die Übernahme des negativen Kapitalkontos stellten für A ein Anschaffungsgeschäft dar. A muss seine Anschaffungskosten in Höhe von 150 000 € (Abfindung 100 000 € + negatives Kapitalkonto 50 000 €) anteilig bei den Wirtschaftsgütern hinzuaktivieren, die stille Reserven enthalten, wobei zu beachten ist, dass eine Aufdeckung der im originären Geschäftswert enthaltenen stillen Reserven erst in Betracht kommt, wenn die stillen Reserven, die in den übrigen Wirtschaftsgütern enthalten sind, vollständig aufgedeckt sind (BMF, BStBl 1993 I 80, Tz. 35). Diese Betrachtung hat zur Folge, dass nur die Buchwerte des Grund und Bodens und des Gebäudes aufzustocken sind; zu einer Aufdeckung der im Geschäftswert enthaltenen stillen Reserven kommt es nicht. Die Aufstockung hat anteilig – im Verhältnis der stillen Reserven – zu erfolgen:

Stille Reserven Grund und Boden	50 000 €
Stille Reserven Gebäude	250 000 €
	300 000 €
Aufgedeckte stille Reserven (= 50 %)	150 000 €
Buchwert Grund und Boden bisher	60 000 €
Aufstockung: 50 % von 50 000 € =	25 000 €
Buchwert Grund und Boden nach Aufstockung	85 000 €
Buchwert Gebäude bisher	300 000 €
Aufstockung: 50 % von 250 000 € =	125 000 €
Buchwert Gebäude nach Aufstockung	425 000 €

Fall 157
Veräußerung eines Erbteils an einer gewerblich tätigen Personengesellschaft

Sachverhalt: Der Nachlass des Erblassers V besteht aus einem gewerblichen Einzelunternehmen. Das Kapitalkonto des Erblassers betrug 300 000 €. Erben sind A, B und C zu je ⅓. Jeder Erbe hat somit ein Kapitalkonto in Höhe von ⅓ von 300 000 € = 100 000 €. Der 40 Jahre alte A veräußert seinen Erbteil und damit seinen Mitunternehmeranteil für 250 000 € an D.

Frage: Wie hoch ist der von A erzielte Veräußerungsgewinn und welche Steuerfolgen ergeben sich für D?

Literaturhinweis: *Lehrbuch Einkommensteuer*, Rdn. 1745 ff., 1753

➡ Lösung

Die Veräußerung eines Erbanteils an einer gewerblich tätigen Erbengemeinschaft hat die gleichen einkommensteuerlichen Folgen wie die Veräußerung eines Gesellschaftsanteils (§ 16 Abs. 1 Nr. 2 EStG) an einer gewerblich tätigen Personengesellschaft, z. B. einer OHG oder KG. Der weichende Miterbe veräußert seinen Mitunternehmeranteil und erzielt dabei einen begünstigten Veräußerungsgewinn (§§ 16, 34 EStG); der übernehmende Miterbe hat Anschaffungskosten in Höhe seiner Abfindung. Anschaffungskosten und Veräußerungsgewinn errechnen sich wie bei der Übertragung eines Gesellschaftsanteils (BFH GrS 2/89, BStBl 1990 II 837, 843, und VIII R 172/85, BFH/NV 1991 S. 738). Für diese Betrachtung ist es ohne Bedeutung, ob es sich bei dem Erwerber um einen Dritten oder einen Miterben handelt.

A entsteht demzufolge aus der Veräußerung seines Mitunternehmeranteils (§ 16 Abs. 1 Nr. 2 EStG) ein nach § 34 Abs. 1 EStG progressionsbegünstigter Veräußerungsgewinn in Höhe von (250 000 € ./. Kapitalkonto von 100 000 € =) 150 000 €. D hat Anschaffungskosten in Höhe von 250 000 €, mit denen er seinen Mitunternehmeranteil bilanzieren muss. Dies geschieht in der Weise, dass in der Bilanz der Personengesellschaft, also in der Hauptbilanz, das Kapitalkonto des A in Höhe von 100 000 € auf D übertragen wird, während der Mehrbetrag von 150 000 € in einer für D aufzustellenden Ergänzungsbilanz ausgewiesen wird.

Fall 158
Abfindung eines weichenden Miterben mit einem zum geerbten Betrieb gehörenden Wirtschaftsgut (Sachwertabfindung)

Sachverhalt: A und der 45 Jahre alte B sind Miterben zu je 50 %. Zum Nachlass gehört ein gewerbliches Einzelunternehmen mit einem Wert von 600 000 € (Buchwert 200 000 €). Das Kapitalkonto jedes Miterben beläuft sich demnach auf (50 % von 200 000 € =) 100 000 €. B scheidet aus der Erbengemeinschaft aus, das Unternehmen wird von A allein fortgeführt. B erhält als Abfindung ein zum gewillkürten Betriebsvermögen gehörendes Grundstück mit einem Verkehrswert (= Teilwert) von 300 000 € (Buchwert 100 000 €), das er in sein Privatvermögen überführt.
Frage: Welche Steuerfolgen löst die Sachwertabfindung bei A und B aus?
Literaturhinweis: *Lehrbuch Einkommensteuer*, Rdn. 1753

➔ Lösung

Der weichende Miterbe kann auch mit einem Sachwert abgefunden werden, der zum Betriebsvermögen des geerbten Unternehmens gehört. Hinsichtlich der sich hierbei ergebenden Rechtsfolgen verweist der Große Senat (GrS 2/89, BStBl 1990 II 837, 843) auf die zum Ausscheiden aus einer Personengesellschaft gegen Sachwertabfindung ergangene BFH-Rechtsprechung (IV R 64/70, BStBl 1973 II 655). Danach gehört der Teilwert des empfangenen Wirtschaftsgutes beim weichenden Miterben zu seinem Veräußerungserlös, bei ihm entsteht wie im Fall der Geldabfindung ein Veräußerungsgewinn. Zusätzlich führt die Sachwertabfindung bei dem oder den verbliebenen Erben in Höhe ihrer stillen Reserven an dem hingegebenen Wirtschaftsgut zur Entstehung eines Veräußerungsgewinns.

Dem ausscheidenden B entsteht danach ein progressionsbegünstigter Veräußerungsgewinn (§ 34 Abs. 1 EStG) in Höhe von 200 000 € (= Differenz zwischen dem Teilwert des übertragenen Grundstücks in Höhe von 300 000 € und dem Buchwert seines Kapitalkontos in Höhe von 100 000 €). Der weitere Abfindungsvorgang ist gedanklich in zwei Phasen zu zerlegen. Zum einen stellt der Erwerb des Mitunternehmeranteils des B für den verbleibenden Miterben A ein Anschaffungsgeschäft dar: A muss deshalb die Abfindungsschuld in Höhe von 300 000 € passivieren und den über das Kapitalkonto des B hinausgehenden Abfindungsbetrag von 200 000 € aktivieren, und zwar durch Teilaufstockung bei den Wirtschaftsgütern, die stille Reserven enthalten. Da die in dem Grundstück enthaltenen stillen Reserven (200 000 €) 50 % der insgesamt im Betriebsvermögen enthaltenen stillen Reserven (400 000 €) ausmachen, kommt es beim Grundstück zu einer anteiligen Teilaufstockung in Höhe von (50 % von 200 000 € =) 100 000 €: neuer Buchwert somit 200 000 €.

In einem zweiten Schritt wird die passivierte Abfindungsschuld in Höhe von 300 000 € durch Übertragung des Grundstücks auf B getilgt. Die auf A entfallenden stillen Reserven des Grundstücks in Höhe von 100 000 € werden dadurch zwangsläufig realisiert: A entsteht ein laufender Gewinn in Höhe von 100 000 €.

Fall 159
Vererbung eines Mitunternehmeranteils bei einfacher Nachfolgeklausel

Sachverhalt: An der X-OHG sind A und B zu je 50 % als Gesellschafter beteiligt. Der Gesellschaftsvertrag enthält die Bestimmung, dass für den Fall des Todes eines Gesellschafters die Gesellschaft mit sämtlichen Erben fortzuführen ist. A stirbt am 1. 7. 01. Er wird von seinen beiden Söhnen C und D zu je 50 % beerbt. Das Kapitalkonto des A beträgt in der Bilanz der Personengesellschaft 120 000 €. Zum Sonderbetriebsvermögen des A gehört ein bebautes Grundstück mit einem Buchwert von 180 000 €.

Frage: Welche Steuerfolgen löst die Vererbung des Mitunternehmeranteils bei C und D aus?

Literaturhinweis: *Lehrbuch Einkommensteuer*, Rdn. 1757

➡ Lösung

Der Gesellschaftsvertrag einer Personengesellschaft kann vorsehen, dass die Gesellschaft nach dem Tod eines Gesellschafters mit „den Erben" fortzusetzen ist (einfache Nachfolgeklausel). Der Erblasser entscheidet in diesem Fall mit der testamentarischen Berufung zum Erben auch über die Gesellschafter-Nachfolge. Belässt er es bei der gesetzlichen Erbfolge, nehmen die gesetzlichen Erben die Rechtsstellung des Verstorbenen ein.

Dem Prinzip der Gesamtrechtsnachfolge würde es an sich entsprechen, die Erbengemeinschaft als Gesellschafterin anzusehen. Das würde jedoch dem gesellschaftsrechtlichen Grundsatz entgegenstehen, dass eine Erbengemeinschaft nicht Gesellschafter einer werbend tätigen Personengesellschaft sein kann. Der Gesellschaftsanteil geht demnach nicht auf die Erbengemeinschaft als solche über, er wird also nicht Gesamthandsvermögen der Erbengemeinschaft, sondern jeder einzelne Miterbe wird entsprechend seiner Erbquote unmittelbar Gesellschafter. Es handelt sich um eine quotale Sonderrechtsnachfolge, d. h. der Gesellschaftsanteil geht geteilt auf die Miterben über. Bestandteil des ungeteilten Nachlassvermögens werden jedoch die Wirtschaftsgüter des Sonderbetriebsvermögens. Diese werden Gesamthandsvermögen der Erbengemeinschaft (§§ 1922, 2032 BGB).

Daraus folgt, dass C und D mit dem Erbfall automatisch Mitunternehmer der X-OHG werden: Der Gesellschaftsanteil des A geht im Wege der Sondererbfolge unmittelbar und unentgeltlich und nach der Erbquote geteilt auf C und D als Erben über (BFH VIII R 51/84, BStBl 1992 II 512).

Auch das gesamthänderisch gebundene Sonderbetriebsvermögen geht unentgeltlich auf die Erben über. Diese müssen den Buchwert des Kapitalkontos (120 000 €) und des Sonderbetriebsvermögens (180 000 €) je zur Hälfte fortführen (§ 6 Abs. 3 EStG).

Fall 160
Vererbung eines Mitunternehmeranteils bei qualifizierter Nachfolgeklausel

Sachverhalt: Erblasser V war Gesellschafter der X-OHG. Er wurde von seinen Kindern A und B zu je 50 % beerbt. Der Gesellschaftsvertrag der OHG enthält eine qualifizierte Nachfolgeklausel, wonach nur A in die Gesellschafterstellung des V nachrückt. Zum Sonderbetriebsvermögen des V gehörte ein Grundstück, das einen Teilwert von 100 000 € und einen Buchwert von 50 000 € hat.

Fragen:
1. Kann A den Buchwert des Kapitalkontos des Erblassers in der Gesellschaftsbilanz fortführen?
2. Welche Steuerfolgen löst der Übergang des Sonderbetriebsvermögens auf die Miterben A und B aus?

Literaturhinweis: *Lehrbuch Einkommensteuer*, Rdn. 1757

 Lösung

Zu 1.:

Ist im Gesellschaftsvertrag einer Personengesellschaft – wie vorliegend – geregelt, dass beim Tod eines Gesellschafters, der von mehreren Personen beerbt wird, die Gesellschaft nur mit einem oder einigen Miterben, z. B. dem ältesten Sohn, fortgeführt wird, spricht man von einer qualifizierten Nachfolgeklausel. Erbrechtliche Grundsätze stehen einer solchen Gestaltung nicht entgegen. Eine qualifizierte Nachfolgeklausel führt zivilrechtlich dazu, dass der Gesellschaftsanteil des Verstorbenen nicht nur in Höhe der auf den bevorzugten (qualifizierten) Miterben entfallenden Erbquote, sondern insgesamt im Wege der Sonderrechtsnachfolge auf den Nachfolger-Erben übergeht (BFH VIII R 51/84, BStBl 1992 II 512, und IV R 10/99, BFH/NV 2000 S. 1039). Der gesellschaftsvertraglich allein zugelassene Miterbe erhält die Gesellschafterposition des Erblassers in vollem Umfang.

Die nicht zu Nachfolgern berufenen Erben werden nicht Gesellschafter. Sie erlangen auch keinen Abfindungsanspruch gegen die Gesellschaft selbst, sondern werden auf einen auf dem Erbrecht beruhenden Wertausgleichsanspruch gegen den qualifizierten Gesellschafter-Nachfolger mit der Begründung verwiesen, dass zwar die Mitgliedschaft unmittelbar und in vollem Umfang auf den Gesellschafter-Nachfolger übergegangen sei, dagegen der Wert des Gesellschaftsanteils zum Nachlassvermögen gehöre.

Fall 160: Vererbung eines Mitunternehmeranteils bei qualifizierter Nachfolgeklausel

Einkommensteuerlich rückt allein der durch die Klausel begünstigte Miterbe in die Mitunternehmerstellung des Erblassers ein. Die nicht qualifizierten Miterben werden keine Gesellschafter und demgemäß auch keine Mitunternehmer (BMF, BStBl 1993 I 62, Tz. 82; BFH IV R 107/89, BStBl 1992 II 510). Der Nachfolger-Miterbe A muss das Kapitalkonto des Erblassers fortführen (§ 6 Abs. 3 EStG), dem Erblasser entsteht kein Veräußerungsgewinn. Die Anteile am laufenden Gewinn der Gesellschaft stehen dem qualifizierten Miterben bereits ab dem Erbfall zu.

Zu 2.:

Das Sonderbetriebsvermögen des Erblassers wird – wie im Falle der einfachen Nachfolgeklausel – zivilrechtlich Gesamthandsvermögen der Erbengemeinschaft, fällt also in das ungeteilte Nachlassvermögen. Das gilt auch, wenn bei einer zeitnahen Auseinandersetzung das Sonderbetriebsvermögen auf den qualifizierten Miterben übergeht (BMF, BStBl 1993 I, 62, Tz. 84).

Da das Sonderbetriebsvermögen nur zur Hälfte auf den qualifizierten Nachfolger übergeht, ein Mitunternehmeranteil aber auch das funktional wesentliche Sonderbetriebsvermögen umfasst, wird im Schrifttum (vgl. z. B. *Geck*, DStR 2000 S. 2031) die Befürchtung geäußert, die Rechtsprechung des BFH (BFH IV R 51/98, BFH/NV 2000 S. 1554, und XI R 35/99, BStBl 2001 II 26) zur disquotalen Übertragung von Gesellschaftsanteil und Sonderbetriebsvermögen führe auch in diesen Erbfällen zur Realisierung der stillen Reserven im Gesellschaftsanteil. Danach käme es zu einer Aufgabe des Mitunternehmeranteils, da dieser nicht vollständig übertragen wurde. Dieser Auffassung ist m. E. nicht zuzustimmen. Da das bisherige Sonderbetriebsvermögen nach der Rechtsprechung des BFH im Hinblick auf die qualifizierte Nachfolgeklausel seine Betriebsvermögenseigenschaft anteilig noch in der Person des Erblassers, gedanklich also vor Eintritt des Erbfalls, verloren hat, gehört im Zeitpunkt des Erbfalls nur noch das verbliebene Sonderbetriebsvermögen zum Mitunternehmeranteil des V. Damit geht der Mitunternehmeranteil des V komplett einschließlich Sonderbetriebsvermögen unentgeltlich auf A über, was nach der bisherigen Rechtsprechung des BFH zur Buchwertfortführung sowohl des Gesellschaftsanteils als auch des anteiligen Sonderbetriebsvermögens zwingt (ebenso wohl *Sorg*, DStR 2002 S. 1384).

Diese Betrachtung hat zur Folge, dass der qualifizierte Gesellschafter-Nachfolger A den seiner Erbquote entsprechenden Anteil am Sonderbetriebsvermögen als eigenes Sonderbetriebsvermögen zum Buchwert fortzuführen hat (§ 6 Abs. 3 EStG), während in Höhe der Erbquote des nicht qualifizierten Miterben B das Sonderbetriebsvermögen Privatvermögen wird. Insoweit entsteht ein laufender, nicht begünstigter Entnahmegewinn, der dem Erblasser zuzurechnen ist (BMF, BStBl 1993 I 62, Tz. 85; BStBl 2005 I 458, Tz. 23), da er es war, der mit der gesellschaftsvertraglichen Regelung der qualifizierten Nachfolgeklausel den teilweisen Übergang des Sonderbetriebsvermögens in das Privatvermögen ausgelöst hat.

Wendet man diese Rechtsgrundsätze hier an, so ergibt sich Folgendes:

A muss den Buchwert des Grundstücks in Höhe von ($^1/_2$ von 50 000 € =) 25 000 € in einer Sonderbilanz fortführen (§ 6 Abs. 3 EStG). Da B an der X-OHG als Gesellschafter nicht beteiligt ist, ist die Hälfte des Grundstücks mit dem Erbfall entnommen. Es entsteht ein laufender Entnahmegewinn in Höhe von 25 000 € (Differenz zwischen ½ des Teilwertes = 50 000 € und ½ des Buchwertes = 25 000 €), der noch dem Erblasser V zuzurechnen ist. Der bei einer Sonderrechtsnachfolge in den Mitunternehmeranteil beim Erblasser entstehende Gewinn aus der Entnahme des Sonderbetriebsvermögens unterliegt jedoch nicht der Gewerbesteuer (BFH VIII R 51/98, BStBl 2000 II 316).

Fall 161
Veräußerung einer freiberuflichen Praxis

Sachverhalt: Der 56 Jahre alte A ist seit Jahren in Köln als selbständiger Steuerberater tätig. Mit Vertrag vom 30. 6. 01 veräußert er aus gesundheitlichen Gründen seine Steuerberaterpraxis an seinen Berufskollegen B. Der Käufer übernimmt das gesamte Inventar, die EDV-Anlage und den weit überwiegenden Teil der 110 Mandate. A behält drei Mandate zurück und betreut sie seitdem von seiner ca. 2 km von der alten Praxis gelegenen Wohnung aus, in welcher er einen Büroraum einrichtet und diesen mit Büromaterial sowie einem PC ausstattet. Die Honorareinnahmen aus den zurückbehaltenen drei Mandaten belaufen sich in den letzten drei Jahren vor der Praxisveräußerung auf jeweils rund 15 % des früheren jährlichen Praxisumsatzes des A.

Der von A aufgrund der Praxisveräußerung erzielte Gewinn beträgt 150 000 €.

Frage: Ist der von A im Zusammenhang mit der Praxisveräußerung erzielte Gewinn begünstigt nach §§ 16, 34 EStG?

Literaturhinweis: *Lehrbuch Einkommensteuer*, Rdn. 1658 ff.

➔ Lösung

Zu den Einkünften aus selbständiger Arbeit gehört auch der Gewinn, der bei der Veräußerung einer freiberuflichen Praxis erzielt wird (§ 18 Abs. 3 EStG). Der Veräußerungsgewinn wird – soweit er nicht steuerfrei bleibt (§ 16 Abs. 4 EStG) –

- entweder nach der Fünftel-Regelung (§ 34 Abs. 1 EStG) oder
- auf Antrag mit 56 % des durchschnittlichen Steuersatzes, mindestens dem Eingangssteuersatz besteuert (§ 34 Abs. 3 EStG); die zuletzt genannte Vergünstigung setzt aber voraus, dass der Veräußerer das 55. Lebensjahr vollendet hat oder im sozialversicherungsrechtlichen Sinne dauernd berufsunfähig ist.

Eine steuerbegünstigte Praxisveräußerung liegt nur vor, wenn der freiberuflich Tätige die wesentlichen wirtschaftlichen Grundlagen seiner freiberuflichen Praxis entgeltlich auf einen anderen überträgt. Zu den wesentlichen wirtschaftlichen Grundlagen gehören insbesondere die immateriellen Wirtschaftsgüter der Praxis, wie Mandantenstamm und Praxiswert (BFH IV R 78/71, BStBl 1975 II 661). Nach ständiger Rechtsprechung des BFH ist bei Praxisübertragungen eine Veräußerung dieser wesentlichen Betriebsgrundlagen nur anzunehmen, wenn der Veräußerer seine freiberufliche Tätigkeit in dem bisherigen örtlichen Wirkungskreis wenigstens für eine gewisse Zeit einstellt (BFH IV R 44/83, BStBl 1986 II, 335, und IV R 14/90, BStBl 1992 II 457). Unschädlich ist die Fortführung der freiberuflichen Tätigkeit, wenn diese nur noch in geringem Umfang ausgeübt wird. Von einer Veräußerung der wesentlichen Grundlagen einer freiberuflichen Praxis ist auch dann auszugehen, wenn einzelne Mandate zurückbehalten werden, auf die weniger als 10 % der durchschnittlichen Jahreseinnahmen aus den drei Veranlagungszeiträumen vor der Praxisveräußerung entfielen (BFH IV R 14/90, BStBl 1992 II 457; IV R 16/91, BStBl 1993 II 182, und I R 109/93, BStBl 1994 II 925). Wie sich diese zurückbehaltenen Mandanten-Beziehungen nach der Veräußerung entwickeln und ob sie in vollem Umfang genutzt werden, ist unerheblich (BFH, BFH/NV 2001 S. 1561).

Die zurückbehaltenen Mandanten-Beziehungen zählen also nicht zu den wesentlichen Betriebsgrundlagen, wenn darauf in den letzten drei Jahren vor der Praxisveräußerung weniger als 10 % der gesamten Einnahmen entfielen. In diesem Fall kann eine begünstigte Praxisveräußerung anerkannt werden.

Ist die 10 %-Grenze jedoch – wie vorliegend – überschritten, kann die Steuerbegünstigung der §§ 16, 34 EStG nicht in Anspruch genommen werden. Der von A erzielte Gewinn in Höhe von 150 000 € ist daher kein steuerbegünstigter, sondern Teil des laufenden Gewinns des A, der dem gewöhnlichen Steuersatz unterliegt.

Fall 162
Aufgabe einer freiberuflichen Praxis

Sachverhalt: Der 40 Jahre alte A betreibt als selbständiger Zahnarzt in Frankfurt in gemieteten Räumen eine eigene Praxis. Da der Mietvertrag am 31. 12. 01 ausläuft, gibt A die Zahnarztpraxis zu diesem Zeitpunkt auf. Inventar und Geräte verkauft er teils an mehrere Berufskollegen, zum Teil überführt er das Praxisvermögen auch in eine neue Praxis, die er ab 1. 1. 02 in Wiesbaden zusammen mit einem anderen Zahnarzt in Form einer Gemeinschaftspraxis betreibt. Aus der Veräußerung des Inventars und der Geräte hat A einen Gewinn in Höhe von 80 000 € erzielt.

Frage: Ist der anlässlich der Praxisaufgabe erzielte Gewinn in Höhe von 80 000 € begünstigt nach § 34 EStG?

Literaturhinweis: *Lehrbuch Einkommensteuer*, Rdn. 1658 ff.

▶ Lösung

Die Aufgabe der selbständigen Tätigkeit gilt als Veräußerung (§ 18 Abs. 3 letzter Satz EStG). Daraus folgt, dass Gewinne anlässlich der Aufgabe einer freiberuflichen Tätigkeit grundsätzlich ebenso steuerbegünstigt sind wie Gewinne aus der Praxisveräußerung. Der Aufgabegewinn wird also – soweit er nicht steuerfrei bleibt (§ 16 Abs. 4 EStG) –

- entweder nach der Fünftel-Regelung (§ 34 Abs. 1 EStG) oder
- auf Antrag mit 56 % des durchschnittlichen Steuersatzes, mindestens dem Eingangssteuersatz besteuert (§ 34 Abs. 3 EStG); Letzterer wird aber nur gewährt, wenn der die Praxis aufgebende Stpfl. das 55. Lebensjahr vollendet hat oder im sozialversicherungsrechtlichen Sinne dauernd berufsunfähig ist.

Eine steuerbegünstigte Praxisaufgabe setzt – ebenso wie eine steuerbegünstigte Praxisveräußerung – voraus, dass die selbständige Tätigkeit in dem bisherigen örtlichen Wirkungskreis zumindest für eine gewisse Zeit eingestellt wird (BFH, BStBl 1964 III, 120), wobei anzumerken ist, dass an einer Fortführung der freiberuflichen Tätigkeit in unbedeutendem Umfang (10 %-Grenze) auch im Fall der Praxisaufgabe die Begünstigung des Aufgabegewinns nicht scheitert (vgl. hierzu Fall 161). Dass der bisherige Praxisinhaber künftig überhaupt keine freiberufliche Tätigkeit mehr ausübt, kann also nicht verlangt werden (BFH, HFR 1961 S. 222, sowie FG Düsseldorf, EFG 1985 S. 449, und FG Rheinland-Pfalz, EFG 1987 S. 558).

A hat seine freiberufliche Tätigkeit im bisherigen örtlich begrenzten Wirkungskreis eingestellt. Es kann nicht davon ausgegangen werden, dass er seine alte Praxis in Wiesbaden fortführt; denn beide Praxen unterscheiden sich in wesentlichen Punkten: nämlich in den Praxisräumen, dem Praxisort und dem Patientenstamm. Der Gewinn in Höhe von 80 000 € ist daher als nach § 34 Abs. 1 EStG begünstigter Aufgabegewinn zu behandeln. Der Umstand, dass A in Wiesbaden eine neue Praxis in Form einer Gemeinschaftspraxis eröffnet hat, steht dem nicht entgegen.

Fall 163
Teilentgeltliche Betriebsveräußerung

Sachverhalt: Der 60 Jahre alte A überträgt seinen Gewerbebetrieb im Wege einer gemischten Schenkung auf seinen Sohn B. Der Buchwert des Kapitalkontos beträgt im Zeitpunkt der Betriebsübertragung 260 000 €. Das Betriebsvermögen enthält stille Reserven in Höhe von 260 000 €. B hat als Gegenleistung für die Übertragung des Betriebs
a) 300 000 €,
b) 200 000 € an A auszuzahlen.

Frage: Welche einkommensteuerlichen Folgen ergeben sich für A und B?
Literaturhinweis: *Lehrbuch Einkommensteuer*, Rdn. 1669 ff.

➔ Lösung

Die teilentgeltliche Übertragung eines ganzen Gewerbebetriebs, d. h. die Übertragung im Wege einer gemischten Schenkung, ist eine Veräußerung i. S. von § 16 Abs. 1 Nr. 1 EStG. Dabei entsteht insoweit ein Veräußerungsgewinn, als die Gegenleistung des Betriebserwerbers das Kapitalkonto des Veräußerers übersteigt. Der Veräußerungsgewinn kann begünstigt besteuert werden, obwohl nicht alle stillen Reserven aufgelöst werden (BFH IV R 12/81, BStBl 1986 II 811; XI R 34/92, BStBl 1993 II 436, und VIII R 36/93, BStBl 1995 II 770).

Im Fall a) entsteht A danach ein nach §§ 16, 34 Abs. 1 oder 3 EStG begünstigter Veräußerungsgewinn in Höhe von (300 000 € ./. 260 000 € =) 40 000 €. Der Veräußerungsgewinn bleibt auf Antrag in voller Höhe steuerfrei, weil er nicht höher ist als der Freibetrag des § 16 Abs. 4 EStG von 45 000 €. B hat seine Anschaffungskosten in Höhe von 300 000 €, soweit sie über das Kapitalkonto des A hinausgehen, also in Höhe von 40 000 €, anteilig bei den Wirtschaftsgütern hinzuzuaktivieren, die stille Reserven enthalten.

Ist die Gegenleistung – wie im Fall b) – niedriger als der Buchwert des Kapitalkontos, muss der Übernehmer die Buchwerte fortführen (§ 6 Abs. 3 EStG). Beim Betriebsübergeber entsteht somit weder ein Gewinn noch ein Verlust, wenn der Betrieb im Wege vorweggenommener Erbfolge übertragen und dabei ein „Veräußerungserlös" vereinbart wird, der niedriger als der Buchwert des Kapitalkontos des Betriebs ist. In diesem Fall verbleibt es bei der Anwendung des § 6 Abs. 3 EStG und dabei, dass die stillen Reserven in vollem Umfang auf den Betriebsübernehmer übergehen (BFH IV R 61/93, BStBl 1995 II 367, und BMF, BStBl 1993 I, 80, Tz. 38).

Fall 164
Entgeltliche Veräußerung eines Mitunternehmeranteils

Sachverhalt: An der X-OHG sind A und B je zur Hälfte als Gesellschafter beteiligt. Das Kapitalkonto des 60 Jahre alten A beläuft sich am Bilanzstichtag 31. 12. 01 auf 100 000 €. Das Betriebsvermögen der OHG enthält stille Reserven in Höhe von 350 000 € (Grund und Boden 50 000 €, Gebäude 300 000 €), der originäre Geschäftswert beträgt 150 000 €. Am 31. 12. 01 veräußert A seinen Gesellschaftsanteil an den neu in die Gesellschaft eintretenden C für 350 000 €.

Frage: Welche Steuerfolgen ergeben sich für A und C?

Literaturhinweis: *Lehrbuch Einkommensteuer*, Rdn. 1719 ff.

▶ Lösung

A entsteht infolge der Veräußerung seines Mitunternehmeranteils ein Veräußerungsgewinn in Höhe von 250 000 € (Veräußerungserlös 350 000 € ./. Kapitalkonto 100 000 €), der begünstigt zu versteuern ist (§ 34 Abs. 1 oder 3 EStG).

C hat für den in der Bilanz mit 100 000 € ausgewiesenen Anteil des A am Betriebsvermögen der X-OHG 350 000 € bezahlt oder – genau ausgedrückt – für die von ihm erworbenen Anteile an den einzelnen zum Gesellschaftsvermögen gehörenden Wirtschaftsgütern, wie sie sich im Kapitalkonto darstellen (BFH VIII R 40/84, BStBl 1990 II 561); denn ein Mitunternehmeranteil ist kein selbständiges Wirtschaftsgut. C darf die von ihm erworbenen Anteile an den Wirtschaftsgütern der X-OHG nicht – wie bisher A – mit 100 000 €, sondern er muss seine Anschaffungskosten in Höhe von 350 000 € ausweisen. Das geschieht in der Weise, dass in der Bilanz der X-OHG das Kapitalkonto des A von 100 000 € auf C übertragen wird, während der Mehrbetrag von 250 000 € in einer positiven Ergänzungsbilanz des C anteilig auf die Wirtschaftsgüter, die stille Reserven enthalten, und den Geschäftswert verteilt wird. Die Ergänzungsbilanz des C hat danach folgendes Aussehen:

Aktiva	Ergänzungsbilanz C		Passiva
Grund und Boden	25 000 €	Mehrkapital C	250 000 €
Gebäude	150 000 €		
Geschäftswert	75 000 €		
	250 000 €		250 000 €

Die Ergänzungsbilanz ist zu den nachfolgenden Bilanzstichtagen fortzuführen. Soweit die ausgewiesenen Mehrwerte auf abnutzbare Anlagegüter entfallen (hier: Gebäude und Geschäftswert), sind sie im Wege der AfA abzusetzen. Insoweit handelt es sich um Sonderbetriebsausgaben des C, die im Rahmen der gesonderten und einheitlichen Gewinnfeststellung zu berücksichtigen sind (§§ 179, 180 AO).

Fall 165
Gesellschafterwechsel bei einer Personengesellschaft: Kaufpreis unter Buchwert

Sachverhalt: Gesellschafter der X-KG sind A als Komplementär und B als Kommanditist zu je 50 %. B veräußert am 31. 12. 01 seinen Kommanditanteil an den an seine Stelle in die Gesellschaft eintretenden C für 100 000 €. Das Kapitalkonto des B beträgt im Veräußerungszeitpunkt 150 000 €. Die hinter dem Buchwert zurückbleibende Abfindung beruht auf einer Überbewertung des Anlagevermögens der KG.

Frage: Welche Steuerfolgen ergeben sich für B und C?

Literaturhinweis: *Lehrbuch Einkommensteuer*, Rdn. 1731 ff.

➔ Lösung

B entsteht aus der Veräußerung seiner Gesellschaftsbeteiligung ein Veräußerungsverlust in Höhe von 50 000 € (Veräußerungserlös 100 000 ./. Kapitalkonto 150 000 €). C hat Anschaffungskosten in Höhe von 100 000 €, die nach Maßgabe des § 6 EStG zu aktivieren sind. Dies geschieht in der Weise, dass in der Gesellschaftsbilanz das Kapitalkonto des B von 150 000 € auf C übertragen wird. Für den Minderbetrag von 50 000 € wird eine negative Ergänzungsbilanz aufgestellt, auf deren Passivseite die Buchwerte der überbewerteten Anlagegüter anteilig abgestockt werden, auf der Aktivseite der Ergänzungsbilanz ist ein Minderkapital von 50 000 € auszuweisen. Die erforderliche Abstockung der Buchwerte kann nicht dadurch vermieden werden, dass der Minderbetrag als „negativer Geschäftswert" aktiviert wird; denn ein negativer Geschäftswert ist kein bilanzierungsfähiges Wirtschaftsgut (BFH III R 95/87, BStBl 1989 II 893, und IV R 70/92, BStBl 1994 II 745). Die Ergänzungsbilanz hat danach folgendes Aussehen:

Aktiva	Ergänzungsbilanz C		Passiva
Minderkapital	50 000 €	Minderwert Anlagevermögen	50 000 €
	50 000 €		50 000 €

Die negative Ergänzungsbilanz ist an den nachfolgenden Bilanzstichtagen fortzuführen. Dabei ist zu prüfen, ob und ggf. inwieweit die Wirtschaftsgüter, für die ein Minderwert in der Ergänzungsbilanz ausgewiesen worden ist, noch im Betriebsvermögen enthalten sind. Haben sich die Wirtschaftsgüter durch AfA gemindert oder sind sie ganz oder teilweise z. B. durch Verkauf weggefallen, so sind die Minderwerte in der Ergänzungsbilanz entsprechend zu mindern oder aufzulösen. Ein dem C durch Auflösung des Minderwertes entstehender Gewinn ist bei der gesonderten und einheitlichen Gewinnfeststellung (§§ 179, 180 AO) seinem Anteil am Gesellschaftsgewinn hinzuzurechnen.

Anzumerken ist noch Folgendes: In den Fällen, in denen auch nach der Abstockung noch eine Differenz zwischen Kapitalkonto und Anschaffungspreis verbleibt, stellt diese keinen Erwerbsgewinn dar, sondern ist als Ausgleichsposten in der Ergänzungsbilanz des Erwerbers zu passivieren. Der Ausgleichsposten ist gegen künftige Verlustanteile des Gesellschafters sowie bei gänzlicher oder teilweiser Beendigung der Beteiligung gewinnerhöhend aufzulösen (so der IV. Senat des BFH IV R 70/92, BStBl 1994 II 745, und IV R 59/96, BStBl 1999 II 266; vgl. hierzu auch das Urteil des VIII. Senats in BStBl 1995 II, 246, wonach ein „Merkposten" außerhalb der Bilanz genügt, der demselben Zweck dient).

Fall 166
Veräußerung eines Teils eines Mitunternehmeranteils

Sachverhalt: An der X-GbR, einer Steuerberater-Sozietät, sind A zu 90 % und B zu 10 % beteiligt. A veräußert im Jahr 01 40 % Praxisanteil an B, so dass sich das Beteiligungsverhältnis auf 50 % zu 50 % verändert. Bei der Veräußerung des 40%igen Praxisanteils erzielt A einen Veräußerungsgewinn in Höhe von 200 000 €.

Frage: Ist der von A erzielte Veräußerungsgewinn begünstigt?

Literaturhinweis: *Lehrbuch Einkommensteuer*, Rdn. 1736

▶ Lösung

Mit Wirkung für Veräußerungen nach dem 31. 12. 2001 (§ 52 Abs. 34 Satz 1 EStG) werden durch die Neufassung des § 16 Abs. 1 Nr. 2 EStG durch das Unternehmenssteuerfortentwicklungsgesetz (BGBl 2001 I, 3858, und BStBl 2002 I, 35) ausdrücklich Gewinne aus der entgeltlichen Veräußerung eines Teils eines Mitunternehmeranteils als laufende Gewinne normiert, für die keine tarifäre Ermäßigung nach § 34 Abs. 1 oder 3 EStG in Betracht kommt. Begünstigt sind nach der genannten Neuregelung nur (noch) Gewinne aus der Veräußerung des „gesamten" Mitunternehmeranteils. Der Veräußerungsgewinn in Höhe von 200 000 € unterliegt daher dem regulären Steuersatz.

Fall 167
Ausscheiden eines lästigen Gesellschafters aus einer Personengesellschaft

Sachverhalt: An der X-OHG sind A, B und C zu je ¹/₃ als Gesellschafter beteiligt. Die Kapitalkonten der Gesellschafter haben einen Buchwert von 100 000 €, im Betriebsvermögen der Personengesellschaft sind stille Reserven in Höhe von 450 000 € enthalten. Der 56 Jahre alte C, der als sog. lästiger Gesellschafter anzusehen ist, scheidet am 31. 12. 01 gegen eine Abfindung in Höhe von 350 000 € aus der Personengesellschaft aus. Die über das Kapitalkonto (100 000 €) sowie seinen Anteil an den stillen Reserven (150 000 €) hinausgehende Zahlung wird von A und B erbracht, um C zum Ausscheiden aus der Personengesellschaft zu bewegen.
Frage: Welche Steuerfolgen ergeben sich für den ausscheidenden und die verbleibenden Gesellschafter?
Literaturhinweis: *Lehrbuch Einkommensteuer*, Rdn. 1772

➜ Lösung

Von einem lästigen Gesellschafter spricht man, wenn ein Mitunternehmer durch in seiner Person liegende Umstände (geschäftsschädigendes Verhalten, unlautere Konkurrenz usw.) der Personengesellschaft derart Schaden zufügt, dass es im betrieblichen Interesse ist, wenn er aus der Personengesellschaft ausscheidet. Im Allgemeinen wird sich der ausscheidende Gesellschafter – wie vorliegend – nicht mit der Auszahlung des ihm zivilrechtlich zustehenden Anteils am Gesellschaftsvermögen zufrieden geben. Die übrigen Gesellschafter werden ihm eine Abfindung bezahlen müssen, die den wirklichen Wert seines Gesellschaftsanteils übersteigt. Problematisch ist dann die steuerliche Beurteilung dieser „Mehrzahlung".

Anzumerken ist, dass nicht ohne weiteres der gesamte Betrag, um den die Abfindung das steuerliche Kapitalkonto des ausscheidenden lästigen Gesellschafters übersteigt, ein Aufwand der übernehmenden Gesellschafter ist. Auch beim Ausscheiden eines lästigen Gesellschafters spricht eine tatsächliche Vermutung dafür, dass der Buchwert der bilanzierten Wirtschaftsgüter des Betriebsvermögens stille Reserven enthält und/oder den Geschäftswert abgelten soll. Eine über das Kapitalkonto des lästigen Gesellschafters hinausgehende Abfindung kann nur insoweit bei den verbleibenden Gesellschaftern als sofort abzugsfähige Betriebsausgabe behandelt werden, als der Abfindungsbetrag nicht auf stille Reserven und den Geschäftswert entfällt (BFH VIII R 148/85, BStBl 1992 II 647, und VIII R 63/91, BStBl 1993 II 706 f.). A und B müssen daher die Buchwerte der Wirtschaftsgüter des Gesellschaftsvermögens um die auf C entfallenden stillen Reserven von 150 000 € aufstocken. Die Mehrzahlung von 100 000 € stellt für A und B Sonderbetriebsausgaben dar, weil es sich um Aufwand handelt im Zusammenhang mit der Begründung bzw. Stärkung der eigenen Beteiligung, der dem Bereich des Sonderbetriebsvermögens II zuzurechnen ist (BFH VIII R 63/91, BStBl 1993 II 706, 708).

Beim lästigen Gesellschafter C gehört die Differenz zwischen der Abfindung und dem Buchwert seines Kapitalkontos zum nach §§ 16, 34 EStG begünstigten Veräußerungsgewinn. Dies gilt auch für den Betrag, den er über den wirklichen Wert seiner Beteiligung erhält (vgl. *Schmidt/Wacker*, EStG, 24. Aufl. 2005, § 16 Rz. 459). C entsteht demnach ein tarifbegünstigter Veräußerungsgewinn in Höhe von 250 000 €.

Fall 168
Behandlung von Sonderbetriebsvermögen anlässlich der Veräußerung eines Mitunternehmeranteils

Sachverhalt: Gesellschafter der X-OHG sind A und B zu je 50 %. Zum Sonderbetriebsvermögen des A gehört ein Geschäftsgrundstück, das an die OHG vermietet ist. Am 31. 12. 01 veräußert der 60 Jahre alte A seinen Mitunternehmeranteil an C und erzielt hierbei einen Veräußerungsgewinn in Höhe von 300 000 €. Das Grundstück wird weiterhin an die OHG vermietet. Sein gemeiner Wert beläuft sich zum 31. 12. 01 auf 600 000 €, sein Buchwert auf 350 000 €.

Frage: Welche einkommensteuerlichen Folgen ergeben sich für A im Zusammenhang mit der Veräußerung des Mitunternehmeranteils?

Literaturhinweis: *Lehrbuch Einkommensteuer*, Rdn. 1734 f.

▶ Lösung

Der Begriff des Mitunternehmeranteils umfasst nicht nur den Anteil des Mitunternehmers am Vermögen der Gesellschaft, sondern auch etwaiges Sonderbetriebsvermögen (BStBl 1991 II, 635, und BStBl 1995 II, 890). Veräußert ein Gesellschafter (Mitunternehmer) seinen Anteil an der Gesellschaft (§ 16 Abs. 1 Nr. 2 EStG) und wird das zu den wesentlichen Betriebsgrundlagen gehörende Sonderbetriebsvermögen nicht mit veräußert, liegt keine begünstigte Anteilsveräußerung i. S. von § 16 Abs. 1 Nr. 2 EStG vor, weil nicht der „gesamte" Mitunternehmeranteil veräußert worden ist.

In diesem Fall verliert das bisherige Sonderbetriebsvermögen seine Eigenschaft als Betriebsvermögen. Es geht in das Privatvermögen des Gesellschafters über mit der Maßgabe, dass es entsprechend § 16 Abs. 3 Satz 7 EStG mit seinem gemeinen Wert anzusetzen ist, und zwar unabhängig davon, ob das Wirtschaftsgut zu den wesentlichen Betriebsgrundlagen gehörte oder nicht. Durch Vergleich mit dem Buchwert ist der sich hieraus ergebende Gewinn zu ermitteln. Anteilsveräußerung und Auflösung des Sonderbetriebsvermögens sind als betriebsaufgabeähnlicher Vorgang anzusehen (BFH I R 5/82, BStBl 1983 II 771; IV R 52/87, BStBl 1988 II 829, und VIII R 21/93, BStBl 1995 II 890). Die Deutung dieses Geschehens als betriebsaufgabeähnlicher Vorgang hat zur Folge, dass für den gesamten Vorgang (Anteilsveräußerung und Auflösung des Sonderbetriebsver-

Abschnitt 11: Die Einkunftsarten

mögens) die Steuervergünstigung des § 34 Abs. 1 oder 3 EStG eingreift. Der von A erzielte Gewinn ist daher nach der Fünftel-Regelung oder auf Antrag mit dem ermäßigten Steuersatz, mindestens dem Eingangssteuersatz zu versteuern:

Gewinn Anteilsveräußerung		300 000 €
Gewinn Auflösung Sonderbetriebsvermögen:		
gemeiner Wert	600 000 €	
./. Buchwert	./. 350 000 €	250 000 €
nach § 34 Abs. 1 oder 3 EStG begünstigter Gewinn		550 000 €

Fall 169
Unentgeltliche Übertragung eines Mitunternehmeranteils unter Zurückbehaltung von Sonderbetriebsvermögen

Sachverhalt: An der X-KG sind der 60 Jahre alte A als Komplementär und sein Sohn B als Kommanditist je zur Hälfte beteiligt. Die Personengesellschaft betreibt u. a. auf einer im Alleineigentum des A stehenden Lagerhalle, die eine wesentliche Betriebsgrundlage der KG darstellt, einen Großhandel mit sanitären Installationsartikeln.

Zum 1. 1. 01 überträgt A seine Gesellschafterstellung in der KG unentgeltlich auf B, der den Betrieb als Einzelunternehmen fortführt. Die Lagerhalle überführt A vom Sonderbetriebsvermögen ins Privatvermögen und vermietet sie an B. Die Lagerhalle hat einen Buchwert von 50 000 € und einen gemeinen Wert von 70 000 €. Das Gesellschaftsvermögen der KG enthält stille Reserven von 800 000 €.

Fragen:
1. Liegt eine unentgeltliche Anteilsübertragung i. S. von § 6 Abs. 3 EStG vor mit der Folge, dass es bei A hinsichtlich der übertragenen Gesellschaftsbeteiligung zu keiner Gewinnrealisierung kommt?
2. Welche Steuerfolgen ergeben sich, wenn es sich bei dem von A zurückbehaltenen und ins Privatvermögen überführten Grundstück um keine wesentliche Betriebsgrundlage handelt?

Literaturhinweis: *Lehrbuch Einkommensteuer*, Rdn. 1741

 Lösung

Zu 1.:

Die unentgeltliche Übertragung eines Betriebs i. S. von § 6 Abs. 3 EStG setzt voraus, dass sämtliche wesentlichen Betriebsgrundlagen auf den Erwerber übergehen (BFH X R 74-75/90, BStBl 1994 II 15). Werden anlässlich der unentgeltlichen Übertragung eines

Betriebs Wirtschaftsgüter vom Übertragenden zurückbehalten, die zu den wesentlichen Betriebsgrundlagen gehören, liegt keine Betriebsübertragung im Ganzen, sondern eine Betriebsaufgabe vor (BFH IV R 8/99, BStBl 1990 II 428).

Auch für die unentgeltliche Übertragung eines Mitunternehmeranteils i. S. von § 6 Abs. 3 EStG ist zu fordern, dass alle diejenigen Wirtschaftsgüter des Sonderbetriebsvermögens auf den Erwerber mit übertragen werden, die für die Mitunternehmerschaft funktional wesentlich sind (BFH VIII B 21/93, BStBl 1995 II 890). Der Begriff des Mitunternehmeranteils i. S. von § 16 Abs. 1 EStG, § 6 Abs. 3 EStG umfasst nach der Rechtsprechung des BFH nicht nur den Anteil des Mitunternehmers am Vermögen der Gesellschaft, sondern auch etwaiges Sonderbetriebsvermögen (BFH VIII R 76/87, BStBl 1991 II 635). Daraus folgt, dass eine (gewinnrealisierende) Aufgabe eines Mitunternehmeranteils anzunehmen ist, wenn – wie vorliegend – anlässlich der unentgeltlichen Übertragung eines Gesellschaftsanteils Wirtschaftsgüter des Sonderbetriebsvermögens, die zu den wesentlichen Betriebsgrundlagen der Mitunternehmerschaft gehören, nicht auf den Erwerber des Gesellschaftsanteils übergehen, sondern vom ausscheidenden Gesellschafter in das Privatvermögen überführt werden. A entsteht somit ein Aufgabegewinn in Höhe von 420 000 €:

anteilige stille Reserven Gesellschaftsvermögen:	
$^1/_2$ von 800 000 € =	400 000 €
stille Reserven Sonderbetriebsvermögen	+ 20 000 €
	420 000 €

Der Aufgabegewinn ist begünstigt zu versteuern (§ 34 Abs. 1 oder 3 EStG).

Zu 2.:

Die Aufgabe eines Mitunternehmeranteils liegt im Falle der unentgeltlichen Anteilsübertragung nicht vor, wenn der bisherige Gesellschafter aus diesem Anlass einzelne Wirtschaftsgüter, die nicht zu den wesentlichen Betriebsgrundlagen gehören, veräußert oder in sein Privatvermögen übernimmt (BFH IV R 116/77, BStBl 1981 II 566). Die Entnahme des Grundstücks steht also der Wertung des Vorgangs als unentgeltliche Anteilsübertragung i. S. von § 6 Abs. 3 EStG in diesem Fall nicht entgegen. Das bedeutet, dass es bei A hinsichtlich des übertragenen Gesellschaftsvermögens zu keiner Gewinnrealisierung kommt, B muss den Buchwert des Gesellschaftsanteils des A fortführen (§ 6 Abs. 3 EStG).

Durch die Entnahme des nicht zu den wesentlichen Betriebsgrundlagen gehörenden Grundstücks entsteht A indes ein Gewinn. Bei diesem Gewinn handelt es sich um einen laufenden Gewinn, für den die tarifäre Ermäßigung (§ 34 EStG) nicht gewährt werden kann (BFH IV R 12/89, BStBl 1991 II, 566). Obwohl es sich um einen nicht begünstigten Gewinn handelt, unterliegt dieser nicht der Gewerbeertragsteuer (BFH IV R 93/85, BStBl 1988 II 374).

Fall 170
Unentgeltliche Übertragung eines Teils eines Mitunternehmeranteils unter Zurückbehaltung von Sonderbetriebsvermögen

Sachverhalt: An der X-OHG sind der 60 Jahre alte A und sein Sohn B als Gesellschafter je zur Hälfte beteiligt. Die Personengesellschaft betreibt in einem im Alleineigentum des A stehenden Fabrikationsgebäude, das eine wesentliche Betriebsgrundlage der OHG darstellt, eine Zimmerei.

Zum 1. 1. 01 überträgt A einen 30%igen OHG-Anteil unentgeltlich auf B, ist also anschließend nur noch zu 20 % an der OHG beteiligt. Das Fabrikationsgebäude wird nicht – auch nicht anteilig – mit übertragen, sondern bleibt im Alleineigentum des A. Das Fabrikationsgrundstück (Grund und Boden und Gebäude) enthält stille Reserven in Höhe von 100 000 €.

Das Kapitalkonto des A beträgt im Zeitpunkt der Übertragung des 30%igen OHG-Anteils 50 000 €. Das Gesellschaftsvermögen der OHG enthält stille Reserven von 1 Mio. €.

Frage: Liegt eine unentgeltliche Anteilsübertragung i. S. von § 6 Abs. 3 EStG vor?

Literaturhinweis: *Lehrbuch Einkommensteuer*, Rdn. 1741

➔ Lösung

Nach § 6 Abs. 3 Satz 1 EStG sind zwingend die Buchwerte fortzuführen, wenn ein (ganzer) Mitunternehmeranteil unentgeltlich auf eine natürliche Person übertragen wird. Die Buchwerte sind aber auch fortzuführen bei der unentgeltlichen Übertragung eines Teils eines Mitunternehmeranteils auf eine natürliche Person, wenn der bisherige Mitunternehmer

- Wirtschaftsgüter, die weiterhin zum Betriebsvermögen derselben Mitunternehmerschaft gehören, nicht überträgt und
- der Rechtsnachfolger (hier: B) den übernommenen Mitunternehmeranteil über einen Zeitraum von mindestens fünf Jahren nicht veräußert oder aufgibt (§ 6 Abs. 3 Satz 2 EStG).

Die genannte Vorschrift ermöglicht die unentgeltliche Übertragung eines Teils eines Gesellschaftsanteils, also von Gesamthandsvermögen, unter Zurückbehaltung des gesamten Sonderbetriebsvermögens. Auch eine disquotale Übertragung von Gesamthands- und Sonderbetriebsvermögen zu Buchwerten ist zulässig. B muss daher die Buchwerte des übernommenen 30%igen OHG-Anteils fortführen (BMF, BStBl 2005 I 458, Tz. 10).

Fall 171
Ermittlung des begünstigten Gewinns bei Einbringung eines Einzelunternehmens in eine Personengesellschaft zum Teilwert

Sachverhalt: A und B gründen eine OHG. Jeder verpflichtet sich, eine Einlage in Höhe von 300 000 € zu erbringen. A erfüllt seine Einlageverpflichtung, indem er seinen Gewerbebetrieb – mit Ausnahme seines Pkw – im Wert von 300 000 € (Buchwert: 100 000 €) in das Gesamthandsvermögen einbringt, B zahlt 300 000 € in bar ein.

Die aufnehmende Personengesellschaft setzt das eingebrachte Betriebsvermögen mit dem Teilwert an, so dass die Eröffnungsbilanz wie folgt aussieht.

Aktiva	Eröffnungsbilanz OHG		Passiva
Von A eingebrachtes		Kapitalkonto A	300 000 €
Betriebsvermögen	300 000 €	Kapitalkonto B	300 000 €
Bareinlage B	300 000 €		
	600 000 €		600 000 €

Seinen bisher zum Betriebsvermögen gehörenden Pkw, der einen Buchwert von 1 € hat, bringt A mit dem Teilwert von 10 000 € in sein Sonderbetriebsvermögen ein. Der Pkw wird in einer Sonderbilanz mit dem Teilwert von 10 000 € aktiviert.

Frage: In welcher Höhe ist der A entstehende Veräußerungsgewinn steuerbegünstigt?

Literaturhinweis: *Lehrbuch Einkommensteuer*, Rdn. 1683 ff.

▶ Lösung

Für die Höhe des Veräußerungsgewinns des Einbringenden ist maßgebend, mit welchem Wert das eingebrachte Betriebsvermögen „in der Bilanz" der Personengesellschaft und in den Ergänzungsbilanzen der Gesellschafter angesetzt wird (§ 24 Abs. 3 Satz 1 UmwStG). Zu einer Gewinnrealisierung kommt es, wenn die aufnehmende Personengesellschaft – wie vorliegend – das eingebrachte Betriebsvermögen mit dem Teilwert ansetzt. Der Ansatz zum Teilwert erfordert, dass sämtliche stille Reserven, auch der selbst geschaffene (originäre) Geschäfts- oder Praxiswert aufgedeckt werden (BFH I R 2/78, BStBl 1982 II 62). Einzubeziehen in den Ansatz der Sacheinlage sind auch die Wirtschaftsgüter, die bei der aufnehmenden Personengesellschaft Sonderbetriebsvermögen werden. Ein Ansatz zum Teilwert liegt nur vor, wenn auch diese Wirtschaftsgüter mit dem Teilwert angesetzt werden (BFH VIII R 32/77, BStBl 1981 II 419). Der Einbringungsgewinn muss auf der Grundlage einer Einbringungs- und einer Eröffnungsbilanz ermittelt werden (BFH IV R 88/80, BStBl 1984 II 518, und IV R 13/01, BStBl 2002 II 287).

Ein durch Teilwertansatz entstehender Gewinn gilt als laufender Gewinn, soweit der Einbringende selbst an der Personengesellschaft beteiligt ist (§ 24 Abs. 3 Satz 3 UmwStG, § 16 Abs. 2 Satz 3 EStG); im Übrigen ist der Einbringungsgewinn steuerbegünstigt (§§ 16, 34 EStG). Im Beispielsfall gilt der Einbringungsgewinn in Höhe von 200 000 €, der A bei der Einbringung des Betriebsvermögens in das Gesamthandsvermögen der

OHG entsteht, in Höhe von ½ von 200 000 € = 100 000 € als laufender Gewinn und in Höhe von 100 000 € als begünstigter Gewinn.

Ein bei der Einbringung zu Teilwerten im Sonderbetriebsvermögen des Einbringenden entstehender Gewinn ist nach § 24 Abs. 3 Satz 3 UmwStG nicht tarifbegünstigt (BFH IV R 54/99, BStBl 2001 II 178). Der Einbringungsgewinn in Höhe von 9 999 €, der A durch Einbringung seines Pkw in das Sonderbetriebsvermögen bei der aufnehmenden Personengesellschaft entsteht, gilt also in vollem Umfang als laufender Gewinn (§ 24 Abs. 3 Satz 3 UmwStG), da das hierdurch geschaffene zusätzliche Abschreibungsvolumen in vollem Umfang dem Einbringenden zugute kommt.

Anzumerken ist, dass der als „laufender Gewinn" geltende Teil des Einbringungsgewinns der Gewerbesteuer unterliegt (BFH VIII R 7/01, BStBl 2004 II 754).

Fall 172
Auflösung von steuerfreien Rücklagen anlässlich einer Betriebsveräußerung

Sachverhalt: Der 60 Jahre alte A veräußert am 31. 12. 01 seinen Gewerbebetrieb an B und erzielt hierbei einen Veräußerungsgewinn in Höhe von 140 200 €. Im Zeitpunkt der Betriebsveräußerung löst A eine im Vorjahr gebildete Rücklage für Ersatzbeschaffung in Höhe von 30 000 € gewinnerhöhend auf.

Frage: Erhöht die Auflösung der steuerfreien Rücklage den laufenden Gewinn oder den steuerbegünstigten Veräußerungsgewinn des A?

Literaturhinweis: *Lehrbuch Einkommensteuer*, Rdn. 1779 ff.

➔ Lösung

Steuerfreie Rücklagen (z. B. Rücklage für Ersatzbeschaffung, Rücklage nach § 6b EStG), die im Zeitpunkt der Betriebsveräußerung aufgelöst werden, erhöhen den steuerbegünstigten Veräußerungsgewinn und nicht etwa den laufenden Gewinn (BFH I R 201/73, BStBl 1975 II 848, und IV R 97/89, BStBl 1992 II 392). Sie wirken sich demnach auch auf die Höhe des Freibetrags nach § 16 Abs. 4 EStG aus. Da der Veräußerungsgewinn des A demnach (140 200 € + 30 000 € =) 170 200 € beträgt, errechnet sich für A folgender Freibetrag nach § 16 Abs. 4 EStG:

Uneingeschränkter Freibetrag	45 000 €
Ermäßigung um den Betrag, um den der Veräußerungsgewinn die Freibetragsgrenze von 136 000 € übersteigt: 170 200 € ./. 136 000 € =	34 200 €
zu gewährender Freibetrag	10 800 €

Der nach Abzug des Freibetrags verbleibende Veräußerungsgewinn in Höhe von (170 200 € ./. 10 800 € =) 159 400 € ist nach der Fünftel-Regelung oder auf Antrag mit dem ermäßigten Steuersatz zu versteuern (§ 34 Abs. 1 oder 3 EStG).

Fall 173
Bildung einer Rücklage nach § 6b EStG anlässlich einer Betriebsveräußerung

Sachverhalt: Ein 58 Jahre alter Gewerbetreibender erzielt aus der Veräußerung seines Betriebs einen Gewinn in Höhe von 160 000 €. In Höhe von 90 000 € bildet er zulässigerweise eine Rücklage nach § 6b EStG, so dass sich ein Restveräußerungsgewinn in Höhe von 70 000 € ergibt.

Frage: Ist der Veräußerungsgewinn – ggf. in welcher Höhe – steuerbegünstigt nach §§ 16, 34 EStG?

Lösung

Bildet ein Stpfl. anlässlich der Betriebsveräußerung eine Rücklage nach § 6b EStG, kann er die Rücklage unter bestimmten Voraussetzungen noch für die Zeit weiterführen, in der sie ohne Veräußerung des Betriebs zulässig gewesen wäre (R 41b Abs. 10 EStR 2005). Die Fünftel-Regelung oder der halbe Steuersatz können aber in einem solchen Fall für den (verbleibenden) Veräußerungsgewinn nicht gewährt werden (§ 34 Abs. 1 Satz 4, Abs. 3 Satz 6 EStG). Der Freibetrag nach § 16 Abs. 4 EStG steht dem Stpfl. jedoch zu. Zu beachten ist, dass im Hinblick auf die Grenze von 136 000 € auch der Teil des Freibetrags berücksichtigt werden muss, für den § 6b EStG in Anspruch genommen worden ist (BMF v. 22. 8. 1972, StEK § 6b Nr. 29).

Da der von A erzielte Veräußerungsgewinn von 160 000 € die Grenze von 136 000 € um 24 000 € überschritten hat, kann A nur ein Freibetrag nach § 16 Abs. 4 EStG von (45 000 € ./. 24 000 € =) 21 000 € gewährt werden. Der Restveräußerungsgewinn von 70 000 € bleibt daher auf Antrag in Höhe von 21 000 € steuerfrei. Der steuerpflichtige Teil des Veräußerungsgewinns in Höhe von 49 000 € unterliegt der Einkommensteuer zum Normaltarif.

Fall 174
Verkauf eines Einzelunternehmens an eine GmbH

Sachverhalt: A betreibt ein Modehaus als Einzelunternehmer. Durch notariellen Vertrag vom 22. 12. 01 gründet er zusammen mit seiner Ehefrau die X-GmbH. Die GmbH-Anteile gehören zum Privatvermögen. Mit einem weiteren Vertrag vom 22. 12. 01 verkauft A seinen Gewerbebetrieb zum 1. 1. 02 an die X-GmbH mit allen Aktiva und Passiva. Als Kaufpreis wird der Saldo zwischen den Buchwerten der Aktiva und Passiva, erhöht um 50 000 € als Entgelt für die im Anlagevermögen enthaltenen stillen Reserven, vereinbart. Der Kaufpreis wird dem A auf einem Darlehenskonto gutgeschrieben und verzinst. Für den im Betriebsvermögen des Einzelunternehmens enthaltenen selbst geschaffenen Geschäftswert in Höhe von 80 000 € wird kein Kaufpreis vereinbart.

A ist im Zeitpunkt der Betriebsveräußerung 56 Jahre alt.

Frage: Welche einkommensteuerlichen Folgen hat die Betriebsveräußerung für A?

Literaturhinweis: *Lehrbuch Einkommensteuer*, Rdn. 1686 ff.

Lösung

Wird ein Betrieb an eine Kapitalgesellschaft veräußert und erhält der veräußernde Gesellschafter von der Kapitalgesellschaft keine Vergütung für den übergehenden Geschäftswert, ist von einer Betriebsveräußerung auszugehen, bei der das Wirtschaftsgut „Firmenwert" nicht an die Kapitalgesellschaft veräußert, sondern aus dem bisherigen Betriebsvermögen entnommen und sogleich verdeckt in die Kapitalgesellschaft eingelegt wird (§ 6 Abs. 6 Satz 2 EStG; BFH VIII R 17/85, BStBl 1991 II 512, und IV R 121/91, BFH/NV 1993 S. 525). Die Folge dieser Betrachtungsweise ist, dass der eingelegte Geschäftswert in Höhe von 100 000 € aufzudecken und von A gem. § 16 Abs. 3 Satz 1 EStG zu versteuern ist. Der Annahme der Veräußerung des ganzen Gewerbebetriebs steht nicht entgegen, wenn einzelne Wirtschaftsgüter in zeitlichem Zusammenhang mit der Veräußerung in das Privatvermögen überführt oder – wie im vorliegenden Fall – anderen betriebsfremden Zwecken zugeführt werden. Die Vorschrift über die Betriebsaufgabe ergänzt insoweit den Veräußerungstatbestand des § 16 Abs. 1 EStG. Der von A realisierte Gewinn beläuft sich daher auf (50 000 € + 80 000 € =) 130 000 €. In Höhe von 45 000 € bleibt er auf Antrag steuerfrei (§ 16 Abs. 4 EStG); der steuerpflichtige Teil von 85 000 € ist entweder nach der Fünftel-Regelung oder auf Antrag mit dem ermäßigten Steuersatz zu versteuern (§ 34 Abs. 1 oder 3 EStG).

Fall 175
Behandlung des Firmenwerts bei Aufgabe eines verpachteten Betriebs

Sachverhalt: A betreibt einen Gewerbebetrieb. Ab dem 1. 1. 02 verpachtet er sein Unternehmen an B gegen eine Umsatzpacht von 5 %. A teilt dem Finanzamt mit, dass er die Verpachtung als Betriebsaufgabe (§ 16 Abs. 3 EStG) behandelt sehen will. Im Zeitpunkt der Betriebsaufgabe sind im Betriebsvermögen des A folgende stillen Reserven enthalten:

Abnutzbares Anlagevermögen	50 000 €
Betriebsgrundstück	200 000 €
	250 000 €

Der originäre Firmenwert beträgt 150 000 €.
A ist im Zeitpunkt der Betriebsaufgabe 54 Jahre alt.

Frage: Wie hoch ist der Betriebsaufgabegewinn des A?

Literaturhinweis: *Lehrbuch Einkommensteuer*, Rdn. 1584

Lösung

Ein Betriebsverpächter kann wählen, ob er die Verpachtung als Betriebsaufgabe i. S. des § 16 Abs. 3 EStG oder ob er den Betrieb als fortbestehend behandelt sehen will (R 139 Abs. 5 EStR 2003). Da A eine Betriebsaufgabeerklärung abgegeben hat, sind die Wirtschaftsgüter prinzipiell in das Privatvermögen überführt. Vorliegend entsteht ein nach §§ 16, 34 EStG begünstigter Aufgabegewinn. Bei der Ermittlung des Aufgabegewinns ist jedoch nach der Rechtsprechung des BFH der selbst geschaffene Firmenwert nicht anzusetzen, auch wenn dieser mit verpachtet wird (BFH VIII R 158/73, BStBl 1979 II 99; X R 49/87, BStBl 1989 II 606; X R 56/99, BFH/NV 1998 S. 314, und X R 58/93, BStBl II 2002, 387; BMF, BStBl 1984 I 461). Der von A erzielte Betriebsaufgabegewinn beläuft sich daher auf 250 000 €; er ist nach der Fünftel-Regelung zu versteuern (§ 34 Abs. 1 EStG).

Anzumerken ist noch Folgendes: Veräußert ein Stpfl. einen zunächst verpachteten Gewerbebetrieb, für den im Zeitpunkt der Verpachtung die Betriebsaufgabe erklärt worden ist, ist der auf den Geschäftswert entfallende Veräußerungspreis im Jahr der Veräußerung als laufender nachträglicher Gewinn aus Gewerbebetrieb (§§ 24 Nr. 2, 15 EStG) zu versteuern (BMF, BStBl 1984 I 461; BFH X R 56/99, BStBl 2002 II 387).

Fall 176
Umgestaltung der Betriebsräume bei Betriebsverpachtung

Sachverhalt: Kaufmann A hat sein Einzelhandelsgeschäft seit Jahren verpachtet, aber keine Betriebsaufgabe erklärt. Der Betrieb wurde als sog. ruhender Gewerbebetrieb fortgeführt. Nach einem Pächterwechsel im Jahr 04 gestaltet der neue Pächter durch Umbaumaßnahmen die Betriebsräume in einer Weise um, dass sie nicht mehr für den Einzelhandel des A genutzt werden können. Der Pächter betreibt in dem gepachteten Gebäude eine Diskothek. Im Betriebsvermögen des verpachteten Betriebs sind im Zeitpunkt der Umgestaltung der Betriebsräume stille Reserven in Höhe von 100 000 € enthalten.

Frage: Welche Rechtsfolgen ergeben sich für A im Hinblick auf die Umgestaltung der Betriebsräume?

Literaturhinweis: *Lehrbuch Einkommensteuer*, Rdn. 1714 f., 1957

Lösung

Der Verpächter eines Gewerbebetriebs hat steuerlich ein außerordentlich interessantes Wahlrecht. Er kann bei Beginn der Verpachtung oder später erklären, dass er den Betrieb verpachtet habe, weil er ihn aufgeben wolle. Dann ist die Verpachtung eine Betriebsaufgabe, die Wirtschaftsgüter des Betriebs werden mit der Aufgabeerklärung prinzipiell Privatvermögen, die hierbei aufgedeckten stillen Reserven werden als Betriebsaufgabegewinn erfasst und auf Antrag begünstigt versteuert (§§ 16, 34 EStG).

Gibt der Verpächter anlässlich der Verpachtung keine Betriebsaufgabeerklärung ab oder erklärt er ausdrücklich, dass er den Betrieb nicht aufgeben wolle, gilt der bisherige Betrieb einkommensteuerrechtlich als fortbestehend, er wird nur in anderer Form als bisher genutzt. In diesem Fall bleiben die verpachteten Wirtschaftsgüter auch nach der Einstellung der gewerblichen Betätigung gewerbliches Betriebsvermögen des bisherigen Betriebsinhabers (sog. gewerbliche Betriebsverpachtung; zu diesem Begriff vgl. BFH IV B 9/95, BFH/NV 1996 S. 213). Der Verpächter bezieht weiterhin gewerbliche Einkünfte (§ 15 EStG), die allerdings nicht mehr der Gewerbesteuer unterliegen, weil die Gewerbesteuer nur „werbende" Betriebe erfasst und mit der Betriebsverpachtung die „werbende" Tätigkeit des bisherigen Betriebsinhabers beendet ist. Die im verpachteten Betriebsvermögen enthaltenen stillen Reserven unterliegen erst der Einkommensteuer, wenn der Betrieb veräußert oder aufgegeben wird.

Die Betriebsfortführung als sog. ruhender Gewerbebetrieb setzt zweierlei voraus:

- zum einen – in subjektiver Hinsicht – den Willen des Verpächters, den verpachteten Betrieb wieder aufzunehmen,
- zum anderen – in objektiver Hinsicht – die Möglichkeit, diesen Willen zu verwirklichen, wenn es die zurückbehaltenen Wirtschaftsgüter erlauben, den Betrieb innerhalb eines überschaubaren Zeitraums in gleichartiger oder ähnlicher Weise wieder aufzunehmen (BFH X R 48/95, BFH/NV 2002 S. 153).

Eine Wiederaufnahmemöglichkeit fehlt oder entfällt, wenn der Betrieb als Ganzes oder hinsichtlich seiner wesentlichen Betriebsgrundlagen in tatsächlicher Hinsicht derart umgestaltet wird, dass eine Nutzung durch den Verpächter in der bisherigen Form nicht mehr möglich ist (BFH IX R 22/98, BFH/NV 2002 S. 16). Werden also bei Pachtbeginn oder während der Pachtzeit die wesentlichen Betriebsgrundlagen des verpachteten Gewerbebetriebs so umgestaltet, dass sie nicht mehr in der bisherigen Form genutzt werden können, ist eine Aufgabe des Gewerbebetriebs anzunehmen (BFH I R 84/79, BStBl 1983 II 412). Die Umgestaltung ist als Betriebsaufgabehandlung anzusehen. Die identitätswahrende Fortführung des Betriebs ist an den Fortbestand verpachteter wesentlicher Betriebsgrundlagen gebunden. Werden diese so umgestaltet, dass sie nicht mehr in der bisherigen Form genutzt werden können, entfällt die Möglichkeit der Betriebsfortführung; der Verpächter stellt die unternehmerische Tätigkeit endgültig ein; der Pächter eröffnet dann einen neuen Betrieb (BFH X R 31/95, BStBl 1997 II 561, und IV R 20/02, BFH/NV 2001 S. 16). Ohne Bedeutung ist, ob die Umgestaltung durch den Pächter oder durch den Verpächter im Interesse des Pächters vorgenommen wird. Vorliegend hat die Umgestaltung der Betriebsräume steuerlich zur Folge, dass es im Zeitpunkt der Umgestaltung der Betriebsräume zur Betriebsaufgabe kommt (§ 16 Abs. 3 EStG). A entsteht im Jahr 04 ein steuerbegünstigter Betriebsaufgabegewinn in Höhe von 100 000 € (§ 34 EStG).

Die Annahme einer Betriebsverpachtung im Fall der Verpachtung nur des Betriebsgebäudes scheitert allerdings nicht bereits daran, dass das mietende Unternehmen einer anderen Branche angehört (BFH IV R 20/02, BStBl 2004 II 10, und III R 1/03, BFH/NV 2004 S. 1231). Das gilt jedenfalls bei Groß- und Einzelhandelsunternehmen sowie bei Hotel- und Gaststättenbetrieben – im Gegensatz zum produzierenden Gewerbe –, weil bei diesen Unternehmen das Betriebsgrundstück die alleinige Betriebsgrundlage darstellt (BFH VIII R 72/96, BStBl 2002 II 722). Wird also in diesen Fällen das Betriebsgrundstück – ohne wesentliche Umgestaltung – an ein branchenfremdes Unternehmen vermietet, steht dem Stpfl. das Verpächterwahlrecht zu.

Fall 177
Freibetrag bei einer sich über zwei Veranlagungszeiträume erstreckenden Betriebsaufgabe

Sachverhalt: Der im Juni 1949 geborene A betreibt einen Handwerksbetrieb. Am 31. 1. 2004 stellte er seinen Betrieb ein. Zum Betriebsvermögen gehörten zwei bebaute Grundstücke, die als wesentliche Betriebsgrundlagen anzusehen sind. A veräußerte das Grundstück 1 im Februar 2004 an den Gewerbetreibenden B, das Grundstück 2 im Januar 2005 an den Kaufmann C. A erzielt anlässlich der Betriebsaufgabe, vor allem aus dem Verkauf der beiden Grundstücke, einen Gewinn in Höhe von insgesamt 120 000 €, der in Höhe von 40 000 € auf das Jahr 2004 entfällt.

Frage: Steht A ein Freibetrag nach § 16 Abs. 4 EStG zu?

Literaturhinweis: *Lehrbuch Einkommensteuer,* Rdn. 1791

➤ Lösung

Eine Betriebsaufgabe kann sich – prinzipiell anders als die punktuelle Veräußerung eines Gewerbebetriebs (§ 16 Abs. 1 EStG) – auch über einen Zeitraum erstrecken, so dass die Gewinne aus einer Betriebsaufgabe in mehreren Veranlagungszeiträumen anfallen können (BFH IV R 97/89, BStBl 1992 II 392). Es darf sich jedoch nur um einen „kurzen" Zeitraum handeln, wenn noch eine steuerbegünstigte Betriebsaufgabe angenommen werden soll. Fraglich ist, zu welchem Zeitpunkt bei einer sich auf mehrere Monate erstreckenden Betriebsaufgabe das 55. Lebensjahr vollendet sein muss.

Der BFH hat stets anerkannt, dass die Betriebsaufgabe einer gewissen Zeit bedarf und daher der anzuerkennende Zeitraum nicht zu eng bemessen werden darf (BFH VI 118-199/65, BStBl 1967 III 70, 72). Welcher Zeitraum noch kurz ist, lässt sich nicht schematisch bestimmen, sondern hängt von den Umständen des Einzelfalls ab. Eine Frist von sechs Monaten ist auf jeden Fall unschädlich (BFH IV R 19/92, BFH/NV 1994 S. 540).

Bei einer Betriebsaufgabe muss der Stpfl. im Zeitpunkt der Beendigung der Betriebsaufgabe das 55. Lebensjahr vollendet haben (so m. E. zutreffend *Kanzler,* FR 1995 S. 851, und *Wendt,* FR 2000 S. 1199, 1201). Die Betriebsaufgabe ist in dem Zeitpunkt beendet, in dem das letzte Wirtschaftsgut, das zu den wesentlichen Betriebsgrundlagen gehört, veräußert oder in das Privatvermögen überführt wird (BFH X R 77-79/90, BFH/NV 1992 S. 659). Da A im Zeitpunkt der Veräußerung der letzten wesentlichen Betriebsgrundlage, d. h. des Grundstücks 2, das 55. Lebensjahr vollendet hat, kann ihm auf Antrag ein Freibetrag von 45 000 € gewährt werden. Der Freibetrag ist also insgesamt nur einmal zu gewähren (BFH GrS 2/92, BStBl 1993 II 897, 902). Er ist zunächst von dem im ersten Veranlagungszeitraum (2004) angefallenen Aufgabegewinn und – soweit noch nicht verbraucht – im folgenden Veranlagungszeitraum (2005) abzuziehen (so *Schmidt/Wacker,*

EStG, 24. Aufl. 2005, § 16 Rz. 584). Nach anderer Auffassung ist der Freibetrag nach dem Verhältnis der in den einzelnen Veranlagungszeiträumen erzielten Teile des Gesamtgewinns oder antragsgemäß aufzuteilen (vgl. *Kanzler,* FR 1995 S. 851 f.). Höchstrichterlich ist diese Frage – soweit ersichtlich – noch nicht entschieden.

Fall 178
Einmalige Gewährung des Freibetrags

Sachverhalt: Der 60 Jahre alte Einzelgewerbetreibende A hat im Jahr 1995 seinen Gewerbebetrieb veräußert und für den Veräußerungsgewinn den damals geltenden Freibetrag in Anspruch genommen. Im Jahr 2004 veräußert A

- einen gewerblichen Teilbetrieb (Veräußerungsgewinn: 40 000 €) und
- einen Mitunternehmeranteil an der X-KG (Veräußerungsgewinn: 30 000 €).

A beantragt, den Gewinn aus der Veräußerung des Teilbetriebs in Höhe von 40 000 € sowie 5 000 € des Gewinns aus der Veräußerung des Mitunternehmeranteils steuerfrei zu lassen.

Frage: In welcher Höhe steht A der Freibetrag nach § 16 Abs. 4 EStG zu?

Literaturhinweis: *Lehrbuch Einkommensteuer,* Rdn. 1794 ff.

▶ Lösung

Der Freibetrag nach § 16 Abs. 4 EStG ist dem Stpfl. nur einmal zu gewähren (§ 16 Abs. 4 Satz 2 EStG). „Einmal" bedeutet in diesem Zusammenhang: Nur einmal im Leben für ein „Objekt", auch wenn der Stpfl. mehrere Betriebe, Teilbetriebe hat (OFD Saarbrücken, DStR 1997 S. 1165) oder an mehreren Personengesellschaften als Mitunternehmer beteiligt ist.

Der Freibetrag kann nur einmal im Leben gewährt werden, dafür aber in voller Höhe, auch wenn „nur" ein Teilbetrieb oder Mitunternehmeranteil veräußert wird. Veräußerungs- und Aufgabefreibeträge, die für Veräußerungen oder Aufgaben vor dem 1. 1. 1996 in Anspruch genommen wurden, werden nicht angerechnet (§ 52 Abs. 34 Satz 5 EStG). Hat der Stpfl. in einem Veranlagungszeitraum mehrere selbständige Betriebe oder einen Teilbetrieb und einen Mitunternehmeranteil veräußert, kann er dennoch den Freibetrag nur einmal beanspruchen, er hat jedoch ein Wahlrecht, bei welchem Objekt er den Freibetrag abziehen will (R 139 Abs. 13 Satz 7 EStR 2003). Nicht verbrauchte Teile des Freibetrags können nicht bei einer anderen Veräußerung in Anspruch genommen werden (R 139 Abs. 13 Satz 4 EStR 2003). A kann daher nur ein Freibetrag von maximal 40 000 € gewährt werden; der Gewinn aus der Teilbetriebsveräußerung bleibt steuerfrei.

Fall 179
Freibetrag bei Veräußerung des ganzen Gewerbebetriebs einer Personengesellschaft

Sachverhalt: Die X-OHG, an der A und B zu je 50 % beteiligt sind, veräußert am 31. 12. 01 ihren Gewerbebetrieb und erzielt hierbei einen Veräußerungsgewinn in Höhe von 160 000 €, der je zur Hälfte auf A und B entfällt. Zum Zeitpunkt der Betriebsveräußerung hat nur B das 55. Lebensjahr vollendet.

Fragen:
1. Wie hoch sind die A und B zu gewährenden Freibeträge nach § 16 Abs. 4 EStG?
2. Ist im Rahmen der gesonderten und einheitlichen Gewinnfeststellung der OHG oder im Rahmen der Einkommensteuerveranlagungen der Gesellschafter über die Höhe des Freibetrags zu entscheiden?

Literaturhinweis: *Lehrbuch Einkommensteuer*, Rdn. 1794 ff.

Lösung

Zu 1.:
Bei der Veräußerung des ganzen Gewerbebetriebes einer Personengesellschaft steht den einzelnen Mitunternehmern für ihren Anteil am Veräußerungsgewinn ein Freibetrag nur zu, wenn sie in ihrer Person die Voraussetzungen für die Gewährung des Freibetrags erfüllen (§ 16 Abs. 4 EStG). Erfüllt – wie hier – nur einer der Mitunternehmer die Voraussetzungen für den Freibetrag, kann der Freibetrag auch nur diesem Mitunternehmer gewährt werden:

Freibetrag A: 0 €
Der Veräußerungsgewinnanteil des A in Höhe von 80 000 € wird nach der Fünftel-Regelung besteuert (§ 34 Abs. 1 EStG).
Freibetrag B: 45 000 €
Vom Veräußerungsgewinnanteil des B in Höhe von 80 000 € bleiben auf Antrag 45 000 € steuerfrei, der steuerpflichtige Teil in Höhe von 80 000 € ./. 45 000 € = 35 000 € wird nach der Fünftel-Regelung oder auf Antrag mit dem ermäßigten Steuersatz besteuert (§ 34 Abs. 1 oder 3 EStG).

Zu 2.:
In der Praxis der Finanzämter wird im Rahmen der gesonderten und einheitlichen Gewinnfeststellung nur die Höhe des auf den Gesellschafter entfallenden Veräußerungsgewinns festgestellt. Der steuerfrei bleibende Teil des Veräußerungsgewinns wird dann bei der Einkommensteuerveranlagung des Gesellschafters nach Maßgabe seiner persönlichen Verhältnisse berücksichtigt (R 139 Abs. 13 EStR 2003). Dieses Verfahren ist von der Rechtsprechung ausdrücklich gebilligt worden (BFH IV R 12/81, BStBl 1986 II 811).

Fall 180
Freibetrag wegen dauernder Berufsunfähigkeit

Sachverhalt: A ist die Alleinerbin ihres am 31. 1. 02 im Alter von 56 Jahren verstorbenen Ehemannes. Dieser war selbständig als Steuerberater tätig gewesen. Im Januar 02 hat er einen Herzinfarkt erlitten, an dessen Folgen er verstarb. Die 50 Jahre alte A, die selbst nicht über die berufsrechtlichen Voraussetzungen zur Fortführung der Steuerberaterpraxis verfügt, veräußerte diese Praxis mit Wirkung vom 1. 5. 02 an einen anderen Steuerberater; sie erzielte einen Veräußerungsgewinn in Höhe von 130 000 €.
Frage: Steht A der Freibetrag nach § 16 Abs. 4 EStG für den Veräußerungsgewinn zu?
Literaturhinweis: *Lehrbuch Einkommensteuer*, Rdn. 1794

▶ Lösung

Der Freibetrag wird – unabhängig vom Lebensalter des Stpfl. – auch gewährt, wenn der Stpfl. im Zeitpunkt der Veräußerung oder Aufgabe „im sozialversicherungsrechtlichen Sinne" dauernd berufsunfähig ist (§ 16 Abs. 4 Satz 1 EStG). Der Gesetzgeber will mit dem Freibetrag wegen dauernder Berufsunfähigkeit bei solchen Stpfl. Härten mildern, die infolge dauernder Berufsunfähigkeit ihren Betrieb, Teilbetrieb oder Mitunternehmeranteil veräußern. Die Gewährung des Freibetrags setzt voraus, dass der veräußernde Stpfl. (Unternehmer, Freiberufler) im Zeitpunkt der Veräußerung dauernd berufsunfähig im sozialversicherungsrechtlichen Sinne ist.

Das Ableben eines Freiberuflers führt weder zu einer Betriebsaufgabe (§ 16 Abs. 3 EStG, § 18 Abs. 3 EStG) noch geht das der freiberuflichen Tätigkeit dienende Betriebsvermögen durch Erbfall in das Privatvermögen der Erben über (BFH IV R 29/91, BStBl 1993 II 36). Vorliegend hat A die Praxis veräußert. Ihr steht kein Freibetrag zu, weil die Voraussetzungen der dauernden Berufsunfähigkeit in ihrer Person nicht vorliegen; rechtlich unerheblich ist, dass A aus rechtlichen oder tatsächlichen Gründen nicht in der Lage ist, die freiberufliche Praxis selbst weiterzuführen (BFH X R 26/90, BFH/NV 1991 S. 813).

Fall 181
Ausfall der aufgrund einer Betriebsveräußerung entstandenen Kaufpreisforderung

Sachverhalt: Der 62 Jahre alte Einzelgewerbetreibende A veräußert am 31. 12. 01 seinen Gewerbebetrieb für 320 000 € an B. Das steuerliche Kapitalkonto des A beträgt im Zeitpunkt der Veräußerung 100 000 €. Käufer und Verkäufer vereinbaren, dass der Kaufpreis in Höhe von 320 000 € in zwei Jahresraten von je 160 000 € entrichtet werden kann: die erste Rate wird am 31. 12. 01 fällig, die zweite Rate am 31. 12. 02. Auf eine Verzinsung der zweiten Rate wird verzichtet.

Das Finanzamt setzt bei der Einkommensteuerveranlagung 01 den Veräußerungsgewinn auf Antrag des A wie folgt an:

Veräußerungspreis	320 000 €
./. Kapitalkonto	./. 100 000 €
nach § 34 Abs. 3 EStG tarifermäßigt zu besteuernder Veräußerungsgewinn	220 000 €

Ende 02 beantragt der Käufer des Betriebs die Eröffnung des Insolvenzverfahrens. A fällt mit der am 31. 12. 02 fälligen Restkaufpreisforderung von 160 000 € aus.

Frage: Wie wirkt sich der Ausfall der Restkaufpreisforderung bei A steuerlich aus?
Literaturhinweis: *Lehrbuch Einkommensteuer*, Rdn. 1787

➔ Lösung

Der nachträgliche Ausfall der aufgrund einer Betriebsveräußerung entstandenen Kaufpreisforderung führt nach dem Beschluss des Großen Senats des BFH (GrS 2/92, BStBl 1993 II 897) zu einer rückwirkenden Änderung des Veräußerungsgewinns. Der Große Senat ist der Ansicht, dass in den Fällen, in denen die gestundete Kaufpreisforderung für die Veräußerung eines Gewerbebetriebs in einem späteren Veranlagungszeitraum ganz oder teilweise uneinbringlich wird, dies ein Ereignis mit steuerlicher Rückwirkung auf den Zeitpunkt der Veräußerung darstellt (§ 175 Abs. 1 Satz 1 Nr. 2 AO). Der Vorgang ist danach noch dem betrieblichen Bereich zuzuordnen.

Diese Betrachtung hat hier zur Folge, dass die Einkommensteuerveranlagung 01 des A nach der genannten Vorschrift zu ändern ist. Bei der geänderten Veranlagung ist der Veräußerungsgewinn – ausgehend von einem Veräußerungserlös in Höhe von nur 160 000 € – wie folgt anzusetzen:

berichtigter Veräußerungspreis	160 000 €
./. Kapitalkonto	./. 100 000 €
berichtigter Veräußerungsgewinn	60 000 €
./. Freibetrag (§ 16 Abs. 4 EStG)	./. 45 000 €
nach § 34 Abs. 3 EStG tarifermäßigt zu besteuernder Veräußerungsgewinn	15 000 €

V. Veräußerung von Anteilen an Kapitalgesellschaften (§ 17 EStG)

Fall 182
Veräußerung einer GmbH-Beteiligung nach unentgeltlichem Erwerb

Sachverhalt: A ist an der X-GmbH, deren Wirtschaftsjahr mit dem Kalenderjahr übereinstimmt, seit deren Gründung im Jahr 1998 zu 50 % beteiligt. Die Anschaffungskosten der GmbH-Anteile haben umgerechnet 50 000 € betragen. Im Jahr 2004 übertrug A einen 5%igen Anteil unentgeltlich auf seinen Sohn B. Dieser veräußert den – zu seinem Privatvermögen gehörenden – 5%igen Anteil im Jahr 2005 für 10 000 € an C. Die B entstandenen Veräußerungskosten betragen 1 000 €.

Frage: Welche einkommensteuerlichen Folgen ergeben sich für B aufgrund der Anteilsveräußerung?
Literaturhinweis: *Lehrbuch Einkommensteuer*, Rdn. 1823 ff.

▶ Lösung

Zu den Einkünften aus Gewerbebetrieb gehört auch der Gewinn aus der Veräußerung von Anteilen an einer Kapitalgesellschaft, wenn

- die Anteile zum Privatvermögen gehören und
- der Veräußerer in den letzten fünf Jahren am Kapital der Gesellschaft unmittelbar oder mittelbar zu mindestens 1 % beteiligt war (§ 17 Abs. 1 Satz 1 EStG).

Hat der Veräußerer den veräußerten Anteil innerhalb der letzten fünf Jahre vor der Veräußerung – wie hier B – unentgeltlich erworben, genügt es für die Anwendung des § 17 Abs. 1 Satz 1 EStG, wenn der Veräußerer zwar nicht selbst, aber sein Rechtsvorgänger innerhalb der letzten fünf Jahre an der Kapitalgesellschaft zu mindestens 1 % beteiligt war (§ 17 Abs. 1 Satz 4 EStG).

Gewinne aus der Veräußerung von Anteilen an einer inländischen Kapitalgesellschaft, deren Wirtschaftsjahr mit dem Kalenderjahr übereinstimmt, nach dem 31. 12. 2001 unterliegen dem Halbeinkünfteverfahren (§ 3 Nr. 40 i. V. m. § 3c Abs. 2 EStG), wenn die Anteile einer natürlichen Person zuzurechnen sind. Hat die inländische Kapitalgesellschaft ein vom Kalenderjahr abweichendes Wirtschaftsjahr, verschiebt sich die erstmalige Anwendung des Halbeinkünfteverfahrens auf Veräußerungen nach Ende des Wirtschaftsjahres 2001/2002. Für Veräußerungsgewinne, die dem Halbeinkünfteverfahren unterliegen, gibt es zwar den Steuerfreibetrag nach § 17 Abs. 3 EStG, aber nicht die Tarifbegünstigung nach § 34 Abs. 1 oder 3 EStG (§ 34 Abs. 2 Nr. 1 EStG). Der Freibetrag bezieht sich auf den steuerpflichtigen Gewinn (R 140 Abs. 9 EStR 2003).

B entsteht aufgrund der Veräußerung des 5%igen Anteils im Jahr 2005 folgender Veräußerungsgewinn:

Veräußerungspreis	10 000 €	
steuerfrei nach § 3 Nr. 40 Buchst. c EStG: 50 %	./. 5 000 €	
steuerpflichtig	5 000 €	5 000 €
Veräußerungskosten	1 000 €	
nicht abziehbar: 50 %	./. 500 €	
abziehbar nach § 3c Abs. 2 EStG: 50 %	500 €	./. 500 €
		4 500 €
Anschaffungskosten der 5%-GmbH-Beteiligung	5 000 €	
nicht abziehbar: 50 %	./. 2 500 €	
abziehbar nach § 3c Abs. 2 EStG: 50 %	2 500 €	./. 2 500 €
steuerpflichtiger Veräußerungsgewinn B nach § 17 Abs. 2 Satz 1 EStG		2 000 €

Der steuerpflichtige Veräußerungsgewinn wird ab Veranlagungszeitraum 2004 zur Einkommensteuer nur herangezogen, soweit er den Teil von 9 060 € (bis 2003: 10 300 €)

übersteigt, der dem veräußerten Anteil an der Kapitalgesellschaft entspricht (§ 17 Abs. 3 Satz 1 EStG). Der Freibetrag ermäßigt sich ab Veranlagungszeitraum 2004 um den Betrag, um den der Veräußerungsgewinn den Teil von 36 100 € (bis 2003: 41 000 €) übersteigt, der dem veräußerten Anteil an der Kapitalgesellschaft entspricht (§ 17 Abs. 3 Satz 2 EStG). Da B nur eine 5%ige Beteiligung veräußert hat, beläuft sich der Freibetrag auf 5 % von 9 060 € = 453 €. Eine Kürzung des Freibetrags nach § 17 Abs. 3 Satz 2 EStG von 453 € ist erforderlich, weil der steuerpflichtige Veräußerungsgewinn in Höhe von 2 000 € die Freibetragsgrenze von 5 % von 36 100 € = 1 805 € um 195 € übersteigt. Der Veräußerungsgewinn ist daher in Höhe von 2 000 € ./. 258 € = 1 742 € als Einkünfte aus Gewerbebetrieb zu versteuern.

Fall 183
Relevante Beteiligung bei eigenen Anteilen der Kapitalgesellschaft

Sachverhalt: A ist mit 5 000 € am Stammkapital der X-GmbH von 1 Mio. € beteiligt. Einen Geschäftsanteil in Höhe von 500 000 € besitzt die GmbH als eigenen Anteil. Der von A gehaltene Anteil, dessen Anschaffungskosten 5 000 € betragen haben, gehört zum Privatvermögen. A veräußert 2004 seinen GmbH-Anteil für 8 000 €.

Frage: Führt die Veräußerung des Gesellschaftsanteils bei A zu Einkünften aus Gewerbebetrieb?

Literaturhinweis: *Lehrbuch Einkommensteuer*, Rdn. 1823 f., 1812

▶ Lösung

Werden von einer Kapitalgesellschaft eigene Anteile gehalten, ist bei der Entscheidung, ob ein Stpfl. zu mindestens 1 % beteiligt ist, von dem um die eigenen Anteile der Kapitalgesellschaft verminderten Nennkapital auszugehen, weil die sog. eigenen Anteile die Rechtsstellung der übrigen Anteilsinhaber nicht schmälern (BFH IV R 138/69, BStBl 1971 II 89, und VIII R 36/96, BFH/NV 1998 S. 691; H 140 Abs. 2 „Eigene Anteile" EStH). An dem um die eigenen Anteile der GmbH verminderten Nennkapital von (1 Mio. € ./. 500 000 € =) 500 000 € ist A zu 1 % beteiligt. Der von A erzielte Veräußerungsgewinn unterliegt deshalb als Einkünfte aus Gewerbebetrieb der Einkommensteuer. Der steuerpflichtige Veräußerungsgewinn, der dem Halbeinkünfteverfahren unterliegt, errechnet sich wie folgt:

Veräußerungspreis	8 000 €	
steuerfrei nach § 3 Nr. 40 Buchst. c EStG: 50 %	./. 4 000 €	
steuerpflichtig	4 000 €	4 000 €
Anschaffungskosten der GmbH-Beteiligung	5 000 €	
nicht abziehbar: 50 %	./. 2 500 €	
abziehbar nach § 3c Abs. 2 EStG: 50 %	2 500 €	./. 2 500 €

steuerpflichtiger Veräußerungsgewinn A nach § 17 Abs. 2
Satz 1 EStG 1 500 €

Fall 184
Zeitpunkt der Entstehung eines Veräußerungsgewinns nach § 17 EStG

Sachverhalt: A ist an der X-GmbH, deren Stammkapital 100 000 € beträgt, zu 30 % beteiligt. Das Wirtschaftsjahr der GmbH ist mit dem Kalenderjahr identisch. Die Anschaffungskosten des Gesellschaftsanteils, der zum Privatvermögen des A gehört, haben 30 000 € betragen. A hat den GmbH-Anteil am 1. 7. 2001 erworben.

Mit notariellem Vertrag vom 28. 12. 2005 verkauft und überträgt A seinen Anteil an der X-GmbH auf B. Als Kaufpreis werden 60 000 € vereinbart, die der Erwerber am 20. 1. 2006 an A auszahlt.

Frage: In welchem Kalenderjahr muss A den Veräußerungsgewinn versteuern?

Literaturhinweis: *Lehrbuch Einkommensteuer*, Rdn. 1827 ff.

➧ Lösung

Nach der ständigen Rechtsprechung des BFH ist die Gewinnermittlung nach § 17 Abs. 2 EStG nicht nach dem Zuflussprinzip des § 11 EStG vorzunehmen. Da Gewinne nach § 17 EStG gewerbliche Einkünfte darstellen, gelten hinsichtlich der Gewinnrealisierung die allgemeinen Gewinnermittlungsvorschriften. Danach ist ausgeschlossen, bei der Besteuerung eines Veräußerungsgewinns i. S. von § 17 EStG auf den Zeitpunkt der Zahlung des Kaufpreises abzustellen, also auf den Zeitpunkt, der bei den Überschusseinkünften und bei der Gewinnermittlung durch Gegenüberstellung der Betriebseinnahmen und Betriebsausgaben nach § 4 Abs. 3 EStG prinzipiell maßgeblich ist. Maßgebender Zeitpunkt der Gewinn- oder Verlustrealisierung ist derjenige, zu dem bei einer Gewinnermittlung durch Betriebsvermögensvergleich nach handelsrechtlichen Grundsätze ordnungsmäßiger Buchführung der Gewinn oder Verlust realisiert wäre. Der Gewinn aus der Veräußerung von Anteilen an einer Kapitalgesellschaft i. S. von § 17 Abs. 1 EStG entsteht also in dem Zeitpunkt, in dem das rechtliche oder zumindest das wirtschaftliche Eigentum an den Anteilen vom Veräußerer auf den Erwerber übergeht (BFH IV R 113/81, BStBl 1983 II 640; VIII R 20/84, BStBl 1985 II 428, und IV R 226/85, BStBl 1988 II 832). A muss daher den Veräußerungsgewinn bereits im Jahr 2005 versteuern. Auf den Veräußerungsgewinn ist das Halbeinkünfteverfahren anzuwenden:

Veräußerungspreis	60 000 €	
steuerfrei nach § 3 Nr. 40 Buchst. c EStG: 50 %	./. 30 000 €	
steuerpflichtig	30 000 €	30 000 €
Anschaffungskosten der GmbH-Beteiligung	30 000 €	
nicht abziehbar: 50 %	./. 15 000 €	

abziehbar nach § 3c Abs. 2 EStG: 50 %	15 000 €	./. 15 000 €
steuerpflichtiger Veräußerungsgewinn A nach § 17 Abs. 2 Satz 1 EStG		15 000 €

Fall 185
Veräußerung einer GmbH-Beteiligung teils innerhalb, teils außerhalb der Spekulationsfrist

Sachverhalt: A ist seit dem 1. 12. 2004 zu 40 % an der X-GmbH beteiligt, deren Stammkapital 100 000 € beträgt. Die Anschaffungskosten des Gesellschaftsanteils, der zum Privatvermögen des A gehört, haben 40 000 € betragen. A verkauft und überträgt

a) mit notariellem Vertrag vom 15. 11. 2005 einen 20 %igen Anteil für 50 000 € an B,

b) mit notariellem Vertrag vom 15. 12. 2005 seinen restlichen 20%igen Anteil für 50 000 € an C.

Der Kaufpreis in Höhe von jeweils 50 000 € geht im Januar 2006 auf einem Konto des A ein.

Frage: Welche einkommensteuerlichen Folgen ergeben sich für A im Zusammenhang mit der Veräußerung der Gesellschaftsanteile?

Literaturhinweis: *Lehrbuch Einkommensteuer*, Rdn. 1840, 2197

➤ Lösung

§ 23 EStG hat Vorrang vor § 17 EStG. Demgemäß ist § 17 EStG nicht anwendbar, wenn Anteile an einer Kapitalgesellschaft innerhalb von einem Jahr nach der Anschaffung wieder veräußert werden (§ 23 Abs. 2 Satz 2 EStG). In diesem Fall liegt ein privates Veräußerungsgeschäft i. S. der §§ 22 Nr. 2, 23 EStG vor.

Im Fall a) ist der von A erzielte Veräußerungsgewinn als Gewinn aus einem privaten Veräußerungsgeschäft (sog. Spekulationsgewinn) zu versteuern (§ 23 EStG), allerdings erst im Jahr 2006, da für sog. Spekulationsgeschäfte das Zu- und Abflussprinzip des § 11 EStG gilt. Der Veräußerungsgewinn unterliegt dem Halbeinkünfteverfahren, wird also nur zur Hälfte besteuert. Die andere Hälfte ist steuerfrei. Der steuerpflichtige Veräußerungsgewinn, der als Gewinn aus einem privaten Veräußerungsgeschäft zu versteuern ist, errechnet sich wie folgt:

Veräußerungspreis	50 000 €	
steuerfrei nach § 3 Nr. 40 Buchst. c EStG: 50 %	./. 25 000 €	
steuerpflichtig	25 000 €	25 000 €
Anschaffungskosten der GmbH-Beteiligung	20 000 €	
nicht abziehbar: 50 %	./. 10 000 €	
abziehbar nach § 3c Abs. 2 EStG: 50 %	10 000 €	./. 10 000 €

steuerpflichtiger Veräußerungsgewinn nach
§§ 22 Nr. 2, 23 EStG   15 000 €

Im Fall b) ist die Veräußerung außerhalb der Spekulationsfrist von einem Jahr erfolgt, so dass der Gewinn nach § 17 EStG zu versteuern ist, und zwar im Jahr 2005, weil Zeitpunkt der Gewinnverwirklichung i. S. von § 17 EStG der Zeitpunkt der Veräußerung ist (BFH VIII R 95/85, BFH/NV 1986 S. 731). Der dem Halbeinkünfteverfahren unterliegende Gewinn in Höhe von ebenfalls 15 000 € ist daher im Jahr 2005 als gewerbliche Einkünfte zu versteuern.

Fall 186
Höhe des Freibetrags bei Gewinnen aus der Veräußerung von Anteilen an Kapitalgesellschaften

Sachverhalt: A ist seit dem Jahr 2001 zu 50 % an der X-GmbH beteiligt. Die Anschaffungskosten des zum Privatvermögen gehörenden Gesellschaftsanteils haben 50 000 € betragen. Das Stammkapital der X-GmbH beläuft sich auf 100 000 €. Im Jahr 2005 veräußert A seinen Gesellschaftsanteil

a) für 80 000 € an C,
b) für 90 000 € an C,
c) für 90 000 € an C (die X-GmbH besitzt im Fall c) einen Geschäftsanteil in Höhe von 20 000 € als eigenen Anteil).

Frage: Wie hoch ist der Freibetrag nach § 17 Abs. 3 EStG bzw. der zu versteuernde Veräußerungsgewinn?

Literaturhinweis: *Lehrbuch Einkommensteuer*, Rdn. 1838

➔ Lösung

Ein Veräußerungsgewinn nach § 17 EStG ist grundsätzlich steuerpflichtig. Er ist jedoch insofern begünstigt, als für ihn ab Veranlagungszeitraum 2004 ein Freibetrag von maximal 9 060 € (bis 2003: 10 300 €) gewährt werden kann (§ 17 Abs. 3 EStG).

Ob und in welcher Höhe ein Freibetrag gewährt werden kann, hängt davon ab, in welchem Verhältnis die veräußerten Anteile zum gesamten Kapital der Gesellschaft stehen. Der Freibetrag beträgt bei Veräußerung einer 100%igen Beteiligung prinzipiell 9 060 €. Wird – wie im vorliegenden Fall – nur ein Teil der Anteile an der Kapitalgesellschaft veräußert, beläuft sich der Freibetrag auf den Teil von 9 060 €, der dem veräußerten Anteil an der Kapitalgesellschaft entspricht (§ 17 Abs. 3 Satz 1 EStG). Der Freibetrag von 9 060 € bzw. des entsprechenden Teils von 9 060 € ermäßigt sich ab Veranlagungszeitraum 2004 bei höheren Veräußerungsgewinnen um den Betrag, um den der Veräußerungsgewinn 36 100 € (bis 2003: 41 000 €) bzw. den Teil von 36 100 € (bis 2003: 41 000 €) übersteigt, der dem veräußerten Anteil an der Kapitalgesellschaft entspricht (§ 17 Abs. 3 Satz 2 EStG). Der Freibetrag bezieht sich bei dem Halbeinkünfteverfahren unterliegenden Veräußerungsgewinnen auf den steuerpflichtigen Teil des Veräußerungsgewinns (R 140 Abs. 9 EStR 2003). Der Freibetrag ist – anders als der Freibetrag des § 16 Abs. 4 EStG – unabhängig vom Lebensalter oder der Berufsunfähigkeit des Veräußerers von Amts wegen zu gewähren.

Wendet man diese Grundsätze hier an, so ergibt sich im Fall a) folgender Freibetrag bzw. folgender steuerpflichtiger Veräußerungsgewinn:

Veräußerungspreis	80 000 €	
steuerfrei nach § 3 Nr. 40 Buchst. c EStG: 50 %	./. 40 000 €	
steuerpflichtig	40 000 €	40 000 €
Anschaffungskosten der GmbH-Beteiligung	50 000 €	
nicht abziehbar: 50 %	./. 25 000 €	
abziehbar nach § 3c Abs. 2 EStG: 50 %	25 000 €	./. 25 000 €
steuerpflichtiger Veräußerungsgewinn nach § 17 Abs. 2 Satz 1 EStG		15 000 €
anteiliger Freibetrag: 50 % von 9 060 € =		4 530 €
zu versteuern		10 470 €

Im Fall b) ist wie folgt zu rechnen:

Veräußerungspreis	90 000 €	
steuerfrei nach § 3 Nr. 40 Buchst. c EStG: 50 %	./. 45 000 €	
steuerpflichtig	45 000 €	45 000 €
Anschaffungskosten der GmbH-Beteiligung	50 000 €	
nicht abziehbar: 50 %	./. 25 000 €	
abziehbar nach § 3c Abs. 2 EStG: 50 %	25 000 €	./. 25 000 €
steuerpflichtiger Veräußerungsgewinn nach § 17 Abs. 2 Satz 1 EStG		20 000 €
anteiliger Freibetrag: 50 % von 9 060 € =	4 530 €	
zu kürzen um den Betrag, um den der steuerpflichtige Veräußerungsgewinn in Höhe von 20 000 € die anteilige Freibetragsgrenze in Höhe von 50 % von 36 100 € = 18 050 € übersteigt, also um 20 000 € ./. 18 050 € =	1 950 €	./. 2 580 €
zu versteuern		17 420 €

Der Fall c) weist die Besonderheit auf, dass die GmbH eigene Anteile in Höhe von 20 000 € besitzt. In diesem Fall müssen die von der X-GmbH gehaltenen eigenen Anteile bei der nach § 17 Abs. 3 Satz 1 und 2 EStG gebotenen Verhältnisrechnung vom gezeichneten Kapital abgezogen werden (BFH VIII R 36/96, BFH/NV 1998 S. 691):

Stammkapital	100 000 €
./. eigene Anteile	./. 20 000 €
maßgebliches Stammkapital	80 000 €

Der von A veräußerte Anteil im Nennwert von 50 000 € macht ⅝ des maßgeblichen Kapitals aus, so dass sich folgende Berechnung ergibt:

Veräußerungspreis	90 000 €
steuerfrei nach § 3 Nr. 40 Buchst. c EStG: 50 %	./. 45 000 €

steuerpflichtig	45 000 €	45 000 €
Anschaffungskosten der GmbH-Beteiligung	50 000 €	
nicht abziehbar: 50 %	./. 25 000 €	
abziehbar nach § 3c Abs. 2 EStG: 50 %	25 000 €	./. 25 000 €
steuerpflichtiger Veräußerungsgewinn nach § 17 Abs. 2 Satz 1 EStG		20 000 €
anteiliger Freibetrag:		
⅝ von 9 060 € = aufgerundet	5 662,50 €	
zu kürzen um den Betrag, um den der steuerpflichtige Veräußerungsgewinn in Höhe von 20 000 € die anteilige Freibetragsgrenze von ⅝ von 36 100 € = 22 562,50 € übersteigt, also	0 €	5 662,50 €
zu versteuern		14 337,50 €

Fall 187
Verdeckte Einlage einer GmbH-Beteiligung in eine Kapitalgesellschaft

Sachverhalt: A ist seit dem Jahr 1991 zu 40 % an der X-GmbH beteiligt, deren Stammkapital 100 000 € beträgt. Die Anschaffungskosten des Gesellschaftsanteils, der zum Privatvermögen des A gehört, entsprechen ihrem Nennwert von 40 000 €. Die GmbH hat ein mit dem Kalenderjahr übereinstimmendes Wirtschaftsjahr.

A ist zugleich Alleingesellschafter der im Jahr 1996 gegründeten Y-GmbH. Am 30. 6. 2005 überträgt A seinen Geschäftsanteil an der X-GmbH, dessen Verkehrswert zu diesem Zeitpunkt 240 000 € beträgt, auf die Y-GmbH. A erhält von der Y-GmbH keinerlei Vergütung (reine verdeckte Einlage).

Frage: Führt die Übertragung der wesentlichen Beteiligung im Wege der verdeckten Einlage bei A zu einem Veräußerungsgewinn i. S. von § 17 EStG?

Literaturhinweis: *Lehrbuch Einkommensteuer*, Rdn. 1815

➜ Lösung

Werden Anteile auf eine andere Kapitalgesellschaft übertragen, an der der Stpfl. (oder eine nahe stehende Person) bereits beteiligt ist, und erhält der Stpfl. – wie vorliegend – keine neuen Gesellschaftsanteile und auch keine nach dem Wert der übertragenen Anteile bemessene Bar- oder Sachvergütung, ist dies eine verdeckte Einlage. Die verdeckte Einlage von Anteilen an einer Kapitalgesellschaft auf eine andere Kapitalgesellschaft ist ab Veranlagungszeitraum 1992 für die Anwendung des § 17 EStG ausdrücklich einer entgeltlichen Veräußerung unter Ansatz des gemeinen Wertes der eingebrachten Anteile als Veräußerungspreis gleichgestellt (§ 17 Abs. 1 Satz 2 und Abs. 2 Satz 2 EStG). Der dem Halbeinkünfteverfahren unterliegende Gewinn errechnet sich wie folgt:

gemeiner Wert des 40 %-Anteils an der X-GmbH	240 000 €	
steuerfrei nach § 3 Nr. 40 Buchst. c EStG: 50 %	./. 120 000 €	
steuerpflichtig	120 000 €	120 000 €
Anschaffungskosten der GmbH-Beteiligung	40 000 €	
nicht abziehbar: 50 %	./. 20 000 €	
abziehbar nach § 3c Abs. 2 EStG: 50 %	20 000 €	./. 20 000 €
steuerpflichtiger Veräußerungsgewinn nach § 17 Abs. 2 Satz 1 und 2 EStG		100 000 €

Fall 188
Unmittelbare und mittelbare Beteiligung an einer Kapitalgesellschaft

Sachverhalt: A ist zu 0,5 % an der X-GmbH beteiligt, deren Wirtschaftsjahr mit dem Kalenderjahr übereinstimmt. Das Stammkapital der X-GmbH beträgt 1 Mio. €. Die Anschaffungskosten des A für die Beteiligung an der X-GmbH betragen 5 000 €. A ist außerdem zu 5 % an der Y-GmbH beteiligt, die ihrerseits zu 50 % an der X-GmbH beteiligt ist.

A veräußert im Jahr 04 seine 0,5 %-Beteiligung an der X-GmbH für 10 000 €.

Frage: Fällt die Veräußerung des 0,5 %-Anteils an der X-GmbH unter § 17 EStG?

Literaturhinweis: *Lehrbuch Einkommensteuer*, Rdn. 1823 ff.

▶ Lösung

Zu den Einkünften aus Gewerbebetrieb gehört auch der Gewinn aus der Veräußerung von Anteilen an einer Kapitalgesellschaft, wenn der Veräußerer innerhalb der letzten fünf Jahre am Kapital der Gesellschaft „unmittelbar" oder „mittelbar" zu mindestens 1 % beteiligt war (§ 17 Abs. 1 Satz 1 EStG). Mittelbar beteiligt ist der Veräußerer, soweit eine andere Kapitalgesellschaft, an der der Veräußerer seinerseits unmittelbar beteiligt ist, Anteilseigner ist. Für die Frage, ob der Veräußerer an der Kapitalgesellschaft, deren Anteile veräußert werden, zu mindestens 1 % beteiligt ist, sind die unmittelbare und die mittelbare Beteiligung zusammenzurechnen (BFH IV R 128/77, BStBl 1980 II 646, und VIII R 41/99, BStBl 2000 II 686). Vorliegend ist A zu 0,5 % unmittelbar und zu 5 % von 50 % = 2,5 %, insgesamt also zu 3 % an der X-GmbH beteiligt. Deshalb ist die Veräußerung der 0,5 %-Beteiligung an der X-GmbH nach § 17 EStG steuerpflichtig. Der Veräußerungsgewinn errechnet sich wie folgt:

Veräußerungspreis	10 000 €	
steuerfrei nach § 3 Nr. 40 Buchst. c EStG: 50 %	./. 5 000 €	
steuerpflichtig	5 000 €	5 000 €
Anschaffungskosten der GmbH-Beteiligung	5 000 €	
nicht abziehbar: 50 %	./. 2 500 €	
abziehbar nach § 3c Abs. 2 EStG: 50 %	2 500 €	./. 2 500 €
steuerpflichtiger Veräußerungsgewinn nach § 17 Abs. 2 Satz 1 EStG		2 500 €

VI. Einkünfte aus nichtselbständiger Arbeit (§ 19 EStG)

Vorbemerkungen

Einnahmen aus nichtselbständiger Arbeit bezieht, wer **Arbeitnehmer** ist. Arbeitnehmer ist gem. § 1 LStDV eine natürliche Person, die im öffentlichen oder privaten Dienst angestellt oder beschäftigt ist oder war und **Arbeitslohn** aus einem Dienstverhältnis bezieht.

Abgrenzungsmerkmale sind:

- der Arbeitnehmer schuldet seine Arbeitskraft, nicht den Erfolg,
- kein Unternehmerrisiko,
- weisungsgebunden und in den Betrieb des Arbeitgebers eingegliedert,
- feste Bezahlung (nach Arbeitszeit, Umsatz etc.),
- Urlaubsregelung,
- feste Arbeitszeit und Arbeitsplatz,
- Lohnfortzahlung im Krankheitsfall.

Maßgebend dafür, ob eine Person selbständig oder nichtselbständig tätig ist, ist das Gesamtbild der Verhältnisse.

Die vorgenannten Merkmale sind zu prüfen und gegeneinander abzuwägen.

Die Einkommensteuer wird bei Einnahmen aus nichtselbständiger Arbeit durch Abzug der Lohnsteuer vom Arbeitslohn erhoben. Hierbei handelt es sich lediglich um eine besondere Erhebungsform der Einkommensteuer. Die Pflicht zum Einbehalten der Lohnsteuer, zur Anmeldung und Abführung an das Finanzamt hat nach § 38 Abs. 3 und § 41a EStG der Arbeitgeber zu erfüllen. Die Einkommensteuer ist durch den Lohnsteuerabzug abgegolten (§ 46 Abs. 4 EStG). Unter bestimmten Voraussetzungen war bisher eine Veranlagung gem. § 46 Abs. 2 EStG durchzuführen. Auf Antrag kann in anderen Fällen eine Veranlagung gem. § 46 Abs. 2 Nr. 8 EStG durchgeführt werden.

Arbeitslohn sind alle Einnahmen in Geld oder Geldeswert (§ 2 Abs. 1 LStDV), die der Arbeitnehmer im weitesten Sinne als Gegenleistung für die Zurverfügungstellung seiner Arbeitskraft erhält. Dazu gehören einmalige oder laufende Zuflüsse und auch Sachbezüge. Nicht zum Arbeitslohn rechnen Annehmlichkeiten, dagegen sind Gelegenheitsgeschenke grds. steuerpflichtig (H 73 LStH). Im Übrigen enthält § 3 EStG Befreiungsvorschriften für bestimmte Leistungen.

Ermittlungsschema:

Einnahmen aus nichtselbständiger Arbeit gem. § 19 Abs. 1 Nr. 1 EStG i. V. m. § 8 EStG
+ Versorgungsbezüge (§ 19 Abs. 1 Nr. 2 EStG)
= Summe
./. Versorgungsfreibetrag gem. § 19 Abs. 2 EStG: 40 % der Versorgungsbezüge

max. 3 072 € bis 2004, ab 2005 40 % max. 3 000 € (bei Versorgungsbeginn bis 2005) + Zuschlag 900 € (2005, stufenweise Abschmelzung ab 2006)
./. Werbungskosten mind.
Arbeitnehmer-Pauschbetrag in Höhe von 920 € (§ 9a Nr. 1 EStG ab 2004 bzw. Nr. 1a ab 2005) ab 2005 bei Versorgungsbezügen gem. § 9a Nr. 1 Buchst. b nur 102 €
→ Einkünfte aus nichtselbständiger Arbeit

Fall 189
Leistungen des Arbeitgebers

Sachverhalt: Der Arbeitnehmer erhält in 01 folgende Leistungen:

monatliches Gehalt 2 000 €, Tantiemen 3 500 €, Weihnachtsgeld als 13. Monatsgehalt 2 000 €, Urlaubsgeld im Juli 1 300 €, vermögenswirksame Leistungen 480 €, Arbeitgeberanteil zur Sozialversicherung insgesamt 5 250 €, unentgeltliches Mittagessen.

Frage: Wie hoch sind der steuerpflichtige Arbeitslohn des Arbeitnehmers und die abzugsfähigen Betriebsausgaben des Arbeitgebers?

Literaturhinweis: *Lehrbuch Einkommensteuer*, Rdn. 1848 ff.

➔ Lösung

Steuerliche Behandlung beim	Arbeitnehmer Arbeitslohn	Arbeitgeber Betriebsausgabe
• laufende Bezüge		
12 × 2 000 € =	24 000 €	24 000 €
• einmalige Bezüge		
Tantiemen	3 500 €	3 500 €
• Weihnachtsgeld	2 000 €	2 000 €
• Urlaubsgeld	1 300 €	1 300 €
• vermögenswirksame Leistungen werden vom Arbeitslohn einbehalten und eingezahlt	480 €	480 €

- Arbeitgeberanteil zur Sozialversicherung, steuerfrei gem. § 3 Nr. 62 EStG. Der Arbeitnehmeranteil wird vom Arbeitslohn einbehalten und an die Versicherungsanstalt abgeführt, er ist im obigen Betrag enthalten.   0 €   5 250 €
- Das unentgeltliche Mittagessen ist ein geldwerter Vorteil und damit steuerpflichtig. Die Bewertung erfolgt mit dem Sachbezugswert der Mahlzeit gem. § 8 Abs. 2 EStG, z. B. 2,58 € × 210 Tage =   541 €   tatsächliche Kosten
(s. Sachbezugsverordnung; R 31 Abs. 7 LStR, H 31 Abs. 7 LStH)

steuerpflichtiger Arbeitslohn   31 821 €
Betriebsausgabe   36 530 €
   zzgl. tatsächliche Kosten für das Mittagessen

Fall 190
Werbungskosten/Einkunftsermittlung

Sachverhalt: Der ledige Arbeitnehmer Egon Freund wohnt in Neustadt zur Miete und führt einen eigenen Haushalt. Er ist bei einem Tierarzt in Speyer beschäftigt und erhält einen Arbeitslohn in Höhe von 21 000 € brutto. Ihm sind folgende Kosten entstanden:

- Fahrten zwischen Wohnung und Arbeitsstätte in Speyer mit dem eigenen Pkw an 210 Tagen, einfache Entfernung 25 km.
- Auf der Heimfahrt von Speyer entstanden ihm Unfallkosten, als ein Tier auf die Fahrbahn lief.
- Reparaturkosten des Pkw = 1 860 €
- Abschleppkosten = 114 €
- Reparatur eines fremden Pkw, den er beschädigte, als er dem Tier ausweichen wollte. Die Kosten belaufen sich auf 1 710 €. Sie wurden von der Kfz-Haftpflichtversicherung des Freund bezahlt.
- Minderung des Schadenfreiheitsrabatts aufgrund der Versicherungsleistung durch den Unfall = 100 €.
- 2 Arbeitskittel, um die Kleidung bei der Behandlung der Tiere zu schonen = 55 €.

Die Kosten wurden im Einzelnen belegt.

Frage: Ermitteln Sie die Einkünfte lt. Rechtsstand 2004.

Literaturhinweis: *Lehrbuch Einkommensteuer*, Rdn. 1860 ff.

→ Lösung

Egon Freund erzielt Einnahmen gem. § 19 Abs. 1 Nr. 1 EStG.
Brutto-Arbeitslohn = 21 000 €
- Werbungskosten gem. § 9 EStG:
- Fahrtkosten gem. § 9 Abs. 1 Nr. 4 EStG
  ab 2004: 25 km x 210 Tage x 0,30 € = 1 575 €
- Unfallkosten: H 42 LStH 2004 „Unfallschäden" = 1 860 €
Die Kosten sind als außergewöhnliche Kosten nicht mit dem Ansatz der Pauschbeträge abgegolten = 114 €
Der Betrag von 1 710 € für die Reparatur des anderen Pkw ist nicht zu berücksichtigen, da die Versicherung insoweit Ersatz geleistet hat. Ebenso ist die Erhöhung der Versicherungsprämie nicht als Werbungskosten abzugsfähig. Die erhöhten Versicherungsprämien sind aber als Sonderausgaben abzugsfähig gem. § 10 Abs. 1 Nr. 2a EStG.
Arbeitskittel (§ 9 Abs. 1 Nr. 6 EStG) = 55 €
Summe der Werbungskosten = 3 604 €
Der Pauschbetrag gem. § 9a Nr. 1 EStG bzw. § 9a Nr. 1a EStG ab 2005 von 920 € wird überschritten, so dass die tatsächlichen Kosten abzugsfähig sind. ./. 3 604 €
Einkünfte aus nichtselbständiger Arbeit = 17 396 €

Fall 191
Einkünfte/Werbungskosten (insbesondere Reisekosten)

Sachverhalt: Albert H. ist Angestellter in einer Modeboutique in Neustadt. Er erhielt in 2004 ein Gehalt von insgesamt 21 800 €. Das Weihnachtsgeld in Höhe von 500 € wurde ihm irrtümlich erst am 12. 1. 2005 überwiesen. Als vermögenswirksame Leistung erhielt er 480 €.

Albert macht folgende Aufwendungen geltend:

- Kraftfahrzeugkosten inkl. Abschreibungen 6 690 €. Die Gesamtfahrleistung beträgt in 2004 18 600 km, davon entfallen auf die täglichen Fahrten zu seiner Arbeitsstätte (Entfernung zur Arbeitsstätte) 15 km an 230 Tagen.

- Kosten für Kleidung 1 385 €. Als Angestellter in einer Boutique ist es unbedingt notwendig, sich nach der neuesten Mode zu kleiden, um den Kunden eine Vorstellung über die Tragbarkeit der Modelle geben zu können. In seiner Freizeit kleidet Albert sich aber lieber bequem (Jeans, Jogginganzüge etc.).

- In der Zeit vom 15. 10. bis 19. 10. 2004 war Albert auf einer Modemesse in München. Er fuhr mit seinem eigenen Pkw, einfache Entfernung 375 km.
Abfahrt: 15. 10. um 20.00 Uhr von Neustadt

Abschnitt 11: Die Einkunftsarten

Rückkehr: 19. 10. um 10.00 Uhr in Neustadt
Verpflegungskosten lt. Belege insgesamt 141,40 €:
Hotelkosten 230 € für 4 Übernachtungen inkl. Frühstück.
Parkgebühren: 10 €
Ersatz durch den Arbeitgeber: 200 €
Frage: Ermitteln Sie die Einkünfte für 2004.
Literaturhinweis: *Lehrbuch Einkommensteuer*, Rdn. 1860 ff., 1867

➡ Lösung

Als Angestellter erzielt er Einkünfte aus nichtselbständiger Arbeit.	21 800 €

Zum Arbeitslohn gehören:

- \+ Vermögenswirksame Leistungen   + 480 €
  (diese Beträge werden aus dem Einkommen geleistet)
- die Arbeitnehmer-Sparzulage wird ggf. vom Finanzamt ausgezahlt;
- das am 12. 1. 2005 überwiesene Weihnachtsgeld ist nach § 11 Abs. 1 Satz 1 EStG i. V. m. § 38a Abs. 1 Satz 3 EStG im Zeitpunkt des Zuflusses erst 2005 zu erfassen;

Einnahmen (§ 19 Abs. 1 Nr. 1 EStG)   22 280 €

Werbungskosten (§ 9 EStG):

- Fahrten zwischen Wohnung und Arbeitsstätte (§ 9 Abs. 1 Nr. 4 EStG)
  = 230 Tage x 15 km x 0,30 € (ab 2004)   ./. 1 035 €
  Die übrigen Kfz-Kosten sind nicht zu berücksichtigen.
- Kleidung kann, wenn es sich um typische Berufskleidung handelt, nach § 9 Abs. 1 Nr. 6 EStG abgezogen werden. Die bürgerliche Kleidung ist üblicherweise nach § 12 Nr. 1 EStG vom Abzug ausgeschlossen (Typisierung). Das gilt auch dann, wenn sie nur am Arbeitsplatz getragen wird. Insoweit greift das Aufteilungsverbot des § 12 Nr. 1 Satz 2 EStG (H 117 „Kleidung" EStH).
- **Dienstreise** vom 15. 10. – 19. 10. 2004
  Bei der Reise zur Modemesse handelt es sich um eine Dienstreise, deren Kosten im Rahmen der R 37 bis 40 LStR abzugsfähig sind.
  Fahrtkosten: 375 km × 2 = 750 km
  750 km × 0,30 € = 225 €
  (H 38 „Pauschale Kilometersätze" LStH)
  oder besser die tatsächlichen Kosten
  6 690 € : 18 600 km = 0,36 € pro km
  750 km × 0,36 € = 270 €
  (H 38 „Einzelnachweis" LStH)   ./. 270 €
  Parkgebühren (R 40a Abs. 1 Nr. 3 LStR)   ./. 10 €
  Übernachtungskosten (R 40 Abs. 1 LStR), aber ohne Frühstück.
  Minderung um 4,50 € pro Übernachtung

Kosten Hotel = 230 €
./. 4 × 4,50 € = 18 €
insgesamt = 212 €   ./. 212 €

Verpflegungsmehraufwand:
R 39 Abs. 1 LStR
Abzugsfähig sind die Kosten nur durch Ansatz der Pauschbeträge
(§§ 4 Abs. 5 Nr. 5, 9 Abs. 5 EStG).

Pauschbeträge:

15. 10. 4 Stunden	0 €
16. 10. 24 Stunden	24 €
17. 10. 24 Stunden	24 €
18. 10. 24 Stunden	24 €
19. 10. 10 Stunden	6 €
Summe Pauschbeträge	78 €

Es sind für den Verpflegungsmehraufwand
anlässlich der Dienstreise abzugsfähig   ./. 78 €

Die Erstattung des Arbeitgebers ist von den Werbungs-
kosten zu kürzen   + 200 €
Die Werbungskosten übersteigen den Pauschbetrag gem. § 9a Nr. 1 EStG
von 920 € (ab 2004)
Einkünfte aus nichtselbständiger Arbeit   = 20 875 €

Fall 192
Einkünfte/Sachbezug/Arbeitszimmer

Sachverhalt: Harald N. ist Gesellschafter und Geschäftsführer der Neubau Wohnungs-bau-GmbH. Er ist mit 60 % an der GmbH beteiligt. Er erhält zu Beginn eines Monats ein Gehalt in Höhe von 3 500 € als Geschäftsführer der Gesellschaft für insgesamt 13 Monate. Außerdem erhält er eine gewinnabhängige Tantieme. Für 2003 wurden ihm am 15. 5. 2004 14 800 € gutgeschrieben. Laut Arbeitsvertrag steht ihm ein Firmenwagen zur Verfügung, den er in 2004 wie folgt nutzte (lt. Fahrtenbuch):

für Dienstreisen und Geschäftsfahrten: 11 300 km,

für Fahrten zwischen Wohnung und Arbeitsstätte (Entfernung 10 km): 2 800 km,

für Privatfahrten: 4 100 km.

In seinem ansonsten eigengenutzten Einfamilienhaus benutzt er einen Raum von 30 qm als Arbeitszimmer, in dem er einen großen Teil seiner Arbeit erledigt. Die gesamte Wohnfläche des Gebäudes beträgt 200 qm, die gesamte Nutzfläche 280 qm. Der Mietwert beträgt 1 000 € monatlich. Das Haus wurde 1997 errichtet, die Kosten betrugen 280 000 €.

Für das Einfamilienhaus fielen im Übrigen folgende Kosten an:

Grundsteuer, Gebäudeversicherung =	250 €
Heizung =	2 500 €

Abschnitt 11: Die Einkunftsarten

Strom, Gas, Wasser =	1 600 €
Reparaturen am Gesamtgebäude =	920 €
Teppichboden für Wohnzimmer (50 qm) und Arbeitszimmer =	2 360 €

Nutzungsdauer 5 Jahre.

Harald erhält noch eine pauschale Aufwandsentschädigung in Höhe von monatlich 50 €, da er auch sein privates Telefon für Firmengespräche verwendet. Die Telefonkosten belaufen sich insgesamt auf 3 800 €, davon sind ca. 80 % privat.

Am 25. 3. 2004 erhielt Harald einen neuen Schreibtisch für 420 € inkl. Umsatzsteuer und einen Aktenschrank für 1 955 € geliefert (ND = 10 Jahre). Die Beträge überwies er 10 Tage später.

Frage: Wie hoch sind die Einkünfte aus nichtselbständiger Arbeit des Harald N. für 2004?

Literaturhinweis: *Lehrbuch Einkommensteuer*, Rdn. 1860 ff.

➔ Lösung

Als Geschäftsführer der GmbH erzielt Harald N. Einkünfte nach § 19 Abs. 1 Nr. 1 EStG.

Der steuerpflichtige Arbeitslohn beträgt 3 500 € × 13 =	45 500 €

Die Tantieme ist kein lfd. Bezug und deshalb nach § 11 Abs. 1 Satz 1 i. V. m. § 38a Abs. 1 Satz 3 EStG bei Zufluss in 2004 zu versteuern.   + 14 800 €

Die Pkw-Gestellung für Privatfahrten ist ein Sachbezug und gem. § 8 Abs. 2 EStG zu bewerten (R 31 Abs. 9 LStR).

Die Fahrten wurden durch Fahrtenbuch nachgewiesen. Die Pkw-Kosten können aus Vereinfachungsgründen mit 0,30 € je km angesetzt werden (R 38 Abs. 1 LStR, H 38 „Pauschale Kilometersätze" EStH)

(2 800 km + 4 100 km × Preis pro km lt. Einzelnachweis, hier 0,30 €)   + 2 070 €

Die privaten Fahrten sind mit den nachgewiesenen tatsächlichen Kosten pro km zu berücksichtigen (§ 8 Abs. 2 Satz 4 EStG).

Statt Fahrtenbuch und Belegnachweis sind aber grds. als Sachbezug gem. § 8 Abs. 2 Satz 2 und 3 EStG i. V. m. § 6 Abs. 1 Nr. 4 Satz 2 EStG 1 % des Listenpreises + 0,03 % × Listenpreis × Entfernungs-km/Monat, also × 12 anzusetzen.

Hinsichtlich der dienstlichen Fahrten ist kein geldwerter Vorteil anzusetzen.

Gemäß § 40 Abs. 2 Satz 2 EStG kann der Arbeitgeber den Betrag bis zur Höhe des Werbungskostenabzugs pauschal mit 15 % versteuern.

Der pauschale Auslagenersatz für Telefon ist steuerpflichtig, da keine Einzelabrechnung erfolgt (siehe aber R 22 Abs. 2 LStR).

50 € × 12 =	+ 600 €
Brutto-Arbeitslohn =	**62 970 €**

/. **Werbungskosten**
Fahrten zwischen Wohnung und Arbeitsstätte (§ 9 Abs. 1 Nr. 4 EStG) sind berücksichtigungsfähig, da Harald durch die Pkw-Gestellung stpfl. Sachbezüge entstanden sind.
ab 2004: 2 800 km x 0,30 € ./. 840 €
Telefon: 3 800 €, davon 20 % = ./. 760 €
Arbeitszimmer:
Soweit das Gebäude der Einkunftserzielung dient, sind die anteiligen Kosten als Werbungskosten abzugsfähig. Das gilt auch für die anteilige AfA, die im Übrigen nicht geltend gemacht werden kann. Die Eigenheimzulage ist nur für die Wohnung ohne Arbeitszimmer zu gewähren. Das Arbeitszimmer wird zwar beruflich genutzt (H 45 LStH), die Kosten sind aber gem. § 9 Abs. 5 i. V. m. § 4 Abs. 5 Nr. 6b EStG nicht als Werbungskosten abzugsfähig, es sei denn, die berufliche Nutzung beträgt im vorliegenden Fall mehr als 50 % der gesamten Tätigkeit. In diesem Fall sind die abzugsfähigen Kosten auf **1 250 €** begrenzt. Ein voller Kostenabzug ohne Begrenzung kommt nur in Betracht, wenn das Arbeitszimmer den Mittelpunkt der gesamten Betätigung bildet, was hier wohl nicht der Fall ist (BMF vom 16. 6. 1998, BStBl 1989 I, 863 ff.).
Die Kosten für den Teppich gehören ebenfalls zur Ausstattung und sind im Abzugsverbot bzw. begrenzten Abzug für das Arbeitszimmer enthalten (H 45 LStH 2004).
Die Einrichtungsgegenstände werden ausschließlich beruflich genutzt, die Aufwendungen sind deshalb gem. § 9 Abs. 1 Nr. 6 EStG zu berücksichtigen. Die Aufwendungen sind unabhängig von der Abzugsfähigkeit der Kosten für das Arbeitszimmer zu berücksichtigen (H 45 „Ausstattung" LStH). Hierbei ist § 6 Abs. 2 EStG entsprechend anzuwenden (§ 9 Abs. 1 Nr. 7 Satz 2 EStG). Soweit die Anschaffungskosten mehr als 410 € ohne USt betragen, kann eine Berücksichtigung nur über die AfA nach § 9 Abs. 1 Nr. 7 i. V. m. § 7 Abs. 1 EStG erfolgen (R 44 Satz 1 LStR).
Schreibtisch 420 €, die Kosten sind im Zeitpunkt der Zahlung nach § 11 Abs. 2 EStG abzugsfähig. ./. 420 €
Aktenschrank 1 955 €: die Kosten sind auf die ND von 10 Jahren zu verteilen. Die AfA ist grds. zeitanteilig zu gewähren § 7 Abs. 1 Satz 4 EStG i. d. F. HBeglG 2004. Die Vereinfachungsregelung gem. R 44 Abs. 2 Satz 3 EStR 2003 ist damit überholt (gem. R 44 Satz 3 LStR 2004 gilt sie aber weiter), ab 2005: R 44 Satz 2 LStR 2005 zeitanteilig.
10 % von 1 955 €, da im 1. Halbjahr angeschafft = ./. 196 €
Die Arbeitnehmerpauschale von 920 € nach § 9a Nr. 1 EStG (ab 2004) wird überschritten, deshalb sind die tatsächlichen Kosten abzugsfähig.
Einkünfte aus nichtselbständiger Arbeit = 60 754 €

Abschnitt 11: Die Einkunftsarten

Fall 193
Doppelte Haushaltsführung

Sachverhalt: Ein verheirateter Arbeitnehmer wird ab 1. 11. 2004 nach Stuttgart versetzt. Er hat weiterhin einen eigenen Hausstand in Bingen, die Entfernung nach Stuttgart beträgt 250 km. Die Miete für das möblierte Zimmer in Stuttgart beträgt lt. Nachweis 280 €. Er ist an 37 Tagen in Stuttgart anwesend. Am Wochenende fährt er jeweils nach Hause. Über die Weihnachtsfeiertage bis zum 31. 12. 2004 hat er Urlaub. Verpflegungsmehraufwendungen werden nicht nachgewiesen. Sein Bruttolohn beträgt im Kalenderjahr 43 800 €. Vom Arbeitgeber erhielt er keinen Ersatz.

Frage: In welcher Höhe sind die Kosten abzugsfähig?

Literaturhinweis: *Lehrbuch Einkommensteuer*, Rdn. 1860 ff., 1864

➡ Lösung

Bei einer beruflich veranlassten doppelten Haushaltsführung können nach § 9 Abs. 1 Nr. 5 EStG folgende Kosten abgezogen werden (R 43 LStR):

Hinweis: Die Begrenzung auf 2 Jahre ist durch die Neufassung lt. StÄndG 2003 ab VZ 2003 weggefallen.

Fahrtkosten (R 43 Abs. 7 LStR)
1. für die erste Fahrt zum Beschäftigungsort
250 km × 0,30 € oder tatsächliche Kosten =   75 €
2. Familienheimfahrten, soweit diese tatsächlich durchgeführt werden, max. einmal pro Woche.
Es gelten die Pauschalen des § 9 Abs. 1 Nr. 4 EStG
7 × 250 km × 0,30 € (bis 2003 0,40 €) =   525 €
1 × 250 km × 0,15 € = 37,50 €   38 €
Die letzte Familienheimfahrt findet am 23. 12. 2004 statt. Da er anschließend Urlaub hat, fährt er erst wieder am 2. 1. 2005 zurück.
Verpflegungsaufwendungen sind pauschal abzugsfähig (R 43 Abs. 8 LStR 2004), das gilt aber nur für die ersten 3 Monate.
November + Dezember 2004
37 Tage × 24 € =   888 €
§§ 4 Abs. 5 Nr. 5, 9 Abs. 5 EStG bei Abwesenheit von mind. 24 Stunden
Übernachtungskosten (R 43 Abs. 9 LStR) in nachgewiesener Höhe
2 Monate × 280 € =   560 €
Summe der Werbungskosten (§ 9 Abs. 1 Nr. 5 EStG) =   2 086 €

Hinweis: Die Pauschbeträge für Verpflegungsmehraufwand gelten nur für einen vollen Tag bei einer ununterbrochenen Abwesenheit von mind. 24 Stunden. Sie ermäßigen sich in anderen Fällen entsprechend der Regelung in § 4 Abs. 5 Nr. 5 EStG, was im vorliegenden Fall beim Abreisetag u. U. von Bedeutung ist.

VII. Einkünfte aus Kapitalvermögen (§ 20 EStG)

Fall 194
Besteuerung von Dividenden

Sachverhalt: A ist zu 20 % und B zu 80 % Gesellschafter der X-GmbH. Das Stimmrecht richtet sich nach der Kapitalbeteiligung. Die GmbH-Anteile gehören zum Privatvermögen der Gesellschafter. Das Wirtschaftsjahr der GmbH stimmt mit dem Kalenderjahr überein.

A und B beschließen am 20. 12. 2004 eine Gewinnausschüttung für das Jahr 2003 in Höhe von 100 000 €; als Auszahlungstag wird der 20. 1. 2005 bestimmt.

Die X-GmbH zahlt die Dividende am Fälligkeitstag 20. 1. 2005 wie folgt an ihre Gesellschafter aus:

Überweisung an A:	20 % von 100 000 € =	20 000 €	
	./. 20 % KapESt =	./. 4 000 €	
	./. Solidaritätszuschlag:		
	5,5 % von 4 000 € =	./. 220 €	15 780 €
Überweisung an B:	80 % von 100 000 € =	80 000 €	
	./. 20 % KapESt =	./. 16 000 €	
	./. Solidaritätszuschlag:		
	5,5 % von 16 000 € =	./. 880 €	63 120 €

Die Steuerbescheinigung nach § 45a Abs. 2 EStG liegt vor.

Frage: In welchem Kalenderjahr und in welcher Höhe unterliegt die Dividende bei A und B der Einkommensteuer?

Literaturhinweis: *Lehrbuch Einkommensteuer*, Rdn. 1882 f.

 Lösung

Dividende A:

Gehören die Anteile an der ausschüttenden Kapitalgesellschaft zum Privatvermögen des Anteilseigners, so unterliegt die Dividende als Einkünfte aus Kapitalvermögen grundsätzlich in dem Kalenderjahr der Einkommensteuer, in dem sie dem Gesellschafter nach § 11 Abs. 1 Satz 1 EStG zugeflossen ist. Dividenden, für die das Halbeinkünfteverfahren gilt, unterliegen einer Kapitalertragsteuer in Höhe von 20 %. A muss die Hälfte der sog. Brutto-Dividende in Höhe von $\frac{1}{2}$ von 20 000 € = 10 000 € im Jahr 2005 als Einnahme aus Kapitalvermögen versteuern; die andere Hälfte ist steuerfrei (§ 3 Nr. 40 EStG).

Die einbehaltene Kapitalertragsteuer in Höhe von 4 000 € sowie der Solidaritätszuschlag von 220 € sind auf die Einkommensteuerschuld bzw. den Solidaritätszuschlag für das Jahr 2005 des A anzurechnen (§ 36 Abs. 2 Nr. 2 EStG).

Dividende B:

B ist beherrschender Gesellschafter der X-GmbH, weil er zu mehr als 50 % beteiligt ist. Bei beherrschenden Gesellschaftern ist eine Gewinnausschüttung grundsätzlich bereits zum Zeitpunkt der Beschlussfassung über die Gewinnverwendung nach § 11 EStG zugeflossen, auch wenn die Gesellschafterversammlung eine spätere Fälligkeit des Auszahlungsanspruchs beschlossen hat und die Auszahlung tatsächlich später vorgenommen wird (BFH VIII R 123/73, BStBl 1974 II 541; VIII R 26/78, BStBl 1979 II 510, und VIII R 24/98, BStBl 1999 II 223). Ein Zufluss wird ausnahmsweise nur dann nicht angenommen, wenn die Gesellschaft im Zeitpunkt der Beschlussfassung infolge Insolvenz zahlungsunfähig war oder wenn die Satzung der Gesellschaft Vorschriften über Gewinnabhebungen oder Auszahlungen zu einem späteren Zeitpunkt enthält (BFH VIII R 97/70, BStBl 1973 II 815, und II R 164/80, BStBl 1982 II 139).

B muss die Hälfte der sog. Brutto-Dividende in Höhe von $^1/_2$ von 80 000 € = 40 000 € bereits im Jahr 2004 als Einnahme aus Kapitalvermögen versteuern; die andere Hälfte ist steuerfrei (§ 3 Nr. 40 EStG).

Die einbehaltene Kapitalertragsteuer in Höhe von 16 000 € sowie der Solidaritätszuschlag in Höhe von 880 € sind auf die Einkommensteuerschuld bzw. den Solidaritätszuschlag für das Jahr 2004 des B anzurechnen (§ 36 Abs. 2 Nr. 2 EStG).

Fall 195
Gewinn- und Verlustbeteiligung eines stillen Gesellschafters

Sachverhalt: A ist stiller Gesellschafter am gewerblichen Unternehmen des B mit einer Einlage in Höhe von 300 000 €. Laut Gesellschaftsvertrag ist er mit 20 % am Gewinn und Verlust beteiligt. A hält die stille Beteiligung in seinem Privatvermögen.

a) Der Gewinn des Unternehmens für das Jahr 01 beträgt 200 000 €. Bei Bilanzerstellung im Jahr 02 wird der Gewinnanteil des A dessen Verrechnungskonto wie folgt gutgeschrieben:

Gewinnanteil 01: 20 % von 200 000 € =	40 000 €
./. einbehaltene KapESt (§ 43a Abs. 1 EStG): 25 % von 40 000 € =	./. 10 000 €
./. einbehaltener Solidaritätszuschlag: 5,5 % von 10 000 € =	./. 550 €
Gutschrift auf dem Verrechnungskonto	29 450 €

b) Der Verlust des Unternehmens für das Jahr 02 beträgt 150 000 €. Bei Bilanzerstellung im Jahr 03 wird der Verlustanteil des A von dessen Einlagekonto in Höhe von 300 000 € abgebucht, so dass dieses nur noch 270 000 € beträgt:

Einlagekonto A	300 000 €
./. Verlustanteil 02: 20 % von 150 000 € =	./. 30 000 €
Einlagekonto A nach Verrechnung	270 000 €

Frage: Wie ist die Gewinn- bzw. Verlustbeteiligung des A einkommensteuerrechtlich zu behandeln?

Literaturhinweis: *Lehrbuch Einkommensteuer*, Rdn. 1907 ff.

➔ Lösung

Zu a):

Zu den Einkünften aus Kapitalvermögen zählen auch die Einnahmen aus einer stillen Beteiligung (§ 20 Abs. 1 Nr. 4 EStG). Der Gewinnanteil des stillen Gesellschafters aus der Beteiligung ist im Zeitpunkt des Zuflusses bei ihm zu erfassen (§ 11 Abs. 1 Satz 1 EStG). Zugeflossen und damit zu versteuern ist der Gewinnanteil grundsätzlich bei Zahlung oder Gutschrift (z. B. auf einem Verrechnungskonto). A muss daher im Jahr 02 folgende Einnahmen aus seiner stillen Beteiligung als Einnahmen aus Kapitalvermögen versteuern:

gutgeschriebener Gewinnanteil	29 450 €
+ KapESt	10 000 €
+ SolZ	550 €
Einnahmen i. S. von § 20 Abs. 1 Nr. 4 EStG	40 000 €

Zu b):

Zu den Werbungskosten (§ 9 EStG) eines stillen Gesellschafters gehört bei vertraglicher Verlustbeteiligung der Anteil am Verlust, und zwar bis zur Höhe der Einlage. Der stille Gesellschafter hat also prinzipiell die Möglichkeit, Verlustanteile mit positiven anderen Einkünften innerhalb desselben Veranlagungszeitraumes zu verrechnen und ggf. nach § 10d EStG abzuziehen. Der Verlustanteil des stillen Gesellschafters ist in dem Jahr als Werbungskosten abzugsfähig, in dem er geleistet wird (§ 11 Abs. 2 EStG). Dies setzt i. d. R. die Feststellung der Höhe des Verlustes, also die Feststellung der Bilanz des Unternehmens voraus (BFH VIII R 25/96, BStBl 1997 II 724; VIII R 36/01, BFH/NV 1998 S. 958; VIII R 40/97, BStBl 2002 II 858, und VIII R 90/02, BFH/NV 2002 S. 1577). Das bedeutet, dass die Verrechnung des Verlustes mit anderen Einkünften grds. erst nach Bilanzaufstellung und im Jahr der Abbuchung von der Einlage vorgenommen werden kann. A kann demnach im Jahr 03 bei seinen Einkünften aus Kapitalvermögen 30 000 € Werbungskosten abziehen.

Fall 196
Negatives Einlagekonto eines stillen Gesellschafters

Sachverhalt: A ist am Handelsgewerbe des B mit einer Einlage in Höhe von 100 000 € als stiller Gesellschafter beteiligt. Abweichend von § 232 HGB haben A und B vereinbart, dass A über seine Einlage hinaus am Verlust teilnimmt mit der Maßgabe, dass ein negatives Einlagekonto durch spätere Gewinne wieder aufzufüllen ist.

Aufgrund eines im März 03 festgestellten Verlustanteils für das Jahr 02 hat sich das Einlagekonto des A wie folgt entwickelt:

geleistete Einlage	100 000 €
./. Verlustanteil 02	./. 150 000 €
	./. 50 000 €

Frage: In welcher Höhe und in welchem Jahr ist der Verlustanteil für das Jahr 02 als Werbungskosten bei den Einkünften aus Kapitalvermögen berücksichtigungsfähig?

→ Lösung

§ 20 Abs. 1 Nr. 4 Satz 2 EStG bestimmt, dass auf Anteile des stillen Gesellschafters am Verlust des Betriebs § 15a EStG sinngemäß anzuwenden ist. Das bedeutet, dass es sich bei der Abbuchung des Verlustanteils von der Einlage des stillen Gesellschafters nur insoweit um Werbungskosten handelt, als der Verlustanteil den Betrag der Einlage nicht übersteigt (BFH VIII R 22/94, BFH/NV 1998 S. 823).

Der A entstandene Verlust in Höhe von 150 000 € ist daher im Jahr 03 nur in Höhe von 100 000 € als Werbungskosten bei den Einkünften aus Kapitalvermögen abzugsfähig. Seinen die Einlage übersteigenden Verlustanteil in Höhe von 50 000 € kann A nicht als Werbungskosten bei seinen Einkünften aus Kapitalvermögen abziehen und auch keinen Verlustabzug nach § 10d EStG geltend machen. Der restliche Verlustanteil in Höhe von 50 000 € fällt unter das Ausgleichsverbot des § 15a Abs. 1 EStG. Insoweit handelt es sich für den stillen Gesellschafter A lediglich um einen verrechenbaren Verlust. In Höhe des die Einlage übersteigenden Verlustanteils ist für A ein negatives Einlagekonto zu bilden, und der auf diesem Konto ausgewiesene Verlust ist jährlich zum Bilanzstichtag als verrechenbarer Verlust gesondert festzustellen (BFH VIII R 36/01, BStBl 2002 II 858). Verlustanteile eines typisch stillen Gesellschafters sind zwar nicht zu berücksichtigen, bevor der Jahresabschluss des Geschäftsinhabers festgestellt und der Verlustanteil des stillen Gesellschafters berechnet worden ist. Hinzu kommen muss für den Regelfall, dass die Verlustanteile von der Einlage des stillen Gesellschafters abgebucht worden sind. Die Abbuchung als Voraussetzung der steuerrechtlichen Berücksichtigungsfähigkeit der Verluste entfällt jedoch, soweit durch den Verlustanteil ein negatives Einlagekonto entsteht. Hier gilt das Abflussprinzip nicht. Der Verlustanteil entsteht mit seiner Berechnung nach § 232 Abs. 1 HGB auf der Grundlage des Jahresabschlusses des Geschäftsinhabers.

Der verrechenbare Verlust in Höhe von 50 000 € ist – ohne zeitliche Begrenzung – in späteren Jahren mit Gewinnanteilen nach § 20 Abs. 1 Nr. 4 EStG verrechenbar, d. h. der Verlustanteil mindert etwaige Beteiligungsgewinne späterer Jahre.

Fall 197
Veräußerung einer typisch stillen Beteiligung an einen Dritten

Sachverhalt: A ist seit dem Jahr 01 stiller Gesellschafter mit einer Einlage in Höhe von 100 000 € am gewerblichen Unternehmen des B. Die stille Beteiligung gehört zum Privatvermögen des A. Durch schriftlichen Vertrag vom 30. 6. 05 überträgt A im Einvernehmen mit B seine stille Beteiligung gegen Zahlung in Höhe von 115 000 € auf C. Der Jahresabschluss für das Jahr 04 ist im April 05 aufgestellt worden.

Frage: Unterliegt der A zugeflossene Mehrerlös in Höhe von 15 000 € aus der Übertragung der stillen Beteiligung als Einkünfte aus Kapitalvermögen der Einkommensteuer?

Literaturhinweis: *Lehrbuch Einkommensteuer*, Rdn. 1901

➔ Lösung

Der A zugeflossene Mehrerlös in Höhe von (115 000 € ./. 100 000 € =) 15 000 € unterliegt nicht der Einkommensteuer. Es fehlt nämlich an einem Steuertatbestand, der den Mehrerlös aus der Übertragung einer privat gehaltenen stillen Beteiligung an einen Dritten der Einkommensteuer unterwirft. Da die Vermögenseinlage (das Kapital) dem C nicht zur Nutzung überlassen worden ist, kann der bei der Veräußerung der stillen Beteiligung erzielte Mehrerlös nicht als Kapitalertrag i. S. von § 20 Abs. 1 Nr. 4 EStG erfasst werden (BFH I R 98/76, BStBl 1981 II, 465). Gewinne, die durch die Verwertung der Kapitalanlage erzielt werden, sind keine Kapitalerträge. Etwas anderes gilt nur, soweit der Mehrerlös auf einen Anteil am Gewinn eines bereits abgelaufenen Wirtschaftsjahres entfällt (H 154 „Stiller Gesellschafter" EStH). Die Veräußerung der stillen Beteiligung an C hat als Vorgang in der Vermögenssphäre für A keine ertragsteuerlichen Auswirkungen, ist also nicht einkommensteuerbar. Der über den Betrag der Einlage hinausgehende Veräußerungserlös in Höhe von 15 000 € zählt deshalb nicht zu den Einkünften aus Kapitalvermögen i. S. des § 20 EStG.

Fall 198
Aufgabe einer stillen Beteiligung gegen Abfindung durch den Geschäftsinhaber

Sachverhalt: A ist als stiller Gesellschafter mit einer Einlage in Höhe von 100 000 € am gewerblichen Unternehmen des B beteiligt. Die Beteiligung gehört zu seinem Privatvermögen. Der Vertrag über die stille Beteiligung ist im Jahr 01 für die Dauer von 15 Jahren abgeschlossen worden. Im Jahr 05 wird der Vertrag vorzeitig beendet. A erhält in 05 seine Einlage in Höhe von 100 000 € zurückgezahlt und darüber hinaus von B eine Abfindung in Höhe von 20 000 € für entgangene Gewinne.

Frage: Unterliegt der Mehrerlös in Höhe von 20 000 € als Einnahmen aus Kapitalvermögen bei A der Einkommensteuer?

➔ Lösung

Nach § 20 Abs. 2 Nr. 1 EStG gehören zu den Einkünften aus Kapitalvermögen auch besondere Entgelte oder Vorteile, die neben den in § 20 Abs. 1 EStG bezeichneten Einnahmen oder an deren Stelle gewährt werden. Auf die Bezeichnung solcher Erträge kommt es nicht an. Zu den Einkünften aus Kapitalvermögen gehören vielmehr alle Vermögensmehrungen, die bei wirtschaftlicher Betrachtung Entgelt für die Kapitalnutzung sind. Dazu zählt nach der Rechtsprechung auch die an einen typisch stillen Gesellschafter bei Auflösung der Gesellschaft vom Geschäftsinhaber gezahlte Abfindung, soweit sie den Nennbetrag der Abfindung übersteigt (BFH VIII R 126/82, BStBl 1984 II 580, und VIII B 156/94, BFH/NV 1996 S. 125). A muss daher den über den Nennbetrag der Einlage hinausgehenden Erlös in Höhe von 20 000 € als besonderes Entgelt i. S. von § 20 Abs. 2

Nr. 1 EStG versteuern. Nach Ansicht des BFH kann er dafür allerdings die Progressionsvergünstigung (sog. Fünftel-Regelung) nach § 24 Nr. 1b EStG i. V. m. § 34 Abs. 1 und 2 EStG in Anspruch nehmen.

Die Differenzierung zwischen der Veräußerung an einen Dritten und der Abfindung, die der stille Gesellschafter bei Beendigung des Gesellschaftsverhältnisses vom Betriebsinhaber selbst erhält (vgl. hierzu Fall 197), erscheint keineswegs zwingend (kritisch auch *Söffing*, DStR 1984 S. 268, und *Schmidt*, FR 1984 S. 398).

Fall 199
Verlust der Einlage eines stillen Gesellschafters

Sachverhalt: A ist seit dem Jahr 01 als stiller Gesellschafter am Handelsgewerbe des B beteiligt, und zwar sowohl am Gewinn als auch am Verlust. Am 20. 10. 05 wird B zahlungsunfähig, das Insolvenzverfahren wird eröffnet. Die Einlage des A betrug zu diesem Zeitpunkt aufgrund von Verlustverrechnungen der Jahre 02 bis 04 nur noch 50 000 €. Für 05 wurde für A im Jahr 06 ein weiterer Verlustanteil in Höhe von 10 000 € festgestellt, so dass sich sein Einlagekonto weiter auf 40 000 € minderte. Unter Berücksichtigung einer Quote von 30 % erhielt A im Jahr 06 (30 % von 40 000 € =) 12 000 € Resteinlage zurückgezahlt.

Frage: Welche einkommensteuerlichen Folgen ergeben sich für A im Jahr 06 im Zusammenhang mit dem teilweisen Verlust seiner Einlage?

Literaturhinweis: *Lehrbuch Einkommensteuer*, Rdn. 1945

➜ Lösung

Ist ein typischer stiller Gesellschafter nach dem Gesellschaftsvertrag auch am Verlust eines Unternehmens beteiligt und ist das Geschäftsergebnis negativ, so handelt es sich bei den auf die Beteiligung entfallenden Verlusten um Werbungskosten bei den Einkünften aus Kapitalvermögen des stillen Gesellschafters. A kann daher den Verlustanteil 05 in Höhe von 10 000 € im Jahr 06 als Werbungskosten bei der Ermittlung seiner Einkünfte aus Kapitalvermögen abziehen.

Die Rückzahlung der Einlage in Höhe von 12 000 € stellt für A keine Einnahme dar; es handelt sich insoweit um eine Vermögensumschichtung. Der aufgrund der Überschuldung des B eingetretene Verlust der Einlage in Höhe von (40 000 € ./. 12 000 € =) 28 000 € ist einkommensteuerlich unbeachtlich: Verluste an der Einlage, die ihren Rechtsgrund nicht in der gesellschaftsvertraglichen Verpflichtung zur Verlustübernahme haben, sind Vermögensverluste, die nicht als Werbungskosten geltend gemacht werden können. Sie bleiben ohne einkommensteuerrechtliche Auswirkung (FG München, EFG 1981 S. 341, und BFH VIII R 25/96, BStBl 1997 II 724).

Fall 200
Verdeckte Gewinnausschüttung wegen Vorteilsgewährung an nahe stehende Person

Sachverhalt: A ist zu 80 % am Stammkapital der X-GmbH beteiligt. Die X-GmbH hat im Jahr 03 eine in ihrem Betriebsgebäude gelegene Wohnung der Tochter des A für einen Mietzins in Höhe von monatlich 500 € vermietet. Der übliche Mietzins für eine vergleichbare Wohnung beträgt monatlich 1 500 €.

Frage: Welche einkommensteuerlichen Folgen ergeben sich für A im Hinblick auf den zu niedrigen Mietzins?

Literaturhinweis: *Lehrbuch Einkommensteuer*, Rdn. 1899, 1900

➤ Lösung

Zu den Einkünften aus Kapitalvermögen gehören auch verdeckte Gewinnausschüttungen (§ 20 Abs. 1 Nr. 1 Satz 2 EStG). Unter einer verdeckten Gewinnausschüttung sind alle Vorgänge zu verstehen, durch die eine Kapitalgesellschaft einem Gesellschafter bzw. einer diesem nahe stehenden Person geldwerte Güter in einer Form zuführt, in der sie nicht als Ausschüttung erscheinen, sondern eine solche verdecken. Im Allgemeinen ist eine verdeckte Gewinnausschüttung i. S. des § 20 Abs. 1 Nr. 1 Satz 2 EStG gegeben, wenn eine Kapitalgesellschaft ihrem Gesellschafter außerhalb der gesellschaftsrechtlichen Gewinnverteilung einen Vermögensvorteil zuwendet, diese Zuwendung ihren Anlass im Gesellschaftsverhältnis hat und der Vermögensvorteil dem Gesellschafter zugeflossen ist (BFH I B 119/98, BFHE 186, 379, und VIII B 38/98, BStBl 1999 II 241).

Wird eine Wohnung – wie im vorliegenden Fall – an eine dem beherrschenden Gesellschafter nahe stehende Person zu einem unangemessen niedrigen Mietzins vermietet, ist demgemäß davon auszugehen, dass die Vorteilsgewährung im Gesellschaftsverhältnis begründet ist. Es liegt eine verdeckte Gewinnausschüttung vor, die nicht der nahe stehenden Person (also der Tochter), sondern dem Gesellschafter A zuzurechnen ist. Einkommensteuerrechtlich können Kapitaleinkünfte nämlich nicht einer Person zugerechnet werden, die an der Kapitalgesellschaft nicht beteiligt ist (BFH, BStBl 1987 II 643, und BStBl 1997 II 301, sowie BMF, BStBl 1999 I 514). Grundlage für die Bewertung der verdeckten Gewinnausschüttung ist § 8 EStG. Das bedeutet, dass A in Höhe des Unterschiedsbetrages zwischen der angemessenen Miete und der berechneten Miete Einnahmen i. S. von § 20 Abs. 1 Nr. 1 Satz 2 EStG erzielt hat. Für verdeckte Gewinnausschüttungen gilt das Halbeinkünfteverfahren. A muss daher folgenden Betrag im Jahr 03 bei seinen Einkünften aus Kapitalvermögen versteuern:

angemessene Miete: 12 × 1 500 € =	18 000 €
./. berechnete Miete: 12 × 500 € =	./. 6 000 €
Differenz = verdeckte Gewinnausschüttung	12 000 €
steuerfrei nach § 3 Nr. 40 Buchst. e EStG: 50 %	./. 6 000 €
steuerpflichtig	6 000 €

Fall 201
Gewährung eines zinslosen Darlehens durch eine GmbH als verdeckte Gewinnausschüttung

Sachverhalt: A ist Alleingesellschafter der X-GmbH und zugleich deren Geschäftsführer. Das Wirtschaftsjahr der GmbH stimmt mit dem Kalenderjahr überein. Die Geschäftsanteile gehören zum Privatvermögen des A. Bei einer Außenprüfung der X-GmbH wird festgestellt, dass die GmbH dem Gesellschafter-Geschäftsführer im Jahr 02 ein unverzinsliches Darlehen gewährt hat, das A zur Finanzierung eines vermieteten Mietwohnhauses verwendet hat. Die angemessenen Zinsen für die Kapitalüberlassung belaufen sich auf 6 000 € im Jahr.

Frage: Handelt es sich bei dem Zinsvorteil, den die GmbH dem A gewährt hat um eine verdeckte Gewinnausschüttung und wie wirkt sich der Zinsvorteil auf das Einkommen der A aus?

Literaturhinweis: *Lehrbuch Einkommensteuer*, Rdn. 1897 ff.

➜ Lösung

Nach § 20 Abs. 1 Nr. 1 Satz 2 EStG gehören zu den Einkünften aus Kapitalvermögen auch sonstige Bezüge in Form von verdeckten Gewinnausschüttungen, wenn die Beteiligung zum Privatvermögen gehört. Sie sind bei Zufluss (§ 11 Abs. 1 Satz 1 EStG) nach dem Halbeinkünfteverfahren zu versteuern. Eine verdeckte Gewinnausschüttung i. S. von § 20 Abs. 1 Nr. 1 Satz 2 EStG ist anzunehmen, wenn die Kapitalgesellschaft ihren Gesellschaftern außerhalb eines gesellschaftsrechtlich wirksamen Gewinnverteilungsbeschlusses einen Vermögensvorteil zuwendet und diese Zuwendung ihre Ursache im Gesellschaftsverhältnis hat. Das ist der Fall, wenn ein ordentlicher und gewissenhafter Geschäftsführer den Vorteil einem Nichtgesellschafter nicht zugewendet hätte.

Gewährt die Kapitalgesellschaft ihrem beherrschenden Gesellschafter Nutzungsvorteile ohne Entgelt oder gegen ein unangemessen niedriges Entgelt, besteht die Vorteilszuwendung für den Gesellschafter darin, dass er Aufwendungen erspart hat. Das Vermögen der GmbH wird in diesem Fall gemindert und das des Gesellschafters erhöht (BFH I R 10/00, BFH/NV 2001 S. 584).

Bei der Gewährung eines zinslosen Darlehens wird eine verdeckte Gewinnausschüttung in Höhe der angemessenen Zinsen angenommen (BFH I R 83/87, BStBl 1990 II 649). In diesem Fall muss beim Gesellschafter untersucht werden, wie sich die fiktiven Zinsen einkommensteuerlich auswirken (sog. Fiktionstheorie). Danach wird die Besteuerung nach allgemein anerkannter Auffassung so vorgenommen, als wenn der Gesellschafter an die Kapitalgesellschaft angemessene Zinsen gezahlt und diese dann im Wege der verdeckten Gewinnausschüttung zurückerhalten hätte (BFH VI R 122/67, BStBl 1971 II 53, und IX R 47/89, BFH/NV 1995 S. 294). Es wird also so verfahren, als ob ein steuerlich anerkannter Leistungsaustausch stattgefunden hätte und die ersparten Zinsen dem Gesellschafter tatsächlich entstanden wären (BFH IV R 30/71, BStBl 1976 II 88; X R 7/82,

BStBl 1988 II 384; I R 335/83, BStBl 1989 II 510, und IX R 47/89, BFH/NV 1995 S. 294).

Vorliegend sind die Zinsen in Höhe von 6 000 € im Jahr der verdeckten Gewinnausschüttung (02) als Werbungskosten bei den Einkünften aus Vermietung und Verpachtung des A abziehbar. Andererseits ist die Hälfte der Zinsen von $^1/_2$ von 6 000 € = 3 000 € im Jahr 02 bei den Einkünften aus Kapitalvermögen des A zu erfassen (§§ 20 Abs. 1 Nr. 1 Satz 2, 3 Nr. 40 Buchst. d EStG). Eine Rechtsgrundlage, die Steuerwirksamkeit der als Werbungskosten bei den Einkünften aus Vermietung und Verpachtung abzugsfähigen Zinsen deshalb zu begrenzen, weil die verdeckte Gewinnausschüttung nach § 3 Nr. 40 Buchst. d EStG nur hälftig besteuert wird, gibt es m. E. nicht.

Fall 202
Werbungskostenabzug von Schuldzinsen bei kreditfinanziertem Aktienkauf

Sachverhalt: A erwarb Anfang 02 1 000 Aktien der X-AG zum Kurswert von 100 € je Aktie. Zur Finanzierung der Anschaffungskosten nahm er bei seiner Bank ein Darlehen in Höhe von 100 000 € auf. Nachdem der Kurs der Aktien auf 120 € je Aktie gestiegen ist, veräußert A die Aktien im März 03 und löst mit dem Veräußerungserlös den Kredit ab. Die von A bezahlten Kreditzinsen belaufen sich auf 8 000 € im Jahr 02 und 2 000 € im Jahr 03. Die X-AG hat im Mai 02 folgende Dividende ausgezahlt:

Brutto-Dividende: 1 000 × 1 € =	1 000 €
./. KapESt: 20 % von 1 000 € =	./. 200 €
./. SolZ: 5,5 % von 200 € =	./. 11 €
ausgezahlter Betrag	789 €

A hat in den Jahren 02 und 03 neben den Dividenden Einnahmen aus Kapitalvermögen in Höhe von 4 000 € erzielt.

Frage: Sind die Kreditzinsen als Werbungskosten bei der Ermittlung der Einkünfte aus Kapitalvermögen des A für die Jahre 02 und 03 abzugsfähig?

Literaturhinweis: *Lehrbuch Einkommensteuer*, Rdn. 1941 ff.

➡ Lösung

Der Werbungskostenabzug von Zinsen für Kredite, die zum Erwerb von Aktien aufgenommen werden, setzt voraus, dass der Erwerb vorwiegend der Erzielung von Einkünften aus Kapitalvermögen dient. Der Werbungskostencharakter der Schuldzinsen entfällt, wenn die Realisierung von Wertsteigerungen im Vordergrund steht. Die Frage, ob der Erwerb der Kapitalanlage vorwiegend der Erzielung von Einkünften aus Kapitalvermögen dient oder ob die Erwartung von Wertsteigerungen eine entscheidende Rolle spielt, kann nur nach objektiven Kriterien entschieden werden.

Eine Überschusserzielungsabsicht bei den Kapitaleinkünften liegt bereits dann vor, wenn eine Wahrscheinlichkeitsprognose über die voraussichtliche Dauer der Kapitalnutzung einen bescheidenen steuerpflichtigen Überschuss erwarten lässt. Die Überschusserzielungsabsicht kann auch dann bejaht werden, wenn der Stpfl. neben der Absicht, auf Dauer gesehen einen Überschuss zu erzielen, zugleich die Erwartung oder Hoffnung hat, mit der Kapitalanlage steuerfreie Vermögensvorteile zu erzielen, die diesen Überschuss erheblich übersteigen (BFH VIII R 8/98, BFH/NV 2000 S. 825, und VIII R 43/01, BStBl 2003 II 937). Dabei müssen hinreichende Anhaltspunkte dafür ersichtlich sein, dass sich in absehbarer Zeit ein Totalüberschuss ergeben könnte (BFH VIII R 12/89, BStBl 1993 II, 18). Liegen erkennbare objektive Anhaltspunkte dafür vor, dass bei einer ertragbringenden Kapitalanlage auf Dauer gesehen eine – wenn auch nur bescheidene – Rendite nicht erwartet wird oder aber nicht erwartet werden kann, ist die Überschusserzielungsabsicht regelmäßig nicht gegeben. Bei einem fremdfinanzierten Aktienkauf ist die Überschusserzielungsabsicht zu verneinen, wenn die Schuldzinsen die voraussichtliche Rendite der Aktien deutlich übersteigen (BFH VIII R 23/98, BFH/NV 2000 S. 420).

Hier ist davon auszugehen, dass A die Aktien in erster Linie in Erwartung von Wertsteigerungen erworben hat. Er kann daher die Kreditzinsen nicht als Werbungskosten bei der Ermittlung seiner Einkünfte aus Kapitalvermögen abziehen (BFH VIII R 154/76, BStBl 1982 II 37; VIII R 200/78, BStBl 1982 II 40 und VIII R 132/80, BStBl 1982 II 463). Die Dividenden sind daher nicht als Einnahmen aus Kapitalvermögen zu erfassen, andererseits kann A die gezahlten Schuldzinsen nicht als Werbungskosten (§ 9 EStG) bei seinen Einkünften aus Kapitalvermögen abziehen. Aus dem Fehlen der Überschusserzielungsabsicht folgt nicht nur der Ausschluss jedes Werbungskostenabzugs, sondern auch die Unanwendbarkeit des § 36 Abs. 2 Nr. 2 EStG. Das bedeutet, dass eine Anrechnung der Kapitalertragsteuer auf die Einkommensteuer nicht in Betracht kommt, weil die genannte Vorschrift voraussetzt, dass die entsprechenden Einnahmen bei der Veranlagung „erfasst" werden (BFH I R 87/95, BStBl 1996 II 473, und VIII R 23/98, BFH/NV 2000 S. 420). Entsprechendes gilt für den Solidaritätszuschlag.

Bei fehlender Überschusserzielungsabsicht kommt allerdings bezüglich der einbehaltenen Kapitalertragsteuer und des Solidaritätszuschlags, die auf Rechnung des Gläubigers der Kapitalerträge einbehalten werden, eine Erstattung nach § 37 Abs. 2 AO in Betracht (BFH VIII R 23/98, BFH/NV 2000 S. 420).

Fall 203
Werbungskostenabzug von Schuldzinsen bei kreditfinanziertem Erwerb einer GmbH-Beteiligung

Sachverhalt: A ist seit Anfang 02 Alleingesellschafter der X-GmbH, deren Stammkapital 100 000 € beträgt. Die Beteiligung gehört zu seinem Privatvermögen. Zur teilweisen Finanzierung der Anschaffungskosten seiner Beteiligung hat A im Jahr 02 einen Kredit in Höhe von 50 000 € aufgenommen, für den in den Jahren 02 bis 04 Zinsen in Höhe von jährlich 4 000 € anfallen. Die X-GmbH nimmt für diese Jahre keine Gewinnausschüttungen vor, sondern thesauriert ihre Gewinne, die sich auf 60 000 € bis 90 000 € jährlich belaufen haben.

Frage: Sind die Schuldzinsen als Werbungskosten bei den Einkünften aus Kapitalvermögen des A abzugsfähig?

Literaturhinweis: *Lehrbuch Einkommensteuer*, Rdn. 1941 ff.

➡ Lösung

Schuldzinsen sind als Werbungskosten bei den Einkünften aus Kapitalvermögen abzugsfähig, wenn der Kredit zum Erwerb oder zur Schaffung einer Kapitalanlage i. S. von § 20 EStG verwandt wird. Eine GmbH-Beteiligung ist eine solche Kapitalanlage, falls sie Gewinnanteile oder sonstige Bezüge – einschließlich verdeckter Gewinnausschüttungen – erbringt (§ 20 Abs. 1 Nr. 1 EStG). Bleiben Erträge aus oder fallen sie nur in geringem Ausmaß an, ist grds. davon auszugehen, dass die Schuldzinsen nicht in der Absicht geleistet worden sind, Einkünfte aus Kapitalvermögen zu erzielen, sondern in der Absicht, Wertsteigerungen der Vermögensanlage zu erzielen. Handelt es sich – wie hier – um eine Beteiligung an einer Kapitalgesellschaft i. S. des § 17 EStG, so ist für die Frage, ob beim Erwerb der Kapitalanlage die Erwartung einer – wenn auch bescheidenen – Rendite im Vordergrund stand, auch die zu erwartenden Wertsteigerungen der Beteiligung einzubeziehen, d. h. die Erwartung eines späteren (steuerpflichtigen) Veräußerungsgewinns ist der Erwartung einer Kapitalrendite gleichzusetzen.

Der Veräußerungsgewinn nach § 17 EStG und das Ausschüttungsverhalten einer GmbH stehen in einer Wechselwirkung. Ausschüttungen mindern regelmäßig einen späteren Veräußerungsgewinn, die Thesaurierung erhöht ihn regelmäßig.

Da im vorliegenden Fall aufgrund des Ausschüttungsverhaltens der X-GmbH eine Wertsteigerung der Beteiligung zu erwarten ist, kann A die Schuldzinsen in Höhe von jährlich 4 000 € als Werbungskosten bei seinen Einkünften aus Kapitalvermögen abziehen (BFH VIII R 234/84, BStBl 1986 II, 596; BFH v. 29. 10. 1998, VII B 43/98, n. v., und VIII R 32/00, BFH/NV 2001 S. 1175).

VIII. Einkünfte aus Vermietung und Verpachtung (§ 21 EStG)

Vorbemerkungen

Einkünfte aus Vermietung und Verpachtung liegen vor bei:
- Vermietung und Verpachtung von unbeweglichem Vermögen, insbesondere von Grundstücken, Gebäuden, Gebäudeteilen etc.,
- Vermietung von Sachinbegriffen, insbesondere von beweglichem Betriebsvermögen,
- Einkünfte aus zeitlich begrenzter Überlassung von Rechten, insbesondere von schriftstellerischen, künstlerischen und gewerblichen Urheberrechten,
- Veräußerung von Miet- und Pachtzinsforderungen,

§ 21 EStG ist nach Abs. 3 subsidiär zu den §§ 13, 15, 18 und 19 EStG, d. h. dass in den Fällen, in denen bei einer Vermietung und Verpachtung die Voraussetzungen des § 21

Abschnitt 11: Die Einkunftsarten

EStG und die einer anderen Einkunftsart gegeben sind, grundsätzlich die andere Einkunftsart vorgeht. Dies gilt aber nicht im Verhältnis zu §§ 20 und 22 EStG. Die Einnahmen sind um die durch die Vermietung und Verpachtung verursachten Kosten gem. § 9 EStG zu mindern.

Fall 204
Veräußerung von Miet- und Pachtzinsforderungen

Sachverhalt: A verkauft am 10. 6. 01 sein Mietshaus für 400 000 €, welches er vor 20 Jahren erworben hatte. Bezüglich der rückständigen Mieten in Höhe von 10 000 € vereinbart A mit dem Erwerber Z, dass dieser die Mieten einziehen solle.
Frage: Nehmen Sie Stellung.
Literaturhinweis: *Lehrbuch Einkommensteuer*, Rdn. 1974 f.

 Lösung

Einkünfte des A:
Die Veräußerung des privaten Mietshauses ist steuerlich nicht relevant. A erzielt aber Einnahmen gem. § 21 Abs. 1 Nr. 4 EStG in Höhe von 10 000 €. Die Mieteinnahmen betreffen einen Zeitraum, in welchem A noch Eigentümer war, sie stehen ihm also zu. A hat als Veräußerungspreis lediglich 400 000 € ./. 10 000 € = 390 000 € erhalten. Er erhält diese Mieten vorweg von Z vergütet. Hätte A, wie es ihm zustand, die Mieten selbst eingetrieben, so hätte er in Höhe von 10 000 € Mieteinnahmen nach § 21 Abs. 1 Nr. 1 EStG zu versteuern.

Erwerber Z:
Für das Haus wendet Z lediglich 390 000 € auf. Dieser Betrag stellt für ihn nach Abzug des Grund und Bodens die AfA-Bemessungsgrundlage für das Gebäude dar.

Die Zahlung von 10 000 € an A ist eine Vorauszahlung von Beträgen, die bereits fällig waren; diese zieht er dann von den Mietern ein. Die Einziehung der Mieten löst bei ihm keine Einkommensteuerpflicht aus. Die Mieteinnahmen hat er erst für den Zeitraum ab der Eigentumsübertragung gem. § 21 Abs. 1 Nr. 1 EStG zu versteuern.

Kann Z die Mieten nur teilweise einziehen, hat er in Höhe des ausgefallenen Betrages einen privaten Vermögensverlust erlitten, der steuerlich nicht berücksichtigungsfähig ist.

Fall 205
Herstellungskosten

Sachverhalt: A erwirbt im Februar 01 einen Bauplatz und lässt darauf ein Mietwohnhaus errichten. Der Antrag auf Baugenehmigung wurde im März 02 gestellt, mit den Bauarbeiten wurde im August 02 begonnen. Die Wohnungen wurden nach Fertigstellung ab 1. 10. 03 vermietet. Es entstanden folgende Kosten:

1. 01 Kaufpreis Bauplatz — 85 000 €
2. 01 Grunderwerbsteuer — 2 975 €
3. 01 Notar- und Grundbuchkosten — 1 200 €
4. 01 restliche Erschließungskosten — 21 000 €
5. 02 Aushub der Baugrube — 4 800 €
6. 02 Architektenleistungen — 15 000 €
7. 02 Gebühr Baugenehmigung — 480 €
8. 02/03 Rechnungen der Bauhandwerker insgesamt — 250 000 €
9. 02 Kosten für Richtfest — 600 €
10. 02 Zahlungen an Schwarzarbeiter ohne Belege — 8 000 €
11. Eigenleistungen geschätzt — 4 000 €
12. Getränke für die Bauarbeiter 02 — 300 €
13. 03 Strom und Wasseranschluss — 12 000 €
14. 03 Hausanschlusskosten — 4 500 €
15. 03 Spüle von je 800 € für jede der 3 Wohnungen — 2 400 €
16. 03 Sanitäre Anlagen, Malerarbeiten — 45 000 €
17. 03 Teppichboden auf Estrich verlegt — 12 000 €
18. Dezember 03 Reparatur der Wasserleitung — 900 €
19. 03 Kosten für Hypothekenbestellung 03 — 3 400 €
20. Zinsen für Hypotheken in 03 — 15 300 €
    in 04 — 16 400 €
21. Fahrtkosten des A zur Baubetreuung lt. Nachweis — 360 €
22. 04 Grundstücksumzäunung — 4 800 €
23. 04 Außenputz — 12 000 €
24. Grundsteuer für 02 — 280 €
    für 03 — 280 €
    für 04 — 560 €

Frage: Teilen Sie die entstandenen Aufwendungen auf in Herstellungskosten, sofort abzugsfähige Werbungskosten, nicht abzugsfähige Kosten.

Literaturhinweis: *Lehrbuch Einkommensteuer*, Rdn. 1992 ff., 2020 ff., 2055, 2059 ff.

➔ Lösung

Da A das Gebäude insgesamt vermietet, erzielt er Einkünfte nach § 21 Abs. 1 Nr. 1 EStG.

Die o. g. Kosten sind wie folgt zu behandeln:

zu 1. – 4. Anschaffungskosten Grund und Boden

zu 5. – 9. Herstellungskosten Gebäude

zu 10. Die nicht belegten Kosten für Schwarzarbeiter können nach § 160 AO nicht berücksichtigt werden.

Abschnitt 11: Die Einkunftsarten

Zu 11. Die Eigenleistungen sind keine Herstellungskosten, da tatsächlich kein Abfluss erfolgte.

zu 12. – 13. Herstellungskosten Gebäude

zu 14. Herstellungskosten Gebäude, H 33a „Hausanschlusskosten" EStH

zu 15. Die Kosten für die Spüle gehören zu den Herstellungskosten (H 33a „Einbauküche" EStH)

zu 16. – 17. Herstellungskosten

zu 18. – 20. sofort abzugsfähige Werbungskosten (§ 9 Abs. 1 EStG)

zu 21. Herstellungskosten Gebäude mit den tatsächlichen Fahrtkosten

zu 22. nachträgliche Herstellungskosten (H 33a „Umzäunung" EStH)

zu 23. nachträgliche Herstellungskosten

zu 24. sofort abzugsfähige Werbungskosten (§ 9 Abs. 1 Nr. 2 EStG)

Die sofort abzugsfähigen Werbungskosten sind im Zeitpunkt der Zahlung nach § 11 Abs. 2 EStG zu berücksichtigen. Die Herstellungskosten Gebäude sind nicht sofort abzugsfähig, sondern nach Fertigstellung des Gebäudes im Wege der AfA nach § 9 Abs. 1 Nr. 7 i. V. m. § 7 EStG zu berücksichtigen. Die nachträglichen Herstellungskosten erhöhen im Zeitpunkt ihrer Entstehung die AfA-Bemessungsgrundlage. Die Kosten für die Anschaffung des Grund und Bodens sind nicht zu berücksichtigen. Diese Kosten wären nur im Rahmen der Eigenheimzulage für eine selbstgenutzte Wohnung berücksichtigungsfähig.

Fall 206
Einkunftsermittlung

Sachverhalt: Am 1. 2. 03 erwarb Frau B ein unbebautes Grundstück für 35 000 €. Die Kosten des notariellen Kaufvertrages in Höhe von brutto 520 € bezahlte sie am 20. 2. 03. Nachdem sie die Baugenehmigung beantragt hatte (in 03), Kosten 230 €, errichtete sie ein Zweifamilienhaus.

Baukosten Kellergeschoss	60 000 €
+ Umsatzsteuer	9 600 €
Fertighaus	230 000 €
+ Umsatzsteuer	36 800 €
Erschließungsbeiträge	12 000 €
Kosten des Hausanschlusses	4 500 €
Jägerzaun um das Grundstück	2 500 €

Zur Finanzierung des Bauvorhabens hat Frau B ein Darlehen in Höhe von 100 000 € aufgenommen, für das sie in 04 6 000 € Zinsen und 1 000 € Tilgung bezahlte. Damit bezahlte sie den Fertighaushersteller, den Restbetrag beglich sie aus Mitteln einer Erbschaft.

Das Haus wurde am 15. 4. 04 bezugsfertig. Eine Wohnung bezog das Ehepaar B sofort, die zweite Wohnung wurde ab 1. 5. 04 für monatlich 500 € vermietet. Beide Wohnungen sind gleich groß. Die restlichen Werbungskosten für das gesamte Gebäude belaufen sich auf 3 600 €.

Frage: Ermitteln Sie die Höhe der Einkünfte für den VZ 04 (= 2004!). Nehmen Sie Stellung zu sonstigen Abzugsbeträgen.

Literaturhinweis: *Lehrbuch Einkommensteuer*, Rdn. 1951 ff.

➜ Lösung

Frau B erzielt bezüglich der vermieteten Wohnung Einkünfte gem. § 21 Abs. 1 Nr. 1 EStG. Bezüglich der eigengenutzten Wohnung liegt kein Einkunftstatbestand vor. Deshalb sind die auf diese Wohnung entfallenden Kosten = $1/2$ nicht als Werbungskosten abzugsfähig.

Einnahmen 500 € × 8 Monate =	4 000 €
Werbungskosten (§ 9 EStG)	
• Schuldzinsen (§ 9 Abs. 1 Nr. 1 EStG) zu $1/2$	./. 3 000 €
Tilgungsbeträge sind nicht abzugsfähig	
• allgemeine Kosten zu $1/2$	./. 1 800 €

• AfA gem. § 9 Abs. 1 Nr. 7 EStG: Frau B kann AfA gem. § 7 Abs. 4 Nr. 2a EStG mit 2 % oder AfA gem. § 7 Abs. 5 Nr. 3b EStG (da Bauantrag nach dem 31. 12. 1995 und vor dem 1. 1. 2004, hier 03 = 2003) 5 % geltend machen. *Hinweis:* bei Bauantrag nach 31. 12. 2003 neue degressive AfA mit 4 % beginnend.

Herstellungskosten:	
Baugenehmigung	230 €
Keller, brutto	+ 69 600 €
Fertighaus, brutto	+ 266 800 €
Hausanschlusskosten	+ 4 500 €
Einzäunung (H 33a EStH)	+ 2 500 €
Summe	343 630 €
Herstellungskosten zu $1/2$ = 171 815 €	
davon 5 % Jahres-AfA	./. 8 591 €
(Die lineare AfA von 2 % wäre zeitanteilig für 9 Monate zu gewähren.)	
Verlust aus Vermietung und Verpachtung	**./. 9 391 €**

Für die Kosten der eigengenutzten Wohnung ist Eigenheimzulage zu gewähren, falls noch kein Objektverbrauch eingetreten ist und die Grenzen des § 5 EigZulG nicht überschritten sind. Da der Antrag auf Baugenehmigung noch in 03 = 2003 gestellt wurde, gilt die Eigenheimzulage i. d. F. bis 31. 12. 2003, § 19 Abs. 5 + 8 EigZulG.

Bemessungsgrundlage:

$1/2$ der Herstellungskosten (s. o.)	171 815 €
+ die auf die eigengenutzte Wohnung entfallenden AK für den Grund und Boden: Kaufpreis	35 000 €

Abschnitt 11: Die Einkunftsarten

Kosten Kaufvertrag	520 €	
Erschließungskosten	12 000 €	
	47 520 €	
davon ½ (Nutzungsanteil)		+ 23 760 €
Bemessungsgrundlage		195 575 €

davon 5 % = 9 779 € max. = 2 556 € Eigenheimzulage

Laut HBeglG 2004 mindert sich der Betrag auf 1 % von 195 575 € max. 1 250 € bei Herstellungsbeginn nach dem 31. 12. 2003.

Fall 207
Einkunftsermittlung/Unentgeltlicher Erwerb/Werbungskosten

Sachverhalt: Anne M. erbte im Jahr 03 von ihrer Tante ein Mietwohnhaus in Neustadt. Das Gebäude war 1930 aus solidem Sandstein errichtet worden und 1956 mit einem Kostenaufwand in Höhe von 95 000 DM (HK) renoviert worden. Die Einheitswerte betrugen zum 1. 1. 1935 = 55 000 RM, zum 1. 1. 1957 = 78 000 DM, zum 1. 1. 1964 = 123 000 DM, zum 1. 1. 2004 = 78 738 €. Auf den Grund und Boden entfallen jeweils 15 %. Anfang 04 begann Anne M. mit der Renovierung des Gebäudes. Es entstanden folgende Kosten:

Erneuerung und Säuberung der Fassade	18 000 €
Einbau von schallgedämmten Fenstern	26 000 €
neue Rollläden	13 400 €
neue Teppichböden	14 800 €
Malerarbeiten in den Wohnungen	4 300 €

Außerdem wendete sie für Grundsteuer, Versicherungen, sonstige allgemeine Werbungskosten in 04 5 800 € auf. Sie erzielte folgende Mieteinnahmen:

Erdgeschoss:	140 qm, ab 1. 3. monatlich	500 €
	Im Januar und Februar stand die Wohnung leer.	
1. Obergeschoss:	2 Wohnungen à 70 qm jeweils monatlich	400 €
	Ab 1. 4. 04 beide Wohnungen neu vermietet für je	450 €
2. Obergeschoss:	2 Wohnungen à 70 qm, davon wurde eine für monatlich	450 €
	vermietet, die zweite wurde dem Bruder	
	von Anne unentgeltlich überlassen.	

Frage: Ermitteln Sie die Einkünfte aus Vermietung und Verpachtung für 04.
Literaturhinweis: *Lehrbuch Einkommensteuer*, Rdn. 2080

➔ Lösung

Anne M. erzielt aus ihrem Mietwohnhaus Einkünfte aus Vermietung und Verpachtung gem. § 21 Abs. 1 Nr. 1 EStG.

Einnahmen:

Erdgeschoss ab 1. 3. 04 500 € × 10 Monate =		5 000 €
1. OG	2 Wohnungen	2 400 €
	2 × 400 € × 3 Monate =	
	2 × 450 € × 9 Monate =	8 100 €
2. OG	12 × 450 € =	5 400 €

Bei der Überlassung der Wohnung im 2. OG an den Bruder handelt es sich um eine unentgeltliche Überlassung. Ein Nutzungswert ist hierfür nicht zu versteuern.

Einnahmen insgesamt = 20 900 €

Werbungskosten:

Soweit die Kosten auf die unentgeltlich überlassene Wohnung entfallen, sind sie nicht abzugsfähig, da der Tatbestand der Einkunftserzielung nicht vorliegt. Auf die Wohnung des Bruders entfällt $^1/_6$ der Nutzfläche des gesamten Gebäudes, die angefallenen Kosten sind deshalb nur zu $^5/_6$ abzugsfähig.

Erhaltungsaufwand:

Bei den durchgeführten Maßnahmen mit einem Kostenaufwand in Höhe von insgesamt 76 500 € handelt es sich um sofort abzugsfähigen Erhaltungsaufwand. Es werden lediglich Teile ersetzt, die bereits in den Herstellungskosten enthalten waren (R 157 Abs. 1 EStR, H 157 EStH). Es handelt sich auch nicht um anschaffungsnahe Aufwendungen i. S. des § 255 Abs. 2 HGB (H 157 EStH; BMF, BStBl 2003 I 386 ff., Tz. 15), da es sich hier um einen unentgeltlichen Erwerb und nicht um eine Anschaffung handelt (ab 2004 greift damit auch nicht § 6 Abs. 1 Nr. 1a EStG).

Kosten = 76 500 €

AfA gem. § 9 Abs. 1 Nr. 7 EStG:

Da Anne das Gebäude unentgeltlich erworben hat, muss sie die AfA-Bemessungsgrundlage und den AfA-Satz des Rechtsvorgängers übernehmen (§ 11d Abs. 1 EStDV). Die Tante hatte das Gebäude vor dem 21. 6. 1948 erworben. Deshalb ist als AfA-Basis der anteilige, auf das Gebäude entfallende, am 21. 6. 1948 maßgebliche Einheitswert anzusetzen.

(RM = DM) Einheitswert am 21. 6. 1948 =	55 000 DM
./. 15 % Anteil Grund und Boden	./. 8 250 DM
Gebäudeanteil =	46 750 DM
+ nachträgliche HK	
nach dem 20. 6. 1948 (§ 10a Abs. 1 Nr. 1 EStDV)	+ 95 000 DM
maßgebende AfA-Basis des Rechtsvorgängers	141 750 DM, umgerechnet in € = 72 476 €

Die Nutzungsdauer beginnt nach § 11c Abs. 1 Nr. 1 EStDV mit dem 21. 6. 1948. Die AfA bemisst sich nach § 7 Abs. 4 Nr. 2a EStG mit 2 %, aber das AfA-Volumen ist zu beachten, da ein Restvolumen vermutlich nicht mehr vorhanden ist.

AfA-Volumen:

20. 6. 1948		*46 750 DM*
./. AfA 1948		
2 % von 46 750 DM =	*935 DM*	
davon ⁷/₁₂ =	*546 DM*	
1949 bis 1955		
7 Jahre × 935 DM =	*6 545 DM*	
Summe AfA		*./. 7 091 DM*
Restbetrag		*39 659 DM*
+ nachträgl. HK		*+ 95 000 DM*
Rechtsvorgänger		
neues AfA-Volumen		*134 659 DM*
./. AfA 2 % = 2 835 DM		
für 1956 bis 2003		
48 Jahre × 2 835 DM =	*./. 136 080 DM,*	*./. 134 659 DM*
	max.	
restl. AfA-Volumen		*0*
allgemeine Werbungskosten		5 800 €
Die gesamten Werbungskosten betragen für 04 82 300 €,		
davon sind nur ⁵/₆ abzugsfähig		./. 68 584 €

Einkünfte gem. § 21 EStG:

Einnahmen	20 900 €
./. Werbungskosten	./. 68 584 €
Einkünfte	./. 47 684 €

Fall 208
Einkunftsermittlung/Werbungskosten

Sachverhalt: Im Januar 04 erwarben Herbert und Berta zu je ½ ein Mehrfamilienhaus in Neustadt, Ortsteil Haardt (Baujahr 1925). Verkäufer ist die Stadt Neustadt. Der notarielle Kaufvertrag wurde am 10. 1. 04 geschlossen, die Grundbucheintragung erfolgte am 24. 3. 04. Nutzen und Lasten gehen vereinbarungsgemäß zum 1. 3. 04 über.

Der Kaufpreis belief sich auf 210 000 € (darin enthalten sind 20 % für den Grund und Boden) und wurde am 20. 2. 04 bezahlt.

Das Gebäude enthält insgesamt drei Mietwohnungen; die Wohnung im Erdgeschoss stand bereits seit Monaten leer. Die Wohnungen im 1. Stock und im Dachgeschoss waren vermietet. Die Eheleute übernahmen vereinbarungsgemäß die bestehenden Mietverträge.

Mieteinnahmen 04:

- **Wohnung 1. Stock:** monatliche Miete   400 €
  zzgl. Unkostenpauschale monatlich
  für Heizung, Warmwasser und allgemeine Beleuchtung   100 €

Fall 208: Einkunftsermittlung/Werbungskosten

- **Wohnung Dachgeschoss:** monatliche Miete — 300 €
  Unkostenpauschale monatlich — 80 €
- **Wohnung Erdgeschoss:** Die Wohnung wurde nach dem Erwerb renoviert und umgestaltet. Folgende Arbeiten wurden durchgeführt: Abreißen von 2 Trennwänden (nicht tragend), um größere Räume zu erhalten, durchgeführt in Eigenarbeit.

Geschätzter Arbeitslohn	=	5 000 €
Notwendiges Werkzeug HILTI-Bohrmaschine, Januar 04 (Nutzungsdauer = 4 Jahre), brutto	=	1 400 €
Erneuerung der Fußbodenbeläge	=	12 000 €
Neue doppelverglaste Fenster	=	8 000 €
Tapezierarbeiten, selbst ausgeführt, geschätzter Arbeitslohn	=	3 000 €
Material	=	2 000 €
Neues Bad; bisher war kein Bad in der Wohnung vorhanden	=	13 000 €

Die o. g. Beträge wurden alle in 04 bezahlt. Die Wohnung im Erdgeschoss stand bis zum Abschluss der Renovierungsarbeiten leer und wurde am 1. 10. 04 für monatlich 600 € zzgl. einer Unkostenpauschale in Höhe von 100 € vermietet.

Übrige in 04 angefallene Kosten:

Beiträge zur Gebäudehaftpflicht- und Brandversicherung,
bezahlt im April 04, für die Zeit vom 1. 4. 04 – 31. 3. 05 — 300 €
Grundsteuer — 250 €
Grunderwerbsteuer, bezahlt am 10. 3. 04 — 7 350 €
Notargebühren betr. Kaufvertrag, bezahlt im Mai 2004 — 600 €
Notargebühren betr. Hypothekenbestellung, bezahlt im Juni 04 — 120 €
Auf dem Grundstück lastet eine Hypothek in Höhe von 100 000 € zur Finanzierung des Hauserwerbs. Die Zinsen betragen am 1. 3. 04 monatlich 540 €
Sie werden pünktlich vom Konto abgebucht.
Kosten für die Grundbucheintragung des Eigentumsübergangs — 200 €
und der Hypothek — 60 €
In 04 geleistete Zahlungen an die Stadtwerke für Heizung und Strom
insgesamt — 1 700 €

Frage: Ermitteln Sie die Einkünfte der Eheleute für den VZ 04!
Literaturhinweis: *Lehrbuch Einkommensteuer*, Rdn. 1976 ff., 1991 ff., 2020 ff.

➔ Lösung

Herbert und Berta erzielen Einkünfte aus Vermietung und Verpachtung gem. § 21 Abs. 1 Nr. 1 EStG.

Mieteinnahmen:

Die Eheleute haben die Mieten ab dem Zeitpunkt des Übergangs der Nutzen und Lasten erhalten und zu versteuern ab 1. 3. 04.

Wohnung 1. Stock:	
400 € × 10 Monate =	4 000 €
+ Kostenpauschale 100 € × 10 Monate =	1 000 €
Wohnung Dachgeschoss:	
300 € × 10 Monate =	3 000 €
+ Kostenpauschale 80 € × 10 Monate =	800 €
Wohnung Erdgeschoss:	
Für die Zeit des Leerstehens ist keine Miete anzusetzen.	
600 € × 3 Monate =	1 800 €
+ Unkostenpauschale 100 € × 3 Monate =	300 €
Einnahmen insgesamt	10 900 €

Werbungskosten:

Die Werbungskosten sind gem. § 9 Abs. 1 EStG abzugsfähig, das gilt auch für die Kosten, die auf die zeitweise leer stehende Erdgeschosswohnung entfallen. Da beabsichtigt ist, die Wohnung nach der Renovierung zu vermieten, stellen die angefallenen Kosten insoweit vorweggenommene Werbungskosten dar.

Die Renovierungskosten für die Erdgeschosswohnung stellen sofort abzugsfähigen Erhaltungsaufwand dar (R 157 Abs. 1 EStR, H 157 EStH).

Die eigene Arbeitsleistung in Höhe von 5 000 € und 3 000 € ist dabei nicht zu berücksichtigen, da es sich hier nicht um einen tatsächlichen Abfluss von Gütern handelt, sondern um ersparte Aufwendungen.

Kosten für Fußboden	12 000 €	
für Fenster	8 000 €	
Tapezierarbeiten, nur Material	2 000 €	
Summe		22 000 €

Die Kosten für die HILTI-Bohrmaschine sind ebenfalls zu berücksichtigen (§ 9 Abs. 1 Nr. 6 EStG). Da die Nutzungsdauer länger als 1 Jahr beträgt und es sich nicht um ein geringwertiges WG handelt, ist lediglich die AfA abzugsfähig (§ 9 Abs. 1 Nr. 7 EStG), ND = 4 Jahre, die bisherige Vereinfachungsregelung gem. R 44 Abs. 2 Satz 3 EStR → Jahres-AfA – entfällt ab 2004 gem. § 7 Abs. 1 Satz 4 EStG i. d. F. des HBeglG 2004   350 €

Bei den o. g. Kosten handelt es sich nicht um anschaffungsnahe Aufwendungen, die zu den HK zu rechnen sind. Gem. § 52 Abs. 16 S. 7 EStG greift bei Baumaßnahmen nach dem 31. 12. 2003 § 6 Abs. 1 Nr. 1a EStG i. d. F. des StÄndG 2003 die og. Kosten betragen weniger als 15 % von ca. 172 000 € AK Gebäude = 25 800 €, genaue Ermittlung s. unten mit 174 520 €; (bis 2003: Tz. 38, BMF v. 18. 7. 2003, BStBl 2003 I 386 ff., sog. „Nichtaufgriffsgrenze")

Durch den Einbau des neuen Bades wird aber etwas Neues, bisher nicht Vorhandenes geschaffen (R 157 Abs. 2 EStR). Es handelt sich deshalb um nachträgliche Herstellungskosten, § 6 Abs. 1 Nr. 1a Satz 2 EStG.
Als Werbungskosten sind außerdem abzugsfähig:

Versicherungsbeiträge bei Zahlung (§ 11 Abs. 2 Satz 1 EStG)	300 €
Grundsteuer (§ 9 Abs. 1 Nr. 2 EStG)	250 €
Finanzierungskosten: Notargebühren	120 €
Grundbucheintragung Hypothek	60 €
Zinsen für Hypothek 10 × 540 € =	5 400 €
Zahlung Stadtwerke	1 700 €

Absetzung für Abnutzung:

§ 9 Abs. 1 Nr. 7 i. V. m. § 7 Abs. 4 Nr. 2a EStG

Anschaffungskosten: Kaufpreis	210 000 €	
+ Grunderwerbsteuer	7 350 €	
+ Notargebühren für Kaufvertrag	600 €	
+ Grundbucheintragung	200 €	
Summe	218 150 €	
./. 20 % Grund und Boden	./. 43 630 €	
	174 520 €	
+ Herstellungskosten Bad	13 000 €	
AfA-Bemessungsgrundlage	187 520 €	
davon 2 %	3 751 €	
zeitanteilig ab 1. 3. 04 $^{10}/_{12}$		3 125 €
Summe Werbungskosten		33 305 €
Einnahmen		10 900 €
./. Werbungskosten		./. 33 305 €
Einkünfte aus Vermietung und Verpachtung		./. 22 405 €

Fall 209
Zuwendungsnießbrauch/Werbungskosten

Sachverhalt: Im Mai 1999 hatten EK und sein Bruder MK von den verstorbenen Eltern ein Zweifamilienhaus in Neustadt zu je ½ geerbt. (Die verstorbenen Eltern hatten bisher lediglich die lineare AfA in Anspruch genommen.) Dieses Gebäude und ein Geldbetrag von 60 000 €, den der Enkel Franz erbte, waren der einzige Nachlass.

Das Zweifamilienhaus war im Jahr 1975 mit einem Kostenaufwand in Höhe von umgerechnet 150 000 € errichtet worden. Seither hatten die Eltern von EK und MK eine Wohnung selbst genutzt und die zweite Wohnung vermietet. Seit der Erbschaft war eine Wohnung fremdvermietet und die Obergeschosswohnung von EK und seiner Familie selbst genutzt worden. Die beiden Wohnungen haben eine Fläche von je 100 qm und sind in Art und Ausstattung vergleichbar.

Mit Vertrag vom 13. 12. 2001 hatte EK mit Wirkung vom 1. 1. 2002 den hälftigen Anteil seines Bruders MK gegen Zahlung eines Betrages von (umgerechnet) 120 000 € aus eigenen Mitteln hinzuerworben. (In diesem Betrag sind 20 000 € für den Grund und Boden enthalten.) Kurz danach, noch im Jahr 2001, hatte EK das gesamte Gebäude für 80 000 € durchgreifend renoviert und den bisher sehr einfachen Standard gehoben. Dabei handelt es sich um folgende Aufwendungen:

Dach-Neueindeckung (20 000 €), Außenputz (15 000 €), neue Fenster (15 000 €), neue Heizungsanlage (30 000 €). Eine Nutzungsänderung ist nicht eingetreten. Die Kosten sind nach den Regelungen des in 2001 geltenden R 157 Abs. 4 EStR insoweit als anschaffungsnahe Aufwendungen zu behandeln, als sie auf den entgeltlichen Erwerb entfallen.

Mit notariellem Vertrag vom 20. 12. 2003 vereinbaren EK und sein Sohn Franz für die Erdgeschosswohnung ab Januar 2004 ein lebenslängliches Nießbrauchrecht zugunsten von Franz. Das Nießbrauchrecht wurde am 15. 2. 2004 ins Grundbuch eingetragen. Die Nutzung der Wohnung verändert sich nicht. Die Miete für die Erdgeschosswohnung von monatlich 500 € erhält nunmehr Franz auf sein Konto in Brüssel überwiesen. Franz ist 24 Jahre alt, studiert in Brüssel Medizin und hat dort seit 4 Jahren eine eigene Wohnung. Die zweite, unbelastete Wohnung wird weiterhin von den Eheleuten K genutzt.

Als Gegenleistung zahlt Franz seinem Vater 60 721 €, die aus der Erbschaft seiner Großeltern stammen. Der Marktwert des Zweifamilienhauses beläuft sich in 2004 auf 350 000 € (inkl. 20 % für Grund und Boden). Die Aufwendungen (z. B. Grundsteuer, Reparaturen, Versicherungen etc.) belaufen sich für 2004 für das gesamte Gebäude auf insgesamt 7 000 €. Die Aufwendungen werden vereinbarungsgemäß von EK getragen.

Frage: Ermitteln Sie die Höhe der Einkünfte aus Vermietung und Verpachtung des EK für den VZ 2004.

Notar- und Grundbuchgebühren und Grunderwerbsteuer wurden aus Vereinfachungsgründen außer Acht gelassen.

Literaturhinweis: *Lehrbuch Einkommensteuer*, Rdn. 2093

▶ Lösung

Das Zweifamilienhaus in Neustadt ging in 1999 im Wege der Erbfolge unentgeltlich auf die Erbengemeinschaft EK und MK über. Bis zur Auseinandersetzung in 2001 waren die Einkünfte aus dem Zweifamilienhaus einheitlich und gesondert zu ermitteln und auf die beiden Beteiligten zu verteilen. Im Rahmen der Erbauseinandersetzung erwarb EK den Anteil von MK entgeltlich. Es liegen insoweit Anschaffungskosten in Höhe von 120 000 € vor (s. a. BMF, BStBl 1993 I 62 ff.).

Im VZ 2004 erzielt EK aus dem Gebäude in Neustadt Einkünfte aus Vermietung und Verpachtung. An diesem Zweifamilienhaus hat EK ab 1. 1. 2004 seinem Sohn Franz einen Zuwendungsnießbrauch bestellt. Da das Nießbrauchrecht notariell beurkundet und ins Grundbuch eingetragen wurde, ist es zivilrechtlich wirksam entstanden. Da Franz die Mieteinnahmen in Brüssel tatsächlich erhält, ist das Nießbrauchrecht auch tatsächlich durchgeführt und ernsthaft gewollt. Es ist somit steuerlich anzuerkennen. Franz erbringt eine Gegenleistung in Höhe von 60 721 €, es liegt deshalb ein teilentgeltlich bestellter Zuwendungsnießbrauch vor (BMF, BStBl 1998 I 914).

Kapitalwert des Nießbrauchrechts

Jahreswert 500 € (Erdgeschossmiete) × 12 = 6 000 €

Kapitalisierungsfaktor lt. § 14 BewG i. V. m. Anlage 9 zum BewG bzw. Tabelle 8 zum Erlass v. 15. 9. 1997, BStBl 1997 I, 832 ff. (Franz ist 24 Jahre alt).

6 000 € × 16,867 =	101 202 €
Gegenleistung =	60 721 €

Der Zuwendungsnießbrauch ist zu 60 % entgeltlich und zu 40 % unentgeltlich bestellt. Da Franz vereinbarungsgemäß keine Aufwendungen zu tragen hat, ist das Nießbrauchrecht als Bruttonießbrauch ausgestaltet (Tz. 26 bis 31 Nießbrauchserlass v. 24. 7. 1998, a. a. O.).

Einkunftsermittlung EK Erdgeschosswohnung

Es wurde zu 40 % ein unentgeltlicher Zuwendungsnießbrauch an der Erdgeschosswohnung bestellt. Eine Aufteilung der Werbungskosten auf den entgeltlichen und unentgeltlichen Teil unterbleibt aber nach § 21 Abs. 2 EStG. Gemäß BFH IX R 48/01, BStBl 2003 II 646, BMF, BStBl 2003 I 405, ist bei einer Miete von 56 % (Änderung ab 2004, bis 2003 50 %), jedoch weniger als 75 % die Einkünfteerzielungsabsicht anhand einer Überschussprognose zu prüfen, BMF vom 8. 10. 2004, BStBl 2004 I 933 ff.

Soweit die Kosten auf die EG-Wohnung entfallen, sind sie voll abzugsfähig.

EK erzielt Einnahmen gem. § 21 Abs. 1 Nr. 1 EStG im Jahr des Zuflusses der Gegenleistung in Höhe von 60 721 €. Dieser Betrag kann auf 10 Jahre verteilt werden (Tz. 29 Nießbrauchserlass).

2004 zu versteuern ¹/₁₀ = 6 072 €

Werbungskosten
Aufwendungen in Höhe von 7 000 €, davon entfällt auf die EG-Wohnung die Hälfte = 3 500 €, diese sind voll abzugsfähig ./. 3 500 €

Absetzung für Abnutzung
EK hatte den hälftigen Anteil des Zweifamilienhauses unentgeltlich durch Erbfall erworben (siehe vor). Den Anteil seines Bruders MK hatte er entgeltlich im Rahmen der Erbauseinandersetzung erworben. Die AK für diesen Gebäudeteil betragen 100 000 €. Insofern handelt es sich um einen entgeltlichen Erwerb.

Berechnung der AfA-Bemessungsgrundlage
Bezüglich des unentgeltlich erworbenen Anteils sind die Bemessungsgrundlage und der AfA-Satz der verstorbenen Eltern zu übernehmen gem. § 11d EStDV.

Herstellungskosten 1975 =	150 000 €
davon ½ für den unentgeltlich erworbenen Teil =	75 000 €
AfA nach § 9 Abs. 1 Nr. 7 i. V. m. § 7 Abs. 4 Nr. 2a EStG 2 % =	1 500 €
davon für die Erdgeschosswohnung ½ abzugsfähig	./. 750 €

AK für den von MK entgeltlich erworbenen Teil =   100 000 €
+ anschaffungsnahe Aufwendungen   40 000 €
Bei den in 2001 getätigten Aufwendungen in Höhe von 80 000 € handelt es sich grds. um sofort abzugsfähigen Erhaltungsaufwand nach R 157 Abs. 1 EStR.
Die Aufwendungen wurden aber im Anschluss an eine teilweise Anschaffung getätigt (H 157 EStH, BMF vom 18. 7. 2003, BStBl 2003 I 386 ff., Tz. 16).
Insofern war 2001 für die Hälfte der Aufwendungen zu prüfen (Anteil der Kosten, soweit sie auf den entgeltlich erworbenen Teil entfallen), ob HK vorlagen, die zu einer über den bisherigen Zustand hinausgehenden wesentlichen Verbesserung führen (Tz. 9 – 14, 25, BMF, a. a. O.) Da die 15 %-Grenze (für 2001 R 157 Abs. 4 Satz 2 EStR) lt. Tz. 38, BMF (a. a. O.) überschritten wurde, 15 % von 100 000 € = 15 000 €, und lt. Sachverhalt die auf den entgeltlichen Teil entfallenden Aufwendungen als anschaffungsnah behandelt wurden, sind 40 000 € den AK des Gebäudes als nachträgliche HK zuzurechnen (da ¹/₂ = 40 000 € sich auf den entgeltlich erworbenen Teil beziehen). § 6 Abs. 1 Nr. 1a EStG i. d. F. StÄndG 2003 gilt erst für Baumaßnahmen nach dem 31. 12. 2003, § 52 Abs. 16 Satz 7 EStG.
AfA-Bemessungsgrundlage für den entgeltlichen Teil =   140 000 €
Die restlichen 40 000 € waren im Jahr 2001 als
Erhaltungsaufwand sofort abzugsfähig.
Die AfA für den entgeltlichen Teil beginnt neu
(§ 7 Abs. 4 Nr. 2a EStG).
2 % von 140 000 € =   2 800 €
davon ¹/₂ für die EG-Wohnung   ./. 1 400 €
Einkünfte aus der Erdgeschosswohnung
Lt. BMF vom 8. 10. 2004 a. a. O., Tz. 13 sind die Kosten voll abzugsfähig, wenn die Totalüberschussprognose (hier im 1. Jahr bereits positiv) zu einem positiven Ergebnis führt.   + 422 €

Obergeschosswohnung

Diese Wohnung wird von den Eheleuten EK seit der Erbschaft in 1999 selbst genutzt. Es liegt insoweit kein Einkunftstatbestand vor. Es könnte aber eine Begünstigung der eigengenutzten Wohnung in Betracht kommt. Für den im Wege der Gesamtrechtsnachfolge unentgeltlich erworbenen Anteil von ¹/₂ kommt ein Abzugsbetrag nicht mehr in Betracht, da ein evtl. Begünstigungszeitraum bereits abgelaufen ist. Für den entgeltlich erworbenen Teil ist die Eigenheimzulage möglich, falls noch kein Objektverbrauch eingetreten ist. Die Anschaffung – notarieller Vertrag – erfolgte am 13. 12. 2001, demnach nach dem 31. 12. 1995 (§ 19 Abs. 1 EigZulG). Bemessungsgrundlage sind die AK in Höhe von 140 000 €, davon anteilig für das OG = 70 000 € + AK des Grund und Bodens von 10 000 € = 80 000 €. Eigenheimzulage ab 2001 bis 2008: 2,5 % von 80 000 € = 2 000 €, max. 1 278 € (§§ 8, 9 Abs. 2 Satz 2 EigZulG a. F.).

Fall 210
Entgeltlicher Erwerb/Vorbehaltswohnrecht

Sachverhalt: Antonia Lustig erzielt Einkünfte aus einem gemischt genutzten Grundstück (Baujahr 1950) in Speyer. Sie hatte das Grundstück (Größe 2,76 Ar) im Juni 04 von Frau Anna Reich (Alter 66 Jahre), zu der sie keinerlei persönliche Beziehungen hat, erworben (Nutzfläche insgesamt 535 qm).

Sie bezahlte:

- in bar (umgerechnet in €) 180 000 €
- Rentenzahlung an Anna Reich ab 1. 7. 04 monatlich auf Lebenszeit 800 €
- Wohnrecht zugunsten von Anna Reich auf Lebenszeit an einer Wohnung von 70 qm im Hinterhaus. Das Wohnrecht wurde im Grundbuch eingetragen. Die anfallenden Kosten trägt Anna Reich selbst, Kapitalwert Wohnrecht = 43 226 €.

Die Notar- und Gerichtskosten betragen 9 441 €, die Grunderwerbsteuer 3,5 % des Kaufpreises.

Der Verkehrswert beträgt ca. 350 000 €, davon Wert des Grund und Bodens 150 €/qm, die übliche Miete für Wohnungen im Vorderhaus 6 €/qm.

Mieteinnahmen:
Erdgeschoss	12 960 €
1. Obergeschoss	8 260 €
2. Obergeschoss	5 810 €
Umlagen	2 618 €
Hinterhaus	Wohnrecht

Werbungskosten:
Schuldzinsen	72 €
Erhaltungsaufwand	3 158 €
Grundsteuer, Müll, Heizung etc.	7 595 €

Frage: Ermitteln Sie die Höhe der Einkünfte aus Vermietung und Verpachtung für 04, insbesondere die AfA und die abzugsfähigen Renten (Rechtslage 2004, Änderung 2005).

Literaturhinweis: *Lehrbuch Einkommensteuer*, Rdn. 2094, 2096

➔ Lösung

Antonia Lustig hat in 04 ein gemischt genutztes Grundstück erworben gegen Zahlung eines festen Kaufpreises, Einräumung einer lebenslänglichen Rente und eines lebenslänglichen Wohnrechts an einer Wohnung im Hinterhaus. Es handelt sich bzgl. des Wohnrechts um ein Vorbehaltswohnrecht. Das Wohnrecht ist keine Gegenleistung für die Grundstücksübertragung. Anna Reich hat insoweit einen Teil ihres Eigentumsrechts zurückbehalten. Das gilt auch, wenn der Wert des Nießbrauchs auf den Kaufpreis angerechnet wird. Da Antonia insoweit keine Einnahmen erzielt, kann sie auch keine Werbungskosten geltend machen. Die geltend gemachten Werbungskosten sind gem. § 9 EStG abzugsfähig, da sie nur die vermieteten Teile des Gebäudes betreffen (Nießbrauchserlass v. 24. 7. 1998, BStBl 1998 I, 914 ff., Tz. 39 – 44).

Ermittlung der AfA-Bemessungsgrundlage

Das Grundstück wurde in 04 für einen Kaufpreis in Höhe von 180 000 € erworben. Bestandteil des Kaufpreises ist auch die Rentenvereinbarung in Höhe von monatlich 800 €.

Es handelt sich hier um eine Kaufpreisrente, da der Vertrag zwischen fremden Personen geschlossen wurde. Es ist davon auszugehen, dass sich Leistung und Gegenleistung entsprechen (Rente zzgl. 180 000 € entspricht etwa dem Verkehrswert ./. Wohnrecht). Das Grundstück wurde demnach entgeltlich übertragen (neuer Rentenerlass v. 16. 9. 2004, BStBl 2004 I 922 ff., Tz. 5). Bei der Rente handelt es sich um eine Leibrente, da ihre Dauer von der Lebenszeit einer Person abhängt. Der Kapitalwert der Rente ergibt sich nach den Grundsätzen des Bewertungsrechts (§ 14 Abs. 1 BewG i. V. m. Anlage 9 zum BewG, Tabelle 8 zum Erlass v. 15. 9. 1997, BStBl 1997 I 832 ff.).

Jahreswert 800 € × 12 = 9 600 €

× 10,292 (66 Jahre) =	98 804 €
+ Kaufpreis	180 000 €
+ Notar- und Gerichtskosten	9 441 €
+ Grunderwerbsteuer 3,5 % von 278 804 € =	9 758 €
Summe	298 003 €
./. Wert des Grund und Bodens	
2,76 Ar × 150 €/qm	./. 41 400 €
Gebäudewert	256 003 €

Es ist davon auszugehen, dass Antonia für den belasteten Teil weniger bezahlt hat als für den unbelasteten Teil, da sie insoweit noch keine Nutzungsmöglichkeit hat, Tz. 50 des Nießbrauchserlasses (a. a. O.).

Aufteilung des Verkehrswertes in Höhe von 350 000 €:

auf Grund und Boden 41 400 €

auf Gebäude 308 600 € ./. Wohnrecht 43 226 € = Nettogebäudewert = 265 374 €.

Aufteilung der AK des Gebäudes in Höhe von 256 003 € auf den belasteten und den unbelasteten Teil:

gesamte Fläche: 535 qm

belastete Fläche: 70 qm --> 13 % vom Verkehrswert des Gebäudes 308 600 € = 40 118 € ./. Wohnrecht 43 226 € = 0

unbelastete Fläche: 87 % von 308 600 € = 268 482 €

Der Kaufpreis für das Gebäude entfällt damit voll auf den unbelasteten Teil.

AfA gem. § 7 Abs. 4 Nr. 2a EStG 2 % von 256 003 € = 5 132 €, diese entfällt voll auf den unbelasteten Teil.

Die Rentenzahlungen sind, da es sich um eine private Veräußerungsleibrente handelt (Tz. 54 des Rentenerlasses vom 16. 9. 2004 a. a. O.), gem. § 9 Abs. 1 Nr. 1 Satz 1 EStG nur mit dem Zinsanteil abzugsfähig, der sich aus der Tabelle in § 22 Satz 3 Nr. 1 Buchst. a EStG ergibt.

Der Ertragsanteil beträgt im VZ 2004 26 % von 12 × 800 € = 2 496 €. Ab 2005 ist der niedrigere Ertragsanteil mit nunmehr 18 % abzuziehen, § 52 Abs. 1, § 22 Nr. 1 Satz 3 Buchst. a, Doppelbuchstabe bb) EStG n. F.

Einnahmen	29 648 €
./. Werbungskosten:	
AfA	./. 5 132 €
Rente	./. 2 496 €
übrige Werbungskosten	./. 10 825 €
	11 195 €

Fall 211
Nießbrauch

Sachverhalt: Der Vater (V, 45 Jahre alt) besitzt ein in 1999 selbst erstelltes Zweifamilienhaus (Bauantrag 1998). Die Erdgeschosswohnung wird von der Familie eigengenutzt. Die Obergeschosswohnung ist fremdvermietet. Die Anschaffungskosten belaufen sich auf 360 000 € inkl. 20 % für den Grund und Boden.

Mit notariellem Vertrag vom 15. 12. 2003 bestellt V seinem inzwischen 24 Jahre alten Sohn S mit Wirkung vom 1. 1. 2004 ein lebenslängliches Nutzungsrecht an der Obergeschosswohnung. Diese wird auch von S ab 1. 1. 2004 selbst genutzt. Die zivilrechtlichen Voraussetzungen sind erfüllt.

Die jährlichen Kosten für die EG-Wohnung betragen 4 000 € und werden von V getragen; die für die OG-Wohnung, 2 000 €, werden von S getragen (z. B. Grundsteuer, Reparaturen, Müll etc.).

Die üblichen Mieten betragen:

EG 800 € monatlich
OG 600 € monatlich
Nutzfläche EG = 156 qm
Nutzfläche OG = 104 qm

Frage: Ermitteln Sie die steuerlich relevanten Tatbestände für S und V für den Veranlagungszeitraum 2004.

Fallvariante 1: Die Bestellung des Nutzungsrechts erfolgt ohne Gegenleistung.

Fallvariante 2: S zahlt als Gegenleistung für die Bestellung des Nutzungsrechts 35 000 € aus eigenem Vermögen.

Literaturhinweis: *Lehrbuch Einkommensteuer*, Rdn. 2089 ff.

Abschnitt 11: Die Einkunftsarten

➔ Lösung

Zu Fallvariante 1: Es handelt sich um einen unentgeltlichen Zuwendungsnießbrauch an einem Teil des Zweifamilienhauses (Nießbrauchserlass v. 24. 7. 1998, BStBl 1998 I, 1914 ff., Tz. 10–25).

Einkunftsermittlung Vater V:

Der Vater gibt für die Dauer der Nießbrauchbestellung seine Einnahmeerzielungsabsicht auf. Er erzielt insoweit keine Einnahmen und kann demnach keine Werbungskosten abziehen. Das gilt auch bezüglich der Abschreibungen (Tz. 23, 24 Nießbrauchserlass, a. a. O.). Bis zur Nießbrauchbestellung Ende 2003 lag ein Einkunftstatbestand nach § 21 Abs. 1 Nr. 1 EStG durch die Vermietung vor.

Auch betreffend die EG-Wohnung erzielt er keine Einnahmen, da die Wohnung selbstgenutzt wird. Die Kosten sind demnach nicht abzugsfähig.

Für diese Wohnung kann V aber weiter Eigenheimzulage erhalten, falls noch kein Objektverbrauch eingetreten ist (§ 6 EigZulG).

Berechnung:

Anschaffungskosten insgesamt inkl. Grund und Boden (§ 8 EigZulG)	= 360 000 €
davon anteilig für die eigengenutzte EG-Wohnung 60 % lt. Nutzflächenverhältnis (156 qm zu 260 qm)	216 000 €
davon **seit 1999** 5 %, max. (§ 9 Abs. 2 EigZulG)	2 556 €

Für die unentgeltlich dem Sohn überlassene Wohnung kommt eine Eigenheimzulage gem. § 4 EigZulG in Betracht (Tz. 26 des Erlasses v. 10. 2. 1998, BStBl 1998 I, 190). Eine Förderung scheitert aber am räumlichen Zusammenhang mit dem ersten Objekt (§ 6 Abs. 1 Satz 2 EigZulG).

Hinweis: Für Anschaffungen nach dem 31. 12. 2003 beträgt die Zulage 1 %, max. 1 250 €.

Einkunftsermittlung S:

Da der Nießbraucher die OG-Wohnung selbst nutzt, liegt kein Einkunftstatbestand vor. Die Werbungskosten sind nicht abzugsfähig. Die Eigenheimzulage kann nur der Eigentümer geltend machen.

Zu Fallvariante 2:

Der Kapitalwert des Nießbrauchsrechts beträgt:
Jahreswert: 12 × 600 € = 7 200 €
./. Kosten 2 000 € = 5 200 €
Faktor gem. § 14 BewG, Anlage 9 zum BewG = 16,867

5 200 € × 16,867 =	87 708 €
Gegenleistung des Sohnes =	35 000 €

das sind 39,9 %, gerundet 40 %.

Es handelt sich demnach um einen teilweise entgeltlich bestellten Zuwendungsnießbrauch. Es erfolgt nach § 21 Abs. 2 EStG eine Aufteilung in einen entgeltlichen Teil und in einen unentgeltlichen Teil (Tz. 31 Nießbrauchserlass, a. a. O.).

Einkunftsermittlung Vater V:

OG:

Soweit der Nießbrauch unentgeltlich bestellt wurde, liegen keine Einnahmen vor, deshalb sind auch keine Werbungskosten abzugsfähig.

Soweit der Nießbrauch entgeltlich bestellt wurde, handelt es sich um einen Einkunftstatbestand nach § 21 Abs. 1 Nr. 1 EStG (Tz. 28 Nießbrauchserlass, a. a. O.).

Verteilung des Entgelts in Höhe von 35 000 € auf 10 Jahre (Tz. 32 Nießbrauchserlass a. a. O.)	3 500 €
./. Kosten wurden von S getragen	0 €
./. Abschreibung gem. § 7 Abs. 4 Nr. 2a EStG	./. 922 €
AK = 288 000 € (360 000 € abzgl. 20 % Grund und Boden), davon 40 % für die OG-Wohnung = 115 200 €	
davon 2 % AfA = 2 304 €	
davon 40 %, soweit entgeltlich	
Einkünfte Obergeschoss	2 578 €

EG:

Da die Wohnung eigengenutzt wird, liegt kein Einkunftstatbestand vor. Es sind demnach auch keine Werbungskosten abzugsfähig. Die Eigenheimzulage ist zu gewähren. Zur Berechnung s. Fallvariante 1.

Einkunftsermittlung Sohn S:

Bezüglich des entgeltlichen Teils hat er die Rechtsposition eines Mieters. Er erzielt keine Einnahmen und kann keine Werbungskosten abziehen.

Bezüglich des unentgeltlichen Teils sind keine Einnahmen zu versteuern und keine Werbungskosten abzugsfähig.

Fall 212
Vorbehaltsnießbrauch

Sachverhalt: A ist Eigentümer eines Zweifamilienhauses. Das Gebäude hat A in 2000 fertig gestellt (HK = umgerechnet 450 000 €). Seitdem bewohnt er die Wohnung im Erdgeschoss selbst. Er hat hierfür die Eigenheimzulage erhalten. Die zweite Wohnung im Obergeschoss stand leer, da A bisher keinen geeigneten Mieter gefunden hatte. Die Wohnungen sind gleich groß und gleichwertig. Die übliche Miete beträgt je Wohnung 600 € monatlich.

Mit Vertrag vom 20. 12. 2003 verkauft A das Grundstück an B mit Wirkung zum 1. 1. 2004, der am 31. 3. 2004 in die Obergeschosswohnung einzog. A wurde ein lebenslängliches dingliches Wohnrecht an der Erdgeschosswohnung eingeräumt. Der Kaufpreis betrug 400 000 €. Er resultiert daraus, dass der Wert des unbelasteten Grundstücks 500 000 € betragen hätte und der Kapitalwert des Wohnrechtes 100 000 €. Der Wert des Grund und Bodens beträgt 100 000 €. B zahlte in der Zeit vom 2. 1. – 31. 12. 2004 Schuldzinsen zur Finanzierung in Höhe von monatlich 2 000 €.

Frage: Nehmen Sie für A und B für den VZ 2004 Stellung. Gehen Sie auf alle steuerlich relevanten Tatbestände ein.

Literaturhinweis: *Lehrbuch Einkommensteuer*, Rdn. 2094

➔ Lösung

Das Gebäude ist zum 1. 1. 2004 (Übergang von Nutzen und Lasten) im Wege eines entgeltlichen Erwerbs von A auf B übergegangen. A hat sich ein dinglich gesichertes Wohnrecht an der Erdgeschosswohnung vorbehalten. Es handelt sich um ein Vorbehaltswohnrecht, welches wie der Vorbehaltsnießbrauch zu behandeln ist. Beim Vorbehaltsnießbrauch wird, wirtschaftlich gesehen, ein mit dem Nießbrauch belastetes Grundstück übertragen. Das Nutzungsrecht verbleibt insoweit beim bisherigen Eigentümer (Nießbrauchserlass vom 24. 7. 1998, BStBl 1998 I 1914 ff. Tz. 39).

Einkunftsermittlung Nießbraucher A:

A nutzt die Erdgeschosswohnung – wie bisher – als Eigentümer aufgrund eines eigenen Nutzungsrechts ununterbrochen weiter. Der Ansatz eines Nutzungswertes unterbleibt (Tz. 41 Nießbrauchserlass, a. a. O.).

Da A keine Einnahmen erzielt, sind auch keine Werbungskosten abzugsfähig. Da der Nießbraucher aber das Gebäude – wie zuvor – als Eigentümer nutzt, so dass der Zusammenhang zwischen der Herstellung als Eigentümer und nun als Nießbraucher nicht unterbrochen wurde, wäre A in gleichem Umfang – wie bisher – als Eigentümer abschreibungsberechtigt, falls ein Einkunftstatbestand vorliegen würde (Tz. 42 Nießbrauchserlass, a. a. O.). Bisher war aber Eigenheimzulage und keine AfA zu gewähren. Als Vorbehaltsnießbraucher nutzt A nunmehr die Wohnung nicht mehr im eigenen, sondern im fremden Haus, so dass eine Zulageberechtigung nicht mehr besteht (BMF, BStBl 1998 I 190, Tz. 4 – 7).

Einkunftsermittlung Eigentümer B:

Bezüglich der mit dem Wohnrecht belasteten Wohnung erzielt B, solange das Nutzungsrecht besteht, keine Einnahmen und kann demnach auch keine Werbungskosten abziehen, das gilt insbes. für die AfA (Tz. 45, 47 Nießbrauchserlass, a. a. O.).

Bezüglich der eigengenutzten Wohnung liegen ebenfalls keine Einnahmen vor, deshalb sind auch keine Werbungskosten abzugsfähig.

B kann für die eigengenutzte Wohnung die Eigenheimzulage (Anschaffung vor dem 31. 12. 2003, da der notarielle Vertrag maßgebend ist) geltend machen, wenn noch kein Objektverbrauch eingetreten ist.

AK = 400 000 €

Der Wert des Wohnrechts bleibt unberücksichtigt, da dieser kein Entgelt des Erwerbers darstellt, auch dann nicht, wenn der Wert des Wohnrechtes auf den Kaufpreis angerechnet wird. Begünstigt sind nur die AK, die auf den unbelasteten Grundstücksteil entfallen. Dabei kann nicht von einer Aufteilung nach dem Nutzflächenverhältnis ausgegangen werden, da B für den mit dem Wohnrecht belasteten Teil weniger gezahlt hat als für den unbelasteten Teil.

Gebäude = Verkehrswert	400 000 €	
Grund und Boden = 25 %	100 000 €	
Verkehrswert Gebäude		400 000 €
Wohnrecht		./. 100 000 €
VKW - belastetes Gebäude		300 000 €
Gesamtwert des Grundstücks:		
Kaufpreis		400 000 €
+ Wohnrecht		+ 100 000 €
		500 000 €
davon ½ für den unbelasteten Teil =		250 000 €

Alternative:
unbelastete Wohnung 50 % von 400 000 € = 200 000 €
belastete Wohnung   = 200 000 €
Wohnrecht   ./. 100 000 € = 100 000 €

Kaufpreisanteil in Höhe von 300 000 € (für Gebäude)
betr. unbelastete Wohnung   = 200 000 €
Kaufpreisrate belastete Wohnung ⅓ = 100 000 €
Grund und Boden je ½   = 50 000 €

Von den gesamten AK in Höhe von 400 000 € entfallen damit auf den unbelasteten Teil 250 000 € und auf den belasteten Teil 150 000 € (Tz. 50 Nießbrauchserlass, a. a. O.).

anteilige AK für OG-Wohnung =	250 000 €
(inkl. AK für den Grund und Boden gem. § 8 EigZulG)	
Bemessungsgrundlage	250 000 €
davon 2,5 % gem. § 9 Abs. 2 Satz 2 EigZulG	
2,5 % von 250 000 €, max. =	1 278 €

Da die Anschaffung, notarieller Vertrag, vor dem 31. 12. 2003 erfolgte, gilt noch die Eigenheimzulage nach den alten Regelungen, bei Anschaffungen nach dem 31. 12. 2003 beträgt die Zulage lediglich 1 % von 250 000 €, max. 1 250 €.

Fall 213
Obligatorische Nutzungsrechte

Sachverhalt: A ist Eigentümer eines in 1999 erworbenen Zweifamilienhauses (Bj. 1998). Die Erdgeschosswohnung wird selbst genutzt, die Obergeschosswohnung wird vermietet.

Abschnitt 11: Die Einkunftsarten

A räumt ab 1. 1. 2004 seinem volljährigen Sohn B an der Obergeschosswohnung lt. schriftlichem Vertrag ein Nutzungsrecht ein. Die Vereinbarungen werden tatsächlich durchgeführt. B nutzt die Obergeschosswohnung selbst. Die Wohnung im Erdgeschoss wird von A selbst genutzt.

Die ortsübliche Miete beträgt für die beiden vergleichbaren Wohnungen 600 € monatlich.

Die AK des Gebäudes betrugen 300 000 €, die AK des Grund und Bodens 100 000 €. A hat die Eigenheimzulage in Anspruch genommen. Die Schuldzinsen in Höhe von 6 000 € trägt A allein. Die laufenden Kosten haben A und B hälftig mit jeweils 2 500 € jährlich zu tragen.

Frage: Ermitteln Sie die maßgebenden Beträge für A und B in 2004 im Falle, dass B folgende Beträge zahlt:

Fallvariante 1: 0 € (Festlegung für mind. 1 Jahr),

Fallvariante 2: 200 €,

Fallvariante 3: 400 €.

Die Einkunftsgrenze gem. § 5 EigZulG ist nicht überschritten.

Literaturhinweis: *Lehrbuch Einkommensteuer*, Rdn. 2097

➔ Lösung

Es handelt sich hier um ein steuerlich wirksam bestelltes obligatorisches Nutzungsrecht, da der Vertrag schriftlich abgeschlossen und tatsächlich durchgeführt wurde (Tz. 3 Nießbrauchserlass v. 24. 7. 1998, a. a. O.).

Fallvariante 1:

Es handelt sich um eine unentgeltliche Nutzungsüberlassung durch Abschluss eines steuerlich anzuerkennenden Leihvertrages. Das Nutzungsrecht wurde für mindestens 1 Jahr vereinbart (Tz. 7 Nießbrauchserlass, a. a. O.).

B: B erzielt hieraus keine Einnahmen und kann demnach auch keine Werbungskosten abziehen.

A: A erzielt weder bezüglich der selbstgenutzten Wohnung noch bezüglich der mit dem Nutzungsrecht belasteten Wohnung Einnahmen und kann demnach keine Werbungskosten abziehen. Lediglich die Eigenheimzulage erhält er weiter (Tz. 24 Nießbrauchserlass, a. a. O.).

AK = 300 000 €	
davon ½ für die Erdgeschosswohnung =	150 000 €
+ Grund und Boden zu ½	50 000 €
Bemessungsgrundlage	200 000 €
davon 5 %, da die Anschaffung bis zum Ende des zweiten Jahres nach Fertigstellung erfolgt, max.	2 556 €

Änderung bei Anschaffung nach dem 31. 12 2003, ab 2004 auf 1 %, max. 1 250 €
Für die unentgeltlich überlassene Wohnung im OG kommt die Eigenheimzulage nicht in Betracht, da bereits Objektverbrauch eingetreten ist (§ 6 Abs. 1 EigZulG).
Die Schuldzinsen und sonstigen WK sind nicht zu berücksichtigen.

Fallvariante 2:

Es liegt eine teilweise unentgeltliche Nutzungsüberlassung vor. Da weniger als 56 % (ab 2004, vorher 50 %) der ortsüblichen Miete gezahlt wird, erfolgt eine Aufteilung gem. § 21 Abs. 2 EStG.

B: wie vor, keine Einnahmen und keine Werbungskosten.
A: A erzielt Mieteinnahmen gem. § 21 Abs. 1 Nr. 1 EStG: 200 € × 12 =   2 400 €
Die Aufwendungen für diese Wohnung sind anteilig abzugsfähig zu $^1/_3$
(200 €/600 €)   ./. 1 000 €
Schuldzinsen $^1/_2$ betr. OG = 3 000 € davon $^1/_3$
laufende Kosten sind nicht abzugsfähig, da sie von B getragen werden.
AfA gem. § 7 Abs. 4 EStG für das OG zu $^1/_2$ 2 % von 150 000 € =
3 000 €, davon $^1/_3$ ./. 1 000 €
Einkünfte aus Vermietung und Verpachtung   + 400 €
Für die eigene Wohnung im EG gilt wie oben die Eigenheimzulage.

Fallvariante 3:

Da hier mehr als 56 % (ab 2004) der ortsüblichen Miete gezahlt werden, kommt nach § 21 Abs. 2 EStG eine Aufteilung in eine entgeltliche und eine unentgeltliche Überlassung grds. nicht in Betracht. Laut BFH IX R 48/01, BStBl 2003 II 646; BMF, BStBl 2003 I 405, ist aber bei Mieten zwischen 56 % und 75 % der üblichen Miete die Einkünfteerzielungsabsicht anhand einer Überschussprognose zu prüfen, BMF vom 8. 10. 2004 BStBl 2004 I , 933 ff. Tz. 37, 34.

B: wie oben
A: Einnahmen nach § 21 Abs. 1 Nr. 1 EStG
400 € × 12 =   4 800 €
./. Werbungskosten: ./. 3 000 €
Schuldzinsen zu $^1/_2$
laufende Kosten für OG werden von B getragen   0 €
AfA nach § 7 Abs. 4 EStG
2 % von 150 000 € = 3 000 €   ./. 3 000 €

Verlust ./. 1 200 €

Überschussprognose lt. Tz 34 des BMF-Erlasses a. a. O. grds. ab Anschaffung für einen geschätzten Zeitraum von 30 Jahren:
Miete von 99 – 2003 lt. Tz 28 aber hier nicht einbeziehen.
Verbilligte Überlassung unter Berücksichtigung eines Sicherheitszuschlages von 10 % auf die Einnahmen, insgesamt 5 280 € abzgl. WK insgesamt 6 000 € abzgl. 10 % Abschlag = 5 400 €, verbleibt Verlust von 120 € x 30 Jahre = - 3 600 € insgesamt für den Prognosezeitraum. Da sich ein negatives Ergebnis ergibt, sind die WK nur teilweise abzugsfähig. Die WK sind im vorliegenden Fall nur zu ²/₃ abzugsfähig: verbilligte Miete 4 800 €
abzgl. WK, s. oben 6 000 €, davon ²/₃ 4 000 €
Verbleiben Einkünfte von + 800 €

Für die EG-Wohnung kommt die Eigenheimzulage in Höhe von 2 556 € in Betracht.

Fall 214
Erbauseinandersetzung

Sachverhalt: Der Vater V verstirbt im Februar 02, seine beiden Söhne A und B beerben ihn zu je ¹/₂. Zum Nachlass gehörten ein bebautes Grundstück 1 mit einem Verkehrswert von 1,2 Mio. € (AK des Rechtsvorgängers = 600 000 €) und ein bebautes Grundstück 2 mit einem Verkehrswert von 800 000 € (AK Rechtsvorgänger = 300 000 €). Grund- und Bodenanteil jeweils 20 %. Beide Gebäude sind insgesamt vermietet. Der Erblasser hat bisher nur die lineare AfA in Anspruch genommen.

Im Rahmen der Erbauseinandersetzung erhalten

Sohn A:
Haus 1 mit 1,2 Mio. €
Zahlung an B = 200 000 €

Sohn B:
Haus 2 mit 800 000 €
Ausgleichszahlung = 200 000 €

Für die Ausgleichszahlung nimmt A einen Kredit bei der Bank auf.

Fallvariante 1: Die Erbauseinandersetzung erfolgt im Mai 02.

Fallvariante 2: Die Erbauseinandersetzung erfolgt im Mai 03.

Frage: Wie sind die Einkünfte aus den vermieteten Gebäuden zu ermitteln? Rechtslage 2004!

→ Lösung

Erbfall und Erbauseinandersetzung sind getrennte Vorgänge. Mit dem Tod des V tritt, wenn kein Testament besteht, die gesetzliche Erbfolge ein. Gemäß § 1924 BGB erben A und B zu gleichen Teilen. Das Nachlassvermögen geht gem. § 1922 Abs. 1 BGB auf die aus den beiden Miterben bestehende Erbengemeinschaft A/B über.

Fall 214: Erbauseinandersetzung

Fallvariante 1:

Wird innerhalb von 6 Monaten ab dem Erbfall eine klare und rechtlich verbindliche Vereinbarung über die Auseinandersetzung getroffen, so wird diese so behandelt, als wenn sie unmittelbar nach dem Erbfall erfolgt wäre – Rückwirkung der Erbauseinandersetzung auf den Erbfall (Tz. 7 – 9, BMF vom 11. 1. 1993, BStBl 1993 I 62; Anhang 13 zu EStR).

Die laufenden Einkünfte sind direkt dem die Einkunftsquelle übernehmenden Miterben zuzurechnen. Also A sind ab Februar 02 die Einkünfte aus Haus 1 und B die aus Haus 2 zuzurechnen.

Fallvariante 2:

Die Einkünfte sind von Februar 02 bis Mai 03 im Rahmen einer einheitlichen und gesonderten Feststellung gem. § 179 Abs. 2 i. V. m. § 180 Abs. 1 Nr. 2a AO zu ermitteln und auf A und B zu je $^1/_2$ zu verteilen. Im Mai 03 erwirbt A von der Erbengemeinschaft nach den Regeln betr. Rechtsgeschäfte unter Lebenden. Sobald einer der Miterben im Rahmen der Auseinandersetzung Ausgleichszahlungen leisten muss, weil er über seine Erbquote hinaus Nachlassgegenstände erhält, handelt es sich insoweit um ein Anschaffungsgeschäft und für den weichenden Erben ggf. um ein Veräußerungsgeschäft. Hierauf hat es keinen Einfluss, ob die Leistung aus dem erlangten Nachlassvermögen erbracht wird oder aus eigenen Mitteln. Die Schuldzinsen für Ausgleichszahlungen sind als Werbungskosten abzugsfähig (BMF vom 11. 1. 1993, a. a. O., Tz. 28).

A hat in Höhe von 200 000 € Anschaffungskosten für das Haus 1. Hiervon kann A AfA für den darin enthaltenen Gebäudeanteil erhalten, und zwar die lineare AfA gem. § 7 Abs. 4 Nr. 2a EStG.

Gebäudeanteil 160 000 €, davon 2 % =	3 200 €
davon zeitanteilig ab Mai $^8/_{12}$ =	2 134 €

Den restlichen Anteil in Höhe von $^5/_6$ (200 000 € zu 1,2 Mio. €) erwirbt A unentgeltlich und hat insoweit die AfA-BMG und die AfA des Rechtsvorgängers gem. § 11d EStDV fortzuführen.

$^5/_6$ von 600 000 € =	500 000 €
./. Grund und Boden 20 %	./. 100 000 €
BMG Rechtsvorgänger	400 000 €
davon 2 % des Rechtsvorgängers =	8 000 € davon $^8/_{12}$ = 5 334 €

Die restlichen $^4/_{12}$ = 2 666 € sind bei der Einkunftsermittlung für 03 der Erbengemeinschaft zu berücksichtigen.

Außerdem kann A die Schuldzinsen für den Kredit in Höhe von 200 000 € in vollem Umfang als Werbungskosten abziehen.

B erwirbt insgesamt unentgeltlich und hat die AfA und AfA-BMG der Erbengemeinschaft = Rechtsvorgänger fortzuführen.

Bemessungsgrundlage	300 000 €
./. Grund und Boden	./. 60 000 €
	240 000 €
davon 2 % =	4 800 €
davon ab Mai 03 $^8/_{12}$ =	3 200 €

Friebel

Die restliche AfA in Höhe von 1 600 € ist bei der Einkunftsermittlung der Erbengemeinschaft für 03 zu berücksichtigen.

Für den VZ 02 erfolgt die Einkunftsermittlung für die Erbengemeinschaft unter Fortführung der AfA-Beträge des Erblassers ab Februar, denn es handelt sich hierbei insgesamt um einen unentgeltlichen Erwerb.

Fallvariante 1:

Wie oben – die entsprechende Ermittlung erfolgt aber bereits ab Februar 02. Eine Zurechnung auf die Erbengemeinschaft unterbleibt.

A: AfA für den entgeltlichen Teil von 3 200 €, davon $^{11}/_{12}$ AfA 2 934 € für den unentgeltlichen Teil von 8 000 €, davon $^{11}/_{12}$ = 7 334 € und die Schuldzinsen für den Kredit als WK.

B: AfA für das unentgeltlich erworbene Haus 2 von 4 800 €, davon $^{11}/_{12}$ = 4 400 €.

IX. Sonstige Einkünfte (§ 22 EStG)

Fall 215
Veräußerung eines Wohnhauses gegen Leibrente

Sachverhalt: Frau A ist Eigentümerin mehrerer Wohngrundstücke. Mit notariellem Vertrag vom 20. 11. 01 veräußert sie ein bis dahin vermietetes, vor 15 Jahren hergestelltes Wohnhaus an B. Besitz, Nutzen und Lasten des Hauses gehen am 1. 1. 02 auf B über, der das Haus ab diesem Zeitpunkt vermietet.

Als Gegenleistung für die Übertragung des Hauses hat B ab Januar 02 eine nach kaufmännischen Gesichtspunkten ermittelte monatliche Zahlung in Höhe von 5 000 € bis zum Lebensende der A zu erbringen. A ist bei Beginn der Rente 60 Jahre alt. Vom Kaufpreis entfallen 20 % auf den Grund und Boden.

Fragen:

1. Wie ist die A zufließende Rente in Höhe von 60 000 € jährlich einkommensteuerlich zu behandeln?
2. Ist die von B geleistete Rente einkommensteuerlich berücksichtigungsfähig?
3. Wie hoch ist die Bemessungsgrundlage für die von B vorzunehmende Gebäude-AfA?

Literaturhinweis: *Lehrbuch Einkommensteuer*, Rdn. 2106 ff., 2131, 2155 ff.

 Lösung

Zu 1.:

A muss die ihr zufließende Rente in Höhe von (12 × 5 000 € =) 60 000 € im Jahr des Zuflusses als wiederkehrende Bezüge i. S. von § 22 Nr. 1 Satz 3 Buchst. a EStG versteuern, und zwar in Höhe ihres Ertragsanteils. Da A zu Beginn der Rente das 60. Lebensjahr vollendet hat, beträgt der Ertragsanteil (ab 2005) 22 % (§ 22 Nr. 1 Satz 3 Buchst. a Doppelbuchst. bb EStG i. d. F. des AltEinkG), so dass sich folgende sonstige Einkünfte ergeben:

22 % von 60 000 € =	13 200 €
./. Werbungskosten-Pauschbetrag (§ 9a Nr. 3 EStG)	./. 102 €
	13 098 €

Anmerkung: Der X. Senat des BFH hält es für verfassungswidrig, dass der Ertragsanteil von Bezügen aus Leibrenten, die Gegenleistung für den Erwerb eines Wirtschaftsgutes des Privatvermögens sind, mit ihrem vollen Nennbetrag – ohne Berücksichtigung eines Sparer-Freibetrags – besteuert werden, obwohl es sich um pauschalierte Einkünfte aus Kapitalvermögen handle. Er hat daher eine Entscheidung des BVerfG eingeholt (BFH X R 32-33/01, BStBl 2002 II 183).

Zu 2.:

B kann den Ertragsanteil seiner Rentenzahlungen im Jahr der Zahlung als Werbungskosten bei seinen Einkünften aus Vermietung und Verpachtung abziehen (§ 9 Abs. 1 Satz 3 Nr. 1 EStG). Der Ertragsanteil, der sich aus der Ertragsanteilstabelle des (§ 22 Nr. 1 Satz 3 Buchst. a Doppelbuchst. bb EStG i. d. F. des AltEinkG) ergibt, beträgt – wie dargelegt – 22 % von 60 000 € = 13 200 €.

Zu 3.:

Der Kapitalwert der Rente stellt für B die Anschaffungskosten für das erworbene Grundstück dar. Diese Anschaffungskosten müssen auf das Gebäude einerseits und den Grund und Boden andererseits aufgeteilt werden. Da das Gebäude bei einer Vermietung abgeschrieben wird, bilden die auf das Gebäude entfallenden Anschaffungskosten die Bemessungsgrundlage für die AfA. Der Kapitalwert (Barwert) der Rente errechnet sich nach den Vorschriften des Bewertungsgesetzes wie folgt (§ 14 Abs. 1 BewG; vgl. BMF, BStBl 2001 I 1041, 1058):

Jahresbetrag der Rente: 12 × 5 000 € =	60 000 €
Vervielfältiger nach dem Lebensalter von Frau A lt. Tabelle 9 zu § 14 Abs. 1 BewG = 12,034 (BMF, BStBl 2001 I, 1041, 1058):	
Barwert somit: 60 000 € × 12,034 =	722 040 €
./. Wert des Grund und Bodens: 20 % von 722 040 € =	144 408 €
Gebäude-Anschaffungskosten =AfA-Bemessungsgrundlage	577 632 €

Fall 216
Veräußerung eines Mietwohngrundstücks gegen Leibrente mit Wertsicherungsklausel

Sachverhalt: Herr A veräußert mit Wirkung vom 1. 1. 01 ein Mietwohngrundstück an B gegen eine auf Lebenszeit des A zu erbringende monatliche Zahlung in Höhe von 3 000 €

(= jährlich 36 000 €). Der Kapitalwert der Rente entspricht dem Wert des Grundstücks. Der Vertrag enthält eine am Lebenshaltungskostenindex orientierte Wertsicherungsklausel. Aufgrund der Wertsicherungsklausel erhöhen sich die Rentenzahlungen ab 1. 1. 03 auf 3 300 € monatlich. A ist bei Beginn der Rente 64 Jahre alt. Vom Grundstückskaufpreis entfallen 20 % auf den Grund und Boden.

B nutzt das erworbene Grundstück durch Vermietung.

Fragen:

1. In welcher Höhe unterliegen die Rentenzahlungen der Jahre 01 – 03 beim Rentenberechtigten der Einkommensteuer?
2. In welcher Höhe sind die Rentenzahlungen der Jahre 01 – 03 beim Rentenverpflichteten einkommensteuerlich berücksichtigungsfähig?
3. Wie hoch ist die Bemessungsgrundlage für die von B vorzunehmende Gebäude-AfA?

Literaturhinweis: *Lehrbuch Einkommensteuer*, Rdn. 2113

Lösung

Zu 1.:

Im vorliegenden Fall handelt es sich um eine (private) Veräußerungsleibrente, weil die Beteiligten von der Gleichwertigkeit von Leistung und Gegenleistung ausgegangen sind (BFH VIII R 286/81, BStBl 1986 II 55). Veräußerungsleibrenten unterliegen beim Berechtigten lediglich in Höhe des Ertragsanteils als sonstige Einkünfte der Einkommensteuer (§ 22 Nr. 1 Satz 3 Buchst. a Doppelbuchst. bb EStG i. d. F. des AltEinkG)).

Erhöht sich eine Veräußerungsleibrente aufgrund einer Wertsicherungsklausel, so ist auch der Mehrbetrag nur in Höhe des Ertragsanteils zu versteuern, d. h. der ursprünglich ermittelte Hundertsatz bleibt auch für den Erhöhungsbetrag maßgebend (Einheitlicher Ländererlass, BB 1972 S. 1258).

Die Rentenzahlungen sind daher bei A (ab 2005) mit folgenden Beträgen als sonstige Einkünfte einkommensteuerlich zu erfassen:

	01	**02**	**03**
Jahresbetrag der Rente	36 000 €	36 000 €	39 600 €
Ertragsanteil: 19 % =	6 840 €	6 840 €	7 524 €
./. Werbungskosten-Pauschbetrag (§ 9a Nr. 3 EStG)	102 €	102 €	102 €
Sonstige Einkünfte	6 738 €	6 738 €	7 422 €

Anmerkung: Der X. Senat des BFH hält es für verfassungswidrig, dass der Ertragsanteil von Bezügen aus Leibrenten, die Gegenleistung für den Erwerb eines Wirtschaftsgutes des Privatvermögens sind, mit ihrem vollen Nennbetrag – ohne Berücksichtigung eines Sparer-Freibetrags – besteuert werden, obwohl es sich um pauschalierte Einkünfte aus Kapitalvermögen handele. Er hat daher eine Entscheidung des BVerfG eingeholt (BFH X R 32-33/01, BStBl 2002 II 183).

Zu 2.:

Da B das erworbene Grundstück zur Erzielung von Einkünften aus Vermietung und Verpachtung nutzt, kann er den Ertragsanteil der Rente als Werbungskosten bei den Einkünften aus Vermietung und Verpachtung abziehen (§ 9 Abs. 1 Satz 3 Nr. 1 EStG). Das gilt auch für den Ertragsanteil, der auf den Erhöhungsbetrag der Rente entfällt.

	01	02	03
Jahresbetrag der Rente	36 000 €	36 000 €	39 600 €
als Werbungskosten abzugsfähig: 19 % von 36 000 € bzw. 39 600 € =	6 840 €	6 840 €	7 524 €

Zu 3.:

Der Kapitalwert der Rente stellt für B die Anschaffungskosten für das erworbene Grundstück dar. Er bildet die Bemessungsgrundlage für die AfA, soweit er auf das Gebäude entfällt. Der Kapitalwert der Rente ist grundsätzlich nach den Vorschriften des Bewertungsgesetzes zu ermitteln (§ 14 Abs. 1 BewG). Die Erhöhung der Rente aufgrund der Wertsicherungsklausel bewirkt keine Änderung der so ermittelten Anschaffungskosten. Die Anschaffungskosten des B errechnen sich wie folgt:

Jahresbetrag der ursprünglichen Rente: 12 × 3 000 € =	36 000 €
Vervielfältiger nach dem Lebensalter des A lt. Tabelle 9 zu § 14 Abs. 1 BewG = 9,313 (BMF, BStBl 2001 I, 1041, 1058):	
Kapitalwert somit: 36 000 € × 9,313 =	335 268 €
./. Wert des Grund und Bodens: 20 % von 335 268 € =	./. 67 053 €
Gebäude-Anschaffungskosten = AfA-Bemessungsgrundlage	268 215 €

Fall 217
Veräußerung eines Mietwohngrundstücks gegen dauernde Last

Sachverhalt: Der 54 Jahre alte A veräußert Anfang 2005 an B ein Mietwohngrundstück, dessen Verkehrswert rund 340 000 € beträgt, gegen eine auf Lebenszeit des A zu erbringende monatliche Zahlung in Höhe von 2 500 €. Die Beteiligten vereinbaren, dass die Zahlungen nach § 323 ZPO jederzeit an veränderte wirtschaftliche Verhältnisse des Berechtigten oder des Verpflichteten angepasst werden können.

Nach den Vorstellungen der Vertragsparteien stehen sich Leistung und Gegenleistung gleichwertig gegenüber. Vom Kaufpreis entfallen 20 % auf den Grund und Boden. B nutzt das erworbene Grundstück durch Vermietung.

Fragen:

1. Ab wann und in welcher Höhe unterliegen die A zufließenden Zahlungen der Einkommensteuer?
2. Sind die von B zu leistenden Zahlungen – ggf. in welcher Höhe – einkommensteuerlich berücksichtigungsfähig?
3. Wie hoch ist die Bemessungsgrundlage für die von B vorzunehmende Gebäude-AfA?

Abschnitt 11: Die Einkunftsarten

Literaturhinweis: *Lehrbuch Einkommensteuer*, Rdn. 2122 ff.

 Lösung

Zu 1.:

Haben die Vertragsparteien in einem Grundstückskaufvertrag ausdrücklich eine Abänderbarkeit der Zahlungen entsprechend dem Rechtsgedanken des § 323 ZPO vereinbart, der eine jederzeitige Anpassung an veränderte individuelle Bedürftigkeit des Berechtigten oder die veränderte wirtschaftliche Leistungsfähigkeit des Verpflichteten vorsieht, entfällt die Gleichmäßigkeit der Leistungen. In einem solchen Fall sind die wiederkehrenden Leistungen nicht als Rente, sondern als dauernde Last zu beurteilen (BFH GrS 1/90, BStBl 1992 II 78, und X R 104/94, BFH/NV 1998 S. 1563).

Bei der entgeltlichen Veräußerung eines Grundstücks gegen eine dauernde Last sind die wiederkehrenden Leistungen von Beginn an in einen Vermögensumschichtungs- und einen Zinsanteil zu zerlegen (BFH IX R 110/90, BStBl 1995 II 47, und IX R 46/88, BStBl 1995 II 169; vgl. auch die Urteilsanmerkung von *Ebling*, DStR 1995 S. 13). Der Zinsanteil führt beim Veräußerer A zu Einnahmen aus Kapitalvermögen (§ 20 Abs. 1 Nr. 7 EStG). Was die Ermittlung des Zinsanteils betrifft, hat der BFH entschieden, dass dieser in entsprechender Anwendung der Ertragsanteilstabelle (§ 22 Nr. 1 Satz 3 Buchst. a EStG) zu ermitteln ist (BFH IX R 46/88, BStBl 1995 II 169; offen gelassen BFH X R 1-2/90, BStBl 1996 II 680):

Jährlicher Zinsanteil somit:
27 % von (12 × 2 500 € =) 30 000 € = <u>8 100 €</u>

Zu 2.:

Da B das erworbene Grundstück zur Erzielung von Einkünften aus Vermietung und Verpachtung nutzt, kann er den in seinen Zahlungen enthaltenen Zinsanteil in Höhe von 8 100 € jährlich als Werbungskosten bei seinen Einkünften aus Vermietung und Verpachtung abziehen (§ 9 Abs. 1 Satz 3 Nr. 1 EStG).

Zu 3.:

Der nach den Vorschriften des BewG ermittelte Kapitalwert der dauernden Last bildet, soweit er auf das Gebäude entfällt, die Bemessungsgrundlage für die AfA:

Jahreswert der dauernden Last: 12 × 2 500 € =	30 000 €
Vervielfältiger nach dem Lebensalter von A lt. Tabelle 9 zu § 14 Abs. 1 BewG = 12,008 (BMF, BStBl 2001 I 1041, 1058):	
Kapitalwert somit: 30 000 € × 12,008 =	360 240 €
./. Wert des Grund und Bodens: 20 % von 360 240 € =	./. 72 048 €
Anschaffungskosten Gebäude = AfA-Bemessungsgrundlage	288 192 €

Fall 218
Betriebsübertragung gegen private Versorgungsleibrente

Sachverhalt: Der 60 Jahre alte A überträgt am 31. 12. 01 seinen Gewerbebetrieb auf seinen Sohn B gegen eine – ab dem 1. 1. 02 zahlbare – lebenslängliche Rente in Höhe von monatlich 2 000 €. Die Höhe der Rente ist nicht nach dem Verkehrswert des Betriebs, sondern nach den Versorgungsbedürfnissen des A ausgerichtet worden. Das steuerliche Kapitalkonto des A beläuft sich am 31. 12. 01 auf 150 000 €. Im übertragenen Betriebsvermögen sind stille Reserven in Höhe von 400 000 € enthalten. Der Kapitalwert der Rente beträgt rund 251 000 €. Im Übergabevertrag ist die Unabänderbarkeit der Rentenleistungen ausdrücklich vereinbart. Das übertragene Unternehmen wirft ausreichend Erträge ab, aus denen die Versorgungsleistungen an den Übergeber gezahlt werden können.

Fragen:
1. Welche einkommensteuerlichen Auswirkungen ergeben sich für A im Zusammenhang mit der Betriebsübertragung gegen Rente?
2. Welche einkommensteuerlichen Auswirkungen ergeben sich für B im Zusammenhang mit dem Betriebserwerb gegen Rente?

Literaturhinweis: *Lehrbuch Einkommensteuer*, Rdn. 2159 ff.

Lösung

Zu 1.:

In der Praxis kommt es häufig vor, dass Stpfl. ihren Betrieb im Wege der vorweggenommenen Erbfolge gegen Zusage einer Rente auf die nachfolgende Generation übertragen. Die Rentenzahlungen orientieren sich – anders als bei Betriebsübertragungen zwischen fremden Dritten – i. d. R. nicht am Verkehrswert des Betriebs, sondern sind mehr an den Versorgungsbedürfnissen des Übertragenden, an der finanziellen Situation des Erwerbers oder an erbrechtlichen Überlegungen ausgerichtet.

Steuerrechtlich handelt es sich prinzipiell um kein entgeltliches Rechtsgeschäft, sondern um eine unentgeltliche Betriebsübertragung mit der Folge, dass der Betriebsübernehmer die Buchwerte des Betriebsübergebers unverändert fortführen muss (§ 6 Abs. 3 EStG). Die Versorgungsleistungen werden beim Verpflichteten den Sonderausgaben (§ 10 Abs. 1 Nr. 1a EStG) und beim Empfänger den wiederkehrenden Bezügen (§ 22 Nr. 1 EStG) zugerechnet. Der Betriebsübernehmer kann die von ihm zu erbringenden Leistungen entweder zu einem gewissen Prozentsatz oder in voller Höhe steuermindernd geltend machen: Bei Leibrentenzahlungen ist der Ertragsanteil als Sonderausgaben abzugsfähig, handelt es sich bei den Versorgungsleistungen – wie meist – um eine dauernde Last, kann der Betriebsübernehmer den gesamten Betrag als Sonderausgaben absetzen (BFH GrS 4-6/89, BStBl 1990 II 847). Die Rechtsprechung bezeichnet diese Gestaltungen als „steuerrechtlich privilegierte Vermögensübertragung gegen Versorgungsleistungen" (BFH X R

54/94, BStBl 1997 II 813; vgl. auch die Beschlüsse des GrS vom 12. 5. 2003, GrS 1/00, BStBl 2004 II 95 und GrS 2/00, BStBl 2004 II 100; BMF, BStBl 2004 I 922).

Die bei einer Betriebsübergabe vereinbarten wiederkehrenden Leistungen sind als dauernde Last zu beurteilen, wenn sie abänderbar sind (BFH X R 141/88, BStBl 1992 II 499, und X R 67/92, BStBl 1996 II, 669). Von einer Leibrente ist auszugehen, wenn die Unabänderbarkeit der Leistungen ausdrücklich vereinbart ist (BFH X R 67/92, BStBl 1996 II 669; BMF, BStBl 2004 I 922, Rz. 48). Bei den Zahlungen des B handelt es sich um eine private Versorgungsleibrente, nicht um eine dauernde Last, da die Unabänderbarkeit der Leistungen im Übergabevertrag ausdrücklich vereinbart worden ist, die von B zu erbringenden Zahlungen also gleichmäßig sind (BMF, BStBl 2004 I 922, Rz. 48). Eine private Versorgungsleibrente ist vom Empfänger – wie erwähnt – mit dem Ertragsanteil als sonstige Einkünfte zu versteuern (§ 22 Nr. 1 Satz 3 Buchst. a Doppelbuchst. bb EStG i. d. F. des AltEinkG). A muss daher die ihm zufließenden Zahlungen (ab 2005) in folgender Höhe versteuern, ein Veräußerungsgewinn nach § 16 EStG entsteht ihm nicht:

Jährliche Rente: 12 × 2 000 € =	24 000 €
Ertragsanteil: 22 % von 24 000 € =	5 280 €
./. Werbungskosten-Pauschbetrag (§ 9a Nr. 3 EStG)	./. 102 €
Sonstige Einkünfte	5 178 €

Zu 2.:

B kann die Rentenzahlungen mit ihrem Ertragsanteil von (22 % von 24 000 € =) 5 280 € als Sonderausgaben abziehen (§ 10 Abs. 1 Nr. 1a EStG). Da von einer unentgeltlichen Betriebsübertragung auszugehen ist, muss er nach § 6 Abs. 3 EStG die Buchwerte des Rentenberechtigten fortführen (BFH GrS 4 – 6/89, BStBl 1990 II 847).

Fall 219
Kauf eines teils selbst genutzten und teils zum Vermieten bestimmten Hauses auf Rentenbasis

Sachverhalt: A hat mit Kaufvertrag vom 2. 12. 00 von der bei Vertragsabschluss 60 Jahre alten Frau B ein Mietwohnhaus mit sechs gleich großen Wohnungen erworben, von denen er fünf vermietet hat und eine selbst bewohnt. Als Gegenleistung übernahm A die Verpflichtung, ab 1. 1. 01 eine Rente an Frau B von monatlich 5 000 € bis zu deren Tod zu leisten. Der Kaufvertrag enthält eine am Lebenshaltungskostenindex orientierte Wertsicherungsklausel, der zufolge sich die Rentenzahlungen ab 1. 1. 03 auf monatlich 5 200 € erhöhen. Der Wert des erworbenen Grund und Bodens beträgt 20 % des Kaufpreises.

Fragen:

1. Von welcher Bemessungsgrundlage kann A seine Gebäude-Abschreibungen vornehmen?
2. Kann A die Rentenzahlungen – ggf. in welcher Höhe – bei seinen Einkünften aus Vermietung und Verpachtung abziehen?

3. Kann A die auf die eigengenutzte Wohnung entfallenden Rentenzahlungen steuerlich geltend machen?
4. In welcher Höhe sind die Rentenzahlungen bei Frau B in den Jahren 01 bis 03 steuerlich zu erfassen?

Literaturhinweis: *Lehrbuch Einkommensteuer*, Rdn. 2157 ff.

➤ Lösung

Zu 1.:

Der Kapitalwert/Barwert der Rente im Zeitpunkt der Anschaffung stellt für den Käufer A die Anschaffungskosten für das erworbene Mietwohngrundstück dar. Diese Anschaffungskosten müssen auf das Gebäude einerseits und den Grund und Boden andererseits aufgeteilt werden. Soweit die Gebäude-Anschaffungskosten auf die vermieteten Wohnungen entfallen, bilden sie die Bemessungsgrundlage für die bei den Einkünften aus Vermietung und Verpachtung abzugsfähige AfA.

Was die Ermittlung des Rentenbarwerts betrifft, ist zu beachten, dass im betrieblichen Bereich der Barwert üblicherweise nach versicherungsmathematischen Grundsätzen ermittelt wird (BFH IV R 126/76, BStBl 1980 II 491, und VIII R 238/81, BFH/NV 1986 S. 597). Für den Bereich der Überschusseinkünfte, vor allem der Einkünfte aus Vermietung und Verpachtung, ergibt sich aus § 1 BewG, dass der Barwert nach den Vorschriften des BewG zu ermitteln ist (BFH VI R 162/61 S, BStBl 1964 III 8, und VIII R 231/80, BStBl 1984 II 109). Ob der Barwert wiederkehrender Leistungen auch im Rahmen der Überschusseinkünfte versicherungsmathematisch ermittelt werden kann, wenn der Stpfl. selbst diese Art der Berechnung den getroffenen Vereinbarungen zugrunde gelegt hat, oder wenn er darauf besteht, diese Schätzungsmethode als die exaktere anzuwenden, hat der BFH offen gelassen (BFH IX R 110/90, BStBl 1995 II 47). Die Finanzverwaltung gewährt insoweit ein Wahlrecht (R 32a EStR 2003).

Frau B war bei Beginn der Rentenzahlungen 60 Jahre alt. Der Barwert errechnet sich nach den Vorschriften des BewG wie folgt (§ 14 Abs. 1 BewG):

Jahresbetrag ursprüngliche Rente: 12 × 5 000 € =	60 000 €
Vervielfältiger nach dem Lebensalter von Frau B lt. Tabelle 9 zu § 14 Abs. 1 BewG = 12,034 (BMF, BStBl 2001 I, 1041, 1058):	
Kapitalwert somit: 60 000 € × 12,034 =	722 040 €
./. Wert des Grund und Bodens: 20 % von 722 040 € =	144 408 €
Gebäude-Anschaffungskosten	577 632 €
davon entfallen auf die vermieteten Wohnungen = AfA-Bemessungsgrundlage:	
⁵/₆ von 577 632 € =	481 360 €

Zu beachten ist, dass sich die so ermittelten Anschaffungskosten nicht ändern, obwohl sich die Rente aufgrund der Wertsicherungsklausel ab 1. 1. 03 erhöht (BFH VIII R 231/80, BStBl 1984 II 109).

Zu 2.:

Nutzt der Käufer – wie vorliegend A – das erworbene Grundstück teilweise zur Erzielung von Einkünften aus Vermietung und Verpachtung, kann er den Ertragsanteil der Veräußerungsleibrente als Werbungskosten bei seinen Einkünften aus Vermietung und Verpachtung abziehen, soweit er auf die vermieteten Wohnungen entfällt (§ 9 Abs. 1 Satz 3 Nr. 1 EStG). Der Ertragsanteil hängt vom Lebensalter des Rentenberechtigten bei Beginn der Rente ab. Er braucht nicht individuell berechnet zu werden, sondern kann aus der gesetzlichen Ertragsanteilstabelle als Prozentsatz abgelesen werden (§ 22 Nr. 1 Satz 3 Buchst. a EStG bzw. ab 2005: § 22 Nr. 1 Satz 3 Buchst. a Doppelbuchst. bb EStG). Dieser Prozentsatz ist auf die zugeflossenen Rentenzahlungen anzuwenden. Die Höhe des Ertragsanteils wird nur einmal zu Beginn der Rente ermittelt und bleibt dann für den einzelnen Rentenfall unverändert (BFH IX R 110/90, BStBl 1995 II 47, 53), es sei denn, der Gesetzgeber beschließt eine neue Ertragsanteilstabelle.

Maßgebend für die Höhe des Ertragsanteils ist das vollendete Lebensjahr der Frau B bei Beginn der Rente (§ 22 Nr. 1 Satz 3 Buchst. a Doppelbuchst. bb EStG). Der Ertragsanteil beträgt somit (ab 2005) 22 % der Rentenzahlungen, wobei zu beachten ist, dass die aufgrund der Wertsicherungsklausel eingetretenen Rentenerhöhungen ebenfalls nur mit dem Ertragsanteil von 22 % berücksichtigt werden dürfen. Der Mehrbetrag, der auf der Wertsicherungsklausel beruht, ist weder eine zusätzliche selbständige Rente (BFH VI R 267/66, BStBl 1970 II 9) noch handelt es sich um Schuldzinsen (BFH IX R 138/86, BFH/NV 1991 S. 227 unter 1.), er ist vielmehr Teil der Rente, der die Kontinuität deren inneren Wertes sicherstellt. Der auf der Wertsicherungsklausel beruhende Mehrbetrag der Rente kann daher einkommensteuerrechtlich nicht anders behandelt werden, als der ursprünglich vereinbarte Betrag (BFH IX R 138/86, BFH/NV 1991 S. 227, und VIII R 38/94, BStBl 1998 II 339). Es ist daher wie folgt zu rechnen:

	01	02	03
01: 22 % von 60 000 €	13 200 €		
02: 22 % von 60 000 €		13 200 €	
03: 22 % von 62 400 €			13 728 €
auf die vermieteten Wohnungen entfallender, als Werbungskosten abzugsfähiger Ertragsanteil: ⁵/₆	11 000 €	11 000€	11 440 €

Zu 3.:

Soweit der Nutzungswert der eigenen Wohnung nicht mehr besteuert wird, können mangels steuerlich zu erfassender Einnahmen keine Werbungskosten abgezogen werden. Der Erwerber einer eigen genutzten Wohnung kann daher den Ertragsanteil einer Leibrente nicht als Werbungskosten abziehen. Ob der Ertragsanteil als Sonderausgaben abzugsfähig ist, ist in der steuerlichen Literatur sehr umstritten. Der BFH hat indes entschieden, dass der Ertragsanteil nicht abzugsfähig ist (BFH X R 91/89, BStBl 1996 II 666, und X R 39/98, BFH/NV 2002 S. 424). Die Finanzverwaltung hat sich dieser Auffassung angeschlossen (BMF, BStBl 2004 I 922, Rz. 54).

Zu 4.:

Die Leibrentenzahlungen setzen sich hier aus zwei Komponenten zusammen: Dem Kapitalanteil, der dem Verkehrswert des veräußerten Grundstücks entspricht, und dem Zinsanteil, sog. Ertragsanteil, der die Verzinsung des eingesetzten „Kapitals" widerspiegelt. Der Kapitalanteil der Rente wird steuerlich nicht erfasst, da kein privates Veräußerungsgeschäft vorliegt (§ 23 EStG). Der Ertragsanteil ist bei der Veräußerin B als sonstige Einkünfte steuerbar (§ 22 Nr. 1 Satz 3 Buchst. a Doppelbuchst. bb EStG):

	01	02	03
01: 22 % von 60 000 €	13 200 €		
02: 22 % von 60 000 €		13 200 €	
03: 22 % von 62 400 €			13 728 €
./. Werbungskosten- Pauschbetrag (§ 9a Nr. 3 EStG)	./. 102 €	./. 102 €	./. 102 €
Sonstige Einkünfte	13 098 €	13 098 €	13 626 €

Fall 220
Veräußerungsleibrente bei mehreren Rentenberechtigten

Sachverhalt: A veräußert eine in seinem Alleineigentum stehende Eigentumswohnung an C gegen Zahlung einer lebenslänglichen Rente von monatlich 3 000 €. Die Rente steht A und seiner Ehefrau B gemeinsam zu mit der Maßgabe, dass sie beim Ableben des zuletzt Sterbenden erlöschen soll. Der Ehemann ist bei Beginn des Rentenbezugs 60, seine Ehefrau 55 Jahre alt.

Frage: In welcher Höhe unterliegen die jährlichen Rentenzahlungen bei A und B der Einkommensteuer?

Literaturhinweis: *Lehrbuch Einkommensteuer*, Rdn. 2132 ff.

Lösung

Die steuerliche Behandlung der Rentenzahlungen als Veräußerungsleibrente wird nicht dadurch ausgeschlossen, dass die Ehefrau B nicht Eigentümerin bzw. Miteigentümerin der veräußerten Eigentumswohnung gewesen ist. Da die Rente den Eheleuten gemeinsam zusteht, ist der Ertragsanteil A und B je zur Hälfte zuzurechnen. Für die Ermittlung des Ertragsanteils ist das Lebensjahr der jüngsten Person maßgebend (§ 55 Abs. 1 Nr. 3 EStDV). Der Ertragsanteil beträgt somit 26 % (§ 22 Nr. 1 Satz 3 Buchst. a Doppelbuchst. bb EStG). Die sonstigen Einkünfte errechnen sich wie folgt:

Abschnitt 11: Die Einkunftsarten

		A	B
Jahresrente: 12 × 3 000 € =	36 000 €		
Ertragsanteil: 38 % von 36 000 € =	9 360 €		
Anteilige Einnahmen			
½ von 9 360 € =		4 680 €	4 680 €
./. Werbungskosten-Pauschbetrag (§ 9a Nr. 3 EStG)		./. 102 €	./. 102 €
Sonstige Einkünfte		4 578 €	4 578 €

Fall 221
Herabsetzung einer gemeinsamen Rente nach dem Tod eines Berechtigten

Sachverhalt: Die Eheleute A und B beziehen aufgrund einer Grundstücksveräußerung eine gemeinsame lebenslängliche Rente in Höhe von 36 000 € jährlich. Die Rente soll beim Ableben des zuerst Sterbenden auf 30 000 € herabgesetzt werden. A ist zu Beginn des Rentenbezugs 60, seine Ehefrau B 55 Jahre alt.

Frage: Wie hoch ist der Ertragsanteil der Rente?

Literaturhinweis: *Lehrbuch Einkommensteuer*, Rdn. 2134

 Lösung

Wird eine gemeinsame Rente nach dem Tod eines Berechtigten herabgesetzt, so ist der Ertragsanteil nach § 55 Abs. 1 Nr. 3 EStDV zu ermitteln. In diesem Fall ist bei der Ermittlung des Grundbetrags der Rente, d. h. des Betrags, auf den sie später herabgesetzt wird, das Lebensjahr der jüngsten Person zugrunde zu legen. Für den über den Grundbetrag hinausgehenden Rentenbetrag ist das Lebensjahr der ältesten Person maßgebend (H 167 „Ertragsanteil einer Leibrente" EStH).

Ertragsanteil des Grundbetrags

Grundbetrag =	30 000 €
Ertragsanteil (maßgebend ist das Lebensalter der B):	
26 % von 30 000 € =	7 800 €

Ertragsanteil des übersteigenden Rententeils

Über den Grundbetrag hinausgehender Rentenbetrag =	6 000 €
Ertragsanteil (maßgebend ist das Lebensalter des A):	
22 % von 6 000 € =	1 320 €
insgesamt	9 120 €

Der Ertragsanteil ist auf die Eheleute wie folgt aufzuteilen:

	A	B
Anteiliger Ertragsanteil je ½ von 9 120 € =	4 560 €	4 560 €
./. Werbungskosten-Pauschbetrag (§ 9a Nr. 3 EStG)	./. 102 €	./. 102 €
Sonstige Einkünfte	4 458 €	4 458 €

Fall 222
Ertragsanteil einer Ehegatten nacheinander zustehenden Rente

Sachverhalt: A erhält im Zusammenhang mit einer Grundstücksveräußerung eine lebenslängliche Rente von jährlich 30 000 €. Die Beteiligten haben vereinbart, dass im Falle des Todes des A seine Ehefrau B eine lebenslängliche Rente von 24 000 € jährlich erhalten soll.

A ist zu Beginn des Rentenbezugs 60, seine Ehefrau B 50 Jahre alt.

Frage: Wie hoch ist der Ertragsanteil der Rente?

➡ Lösung

Im vorliegenden Fall steht die Rente nur dem Ehemann A zu; seine Ehefrau B erhält nur für den Fall eine Rente, dass sie A überlebt. Es liegen zwei Renten vor, von denen die letztere aufschiebend bedingt ist. Der Ertragsanteil für diese Rente ist erst von dem Zeitpunkt an zu versteuern, in dem die Bedingung (d. h. der Tod des A) eintritt.

Der Ertragsanteil der A zustehenden Rente beträgt (22 % von 30 000 € =) 6 600 € (§ 22 Nr. 1 Satz 3 Buchst. a Doppelbuchst. bb EStG).

Fall 223
Ertragsanteil einer abgekürzten Leibrente

Sachverhalt: A erhält im Zusammenhang mit einem Grundstücksverkauf eine Rente in Höhe von 30 000 € jährlich bis zu seinem Lebensende, längstens jedoch für einen Zeitraum von 15 Jahren.

a) A ist bei Beginn der Rente 62 Jahre alt.
b) A ist bei Beginn der Rente 75 Jahre alt.

Frage: Wie hoch ist der Ertragsanteil der Rente?
Literaturhinweis: *Lehrbuch Einkommensteuer*, Rdn. 2131

➡ Lösung

Es handelt sich um eine abgekürzte Leibrente (Höchstzeitrente):
Stirbt A innerhalb des Zeitraums von 15 Jahren, so erlischt die Rente mit seinem Tod; überlebt A diesen Zeitraum, so endet die Rente mit Ablauf von 15 Jahren.

Der Ertragsanteil einer abgekürzten Leibrente ist nach der Lebenserwartung unter Berücksichtigung der zeitlichen Begrenzung zu ermitteln (§ 55 Abs. 2 EStDV). Das geschieht in der Weise, dass der Ertragsanteil nach § 22 Nr. 1 Satz 3 Buchst. a Doppelbuchst. bb EStG (das ist der Ertragsanteil nach der Lebenserwartung) mit dem Ertragsanteil der Tabelle nach § 55 Abs. 2 EStDV (das ist der Ertragsanteil unter Berücksichtigung der zeitlichen Begrenzung) verglichen wird; der jeweils niedrigere Ertragsanteil ist maßgebend:

	Fall a)	Fall b)
Ertragsanteil nach (§ 22 Nr. 1 Satz 3 Buchst. a Doppelbuchst. bb EStG	21 %	11 %
Ertragsanteil nach § 55 Abs. 2 EStDV	16 %	16 %
Maßgebender Ertragsanteil	16 %	11 %

Fall 224
Ertragsanteil einer verlängerten Leibrente

Sachverhalt: A erhält von B aufgrund des Verkaufs eines zur Vermietung bestimmten Grundstücks eine Rente in Höhe von 30 000 € jährlich. Die Vertragsparteien haben vereinbart, dass die Rente bis zum Lebensende des A, mindestens aber für die Dauer von 15 Jahren gezahlt werden soll.

a) A ist bei Beginn der Rente 50 Jahre alt.

b) A ist bei Beginn der Rente 70 Jahre alt.

c) A ist bei Beginn der Rente 80 Jahre alt.

Fragen:

1. Wie hoch ist der Ertragsanteil der Rente im Fall a) und b)?
2. Wie sind die „Rentenzahlungen" im Fall c) steuerlich zu behandeln?

Literaturhinweis: *Lehrbuch Einkommensteuer*, Rdn. 2131

→ Lösung

Es handelt sich um eine verlängerte Leibrente (Mindestzeitrente):

Überlebt A die Mindestlaufzeit von 15 Jahren, so erlischt die Rente mit seinem Tod; stirbt A innerhalb der Mindestlaufzeit, steht die Rente bis zum Ablauf von 15 Jahren seinen Erben zu.

Da die Ermittlung des Ertragsanteils einer verlängerten Leibrente gesetzlich nicht geregelt ist, sind die Grundsätze zur Ermittlung des Ertragsanteils einer abgekürzten Leibrente sinngemäß anzuwenden. Das bedeutet, dass die Ertragsanteile nach § 22 Nr. 1 Satz 3 Buchst. a Doppelbuchst. bb EStG und nach der Tabelle des § 55 Abs. 2 EStDV verglichen werden müssen; der höhere Ertragsanteil ist maßgebend:

	Fall a)	Fall b)
Ertragsanteil nach § 22 Nr. 1 Satz 3 Buchst. a Doppelbuchst. bb EStG	30 %	15 %
Ertragsanteil nach § 55 Abs. 2 EStDV	16 %	16 %
Maßgebender Ertragsanteil	30 %	16 %

Im Fall a) ist davon auszugehen, dass die Lebenserwartung länger ist als die vereinbarte Mindestlaufzeit; deswegen ist der Ertragsanteil nach § 22 Nr. 1 Satz 3 Buchst. a Doppelbuchst. bb EStG zugrunde zu legen.

Im Fall b) ist die Mindestlaufzeit von 15 Jahren länger als die durchschnittliche Lebenserwartung des A; deswegen ist der Ertragsanteil der Tabelle des § 55 Abs. 2 EStDV zu entnehmen. Der Ertragsanteil nach dieser Tabelle beträgt 16 %.

Im Fall c) kommt eine sinngemäße Anwendung der Grundsätze zur Ermittlung des Ertragsanteils einer abgekürzten Leibrente nicht in Betracht, weil die Mindestlaufzeit von 15 Jahren wesentlich länger als die voraussichtliche Lebenserwartung des A ist; in einem solchen Fall ist die verlängerte Leibrente wie Kaufpreisraten zu behandeln (BFH VIII R 131/70, BStBl 1975 II 173, und BStBl 1989 II 9; vgl. hierzu auch die Urteilsanmerkung von *Schellenberger*, DStZ 1975 S. 152). Dies beruht darauf, dass die Rente nicht mehr von der Lebenserwartung bestimmt wird, sondern von der Wahrscheinlichkeit, dass sie über den Tod des Verkäufers hinaus bis zur vereinbarten Mindestlaufzeit gezahlt werden muss. Damit erfüllt sie nicht mehr die Merkmale einer Leibrente. Sind die Rentenzahlungen als Kaufpreisraten zu behandeln, müssen sie in einen Zins- und Tilgungsanteil zerlegt werden.

B hat Anschaffungskosten in Höhe des Barwerts der verlängerten Leibrente in Höhe von 30 000 € x 10,314 = 309 420 € (vgl. die Tabelle 7 zu § 13 Abs. 1 BewG in BStBl 2001 I 1041, 1057), die auf den Grund und Boden einerseits und das Gebäude andererseits aufzuteilen sind. Die auf das Gebäude entfallenden Anschaffungskosten bilden die Bemessungsgrundlage für die AfA in Bezug auf den entgeltlich erworbenen Teil. Der Zinsanteil, der sich aus der Differenz zwischen den jährlichen Barwertminderungen und der Summe der jährlichen Zahlungen ergibt, kann als Werbungskosten bei den Einkünften aus Vermietung und Verpachtung abziehbar. Bei A gehört der Zinsanteil zu den Einnahmen aus Kapitalvermögen. Aus Vereinfachungsgründen kann der Zinsanteil auch nach der Ertragsanteilstabelle des § 55 Abs. 2 EStDV bestimmt werden (BMF, BStBl 2004 I 922, Rz. 61).

Fall 225
Besteuerung einer Mehrbedarfsrente

Sachverhalt: A ist infolge eines ärztlichen Kunstfehlers im Jahr 01 arbeitsunfähig geworden. Ein Gericht verpflichtet den behandelnden Arzt im Jahr 05, dem A neben einem Schmerzensgeld (§ 847 BGB) eine Mehrbedarfsrente (§ 843 Abs. 1 2. Alternative BGB) rückwirkend ab dem 1. 1. 02 in Höhe von monatlich 1 000 € bis an sein Lebensende zu zahlen.

Die Haftpflichtversicherung des Arztes leistet im Jahr 05 folgende Zahlungen: Das Schmerzensgeld, die rückständige Mehrbedarfsrente für die Jahre 02 bis 04 von 3 × 12 000 € = 36 000 € sowie die laufende Mehrbedarfsrente für 05 in Höhe von 12 000 €. Das Gericht berechnete die Mehrbedarfsrente wie folgt:

- 600 € für Hilfs- und Begleitpersonen,
- 300 € für das Halten eines Pkw,
- 100 € für sonstige Bedürfnisse wie erhöhte Körperpflege, Diät und Elektro-Rollstuhl.

Frage: Unterliegt die in 05 zugeflossene Mehrbedarfsrente von 48 000 € als wiederkehrende Bezüge (§ 22 Nr. 1 Satz 1 EStG) der Einkommensteuer?

Literaturhinweis: *Lehrbuch Einkommensteuer*, Rdn. 2243 ff.

➜ Lösung

Einem Verletzten ist, wenn u. a. infolge einer Verletzung des Körpers oder der Gesundheit eine Vermehrung seiner Bedürfnisse eintritt, Schadensersatz durch Entrichtung einer Geldrente (sog. Mehrbedarfsrente) zu leisten (§ 843 Abs. 1 BGB). Ein Mehrbedarf kann dem Verletzten beispielsweise durch laufend benötigte Medikamente, Kosten für die Wartung und Instandhaltung medizinischer und orthopädischer Hilfsmittel (künstliche Gliedmaßen, Brillen, Hörgeräte, Stützkorsett) oder – wie hier – für Hilfs- und Begleitpersonen, für das Halten eines Pkw sowie für sonstige Bedürfnisse wie erhöhte Körperpflege, Diät und einen Elektro-Rollstuhl entstehen.

Früher wurden Mehrbedarfsrenten von der Finanzverwaltung einkommensteuerrechtlich wie Unterhaltsrenten (§ 844 Abs. 2 BGB) als in voller Höhe wiederkehrende Bezüge (§ 22 Nr. 1 Satz 1 EStG) erfasst. Für Unterhaltsrenten hat der BFH entschieden, dass diese in voller Höhe steuerbare sonstige Bezüge darstellen (BFH VIII R 9/77, BStBl 1979 II 133).

In späteren Entscheidungen (BFH VIII R 79/91, BStBl 1995 II 121, und X R 106/92, BFH/NV 1995 S. 1050; vgl. auch die Urteilsanmerkung in HFR 1995 S. 196) schränkt der BFH seine zur Steuerbarkeit von Schadensersatzrenten vertretene Rechtsprechung auf die Fälle ein, in denen Ersatz für andere bereits steuerbare Einkünfte geleistet wird, z. B. Geldrenten wegen Minderung der Erwerbsfähigkeit (§ 843 Abs. 1 1. Alternative BGB, § 24 Nr. 1a EStG). Ersatzleistungen in Form von Mehrbedarfsrenten sind nach der gewandelten Rechtsauffassung des BFH nicht steuerbar. Daraus folgt, dass A die in 05 zugeflossenen Rentenzahlungen in Höhe von 48 000 € als echten Schadensersatz – ebenso wie das Schmerzensgeld – nicht zu versteuern braucht, obwohl die Rentenzahlungen ihrer äußeren Form nach wiederkehrende Leistungen sind (ebenso BMF, BStBl 1995 I 705).

Fall 226
Besteuerung einer Altersrente aus der gesetzlichen Rentenversicherung mit Rentenbeginn vor 2005

Sachverhalt: Arbeitnehmer A bezieht ab dem 1. 7. 2004 eine Regelaltersrente in Höhe von 1 000 € monatlich aus der gesetzlichen Rentenversicherung, weil er im Juni 2004 das 65. Lebensjahr vollendet hat. Die Rente erhöht sich zum 1. 7. 2005 und 1. 7. 2006 um jeweils 20 €.

Frage: Wie hoch sind die sonstigen Einkünfte des A in den Jahren 2004 bis 2006?

Literaturhinweis: *Lehrbuch Einkommensteuer*, Rdn. 2165 f.

➤ Lösung

Die Besteuerung der Renten aus der gesetzlichen Rentenversicherung wurde durch das Alterseinkünftegesetz vom 5. 7. 2004 (BGBl 2004 I 1427) ab 2005 neu geregelt. Von der Neuregelung betroffen sind alle Rentenbezieher, gleichgültig, ob sie bereits jetzt eine Rente beziehen oder z. B. erst in 20 oder 30 Jahren. Grund für die Neuregelung ist eine Entscheidung des BVerfG (Urteil v. 6. 3. 2002 2 BvL 17/99, BStBl 2002 II 618), wonach die unterschiedliche Besteuerung von Beamtenpensionen und Renten aus der gesetzlichen Rentenversicherung mit dem Gleichheitssatz des Grundgesetzes unvereinbar ist. Renten aus der gesetzlichen Rentenversicherung unterliegen als „sonstige Einkünfte" gem. § 22 EStG der Einkommensbesteuerung. Aber im Gegensatz zu den anderen Einkunftsarten gibt es bei den Renten einen großen Vorteil: Renten aus den gesetzlichen Rentenversicherungen werden bis 2004 nur mit dem günstigen Ertragsanteil (einem pauschalierten Zinsanteil), danach im Rahmen einer Übergangsregelung bis zum Jahr 2040 schrittweise nachgelagert besteuert. Die Besteuerung mit dem Ertragsanteil bzw. der schrittweise Übergang zur nachgelagerten Besteuerung in der Übergangszeit hat den Vorteil, dass nicht die volle Rente, sondern nur ein Teil davon der Einkommensteuer unterliegt. Erst Renten aus den gesetzlichen Rentenversicherungen, die ab dem Jahr 2040 beginnen, müssen voll versteuert werden. Vom steuerpflichtigen Teil der Rente wird mindestens der Werbungskosten-Pauschbetrag von 102 € abgezogen.

Betroffen vom schrittweisen Übergang zur nachgelagerten Besteuerung sind alle Rentenzahlungen aus der gesetzlichen Rentenversicherung ab 2005, also auch Renten, die vor dem 1. 1. 2005 begonnen haben (sog. Bestandsrenten). Ab 2005 unterliegen alle Bestandsrenten sowie die in 2005 erstmals gezahlten Renten zu 50 % der Besteuerung. Alle Rentenarten aus der gesetzlichen Rentenversicherung werden ab 2005 gleich behandelt. Es wird nicht mehr unterschieden, ob es sich um eine lebenslange Leibrente, z. B. Altersrente, oder um eine abgekürzte Leibrente, z. B. Erwerbsminderungsrente, handelt.

Für Renten, die ab 2006 beginnen, steigt der Besteuerungsanteil der Rente – je nach Jahr des Rentenbeginns (Rentnerjahrgang) – bis zum Jahr 2020 schrittweise um zwei Prozentpunkte jährlich auf 80 % und danach um einen Prozentpunkt jährlich auf 100 % ab dem Jahr 2040. Der Besteuerungsanteil gilt einheitlich und damit auch für die Renten der selbständig tätigen und nicht pflichtversicherten Personen. Der Besteuerungsanteil ist nach dem Jahr des Rentenbeginns und dem in diesem Jahr maßgebenden Prozentsatz aus der Tabelle des § 22 Nr. 1 Satz 3 Buchst. a Doppelbuchst. aa EStG n. F. zu entnehmen.

Ab 2005 unterliegen – wie erwähnt – alle Bestandsrenten zu 50 % der Besteuerung. Dieser prozentuale Besteuerungsanteil teilt die Rente in zwei Teile auf: Den Besteuerungsanteil der Rente und den Teil der Jahresrente, der steuerfrei bleibt. Der steuerfreie Betrag wird vom Finanzamt als Rentenfreibetrag festgeschrieben und gilt in dieser Höhe für die gesamte Laufzeit der Rente (§ 22 Nr. 1 Satz 3 Buchst. a Doppelbuchst. aa Satz 5 EStG).

A muss versteuern:

im Jahr 2004:

Jahresrente 2004:	
6 x 1 000 €	6 000 €
Ertragsanteil: 27 % von 6 000 €	1 620 €
./. Werbungskosten-Pauschbetrag (§ 9a Nr. 3 EStG)	./. 102 €
Sonstige Einkünfte	1 518 €

im Jahr 2005:

Jahresrente 2005:		
6 x 1 000 €	6 000 €	
6 x 1 020 €	6 120 €	12 120 €
./. Rentenfreibetrag: 50 % von 12 120 €		./. 6 060 €
./. Werbungskosten-Pauschbetrag (§ 9a Nr. 3 EStG)		./. 102 €
Sonstige Einkünfte		5 958 €

im Jahr 2006:

Jahresrente 2006:		
6 x 1 020 €	6 120 €	
6 x 1 040 €	6 240 €	12 360 €
./. Rentenfreibetrag: wie 2005: 50 % von 12 120 €		./. 6 060 €
./. Werbungskosten-Pauschbetrag (§ 9a Nr. 3 EStG)		./. 102 €
Sonstige Einkünfte		6 198 €

Fall 227

Besteuerung einer Altersrente aus der gesetzlichen Rentenversicherung mit Rentenbeginn ab 2005

Sachverhalt: Arbeitnehmer A bezieht ab 1. 7. 2005 eine Regelaltersrente von monatlich 1 000 €, weil er im Juni 2005 das 65. Lebensjahr vollendet hat. Zum 1. 7. 2006 und zum 1. 7. 2007 wird die Rente um jeweils 20 € erhöht.

Frage: Wie hoch sind die sonstigen Einkünfte des A in den Jahren 2005 bis 2007?

Literaturhinweis: *Lehrbuch Einkommensteuer*, Rdn. 2165 f.

Fall 228: Besteuerung einer Witwenrente aus der gesetzlichen Rentenversicherung

→ **Lösung**

Bei Rentenbeginn ab 2005 beträgt der prozentuale Besteuerungsanteil – wie für Bestandsrenten – 50 %. Der Rentenfreibetrag wird bei ab 2005 beginnenden Renten aber erst ab dem Jahr ermittelt, das auf das Jahr des ersten Rentenbezugs folgt. Da die meisten Rentner im ersten Jahr ihres Rentenbezugs ihre Rente nur für einen Teil des Jahres beziehen, wird der endgültige Rentenfreibetrag erst aus der vollen Jahresbruttorente des zweiten Rentenbezugsjahrs ermittelt.

A muss versteuern:

im Jahr 2005:

Jahresrente 2005:	
6 x 1 000 €	6 000 €
./. Rentenfreibetrag: 50 % von 6 000 €	./. 3 000 €
./. Werbungskosten-Pauschbetrag (§ 9a Nr. 3 EStG)	./. 102 €
Sonstige Einkünfte	2 898 €

im Jahr 2006:

Jahresrente 2006:		
6 x 1 000 €	6 000 €	
6 x 1 020 €	6 120 €	12 120 €
./. Rentenfreibetrag: 50 % von 12 120 €		./. 6 060 €
./. Werbungskosten-Pauschbetrag (§ 9a Nr. 3 EStG)		./. 102 €
Sonstige Einkünfte		5 958 €

im Jahr 2007:

Jahresrente 2007:		
6 x 1 020 €	6 120 €	
6 x 1 040 €	6 240 €	12 360 €
./. Rentenfreibetrag: wie 2006: 50 % von 12 120 €		./. 6 060 €
./. Werbungskosten-Pauschbetrag (§ 9a Nr. 3 EStG)		./. 102 €
Sonstige Einkünfte		6 198 €

Fall 228
Besteuerung einer Witwenrente aus der gesetzlichen Rentenversicherung mit Rentenbeginn ab 2005

Sachverhalt: Die 50 Jahre alte Frau B erhält nach dem Tod ihres Ehemannes ab 1. 7. 2005 eine große Witwenrente von monatlich 750 €. Die Rente erhöht sich ab 1. 7. 2006 auf 760 €.

Abschnitt 11: Die Einkunftsarten

Frage: Wie hoch sind die sonstigen Einkünfte der Frau B in den Jahren 2005 und 2006?
Literaturhinweis: *Lehrbuch Einkommensteuer*, Rdn. 2166

→ Lösung

Auch für Witwenrenten ändert sich die Besteuerung, und zwar sowohl für am 1. 1. 2005 bereits bestehende als auch neu beginnende Renten. Steuerpflichtig ist auch hier der Teil der Rente, der über dem Rentenfreibetrag liegt.

Frau B muss versteuern:

im Jahr 2005:

Jahresrente 2005:	
6 x 750 €	4 500 €
./. Rentenfreibetrag: 50 % von 4 500 €	./. 2 250 €
./. Werbungskosten-Pauschbetrag (§ 9a Nr. 3 EStG)	./. 102 €
Sonstige Einkünfte	2 148 €

im Jahr 2006:

Jahresrente 2006:		
6 x 750 €	4 500 €	
6 x 760 €	4 560 €	9 060 €
./. Rentenfreibetrag: 50 % von 9 060 €		./. 4 530 €
./. Werbungskosten-Pauschbetrag (§ 9a Nr. 3 EStG)		./. 102 €
Sonstige Einkünfte		4 428 €

Fall 229
Besteuerung einer Witwenrente nach vorhergehender Versichertenrente

Sachverhalt: A ging am 1. 7. 2004 in Rente. Seine Altersrente beträgt im Jahr 2005 12 000 €. Er stirbt Ende 2005. Seine Ehefrau B erhält ab 1. 1. 2006 eine große Witwenrente von monatlich 550 €. Ab dem 1. 7. 2006 erhöht sich die Witwenrente auf 560 € und ab dem 1. 7. 2007 auf 570 €.

Frage: Wie hoch sind die sonstigen Einkünfte des Herrn A im Jahr 2005 und der Frau B in den Jahren 2006 bis 2008?

Literaturhinweis: *Lehrbuch Einkommensteuer*, Rdn. 2166

Fall 229: Besteuerung einer Witwenrente nach vorhergehender Versichertenrente

➔ Lösung

Für Folgerenten wird der niedrigere Besteuerungsanteil vorausgegangener Renten berücksichtigt, wenn ein ununterbrochener Rentenbezug vorliegt (§ 22 Nr. 1 Satz 3 Buchst. a Doppelbuchst. aa Satz 8 EStG). Hinterbliebenenrenten, die einer Versichertenrente folgen, werden also nach dem Rentenbeginn des Versicherten versteuert.

Herr A muss versteuern:

im Jahr 2005:

Jahresrente 2005:	12 000 €
./. Rentenfreibetrag: 50 % von 12 000 €	./. 6 000 €
./. Werbungskosten-Pauschbetrag (§ 9a Nr. 3 EStG)	./. 102 €
Sonstige Einkünfte	5 898 €

Frau B muss versteuern:

Obwohl die Witwenrente von Frau B 2006 beginnt, beträgt der Besteuerungsanteil für diese Rente nicht 52 %, sondern 50 %, da die gesetzliche Rente von A vor 2005 begann.

im Jahr 2006:

Jahresbetrag Witwenrente:		
6 x 550 €	3 300 €	
6 x 560 €	3 360 €	6 660 €
./. Rentenfreibetrag: 50 % von 6 660 €		./. 3 330 €
./. Werbungskosten-Pauschbetrag (§ 9a Nr. 3 EStG)		./. 102 €
Sonstige Einkünfte		3 228 €

im Jahr 2007:

Jahresbetrag Witwenrente:		
6 x 560 €	3 360 €	
6 x 570 €	3 420 €	6 780 €
./. Rentenfreibetrag: 50 % von 6 780 €		./. 3 390 €
./. Werbungskosten-Pauschbetrag (§ 9a Nr. 3 EStG)		./. 102 €
Sonstige Einkünfte		3 288 €

Der Rentenfreibetrag für die gesamte restliche Laufzeit der Witwenrente von Frau B beträgt 3 390 €.

Fall 230
Veräußerung eines geschenkten Grundstücks innerhalb von 10 Jahren seit Anschaffung

Sachverhalt: A und B sind Eheleute, die zusammen zur Einkommensteuer veranlagt werden. Die Ehefrau B erwarb am 20. 3. 04 ein unbebautes Grundstück für 90 000 €. Dieses Grundstück schenkte sie mit Vertrag vom 10. 1. 12 ihrem Ehemann A, der es am 15. 9. 12 für 290 000 € verkaufte.

Frage: Liegen Einkünfte aus einem „privaten Veräußerungsgeschäft" i. S. von § 22 Nr. 2, § 23 Abs. 1 Nr. 1 EStG vor?

Literaturhinweis: *Lehrbuch Einkommensteuer*, Rdn. 2193 ff.

➜ Lösung

Nach § 22 Nr. 2 i. V. m. § 23 Abs. 1 Nr. 1 EStG liegt bei Grundstücken prinzipiell ein privates Veräußerungsgeschäft (sog. Spekulationsgeschäft) vor, wenn der Zeitraum zwischen Anschaffung und Veräußerung nicht mehr als 10 Jahre beträgt. Das Vorliegen eines „privaten Veräußerungsgeschäfts" setzt also voraus, dass der Stpfl. das Grundstück anschafft und binnen 10 Jahren veräußert, wobei für die Berechnung des 10-Jahres-Zeitraums grundsätzlich auf den Abschluss des schuldrechtlichen (obligatorischen), nicht des dinglichen Rechtsgeschäfts abzustellen ist (BFH VIII R 16/83, BStBl 1984 II 311).

Bei einer Schenkung unter Lebenden muss sich der Beschenkte (hier A), der das unentgeltlich erworbene Grundstück veräußert, die Besitzzeit des Schenkers (hier B) zurechnen lassen (§ 23 Abs. 1 Satz 3 EStG). Die Anschaffung durch den Schenker wird also dem Beschenkten zugerechnet mit der Folge, dass der Beschenkte den Tatbestand des § 22 Nr. 2 i. V. m. § 23 Abs. 1 Nr. 1 EStG verwirklicht, wenn zwischen Anschaffung durch den Schenker und Veräußerung durch den Beschenkten nicht mehr als 10 Jahre liegen. Der beschenkte A erzielt daher im Jahr 12 folgende Einkünfte aus privaten Veräußerungsgeschäften:

Veräußerungspreis	290 000 €
./. Anschaffungskosten	./. 90 000 €
sog. Spekulationsgewinn i. S. von § 23 EStG	200 000 €

Fall 231
Einkünfte aus privaten Veräußerungsgeschäften bei Herstellung eines Gebäudes

Sachverhalt: A hat am 15. 1. 09 ein unbebautes Grundstück für 80 000 € erworben und im Jahr 11 mit einem zur Vermietung bestimmten Fertighaus bebaut. Das Gebäude, dessen Herstellungskosten 340 000 € betragen haben, wurde am 1. 12. 11 fertig gestellt und ab diesem Zeitpunkt vermietet. Am 30. 9. 12 hat A das bebaute Grundstück dem Mieter für 520 000 € veräußert. Vom Kaufpreis entfallen 120 000 € auf den Grund und Boden und 400 000 € auf das Gebäude.

A hat das Gebäude in den Jahren 11 und 12 wie folgt abgeschrieben:

11: degressive AfA (§ 7 Abs. 5 EStG):
    5 % von 340 000 € =   17 000 €
12: degressive AfA (§ 7 Abs. 5 EStG):
    5 % von 340 000 € = 17 000 €;
    für die Zeit vom 1. 1. – 30. 9. 12:
    $^9/_{12}$ von 17 000 € =   12 750 €

Frage: Hat A – ggf. in welcher Höhe – Einkünfte aus privaten Veräußerungsgeschäften i. S. von § 22 Nr. 2, § 23 EStG erzielt?

Literaturhinweis: *Lehrbuch Einkommensteuer,* Rdn. 2193 ff.

 Lösung

Das innerhalb der sog. Spekulationsfrist veräußerte Wirtschaftsgut muss mit dem angeschafften Wirtschaftsgut identisch sein. Grund und Boden sowie Gebäude sind auch hier grundsätzlich selbständige Wirtschaftsgüter. Allerdings ist bei einem innerhalb der Spekulationsfrist von 10 Jahren „fertig gestellten Gebäude" nicht nur die Wertsteigerung des Grund und Bodens, sondern auch die des Gebäudes einzubeziehen (§ 23 Abs. 1 Nr. 1 Satz 2 EStG). Vom Veräußerer in Anspruch genommene Abschreibungen sind von den ursprünglichen Herstellungskosten des Gebäudes abzuziehen (§ 23 Abs. 3 Satz 4 EStG), wenn die Anschaffung und Veräußerung nach dem 31. 7. 1995 erfolgte (§ 52 Abs. 39 Satz 3 EStG). Es ist wie folgt zu rechnen:

a) Grund und Boden

Veräußerungspreis Grund und Boden	120 000 €
./. Anschaffungskosten Grund und Boden	./. 80 000 €
Einkünfte i. S. von § 23 EStG	40 000 €

b) Gebäude

Veräußerungspreis Gebäude		400 000 €
./. Herstellungskosten	./. 340 000 €	
AfA 11 und 12	29 750 €	310 250 €
Einkünfte i. S. von § 23 EStG		89 750 €

Fall 232
Einkünfte aus privaten Veräußerungsgeschäften beim Kauf und Verkauf von Aktien bis 2004

Sachverhalt: In einem bei einer Sparkasse unterhaltenen Girosammeldepot wurden für A am 31. 12. 01 100 Aktien der X-AG verwahrt, die A zum Anschaffungspreis von 360 €/St. erworben hat. In 02 erwarb A weitere Aktien der X-AG hinzu, und zwar im

April 02: 50 Stück à 400 € und im Mai 02: 50 Stück à 420 €. Im Februar 03 veräußert A aus seinem Depot
a) 150 Aktien für 450 €/St.,
b) 100 Aktien für 450 €/St.

Frage: Entsteht A – ggf. in welcher Höhe – ein Gewinn aus privaten Veräußerungsgeschäften (Rechtslage 2004)?

Literaturhinweis: *Lehrbuch Einkommensteuer*, Rdn. 2193 ff.

➔ Lösung

Beim Kauf und Verkauf von Aktien ist ein privates Veräußerungsgeschäft, das zu sonstigen Einkünften (§ 22 Nr. 2, § 23 Abs. 1 Nr. 2 EStG) führt, dann gegeben, wenn es sich um Veräußerungsgeschäfte handelt, bei denen der Zeitraum zwischen Anschaffung und Veräußerung nicht mehr als ein Jahr beträgt. Das Einhalten dieser Frist ist unerlässliche Voraussetzung des gesetzlichen Besteuerungstatbestands. Dessen Verwirklichung setzt für jeden einzelnen steuerbaren Vorgang „Nämlichkeit" des angeschafften und des veräußerten Wirtschaftsguts voraus. Nur bezogen auf ein und dasselbe Objekt lassen sich sog. Spekulationsfrist und Wertveränderung im Privatvermögen festlegen.

So genannte Spekulationsgewinne aus dem Verkauf von Aktien werden wegen des Halbeinkünfteverfahrens nur zu Hälfte angesetzt. Die andere Hälfte des Veräußerungsgewinns ist auch bei einem Verkauf innerhalb eines Jahres steuerfrei. So genannte Spekulationsverluste können nur zur Hälfte mit Spekulationsgewinnen verrechnet bzw. rück- und vorgetragen werden.

Eine rechtliche Besonderheit ergibt sich für Wertpapiere, die – wie hier – einem Sammeldepot angehören. Es handelt sich um Wirtschaftsgüter, die der Verwahrer ungetrennt von eigenen Beständen und von solchen Dritter aufbewahren darf. Bei Aktien, die einem Sammeldepot angehören, war, weil Zu- und Abgänge nicht auf einzelne Stücke bezogen werden können, früher streitig, wie Spekulationsfrist und der Gewinn i. S. des § 23 Abs. 4 EStG zu berechnen sind. Die Finanzverwaltung wandte das sog. „Lifo-Verfahren" („last in – first out") an, indem sie sowohl für die Bestimmung der Jahresfrist als auch für die Gewinnberechnung unterstellte, dass jeweils die zuletzt angeschafften Wertpapiere zuerst veräußert worden seien. Nach anderer Meinung sollte in solchen Fällen das „Fifo-Verfahren" („first in – first out") gelten, d. h. davon ausgegangen werden, dass die jeweils zuerst angeschafften Wertpapiere auch zuerst veräußert worden seien.

Beiden Methoden hat der BFH eine Absage erteilt (BFH X R 49/00, BStBl 1994 II 591, und X R 157/90, BFH/NV 1995 S. 195). Der BFH hat sich auf den Standpunkt gestellt, der Grundsatz der Tatbestandsmäßigkeit der Besteuerung gebiete im Anwendungsbereich des § 23 EStG eine zeitliche Zuordnung von Anschaffungs- und Veräußerungsgeschäften, die nicht nur von (nachträglichen) Willensakten der Finanzverwaltung, sondern auch von solchen des Stpfl. unabhängig sind. Für die Annahme eines „Wahlrechts" fehle die gesetzliche Grundlage. Die „Fifo-Methode" eigne sich – unabhängig davon, für wen sie im Einzelfall vorteilhaft wäre – ebenso wenig wie die von der Finanzverwaltung bevorzugte „Lifo-Methode". Dementsprechend lasse sich auch die Höhe eines Spekulationsgewinns gem. § 23 Abs. 3 EStG bei Depotgeschäften weder nach der Lifo-Methode noch nach der Fifo-Methode, sondern nur mit Hilfe von Durchschnittswerten ermitteln.

Nach Ansicht des BFH entsteht im Fall a) (Verkauf von 150 Aktien) ein Spekulationsgewinn für 100 Stück, da nur für diese Anzahl von Aktien feststeht, dass sie innerhalb der Jahresfrist angeschafft und veräußert wurden. Zur Berechnung des Spekulationsgewinns ist dem Veräußerungserlös von 100 × 450 € = 45 000 € der durchschnittliche Stückpreis der in 02 angeschafften Aktien gegenüberzustellen: 100 × 410 € = 41 000 €, so dass ein Veräußerungsgewinn in Höhe von 4 000 € entsteht, der jedoch zur Hälfte steuerfrei ist.

Im Fall b) entfällt die Besteuerung ganz, weil nicht auszuschließen ist, dass es sich bei den veräußerten 100 Stück um die außerhalb der Spekulationsfrist angeschafften Aktien handelt.

Anmerkung: Die Finanzverwaltung wendet im VZ 2004 im Vorgriff auf eine gesetzliche Regelung die Durchschnittswertmethode an. Es wird nicht beanstandet, wenn der Stpfl. seiner Gewinnermittlung 2004 die ab 2005 gesetzlich vorgeschriebene Methode – vgl. hierzu Fall 233 – zugrunde legt (BMF, BStBl 2005 I 617).

Fall 233
Einkünfte aus privaten Veräußerungsgeschäften beim Verkauf von Aktien aus einem Sammeldepot ab 2005

Sachverhalt: A hat seit Anfang 2004 ein Wertpapierdepot bei der D-Bank. Im Jahr 2004 und 2005 hat er folgende Wertpapiergeschäfte getätigt:

	Kauf von Aktien der X-AG	Verkauf von Aktien der X-AG
7. 1. 2004	100 Stück à 100 €	
7. 4. 2004	200 Stück à 130 €	
18. 5. 2004	100 Stück à 150 €	
14. 1. 2005		250 Stück à 300 €

Frage: Wie hoch sind die A im Jahr 2005 aufgrund des Aktienverkaufs entstehenden Einkünfte aus einem privaten Veräußerungsgeschäft?

Literaturhinweis: *Lehrbuch Einkommensteuer*, Rdn. 2217

▶ Lösung

Veräußerungsgewinne – und -verluste aus dem Verkauf von Wertpapieren gehören – sofern bestimmte Voraussetzungen erfüllt sind – als Einkünfte aus privaten Veräußerungsgeschäften zu den „Sonstigen Einkünften" (§§ 22 Nr. 2, 23 EStG). Private Veräußerungsgeschäfte – allgemein Spekulationsgeschäfte genannt – sind nur dann steuerpflichtig, wenn zwischen Anschaffung und Veräußerung nicht mehr als ein Jahr vergangen ist und der Gesamtgewinn im Kalenderjahr mindestens 512 Euro beträgt. Veräußert ein Stpfl. – wie hier – Aktien, sind die die Veräußerungsgewinne wegen des Halbeinkünfteverfahrens nur zur Hälfte steuerpflichtig, die andere Hälfte des Veräußerungsgewinns ist auch bei einem Verkauf innerhalb eines Jahres steuerfrei. Das gilt sowohl für inländische als auch ausländische Aktien. Spekulationsverluste können nur zur Hälfte mit Spekulationsgewinnen verrechnet bzw. rück- und vorgetragen werden.

Prinzipiell muss es sich bei dem Wertpapier, das innerhalb der Spekulationsfrist von 12 Monaten gekauft und wieder verkauft wird, um ein und dasselbe Papier handeln. Das Einhalten dieser Frist ist unerlässliche Voraussetzung des gesetzlichen Besteuerungstatbestands. Dessen Verwirklichung setzt für jeden einzelnen steuerbaren Vorgang „Nämlichkeit" des angeschafften und des veräußerten Wirtschaftsguts voraus. Nur bezogen auf ein und dasselbe Objekt lassen sich sog. Spekulationsfrist und Wertveränderung im Privatvermögen festlegen.

Eine rechtliche Besonderheit ergibt sich für Wertpapiere, die – wie hier – einem Sammeldepot angehören. Es handelt sich um Wirtschaftsgüter, die der Verwahrer ungetrennt von eigenen Beständen und von solchen Dritter aufbewahren darf. Bei Aktien, die einem Sammeldepot angehören, war, weil Zu- und Abgänge nicht auf einzelne Stücke bezogen werden können, früher streitig, wie Spekulationsfrist und der Gewinn i. S. des § 23 Abs. 4 EStG zu berechnen sind. Die Finanzverwaltung wandte das sog. „Lifo-Verfahren" („last in – first out") an, indem sie sowohl für die Bestimmung der Jahresfrist als auch für die Gewinnberechnung unterstellte, dass jeweils die zuletzt angeschafften Wertpapiere zuerst veräußert worden seien. Nach anderer Meinung sollte in solchen Fällen das „Fifo-Verfahren" („first in – first out") gelten, d. h. davon ausgegangen werden, dass die jeweils zuerst angeschafften Wertpapiere auch zuerst veräußert worden seien. Beiden Methoden hat der BFH eine Absage erteilt (BFH v. 24. 11. 1993 X R 49/90, BStBl 1994 II 591; v. 5. 5. 1994 X R 157/90, BFH/NV 1995 S. 195). Er hat sich auf den Standpunkt gestellt, die „Fifo-Methode" eigne sich – unabhängig davon, für wen sie im Einzelfall vorteilhaft wäre – ebenso wenig wie die von der Finanzverwaltung bevorzugte „Lifo-Methode". Dementsprechend lasse sich auch die Höhe eines Spekulationsgewinns gem. § 23 Abs. 3 EStG bei Depotgeschäften weder nach der Lifo-Methode noch nach der Fifo-Methode, sondern nur mit Hilfe von Durchschnittswerten ermitteln. Waren die gekauften und verkauften Aktien nach Art und Stückzahl identisch, musste der Spekulationsgewinn mithilfe durchschnittlicher Anschaffungskosten ermittelt werden (vgl. Fall 232). Für die Aktien, die innerhalb der letzten 12 Monate gekauft wurden, musste also der durchschnittliche Anschaffungspreis ermittelt werden, der dann dem Verkaufserlös gegenübergestellt wurde.

Der Gesetzgeber hat durch das Richtlinien-Umsetzungsgesetz (v. 9. 12. 2004, BGBl 2004 I 3310) in § 23 Abs. 1 Nr. 2 EStG u. a. folgenden Satz eingefügt, weil die Spitzenverbände der Kreditwirtschaft im Gesetzgebungsverfahren darauf hingewiesen haben, dass die beschriebene Art der Ermittlung der Anschaffungskosten und des Anschaffungszeitpunkts in der Praxis umfangreiche und schwierige Sachverhaltsermittlungen nach sich ziehe: „Bei vertretbaren Wertpapieren, die einem Verwahrer zur Sammelverwahrung im Sinne des § 5 des Depotgesetzes anvertraut worden sind, ist zu unterstellen, dass die zuerst angeschafften Wertpapiere zuerst veräußert wurden". Der Gesetzgeber hat sich also in Bezug auf die Berechnung des Veräußerungsgewinns für das Fifo-Verfahren entschieden. Die Neuregelung ist ab Veranlagungszeitraum 2005 in Kraft getreten (so FinMin. NRW, DB 2004 S. 2660, 2662; a. A. Melchior, DStR 2004 S. 2121, 2122: „In-Kraft-Treten: § 52 Abs. 1 EStG: Veranlagungszeitraum 2004"). Die gesetzliche Festlegung der Veräußerungsreihenfolge führt nach Meinung des Gesetzgebers zu einer deutlichen Verfahrensvereinfachung, die dem Stpfl. die Berechnung seines Veräußerungsgewinns nachvollziehbar macht und gewährleistet, dass die Kreditinstitute die für die Jahresbescheinigung nach § 24c EStG erforderlichen Daten schneller und einfacher liefern können.

Es ist wie folgt zu rechnen:

Aktienverkauf außerhalb der Spekulationsfrist: 100 Stück
Der Gewinn von 20 000 € (= 100 x 300 € ./. 100 x 100 €) ist nicht steuerbar.

Aktienverkauf innerhalb der Spekulationsfrist: 150 Stück
Für die übrigen Aktien, die innerhalb der letzten 12 Monate gekauft wurden, ergibt sich ein Gewinn von 25 500 € (150 x 300 € ./. 150 x 130 €).

Der Veräußerungsgewinn von 25 500 € ist – wie erwähnt – nur zur Hälfte steuerpflichtig.

Fall 234
Ermittlung und Besteuerungszeitpunkt eines Gewinns aus privaten Veräußerungsgeschäften

Sachverhalt: A erwarb am 5. 1. 02 ein Mietwohngrundstück. Von den Anschaffungskosten in Höhe von 500 000 € entfallen 400 000 € auf das Gebäude und 100 000 € auf den Grund und Boden.

Im Jahr 02 fließen A Mieteinnahmen in Höhe von 30 000 € zu, die mit dem Grundstück zusammenhängenden Werbungskosten (einschließlich AfA in Höhe von 8 000 €) belaufen sich auf 25 000 €.

Mit Vertrag vom 28. 12. 02 verkauft A das Grundstück an B für 600 000 €. Im Zusammenhang mit der Veräußerung fallen Maklerkosten von 5 000 € an. Der Kaufpreis in Höhe von 600 000 € geht im Januar 03 auf einem Bankkonto des A ein.

Fragen:
1. Wie hoch ist der von A erzielte Gewinn aus privaten Veräußerungsgeschäften?
2. In welchem Kalenderjahr muss A den Gewinn aus privaten Veräußerungsgeschäften versteuern?

Literaturhinweis: *Lehrbuch Einkommensteuer*, Rdn. 2212 ff., 2224 ff.

Lösung

Zu 1.:
Gewinn oder Verlust aus privaten Veräußerungsgeschäften ist der Unterschiedsbetrag zwischen dem Veräußerungspreis einerseits und den Anschaffungs- oder Herstellungskosten und den Werbungskosten andererseits (§ 23 Abs. 3 Satz 1 EStG). Die Anschaffungs- oder Herstellungskosten mindern sich um Absetzungen für Abnutzung, erhöhte Abset-

zungen und Sonderabschreibungen, soweit sie bei der Ermittlung der Einkünfte i. S. des § 2 Abs. 1 Satz 1 Nr. 4 bis 6 EStG abgezogen worden sind (§ 23 Abs. 3 Satz 4 EStG).

Zu den Werbungskosten i. S. des § 23 Abs. 3 EStG, die neben den Anschaffungs- oder Herstellungskosten vom Veräußerungspreis abzuziehen sind, gehören alle Aufwendungen, die der Stpfl. macht, um die Veräußerung herbeizuführen (z. B. Makler-, Notar- und Grundbuchkosten). Aufwendungen, die mit der laufenden Nutzung im Zusammenhang stehen (z. B. Erhaltungsaufwand, Grundsteuer usw.), bleiben bei der Ermittlung des Spekulationsgewinns außer Ansatz.

Der von A erzielte Gewinn errechnet sich danach wie folgt:

Veräußerungspreis		600 000 €
./. Anschaffungskosten	./. 500 000 €	
./. AfA	8 000 €	./. 492 000 €
./. Maklerkosten		./. 5 000 €
Gewinn		103 000 €

Zu 2.:

Gewinne aus privaten Veräußerungsgeschäften sind als Überschusseinkünfte im Zeitpunkt des Zuflusses zu versteuern (§ 11 Abs. 1 Satz 1 EStG). Eine Steuerpflicht entsteht demnach erst in dem Kalenderjahr, in dem der Veräußerer mehr erhält, als er an Anschaffungs- oder Herstellungskosten sowie Werbungskosten i. S. von § 23 Abs. 3 EStG aufgewendet hat. Da der Veräußerungspreis dem A erst im Jahr 03 zugeflossen ist, ist Besteuerungszeitpunkt des privaten Veräußerungsgeschäfts das Jahr 03.

Fall 235
Freigrenze bei Gewinnen aus privaten Veräußerungsgeschäften

Sachverhalt: Die Eheleute A und B, die zusammen zur Einkommensteuer veranlagt werden, erzielten im Kalenderjahr 2004 folgende Einkünfte aus sog. Spekulationsgeschäften:

Ehemann A

Spekulationsgewinn aus der Veräußerung eines Grundstücks	10 000 €
Spekulationsverlust aus der Veräußerung von Aktien	./. 9 400 €
	600 €

Ehefrau B

Spekulationsgewinn aus der Veräußerung von Aktien	400 €
insgesamt	1 000 €

Frage: Ist der Gesamtgewinn aus den Spekulationsgeschäften in Höhe von 1 000 € einkommensteuerpflichtig?

Literaturhinweis: *Lehrbuch Einkommensteuer*, Rdn. 2221 ff.

→ Lösung

Gewinne aus privaten Veräußerungsgeschäften bleiben steuerfrei, wenn der Gesamtgewinn im Kalenderjahr weniger als 512 € beträgt (§ 23 Abs. 3 Satz 6 EStG). Zur Ermittlung des Gesamtgewinns sind innerhalb eines Kalenderjahres erzielte Spekulationsgewinne und Spekulationsverluste des einzelnen Stpfl. miteinander zu verrechnen. Beträgt der Spekulationsgewinn 512 € oder mehr, ist er in voller Höhe steuerpflichtig.

Haben bei zusammenveranlagten Ehegatten beide Spekulationsgewinne erzielt, so steht jedem Ehegatten die Freigrenze von 511,99 €, höchstens jedoch bis zu seinem Gesamtgewinn zu. Es ist aber nicht zulässig, die nicht ausgeschöpfte Freigrenze des einen Ehegatten auf den anderen zu übertragen.

Das bedeutet, dass der Gesamtgewinn des A in Höhe von (10 000 € ./. 9 400 € =) 600 € wegen Überschreitens der Freigrenze steuerpflichtig ist. Der Spekulationsgewinn seiner Ehefrau B in Höhe von 400 € bleibt dagegen steuerfrei, weil er die Freigrenze von 511,99 € nicht übersteigt.

Fall 236
Ausgleich von Verlusten aus privaten Veräußerungsgeschäften

Sachverhalt: Die Eheleute A und B, die zusammen zur Einkommensteuer veranlagt werden, erzielten im Kalenderjahr 2004 folgende Einkünfte:

Ehemann A

Einkünfte aus freiberuflicher Tätigkeit	210 000 €
sog. Spekulationsgewinn aus der Veräußerung eines Grundstücks	10 000 €
sog. Spekulationsverlust aus der Veräußerung von Aktien:	
½ von 40 000 € =	./. 20 000 €

Ehefrau B

sog. Spekulationsgewinn aus der Veräußerung von Aktien:	
½ von 10 000 € =	5 000 €

Frage: Inwieweit kann der Spekulationsverlust des A in Höhe von 20 000 € mit den übrigen Einkünften ausgeglichen werden?

Literaturhinweis: *Lehrbuch Einkommensteuer*, Rdn. 2223

→ Lösung

Der Spekulationsverlust des A in Höhe von 20 000 € darf nur mit dem Spekulationsgewinn des A in Höhe von 10 000 € ausgeglichen werden (§ 23 Abs. 3 Satz 8 EStG). Ein Ausgleich mit den anderen positiven Einkünften des A, d. h. mit den Einkünften aus selbständiger Arbeit in Höhe von 210 000 €, ist nicht zulässig. Der danach verbleibende Spekulationsverlust in Höhe von 10 000 € ist in Höhe von 5 000 € mit dem steuerpflichtigen Gewinn der Ehefrau aus privaten Veräußerungsgeschäften auszugleichen (so jedenfalls BMF, BStBl 2000 I, 1383, Tz. 41). Der im Entstehungsjahr 2004 nicht ausgeglichene Veräußerungsverlust ist nach Maßgabe des § 10d EStG in das Jahr 2003 rück- bzw. in die Folgejahre vortragsfähig. Er mindert die Einkünfte, die der Stpfl. im unmittelbar vorangegangenen Veranlagungszeitraum 2003 bzw. in den folgenden Veranlagungszeiträumen aus privaten Veräußerungsgeschäften bezogen hat (§ 23 Abs. 3 Satz 9 EStG). Bei der Zusammenveranlagung von Ehegatten ist der Verlustabzug nach § 10d Abs. 1 und 2 EStG zunächst getrennt für jeden Ehegatten und anschließend zwischen den Ehegatten durchzuführen (BMF, BStBl 2000 I, 1383, Tz. 42).

Anzumerken ist Folgendes: Der BFH hat ernstliche Zweifel an der Rechtmäßigkeit eines Steuerbescheids, mit dem das Finanzamt Einkommensteuer auf Spekulationsgewinne aus dem Verkauf von Wertpapieren festgesetzt hat (BFH, BStBl 2003 II, 663). Hierzu ist ein Verfahren vor dem BVerfG anhängig (Az.: 2 BvL 17/02). Steuerbescheide für Veranlagungszeiträume ab 2000 ergehen vorläufig (§ 165 AO), soweit es um die Besteuerung von Spekulationsgewinnen aus Wertpapieren geht (BMF, BStBl 2003 I, 402).

Fall 237
Entnahme eines Grundstücks als Anschaffungsgeschäft i. S. von § 23 EStG

Sachverhalt: Einzelgewerbetreibender A erwarb am 1. 7. 01 ein unbebautes Grundstück für 100 000 € und nutzte es für eigenbetriebliche Zwecke. Drei Jahre später, also in 04, verlegte er seinen Betrieb. Er überführte deshalb das Grundstück mit dem Teilwert von 110 000 € in sein Privatvermögen. Am 1. 12. 12 verkauft A das Grundstück für 130 000 €.

Frage: Liegt ein privates Veräußerungsgeschäft i. S. der §§ 22 Nr. 2, 23 EStG vor?

Literaturhinweis: *Lehrbuch Einkommensteuer*, Rdn. 2200

➔ Lösung

Keine entgeltliche Anschaffung ist die Überführung eines Wirtschaftsguts aus dem Betriebsvermögen in das Privatvermögen, da es am Übergang aus dem Vermögen einer anderen Person fehlt (BFH VI 34/62 U, BStBl 1965 III 477). Bei Veräußerungen ab 1999 gilt aber als Anschaffung auch die Überführung eines Wirtschaftsguts in das Privatvermögen des Stpfl. durch Entnahme oder Betriebsaufgabe sowie die sog. Entstrickungserklärung bei einbringungsgeborenen Anteilen nach § 21 Abs. 2 Satz 1 Nr. 1 UmwStG (§ 23 Abs. 1 Satz 2 EStG). In die Veräußerungsgewinnbesteuerung werden also auch solche Wirtschaftsgüter einbezogen, die der Stpfl. zuvor aus dem Betriebsvermögen entnommen hat. Ein privates Veräußerungsgeschäft wird in einem solchen Fall angenommen, wenn zwischen dem Tag der Entnahme und dem Tag der Veräußerung die sog. Spekulationsfrist nicht verstrichen ist.

Hier liegt ein privates Veräußerungsgeschäft vor, weil zwischen dem Zeitpunkt der Entnahme im Jahr 04 und dem Tag der Veräußerung im Jahr 12 die 10-Jahres-Frist noch nicht abgelaufen ist. Der Gewinn ist im Fall der Veräußerung nach vorausgegangener Entnahme zu ermitteln, indem von dem um die Veräußerungskosten geminderten Veräußerungspreis der bei der Entnahme „angesetzte" Wert in Höhe von 110 000 € abgezogen wird (§ 23 Abs. 3 Satz 3 EStG). Vorliegend ergibt sich somit ein Gewinn aus dem privaten Veräußerungsgeschäft in Höhe von 130 000 € ./. 110 000 € = 20 000 €.

Im Schrifttum wird die Auffassung vertreten, dass in den Fällen, in denen die Entnahme vor dem 1. 1. 1999 erfolgt ist, die Annahme eines die 10-Jahres-Frist auslösenden anschaffungsähnlichen Vorgangs verfassungsrechtlich unzulässig ist (vgl. *Korn/Strahl*, NWB 2001 S. 11609, 11623). Das FG Düsseldorf hat in seinem Urteil vom 19. 12. 2001 (EFG 2002 S. 464) die gleiche Ansicht vertreten. Die gegen das Urteil eingelegte Revision (Az.: IX R 8/02) wurde in der Hauptsache für erledigt erklärt, weil das Finanzamt die Klägerin durch Änderungsbescheid klaglos gestellt hat. Daraus wird gefolgert, dass die Finanzverwaltung sich prinzipiell den Bedenken angeschlossen hat, also Entnahmen vor dem 1. 1. 1999 nicht mehr als fiktive Anschaffungen beurteilen will (vgl. kk, KÖSDI 2004 S. 14319).

X. Entschädigungen, nachträgliche Einkünfte, Nutzungsvergütungen (§ 24 EStG)

Fall 238
Entschädigung für vorzeitige Auflösung eines Mietverhältnisses

Sachverhalt: A hat auf einem zu seinem Privatvermögen gehörenden Grundstück ein zweigeschossiges Gebäude errichtet, dessen Erdgeschoss mit einer Fläche von ca. 600 qm als Ladenlokal ausgebaut wurde. Die Räume wurden an die B-GmbH zum Betrieb eines Supermarktes vermietet. Das Mietverhältnis begann am 1. 1. 01 und wurde auf die Dauer von 10 Jahren, also bis zum 31. 12. 10, fest abgeschlossen. Nach Ablauf der Mietdauer sollte das Mietverhältnis auf unbestimmte Zeit fortgesetzt werden, sofern es nicht gekündigt wurde.

Die B-GmbH eröffnete den Supermarkt jedoch nicht, sondern trat Ende 01 in Verhandlungen mit A ein mit dem Ziel einer vorzeitigen Vertragsauflösung. In deren Verlauf teilte die GmbH dem A mit, sie erwäge, die Miträume zum 1. 4. 02 herauszugeben und ab diesem Zeitpunkt die Zahlungen einzustellen, wenn A nicht einer einvernehmlichen Lösung des Mietvertrags gegen Abfindung zustimme. Bei Nichtabschluss des Miet-Aufhebungsvertrags hätte A ein Einnahmeausfallrisiko gedroht, weil die GmbH sich in finanziellen Schwierigkeiten befindet. A und die B-GmbH erzielten schließlich eine Einigung, wonach das Mietverhältnis am 31. 12. 02 beendet wurde und die Mieterin sich verpflichtete, zur Abgeltung aller Ansprüche aus dem Mietverhältnis eine Abfindung in Höhe von 120 000 € zu zahlen. Die Abfindung wurde noch im Jahr 02 an A ausgezahlt.

Frage: Kann die Abfindung in Höhe von 120 000 € als Entschädigung i. S. des § 24 Nr. 1 Buchst. a EStG nach der sog. Fünftel-Regelung (§ 34 EStG) progressionsbegünstigt versteuert werden?

Literaturhinweis: *Lehrbuch Einkommensteuer*, Rdn. 22245 ff.

➔ Lösung

Entschädigungen, die gewährt worden sind als Ersatz für entgangene oder entgehende Einnahmen, gehören zu den Einkünften i. S. des § 2 Abs. 1 EStG (§ 24 Nr. 1 Buchst. a EStG). Sie sind jedoch als außerordentliche Einkünfte auf Antrag progressionsbegünstigt zu versteuern (§ 34 Abs. 2 Nr. 2 EStG). Entschädigungen i. S. des § 24 Nr. 1 Buchst. a EStG sind Zuwendungen, die einen Schaden ausgleichen, den der Stpfl. durch Wegfall von Einnahmen erlitten hat. Der Begriff der Entschädigung setzt in diesem Zusammenhang also voraus, dass die Leistung nicht in Erfüllung eines fortbestehenden Anspruchs erfolgt, sondern auf einer neuen Rechts- und Billigkeitsgrundlage beruht (BFH VI R 168/83, BFH/NV 1987 S. 574). Nicht begünstigt sind demnach Zahlungen, die in Erfüllung der ursprünglichen vertraglichen Ansprüche des Empfängers geleistet werden, auch wenn sich die Zahlungsmodalität geändert hat (BFH VIII R 64/78, BStBl 1981 II 6). Das Tatbestandsmerkmal des § 24 Nr. 1 Buchst. a EStG „als Ersatz für entgangene oder entgehende Einnahmen" setzt voraus, dass der Ersatz für Einnahmen geleistet wird, die ausgefallen sind, und dass diese Einnahmen unter eine der in § 2 Abs. 1 Nr. 1 bis 7 EStG genannten Einkunftsarten gefallen wären.

Für die Annahme einer Entschädigung ist es unerheblich, ob das zur Entschädigung führende Ereignis ohne oder gegen den Willen des Stpfl. eingetreten ist (BFH III R 150/80, BStBl 1982 II 552). Die Mitwirkung des Stpfl. bei einer Vereinbarung zum Ausgleich des eingetretenen oder drohenden Schadens steht der Beurteilung einer Ersatzleistung als Entschädigung nicht entgegen, wenn der Stpfl. unter erheblichem rechtlichen, wirtschaftlichen oder tatsächlichen Druck handelte (BFH XI R 54/94, BFH/NV 1995 S. 961). Hinzu kommen muss, dass das schadenstiftende Ereignis sich als ein nicht normaler und üblicher Geschäftsvorfall im Rahmen der jeweiligen Einkunftsart darstellt.

Bei Anwendung dieser Grundsätze ist die A zugeflossene Zahlung als steuerbegünstigte Entschädigung zu behandeln. A erhielt die Zahlung zum Ausgleich dafür, dass der Mietvertrag vorzeitig aufgelöst wurde. Durch die vorzeitige Auflösung ist A ein Schaden entstanden, da die künftigen Mieteinnahmen wegfallen. Die Zahlung beruht nicht auf dem Mietvertrag, sondern auf dem abgeschlossenen Vergleich. Die Vertragsaufhebung ist aufgrund des von der B-GmbH ausgeübten erheblichen Drucks zustande gekommen. Die vorzeitige Aufhebung des Mietverhältnisses ist auch kein normaler und üblicher Geschäftsvorfall im Rahmen der Einkünfte aus Vermietung und Verpachtung. Nach alledem ist die A zugeflossene Entschädigung in Höhe von 120 000 € als Einkünfte aus Vermietung und Verpachtung auf Antrag des A progressionsbegünstigt zu versteuern (FG Baden-Württemberg, EFG 1982 S. 627, sowie Hessisches FG, EFG 1995 S. 313).

Fall 239
Entschädigung für die Aufgabe einer Tätigkeit

Sachverhalt: Sowohl A als auch B betreiben den Zeitungs- und Zeitschriftengroßhandel. Am 6. 9. 01 vereinbaren sie aus wirtschaftlichen und organisatorischen Gründen eine Gebietsbereinigung. Zu diesem Zweck überträgt A einen Teil seines Absatzgebietes auf B, der ihm dafür eine Abfindung in Höhe von 100 000 € gewährt. Die Abfindung wird noch im Jahr 01 an A ausgezahlt.
Frage: Wie ist die Abfindung bei A einkommensteuerlich zu behandeln?
Literaturhinweis: *Lehrbuch Einkommensteuer*, Rdn. 2249 ff.

 Lösung

Bei der A für die teilweise Aufgabe seines Absatzgebietes gewährten Abfindung handelt es sich um eine Entschädigung i. S. von § 24 Nr. 1 Buchst. b EStG (Entschädigung für die Aufgabe oder Nichtausübung einer Tätigkeit). Die Annahme einer Entschädigung i. S. des § 24 Nr. 1 Buchst. b EStG ist nicht schon deshalb ausgeschlossen, weil A die Vereinbarung vom 6. 9. 01 freiwillig abgeschlossen hat. Die Vorschrift des § 24 Nr. 1 Buchst. b EStG erfordert nämlich – anders als die des § 24 Nr. 1 Buchst. a EStG – nach ihrem Sinn und Zweck, dass die Tätigkeit gerade mit Wollen oder Zustimmung des Betroffenen aufgegeben wird (BFH VIII R 126/82, BStBl 1984 II 580, 583).

Die Entschädigung in Höhe von 100 000 € erhöht den laufenden Gewinn des A. Sie unterliegt daher auch der Gewerbesteuer. Für Zwecke der Einkommensteuer ist der gewerbliche Gewinn des A aufzuteilen in den Gewinn, der der normalen tariflichen Einkommensteuer unterliegt, und dem Gewinn, der nach § 34 Abs. 1 und 2 i. V. m. § 24 Nr. 1b EStG auf Antrag nach der sog. Fünftel-Regelung progressionsbegünstigt zu besteuern ist. Im Ergebnis ist die Abfindung in Höhe von 100 000 € begünstigt zu versteuern; denn zur Ermittlung des steuerbegünstigten Entschädigungsbetrags ist die anteilige Gewerbesteuer nicht vom Entschädigungsbetrag abzuziehen (BFH III R 186/81, BFH/NV 1986 S. 400).

Fall 240
Ausgleichszahlung an einen Versicherungsvertreter nach § 89b HGB

Sachverhalt: Der 65 Jahre alte A ist seit Jahren als selbständiger Versicherungsvermittler für die X-Versicherungs-AG tätig. Zum 31. 12. 01 gibt A seine berufliche Tätigkeit auf. Im Betriebsvermögen (Anlagevermögen) der Versicherungsagentur sind zu diesem Zeitpunkt stille Reserven in Höhe von 10 000 € enthalten.
Das Versicherungsunternehmen erkennt A einen Ausgleichsanspruch nach § 89b HGB in Höhe von 100 000 € zu. Die Auszahlung erfolgt im Jahr 02.
Frage: Wie ist die A im Jahr 02 zugeflossene Ausgleichszahlung nach § 89b HGB einkommensteuerlich zu behandeln?

Abschnitt 11: Die Einkunftsarten

→ Lösung

Versicherungsvertreter können vom Versicherungsunternehmen nach Beendigung des Vertragsverhältnisses einen angemessenen Ausgleich verlangen (§ 89b HGB). Derartige Ausgleichszahlungen sind einkommensteuerrechtlich als Entschädigung zu behandeln (§ 24 Nr. 1 Buchst. c EStG). Sie sind daher begünstigt zu versteuern (§ 34 Abs. 2 Nr. 2 EStG). Der Ausgleichsanspruch entsteht mit der Beendigung des Vertragsverhältnisses, er ist somit als letzter laufender Geschäftsvorfall des Gewerbebetriebs des Versicherungsvertreters anzusehen (BFH VIII R 184/78, BStBl 1981 II 97). Diese Beurteilung hat zur Folge, dass der Ausgleichsanspruch in der Schlussbilanz des A zum 31. 12. 01 zu aktivieren und der aufgrund der Aktivierung erhöhte Gewinn als Gewerbeertrag zu erfassen ist. Die Ausgleichszahlung gehört auch dann zum laufenden Gewinn und nicht zum Aufgabegewinn i. S. von § 16 Abs. 3 EStG des Versicherungsvertreters, wenn dieser seinen Gewerbebetrieb aufgibt (BFH I R 60/79, BStBl 1983 II 243; IV R 72/83, BStBl 1987 II 570; III B 14/89, BFH/NV 1990 S. 188, und XI B 73/95, BFH/NV 1996 S. 169).

Die Ausgleichszahlung in Höhe von 100 000 € unterliegt demnach bei A im Kalenderjahr 01 der Einkommen- und Gewerbesteuer. Bei der Einkommensteuer ist die Ausgleichszahlung in Höhe von 100 000 € auf Antrag nach der sog. Fünftel-Regelung begünstigt zu versteuern (§ 34 Abs. 1 und 2 Nr. 2 EStG); zur Ermittlung der begünstigten Einkünfte ist die Ausgleichszahlung nicht um die anteilige Gewerbesteuer zu mindern (BFH IV R 236/80, BStBl 1984 II 347, und VIII R 126/82, BFH/NV 1986 S. 400). Der Betriebsaufgabegewinn des A in Höhe von 10 000 € bleibt auf Antrag steuerfrei (§ 16 Abs. 4 EStG).

Fall 241
Nachträgliche Einkünfte als Rechtsnachfolger

Sachverhalt: Die 50 Jahre alte A ist die Witwe und Alleinerbin ihres am 30. 12. 01 im Alter von 56 Jahren verstorbenen Ehemannes. Dieser war als selbständiger Arzt tätig gewesen; er ermittelte seinen Gewinn durch Einnahmen-Überschussrechnung (§ 4 Abs. 3 EStG).

A, die selbst nicht über die berufliche Qualifikation zur Fortführung der Arztpraxis verfügt, zieht in der Zeit von Januar bis Juni 02 die noch ausstehenden Honorare in Höhe von 80 000 € ein und veräußert schließlich am 30. 6. 02 Praxisinventar und Praxisgeräte. Dabei erzielt sie einen Veräußerungsgewinn in Höhe von 50 000 €.

Die nachträglichen – mit der früheren Praxis zusammenhängenden – Ausgaben, die A im Jahr 02 angefallen sind, belaufen sich einschließlich AfA auf 10 000 €.

Frage: Welcher Einkunftsart sind die nachträglichen Einkünfte zuzuordnen und wem sind sie zuzurechnen?

Literaturhinweis: *Lehrbuch Einkommensteuer*, Rdn. 2245 ff.

➡ Lösung

Zu den Einkünften i. S. des § 2 Abs. 1 EStG gehören auch Einkünfte aus einer ehemaligen Tätigkeit i. S. des § 2 Abs. 1 Nr. 1 bis 4 EStG, und zwar auch dann, wenn sie dem Stpfl. als Rechtsnachfolger zufließen (§ 24 Nr. 2 EStG). Dem Rechtsnachfolger zufließende nachträgliche Einkünfte sind ihm als eigene Einkünfte zuzurechnen. Die Verwirklichung des gesetzlichen Einkünfteerzielungstatbestands durch den Rechtsvorgänger wird also dem Rechtsnachfolger zugerechnet (BFH IV R 45/87, BStBl 1989 II 509, und VIII R 13/93, BStBl 1994 II 922).

Der Tod des Ehemannes der A führt nicht notwendigerweise zu einer Betriebsaufgabe (BFH IV R 16/92, BFH/NV 1992 S. 512, und IV B 69/90, BStBl 1993 II 716). Das Praxisvermögen wird zu Betriebsvermögen der A.

Da der Ehemann der A seinen Gewinn nach § 4 Abs. 3 EStG ermittelt hat, darf A diese Gewinnermittlungsart beibehalten; denn nach den einkommensteuerlichen Vorschriften über die Gewinnermittlung darf ein Übergang zum Vermögensvergleich nicht schon bei der Betriebseinstellung, sondern erst bei der Veräußerung oder Aufgabe unterstellt werden (BFH VIII R 34/71, BStBl 1973 II 786). A muss daher im Jahr 02 folgenden Betrag als nachträgliche laufende Einkünfte aus der Arztpraxis zum vollen Tarif versteuern (§§ 18 Abs. 1 Nr. 1, 24 Nr. 2 EStG):

Nach dem Tod des Ehemannes eingegangene Honorare	80 000 €
./. nachträgliche Betriebsausgaben	./. 10 000 €
Gewinn aus selbständiger Arbeit	70 000 €

Der Veräußerungsgewinn in Höhe von 50 000 € ist als Einkünfte aus selbständiger Arbeit progressionsbegünstigt nach der Fünftel-Regelung zu versteuern (§§ 18 Abs. 3, 34 Abs. 1 und 2 EStG); ein Freibetrag (§ 16 Abs. 4 EStG) kann nicht gewährt werden.

XI. Altersentlastungsbetrag (§ 24a EStG)

Fall 242
Altersentlastungsbetrag für den VZ 2004 im Fall der Zusammenveranlagung von Ehegatten

Sachverhalt: Die Eheleute A und B werden zusammen zur Einkommensteuer veranlagt. A ist am 1. 1. 1940, seine Ehefrau B am 2. 1. 1940 geboren. Im Kalenderjahr 2004 haben die Eheleute folgende Einkünfte erzielt:

	Ehemann A	Ehefrau B
Einkünfte aus nichtselbständiger Arbeit		
a) Bruttoarbeitslohn aus einem gegenwärtigen Arbeitsverhältnis	6 000 €	0 €
b) Beamtenpension	24 000 €	0 €
Einkünfte aus Kapitalvermögen	3 000 €	2 000 €

Einkünfte aus Vermietung und Verpachtung	./. 1 000 €	30 000 €
Sonstige Einkünfte		
Rente aus der gesetzlichen Rentenversicherung:		
maßgebender Ertragsanteil = 29 %	6 000 €	0 €

Frage: Steht den Eheleuten – ggf. in welcher Höhe – für 2004 ein Altersentlastungsbetrag zu?

Literaturhinweis: *Lehrbuch Einkommensteuer*, Rdn. 2255 ff.

Lösung

Voraussetzung für die Gewährung eines Altersentlastungsbetrags ist, dass der Stpfl. vor dem Beginn des Veranlagungszeitraums das 64. Lebensjahr vollendet hat (§ 24a Abs. 1 Satz 3 EStG). Da A am 1. 1. 1940 geboren ist, vollendete er mit Ablauf des 31. 12. 2003 sein 64. Lebensjahr (§ 108 AO i. V. m. §§ 187 Abs. 2, 188 Abs. 2 BGB). A steht demnach für den Veranlagungszeitraum 2004 dem Grunde nach ein Altersentlastungsbetrag zu. Der am 2. 1. 1940 geborenen B kann hingegen für 2004 kein Altersentlastungsbetrag gewährt werden, weil sie erst mit Ablauf des 1. 1. 2004 ihr 64. Lebensjahr vollendet hat. Im Fall der Zusammenveranlagung von Ehegatten ist der Altersentlastungsbetrag nur demjenigen Ehegatten für seine eigenen Einkünfte zu gewähren, der die Voraussetzungen hierfür erfüllt.

Die Bemessungsgrundlage für den Altersentlastungsbetrag besteht aus zwei Komponenten:

- zum einen aus dem Arbeitslohn (mit Ausnahme von Versorgungsbezügen i. S. von § 19 Abs. 2 EStG) und
- zum anderen aus der positiven Summe der übrigen Einkünfte (mit Ausnahme von Einkünften aus Leibrenten i. S. des § 22 Nr. 1 Satz 3 Buchst. a EStG und Einkünften i. S. des § 22 Nr. 4 Satz 4 Buchst. b EStG).

  Zur Ermittlung der zweiten Komponente, d. h. der positiven Summe der übrigen Einkünfte, werden die positiven mit den negativen Einkünften verrechnet. Eine positive Summe erhöht die erste Komponente, eine negative Summe bewirkt jedoch – wie sich aus der nachstehenden Übersicht ergibt – keine Minderung der Bemessungsgrundlage.

Übersicht

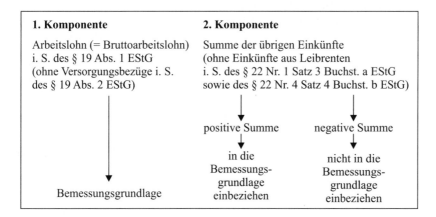

Der Altersentlastungsbetrag beträgt 40 % der Bemessungsgrundlage, höchstens 1 908 € (§ 24a Abs. 1 Satz 1 EStG). Wendet man die vorstehenden Grundsätze hier an, so errechnet sich der A für 2004 zu gewährende Altersentlastungsbetrag wie folgt:

1. Komponente

a) Bruttoarbeitslohn aus einem gegenwärtigen
   Arbeitsverhältnis   6 000 €
b) Die Beamtenpension bleibt als
   Versorgungsbezüge unberücksichtigt.

2. Komponente

Einkünfte aus Kapitalvermögen	3 000 €	
Einkünfte aus Vermietung und Verpachtung	./. 1 000 €	
positive Einkünfte	2 000 €	2 000 €
Sonstige Einkünfte: Der Ertragsanteil der Leibrente wird nicht berücksichtigt		
Bemessungsgrundlage		8 000 €
Altersentlastungsbetrag:		
40 % von 8 000 € = 3 200 €, max.		1 908 €

Fall 243
Altersentlastungsbetrag ab VZ 2005 im Fall der Zusammenveranlagung von Ehegatten

Sachverhalt: Die Eheleute A und B werden zusammen zur Einkommensteuer veranlagt. A ist am 1. 1. 1939, seine Ehefrau B am 1. 1. 1940 geboren. Im Kalenderjahr 2005 haben die Eheleute folgende Einkünfte erzielt:

	Ehemann A	Ehefrau B
Einkünfte aus nichtselbständiger Arbeit		
a) Bruttoarbeitslohn aus einem gegenwärtigen Arbeitsverhältnis	6 000 €	0 €
b) Beamtenpension	24 000 €	0 €
Einkünfte aus Kapitalvermögen	3 000 €	2 000 €
Einkünfte aus Vermietung und Verpachtung	./. 1 000 €	1 500 €
Sonstige Einkünfte		
Rente aus der gesetzlichen Rentenversicherung: Besteuerungsanteil = 50 %	6 000 €	3 000 €

Frage: Steht den Eheleuten – ggf. in welcher Höhe – für 2005 ein Altersentlastungsbetrag zu?

Literaturhinweis: *Lehrbuch Einkommensteuer*, Rdn. 2255 ff.

➡ Lösung

Der am 1. 1. 1939 geborene A und die am 1. 1. 1940 geborene B erhalten für den VZ 2005 den Altersentlastungsbetrag, weil sie vor Beginn des Kalenderjahres 2005 das 64. Lebensjahr vollendet haben. A hat sein 64. Lebensjahr bereits mit Ablauf des 31. 12. 2003 vollendet, B mit Ablauf des 31. 12. 2004. Bei Ehegatten ist für die Gewährung des Altersentlastungsbetrages jeder für sich zu betrachten, auch bei Zusammenveranlagung. Die Berechnung muss also immer für beide Ehegatten getrennt erfolgen. An der Berechnung des Altersentlastungsbetrags ändert sich ab 2005 nichts. Durch das AltEinkG wurde jedoch der Höchstbetrag abgerundet. Der Altersentlastungsbetrag beträgt ab 2005 40 % der Einkünfte außer Leibrenten und Pensionen, höchstens aber 1 900 €.

Neu ist ab 2005, dass für alle hinzukommenden Jahrgänge der Altersentlastungsbetrag schrittweise gekürzt wird. Auch hier gibt es eine Übergangszeit von 35 Jahren. Wer vor dem 2. 1. 1941 geboren ist, erhält den Altersentlastungsbetrag noch in voller Höhe, d. h. für ihn gilt also bis an das Lebensende ein absetzbarer Anteil von 40 % der begünstigten Alterseinkünfte und ein Höchstbetrag von 1 900 €. Für alle Stpfl., die nach dem 1. 1. 1941 geboren sind, wird der Altersentlastungsbetrag Jahrgang für Jahrgang schrittweise abgebaut, d. h. der maßgebliche Prozentsatz und der Höchstbetrag werden entsprechend reduziert. Für nach dem 1. 1. 1975 geborene Stpfl. gibt es keinen Altersentlastungsbetrag mehr.

Vorliegend ist wie folgt zu rechnen:

Altersentlastungsbetrag A:

1. Komponente

a) Bruttoarbeitslohn aus einem gegenwärtigen Arbeitsverhältnis   6 000 €
b) Die Beamtenpension bleibt als Versorgungsbezüge unberücksichtigt.

2. Komponente

Einkünfte aus Kapitalvermögen	3 000 €	
Einkünfte aus Vermietung und Verpachtung	./. 1 000 €	
positive Einkünfte	2 000 €	2 000 €
Sonstige Einkünfte: Der Besteuerungsanteil der Leibrente wird nicht berücksichtigt		
Bemessungsgrundlage		8 000 €
Altersentlastungsbetrag:		
40 % von 8 000 € = 3 200 €, max.		1 900 €

Altersentlastungsbetrag B:

Nur 2. Komponente

Einkünfte aus Kapitalvermögen	2 000 €
Einkünfte aus Vermietung und Verpachtung	+ 1 500 €
positive Einkünfte	3 500 €
Sonstige Einkünfte: Der Besteuerungsanteil der Leibrente wird nicht berücksichtigt	
Bemessungsgrundlage	3 500 €
Altersentlastungsbetrag:	
40 % von 3 500 € =	1 400 €

Fall 244
Altersentlastungsbetrag bei Einzelveranlagung

Sachverhalt: Herr A ist am 1. 4. 1941 geboren. Er bezieht in den Jahren 2006 und 2007 eine Beamtenpension von 24 000 €. Im Jahr 2006 hat A Einkünfte aus Vermietung und Verpachtung von 3 000 €, im Jahr 2007 von 7 000 €.

Frage: Wie hoch ist der A für 2006 und 2007 zustehende Altersentlastungsbetrag?

Literaturhinweis: *Lehrbuch Einkommensteuer*, Rdn. 2255 f.

➤ Lösung

A vollendet sein 64. Lebensjahr mit Ablauf des 31. 3. 2005. Das auf die Vollendung des 64. Lebensjahres folgende Kalenderjahr ist das Jahr 2006. A erhält erstmals für das Jahr 2006 einen Altersentlastungsbetrag. Da 2006 das Jahr nach Vollendung des 64. Lebensjahres ist, gilt für Herrn A ein Prozentsatz von 38,4 % und ein Höchstbetrag von 1 824 €. Begünstigt sind nur die Einkünfte aus Vermietung und Verpachtung.

Der Altersentlastungsbetrag beträgt:

im Jahr 2006:	38,4 % von 3 000 € =	1 152 €
im Jahr 2007:	38,4 % von 7 000 € = 2 688 €, höchstens	1 824 €

Abschnitt 12: Veranlagung von Ehegatten

Vorbemerkungen

Die Veranlagungsarten betreffen nur das Veranlagungsverfahren, nicht das Abzugsverfahren (z. B. Lohnsteuer).

Gesetzliche Grundlage jeder Veranlagung ist § 25 EStG. Als Grundsatz gilt die Einzelveranlagung als Ausfluss der Individualbesteuerung.

Nur für Ehegatten, die die Voraussetzungen des § 26 Abs. 1 EStG erfüllen, gibt es Ausnahmen von diesem Grundsatz. Sie haben ein Wahlrecht zwischen der

- getrennten Veranlagung gem. § 26a EStG,
- Zusammenveranlagung gem. § 26b EStG und der
- besonderen Veranlagung gem. § 26c EStG für den Veranlagungszeitraum der Eheschließung.

Liegen die Voraussetzungen des § 26 Abs. 1 EStG nicht vor, ist eine Einzelveranlagung durchzuführen.

Voraussetzungen der Ehegattenveranlagung:

- es muss eine rechtsgültige Ehe bestehen,
- die Ehegatten müssen beide unbeschränkt steuerpflichtig sein (gem. § 1 Abs. 1 oder Abs. 2 EStG oder § 1a EStG; EU-/EWR-Staaten),
- die Ehegatten dürfen nicht dauernd getrennt leben.

Diese Voraussetzungen müssen gleichzeitig zu Beginn des VZ vorgelegen haben oder im Laufe des VZ eingetreten sein.

Wurde das Wahlrecht nicht ausgeübt, wird gem. § 26 Abs. 3 EStG die Zusammenveranlagung unterstellt.

Wird das Wahlrecht ausgeübt, so erfolgt aufgrund ausdrücklicher Erklärung **eines** Ehegatten die getrennte Veranlagung (§ 26 Abs. 2 Satz 1 EStG), aufgrund ausdrücklicher Erklärung **beider** Ehegatten gem. § 26 Abs. 2 Satz 2 EStG die Zusammenveranlagung bzw. die besondere Veranlagung für den VZ der Eheschließung.

Fall 245
Voraussetzungen der Ehegattenveranlagung

Sachverhalt: A und B heiraten am 15. 10. 01. Sie begründen ihren Wohnsitz in Neustadt. A lebte bis zur Heirat in Straßburg, während B bereits seit Jahren in Neustadt lebte. Seit Februar 03 leben die Ehegatten in Neustadt dauernd getrennt. Die Ehe wird am 12. 1. 04 rechtskräftig geschieden. A zieht nach Speyer und heiratet am 20. 5. 04 den unbeschränkt steuerpflichtigen X. B bleibt weiter in Neustadt, heiratet aber nicht wieder.

Frage: Welche Veranlagungsarten kommen für die VZ 01, 02, 03 und 04 in Betracht?

Literaturhinweis: *Lehrbuch Einkommensteuer*, Rdn. 2282 ff.

→ Lösung

Die Eheleute A und B erfüllen im VZ 01 die Voraussetzungen des § 26 Abs. 1 Satz 1 EStG. Sie haben im Laufe des VZ geheiratet und lebten nicht dauernd getrennt. B war bereits unbeschränkt steuerpflichtig, während A erst mit Begründung ihres Wohnsitzes in Neustadt unbeschränkt steuerpflichtig wurde. Sie haben demnach die Wahl zwischen der Zusammenveranlagung gem. § 26b EStG, der getrennten Veranlagung gem. § 26a EStG und der besonderen Veranlagung gem. § 26c EStG.

Für A hat die Steuerpflicht gewechselt, wenn sie Inlandseinkünfte i. S. des § 49 EStG bezogen hatte. Es gilt für den Wechsel der Steuerpflicht § 2 Abs. 7 Satz 3 EStG. Die während der beschränkten Steuerpflicht bezogenen inländischen Einkünfte sind in die Veranlagung zur unbeschränkten Einkommensteuerpflicht einzubeziehen. Es ist nur eine Veranlagung durchzuführen.

Im VZ 02 liegen weiterhin die Voraussetzungen für eine Ehegattenveranlagung vor. Die Eheleute können hier wählen zwischen der Zusammenveranlagung und der getrennten Veranlagung.

Obwohl die Ehegatten ab Februar 03 dauernd getrennt leben, erfüllen sie zu Beginn des VZ 03 noch die Voraussetzungen des § 26 Abs. 1 Satz 1 EStG und haben das Wahlrecht zwischen der Zusammenveranlagung und der getrennten Veranlagung.

Im VZ 04 liegen die Voraussetzungen gem. § 26 Abs. 1 Satz 1 EStG nicht mehr vor. Eine Ehegattenveranlagung kommt demnach zwischen A und B nicht mehr in Betracht. Da A den X geheiratet hat und mit dem neuen Ehegatten die Voraussetzungen des § 26 Abs. 1 EStG erfüllt, können diese wählen zwischen der Zusammenveranlagung, der getrennten Veranlagung und der besonderen Veranlagung. B ist dagegen einzeln zu veranlagen, für B kommt der Grundtarif zur Anwendung (kein Gnadensplitting, da § 32a Abs. 6 Nr. 2a EStG nicht erfüllt ist).

Fall 246
Veranlagungsarten bei Ehegatten

Sachverhalt: A und B sind seit vielen Jahren verheiratet und leben in Landau. Am 14. 3. 01 stirbt A. B heiratet am 10. 11. 01 X (unbeschränkt steuerpflichtig). Die Wohnung in Landau behalten sie bei.

Frage: Welche Veranlagungsarten kommen für 01 in Betracht?

Literaturhinweis: *Lehrbuch Einkommensteuer*, Rdn. 2281

→ Lösung

Die Eheleute A und B erfüllen in 01 die Voraussetzungen des § 26 Abs. 1 Satz 1 EStG, d. h. sie haben das Wahlrecht betr. der Ehegattenveranlagung. Im selben VZ erfüllen aber auch B und X die Voraussetzungen für eine Ehegattenveranlagung. War der Steuerpflichtige im selben VZ mehr als einmal verheiratet und wurde die andere Ehe durch Tod, Scheidung oder Aufhebung aufgelöst, so gilt das Wahlrecht gem. § 26 Abs. 1 Satz 2 EStG nur für die letzte Ehe, wenn hierfür die Voraussetzungen des § 26 Abs. 1 EStG vorliegen. Ist das nicht der Fall, gilt das Wahlrecht für die aufgelöste vorangegangene Ehe.

Es haben demnach B und X das Wahlrecht zwischen der Zusammenveranlagung, der getrennten Veranlagung und der besonderen Veranlagung für den VZ der Eheschließung. Für A ist für die Zeit vom 1. 1. – 14. 3. 01 eine Einzelveranlagung durchzuführen. In diesem Fall wird aber nicht der Grundtarif angewendet, sondern gem. § 32a Abs. 6 Nr. 2 EStG der Splittingtarif (sog. Gnadensplitting). Wählen B und X aber in 01 die besondere Veranlagung gem. § 26c EStG, gilt § 26 Abs. 1 Satz 2 EStG nicht; d. h. A und B haben das Wahlrecht, i. d. R. wohl für die Zusammenveranlagung. Für X kommt die besondere Veranlagung in Betracht.

Fall 247
Zusammenveranlagung

Sachverhalt: A und B heiraten am 12. 5. 04. Sie sind beide unbeschränkt steuerpflichtig und haben ihren Wohnsitz in der Bundesrepublik. A war bereits einmal verheiratet, ihr Ehemann verstarb 02. Aus dieser Ehe stammt ein 10-jähriger Sohn.

A erzielt Einkünfte aus selbständiger Arbeit in Höhe von 25 000 €.

B erzielt Einkünfte aus Gewerbebetrieb in Höhe von 56 000 €, Einnahmen aus Kapitalvermögen in Höhe von 1 000 €.

Die im Rahmen der Höchstbeträge abzugsfähigen Sonderausgaben der Eheleute sollen 10 138 € betragen.

Frage: Führen Sie die Veranlagung für den VZ 04 durch (Rechtslage 2004 / 2005).

Literaturhinweis: *Lehrbuch Einkommensteuer*, Rdn. 2266 ff.

➔ Lösung

Die Eheleute A und B erfüllen die Voraussetzungen des § 26 Abs. 1 Satz 1 EStG. Da sie keine Wahl bzgl. der Veranlagungsart getroffen haben, ist gem. § 26 Abs. 3 EStG die Zusammenveranlagung durchzuführen.

Bei der Zusammenveranlagung werden die **Einkünfte des Einzelnen getrennt ermittelt und dann zusammengerechnet**. Die Ehegatten werden gemeinsam als Steuerpflichtiger behandelt. Sie haben eine gemeinsame Steuererklärung abzugeben (§ 25 Abs. 3 EStG). Es ist der Splittingtarif gem. § 32a Abs. 5 EStG anzuwenden.

Schema:

Einkünfte Ehemann   Einkünfte Ehefrau
| |
Summe der Einkünfte   Summe der Einkünfte
– Altersentlastungsbetrag   – Altersentlastungsbetrag
  (§ 24a EStG)   (§ 24a EStG)
– Freibetrag LuF   – Freibetrag LuF
  (§ 13 Abs. 3 EStG)   (§ 13 Abs. 3 EStG)

    Gesamtbetrag der Einkünfte
    ·/. Sonderausgaben
    ·/. außergewöhnliche Belastungen
    → Einkommen
    ·/. Sonderfreibeträge
    → zu versteuerndes Einkommen

Einkünfte A gem. § 18 EStG =		25 000 €
Einkünfte B gem. § 15 EStG =		56 000 €
Einkünfte B gem. § 20 EStG:		
Einnahmen =	1 000 €	
·/. Werbungskosten-Pauschbetrag		
(§ 9a Nr. 2 EStG)	·/. 102 €	
·/. Sparer-Freibetrag (§ 20 Abs. 4 EStG)		
ab 2004 = 2 740 €, max.	898 €	
Einkünfte =	0 €	= 0 €
Die Beträge des anderen Ehegatten kommen B zugute.		
Summe und Gesamtbetrag der Einkünfte		81 000 €
·/. Sonderausgaben-Pauschbetrag (§ 10c Abs. 1		
i. V. m. Abs. 4 Nr. 1)		·/. 72 €
·/. Sonderausgaben – abzugsfähig im Rahmen der Höchstbeträge lt. Sachverhalt (Änderungen erfolgten ab 2004 für bestimmte Rentenversicherungen und ab 2005 lt. Alterseinkünftegesetz vom 5. 7. 2004 für bestimmte Vorsorgeaufwendungen, siehe dazu Fälle zu Sonderausgaben)		
·/. abzugsfähig		·/. 10 138 €
Einkommen = zu versteuerndes Einkommen		= 70 790 €
Tarif: Splitting gem. § 32a Abs. 5 EStG		

Der Kinderfreibetrag gem. § 32 Abs. 3, Abs. 6 Satz 3 Nr. 1 EStG in Höhe von 3 648 € und der Betreuungsfreibetrag in Höhe von 2 160 € kämen nur zum Abzug, falls die Freibeträge günstiger als das Kindergeld von (ab 2002: 12 × 154 € = 1848 €) wären (§ 31 EStG).

Abschnitt 12: Veranlagung von Ehegatten

Fall 248
Besondere Veranlagung (1)

Sachverhalt: Wie Fall 247, aber die Eheleute wählen die besondere Veranlagung gem. § 26c EStG. Die im Rahmen der Höchstbeträge abzugsfähigen Sonderausgaben der A sollen 5 069 € und die des B ebenfalls 5 069 € betragen.

Frage: Führen Sie die Veranlagung für 04 durch.

Literaturhinweis: *Lehrbuch Einkommensteuer*, Rdn. 2272 ff.

➔ Lösung

Die Eheleute erfüllen die Voraussetzungen des § 26 Abs. 1 Satz 1 EStG und können damit die besondere Veranlagung wählen. Bei dieser Veranlagungsart werden die Eheleute für den VZ der Eheschließung so behandelt, **als ob sie unverheiratet wären.** Die Besteuerungsgrundlagen sind für jeden Ehegatten selbständig zu ermitteln. Sie haben jeder eine Steuererklärung gem. § 25 Abs. 3 Satz 3 EStG abzugeben.

Einkünfte A:	
Einkünfte gem. § 18 EStG =	25 000 €
= Gesamtbetrag der Einkünfte	
./. Sonderausgaben-Pauschbetrag	
(§ 10c Abs. 1 EStG)	./. 36 €
./. Sonderausgaben im Rahmen der	
Höchstbeträge	
abzugsfähig insgesamt	./. 5 069 €
Einkommen =	19 895 €
Kinderfreibetrag (§ 32 Abs. 3 und Abs. 6 Satz 3 Nr. 1 EStG)	
in Höhe von 3 648 € und Betreuungsfreibetrag in Höhe von	
2 160 € nur, falls günstiger als Kindergeld	
zu versteuerndes Einkommen =	<u>19 895 €</u>

Tarif: Splitting gem. § 32a Abs. 6 Nr. 1 i. V. m. § 26c Abs. 2 EStG (Witwensplitting)

Einkünfte B:		
Einkünfte gem. § 15 EStG		56 000 €
Einkünfte gem. § 20 EStG:		
Einnahmen =	1 000 €	
./. WK-Pauschbetrag		
(§ 9a Nr. 2 EStG)	./. 51 €	
./. Sparer-Freibetrag		
(§ 20 Abs. 4 EStG), max.	./. 949 €	
Einkünfte	0 €	+ 0 €
Gesamtbetrag der Einkünfte =		56 000 €

./. Sonderausgaben-Pauschbetrag
(§ 10c Abs. 1 EStG ab 2002) ./. 36 €
./. Sonderausgaben
abzugsfähig im Rahmen der Höchstbeträge ./. 5 069 €
Einkommen = zu versteuerndes Einkommen = 50 895 €

Tarif: Grundtabelle (§ 32a Abs. 1 EStG)

Fall 249
Besondere Veranlagung (2)

Sachverhalt: Anton (A) und Berta (B) heiraten im Mai 05. Anton war bereits vorher verheiratet, die Ehe wurde 03 geschieden. Aus dieser Ehe stammt der 8-jährige Jan, der bei seiner Mutter Isabelle lebt und auch dort gemeldet ist.

Berta hat ein 10-jähriges uneheliches Kind, dessen Vater Unterhalt zahlt. Das Kind lebt bei Berta und seit der Eheschließung im gemeinsamen Haushalt der Eheleute und ist auch dort gemeldet.

Die Einkünfte von Anton betragen 55 000 €, seine abzugsfähigen Sonderausgaben 4 500 €. Die Einkünfte von Berta betragen 35 000 €, ihre abzugsfähigen Sonderausgaben 3 200 €.

Die Eheleute wählen die besondere Veranlagung.

Frage: Führen Sie die Veranlagung für 05 durch (Rechtslage 2004).

Literaturhinweis: *Lehrbuch Einkommensteuer*, Rdn. 2372 ff.

➔ Lösung

Da die Eheleute A und B die Voraussetzungen des § 26 Abs. 1 Satz 1 EStG erfüllen, können sie die besondere Veranlagung gem. § 26c EStG wählen.

Veranlagung Anton:

Summe und Gesamtbetrag der Einkünfte = 55 000 €
- Sonderausgaben abzugsfähig im Rahmen der
  Höchstbeträge ./. 4 500 €
Einkommen = 50 500 €
- Kinderfreibetrag (§ 32 Abs. 6 EStG) in Höhe von 1 824 € und Betreuungsfreibetrag in Höhe von 1 080 €, nur falls günstiger als das Kindergeld (§ 31 EStG).
  Ein Haushaltsfreibetrag ist ab 2004 aufgehoben (war bisher nicht zu gewähren, da das Kind gem. § 32 Abs. 7 Satz 2 ff. EStG a. F. der Mutter zuzuordnen ist).
Zu versteuerndes Einkommen = 50 500 €

Tarif: Grundtabelle (§ 32a Abs. 1 bis 4 EStG)
Veranlagung Berta:

Summe und Gesamtbetrag der Einkünfte =	35 000 €
./. Sonderausgaben, abzugsfähig	./. 3 200 €
Einkommen =	31 800 €

- Kinderfreibetrag nur, falls günstiger als das Kindergeld
- Der Haushaltsfreibetrag (§ 32 Abs. 7 EStG a. F.) ist ab 2004 weggefallen. § 24b EStG i. d. F. HBeglG 2004 greift nicht, da die Voraussetzungen des § 26 Abs. 1 erfüllt sind.

Zu versteuerndes Einkommen =	31 800 €

Fall 250
Getrennte Veranlagung

Sachverhalt: Die Eheleute A und B sind seit Jahren verheiratet und leben im gemeinsamen Haushalt in Neustadt. Sie beantragen für den Veranlagungszeitraum 05 die getrennte Veranlagung nach §§ 26 u. 26a EStG. Der Ehemann A ist als selbständiger Handelsvertreter tätig und erzielt für 05 einen Gewinn aus Gewerbebetrieb in Höhe von 48 300 €. Seine Ehefrau B ist als kaufmännische Angestellte beschäftigt und erhält in 05 einen Bruttoarbeitslohn in Höhe von 40 600 €. Die Einnahmen aus Kapitalvermögen von A betragen 180 € und von B 3 500 €. A macht außerdem folgende Aufwendungen geltend:

Lebensversicherung (Rentenversicherung ohne Kapitalwahlrecht, Abschluss vor 1. 1. 2005)	4 000 €
Kirchensteuer	470 €
Krankheitskosten nach Erstattung	6 230 €
Körperbehinderung	70 %

B macht geltend:

Arbeitnehmeranteil zur Sozialversicherung, Anteil Rentenversicherung unterstellt 3 015 €	6 525 €

Die Eheleute haben einen gemeinsamen 10-jährigen Sohn, der zu 60 % körperbehindert ist.

Einen Antrag zur Verteilung der außergewöhnlichen Belastungen haben die Eheleute nicht gestellt.

Frage: Ermitteln Sie das zu versteuernde Einkommen der Eheleute für den VZ 05 (Rechtslage 2004 und 2005).

Literaturhinweis: *Lehrbuch Einkommensteuer*, Rdn. 2357 ff.

Fall 250: Getrennte Veranlagung

→ **Lösung**

Die Eheleute erfüllen die Voraussetzungen des § 26 Abs. 1 EStG und können deshalb die getrennte Veranlagung wählen. Wie in allen anderen Veranlagungsarten, sind die Einkünfte der Eheleute getrennt zu ermitteln und entsprechend zuzurechnen. Die Ehegatten haben gem. § 25 Abs. 3 Satz 3 EStG jeder eine Steuererklärung abzugeben. Auf das jeweilige zu versteuernde Einkommen ist die Grundtabelle anzuwenden.

Schema:

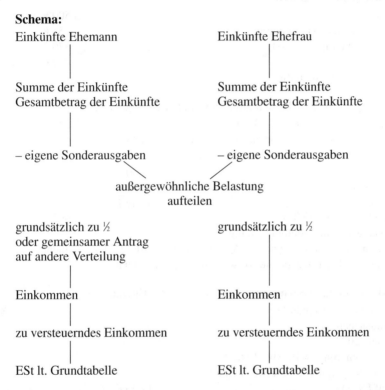

Die getrennte Veranlagung ist demnach nicht identisch mit der Einzelveranlagung.

Die außergewöhnlichen Belastungen werden wie bisher einheitlich ermittelt und bei beiden grundsätzlich zu je $^1/_2$ berücksichtigt, wenn nicht die Ehegatten gemeinsam eine andere Aufteilung beantragen.

Ermittlung der Einkünfte des Ehemannes A:

Einkünfte nach § 15 Abs. 1 Nr. 1 EStG			48 300 €
Einkünfte nach § 20 EStG:			
Einnahmen	180 €		
./. Werbungskosten-Pauschbetrag	./. 51 €		
./. Sparer-Freibetrag, max.	./. 129 €	→	0 €
= Gesamtbetrag der Einkünfte			48 300 €

Abschnitt 12: Veranlagung von Ehegatten

Ermittlung der Einkünfte der Ehefrau B:

Einkünfte nach § 19 Abs. 1 Nr. 1 EStG:
Einnahmen, brutto	40 600 €	
./. § 9a Nr. 1 EStG (ab 2004)		
AN-Pauschbetrag	./. 920 €	
Einkünfte	39 680 €	39 680 €

Einkünfte gem. § 20 EStG:
Einnahmen	3 500 €	
./. Werbungskosten-Pauschbetrag	./. 51 €	
./. Sparer-Freibetrag (ab 2004)	./. 1 370 €	
Einkünfte	2 079 €	+ 2 079 €
Gesamtbetrag der Einkünfte		41 759 €

Ermittlung der aufzuteilenden außergewöhnlichen Belastung:
Krankheitskosten (§ 26a Abs. 2 EStG)	6 230 €	
./. zumutbare Belastung, berechnet von der Summe der Gesamtbeträge der Einkünfte beider Ehegatten		
GdE Ehemann =	48 300 €	
GdE Ehefrau =	41 759 €	
Summe =	90 059 €	
gem. § 33 Abs. 3 EStG 3 %	./. 2 692 €	
verbleiben als berücksichtigungsfähig		3 538 €

aufzuteilen zu ½, da kein anderer Antrag gestellt wurde. Es kommt nicht darauf an, welcher Ehegatte die Aufwendungen getragen hat.

Ermittlung des zu versteuernden Einkommens des Ehemannes A:
Gesamtbetrag der Einkünfte =		48 300 €
Sonderausgaben:		
Rechtslage 2004		
Lebensversicherung (§ 10 Abs. 1 Nr. 2 Buchst. b Doppelbuchst. bb EStG; keine Kürzung auf 88 %) =	4 000 €	
Vorwegabzug (§ 10 Abs. 3 Nr. 2 EStG)	./. 3 068 €	3 068 €
Rest =	932 €	
./. Grundhöchstbetrag 1 334 €, max.	./. 932 €	932 €
verbleiben	0 €	
abzugsfähige Sonderausgaben		./. 4 000 €

Rechtslage 2005: Sonderausgaben gem. § 10 Abs. 1 Nr. 3b EStG, wenn die Laufzeit vor dem 1. 1. 2005 begonnen hat, hier gelten die obigen Abzugsbeträge weiter. Der abzugsfähige Höchstbetrag gem. § 10 Abs. 4 EStG beträgt 2 400 €, gem. Abs. 4a EStG erfolgt eine Günstigerprüfung bis 2019 mit einem Betrag von 3 068 € als abzugsfähige Sonderausgaben in 2005.

/. Kirchensteuer 470 € (§ 10 Abs. 1 Nr. 4 EStG) ./. 470 €
der Pauschbetrag nach § 10c Abs. 1 EStG
in Höhe von 36 € wird überschritten.
Außergewöhnliche Belastungen:
Krankheitskosten gem. § 26a Abs. 2 EStG zu ½ ./. 1 769 €
Körperbehinderung des Ehemannes
(§ 33b Abs. 3 EStG) bei 70 % = 890 €
aufzuteilen zu je ½ ./. 445 €
Der Körperbehinderten-Pauschbetrag des Sohnes von 720 € (60 %) ist nach § 33b Abs. 5 EStG auf die Eltern zu übertragen. Diese Pauschbeträge sind den Ehegatten immer zu ½ zuzurechnen. Eine andere Aufteilung ist hier nicht zugelassen (§ 26a Abs. 2 Satz 2 EStG) ./. 360 €
Einkommen 41 256 €
/. Kinderfreibetrag (§ 32 Abs. 6 Satz 1 EStG) seit VZ 2002:
1 824 € + 1 080 €,
nur, falls günstiger als Kindergeld
zu versteuerndes Einkommen = 41 256 €
Einkommen lt. Grundtabelle

Ermittlung des zu versteuernden Einkommens der Ehefrau B:
Gesamtbetrag der Einkünfte 41 759 €
Sonderausgaben:
Sozialversicherungsbeitrag (§ 10 Abs. 1
Nr. 2 Buchst. a EStG) 2004 6 525 €
ab 2005 betr. Rentenversicherung § 10 Abs. 1
Nr. 2a zzgl. (§ 10 Abs. 1 Nr. 2 Satz 2 EStG)
des steuerfreien Arbeitgeberanteils gem. § 3
Nr. 62 EStG und der übrigen Anteile der Sozialversicherung, Kranken-, Pflege- und Arbeitslosenversicherung gem. § 10 Abs. 1
Nr. 3a EStG
– Vorwegabzug 3 068 €
Kürzung pauschal mit 16 % vom Arbeitslohn,16 % von 40 600 € = 6 496 €
als Vorwegabzug verbleiben 0 €
Rest 6 525 €
/. Grundhöchstbetrag ./. 1 334 € 1 334 €
Rest 5 191 €
Erhöhungsbetrag 2 596 €
max. 667 € 667 €
abzugsfähig insgesamt ./. 2 001 €
Rechtslage ab 2005:
Abzugsfähig ist der gesamte Anteil der Rentenversicherung gem. § 10 Abs. 3 EStG n. F.
bis max. 20 000 € --> 3 015 € zzgl. steuerfreier Arbeitgeberanteil 3 015 € = 6 030 €

Abschnitt 12: Veranlagung von Ehegatten

Höchstbetrag 20 000 €, Kürzung 0 €, verbleiben 20 000 €
aber Aufwendungen max. 6 030 €, davon 60 % = 3 618 €
abzgl. steuerfreier AG-Anteil ./. 3 015 €, verbleiben 603 €
Zzgl. die übrigen Anteile wie Krankenversicherung etc. bis 1 500 €
zusammen max. abzugsfähig = 2 103 €
aber unter Berücksichtigung der Günstigerprüfung gem. § 10 Abs. 4a EStG
– Berechnung nach altem Recht bis 2004 – ergibt sich ein Betrag von, siehe Berechnung oben, 2 001 €, damit sind die Beträge nach neuem Recht mit 2 103 € abzugsfähig.

außergewöhnliche Belastungen:

½ der abzugsfähigen Krankheitskosten des Ehemannes	./. 1 769 €
½ des Körperbehinderten-Pauschbetrages	./. 445 €
½ des Körperbehinderten-Pauschbetrages des Sohnes	./. 360 €
Einkommen	37 184 €
./. Kinderfreibetrag (§ 32 Abs. 6 Satz 1 EStG)	
ab VZ 2002: 1 824 € + 1 080 €, nur, falls günstiger als Kindergeld	
zu versteuerndes Einkommen =	37 184 €
Einkommen lt. Grundtabelle	

Fall 251
Zurechnung der Einkünfte von Ehegatten

Sachverhalt: Die Eheleute Norbert und Anne N. werden zusammenveranlagt. Norbert hat eine Zahnarztpraxis und erzielt daraus für den VZ 04 einen Gewinn in Höhe von 97 200 €. In der Praxis arbeitet seine Ehefrau Anne als Sprechstundenhilfe. Norbert hat Lebensversicherungsbeiträge in Höhe von 5 000 € und Kirchensteuer von 1 646 € bezahlt.

Fragen:

1. Wie hoch sind das zu versteuernde Einkommen und die Einkommensteuer für 04, wenn Anne keinen Arbeitslohn erhält?
2. Wie hoch sind das zu versteuernde Einkommen und die Einkommensteuer für 04, wenn Anne aufgrund eines schriftlichen Arbeitsvertrages ein angemessenes Gehalt in Höhe von 21 400 € brutto erhält? Der Arbeitgeberanteil zur Sozialversicherung beträgt 3 800 €, die Kirchensteuer 126 €.

Nehmen Sie Stellung zum Arbeitsverhältnis.

Literaturhinweis: *Lehrbuch Einkommensteuer*, Rdn. 2313, 2366 ff.

➔ Lösung

Bei allen Veranlagungen von Ehegatten sind die Einkünfte für jeden gesondert zu ermitteln. Deshalb ist zu entscheiden, welcher Ehegatte die Einkünfte bezogen hat.

Zu 1.:

Die Einkünfte aus selbständiger Arbeit sind Norbert allein zuzurechnen. Dadurch, dass der andere Ehegatte an der Erzielung der Einkünfte mitgewirkt hat, sind diesem nicht anteilige Einkünfte zuzurechnen (§ 26a Abs. 1 Satz 2 EStG).

Einkünfte gem. § 18 Abs. 1 Nr. 1 EStG	97 200 €
Es liegen keine Betriebsausgaben für Anne vor,	
da tatsächlich nichts gezahlt wurde.	
= Gesamtbetrag der Einkünfte	
./. Sonderausgaben:	
Kirchensteuer (§ 10 Abs. 1 Nr. 4 EStG)	./. 1 646 €
Lebensversicherung (§ 10 Abs. 1 Nr. 2 Buchst. b Doppelbuchst bb EStG,	
d. h. ab 2004 keine Kürzung auf 88 %)	
abzugsfähig im Rahmen der Höchstbeträge	
nach § 10 Abs. 3 EStG	./. 5 000 €
Einkommen = zu versteuerndes Einkommen =	90 554 €
Einkommensteuer lt. Splittingtabelle 2004 =	23 316 €

Zu 2.:

Bei Arbeitsverhältnissen zwischen Ehegatten und nahen Angehörigen ist zu prüfen, ob diese steuerlich anzuerkennen sind (R 19 Abs. 1 EStR; H 19 „Arbeitsverhältnisse zwischen Ehegatten" EStH).

Das Arbeitsverhältnis ist nur anzuerkennen, wenn es ernsthaft vereinbart und tatsächlich durchgeführt wurde. Grundsätzlich sollte hierfür ein schriftlicher Arbeitsvertrag vorliegen, die Ehefrau muss tatsächlich mitarbeiten und eine fremde Arbeitskraft ersetzen. Es muss nachgewiesen werden, dass regelmäßig Gehalt gezahlt wurde, welches in die Verfügungsmacht des Arbeitnehmer-Ehegatten gelangt ist. Außerdem müssen ein angemessenes Gehalt gezahlt und die entsprechenden Folgerungen aus dem Vertrag gezogen worden sein, d. h. Lohnsteuerabzug oder Pauschalierung der Lohnsteuer, Lohnsteuerkarte und Abführen der Sozialversicherungsbeiträge. Nach Prüfung dieser Voraussetzungen ist davon auszugehen, dass das Arbeitsverhältnis zwischen den Ehegatten steuerlich anzuerkennen ist.

Vorläufiger Gewinn =	97 200 €	
./. Arbeitslohn Anne, brutto	./. 21 400 €	
./. Arbeitgeberanteil zur Sozialversicherung		
als Betriebsausgabe	./. 3 800 €	
Gewinn gem. § 18 Abs. 1 Nr. 1 EStG	72 000 €	→ 72 000 €
Einnahmen gem. § 19 Abs. 1 Nr. 1 EStG	21 400 €	
(der Arbeitgeberanteil zur Sozialversicherung ist steuerfrei, § 3 Nr. 62 EStG)		
./. Arbeitnehmer-Pauschbetrag (§ 9a Nr. 1 EStG, ab 2004 = 920 €)	./. 920 €	
Einkünfte aus nichtselbständiger Arbeit	20 480 €	20 480 €
Gesamtbetrag der Einkünfte		92 480 €
./. Kirchensteuer	1 646 €	

Kirchen-Lohnsteuer	126 €	./. 1 772 €
./. Lebensversicherung (§ 10 Abs. 1 Nr. 2 Buchst. b Doppelbuchst. bb EStG)	5 000 €	
+ Arbeitnehmeranteil zur Sozialversicherung	3 800 €	
Vorsorgeaufwendungen	8 800 €	
./. Vorwegabzug 6 136 € Kürzung AG-Anteil zur Rentenversicherung 16 % von 21 400 € = 3 424 €		
verbleiben	2 712 €	2 712 €
Rest	6 088 €	
./. Grundhöchstbetrag	2 668 €	2 668 €
Rest	3 420 €	
./. Erhöhungsbetrag ½, max.	1 334 €	1 334 €
abzugsfähige Sonderausgaben		6 714 € ./. 6 714 €
Einkommen = zu versteuerndes Einkommen =		83 994 €
Einkommensteuer lt. Splittingtabelle =		20 664 €

anzurechnen ist die einbehaltene Lohnsteuer gem.§ 36 Abs. 2 Nr. 2 EStG.

Die Eheleute sparen durch diese Gestaltung 2 652 € Einkommensteuer und einen entsprechenden Anteil an Kirchensteuer.

Fall 252
Zurechnung der Einkünfte aus Land- und Forstwirtschaft bei Ehegatten

Sachverhalt: Erna hat den land- und forstwirtschaftlichen Betrieb ihrer verstorbenen Eltern geerbt. Sie ist damit Eigentümerin sämtlicher Grundstücke und aufstehenden Gebäude geworden. Noch im selben Jahr heiratet sie den mittellosen Landwirt Anton. Dieser führt den Betrieb seiner Ehefrau und tätigt alle Geschäfte, mit Ausnahme der Grundstücksgeschäfte, im eigenen Namen.
Frage: Wem sind die Einkünfte aus Land- und Forstwirtschaft zuzurechnen?

➔ Lösung

Unternehmer eines land- und forstwirtschaftlichen Betriebes ist in der Regel der Hofeigentümer. Ist im vorliegenden Fall die Ehefrau Hofeigentümerin, sind ihr die Einkünfte allein zuzurechnen. Der Ehemann wird nicht dadurch Unternehmer, dass er den Hof bewirtschaftet. Etwas anderes würde nur gelten, wenn die Ehefrau durch betriebliche Vereinbarungen, Pachtvertrag oder sonstigen Überlassungsvertrag dem Ehemann das Recht einräumt, die Nutzungen aus dem land- und forstwirtschaftlichen Vermögen selbst zu ziehen.

Die Einkünfte aus dem land- und forstwirtschaftlichen Betrieb sind den Ehegatten gemeinsam zuzurechnen, wenn

- der land- und forstwirtschaftliche Grundbesitz den Ehegatten gemeinsam gehört **oder**
- jedem Ehegatten gehört ein erheblicher Teil (mehr als 20 % des Einheitswertes des land- und forstwirtschaftlichen Betriebes) allein oder zu Miteigentum **und**
- beide Ehegatten arbeiten gemeinsam im Betrieb.

In diesen Fällen ist eine Mitunternehmerschaft der Ehegatten zu bejahen, ohne dass es eines Gesellschaftsvertrages bedarf (H 126 „Mitunternehmerschaft" EStH).

Fall 253
Zurechnung der Einkünfte aus Gewerbebetrieb

Sachverhalt: Die Eheleute A und B leben in Gütergemeinschaft. A ist selbständiger Handelsvertreter, der Betrieb befindet sich im Gesamtgut der Gütergemeinschaft. B erledigt die Buchführungsarbeiten, dafür erhält sie ein angemessenes Gehalt.
Frage: Wem sind die Einkünfte aus Gewerbebetrieb zuzurechnen?
Literaturhinweis: *Lehrbuch Einkommensteuer*, Rdn. 1535

➔ Lösung

Der Gewinn aus Gewerbebetrieb „Handelsvertretung" ist A allein zuzurechnen. Das Gehalt, das er seiner Frau B zahlt, stellt für ihn eine abzugsfähige Betriebsausgabe dar, wenn die vertraglichen Gestaltungen zwischen den Ehegatten steuerlich anzuerkennen sind. B erzielt demnach Einkünfte aus nichtselbständiger Arbeit. Die Gütergemeinschaft führt hier nicht zu einer gemeinsamen Zurechnung der Einkünfte, da die persönliche Arbeitsleistung des A in den Vordergrund tritt und im Betrieb kein nennenswertes Kapital eingesetzt wird (H 174a „Gütergemeinschaft" EStH 2004; BFH IV R 53/76, BStBl 1980 II, 634).

Fall 254
Zurechnung bei Baubetrieb

Sachverhalt: Wie Fall 253, jedoch handelt es sich nicht um eine Handelsvertretung, sondern um einen Baubetrieb mit Grundstücken, Maschinen, Betriebsvorrichtungen und Kapital.
Frage: Wem sind die Einkünfte zuzurechnen?

Abschnitt 12: Veranlagung von Ehegatten

Literaturhinweis: *Lehrbuch Einkommensteuer*, Rdn. 1535

 Lösung

In diesem Fall sind die Einkünfte den Ehegatten gemeinsam zuzurechnen. Der Gewerbebetrieb gehört zum Gesamtgut der in Gütergemeinschaft lebenden Ehegatten. Es ist deshalb ein Gesellschaftsverhältnis, eine Mitunternehmerschaft i. S. des § 15 Abs. 1 Nr. 2 EStG anzunehmen, obwohl zivilrechtlich zwischen den Ehegatten kein Gesellschaftsverhältnis vereinbart wurde. Die Ausnahmeregelung nach H 174a EStH kommt nicht in Betracht, da im Betrieb erhebliches Vermögen eingesetzt wird.

Das Gehalt der Ehefrau ist, da sie Mitunternehmerin ist, keine Betriebsausgabe, sondern stellt eine Sondervergütung nach § 15 Abs. 1 Nr. 2 EStG dar.

Fall 255
Zurechnung der Einkünfte von Eltern und Kindern

Sachverhalt: Die Eheleute haben auf den Namen ihres minderjährigen Sohnes ein Sparbuch mit einer Einlage in Höhe von 30 000 € angelegt, die vom Sparkonto der Eltern umgebucht wurden. Die Zinsen werden jährlich bei Vorlage des Sparbuches darauf gutgeschrieben.

Frage: Wem sind die Zinsen zuzurechnen?

 Lösung

Richten Eltern durch Vertrag zugunsten ihrer Kinder ein Sparkonto ein, dann sind die darauf geleisteten Einlagen und die Erträge daraus den Kindern zuzurechnen, wenn die Eltern bei Abschluss des Vertrages über die Einrichtung des Sparkontos und bei der Einzahlung der Einlagen den Willen hatten, die Guthabenforderung den Kindern sofort zuzuwenden, und dieser Wille für die Bank erkennbar war (BFH VIII R 134/74, BStBl 1977 II 205 f.).

Das bedeutet, dass bei Kontoeröffnung im Antrag anzugeben ist, wer Kontoinhaber, wer Gläubiger ist. Die Eltern treten lediglich als gesetzliche Vertreter auf. Die Eltern müssen das Vermögen entsprechend den bürgerlich-rechtlichen Vorschriften über die elterliche Vermögenssorge verwalten (§ 1626 BGB) und dürfen es nicht wie eigenes Vermögen behandeln.

Bei der Übertragung des Guthabens auf den Sohn handelt es sich um eine Schenkung gem. § 518 BGB. Hierfür ist zwar grundsätzlich die notarielle Beurkundung erforderlich, doch kann dieser Formmangel durch die Bewirkung der Leistung geheilt werden (§ 518 Abs. 2 BGB). Da die Übertragung des Spargutbabens ausschließlich rechtliche Vorteile bringt, greift das Selbstkontrahierungsverbot des § 181 BGB nicht. Die Bestellung eines Ergänzungspflegers ist nicht erforderlich. Die Übertragung ist also wirksam erfolgt. Der

Vorgang unterliegt grundsätzlich der Erbschaftsteuer, die Freibeträge sind aber im vorliegenden Fall nicht überschritten. Da dem Sohn das Guthaben nach den o. g. Kriterien des BFH zuzurechnen ist, sind bei ihm auch die Zinsen zu berücksichtigen. Der Sohn erzielt Einkünfte aus Kapitalvermögen.

Abschnitt 13: Steuertarif

Außerordentliche Einkünfte (§ 34 EStG)

Vorbemerkungen

Bei bestimmten Einkünften ist gem. § 34 EStG ein geringerer Steuersatz als nach der ESt-Tabelle anzuwenden. Damit sollen Härten vermieden werden, die sich durch den progressiven Tarifverlauf bei einer Zusammenballung von Einkünften in einem Veranlagungszeitraum ergeben können, obwohl die Einkünfte ihren Grund in mehreren Veranlagungszeiträumen haben.

Fall 256
Veräußerungsgewinn

Sachverhalt: Peter Adler (A), 50 Jahre alt, verheiratet, hat im Jahr 2005 laufende Einkünfte aus Gewerbebetrieb in Höhe von 90 000 €. Hinzu kommt aus der Veräußerung eines Teilbetriebes, der die Hälfte des gesamten Betriebsvermögens ausmacht, ein Veräußerungsgewinn i. S. von § 16 Abs. 1 EStG in Höhe von 50 000 €. Außerdem hat er noch 10 000 € Einkünfte aus Kapitalvermögen und einen Verlust aus Vermietung und Verpachtung in Höhe von 30 000 € erklärt. Sonderausgaben werden in Höhe von 10 000 € geltend gemacht.

Frage: Wie hoch ist die Einkommensteuer 2005 bei Zusammenveranlagung?

Literaturhinweis: *Lehrbuch Einkommensteuer*, Rdn. 2410 ff., 2430 ff.

➡ Lösung

Seit 1999 berechnet sich die Einkommensteuer für alle außerordentlichen Einkünfte i. S. des § 34 Abs. 2 EStG nach einer neu eingeführten „Fünftel-Methode".

Daneben wurde ab 2001 in § 34 Abs. 3 EStG der bis 1998 anzuwendende „halbe Steuersatz" in leicht modifizierter Form (56 %) für Veräußerungsgewinne wieder eingeführt.

Berechnung nach der Fünftel-Methode:

Zum „normalen", d. h. ohne die außerordentlichen Einkünfte errechneten Einkommen wird ein Fünftel der begünstigten Einkünfte dazugezählt. Der sich dadurch ergebende höhere Steuerbetrag wird mit dem Steuerbetrag auf das „normale" Einkommen verglichen. Die Differenz wird verfünffacht und stellt die Steuer auf die außerordentlichen Einkünfte dar. Der Rest des zu versteuernden Einkommens unterliegt dem normalen Steuersatz lt. Tabelle. Die ESt-Schuld errechnet sich für den Veranlagungszeitraum 2005 wie folgt:

a) Berechnung des zu versteuernden Einkommens
    Einkünfte aus Gewerbebetrieb
        laufender Gewinn   90 000 €
        Veräußerungsgewinn   50 000 €

Fall 256: Veräußerungsgewinn

Einkünfte aus Kapitalvermögen	10 000 €
Einkünfte aus Vermietung und Verpachtung	./. 30 000 €
Gesamtbetrag der Einkünfte	120 000 €
Sonderausgaben	./. 10 000 €
Einkommen/zu versteuerndes Einkommen	110 000 €

b) Berechnung der ESt-Schuld

Zu versteuerndes Einkommen ohne außerordentliche Einkünfte	60 000 €
ESt hierauf lt. Splittingtabelle 2005	11 614 €
Zu versteuerndes Einkommen zzgl. einem Fünftel der außerordentlichen Einkünfte	70 000 €
ESt hierauf lt. Splittingtabelle 2005	14 916 €
Differenz	3 302 €
Fünffaches der Differenz	16 510 €
Die ESt-Schuld beträgt somit für das „normale" Einkommen	11 614 €
und für die außerordentlichen Einkünfte	16 510 €
gesamte Steuerschuld	28 124 €

Berechnung des ermäßigten Steuersatzes nach § 34 Abs. 3 EStG:

Für Veräußerungsgewinne i. S. des § 34 Abs. 2 Nr. 1 EStG (nicht für die anderen außerordentlichen Einkünfte) kann bis zur Höhe von 5 Mio. € auf Antrag anstatt der Fünftel-Methode der ermäßigte Steuersatz auch auf andere Weise ermittelt werden, wenn der Steuerpflichtige das 55. Lebensjahr vollendet hat oder wenn er im sozialversicherungsrechtlichen Sinne dauernd berufsunfähig ist. Der Antrag kann nur einmal im Leben gestellt werden.

Nach dieser Berechnungsmethode wird als ermäßigter Steuersatz ein Satz von 56 % des durchschnittlichen Steuersatzes, mindestens wird aber der Eingangssteuersatz des betreffenden VZ, d. h. für 2005 mindestens 15 % angesetzt.

c) Berechnung der ESt-Schuld im Beispiel

zu versteuerndes Einkommen einschließlich des Veräußerungsgewinns:	110 000 €
ESt hierauf lt. Splittingtabelle:	30 372 €
Der durchschnittliche Steuersatz beträgt	27,61 %
Die Hälfte des durchschnittlichen Steuersatzes beträgt 27,61 % : 2 =	13,805 %
Der ermäßigte Steuersatz beträgt aber mindestens (Eingangssteuersatz)	15 %
Dieser ermäßigte Steuersatz wird auf den Veräußerungsgewinn in Höhe von 50 000 € angewendet.	
Daraus ergibt sich eine ESt auf den Veräußerungsgewinn in Höhe von	7 500 €
Das restliche zu versteuernde Einkommen in Höhe von 60 000 € wird normal nach der ESt-Splittingtabelle versteuert; Steuer	11 614 €
Die gesamte ESt für 2005 beträgt somit:	19 914 €

Diese Methode ist somit wesentlich günstiger als die Fünftel-Methode; noch deutlicher wird der Unterschied, wenn der Grenzsteuersatz für die Veräußerungsgewinne

Abschnitt 13: Steuertarif

sehr hoch liegt, da dann die Fünftel-Regelung kaum mehr greift und der ermäßigte Steuersatz nicht mehr durch den Eingangssteuersatz überlagert wird.

Fall 257
Versteuerung einer Abfindung

Sachverhalt: Leo Burger (B), ledig, 40 Jahre alt, hat im Jahre 2005 außer seinen laufenden Einkünften in Höhe von 40 000 € zum Ende des Jahres eine Abfindung in Höhe von 22 200 € erhalten, die die Voraussetzungen des § 3 Nr. 9 EStG erfüllt. Seine Sonderausgaben und außergewöhnlichen Belastungen betragen 5 000 €.
Frage: Wie hoch ist die ESt-Schuld 2005?
Literaturhinweis: *Lehrbuch Einkommensteuer*, Rdn. 2407 ff., 2429 ff.

➡ Lösung

Die ESt-Schuld bei Anwendung des § 34 EStG wird nach einer 1999 neu eingeführten Formel errechnet.

Zum „normalen", d. h. ohne die begünstigten Einkünfte errechneten zu versteuernden Einkommen wird ein Fünftel der begünstigten Einkünfte dazugezählt. Die sich dadurch ergebende Mehrsteuer wird verfünffacht und stellt die Steuer auf die begünstigten Einkünfte dar.

Abfindungen wegen einer vom Arbeitgeber veranlassten Auflösung des Arbeitsverhältnisses sind gem. § 3 Nr. 9 EStG bis zum Betrag von 7 200 € steuerfrei. Der übersteigende Betrag wird als außergewöhnliche Einkünfte nach § 34 EStG behandelt.

Danach ergibt sich folgende Lösung:
a) Berechnung des zu versteuernden Einkommens
Einkünfte aus nichtselbständiger Tätigkeit

laufende Einkünfte	40 000 €
aus Abfindung	22 200 €
./. steuerfrei nach § 3 Nr. 9 EStG	./. 7 200 €
= steuerpflichtiger Teil der Abfindung	15 000 €
Gesamtbetrag der Einkünfte	55 000 €
Sonderausgaben	./. 5 000 €
Einkommen/zu versteuerndes Einkommen	50 000 €

b) Berechnung der ESt-Schuld

zu versteuerndes Einkommen ohne Abfindung	35 000 €
ESt hierauf lt. ESt-Grundtabelle	7 458 €
„normales" zu versteuerndes Einkommen plus ein Fünftel der Abfindung	38 000 €
ESt hierauf lt. ESt-Grundtabelle	8 503 €

Differenz	1 045 €
Die ESt-Schuld beträgt somit:	
für das „normale" Einkommen	7 458 €
für die begünstigte Abfindung das Fünffache der Differenz (1 045 € × 5)	5 225 €
insgesamt zu entrichten:	12 683 €

Steuerermäßigung bei ausländischen Einkünften
Vorbemerkungen

Da ein unbeschränkt Steuerpflichtiger grundsätzlich mit seinem gesamten „Welteinkommen" zur ESt herangezogen wird, hierbei aber die ausländischen Einkunftsteile meist schon im Quellenstaat der Besteuerung unterlagen, ergibt sich im Prinzip eine Doppelbesteuerung dieser Einkünfte. Zu deren Vermeidung wurde eine Vielzahl bilateraler Abkommen, sog. Doppelbesteuerungsabkommen, abgeschlossen. Sollte ein derartiges Abkommen im Einzelfall nicht vorhanden sein oder nicht zur Anwendung kommen, kommt als einseitige Maßnahme des deutschen Fiskus zur Entlastung eines Steuerpflichtigen eine Steuerermäßigung gem. § 34c EStG in Betracht.

Fall 258
Beschränkte Anrechenbarkeit ausländischer Steuern

Sachverhalt: Fred Caspari (C) betreibt in Stuttgart einen Schuhgroßhandel. Daraus erzielt er im Veranlagungszeitraum 2005 einen Gewinn in Höhe von 50 000 €. Einen Teil der von ihm vertriebenen Schuhe bezieht er aus einer eigenen Fabrik im Sudan. Aus diesem Unternehmen erwirtschaftet er im Veranlagungszeitraum 2005 einen Gewinn in Höhe von 60 000 €. Hierauf hat er im Laufe des Jahres 2005 umgerechnet 12 000 € „business profits tax" bezahlt.

Im Januar 2006 werden von ihm für das Jahr 2005 noch 4 000 € „business profits tax" nachgefordert, die er im Februar 2006 entrichtet.

C ist 45 Jahre alt, verheiratet, und beantragt für 2005 die Zusammenveranlagung mit seiner Ehefrau (Voraussetzungen liegen vor). Er erklärt noch 10 000 € Einkünfte aus Kapitalvermögen und einen Verlust aus Vermietung und Verpachtung in Höhe von 20 000 €; an Sonderausgaben sind 10 000 € anzusetzen.

Frage: Wie hoch ist die Einkommensteuerschuld 2005? Können die im Sudan bezahlten Steuern berücksichtigt werden?

Literaturhinweis: *Lehrbuch Einkommensteuer*, Rdn. 2439 ff.

➔ Lösung

Caspari und seine Ehefrau sind unbeschränkt steuerpflichtig. Ihre gesamten Einkünfte – auch die im Sudan erzielten und dort bereits einer Steuer unterworfenen – unterliegen somit der deutschen Einkommensteuer. Da zwischen dem Sudan und der Bundesrepublik Deutschland kein Doppelbesteuerungsabkommen besteht, kann § 34c EStG angewandt werden (vgl. § 34c Abs. 6 EStG). C bezieht Einkünfte aus Gewerbebetrieb aus dem Sudan. Diese wurden dort einer Steuer unterworfen, die gem. R 212a EStR i. V. m. Anlage 6 der EStR der deutschen Einkommensteuer entspricht. Der Nachweis über die Höhe der ausländischen Einkünfte und der bezahlten Steuer muss gem. § 68b EStDV durch Vorlage geeigneter Urkunden erbracht werden. Es kommt für die Anrechnung nicht auf den Zeitpunkt der Zahlung, sondern gem. § 34c Abs. 1 letzter Satz EStG darauf an, für welches Jahr die Steuern bezahlt worden sind. Danach sind also auch die in 2006 für 2005 bezahlten Steuern einzubeziehen.

Die ausländische Steuer ist aber nicht unbegrenzt abzugsfähig, sondern gem. § 68a Satz 1 EStDV nur bis zur Höhe der deutschen Steuer, die bei einer Veranlagung auf die Einkünfte aus dem Sudan entfällt. Das bedeutet, dass sich die anrechenbare ausländische Steuer zur gesamten deutschen Einkommensteuer verhalten muss wie die ausländischen Einkünfte zum Gesamtbetrag der Einkünfte.

Daraus ergibt sich folgender Lösungsweg:

a) Ermittlung der tariflichen Einkommensteuer

Einkünfte aus Gewerbebetrieb	
im Inland	50 000 €
im Sudan	60 000 €
Einkünfte aus Kapitalvermögen	10 000 €
Einkünfte aus Vermietung und Verpachtung	./. 20 000 €
Gesamtbetrag der Einkünfte	100 000 €
Sonderausgaben	./. 10 000 €
Einkommen/zu versteuerndes Einkommen	90 000 €
ESt lt. Splittingtabelle	22 204 €

b) Berechnung der anrechenbaren ausländischen Steuer
Höchstbetrag gem. § 34c EStG i. V. m. § 68a EStDV

$$\frac{\text{anrechenbare Steuer}}{\text{gesamte deutsche ESt}} = \frac{\text{ausländische Einkünfte}}{\text{Gesamtbetrag der Einkünfte}}$$

$$\text{anrechenbare Steuer} = \frac{60\,000\ € \times 22\,204\ €}{100\,000\ €} = 13\,322\ €$$

c) Auf die deutsche Einkommensteuer in Höhe von 22 204 € können also von den im Sudan bezahlten insgesamt 16 000 € nur 13 322 € angerechnet werden. Die endgültige Steuerschuld beträgt somit 8 882 €.

Fall 259
Anrechenbarkeit bei ausländischen Einkünften aus mehreren Staaten

Sachverhalt: Wie Fall 258 mit dem Zusatz, dass C auch in Chile einen gewerblichen Betrieb unterhält. Aus diesem erzielt er im Jahr 2005 einen Gewinn in Höhe von 40 000 €. Hierauf hat er im Jahr 2005 umgerechnet 15 000 € „impuesto a la renta" bezahlt.
Frage: Wie hoch ist die ESt-Schuld 2005?
Literaturhinweis: *Lehrbuch Einkommensteuer*, Rdn. 2439 ff.

➤ Lösung

Auch mit Chile besteht kein DBA, so dass grundsätzlich genauso vorzugehen ist wie bei den Einkünften aus dem Sudan. Werden aus mehreren Staaten ausländische Einkünfte bezogen, so ist der Höchstbetrag der anrechenbaren ausländischen Steuern für jeden ausländischen Staat gesondert zu ermitteln (§ 68a Satz 2 EStDV; sog. „per country limitation").

a) Ermittlung der tariflichen Einkommensteuer

Einkünfte aus Gewerbebetrieb	
im Inland	50 000 €
im Sudan	+ 60 000 €
in Chile	+ 40 000 €
Einkünfte aus Kapitalvermögen	+ 10 000 €
Einkünfte aus Vermietung und Verpachtung	./. 20 000 €
Gesamtbetrag der Einkünfte	140 000 €
Sonderausgaben	./. 10 000 €
Einkommen/zu versteuerndes Einkommen	130 000 €
ESt nach dem Splittingtarif	38 772 €

b) Berechnung des Höchstbetrags der anrechenbaren ausländischen Steuern gem. § 68a Satz 2 EStDV

Sudan

$$\text{anrechenbare Steuer} = \frac{60\,000\;€ \times 38\,772\;€}{140\,000\;€} = 16\,617\;€$$

Chile

$$\text{anrechenbare Steuer} = \frac{40\,000\;€ \times 38\,772\;€}{140\,000\;€} = 11\,078\;€$$

c) Auf die deutsche tarifliche ESt in Höhe von 38 772 € dürfen also max. 16 617 € Steuern aus dem Sudan angerechnet werden. Da aber nur 16 000 € bezahlt wurden, können diese im Gegensatz zu Fall 258 voll angerechnet werden. Von den in Chile bezahlten 15 000 € können nur 11 078 € angerechnet werden. Es ist nicht möglich, den

nicht ausgenutzten Betrag aus den Einkünften aus dem Sudan auf die Einkünfte aus Chile zu übertragen.
Die endgültige ESt-Schuld beträgt somit 11 694 € (38 772 € ./. 16 000 € ./. 11 078 €).

Fall 260
Auslandstätigkeitserlass

Sachverhalt: Der EDV-Fachmann Peter Meyer (M) ist bei der Firma IBM in Böblingen beschäftigt. Im Auftrag seiner Firma ging er im März 2005 nach Bahrain (Arabien), um dort die Installation einer von seiner Firma gelieferten EDV-Anlage bis zur Übergabe an die Auftraggeber zu überwachen. Insgesamt war er sechs Monate in Bahrain. Während dieser Zeit erhielt er sein Gehalt von monatlich 6 000 € weiter von seinem Arbeitgeber, seine Familie lebte in Böblingen und reiste nur während seines Urlaubs zu ihm. Nach Abschluss der Arbeiten erhielt er von den arabischen Auftraggebern als Prämie eine Uhr im Wert von 20 000 €.
Frage: Sind die Gehaltszahlungen während der Zeit des Auslandsaufenthalts und der Wert der Uhr zu versteuern?
Literaturhinweis: *Lehrbuch Einkommensteuer*, Rdn. 2445 f.

➡ Lösung

Meyer ist weiterhin unbeschränkt steuerpflichtig, da er seinen Wohnsitz im Inland nicht aufgegeben hat. Für die Steuerpflicht ist der Ort der Tätigkeit unerheblich. Ein DBA greift nicht ein, da die Bundesrepublik mit Bahrain keines abgeschlossen hat. Die Einnahmen bleiben jedoch aufgrund des Auslandstätigkeitserlasses (BStBl 1983 I, 470) i. V. m. § 34c Abs. 5 EStG steuerfrei. M übt eine begünstigte Tätigkeit i. S. der Nr. 1 des Erlasses aus; die Dauer seiner Tätigkeit überschreitet die von Nr. 2 des Erlasses geforderte Mindestfrist von drei Monaten. Auch wenn er seinen Urlaub nicht in Bahrain verbracht hätte, sondern zu seiner Familie zurückgekehrt oder in ein Drittland gereist wäre, schadete die Urlaubsunterbrechung nicht. Die Urlaubszeit würde jedoch in diesem Falle bei der Berechnung der Dreimonatsfrist nicht mitgerechnet. Zu den steuerfrei zu belassenden Einnahmen gehört auch der Wert der Uhr, da Ziff. III Nr. 1 des Erlasses nur fordert, dass die Prämie im Zusammenhang mit der begünstigten Auslandstätigkeit gezahlt wird. Nicht erforderlich ist, dass der Zahlende der Arbeitgeber ist.

Steuerermäßigung bei Einkünften aus Gewerbebetrieb

Vorbemerkungen

Bei der Ermäßigung der Einkommensteuer um die Gewerbesteuer wird die Einkommensteuer des Unternehmers durch eine pauschalierte Anrechnung der Gewerbesteuer gemindert. Die Einkommensteuerermäßigung beträgt das 1,8fache des Gewerbesteuermessbetrags.

Die Gewerbesteuer bleibt weiterhin als Betriebsausgabe abzugsfähig. Auswirkungen auf die Ermittlung der GewSt-Rückstellung ergeben sich durch die Steuerermäßigung nicht.

Auf die tatsächliche Höhe der GewSt kommt es bei der pauschalen Steuerermäßigung nicht an.

Die Höhe des Hebesatzes (mindestens 200 % nach § 16 Abs. 4 GewStG) ist nicht entscheidend, weil die Ermäßigung nur an den GewSt-Messbetrag und nicht an die festgesetzte Gewerbesteuer anknüpft.

Fall 261
Ermäßigung bei einem Einzelunternehmen

Sachverhalt: Malermeister M hatte im Jahr 2005 einen Gewinn aus Gewerbebetrieb in Höhe von 140 000 €. Der Gewerbeertrag für 05 beträgt wegen Dauerschuldzinsen 150 000 €. Die Summe der Einkünfte beträgt zusammen mit Vermietungs- und Kapitaleinkünften 210 000 €, das zu versteuernde Einkommen 200 000 €.

Frage: Wie hoch ist die unter Berücksichtigung der Steuerermäßigung nach § 35 festzusetzende Einkommensteuer 2005?

➔ Lösung

Bei einem Einzelunternehmer ermäßigt sich die tarifliche ESt um das 1,8fache des für seinen Gewerbebetrieb festgesetzten GewSt-Messbetrags. Damit muss zunächst die GewSt-Veranlagung durchgeführt werden, um die Höhe der festzusetzenden ESt zu ermitteln. Dann kann auf den festgesetzten GewSt-Messbetrag zugegriffen werden, der Ausgangsgröße für die ESt-Ermäßigung ist. Daraus ergibt sich folgende Berechnung:

Zunächst ist die GewSt-Veranlagung durchzuführen:

Gewerbeertrag	150 000 €
./. Freibetrag	./. 24 500 €
verbleiben	125 500 €
× Messzahlen 1 bis 4 % von 48 000 €	1 200 €
× Messzahlen 5 % von 77 500 €	3 875 €
GewSt-Messbetrag	5 075 €
Anschließend kann die Einkommensteuerveranlagung durchgeführt werden:	
gewerbliche Einkünfte	140 000 €
Summe der Einkünfte	210 000 €
zu versteuerndes Einkommen	200 000 €
tarifliche ESt lt. Grundtabelle	76 068 €

Die anteilige ESt auf die gewerblichen Einkünfte beträgt:

$$\frac{\text{ESt} \times \text{gewerbliche Einkünfte}}{\text{Summe der Einkünfte}}$$

$$= \frac{76\,068 \times 140\,000}{210\,000} = 50\,712$$

./. Ermäßigung nach § 35 EStG (max. bis 0)
(GewSt-Messbetrag (5 075 € × 1,8) = 9 135 €   ./. 9 135 €

festzusetzende Einkommensteuer   66 933 €

Fall 262
Ermäßigung bei negativen gewerblichen Einkünften

Sachverhalt: Malermeister M erwirtschaftete mit seinem Einzelunternehmen im Jahr 2005 einen Verlust in Höhe von 10 000 €. Aufgrund hoher Dauerschuldentgelte und sonstiger Hinzurechnungen beträgt der Gewerbeertrag 200 000 €.

Frage: Wie hoch ist die Steuerermäßigung nach § 35 für das Jahr 2005?

Literaturhinweis: *Lehrbuch Einkommensteuer*, Rdn. 2451 ff.

➔ Lösung

Die Steuerermäßigung setzt voraus, dass im zu versteuernden Einkommen positive gewerbliche Einkünfte enthalten sind. Denn nur die darauf entfallende anteilige Einkommensteuer kann ermäßigt werden (ggf. bis auf 0). Wird die Einkommensteuer auf 0 festgesetzt, z. B. aufgrund von Verlusten aus anderen Einkunftsarten, so geht die Steuerermäßigung vollständig ins Leere. Sie kann nicht zu einer negativen ESt führen; auch ein Rück- oder Vortrag einer nicht ausgenutzten Steuerermäßigung ist nicht vorgesehen. Die auf die gewerblichen Einkünfte entfallende ESt wird im Verhältnis der gewerblicher Einkünfte zur Summe der Einkünfte ermittelt (wie bei § 34c EStG). Sind die gewerblichen Einkünfte negativ, kann dennoch Gewerbesteuer anfallen (etwa wegen gewerbesteuerlicher Hinzurechnungen). In diesen Fällen kommt es trotz GewSt-Belastung nicht zur Steuerermäßigung bei der Einkommensteuer (sog. Anrechnungsüberhang).

Dies bedeutet im vorliegenden Fall:

M kann trotz der entstehenden GewSt-Belastung im Jahr 2005 keine (anteilige) Steuerermäßigung erhalten, da er keine positiven gewerblichen Einkünfte erzielt. Das Ermäßigungsvolumen beträgt damit 0 Euro, weil auf dem gewerblichen Verlust keine Einkommensteuer lastet. Dies gilt unabhängig davon, ob er andere positive Einkünfte hat oder nicht.

Fall 263
Ermäßigung bei Personengesellschaften

Vorbemerkungen

Bei Personengesellschaften ist die Besonderheit zu beachten, dass die GewSt auf der Ebene der Gesellschaft, die ESt jedoch gegenüber den Gesellschaftern festgesetzt wird. Hier erfolgt die Steuerermäßigung auf der Grundlage des anteiligen GewSt-Messbetrages (§ 35 Abs. 1 Nr. 2, Abs. 3 Satz 2 EStG). Der jedem Mitunternehmer zuzurechnende Anteil bestimmt sich nach dem gesellschaftsvertraglich vereinbarten Gewinnverteilungsschlüssel. Vorabgewinne, Sondervergütungen sowie die Ergebnisse aus Sonder- und Ergänzungsbilanzen beeinflussen die Verteilung des Messbetrages nicht.

Ergibt sich bei einem Gesellschafter ein Gewinnanteil, bei einem anderen hingegen ein Verlustanteil, z. B. wegen hoher Verluste aus dem Sonderbetriebsvermögen oder aus einer Ergänzungsbilanz, ändert sich am Verteilungsschlüssel für den GewSt-Messbetrag nichts, d. h. auch dem Gesellschafter mit Verlustanteil wird ein Anteil am GewSt-Messbetrag nach dem allgemeinen Gewinnverteilungsschlüssel zugewiesen. Damit läuft bei diesem Gesellschafter die Steuermäßigung ins Leere, d. h. dadurch wird Steuerermäßigungsvolumen bei den anderen Gesellschaftern vernichtet, weil ihnen kein höherer Anteil am GewSt-Messbetrag zugewiesen werden kann.

Sachverhalt: An der ABC-OHG sind A, B und C zu je $1/3$ beteiligt. Die OHG erzielt im Jahr 2005 in ihrer Steuerbilanz einen Gesamtgewinn in Höhe von 600 000 €. Daneben erhält A eine (als Aufwand bei der OHG behandelte) Tätigkeitsvergütung in Höhe von 100 000 €. B hat der OHG ein Grundstück überlassen und erzielt dadurch einen Verlust in Höhe von 40 000 €. C hat seinen Anteil erst vor kurzem erworben und erzielt wegen höherer AfA einen Verlust in seiner Ergänzungsbilanz in Höhe von 60 000 €. Der GewSt-Messbetrag der OHG beträgt 27 000 €. Der GewSt-Messbetrag (27 000 €) und die Anteile der Gesellschafter (nach dem allgemeinen Gewinnverteilungsschlüssel jeweils $1/3$ = 9 000 €) sind gesondert und einheitlich festzustellen.

Frage: Wie sieht die Gewinnverteilungstabelle der OHG aus und wie wird der Gewerbesteuer-Messbetrag aufgeteilt?

Literaturhinweis: *Lehrbuch Einkommensteuer*, Rdn. 2460 ff.

→ Lösung

Die Gewinnverteilung bei der ABC-OHG mit Aufteilung des GewSt-Messbetrages sieht nach den obigen Grundsätzen folgendermaßen aus:

Abschnitt 13: Steuertarif

Beteiligter	Laufende Einkünfte	Hinzuzusetzen: Sondervergütung	Abzusetzen lt. Sonder- bzw. Ergänzungsbilanz	Zuzurechnende Einkünfte gesamt	GewSt-Messbetrag
A	+ 200 000 €	+ 100 000 €	–	+ 300 000 €	33,33 % = 9 000 €
B	+ 200 000 €	–	./. 40 000 €	+ 160 000 €	33,33 % = 9 000 €
C	+ 200 000 €	–	./. 60 000 €	+ 140 000 €	33,33 % = 9 000 €
Summe	+ 600 000 €	+ 100 000 €	./. 100 000 €	+ 600 000 €	100 % = 27 000 €

Nach dieser in § 35 Abs. 3 Satz 2 geforderten Aufteilung können A, B und C jeweils das 1,8fache des anteiligen GewSt-Messbetrages in Höhe von 9 000 € = 16 200 € als Steuerermäßigung von ihrer Einkommensteuerschuld abziehen.

Dieses Ergebnis befremdet, denn A versteuert die Hälfte der gewerblichen Einkünfte, erhält aber nur ein Drittel der Entlastung durch die GewSt-Anrechnung nach § 35 EStG; B und C sind dagegen im Vorteil, d. h. sie erhalten überproportional hohe Anrechnungsmöglichkeiten. Das Ergebnis entspricht aber dem Gesetzeswortlaut und somit wohl dem Willen des Gesetzgebers.

Abschnitt 14: Entrichtung der Einkommensteuer

(Einstweilen nicht besetzt)

Abschnitt 15: Besteuerung beschränkt Steuerpflichtiger

Vorbemerkungen

Ein beschränkt Steuerpflichtiger (§ 1 Abs. 4 EStG) wird zur Einkommensteuer nur mit den inländischen Einkünften herangezogen, die in § 49 EStG abschließend aufgezählt sind. Hierzu gehören alle Einkunftsarten, die auch in § 2 EStG aufgezählt sind; es werden jedoch an das Vorliegen der Steuerpflicht noch weitere, besondere Voraussetzungen geknüpft. Für die einzelnen Einkunftsarten ist die Frage, ob es sich um inländische Einkünfte handelt, jeweils verschieden geregelt. Bei der Beurteilung der Voraussetzungen ist nur auf die im Inland vorliegenden Merkmale abzustellen; die Verhältnisse im Ausland sind gem. § 49 Abs. 2 EStG grundsätzlich außer Betracht zu lassen (sog. „isolierende" Betrachtungsweise).

Fall 264
Einkünfte aus inländischem Gewerbebetrieb und aus Vermietung und Verpachtung

Sachverhalt: Der Algerier Ali Demir (D) unterhält in Stuttgart ein Auslieferungslager für algerische Weine in einem Gebäude, das ihm selbst gehört. Das Lager verwaltet ein Angestellter. Die meisten Geschäftsabschlüsse werden vom Ausland aus getätigt, nach Stuttgart kommt D nur sehr selten. Die Auslieferung wird von dem Angestellten besorgt, der ab und zu auch kleinere Geschäfte selbst abschließt. Am 1. 10. 2005 gibt D dieses Lager auf und verpachtet das Gebäude für monatlich 1 500 € an die Weingroßhandlung Eininger, die die bisher von D importierten Weine in ihr Sortiment aufnimmt. Außerdem pflegt der selbständige Handelsvertreter Flott die bisherigen Geschäftsverbindungen des D in Ergänzung seiner sonstigen Vertretertätigkeit. Er bereitet aber nur Geschäftsabschlüsse vor, eine Vertretungsbefugnis für D hat Flott nicht.

Für die Zeit vom 1. 1. bis 30. 9. 2005 erklärt D einen Gewinn in Höhe von 15 000 €, zum 1. 10. erklärt D dem Finanzamt die Aufgabe des Lagers (ein Aufgabegewinn entsteht nicht). Vom 1. 10. an hat D für das Gebäude noch monatliche Kosten in Höhe von 500 €.

Frage: Wie hoch sind die steuerpflichtigen Einkünfte des D im Jahr 2005?

Literaturhinweis: *Lehrbuch Einkommensteuer*, Rdn. 2631 ff., 2638

 Lösung

D ist in der Bundesrepublik Deutschland nicht unbeschränkt steuerpflichtig, da er hier weder einen Wohnsitz noch seinen gewöhnlichen Aufenthalt hat. Er ist aber beschränkt steuerpflichtig, da er im Veranlagungszeitraum 2005 inländische Einkünfte i. S. des § 49 EStG hat. Ein DBA mit Algerien, das beachtet werden müsste, besteht nicht. In der Zeit vom 1. 1. bis 30. 9. 2005 erzielt D Einkünfte aus Gewerbebetrieb (§ 49 Abs. 1 Nr. 2a, § 15 EStG). Die Unterhaltung eines Auslieferungslagers, verbunden mit gelegentlichen Verkäufen durch den Angestellten, stellt eine gewerbliche Tätigkeit i. S. des § 15 EStG dar. Als zusätzliche Voraussetzung fordert § 49 Abs. 1 Nr. 2a EStG das Vorhandensein einer inländischen Betriebsstätte oder die Bestellung eines ständigen Vertreters. Nach § 12 Nr. 5 und 6 AO sind Warenlager und Ein- und Verkaufsstellen als Betriebsstätten anzusehen. Das Auslieferungslager, verbunden mit der Tätigkeit des weisungsgebundenen Angestellten, reicht für die Annahme einer Betriebsstätte aus. Die Betriebsstätte wird am 30. 9. 2005 aufgegeben. Das Vermieten von vorher eigengewerblich genutzten Räumen stellt keine gewerbliche Tätigkeit mehr dar. Es wird durch die weitere Tätigkeit des Flott auch kein ständiger Vertreter bestellt. Ein Handelsvertreter könnte zwar diese Voraussetzung des § 49 Abs. 1 Nr. 2a EStG erfüllen, aber dazu müsste er eine allgemeine Vollmacht zu Vertragsabschlüssen haben oder über ein Warenlager verfügen können. Daran fehlt es lt. Sachverhalt. Eine Betriebsverpachtung im Ganzen liegt nicht vor, da nur das Gebäude verpachtet wird. Die Voraussetzungen für eine Betriebsaufgabe (§ 16 EStG) sind zwar erfüllt, sie bleibt jedoch lt. Sachverhalt ohne Gewinnauswirkung. Als Einkünfte aus Gewerbebetrieb sind daher 15 000 € Gewinn anzusetzen.

In der Zeit ab 1. 10. 2005 erzielt D Einkünfte aus Vermietung und Verpachtung i. S. des § 21 Abs. 1 Nr. 1 EStG. Das verpachtete Gebäude stellt im Inland belegenes unbewegliches Vermögen i. S. des § 49 Abs. 1 Nr. 6 EStG dar. Der Überschuss der Einnahmen über Werbungskosten beträgt:

Pachteinnahmen	3 × 1 500 € =	4 500 €
./. Werbungskosten	3 × 500 € =	1 500 €
Einkünfte		3 000 €

Sollte das Gebäude weiterhin zu einem ausländischen Betriebsvermögen des D gehören, so ändert sich an diesem Ergebnis nichts. Bei Berücksichtigung der Betriebsvermögenszugehörigkeit lägen zwar weiterhin Einkünfte aus Gewerbebetrieb vor. Im Ausland vorliegende Besteuerungsmerkmale müssen jedoch nach der isolierenden Betrachtungsweise für die Beurteilung im Inland gem. § 49 Abs. 2 EStG außer Betracht bleiben.

Die gesamten Einkünfte des D im Rahmen der beschränkten Steuerpflicht betragen im Jahr 2005 somit 18 000 €.

Fall 265
Erweiterte beschränkte Steuerpflicht (§§ 2, 6 AStG)

Sachverhalt: Der Fabrikant Karl Schaub (S), Jahrgang 1940, deutscher Staatsangehöriger, wohnte seit seiner Geburt in Esslingen und hat dort eine Maschinenfabrik. Der durch Bestandsvergleich ermittelte Gewinn des Jahres 2005 betrug 400 000 €. Er verteilte sich gleichmäßig auf das ganze Jahr. S hatte im Jahr 1970 Stammanteile an einer GmbH in Stuttgart im Nennwert von 500 000 € zu Anschaffungskosten in Höhe von insgesamt 600 000 € erworben. Seine Beteiligung, die er zulässigerweise im Privatvermögen hält,

Fall 265: Erweiterte beschränkte Steuerpflicht (§§ 2, 6 AStG)

umfasst das halbe Stammkapital der GmbH. Der Wert dieser Beteiligung ist bis zur Mitte des Jahres 2005 auf 1 Mio. € gestiegen. Eine Ausschüttung erfolgte im Jahr 2005 nicht.

Im Jahr 2005 flossen S im Dezember noch 10 000 € Zinsen aus einer privaten Darlehenshingabe zu. Das Darlehen hatte S einem befreundeten Esslinger Nachbarn privat gegeben. Abgesichert war es lediglich durch eine wertvolle Briefmarkensammlung, die S als Pfand erhalten hatte. Mit Ablauf des 30. 6. 2005 gab S seinen Wohnsitz in Esslingen auf, um sich in der Schweiz, im Tessin, zur Ruhe zu setzen. Die Schweizer Staatsangehörigkeit erwarb S noch nicht. Seine Fabrik in Esslingen leitet ein Angestellter.

Frage: Wie ist S im Jahr 2005 zu veranlagen und welche Einkünfte sind anzusetzen?

Literaturhinweis: *Lehrbuch Einkommensteuer*, Rdn. 2676 ff.

➤ Lösung

Für das Jahr 2005 sind zwei Veranlagungen durchzuführen. S wird für die Zeit vom 1. 1. bis zum 30. 6. 2005 mit den Einkünften, die ihm in dieser Zeit zuzurechnen sind, nach den Regeln der unbeschränkten Steuerpflicht und für das 2. Halbjahr 2005 nach den Regeln der beschränkten Steuerpflicht als erweitert beschränkt Steuerpflichtiger zur Einkommensteuer veranlagt.

a) 1. Halbjahr

S ist in der Zeit bis zum 30. 6. 2005 unbeschränkt steuerpflichtig, da er einen Wohnsitz im Inland hat. Bei S sind in dieser Zeit anteilige Einkünfte aus Gewerbebetrieb i. S. des § 15 EStG in Höhe von 200 000 € zu erfassen.

Außerdem fallen unter §§ 15, 17 EStG die Wertsteigerungen der Anteile an der GmbH. Die nach § 6 AStG erforderlichen Voraussetzungen für eine Besteuerung des Vermögenszuwachses sind erfüllt. S war, bevor die unbeschränkte Steuerpflicht durch den Wohnsitzwechsel erlosch, mehr als 10 Jahre unbeschränkt steuerpflichtig. § 6 AStG verlangt nicht, dass der Stpfl. in ein niedrig besteuerndes Land zieht. Die Rechtsfolgen des § 17 EStG sind, da die übrigen Voraussetzungen des § 6 AStG vorliegen, auch ohne eine Veräußerung der Anteile anzuwenden. S ist i. S. des § 17 EStG relevant beteiligt, und seine Beteiligung gehört nicht zu seinem Betriebsvermögen. Sein Veräußerungsgewinn in Form des Vermögenszuwachses beträgt bei Anschaffungskosten in Höhe von 600 000 € und einem gemeinen Wert zur Zeit des Wechsels von 1 Mio. € = 400 000 €. Dieser Gewinn fällt nach der gesetzlichen Fiktion des § 6 AStG noch in die Zeit der unbeschränkten Steuerpflicht. Ein Freibetrag nach § 17 Abs. 3 EStG entfällt wegen der Höhe des Veräußerungsgewinns; nach § 3 Nr. 40 Buchst. c EStG bleibt aber die Hälfte des Veräußerungsgewinns außer Ansatz.

b) 2. Halbjahr

Ab 1. 7. 2005 ist S gem. § 2 AStG erweitert beschränkt steuerpflichtig. Die erweiterte beschränkte Steuerpflicht erfasst über § 49 EStG hinaus alle Einkünfte, die keine ausländischen Einkünfte i. S. des § 34c EStG sind. S war vor seiner Auswanderung in den letzten 10 Jahren mindestens 5 Jahre unbeschränkt steuerpflichtig. Er ist in ein niedrig besteuerndes Land i. S. des § 2 Abs. 2 AStG gezogen (siehe dazu eingehend BdF-Erlass, BStBl 1974 I, 442, Anl. 1 zu Tz. 2.2). Wesentliche wirtschaftliche Interessen verbinden ihn weiterhin mit dem Inland, denn er unterhält in Esslingen einen Gewerbebetrieb (§ 2 Abs. 3 Nr. 1 AStG). S hat im Inland im Veranlagungszeitraum 2005 keine ausländischen Einkünfte i. S. des § 34c EStG von mehr als 16 500 €. Damit ist auch die Bagatellgrenze des § 2 Abs. 1 letzter Satz AStG überschritten.

Die erweiterte beschränkte Steuerpflicht bedeutet eine Einschränkung gegenüber den Regeln eines DBA. Sie ist daher nur anwendbar, soweit das DBA die Anwendung des AStG zulässt oder kein DBA besteht. Art. 4 Abs. 4 DBA-Schweiz schließt die erweiterte beschränkte Steuerpflicht für S nicht aus. Er hat die Schweizer Staatsangehörigkeit nicht angenommen. Er geht auch keiner nicht selbständigen Tätigkeit nach. Da für die Veranlagung der erweiterten beschränkten Steuerpflicht die Regeln der beschränkten Steuerpflicht gelten, findet § 50 EStG Anwendung. Als Einkünfte aus Gewerbebetrieb sind 200 000 € anzusetzen, die auf das 2. Halbjahr entfallen.

Die Zinseinkünfte sind nach § 20 Abs. 1 Nr. 7 EStG mit 10 000 € zu erfassen. Nach § 49 Abs. 1 Nr. 5 Buchst. c EStG wären diese Zinsen nicht anzusetzen, da sie nicht durch inländischen Grundbesitz unmittelbar oder mittelbar gesichert sind. Aber i. S. des § 34c EStG, auf den das AStG abstellt, handelt es sich nicht um ausländische Einkünfte, da gem. § 34d Nr. 6 EStG solche nur vorliegen, wenn der Schuldner seinen Wohnsitz im Ausland hat oder das Kapitalvermögen durch ausländischen Grundbesitz gesichert ist. Beides ist hier nicht der Fall, so dass die Zinsen unter die erweiterte beschränkte Steuerpflicht i. S. des § 2 Abs. 1 AStG fallen. Werbungskosten werden nicht geltend gemacht. Ein Pauschbetrag nach § 9a EStG und ein Sparer-Freibetrag nach § 20 Abs. 4 EStG können nach § 50 Abs. 1 Satz 4 EStG nicht abgezogen werden.

Abschnitt 16: Förderung des selbstgenutzten Wohneigentums

Vorbemerkungen

Mit Wirkung zum 1. 1. 1996 ist das Eigenheimzulagengesetz (EigZulG) in Kraft getreten.

Die Eigenheimzulage löst die bisherige Förderung der selbstgenutzten Wohnung gem. § 10e EStG ab. Außerdem wird die unentgeltlich an nahe Angehörige überlassene Wohnung integriert (§ 4 Satz 2 EigZulG), damit entfiel § 10h EStG ebenfalls. Das so genannte Baukindergeld (bisher § 34f EStG) wurde durch die Kinderzulage (§ 9 Abs. 5 EigZulG) ersetzt.

Mit der Einführung der Eigenheimzulage ist die Förderung des selbstgenutzten Wohneigentums aus dem Bereich der Einkommensteuer gelöst worden. Die Eigenheimzulage wird nunmehr in einem gesonderten Verfahren außerhalb der Einkommensteuer festgesetzt und ausgezahlt und ist damit progressionsunabhängig.

Die neue Eigenheimzulage hat einen Subventionscharakter und wird für jeden Anspruchsberechtigten in gleich bleibender Höhe ausgezahlt. Um die Begünstigung der „Besserverdiener" zu verhindern, besteht wie beim § 10e EStG eine Einkommensgrenze (§ 5 EigZulG). Der Anspruchsberechtigte kann die Eigenheimzulage in Anspruch nehmen, wenn die Summe der positiven Einkünfte im Jahr der Fertigstellung/Anschaffung zzgl. der Summe der positiven Einkünfte des Vorjahres (ab 1. 1. 2004) 70 000 € (bei Zusammenveranlagung 140 000 €) nicht übersteigt.

Begünstigt sind die selbstgenutzte Wohnung im eigenen Haus bzw. die eigengenutzte Eigentumswohnung im Inland. Ausbauten/Erweiterungen an einer Wohnung in einem im Inland belegenen eigenen Haus (§ 2 Abs. 2 EigZulG a. F.) sind ab 2004 nicht mehr begünstigt. Die Selbstnutzung muss nicht während des ganzen Jahres gegeben sein. Eine Nutzung zu eigenen Wohnzwecken liegt auch vor, soweit eine Wohnung/Teile einer Wohnung unentgeltlich an einen Angehörigen i. S. des § 15 AO überlassen werden (§ 4 EigZulG). Eine Nutzung zu anderen Zwecken, z. B. Vermietung von einzelnen Zimmern, gewerbliche oder berufliche Eigennutzung, führt dazu, dass insoweit keine Begünstigung in Betracht kommt. Die Anschaffungs-/Herstellungskosten sind um die auf diese Teile entfallenden Kosten zu kürzen (i. d. R. nach dem Verhältnis der Nutzflächen).

Bemessungsgrundlage für den Fördergrundbetrag sind gem. § 8 EigZulG die Anschaffungs-/Herstellungskosten, soweit sie auf die selbstgenutzte Wohnung entfallen, zzgl. der vollen Anschaffungskosten des Grund und Bodens. Der Kaufpreis und die dazugehörigen Nebenkosten für den Grund und Boden gehören auch dann zur Bemessungsgrundlage, wenn sie längere Zeit vor der Bebauung aufgewendet wurden. Ein zeitlicher Zusammenhang zwischen Grundstückserwerb und Errichtung des Gebäudes ist nicht gefordert.

Der Fördergrundbetrag beträgt ab 2004 1 % max. 1 250 € (bis 31. 12. 2003: bei Neubauten 5 %, max. 2 556 €, und bei Altbauten – bei Anschaffung der Wohnung nach Ablauf des zweiten auf das Jahr der Fertigstellung folgenden Jahres bzw. bei Ausbauten und Erweiterungen mit Herstellungsbeginn nach dem 31. 12. 1996 – 2,5 %, max. 1 278 €), § 9

Abs. 2 EigZulG. Der Förderzeitraum beträgt 8 Jahre und beginnt mit der Anschaffung bzw. Fertigstellung der selbstgenutzten Wohnung.

Jeder Steuerpflichtige erhält nur für eine selbstgenutzte Wohnung oder für einen Ausbau/ Erweiterung den Fördergrundbetrag. Dabei führt eine bereits erhaltene Begünstigung gem. § 7b bzw. § 10e EStG zum Objektverbrauch (§ 6 EigZulG).

Objektverbrauch tritt auch ein, wenn die Abzugsbeträge nicht während des ganzen Abzugszeitraumes von 8 Jahren geltend gemacht wurden. Hier ist aber die Übertragung auf ein Folgeobjekt gem. § 7 EigZulG unter den dort genannten Voraussetzungen möglich. Sind mehrere Personen Miteigentümer einer eigengenutzten Wohnung, so ist jeder Miteigentumsanteil ein Objekt i. S. des Eigenheimzulagengesetzes. Ehegatten, die die Voraussetzungen des § 26 Abs. 1 Satz 1 EStG erfüllen, erhalten die Begünstigung für insgesamt zwei Objekte. Ein allein den Ehegatten gehörendes Objekt wird dabei abweichend von der o. g. Regelung als insgesamt ein Objekt behandelt.

Die bisherige Zusatzförderung für Anlagen zur Energieeinsparung von zusätzlich 2 % der Aufwendungen, max. 256 €, bzw. eine Zusatzförderung für Niedrigenergiehäuser in Höhe von 205 € jährlich (sog. Ökozulage) gelten nur noch für Zeiträume vor dem 1. 1. 2003.

Die Kinderzulage beträgt ab 2004 800 € je begünstigtes Kind (§ 9 Abs. 5 EigZulG). Dabei ist eine Kappungsgrenze gem. § 9 Abs. 6 EigZulG zu beachten. Der Fördergrundbetrag + Kinderzulagen darf die BMG nicht überschreiten.

Die Eigenheimzulage gilt für Objekte mit – im Fall der Herstellung – Herstellungsbeginn nach dem 31. 12. 1995 oder – im Fall der Anschaffung – Vertragsabschluss nach dem 31. 12. 1995, auf Antrag für Anschaffungen/Herstellungsbeginn nach dem 26. 10. 1995 (§ 19 Abs. 2 Nr. 2 EigZulG). Die Regelungen wurden mehrfach geändert, zuletzt erfolgten Kürzungen durch das Haushaltsbegleitgesetz 2004 vom 29. 12. 2003 für Herstellungsfälle oder Anschaffungen (notarieller Vertrag) nach dem 31. 12. 2003.

Fall 266
Objektbeschränkung und Eigenheimzulage

Sachverhalt: Die Eheleute hatten im August 1998 ein Zweifamilienhaus (ZFH) in Neustadt für 460 000 DM erworben, darin ist der Grund und Boden mit 20 % enthalten. Das ZFH wurde 1997 errichtet. Beide Wohnungen werden selbst genutzt und sind gleich groß. Im April 2004 kaufen sie in Trier eine 10 Jahre alte Eigentumswohnung für 180 000 €, Grund- und Bodenanteil 3 %. Diese Wohnung wird vom Ehemann unter der Woche während seiner Berufstätigkeit in Trier zu Wohnzwecken genutzt. Beide Wohnungen gehören den Eheleuten zu je $1/2$.

Frage: Welche Vergünstigungen können die Eheleute in 2004 erhalten?

Literaturhinweis: *Lehrbuch Einkommensteuer*, Rdn. 2871 ff.

➔ Lösung

Seit 1998 erhalten die Eheleute die Eigenheimzulage für nur eine selbstgenutzte Wohnung. Eheleute, die die Voraussetzungen des § 26 Abs. 1 Satz 1 EStG erfüllen, können zwar gleichzeitig für zwei Objekte die Begünstigung erhalten, jedoch nicht für zwei in räumlichem Zusammenhang stehende Objekte (§ 6 Abs. 1 Satz 2 EigZulG). Dabei sind die den Eheleuten gehörenden Anteile von $^1/_2$ als insgesamt ein Objekt zu behandeln (§ 6 Abs. 2 Satz 2 EigZulG).

Bemessungsgrundlage für die Eigenheimzulage:

Anschaffungskosten 460 000 DM inkl. Grund und
Boden (§ 8 EigZulG) davon $^1/_2$ = 230 000 DM

Die Eheleute erhalten in 2004 = 7. Jahr eine Zulage von

5 % = 11 500 DM umgerechnet = 5 880 €, max. 2 556 €, da es sich hier um eine Anschaffung im zweiten Jahr nach Fertigstellung, d. h. sog. Neubau handelt.

Außerdem erhalten die Eheleute für das zweite in 2004 angeschaffte Objekt einen Abzugsbetrag, da die Eigentumswohnung keine Ferien- oder Wochenendwohnung ist.

Gemäß § 6 Abs. 3 EigZulG ist der Förderbetrag für ein zweites Objekt möglich!

Bemessungsgrundlage: 180 000 € inkl. Grund und Boden, davon gem. § 9 Abs. 2 Satz 1 EigZulG n. F. 1 % = 1 800 €, max. = 1 250 €. Eine Unterscheidung in sog. Neubauten bzw. Altbauten ist entfallen.

Dieser Betrag wird für 8 Jahre durch einen gesonderten Bescheid festgesetzt (§ 11 EigZulG) und jährlich ausgezahlt.

Es ist aber zu beachten, dass die Vergünstigung **nur** in Betracht kommt, wenn sich die AfA nicht über die doppelte Haushaltsführung als Werbungskosten gem. § 9 Abs. 1 Nr. 5 EStG bzw. Betriebsausgaben ausgewirkt haben (BMF-Schreiben vom 10. 2. 1998, BStBl 1998 I 190, Tz. 18). Als Werbungskosten/Betriebsausgaben im Rahmen der doppelten Haushaltsführung kommen in Betracht die lfd. Kosten, wie Heizung, Strom, Wasser, Schuldzinsen, die Abschreibung aber max. bis zur Höhe des Mietwertes der Wohnung (§ 2 Abs. 1 Satz 2 EigZulG; R 43 Abs. 9 LStR, H 43 Abs. 6 bis 11 „Eigene Zweitwohnung" LStH).

Fall 267
Eigenheimzulage mit Zusatzförderung

Sachverhalt:

Die Eheleute Anton und Berta Lustig erwerben mit Vertrag vom 10. 5. 2002 ein Einfamilienhaus, Baujahr 2000. Vertragsgemäß ist der Übergang von Nutzen und Lasten zum 1. 7. 2002 vereinbart. Der Kaufpreis beträgt umgerechnet 260 000 €, davon entfallen auf den Grund und Boden 50 000 €. Im Kaufpreis enthalten sind die Kosten für eine Solar-Heizungsanlage mit einem Betrag von 30 000 €. Vor dem Einzug am 15. 8. 2002 lassen die Eheleute das Bad für 10 000 € umgestalten und Schönheitsreparaturen, wie Tapeten, Teppichböden und Holzdecken, mit einem Kostenaufwand von insgesamt 12 000 € ausführen. Der Kaufpreis wird teilweise durch ein Darlehen finanziert. Als Damnum werden 2 000 € bei Auszahlung im Mai 2002 einbehalten, die Zinsen betragen ab Juni 2002 400 € monatlich.

Zum Haushalt gehören zwei Kinder im Alter von 5 und 8 Jahren.

Der Gesamtbetrag der Einkünfte der Eheleute Lustig beträgt 2001: umgerechnet 69 000 €, 2002: 84 000 €, 2003: 98 000 €.

Frage: Welche steuerliche Förderung ist für 2002 möglich? Objektverbrauch ist bisher noch nicht eingetreten.

Literaturhinweis: *Lehrbuch Einkommensteuer*, Rdn. 2857 ff., 2863 ff.

▶ Lösung

Die Anschaffung des bebauten Grundstücks, Abschluss des notariellen Kaufvertrages, erfolgen in 2002. Als steuerliche Förderung ist demnach neben der Eigenheimzulage noch die Zusatzförderung möglich. Anhand des vorliegenden Beispiels soll die Berechnung dieser nach dem 1. 1. 2003 entfallenen Förderung dargestellt werden.

Maßgebend ist die bisherige Einkunftsgrenze gem. § 5 EigZulG, danach darf der Gesamtbetrag der Einkünfte im Erstjahr 2002 und Vorjahr, hier 2001, 163 614 € nicht übersteigen. Der GdE 2001: 69 000 € + (2002) 84 000 € = gesamt 153 000 € überschreitet damit die Grenze nicht. Das spätere Überschreiten in 2003 (2002: 84 000 € + (2003) 98 000 € = gesamt 182 000 €) ist ohne Bedeutung. Sind aber im Erstjahr + Vorjahr die Grenzen des GdE überschritten, so kann dennoch die Eigenheimzulage für die Jahre gewährt werden, bei denen erstmals die Grenze von 163 614 € bei Ehegatten unterschritten wird (§ 11 Abs. 1 Satz 3 EigZulG).

Der Fördergrundbetrag beträgt 5 %, da die Anschaffung noch im 2. Jahr nach der Fertigstellung 2000 gem. § 9 Abs. 2 EigZulG erfolgte (Neuobjekt, diese Unterscheidung ist ab 2004 entfallen). Bemessungsgrundlage sind die Anschaffungskosten inkl. Grund und Boden (§ 8 EigZulG).

Gesondert gefördert werden gem. § 9 Abs. 3 Nr. 2 EigZulG die anteiligen AK, soweit sie auf die Solaranlage entfallen. Diese Regelung gilt in Anschaffungsfällen nur bei Anschaffung von sog. Neuobjekten **vor dem 1. 1. 2003**.

AK = 260 000 € ./. Solaranlage 30 000 € =	230 000 €
davon 5 %, max. aber	2 556 €
+ Zusatzförderung für Solaranlage	
2 % der Kosten 30 000 € = 600 €, aber max.	256 €
Grundförderung	2 812 €
+ § 9 Abs. 5 EigZulG	
Kinderzulage 2 × 767 € =	1 534 €
jährl. Eigenheimzulage **ab 2002**	4 346 €

Diese gilt grundsätzlich für den Förderzeitraum von 8 Jahren, falls sich keine Änderung ergibt. Der Höchstbetrag gem. § 9 Abs. 6 EigZulG wird nicht überschritten.

Fall 268
Fördergrundbetrag bei Tod/Scheidung eines Ehegatten

Sachverhalt: Die Eheleute A und B errichten in 2004 (Herstellungsbeginn nach dem 31. 12. 2003) ein eigengenutztes Einfamilienhaus, HK = 204 517 €.
Eigentümer sind die Eheleute zur Hälfte.
Frage: Wie hoch ist der Abzugsbetrag, wenn

a) der Ehemann im August 2005 verstirbt und von seiner Ehefrau allein beerbt wird?

b) der Ehemann von seiner Frau B zu ³/₄ und von seinem Sohn zu ¹/₄ beerbt wird?

c) die Eheleute sich im August 2005 endgültig trennen und zu gegebener Zeit die Scheidung einreichen? Die Ehefrau erwirbt in 2005 den Anteil des Ehemannes.

Literaturhinweis: *Lehrbuch Einkommensteuer*, Rdn. 2838 ff., 2871 ff.

➡ Lösung

Die Eheleute erhalten in 2004 und 2005 den Fördergrundbetrag gem. § 9 Abs. 2 EigZulG mit 1 %, max. 1 250 €.

Zu a):

Die Grundförderung für die Wohnung bleibt weiter in Höhe von 1 250 € bestehen, obwohl die Ehefrau B durch den Erbfall den Anteil des verstorbenen Ehemannes hinzuerwirbt (§ 6 Abs. 2 Satz 3 EigZulG; BMF v. 10. 2. 1998, BStBl 1998 I, 190, Tz. 45).

Zu b):

B erhält die Grundförderung weiter für ihren eigenen Anteil von ¹/₂ = 625 € und für ³/₄ des Anteils des verstorbenen Ehemannes, ³/₄ von 625 € = 469 €, Summe = 1 094 € (§ 9 Abs. 2 Satz 2 EigZulG n. F.).
Der Sohn kann den Fördergrundbetrag bei Vorliegen der Voraussetzungen von ¹/₄ = 156 € für den restlichen Abzugszeitraum fortführen, damit ist aber für ihn Objektverbrauch eingetreten. Der Anteil an einem Objekt steht einem Objekt gleich (§ 6 Abs. 2 Satz 1 EigZulG).

Zu c):

Die Eheleute erfüllen ab dem VZ 2006 nicht mehr die Voraussetzungen des § 26 Abs. 1 EStG. Es würde sich ab 2006 nunmehr um zwei Objekte handeln, da § 6 Abs. 2 Satz 2 EigZulG nicht mehr greift. B erhält aber im Jahr der Trennung 2005 (im VZ lagen die Voraussetzungen des § 26 Abs. 1 EStG noch vor) den Anteil des A. B erhält weiterhin die Grundförderung von insgesamt 1 250 € gem. § 6 Abs. 2 Satz 3 2. Halbsatz EigZulG, BMF v. 10. 2. 1998, a. a. O., Tz. 44.

Fall 269
Eigenheimzulage

Sachverhalt: Die Eheleute Hans und Herta Henning erwarben am 11. 3. 1999 ein erschlossenes Baugrundstück in Neustadt für 150 000 DM. Der Kaufpreis wurde am 15. 4. 1999 geleistet. Die Notargebühren für den Kaufvertrag und die Eintragungsgebühren (bezahlt am 20. 5. 1999) beliefen sich auf 4 262 DM. Die Maklergebühren, bezahlt am 20. 4. 1999, betrugen 5 130 DM, die Grunderwerbsteuer, bezahlt am 31. 5. 1999, betrug 5 250 DM. (Umrechnung in € 1,95583)

Mit der Errichtung des Gebäudes begannen die Eheleute im Mai 2002, der Bauantrag wurde im Januar 2002 gestellt. Das Gebäude wird am 10. 4. 2003 fertig gestellt und ab diesem Zeitpunkt genutzt, Herstellungskosten insgesamt 286 000 €. Es enthält zwei getrennte Wohnungen; die Erdgeschosswohnung hat eine Wohnfläche von 150 qm (Nutzfläche 240 qm). Sie wird von den Eheleuten ab Fertigstellung selbst genutzt. Die Obergeschosswohnung hat eine Wohnfläche von 120 qm (Nutzfläche 160 qm). Sie wird ebenfalls von den Eheleuten selbst genutzt. Zum Gebäude gehören zwei Garagen von je 30 qm Fläche, die beide von Hans und Herta genutzt werden (HK jeweils 7 500 €). Der Außenputz des Gebäudes wird in 2004 fertig gestellt, Kosten 15 000 €. Zur Finanzierung ihres Bauvorhabens schlossen die Eheleute Henning einen Kreditvertrag ab. Die Eheleute hatten bisher noch kein begünstigtes Objekt.

Im Übrigen sind folgende Kosten entstanden:

- Grundsteuer beträgt vierteljährlich 31 €, Bezahlung bei Fälligkeit jeweils am 15. 5., 15. 8., 15. 11., 15. 2. etc.
- Damnum = 6 000 € einbehalten bei Kreditauszahlung im Oktober 2002.
- Notargebühren für die Hypothekenbestellung, bezahlt am 20. 11. 2002 = 372 €.
- Eintragungsgebühren für Hypothek 520 €, bezahlt lt. Rechnung v. 18. 12. 2002 am 4. 1. 2003.
- Rückständige Anliegerbeiträge lt. Rechnung vom 23. 2. 2000 = 15 000 DM, bezahlt am 30. 4. 2000.
- Schuldzinsen monatl. je 800 €, bezahlt per Dauerauftrag, jeweils am 15. eines Monats.

Frage:
1. Nehmen Sie Stellung zu den steuerlichen Folgen!
2. Wie hoch wäre die Eigenheimzulage 2004, wenn der Beginn der Herstellung, der Bauantrag nach dem 31. 12. 2003 gestellt worden wäre?

Literaturhinweis: *Lehrbuch Einkommensteuer*, Rdn. 2817 ff.

➔ Lösung

Da die Eheleute Henning die Absicht hatten, ein selbstgenutztes Zweifamilienhaus zu errichten, das nicht zu einem Einkunftstatbestand führt, sind die damit zusammenhängenden Kosten nicht abzugsfähig.

Eigenheimzulage:

Bezüglich der Herstellungskosten des Gebäudes und der Anschaffungskosten des Grund und Bodens kommt die Eigenheimzulage in Betracht. Begünstigtes Objekt ist die selbstgenutzte Wohnung im eigenen Haus. Die Eheleute errichteten 2003 zwei Wohnungen im Zweifamilienhaus, die beide selbst genutzt werden. Grundsätzlich sind bei Ehegatten zwei Objekte begünstigt (§ 6 Abs. 2 Satz 2 EigZulG), aber bei zwei in räumlichem Zusammenhang stehenden Objekten gilt diese Regelung nicht. Demnach ist nur die Erdgeschosswohnung, da es sich hier um die größere Wohnung handelt und der Steuerpflichtige die günstigste Regelung wünscht, begünstigt. Die Kosten der Obergeschosswohnung sind nicht berücksichtigungsfähig. Ein Abzug kommt für 2003 bzw. 2004 nur in Betracht, wenn die Einkunftsgrenze gem. § 5 EigZulG erfüllt ist. Dabei ist zu beachten, dass die Einkunftsgrenze gem. § 5 EigZulG n. F. geändert wurde auf 140 000 € bei Ehegatten bezogen nunmehr auf die Summe der positiven Einkünfte (gilt bei Herstellung nach dem 31. 12. 2003).

Für die Gewährung der Eigenheimzulage ist außerdem zu prüfen, ob bereits Objektverbrauch eingetreten ist. Das ist nicht der Fall, da bisher noch kein begünstigtes Objekt gegeben war.

HK des Zweifamilienhauses =	286 000 €
Aufteilung nach dem Nutzflächenverhältnis auf die EG-Wohnung	
gesamte Nutzfläche = 240 qm + 160 qm = 400 qm,	
davon EG 240 qm = 60 % von 286 000 € =	171 600 €
+ HK der Garage	+ 7 500 €

Die BMG für die Eigenheimzulage ist zwar bereits überschritten, dennoch sollen im Folgenden die Berechnungen der AK/HK dargestellt werden.

+ Anschaffungskosten des Grund und Bodens:

Kaufpreis	150 000 DM
+ Notargebühren	4 262 DM
+ Maklergebühren	5 130 DM
+ Grunderwerbsteuer	5 250 DM
+ Anliegerbeiträge	15 000 DM
Summe	179 642 DM

davon anteilig für die Erdgeschosswohnung:
Die Garagenfläche ist nun in das Nutzflächenverhältnis einzubeziehen, insgesamt 460 qm Nutzfläche,
davon begünstigt 270 qm = 58,7 %

58,7 % von 179 642 DM = 105 450 DM, umgerechnet in €	+ 53 916 €
Bemessungsgrundlage insgesamt	233 016 €
Eigenheimzulage 2003 und folgende Jahre: 5 %, max.	__2 556 €__

Die restlichen Kosten sind weder in 2002 noch 2003 abzugsfähig.

Eigenheimzulage 2004 (bei Herstellung nach dem 31. 12. 2003):

Gem. § 9 EigZulG beträgt die Zulage nur noch **1 %** von 233 016 € = 23 302 €, max. **1 250 €.**

Kosten 2004:

Der in 2004 fertig gestellte Außenputz stellt nachträgliche HK dar und erhöht damit in 2004 die BMG (BMF vom 10. 2. 1998, a. a. O., Tz. 57). Die max. Bemessungsgrundlage ist aber bereits ausgeschöpft.

Fall 270
Eigenheimzulage bei Folgeobjekt

Sachverhalt: Die Eheleute Lustig besitzen ein Einfamilienhaus, welches im Mai 2004 für 245 000 € erworben wurde (Grund und Boden 80 000 €, Baujahr 2002). Die Wohnung wird seitdem von den Eheleuten selbst genutzt. Ihre bisherige Eigentumswohnung hatten sie im April 2004 für 180 000 € veräußert. Diese Wohnung hatten die Eheleute in 2000 für umgerechnet 140 000 € gekauft und Eigenheimzulage erhalten. Antonia Lustig, die Ehefrau, hatte außerdem in den Jahren 1973 – 1980 erhöhte Abschreibungen gem. § 7b EStG a. F. für einen Anteil von $^1/_3$ an einem Zweifamilienhaus erhalten.

In 2005 wenden die Eheleute 8 000 € für die Modernisierung der Heizungsanlage auf.

Das Dachgeschoss des Einfamilienhauses wurde Ende 2004 mit einem Kostenaufwand von 46 000 € ausgebaut. Dort richtete sich Xaver Lustig sein Architekturbüro ein. Das Büro (30 qm) wurde zum 20. 12. 2004 fertig gestellt und eingerichtet. Die Kosten hat Xaver allein getragen.

Frage: Berechnen Sie die Eigenheimzulage 2004.

Literaturhinweis: *Lehrbuch Einkommensteuer*, Rdn. 2878 ff.

➡ Lösung

Die selbstgenutzte Wohnung im eigenen Einfamilienhaus ist ein begünstigtes Objekt gem. § 2 Abs. 1 EigZulG. Die Gebäudeteile, die der Einkunftserzielung dienen, nämlich das Büro im Dachgeschoss des Einfamilienhauses, bleiben für die Grundförderung unberücksichtigt (§ 2 Abs. 1 Satz 2 EigZulG). Die Aufwendungen inkl. der AfA für den Gebäudeteil sind als Betriebsausgaben im Rahmen des § 18 EStG zu berücksichtigen.

Gemäß § 6 Abs. 2 Satz 2 i. V. m. § 6 Abs. 1 Satz 2 EigZulG erhalten Ehegatten, die die Voraussetzungen des § 26 Abs. 1 Satz 1 EStG erfüllen, die Begünstigung insgesamt für zwei Objekte. Dabei sind Objekte gem. § 7b EStG bzw. § 10e EStG mitzurechnen (§ 6 Abs. 3 EigZulG).

Da die Eheleute Lustig bzw. die Ehefrau bereits für zwei Objekte die erhöhten Abschreibungen bzw. Eigenheimzulage erhalten haben, ist hiermit Objektverbrauch eingetreten. Auch der Anteil an einem Objekt führt zum Objektverbrauch (§ 7b Abs. 6 EStG a. F. = § 6 Abs. 2 EigZulG). Können die erhöhten Abschreibungen nicht während des ganzen Begünstigungszeitraumes in Anspruch genommen werden, ist die Übertragung auf ein Folgeobjekt möglich (§ 7 Satz 1 EigZulG).

Erstobjekt ist in diesem Fall die Eigentumswohnung, die in 2004 veräußert wurde. Folgeobjekt ist die selbstgenutzte Wohnung im eigenen Einfamilienhaus gem. § 2 Abs. 1 EigZulG. Der Begünstigungszeitraum des Folgeobjekts beginnt nach Ablauf des VZ 2004, da für 2004 noch Eigenheimzulage zu gewähren ist, § 7 Satz 3 EigZulG. Der Begünstigungszeitraum für das Folgeobjekt läuft ab 2005 noch 3 Jahre (8 Jahre ./. 4 Jahre von 2000 – 2004, BMF vom 10. 2. 1998, a. a. O., Tz. 51).

Bemessungsgrundlage AK Gebäude + Grund und Boden (§ 8 EigZulG) = 245 000 €

Die nachträglichen HK sind nicht zu berücksichtigen, da sie auf das Büro entfallen.

Höhe der Eigenheimzulage (§ 9 Abs. 2 EigZulG):

Da die Anschaffung des Folgeobjektes nach dem 31. 12. 2003 erfolgte, greift das EigZulG i. d. F. des HBeglG 2004, § 19 EigZulG. Die Unterscheidung in Neubau und sog. Altbau ist ab 2004 weggefallen. Die Zulage beträgt 1 % max. 1 250 € für 2005 – 2007.

Für die Modernisierung der Heizungsanlage in 2005 kommt eine zusätzliche Zulage gem. § 9 Abs. 3 bzw. 4 EigZulG a. F. nicht mehr in Betracht.

Fall 271
Erbauseinandersetzung und Eigenheimzulage

Sachverhalt: Der Vater V erwarb im Juni 2001 eine neu errichtete Eigentumswohnung. Er hat hierfür die Eigenheimzulage beantragt und in Höhe von 5 000 DM ab 2001 erhalten.

Im Oktober 2003 stirbt V, Erben sind zu je ½ seine Kinder S und T. Der Verkehrswert der Eigentumswohnung beträgt umgerechnet 200 000 €. Ab 2003 bewohnt der verheiratete S die Wohnung. S hatte bisher, wie seine Ehefrau, noch kein begünstigtes Objekt. Die Erbauseinandersetzung findet im Juli 2004 statt. S erhält die Eigentumswohnung und hat als Ausgleich an T 100 000 € zu zahlen.

Frage: Wie hoch ist der Förderbetrag ab 2004?

Literaturhinweis: *Lehrbuch Einkommensteuer*, Rdn. 2841 ff.

Lösung

Die Eigenheimzulage für V ist von 2001 bis inkl. 2003 zu gewähren.

Bis zur Erbauseinandersetzung nutzt S die Eigentumswohnung zu eigenen Wohnzwecken, obwohl S nur zu ½ Eigentümer ist. Die Erbauseinandersetzung erfolgt nicht innerhalb von 6 Monaten nach dem Erbfall, so dass eine Rückwirkung auf den Todeszeitpunkt nicht in Betracht kommt (BMF v. 11. 1. 1993, BStBl 1993 I 62, Tz. 8 und 9).

Nach der Erbauseinandersetzung im Juli 2004 erwirbt S die 2. Hälfte entgeltlich hinzu.

Dieser Miteigentumsanteil ist ein eigenständiges Objekt. Dieser Hinzuerwerb erfolgt aber bis zum Ende des Kj., in dem auch die Eigenheimzulage für den unentgeltlichen Teil weitergeführt wird. Gemäß Tz. 35 (BMF v. 10. 2. 1998, BStBl 1998 I 190) stellen ursprünglicher und hinzuerworbener Teil ein einheitliches Objekt dar, wenn der Miteigentümer bis zum Ende des Kj., in dem der Förderzeitraum für den ursprünglichen Anteil beginnt, einen Anteil hinzuerwirbt. Für den geerbten Anteil beginnt aber kein neuer Förderzeitraum, der bisherige läuft lediglich weiter. Diese Sonderregelung gilt bei einem Erbfall aber nur, wenn erstmalige Selbstnutzung, Erbfall und Auseinandersetzung in einem Jahr zusammenfallen. Das ist hier aber nicht der Fall. Demnach handelt es sich bei dem hinzuerworbenen Anteil um ein eigenes und damit zweites Objekt.

Fortführung der Eigenheimzulage durch S als Rechtsnachfolger für den unentgeltlichen Teil (BMF v. 10. 2. 1998, a. a. O., Tz. 21):

Das heißt, der ursprüngliche Zeitraum von 2001 – 2003 bei V läuft nun bei S weiter von 2004 bis 2008.

Gemäß § 9 Abs. 2 Satz 3 EigZulG ist die Hälfte der Eigenheimzulage des Rechtsvorgängers von 1 278 € (bisher 2 500 DM) fortzuführen. Damit ist Objektverbrauch eingetreten.

Für den entgeltlich erworbenen Teil beginnt eine neue Eigenheimzulage ab 2004. Da S verheiratet ist und Ehegatten insgesamt 2 Objekte erhalten (§ 6 Abs. 1 Satz 2 EigZulG), kommt hierfür ebenfalls die Förderung in Betracht. Da die Anschaffung nach dem 31. 12. 2003 erfolgte, greift hier die neue Eigenheimzulage (§ 19 EigZulG 2004). Gem. § 9 Abs. 2 Satz 1 EigZulG beträgt der Fördergrundbetrag 1 % von 100 000 € = 1 000 €, max. $^1/_2$ von 1 250 € = 625 €. Der Förderzeitraum beginnt 2004 und endet 2011. Die quotale Kürzung basiert auf § 9 Abs. 2 Satz 2 EigZulG n. F., siehe Tz. 70, BMF v. 10. 2. 1998, a. a. O.

(**Anmerkung:** BFH v. 24. 10. 2000, BFH/NV 2000 S. 1018; BFH v. 6. 4. 2000 IX R 90/97, BStBl 2000 II 414, zur quotalen Kürzung.)

Fall 272
Vorweggenommene Erbfolge und Eigenheimzulage

Sachverhalt: Durch notariellen Vertrag vom 11. 11. 01 übertrug der Vater V (59 Jahre alt) sein Einfamilienhaus mit Wirkung vom 1. 12. 01 (Übergang von Nutzen und Lasten) auf seine Tochter T. Diese zahlte vereinbarungsgemäß für das EFH (Verkehrswert von 450 000 €, Gebäudeanteil 80 %) an V eine lebenslängliche Rente von monatlich 500 € (Mietwert der Wohnung 1 000 €), beginnend ab 1. 12. 01. Außerdem muss T am 31. 10. 02 ihrem Bruder S einen Betrag von 114 700 € zahlen. Die Beträge werden pünktlich entrichtet. Vor ihrem Einzug renoviert T das EFH im Dezember 01 für 10 000 €. Wegen eines größeren Frostschadens (Reparatur im Januar 02, Kosten = 10 000 €) konnten sie erst am 1. 2. 02 das EFH beziehen.

Frage: Wie hoch sind die steuerlichen Abzugsbeträge bzw. die Eigenheimzulage 01 und 02?

T ist verheiratet und hat drei Kinder unter 18 Jahren. Es ist die Rechtslage des VZ 2004 zugrunde zu legen.

Literaturhinweis: *Lehrbuch Einkommensteuer*, Rdn. 2844

Fall 272: Vorweggenommene Erbfolge und Eigenheimzulage

➜ Lösung

T hat das EFH durch obligatorischen Vertrag vom 11. 11. 01 von V erworben. Nach § 19 Abs. 1 EigZulG kommt die Eigenheimzulage in Betracht.

Eine Förderung ist aber nur möglich bei entgeltlichem Erwerb; ein unentgeltlicher Erwerb ist – außer bei Gesamtrechtsnachfolge – nicht begünstigt (§ 2 Abs. 1 EigZulG).

T hat das EFH nicht voll entgeltlich erworben, da sich Leistung und Gegenleistung offensichtlich – und von V auch gewollt – nicht kaufmännisch abgewogen gegenüberstehen (vgl. Tz. 1 und 2, BMF vom 13. 1. 1993, Erlass zur vorweggenommenen Erbfolge, BStBl 1993 I 80).

Verkehrswert Haus	450 000 €
Gegenleistung:	
Das Gleichstellungsgeld an S ist nicht abzuzinsen, da die Schuld zwar unverzinslich, aber die Fälligkeit weniger als 12 Monate später ist (Tz. 11, BMF vom 13. 1. 1993, a. a. O.):	114 700 €
Kapitalwert der wiederkehrenden Leistung:	
$12 \times 500 \, € \times 10{,}720 =$	**64 320 €**
(Anlage 9 BewG zu § 14 Abs. 1 BewG: Männer, 59 Jahre)	
Leistungen der T zusammen	179 020 €

Es handelt sich hierbei um eine Vermögensübertragung unter vorweggenommener Erbfolge. Daher führt das Gleichstellungsgeld an S zu Anschaffungskosten (Tz. 7, BMF vom 13. 1. 1993, a. a. O.), hingegen ist bei der Rente zu prüfen, ob es sich um eine so genannte Versorgungsrente handelt, die nicht zu Anschaffungskosten führt (Tz. 4 – 6, BMF vom 13. 1. 1993, a. a. O.). Die Anschaffungskosten in Höhe des Gleichstellungsgeldes führen aber auf jeden Fall zu einem entgeltlichen bzw. teilentgeltlichen Erwerb in Höhe von 114 700 €/450 000 € = 25,48 %, ca. 26 %.

Gemäß Tz. 7, 10 des neuen BMF-Schreibens („Rentenerlass") vom 16. 9. 2004 (BStBl 2004 I 922) handelt es sich nunmehr auch bei einem eigengenutzten EFH um eine existenzsichernde Wirtschaftseinheit (Änderung lt. BMF vom 16. 9. 2004 a. a. O., Änderung auf Grund der BFH-Beschlüsse vom 12. 5. 2003 GrS 1/00 und 2/00, BStBl 2004 II 95 ff. Es wurde nunmehr entschieden, dass eine als Sonderausgaben anzuerkennende dauernde Last auch dann vorliegt, wenn die ersparte Nettomiete höher als die dauernde Last ist. Die Verwaltung wendet diese neuen Regelungen inzwischen an).

Damit eine Versorgungsleistung vorliegt, muss es sich außerdem um eine ausreichend ertragbringende Wirtschaftseinheit handeln, Tz. 19 ff. BMF vom 16. 9. 2004.

Zur Überprüfung, ob die Nettoerträge ausreichen, ist der Ertrag des **unentgeltlichen** Teils ohne Abzug von AfA (Tz. 24, 25 und 27 Rentenerlass), zu ermitteln. Der Nutzungswert der Wohnung – ersparte Nettomiete – beträgt 1 000 €, davon 74 % unentgeltlich = 740 €, Tz. 21 BMF, die monatliche Rente beträgt 500 €. Damit handelt es sich nach überschlägiger Berechnung um eine ausreichend ertragbringende Wirtschaftseinheit. Die Versorgungsleistungen, (bisher sog. Typus 1) sind demnach nach Tz. 47 zu beurteilen. Da die Leistungen abänderbar sind, handelt es sich um eine dauernde Last.

Die Rente ist von V als Einnahme nach § 22 Nr. 1 Satz 1 EStG in voller Höhe zu versteuern, das sind in 02 (VZ 2004):

12 × 500 € = **6 000 €.**

T hat in gleicher Höhe 6 000 € Sonderausgaben gem. § 10 Abs. 1 Nr. 1a EStG.

Der Abzugs-/Förderzeitraum bzgl. der Eigenheimzulage beginnt mit dem Jahr der Anschaffung (hier: 1. 12. 01) und endet am 31. 12. 08. Da die Voraussetzung „Selbstnutzung" im 1. Jahr des Zeitraumes (01) nicht erfüllt ist, entfallen die Förderungen für 01.

T kann ab 02 folgende Vergünstigungen geltend machen:

Rechtslage 2004:

– Grundförderung (§ 9 Abs. 2 EigZulG) 1 % von 114 700 €, max. 1 250 € = 1 147 €
– Kinderzulage nach § 9 Abs. 5 EigZulG: 3 × 800 € = 2 400 €

Fall 273
Eigenheimzulage 2003/2004

Sachverhalt: V und M sind seit dem Jahr 2000 verheiratet und werden zusammen zur Einkommensteuer veranlagt. Für beide Ehegatten ist es die zweite Ehe.

V ist seit 1999 verwitwet und hat aus erster Ehe die 33-jährige Tochter T. M ist seit 2000 von ihrem früheren Ehemann (E) geschieden, mit dem sie den 28-jährigen Sohn Peter (P) hat. P ist seit dem 9. Lebensjahr behindert (lt. Bescheinigung des Versorgungsamtes 100 %) und ständig hilflos. M hat für P Anspruch auf Kindergeld bzw. Kinderfreibetrag.

V hatte bisher eine Wohnung in einem ihm gehörenden Gebäude mit seiner früheren Ehefrau seit dem 1. 11. 1994 bewohnt und die Förderung gem. § 10e EStG erhalten. Nach dem Tod der Ehefrau hat V diese Wohnung beibehalten.

M hatte von 1992 bis zur Scheidung zusammen mit P und E eine nach § 10e EStG geförderte Wohnung bewohnt, welche Alleineigentum des E gewesen war. Gleich nach der Eheschließung mit V zog M zusammen mit P in die Wohnung des V ein.

Mit notariellem Vertrag vom 23. 2. 2004 übertrug V das Eigentum an dem Grundstück auf T. Vereinbarter Zeitpunkt des Übergangs der Nutzen und Lasten war der 1. 4. 2004, zu dem auch T gegenüber den Mietern in die Mietverträge eintrat.

Anfang 2003 erwarben V und M als Miteigentümer zu je ¹/₂ ein baureifes Grundstück im Neubaugebiet von Edenkoben. Die Anschaffungskosten betrugen 45 000 €. Auf diesem Grundstück errichteten V und M aufgrund eines im März 2003 eingereichten Bauantrages ein Einfamilienhaus, welches am 1. 12. 2003 fertig gestellt war und von V und M (sowie P) am 30. 1. 2004 bezogen wurde.

Die Herstellungskosten für das Haus haben 255 000 € betragen.

V und M nutzen das Haus in Edenkoben an den Wochenenden, und die bisherige Wohnung während der Woche.

Frage: In welcher Höhe und für welche Jahre kann Wohnungseigentumsförderung gewährt werden? Der Gesamtbetrag der Einkünfte von M und V im Erstjahr und Vorjahr beträgt insgesamt 140 000 €.

Literaturhinweis: *Lehrbuch Einkommensteuer*, Rdn. 2817 ff.

→ Lösung

Als unbeschränkt Steuerpflichtige sind M und V gem. § 1 EigZulG persönlich anspruchsberechtigt. Bei dem neuen Gebäude handelt es sich um ein gem. § 2 Abs. 1 Satz 1 EigZulG begünstigtes Objekt. Der Förderzeitraum umfasst gem. § 3 EigZulG das Jahr der Fertigstellung sowie die folgenden sieben Jahre. Dies sind die Kalenderjahre 2003 bis 2010.

Gemäß § 4 Satz 1 EigZulG besteht Anspruch auf Förderung für die Kalenderjahre, in denen der Anspruchsberechtigte die Wohnung zu eigenen Wohnzwecken nutzt. Die Nutzung zu eigenen Wohnzwecken lag erstmalig im Jahr 2004 vor, da die Wohnung erst im Januar 2004 von den Ehegatten bezogen wurde. Die Förderung für das Herstellungsjahr 2003 ist somit verloren. Für die Jahre 2004 bis 2010 besteht – vorbehaltlich des Vorliegens der weiteren Voraussetzungen – Anspruch auf Eigenheimzulage.

Die Grundförderung beträgt erst bei Objekten, die nach dem 31. 12. 2003 angeschafft oder hergestellt worden sind, nur noch 1 % max 1 250 €. Im vorliegenden Fall erfolgte der Beginn der Herstellung aber vor dem 31. 12. 2003, damit gilt die bisherige Eigenheimzulage.

Weitere Voraussetzung für die Förderung ist gem. § 5 Satz 2 i. V. m. Satz 1 EigZulG, dass der Gesamtbetrag der Einkünfte des Erstjahres (in dem alle Voraussetzungen vorlagen, hier 2004) zzgl. des Vorjahres (2003) bestimmte Grenzen nicht übersteigt. Die Grenze des § 5 Satz 2 EigZulG liegt für zusammenveranlagte Ehegatten bei 163 614 €, zzgl. 15 339 € für jedes im Erstjahr zu berücksichtigende Kind (§§ 5 Satz 3, 9 Abs. 5 Satz 1 und 2 EigZulG) = 178 953 €. Der Gesamtbetrag der Einkünfte lt. Aufgabenstellung beträgt nur 140 000 €. (Die Einkunftsgrenze beträgt für EigZulG 2004: 140 000 € + 15 000 € = 155 000 €, aber Summe der positiven Einkünfte!)

V und M können die Förderung für insgesamt zwei Objekte beanspruchen (§ 6 Abs. 1 EigZulG). Ein nach § 10e EStG gefördertes Objekt zählt als Vorobjekt (§ 6 Abs. 3 EigZulG). Dem V ist die nach § 10e EStG geförderte Wohnung als Vorobjekt zuzurechnen. Der M ist kein Vorobjekt zuzurechnen, da die vormalig bewohnte, nach § 10e EStG geförderte Wohnung, Alleineigentum ihres früheren Ehemannes war (Tz. 43 Satz 2 des BMF-Schreibens vom 10. 2. 1998, BStBl 1998 I, 190). Während des Bestehens der Ehe von M und V ist die Wohnung in Edenkoben ein zu förderndes zweites Objekt. Die Miteigentumsanteile sind gem. § 6 Abs. 2 Satz 2 EigZulG zusammen als ein Objekt zu behandeln.

Bemessungsgrundlage für den Fördergrundbetrag sind gem. § 8 Satz 1 EigZulG die Anschaffungs- und Herstellungskosten in Höhe von 255 000 € + 45 000 € Grund und Boden = 300 000 €. Der Fördergrundbetrag beträgt gem. § 9 Abs. 2 EigZulG 5 %, max. **2 556 €.**

Gemäß § 9 Abs. 5 Satz 1 EigZulG wird eine Kinderzulage in Höhe von 767 € (lt. EigZulG 2004 = 800 €) gewährt für jedes Kind, für das der Anspruchsberechtigte oder sein Ehegatte im jeweiligen Kalenderjahr des Förderzeitraums einen Kinderfreibetrag gem. § 32 Abs. 6 EStG bzw. Kindergeld erhält. Voraussetzung ist gem. § 9 Abs. 5 Satz 2 Eig-

ZulG, dass das Kind zum inländischen Haushalt des Anspruchsberechtigten gehört. Der Sohn Peter von M gehört in 2004 zum inländischen Haushalt von M und V.

Voraussetzung ist ferner, dass M für P – Kind i. S. von § 32 Abs. 1 Nr. 1 EStG – Anspruch auf einen Kinderfreibetrag bzw. Kindergeld hat, dies ist lt. Sachverhalt erfüllt. Gemäß § 32 Abs. 4 Nr. 3 EStG ist P im VZ 2004 zu berücksichtigen, da er wegen seiner Behinderung außerstande ist, sich selbst zu unterhalten, und die Behinderung vor Vollendung des 27. Lebensjahres eingetreten ist. Die Behinderung besteht seit dem 9. Lebensjahr und beträgt lt. Bescheinigung des Versorgungsamtes 100 %, außerdem ist P ständig hilflos. Somit wird eine Kinderzulage von **767 €** p. a. gewährt.

M und V können somit für 2004 (sowie sechs Folgejahre) beanspruchen:

Grundförderung gem. § 9 Abs. 2 EigZulG	2 556 €
Kinderzulage gem. § 9 Abs. 5 EigZulG	767 €
gesamt	3 323 €

(Die Höchstgrenze des § 9 Abs. 6 EigZulG ist offensichtlich nicht überschritten.)

Stichwortverzeichnis

(Die Zahlen verweisen auf die Fälle.)

Abfindung, Steuersatz 255
Abflusszeitpunkt,
– Ausgaben 8
– Banküberweisung 15
– Instandhaltungsrücklage 18
– kreditfinanzierte Aufwendungen 8, 15
– regelmäßig wiederkehrende Ausgaben 21
– Scheckzahlung 16
– Vorauszahlung von Sonderausgaben 17
– Vorauszahlung von Werbungskosten 17
Abgekürzte Leibrente 223
Abschreibung
– Praxiswert 142
– s. auch Absetzung für Abnutzung
Absetzung für Abnutzung 107 ff.
– Abschreibungsbeginn 107
– AfA-Fähigkeit 108
– antike Möbel 108
– Bilanzberichtigung 112
– degressive Gebäude-AfA 114
– Ermittlung der Bemessungsgrundlage 113
– Kauf eines Wohnhauses auf Rentenbasis 219
– Kunstgegenstände 108
– kurzlebige Wirtschaftsgüter 109
– lineare Gebäude-AfA 113
– Nachholung 111 f.
– nachträgliche Gebäude-Herstellungskosten 115
– Praxiswert 142
– Praxiswert einer Freiberufler-GmbH 143
– Sozietätspraxiswert 142
– unterlassene Bilanzierung 112
– versehentlich unterlassene 111
– willkürlich unterlassene 110
– Wohnrechtsvorbehalt 117
Absetzung für außergewöhnliche Abnutzung, Betriebsausgaben 80
Abzug, Vorauszahlungen 22
Aktien, Verkauf aus Sammeldepot 232, 233
Alleinerziehende 69
Alleingesellschafter 49
Alterseinkünftegesetz, Vorsorgeaufwendungen 47
Altersentlastungsbetrag 5, 7, 242 f.

Altersrente 226 f.
Altersvorsorge
– Sonderausgabenabzug 54
– steuerliche Förderung 54
Angehörige, nahe, Arbeitsverhältnisse 251
Anlagevermögen, Veräußerung 86
Anschaffungskosten
– Fremdwährung 94
– Pkw 28
Ansparabschreibung, Konkretisierung der Investition 116
Anteile an Kapitalgesellschaften
– eigene Anteile 184
– Freibetrag bei Veräußerung 186
– mittelbare Beteiligung 188
– Veräußerung innerhalb der Spekulationsfrist 185
– Veräußerung nach unentgeltlichem Erwerb 182
– verdeckte Einlage in eine Kapitalgesellschaft 187
– Zeitpunkt der Gewinnrealisierung bei Veräußerung 184
Anwaltskosten 31 f.
Arbeitnehmer 189 ff.
Arbeitslohn, Zuflusszeitpunkt 14
Arbeitslosenversicherung 47 f.
Ausbildungsfreibetrag 75 ff.
– außergewöhnliche Belastungen 70
Ausfall der Kaufpreisforderung 181
Ausgaben, regelmäßig wiederkehrende 21
Ausgleichszahlung, Versicherungsvertreter 240
Ausländische Einkünfte 258 ff.
– Auslandstätigkeitserlass 260
– beschränkte Anrechenbarkeit 258
– Einkünfte aus mehreren Staaten 261
– Steuerberechnung 258, 259
Auslandstätigkeitserlass 260
Außenprüfung, Einnahmen-Überschussrechnung 92
Außensteuergesetz 265
Außergewöhnliche Belastungen 70 ff.
– Abflusszeitpunkt 19
– Ausbildungsfreibetrag 75 ff.
– eigene Einkünfte 71 ff.
– Hinterbliebenen-Pauschbetrag 76

Stichwortverzeichnis

– Kinderbetreuungskosten 78
– Krankheitskosten 70
– Unterhaltsaufwendungen 70 ff.
– Unterhaltsleistungen 70 ff.
Außerordentliche Einkünfte 238, 256
– Abfindung 257
– Steuersatz 256 f.

Bauplatz, ertragloser 45
Bauten auf fremdem Grund und Boden 83
Beiträge an
– Haftpflichtversicherung 47
– Krankenversicherung 47 f.
– Lebensversicherung 47
– Rentenversicherung 47 f.
– Unfallversicherung 47
Berücksichtigung von Kindern 68
Berufsausbildung 67
Berufsausbildungskosten, Sonderausgabenabzug 46
Berufsständige Versorgungseinrichtung 47
Beschränkte Steuerpflicht, Unterhaltsleistungen 35
Beteiligung
– 100%ige 150 f.
– GmbH, Veräußerung 182
– Kapitalgesellschaft 151
– mittelbare 188
– unmittelbare 188
Betreuungsfreibetrag 69
Betriebsaufgabe 147 ff.
– Freibetrag 177
– Praxisaufgabe 162
Betriebsaufspaltung 132
Betriebsausgaben 25
– Aufwendungen für Geschenke 88
– Bewirtungskosten 89 f.
– Geldbußen 31
– Geldstrafen 31
– Gewinnermittlung gem. § 4 Abs. 3 124
– Reisekosten 26
– Strafprozesskosten 32
– Tätigkeitsvergütungen 127
Betriebserwerb
– auf Rentenbasis 84
– Kaufpreisraten mit Wertsicherungsklausel 104
– Leibrente mit Wertsicherungsklausel 103
Betriebsgrundlagen, wesentliche 169

Betriebsübertragung
– anschließende Umschichtung von Betriebsvermögen 45
– private Versorgungsleibrente 45, 218
– Veräußerungsgewinn 146 f.
– vorweggenommene Erbfolge 156
Betriebsveräußerung
– an eine GmbH 174
– Auflösung von steuerfreien Rücklagen 172
– Ausfall der Kaufpreisforderung 181
– Bildung von steuerfreien Rücklagen 173
– dauernde Berufsunfähigkeit 180
– Freibetrag 125 ff., 157, 178 ff.
– gegen Einmalbetrag und Rente 147
– gegen Rente 146
– Geschäftswert 175
– Kaufpreisforderung 181
– Leibrente mit Wertsicherungsklausel 146
– Praxisveräußerung 161
– Rücklage 173
– Sofortversteuerung 146
– steuerfreie Rücklagen 172
– Teilbetrieb 150 f.
– teilentgeltliche 163
– verdeckte Einlage 174
– Zeitrente 149
– Zuflussbesteuerung 146
Betriebsveräußerungsgewinn, Progressionsvergünstigung 146 f.
Betriebsvermögen
– notwendiges 86
– Nutzungsänderung 86
– Übertragung 45
Betriebsvermögensvergleich 80 ff.
– Nutzungseinlagen 82
– Rentenverpflichtung 85
– Rentenzahlungen 85
Betriebsverpachtung 146 ff.
– Betriebsaufgabeerklärung 176
– Betriebsfortführung 176
– Firmenwert 176
– Umgestaltung der Betriebsräume 176
Bewirtungskosten
– Aufzeichnungspflichten 89
– Bagatellfälle 91
– Betriebsausgabenabzug 89
– Fehlbuchungen 92
– zeitnahe Verbuchung 90
Bewirtungskostenkonto, Korrektur von Fehlbuchungen 92

Bezüge, Anrechnung eigener 67
Bilanzberichtigung, Absetzung für Abnutzung 111
Bilanzenzusammenhang
– Durchbrechung 110
– formeller 112
Buchwertprivileg, Spendenabzug 57

Damnum, Abflusszeitpunkt 17
Dauernde Last 38 f., 41 ff., 217 f.
DBA vor 258
Degressive AfA
– Ersterwerber 114
– nachträgliche Gebäude-Herstellungskosten 115
– Zweiterwerber 114
Dienstreise, Werbungskosten 191
Dividenden, Einkünfte aus Kapitalvermögen 194
Doppelbesteuerungsabkommen vor 258
Doppelte Haushaltsführung, Werbungskosten 193
Drei-Objekt-Grenze 138

Ehegatten
– Veranlagungsarten 246
– Zurechnung der Einkünfte 251 ff.
Ehegattengrundstück 83
Ehegattenveranlagung
– besondere Veranlagung 248 ff.
– getrennte Veranlagung 250, 24
– Voraussetzungen 245
– Zusammenveranlagung 247
Eigenheimzulage 260 ff.
– Bemessungsgrundlage 260 ff.
– Erbauseinandersetzung 271
– Folgeobjekt 270
– Fördergrundbetrag 270 ff.
– Objektbeschränkung 270
– vorweggenommene Erbfolge 272
– Zusatzförderung 267, 273
Einbringung
– eines Betriebs 145, 171
– Freiberufler-Sozietät 145
Einfache Nachfolgeklausel 159
Einkommen, zu versteuerndes 7
Einkommensteuererklärung
– Form 23
– Inhalt 23
Einkommensteuerpflicht, unbeschränkte 2 f.
Einkünfte
– ausländische 258 ff.

– Ermittlung 5
– Ermittlung des Gesamtbetrags 5
– Liebhaberei 5
– Lottogewinn 5
– nachträgliche 242
Einkünfte aus Gewerbebetrieb 123 ff.
– Anteilsveräußerung 183
– Einnahmen-Überschussrechnung 124
– Gewinnermittlungsmethoden 123 ff.
– Mitunternehmerschaft 125
– Tätigkeitsvergütungen 127 f.
– Unterbeteiligung 126
Einkünfte aus Kapitalvermögen 194 ff.
Einkünfte aus Land- und Forstwirtschaft 118 ff.
– Abgrenzung 118, 120 f.
– Gewinnermittlung 120 f.
– Gewinnermittlung nach § 13a EStG 122
– Sondernutzungen 119 f.
– Weinbau 119
Einkünfte aus nichtselbständiger Arbeit 189 ff.
– Arbeitszimmer 192
– doppelte Haushaltsführung 193
– Reisekosten 191
– Sachbezug 192
Einkünfte aus selbständiger Arbeit 139 ff.
– Personengesellschaft 140
– Praxisaufgabe 141, 162
– Veräußerungsgewinn 146
Einkünfte aus Vermietung und Verpachtung 204 ff.
– Erbauseinandersetzung 214
– Erhaltungsaufwand 207
– obligatorische Nutzungsrechte 213
– Vorbehaltswohnrecht 210, 212
– Werbungskosten 204 ff.
– Zuwendungsnießbrauch 209, 211
Einkunftsarten 5, 118 ff.
Einlage
– Einlageminderung 135
– geringwertige Wirtschaftsgüter 91
– Grundstück 101
– Nutzungen 82
– verdeckte 187
Einnahmen, regelmäßig wiederkehrende 20
Einnahmen-Überschussrechnung 8, 30, 80 ff., 86 f.
– AfA 86
– Außenprüfung 87

- Ausscheiden eines Wirtschaftsgutes infolge höherer Gewalt 99
- Einlagen 86
- Geldverlust 86
- geringwertige Wirtschaftsgüter 86
- gewillkürtes Betriebsvermögen 86
- Gewinnabzug nach § 6b EStG 100
- Kauf eines Betriebs gegen Leibrente 103
- Rentenverpflichtung 84
- Rentenzahlungen 84
- Schätzung 87
- Schadensersatz 99
- Teilwertabschreibung 86
- Übergang zum Betriebsvermögensvergleich 105
- Unterschlagung 86
- Verkauf von Anlagevermögen 86

Einzelveranlagung 24
Entlastungsbetrag für Alleinerziehende 69
Entschädigung
- Abfindung 239 ff.
- Aufgabe einer Tätigkeit 239
- Ausgleichszahlung an Versicherungsvertreter 240
- vorzeitige Auflösung 239
- vorzeitige Auflösung eines Mietverhältnisses 238

Erbauseinandersetzung
- Eigenheimzulage 271
- Gewerbebetrieb 85
- Realteilung 155
- Vermietung und Verpachtung 214

Erbe 85
Erbengemeinschaft
- Abfindung eines Erben 157
- Besteuerung 85
- einfache Nachfolgeklausel 159
- Fortführung einer Arztpraxis 141
- qualifizierte Nachfolgeklausel 160
- Sachwertabfindung 158
- Veräußerung eines Erbteils 157

Erbfall, Verlustvortrag, Verlustrücktrag 65
Erbfolge, vorweggenommene 44
Ergänzungsbilanz, Personengesellschaft 170
Ermäßigter Steuersatz 256 ff.
- bei Abfindungen 257
- bei ausländischen Einkünften 258 ff.
- bei Veräußerungsgewinnen 256

Erstattung, Kirchensteuer 50

Ertragsanteil
- abgekürzte Leibrente 223
- Ermittlung 215 ff., 220 ff.
- Mehrbedarfsrente 225
- verlängerte Leibrente 224

Ertragloser Bauplatz 45
Ertragloses Vermögen 44
Erwerbsunfähigkeitsrente 47
Existenzminimum, Freistellung 66

Familienpersonengesellschaft 129
Firmenwert 175
- Betriebsveräußerung 174
- Betriebsverpachtung 175

Folgeobjekt 270
Forderung, Abtretung 11
Freiberufler, Einkünfte aus selbständiger Arbeit 139
Freibetrag
- bei Betriebsaufgabe 177
- bei Betriebsveräußerung 178 f.
- bei Veräußerung von Anteilen an Kapitalgesellschaften 186
- wegen dauernder Berufsunfähigkeit 180

Freibeträge, Kinder 68
Fünftel-Methode, Steuersatzberechnung 257 f.

Gästehaus 100
Geldstrafe 31
Geringwertige Wirtschaftsgüter 86
Gesamtbetrag der Einkünfte 5 ff.
Geschenke, Betriebsausgabenabzug 88
Gesellschaft bürgerlichen Rechts, Einkünftequalifikation 139
Gesellschafter, beherrschender 10
Gesellschafter-Geschäftsführer 49
Gesellschafterwechsel 164, 165, 166
Gesetzliche Rentenversicherung 226 ff.
Gesonderte Verlustfeststellung 60
Getrennte Veranlagung 250
- Sonderausgaben 53
- Verlustvortrag 63

Gewerbebetrieb, Erbauseinandersetzung 85
Gewerbliche Einkünfte, Steuerermäßigung 261 f.
Gewerblicher Grundstückshandel
- Drei-Objekt-Grenze 138
- private Vermögensverwaltung 137

Gewillkürtes Betriebsvermögen 86
Gewinnausschüttungen, Personengesellschaft 130

Gewinnermittlung 80 ff.
– gem. § 4 Abs. 3 EStG 124
– Übergang zum
  Betriebsvermögensvergleich 105
– Übergang zur Einnahmen-
  Überschussrechnung 106
– Wechsel der Gewinnermittlungsart
  105 f.
Gewöhnlicher Aufenthalt 1 ff.
– im Inland 3
GmbH-Beteiligung, Einlage 187
GmbH & Co. KG 131 f.
Gründung einer Personengesellschaft 145
Günstigerprüfung, Kindergeld/
  Kinderfreibetrag 66

Häusliches Arbeitszimmer, Aktivierung 93
Haftpflichtversicherung 47
Haftungsminderung 136
Halbeinkünfteverfahren 187
Haushaltsfreibetrag vor 69
Haushaltshilfe, Vermögensübertragung 43
Hinterziehungszinsen 30
Höchstbetragsberechnung
– bei Vorsorgeaufwendungen 48
– Vorwegabzug 49
Höchstzeitrente 223

Instandhaltungsrücklage 18

Kapitalgesellschaften, Anteilsveräußerung 182 ff., 186
Kapitalgesellschaftsanteile, Veräußerung 182 ff.
Kapitallebensversicherung 47
Kaufpreisraten 44, 45
– Betriebserwerb 104
– Wertsicherungsklausel 104
Kind
– Ausbildungszeitraum 66
– Berücksichtigung 66 ff.
– Betreuungsfreibetrag 66
– Bezüge 67
– eigene Einkünfte 67
– Freistellung des Existenzminimums 66
– Zuordnung 67
Kinderbetreuungskosten, außergewöhnliche Belastungen 78
Kinderfreibetrag 66 ff.
Kindergeld 66 f.

Kirchensteuer, Sonderausgaben 46
– Erstattung 50
Kommanditist
– Einlageminderung 135
– Haftungsminderung 136
– negatives Kapitalkonto 134
Kosten der Lebensführung
– Abzugsverbot 25
– Auslandsreise 26
– Berufsbekleidung 25
– Bewirtungskosten 25
– FAZ 25
– Große Brockhaus 25
– Handelsblatt 25
– Mitgliedsbeiträge 25
– Studienreise 26
Krankenversicherung 47, 48
Kreditzinsen 30
Kurzlebige Wirtschaftsgüter 109

Land- und Forstwirtschaft 118 f.
Langfristige Nutzungsüberlassung,
  Vorauszahlung 22
Lebensführungskosten s. Kosten der Lebensführung
Lebensversicherung
– Finanzierung mittels LV 51
Leibrente
– abgekürzte 223
– Erwerb gegen Leibrente 39, 41
– verlängerte 224

Maßgeblichkeitsprinzip, Rückstellungen 96
Mehrbedarfsrente 225
Mietgrundstück, Übertragung 45
Mindestbesteuerung, Verlustabzug 62
Mindestzeitrente 224
Mitgliedsbeitrag
– Sportverein 55
– Partei 55
Mitunternehmer 125 f.
– Tätigkeitsvergütungen 127
Mitunternehmeranteil
– einfache Nachfolgeklausel 159
– entgeltliche Veräußerung 165
– lästiger Gesellschafter 167
– qualifizierte Nachfolgeklausel 165
– Sonderbetriebsvermögen 168
– Übertragung 44
– unentgeltliche Übertragung 169 f.
– Veräußerung 167
– Veräußerung eines ganzen Anteils 164 f.

433

– Veräußerung eines Teilanteils 166
– Vererbung 159 f.
Mitunternehmerschaft
– Anteilsübertragung 169
– Einkünfte aus Gewerbebetrieb 125
– Familienangehörige 129
– Realteilung 153 ff.
– Sondervergütung 128

Nachfolgeklausel
– einfache 159
– qualifizierte 160
Nachträgliche Einkünfte 241
Nachträgliche Umschichtung 45
Nahe stehende Person, verdeckte Gewinnausschüttung 200
Negatives Kapitalkonto 156
Nicht abzugsfähige Ausgaben 25 ff.
Nießbrauch, Einkünfte aus Vermietung und Verpachtung 209 ff.
Nießbrauchsrecht, Kapitalwert 209
Novation, Zuflusszeitpunkt 13
Nutzungen, Einlage 82
Nutzungsdauer, betriebsgewöhnliche 109
Nutzungsüberlassung, langfristige 22
Nutzungsvergütungen 238 ff.
Nutzungsvorteile, Betriebsvermögensvergleich 82

Objektbeschränkung 260

Pensionsrückstellungen 96 ff.
– Altzusagen 96
– Arbeitnehmer-Ehegatte 98
– Gesellschafter-Geschäftsführer 97
– Neuzusagen 96
– Passivierung 96
– Personengesellschaften 97
Pensionszusage 49
– Arbeitnehmer-Ehegatte 98
– Gesellschafter-Geschäftsführer 97
Personengesellschaft
– Beteiligung berufsfremder Personen 139
– Einbringung 145
– Einbringung eines Betriebs 145, 171
– Erbteil 158
– Ergänzungsbilanz 165
– Freiberufler, GmbH & Co. KG 140
– Gesellschafter-Geschäftsführer 127
– Gesellschafterwechsel 165
– Gewinnermittlung 125 f.
– Gründung 145
– lästiger Gesellschafter 167

– Realteilung 131, 152
– Sonderbetriebsausgaben 125 f.
– Sonderbetriebsvermögen 125 f.
– Unterbeteiligung 126
– Vergütung an Gesellschafter 167
Pkw
– Anschaffungskosten 28
– Fahrtenbuch 27
– Gewinnermittlung gem. § 4 Abs. 3 EStG 124
– Vorsteuerabzug 28
Praxiserwerb auf Rentenbasis 84
Praxisveräußerung 161
Praxiswert
– einer Freiberufler-GmbH 143
– Sozietätspraxiswert 142
Private Kfz-Nutzung
– 1 %-Regelung 28
– Fahrtenbuch 27
– Listenpreis 28
– Sonderabschreibung 27
Privates Veräußerungsgeschäft 233
– Aktien 232
– Besteuerungszeitpunkt 234
– Entnahme eines Grundstücks 237
– Ermittlung des Veräußerungsgewinns 234
– Freigrenze 235
– geschenktes Grundstück 230
– GmbH-Beteiligung 185
– Herstellung eines Gebäudes 231
– Verlustausgleich 236
Private Vermögensverwaltung 137
Prozesskosten 32

Qualifizierte Nachfolgeklausel 160

Realsplitting 33 ff.
– bei beschränkter Steuerpflicht 35
– Sachleistungen 36
– Widerruf der Zustimmung 34
Realteilung
– Auseinandersetzungsanspruch 131
– Betriebsaufgabe 154
– Kapitalkontenanpassungsmethode 132, 153
– Personengesellschaft 131, 152
– Spitzenausgleich 134, 155
Reinvestitionszusage, Übertragung auf eingelegtes Wirtschaftsgut 101
Rente
– abgekürzte Leibrente 223
– Ablösung 147

– Betriebsveräußerung 146
– dauernde Last 217
– Ehegatten nacheinander zustehende Rente 222
– Einmalbetrag und Rente 147
– Herabsetzung nach dem Tod eines Rentenberechtigten 221
– Kauf eines Betriebs 103
– Kauf eines gemischt genutzten Hauses 219
– Mehrbedarfsrente 225
– mehrere Rentenberechtigte 220
– Praxiserwerb 84
– Veräußerung eines Wohnhauses 215 f.
– verlängerte Leibrente 224
– Versorgungsleibrente 218
– Wegfall wegen Tod 84
– Wertsicherungsklausel 84, 103, 146, 216
– Zeitrente 149
Rentenbarwert 41
Renten und dauernde Lasten 38 ff.
Rentenverpflichtung
– Betriebsvermögensvergleich 84
– Einnahmen-Überschussrechnung 84
Rentenversicherung 47, 48
– gesetzliche 226 ff.
Rentenzahlungen, Wertsicherungsklausel 84
Rücklage
– Auflösung bei Betriebsveräußerung 172
– Bildung bei Betriebsveräußerung 173
– Einlagen 101
– für Ersatzbeschaffung 172
– Grundstück 92
– nach § 6b EStG 101, 173
– Übertragung 92, 101
Rückstellungen, Pensionsverpflichtungen 96

Sachwertabfindung 158
– Wirtschaftsgut 158
Säumniszuschläge 30
Sammeldepot 223
Schulderlass, Zuflusszeitpunkt 12
Schulgeld, Sonderausgaben 55
Sonderausgaben 33 ff., 47
– Altersvorsorgezulage 54
– beschränkt abzugsfähige 47 f.
– getrennte Veranlagung 53
– Höchstbetragsberechnung 47 f.
– Kirchensteuer 50 f.
– Lebensversicherungsbeiträge 51

– Renten und dauernde Lasten 38 ff.
– Schulgeld 55
– Spenden 55
– Steuerberatungskosten 52
– unbeschränkt abzugsfähige 47 f.
– Unterhaltsleistungen 33 ff.
– Versicherungsbeiträge 47 f.
– Vorauszahlung 17
– Vorsorgeaufwendungen 48
– Vorsorgepauschale 59
– Vorwegabzug 49 f.
– Weiterbildungskosten 46
– zusätzliche Altersvorsorge 54
Sonderbetriebsausgaben, Personengesellschaft 125 f.
Sonderbetriebsvermögen 168 ff.
– Mitunternehmeranteil 169
– Mitunternehmerschaft 125 f., 170
– notwendiges 125 f.
– Personengesellschaft 125 f.
Sonderrechtsnachfolge, Mitunternehmeranteil 160
Sonstige Bezüge 14
Sonstige Einkünfte 215 ff.
– Aktien 7
Spekulationsfrist 230 ff.
– Halbeinkünfteverfahren 232, 233
Spekulationsgeschäft, s. privates Veräußerungsgeschäft
Spenden
– Höchstbetragsrechnung 55
– Parteispenden 55
– Sonderausgaben 53
– Zuwendungen an Stiftungen 56
Spendenabzug, Buchwertprivileg 57
Spendenrücktrag 58
Spendenvortrag 58
Steuerberatungskosten
– Sonderausgaben 52
– Vereinfachungsregelung 52
Steuerbescheid, Erlass 33
Steuerermäßigung 256 ff.
– Abfindungen 257
– ausländische Einkünfte 151 ff.
– Einkünfte aus Gewerbebetrieb 261 f.
– Veräußerungsgewinne 256
Steuern
– Einkommensteuer 30
– Grundsteuer 30
– Hundesteuer 30
– Kfz-Steuer 30
– Kirchensteuer 30

– Schenkungsteuer 30
Steuerpflicht
– beschränkte 264 ff.
– Ende bei Tod 4
– erweiterte beschränkte 265
– unbeschränkte 1 f.
Steuersatz, ermäßigter 256 ff.
– bei Abfindungen 257
– bei ausländischen Einkünften 258 ff.
– bei Veräußerungsgewinnen 256
Stiftungszuwendungen, Spendenabzug 56
Stille Beteiligung
– Abfindung 198
– Veräußerung 197
Stille Reserven 100 ff.
– Gebäude 102
– Grund und Boden 102
– Übertragung 100 ff.
– Wirtschaftsgut 81
Stiller Gesellschafter
– Einkünfte aus Kapitalvermögen 195
– negatives Einlagekonto 196
– Verlust der Einlage 199
Stundungszinsen 30

Tätigkeitsvergütung 49
Teilbetrieb 150 f.
Teilwertabschreibung, Betriebsvermögen 86
Totalschaden 80

Übertragung
– Mietgrundstück 45
– Vermögen 45
Umlaufvermögen, Einnahmen-Überschussrechnung 86
Umschichtung
– ertragloses Vermögen 44
– nachträgliche 45
Unentgeltliche Übertragung
– eines Betriebs 156
– eines Mitunternehmeranteils 169
– eines Mitunternehmer-Teilanteils 170
– eines Wirtschaftsguts aus betrieblichen Gründen 95
– in ein anderes Betriebsvermögen 81
Unfallkosten 80
– Steuerberatungskosten 52
Unfallversicherung 45
Unterbeteiligung, Einkünfte aus Gewerbebetrieb 126

Unterhaltsleistungen
– beschränkte Steuerpflicht 35
– geschiedener Ehegatte 37
– Sonderausgaben 33
– Widerruf der Zustimmung 34
– Wohnungsüberlassung 36
– Zustimmungserklärung 34

Veranlagung 23 ff.
– besondere 24, 248 f.
– Ehegatten 245 ff.
– getrennte 24, 250
Veranlagungsarten, Ehegatten 246
Verausgabung, Zeitpunkt 8
Veräußerungsgeschäft
– Aktien 232, 233
– Besteuerungszeitpunkt 234
– Freigrenze 235
– Gebäude 231
– Grundstück 230
– privates 230 ff.
– Verlustausgleich 236
Veräußerungsgewinn
– außerordentliche Einkünfte 256
– Besteuerung 146 ff.
– Einbringung 172
– Einkünfte aus selbständiger Arbeit 162
– Entstehungszeitpunkt 176
– Freibetrag 186
– Fünftel-Methode 256
– Rücklage 102
– Steuersatz 256
Veräußerungsleibrente 215
– Rentenberechtigte 221
Veräußerungsrente, betriebliche 148
Verdeckte Gewinnausschüttung 200 f.
– nahe stehende Person 200
Vereinnahmung, Zeitpunkt 8
Verluste
– Erbfall 65
– getrennte Veranlagung 63
– Rücktrag 61
– Vortrag 60, 62
– Zusammentreffen Rücktrag und Vortrag 64
Verlustabzug 60 ff.
Verlustausgleich
– Ermittlung des Gesamtbetrags der Einkünfte 6
– horizontaler 6
– private Veräußerungsgeschäfte 236
– vertikaler 6

Verluste bei beschränkter Haftung
  134 f.
Verlustrücktrag 61
Verlustverrechnung 6
– Mindestbesteuerung 62
– unbeschränkte 7
Verlustvortrag 57, 59
Verlustzuweisungsgesellschaften 6
Vermögen
– ertragloses 44
– Übertragung 45
Vermögensübertragung
– Vorbehaltsnießbrauch 38
– wiederkehrende Leistungen bei Fremden 43
Versorgungsleibrente, Betriebsübertragung 218
Versorgungsleistungen 38 ff.
Versorgungszusage 49
Vorauszahlungen, langfristige Nutzungsüberlassung 22
Vorbehaltsnießbrauch
– Einkünfte aus Vermietung und Verpachtung 210, 212
– Vermögensübertragung 38
Vorsorgeaufwendungen 47, 48
– Günstigerprüfung 48
– Höchstbetragsberechnung 48
Vorsorgeeinrichtung, berufsständige 47
Vorsorgepauschale 59
Vorsteuerabzug, Pkw 28
Vorwegabzugsbetrag 49
– Kürzung 49
Vorweggenommene Erbfolge 39 f., 44
– Betriebsübertragung 42, 157
– Eigenheimzulage 270
– Grundstücke 209
– negatives Kapitalkonto 156
– selbstgenutztes Einfamilienhaus 41
– teilentgeltlicher Erwerb 42
– Umschichtung von Betriebsvermögen 44
– Umschichtung von Privatvermögen 43
– Unterhaltsrente 40
– Versorgungsleistungen 39 ff.

Wechsel, Zufluss 9
Weinbaubetrieb 119
Weiterbildungskosten, im nicht ausgeübten Beruf 45
Werbungskosten
– Absetzung für Abnutzung 205 f.

– Arbeitszimmer 192
– doppelte Haushaltsführung 193
– Einkünfte aus nichtselbständiger Arbeit 190 f.
– Einkünfte aus Vermietung und Verpachtung 206 f.
– Fahrtkosten 191
– Reisekosten 191
– Schuldzinsen 181 f.
– stiller Gesellschafter 195 f.
– Vorauszahlung 17
Wertsicherungsklausel 84, 146
Wiederkehrende Bezüge, Vermögensübertragung gegen 38 ff.
Wirtschaftlicher Eigentümer 83
Wirtschaftseinheit, existenzsichernde 39
Wirtschaftsgut
– Entschädigungsleistungen 100
– kurzlebiges 109
– notwendiges 98
– stille Reserven 81
– Überführung in Betriebsvermögen 81
– unentgeltlicher Erwerb 95
Wirtschaftsjahr, abweichendes 4
Witwenrente 228 f.
Wohnsitz 1
– Auslandsaufenthalt 2
– Ehegatten 1
– Hauptwohnsitz und Nebenwohnsitz 1
– Inlandsaufenthalt 2
– Studium 2
Wohnsitzfinanzamt 23

Zinsverzicht 82
Zuflusszeitpunkt
– Abtretung von Forderungen 11
– Arbeitslohn 14
– Banküberweisung 15
– Einnahmen 8
– Forderungen eines beherrschenden Gesellschafters 10
– Novation 13
– privatärztliche Verrechnungsstelle 8
– regelmäßig wiederkehrende Einnahmen 20
– Schulderlass 12
– Wechsel 9
Zuordnung Kind 68
Zurechnung von Einkünften 251 f.
Zusammenveranlagung 7, 24, 247
– Altersentlastungsbetrag 242 ff.
– Versorgungspauschale 59

Zuwendungen
- aufgrund freiwillig begründeter Rechtspflicht 29
- freiwillige 29
- politische Parteien 55
- Spendenabzug 55
- Stiftungen 56
- unterhaltsberechtigte Person 29
- Vermächtnis 29

Zwangsgeld 30

NWB STEUERFACHKURS · Trainingsprogramm

Das neue innovative Lernsystem.
Effiziente Wissensvertiefung durch systematisches Wiederholen.

Steuer-Box Einkommensteuer

**Lernkarten mit 500 Fragen und Antworten.
Zum Lernen und Wiederholen**

2. Auflage. 2005. 512 Lernkarten (DIN A 6). Stand Februar 2005.
€ 49,- (unverbindliche Preisempfehlung) ISBN 3 482 **52922** 1

Mit Training zum Erfolg. Die „Steuer-Box Einkommensteuer" ist ideal, um zielgerichtet zu lernen, zu trainieren und zu repetieren. 500 Fragen und Antworten unterschiedlicher Schwierigkeit decken Schwächen auf, schließen Wissenslücken und erlauben die systematische Vorbereitung.

Die Lernkarten eignen sich hervorragend, um zu Hause oder unterwegs, allein oder in der Gruppe den persönlichen Lernerfolg zu messen. Die insgesamt 16 Lernabschnitte orientieren sich am Aufbau des „Lehrbuchs Einkommensteuer". Verweise auf Randnummern des Lehrbuchs, einschlägige Paragraphen, Richtlinien und amtliche Hinweise erleichtern das Nachschlagen. Gleichwohl sind die Lernkarten selbständig einsetzbar.

Systematisches Lernen am Schreibtisch und unterwegs.

Steuer-Box Einkommensteuer digital

Lernprogramm mit 500 Fragen und Antworten

2. Auflage. 2005. CD-ROM für PC (Windows 98/ME/NT 4.0/2000/XP) in DVD-Box. € 49,- (unverbindliche Preisempfehlung)
ISBN 3 482 **52982** 5

Das Lernprogramm trägt den persönlichen Lernfortschritten des Anwenders Rechnung. Es verlängert automatisch die Wiederholungsintervalle, wenn eine Frage richtig beantworten werden konnte. Für eine Frage, bei der man sich dagegen noch nicht sicher fühlt, wird das Lerntempo individuell angepasst.

Nach jeder Lernsitzung wird der Lern-Status ermittelt und angezeigt. Direkte Verknüpfungen mit einschlägigen Gesetzes- und Richtlinientexten (Rechtsstand 1. 2. 2005) sowie Hinweise auf Fundstellen im „Lehrbuch Einkommensteuer" garantieren bei Unsicherheiten den schnellen Zugriff auf Lösungen. Die „Steuer-Box Einkommensteuer digital" ist die elektronische Alternative zu den gedruckten Lernkarten.

Maximale Effektivität durch lernerfolgsbezogene Wiederholungsintervalle.

> **Die Autoren**
> Prof. Eberhard Rick,
> Diplom-Finanzwirt
> Thomas Gierschmann,
> Diplom-Finanzwirt (FH)
> Gerhard Gunsenheimer
> und Diplom-Finanzwirtin
> Ulrike Martin
>
> **Ausbildungserfahrene Praktiker und Dozenten unterschiedlicher Bildungseinrichtungen**

Bestellen Sie bitte bei Ihrer Buchhandlung oder im Internet unter: www.nwb.de

Weitere Informationen zu allen Büchern im NWB Verlagsverzeichnis online

Für Ihren Erfolg in der steuerlichen Ausbildung.

Gute Aussichten im Beruf!

Ob angehender oder gestandener Steuerprofi – „Steuer & Studium" bietet für jeden wertvolle Inhalte.

Beispielsweise Berichte zur aktuellen Gesetzeslage, wichtige praxis- und prüfungsrelevante Steuerthemen sowie einen umfangreichen Klausuren- und Übungsteil.

„Steuer & Studium" ist ideal, um sich weiterzubilden, Wissen aufzufrischen und aktuelle Informationen zu bekommen.

- *übersichtlich aufgebaut*
- *Grundlagenbeiträge*
- *mit großem Übungs- und Klausurenteil*
- *Aktuelles aus Steuerrecht und Ausbildung*

- *Neu! Der Steuer-Repetitor im Internet.*
  Das Klausuren-Extra von Steuer und Studium.

„Steuer & Studium"
– einfach gut gemacht!

Möchten Sie Steuer & Studium kennenlernen?
Wir schicken Ihnen gerne ein kostenloses Probeexemplar!

 Service-Fax:
(0 800) 141 0 141

 Service-Hotline:
(0 800) 141 0 800

 Internet:
www.nwb.de

 E-Mail:
bestellung@nwb.de